巴南年鉴

BA'NAN NIANJIAN

巴南年鉴

2019

重庆市巴南区人民政府　组编
巴南区地方志办公室　编纂

西南师范大学出版社
国家一级出版社　全国百佳图书出版单位

图书在版编目（CIP）数据

巴南年鉴. 2019 / 巴南区地方志办公室编纂. — 重庆：西南师范大学出版社，2019.11

ISBN 978-7-5621-9984-7

Ⅰ. ①巴… Ⅱ. ①巴… Ⅲ. ①巴南区—2019—年鉴 Ⅳ. ①Z527.193

中国版本图书馆 CIP 数据核字（2019）第 238297 号

巴南年鉴（2019）

BA'NAN NIANJIAN（2019）

巴南区地方志办公室　编纂

责任编辑：段小佳
责任校对：张昊越
装帧设计：重庆市国丰印务有限责任公司
出版发行：西南师范大学出版社
　　　　　地址：重庆市北碚区天生路 2 号
　　　　　邮编：400715
　　　　　http:// www.xscbs.com
经　　销：新华书店
印　　刷：重庆市国丰印务有限责任公司
幅面尺寸：210mm × 285mm
插　　页：20
印　　张：28
字　　数：860 千字
版　　次：2019 年 12 月　第 1 版
印　　次：2019 年 12 月　第 1 次印刷
书　　号：ISBN 978-7-5621-9984-7
审 图 号：渝 S（2019）002 号

定　　价：188.00 元

重庆市巴南区地方志编纂委员会

《巴南年鉴》编辑部

《巴南年鉴》审稿人员名单

（按分目先后为序）

辛国荣	胡能兵	何友生	刘永全	何永革	朱激扬	梁　挺
徐光泽	冯光福	唐　毅	冉仁均	周　密	和满秀	赵正荣
李中富	唐　宁	吴文莉	吴　铭	刘　莉	龚建华	田忠政
金　斌	王清华	耿　琴	邓世军	冯毅梅	姜莹星	温永学
杨　竞	刘秀荣	邱献峰	田　径	石国全	腊丁扬	何正慧
林　杰	封洪华	戚万凯	雷　莉	周成清	刘寒冰	张德江
刘秀荣	苏政荣	王　浩	张　超	潘富宏	熊　琼	代光成
慕春容	宴　国	艾建春	马义平	施　硕	吴　茂	杨　军
江　灿	高继军	廖　明	陈　瑾	刘剑峰	何　平	王智焱
黄东柏	方淑钧	左　鹏	代　伟	高兴红	张　渝	马培东
白　勇	朱本国	张琼华	冉爱科	刘　敏	陈泉宇	黄全红
黄　伟	马义华	陈其静	杨　敏	陈登明	张　敏	梁　勇
肖秋生	李　昀	胡正强	何文翠	曾　维	韦开平	杨　燕
王　旭	唐泽奎	陆晓霖	吕勇才	吕国梁	刘宗玺	邱　萍
沈　沉	潘　曙	廖　华	张　勇	戚晓波	周　斌	刘知进
程　琳	曹　阳	王　玲	吕永胜	冯　强	黄晓杰	卢黎明
薛东涛	包清美	吴　欢	黄　辰	吕　飞	黄　敏	罗　跃
傅栋梁	杨治彪	王微微	向　东	王　强	田庆平	

编辑说明

一、《巴南年鉴》是巴南区人民政府主办，巴南区地方志办公室组织编纂出版发行的地方综合年鉴，是逐年记载巴南行政区域内上一年政治、经济、文化、社会、生态等方面情况的资料性工具书。《巴南年鉴（2019）》以马克思列宁主义、毛泽东思想、邓小平理论、“三个代表”重要思想、科学发展观、习近平新时代中国特色社会主义思想为指导，旨在为各级领导科学决策服务、为经济社会发展导航、为民众生活提供信息、为资政存史积累史料。

二、《巴南年鉴（2019）》（总第12卷）共设有11个部类，分别是大事记、综述、政治与法治与军事、经济、社会事业、镇街、人物·光荣榜、重要文献、文件索引、统计资料、附录、索引等。

三、《巴南年鉴（2019）》采取部目、分目、条目编辑体裁，以部目为单元，单元中按事业、行业设分目（部分分目下设次分目），分目下设条目。条目标题用黑体字加“【】”表示。不同层次的标题和正文用不同字体加以区别。行文采用记叙文、说明文等文体，运用第三人称，使用规范简化汉字。计量单位均使用法定（公制）计量单位。全书具备双重检索系统（即卷首检索“目录”，卷末检索“索引”）。

四、本年鉴资料由辖区内各部门、单位和镇街供稿，供稿单位领导审核。数据主要由统计部门提供，但由于统计口径和统计时间不同等原因，有关部门、单位和镇街所用数据与统计部门的数据有不尽一致的地方，若需采用请注意核实。

五、本年鉴辑录资料以2018年1月1日至12月31日为限，但重要文献不在此限。本卷中单用“区委”，均为中共重庆市巴南区委员会；民主党派区委用“区委”简称时，在前面加上民主党派简称。组织机构的全称和规范化简称统一制表设在附录部分，文中一律采用规范化简称；文件报告、会议活动等专有名称第一次出现时用全称，续文中用简称。文中人物直书其真实姓名，必要时在姓名前加职务或职称。

六、为免累赘，凡直书月、日而未注明年份的，即为2018年；数据增加或减少多少未说明与某年份比较的，即为当年（2018年）与上年（2017年）比较。

七、撰稿人署名于该分目的最后条目末右下角，加括号表示；若在同一分目或条目中有两人以上撰写的，均在最后条目末逐一排列署名。

八、本年鉴在组稿和编审过程中，得到辖区内各级党政机关、企事业单位和各级领导、特约编辑、作者的大力支持，在此谨表谢意。由于编辑水平有限，卷中错误疏漏之处，恳请批评指正。

2018 数字巴南

辖区面积	1824.6 平方千米
建成区面积	85.8 平方千米
年末户籍总人口	93.02 万人
地区生产总值	781.22 亿元
第一产业	41.24 亿元
第二产业	302.51 亿元
第三产业	437.47 亿元
地方预算内财政收入	48.99 亿元
全社会固定资产投资	515.29 亿元
社会消费品零售总额	364.75 亿元
金融机构存款余额	842.95 亿元
金融机构贷款余额	716.07 亿元
城镇居民人均可支配收入	38984 元
农村居民人均可支配收入	18254 元
城镇居民人均消费支出	30498 元
农村居民人均消费支出	13266 元

政治

1月9日至11日，区十三届党代会第二次会议召开

1月12日，区十八届人大二次会议开幕

1月11日，区政协十四届二次会议开幕

重庆市巴南区监察委员会挂牌成立

新当选的巴南区区长何友生、区监察委员会主任曹森进行宪法宣誓

经济

十一国庆，西流沱古镇商业街开街

11 月 7 日，渝黔高速扩能新弯隧道顺利贯通

7 月 31 日，龙洲湾隧道贯通

11 月 19 日，金竹大桥建成通车

宗申战略性兴新产业项目签约入驻巴南

中国西部木材贸易港项目签约落地巴南

2018 年招商引资重点项目集中开工活动在麻柳沿江开发区举行

爱上集团与长江汽车共建未来出行场景生态链战略签约仪式

28 家企业在 2018 中国商用车博览会上签约入驻巴南

京东“重庆亚洲一号”仓库工作人员正在分拣快递

2018 年，巴南区辖区税收首次突破 100 亿元

惠科液晶面板工程师正在操作智能制造机台控制界面

外籍技术专家现场指导大江美利信压铸产品技术研发

中国首届智博会（重庆）巴南展厅

文化

龙洲湾中学

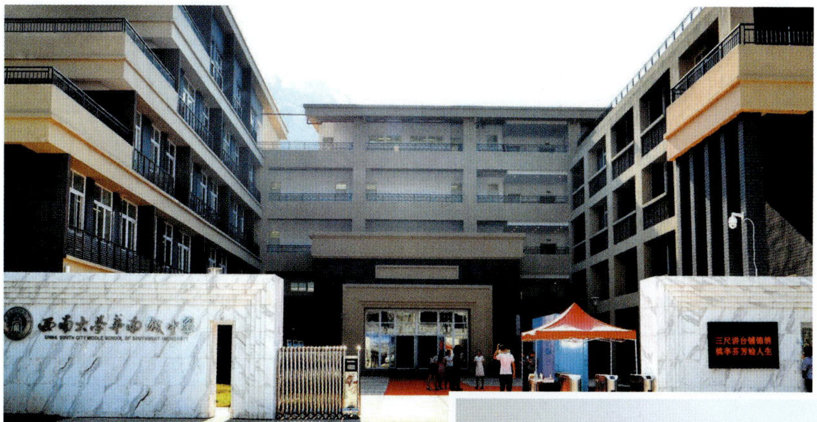

2018年全区新建5所中小学校，总投资5.4亿元，占地面积12.18万平方米，建筑面积11.44万平方米，新增办学规模192个教学班，可容纳9240名学生。当年秋季招生1802名

西南大学华南城中学

西南大学华南城小学

重庆市实验中学珠江城校区

鱼洞二小珠江城校区

重庆清华中学建校八十周年校庆

3 月 21 日，重庆第九届天坪山国际山地自行车越野赛在二圣镇举行

3 月 25 日，2018 届重庆国际马拉松赛在南滨路巴滨路举行

6 月 6 日，木洞镇举办乡村振兴·龙舟比赛

11 月 18 日，重庆国际半程马拉松赛在巴滨路举行

重庆华熙 LIVE · 鱼洞文化体育中心全貌

10 月 15 日，中国国际冰壶公开赛在重庆华熙 LIVE · 鱼洞文化体育中心举办

中国国际冰壶公开赛比赛场景

6 月 15 日，巴南博物馆正式开馆

战国柳叶青铜剑（三级文物）

巴南博物馆藏编钟

明嘉靖款青花莲瓣纹瓷杯（一级文物）

明嘉靖款青花莲瓣纹瓷杯（一级文物）

南宋黑釉油滴碗

2018 年，巴南区组织“我在重庆学非遗”系列活动

老外现场拜师学非遗

老外学木洞山歌

接龙吹打展演

社会

1 月 17 日，全市检察机关首个“莎姐”大普法活动进社区联系点在巴南区鱼洞街道万泉街社区成立

3 月 30 日，区人力社保局在巴南万达广场开展 12333 宣传活动

10 月 22 日，区领导到黄金林村走访贫困群众

爱心人士给贫困户赠送扶贫鸡苗

12 月 26 日，姜家接龙片区开通公交线路，图为姜家公交汽车站

新能源公交车入驻接龙车站

乘客刷卡搭乘首班从接龙开往龙洲湾的公交车

市民使用新安装的直饮水设备

8月14日巴南区开展巴南百万市民“大城众管·共治五乱”主题活动启动仪式

建设中的三甲医院

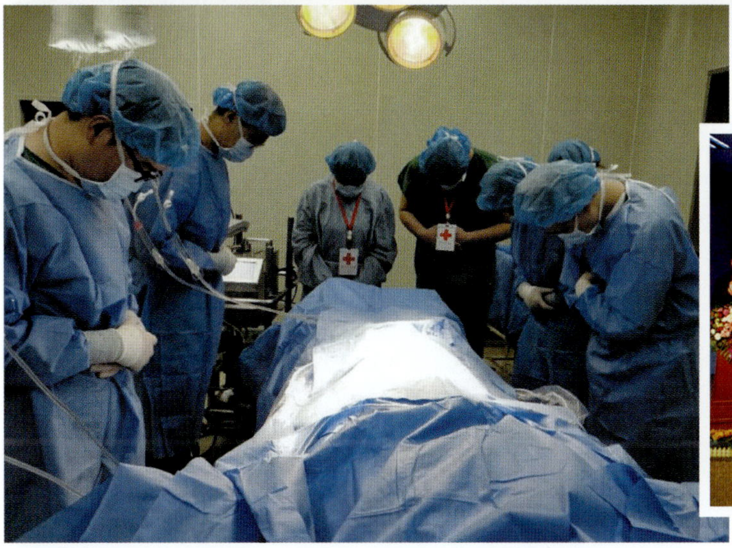

4月28日，市红十字会工作人员和西南医院医生与器官捐献者“中国好人”李永波做最后告别

李永波先进事迹报告会

生态

木洞中坝岛湿地

混凝土罐车在施工现场自动冲洗

志愿者做清洁

蓝天下的巴滨路

花溪河综合治理示范段

2018 年度大事记

一月

4 日，区委书记辛国荣同志主持召开区委常委会会议，传达学习习近平总书记在中央政治局民主生活会上的重要讲话精神，研究部署我区贯彻落实意见。

5 日，宋葵同志主持召开区政府第一次全体会议，审议《重庆市巴南区人民政府工作报告（审议稿）》《重庆市巴南区 2017 年国民经济和社会发展计划执行情况和 2018 年国民经济和社会发展计划（草案）的报告（审议稿）》《关于 2017 年区级重点项目、民生工程和重大前期项目完成情况和 2018 年区级重点项目、民生工程和重大前期项目安排情况的报告（审议稿）》《重庆市巴南区 2017 年财政预算执行情况和 2018 年财政预算（草案）的报告（审议稿）》《关于巴南区十八届人大一次代表议案和建议批评意见办理落实情况的报告（审议稿）》。

5 日，巴南区检察院召开职侦转隶干警欢送会。

9 日，中国共产党重庆市巴南区第十三届代表大会第二次会议召开，审议并通过区委工作报告、区纪委工作报告等。

11 日—13 日，区政协第十四届委员会第二次会议在区行政中心大礼堂召开。

12 日—14 日，巴南区第十八届人民代表大会第二次会议在区行政中心大礼堂召开。会议选举何友生同志为区人民政府区长、曹森同志为区监察委员会主任、杜黎明等 22 位同志为巴南区出席重庆市第五届人民代表大会代表。

16 日，中央级媒体中国国际广播电台赴巴南区，专题采访“四好农村路”经验做法。

同日，东城公交率先在巴南木洞片区 5 条公交线路、36 台车上开通二维码移动支付功能。

17 日，全市检察机关首个“莎姐大普法”活动进社区联系点在巴南区鱼洞街道万泉街社区成立。

23 日，东海定南山小区成功创建市级“安静居住小区”，至此，巴南区市级“安静居住小区”达到 16 个。

26 日，《重庆市巴南区人力资源和社会保障局重庆市巴南区财政局关于印发〈重庆市巴南区创业孵化基地（园区）认定和管理办法〉的通知》（巴南人社发〔2018〕45 号）发布。区级创业孵化基地（园区）的认定对象是能为入驻的个体工商户、小微企业等市场主体提供基本的生产经营场地、专业有效的创业指导服务和一定期限的政策扶持，具有持续滚动孵化和培育市场主体功能的创业孵化基地和大学生、返乡农民工创业园等各类创业载体。

26 日—31 日，杜黎明、辛国荣、袁天长、何友生、李志雄、何永革、曹森、邓世军等巴南区代表团的市人大代表出席重庆市第五届人民代表大会第一次会议并参加分团活动。

31 日，九三学社中央研究室副主任王元丰、社史处处长訾建军考察彭氏民居。

二月

1日，巴南区举行2018年城市推介会。会上聚焦以龙洲湾滨江片区、“鹿角—界石—南彭”片区为核心的南部新城，集中推出近几年准备出让的33宗土地，面向全球招商。

5日，在重庆市文联四届三次全委会上，巴南区“麻雀艺评”基层文艺评论活动项目被评为全市文联系统2017年度“十大创新工作”。

5日—6日，巴南区组织全区村（社区）党员通过直播参加党员冬训。

5日—23日，由区委、区政府主办，区委宣传部、区文化委员会承办的“文化大篷车”2018送文化下乡启动，组织市曲艺团、区文化馆、区图书馆、区文化遗产保护中心、巴滨游艺团开展送演出、送图书、送春联等文化活动进基层。

6日，巴南区全媒体融合项目（中央厨房）顺利通过市文化委结项验收。

9日，中国侨联副主席康晓萍，中国侨联文化交流部副部长邢砚庄，中国侨联办公厅秘书韩艳华一行3人赴重庆巴南区开展走访贫困侨眷送温暖慰问活动，

10日，南部公交公司购置的24台一级踏步公交车正式投放使用在898、308公交线路。

13日，巴南区开通龙洲湾至丰都长途客运班线。

27日，巴南区食药监分局与重盐集团南岸分公司进行食盐监管职能移交。

三月

1日，巴南区新开行南彭物流基地（奥特莱斯）至百合佳园公租房区间公交线路。

同日，2018年“巴歌渝调”巴南区非遗精品节目展演及手工技艺、非遗艺术摄影展览展示活动在市群艺馆举行。

9日，霍氏百利威项目签约落户重庆公路物流基地。

10日，2018定心采茶节开幕式暨“我教老外学制茶”活动，在重庆巴南区白象山茶园基地举行。

20日，市人大常委会委员、市人大农业和农村委员会主任委员张敏率队来区对《重庆市植物检疫条例》修改工作和《重庆市村镇供水条例》贯彻落实情况开展调研。

同日，巴南区滨江片区纵一路（香港城段）开工建设。

21日，“体彩·巴南银针杯”第九届重庆天坪山国际山地自行车越野赛在二圣镇鸣枪发令。

同日，副市长、市公安局局长邓恢林实地调研巴南区智能化社区防控体系建设，市政府办公厅党组成员、市政府应急办主任张邦平，市综治办专职副主任张强等同志参加调研。

22日，按照教育部、公安部关于开展“做自己的首席安全官——平安校园行”主题宣传活动的通知要求，市公安局、市教委联合在巴南区设立启动仪式分会场。

23日，市委书记陈敏尔到巴南调研，宣讲习近平总书记在参加重庆代表团审议时的重要讲话精神，对巴南区“德法相伴”主题活动给予充分肯定。市委常委、秘书长王赋参加调研。

同日，中国交通报一行赴我区专题采访“四好农村路”建设情况。

25日，2018长安汽车重庆国际马拉松赛在

南滨路、巴滨路正式开跑，有来自 30 多个国家和地区的 30000 余名选手参赛。

是月，巴南区开行刘家坪至木洞区间公交线路。

是月，巴南区获评“重庆市中小学研学旅行先进区”，重庆德普外国语学校获评“重庆市中小学研学旅行先进学校”。

四月

3 日，巴南区开通首条省际客运班线——龙洲湾至习水。

16 日，巴南区重庆东盟国际物流园与中国龙邦口岸在广西靖西市签署口岸战略合作协议，进一步促进重庆东盟公路班车跨境运输网络的完善。

21 日，由区委、区政府主办，区宣传部、区文化委承办的“4·23 世界读书日”暨巴南区第十一届读书月启动仪式在区文化艺术中心举行，读书月期间，全区组织开展展览、讲座、培训、场馆游览、诗歌朗诵等读书活动共计 50 项 100 余场次。

23 日，巴南区办税服务厅正式启动“一窗通办”，业务实现“一人一窗一机双系统办结”。

25 日，在区行政中心大礼堂召开巴南区第十四次妇女代表大会。

26 日，巴南区工会第十二次代表大会在区行政中心大礼堂隆重召开，会议选举产生新一届区总工会委员会和经费审查委员会。

28 日，重庆大江美利信压铸有限责任公司 Katsujigoto，重庆宗申发动机制造有限公司周云锋，重庆惠科金渝光电科技有限公司吴顺安、陈灿兴入选重庆市首批“鸿雁计划”人才名单。

29 日，重庆市清华中学举行建校 80 周年庆祝活动，全国政协常委、副秘书长朱永新，市政协副主席陈贵云等在区主要领导出席，中科院院士李朝义、侯朝焕、张仁和等清华中学校友、嘉宾参加校庆活动。

是月，重庆东盟国际物流园与中国龙邦口岸在广西靖西市签署战略合作协议，双方将在口岸通道建设、物流服务、交通体系建设等方面展开务实合作。

是月，重庆麻柳沿江开发区（现更名为“重庆国际生物城”）被商务部投资促进事务局、生物谷、德勤中国授予“最具特色中国生物医药园区”称号。

五月

8 日，重庆公运东盟国际物流有限公司与越南 DELTA 国际公司签署战略合作协议，双方在国际货代、关检服务、仓储配送、班车合作、共同建设陆海新通道等多个方面达成了合作意向。

11 日，辛国荣同志主持召开区委常委会会议，审议传达学习习近平总书记近期系列重要讲话精神，研究我区贯彻落实意见。

同日，巴南区启动三峡库区消落区综合治理方案编制。

14 日，文化和旅游部办公厅发布关于公示第六次全国县级以上公共图书馆评估定级结果的公告，区图书馆被评为“一级公共图书馆”。

16 日，一品幸福田园小镇项目作为全市重大旅游招商项目进行集中签约，项目预计总投资

100 亿元。

21 日至 8 月 30 日，巴南区开展清漂截污百日攻坚行动。

24 日—25 日，2018 年全市人大新闻宣传及网信工作（主城片区）座谈会在巴南区举行。市人大常委会副秘书长屠锐主持会议，区人大常委会副主任梁挺参加会议。

25 日，巴南区在第二十一届“西洽会”上，签约招商项目 22 个，合同投资总额达 406 亿元。项目涉及生物医药、智能制造、智慧物流、军民融合、乡村振兴等领域，为巴南经济发展“质量变革、效率变革、动力变革”提供有力支撑。

26 日，第二十一届中国西部国际投资贸易洽谈会“央企重庆行”签约活动中，巴南区大江·亚普塑料油箱项目、建设·韩昂合资汽车空调项目、中建·滨江星城项目、中电建·洺悦城项目 4 个项目进行集中签约，合计投资 131.4 亿元。

27 日，全国集中式饮用水水源地环境保护专项行动督查重庆第三小组督查巴南大江、鱼洞城市饮用水水源地保护情况，巴南区在全市范围内率先完成水源地保护措施整改任务。9 月 13 日，巴南区顺利通过生态环境部第二次全国集中式饮用水水源地督察。

29 日，区委书记辛国荣调研巴滨路沿线园林绿化及基础设施，现场“马路办公”。

同日，区委书记、区委网信领导小组组长辛国荣召集区委网信领导小组第四次会议。会议对全区网络安全和信息化分工作出调整，巴南区委网信办负责网络安全和网络舆情工作；巴南区发改委负责政务信息资源共享和政务信息化项目建设；巴南区经信委负责大数据智能化产业。

31 日，全国政协经济委员会“发展实体经济，提高供给体系质量”调研组第二组到巴南调研。

是月，马王坪学校获评“全国第二批城乡社区教育特色学校”。

是月，道角中学获评“重庆市义务教育特色学校”。

6 月 1 日，巴南区人民政府印发《重庆市巴南区人民政府关于做好第四次经济普查的通知》（巴南府发〔2018〕13 号），巴南区第四次全国经济普查工作拉开帷幕。

六月

5 日，由生态环境部、住房和城乡建设部联合组建的国家 2018 年城市黑臭水体整治环境保护专项行动督查组到巴南，实地督查区黑臭水体整治情况。

同日，巴南区实现区人民医院、区中医院、市七院等三家二级医疗机构全国联网和跨省异地就医住院医疗费用直接刷卡结算。

6 日—12 日，巴南区组派 12 人携巴渝特色传统手工艺类项目参团，赴毛里求斯开展文化交流活动，毛里求斯代总统维亚普利、毛里求斯社会融合部长黄纯万、中国驻毛里求斯大使孙功谊、毛里求斯艺术和文化部代部长博达、毛里求斯路易港副市长穆默德、中国驻毛里求斯大使馆文化参赞兼中国文化中心主任松雁群出席活动。

9 日，由市委宣传部、市委外宣办、市文化委指导，区政府主办、区委宣传部、区文化委、共青团巴南区委承办的巴南区“文化和自然遗产日”主题活动暨“我在重庆学非遗”成果展示活动在区人民广场举行。

12 日，在渝全国人大代表专题调研第三组到巴南区丰盛环保发电有限公司，对垃圾发电厂的建设发展运行等情况开展调研。

同日，巴南滨江片区横三路完成完工验收及管护移交工作。

14 日，巴南区实施乡村振兴战略工作领导小组会议暨乡村振兴工作现场推进会在二圣镇召开，区领导辛国荣、何友生、何永革、舒朝斌出席会议。

15 日，《重庆市巴南区安澜镇顶山村土地利用规划（2017—2020）》入选为“第一届全国乡村规划优秀案例”。

同日，由巴南区政府、重庆（中国）三峡博物馆主办，巴南区文化委、湖北省长阳土家族自治县承办的巴南博物馆开放暨“巴县旧影”文物图片展在区文化艺术中心举行。

21 日，巴南区制定《巴南区以大数据智能化为引领的创新驱动发展战略行动计划（2018—2020）》，建立区级部门协同推进工作机制，合力解决大数据智能化战略实施中的重难点问题，全面推动巴南区以大数据智能化为引领的创新驱动发展。

27 日，区委书记辛国荣率四大家领导赴万州区调研对接对口帮扶工作，万州区捐赠 2000 万元用于万州区脱贫攻坚。

29 日，巴南区纪念中国共产党成立 97 周年大会在区行政中心大礼堂隆重举行。

是月，巴南区公共法律服务中心、22 个镇街公共法律服务工作站、300 个村居公共法律服务工作室（窗口）全部建成投用，全区建成了覆盖城乡的三级实体平台，实现公共法律服务“一站通”。

是月，在第十三届中国重庆高新技术交易会、第九届中国国际军民两用技术博览会期间，中华人民共和国科学技术部联合中国科学院、中国发明协会、重庆市人民政府向重庆市巴南区人民政府颁发“特别贡献奖”，向巴南区科委颁发“优秀组织奖”。

七月

1 日，“风云四号”静止气象卫星地面接收站在巴南国家气象观测站（云篆山）完成建设，系统投入业务运行。

5 日，国家税务总局重庆市巴南区税务局挂牌成立，标志着原重庆市巴南区国家税务局、原重庆市巴南区地方税务局自此正式合并。

同日，巴南区召开深入推动长江经济带发展动员大会暨生态环境保护大会，区委书记辛国荣出席会议并讲话，全体区领导，区级相关部门（单位）、国有公司、金融机构、大型企业主要负责同志出席会议，全区 22 个镇街设分会场。

9 日，巴南区成功创建国家知识产权试点城区。

10 日—15 日，第十五届 CSBA 全国初中女子篮球锦标赛在重庆市实验中学举行，重庆市实验中学获比赛第三名。

11 日，市人大常委会副主任杜黎明率领市人大常委会第三调研组来区，对旅游产业发展工作开展调研。

12 日，巴南民盟首个“盟员之家”在安澜镇南龙巴廉寺生态园揭牌。

13 日，重庆西站——龙洲湾交通换乘枢纽站的高铁快车 G07 线正式开通。

同日，老万鱼庄与鱼洞街道签订驶离巴南水域的协议，标志着巴南区成功取缔一江春水、老万鱼庄 2 艘餐饮船舶，圆满完成市餐饮船舶整治工作任务。

16 日，上海伽煜、麻柳医药电商平台等 4 个新项目建成投产；智睿生物、博唯生物等 6 个项目厂房主体完工。

18 日，举办巴南区习近平新时代中国特色社会主义思想微宣讲大赛，评选出一、二、三等奖共 10 名。市委宣传部副部长曾维伦出席比赛活动，并担任评委。

24日，成立巴南区中华职教社。

31日，龙洲湾隧道项目1号隧道左线贯通，标志着龙洲湾隧道全线贯通。

是月，教育部认定巴南区中小学综合实践学校为2018年中小学国防教育示范学校。

是月，鱼洞中学、花石小学被市教委评为“重庆市第四批义务教育阶段体育特色学校”，花溪中学、惠民小学评为“重庆市第四批义务教育阶段艺术特色学校”。

八月

2日，巴南区招商项目集中签约仪式在雾都宾馆举行，巴南区集中签下36个项目，签约金额713亿元。

3日，巴南区2018年招商引资重点项目集中开工活动在沿江开发区（12月更名为“重庆国际生物城”）举行，市政府李明清副市长致词并宣布项目开工，市政府副秘书长游贤勇及市级相关部门出席了集中开工活动。此次开工涉及的33个重大项目包括生物医药、智能制造、现代物流、城市建设等多个领域，总投资186亿元。

13日 巴南区铜锣山森林防火系统项目建设（共在铜锣山脉安装监控摄像头4套、红外语音播放设备4套）顺利通过市级验收。

14日，巴南区巴南百万市民“大城众管·共治五乱”主题活动启动仪式。

16日，东温泉镇荣获国家住房和城乡建设部“国家园林城镇”授牌。

20日，巴南区开通龙洲湾换乘枢纽至潼南班车。

21日，中国林业集团与区政府正式签订投资合作协议，将联合在巴南区打造中国西部木材贸易港项目。

23日，老挝副总理宋迪·隆迪参观物流基地。

同日，阿里新零售业务重庆区域结算中心、特种装备军民融合等2个重点项目落户巴南。

23日—25日，2018中国国际智能产业博览会（简称“智博会”）在重庆举行。本届智博会无人机大赛由巴南区政府、市经信委主办，新华社中国经济信息社重庆中心协办。同时，采取“以赛招商”的模式，扩大巴南区发展无人机产业影响力，促进招商引资。

24日，日本新潟县三条市市长国定勇人，在智博会期间与我区共同签署了《中华人民共和国重庆市巴南区和日本国新潟县三条市缔结友好城市关系备忘录》，并实地考察了丰盛古镇、巴南区文化博物馆等地。

同日，巴南区城镇危房动态监测工作会在东方温泉大酒店召开，巴南区城镇危房动态监测工作正式启动。12月27日，巴南区城镇危房动态监测工作受到重庆市住房和城乡建设委员会专项文件表彰。

同日，全区首次成功发行土地储备专项债券资金共11亿元。

8月26日—9月2日，巴南区的《木洞山歌》《接龙吹打》作为中国非物质文化遗产的杰出代表，参与“2018感知重庆·美国日本友城行”活动，在市委常委、宣传部部长张鸣亮的带领下亮相美国西雅图、明尼阿波利斯、纽约三座城市，向世界友人展示中国传统文化魅力，赢得广泛赞誉。

是月，《中国共产党重庆历史大事记·巴南区卷(1919—2006)》由重庆出版社公开出版发行。

是月，巴南区广播电视台通过重庆市文化委播出机构建设等级评估检查，综合评估获评A级。

九月

4日，区台办联合区公安分局为在区台胞办理居民居住证。

同日，重庆长安汽车股份有限公司发布公告称，与日本铃木株式会社达成股权收购协议，重庆长安收购日本铃木持有的长安铃木全部股份，将支持长安铃木持续经营。日本铃木将继续向长安铃木提供生产许可。

6日，新建成的龙洲湾中学、西南大学华南城中学、西南大学华南城小学、珠江城中学、珠江城小学5所学校投入使用，新增学位9240个。

12日，重庆宗申创新技术研究院有限公司被市科委认定为重庆市新型高端研发机构。

14日，木洞中坝大桥成功合龙，标志着整个大桥项目重难点建设基本完成。

同日，重庆中迪医疗（股票代码836172）在“中国软件行业协会”主办的“中国软件和信息服务业企业信用评价活动”中获得了最高信用等级AAA级。

14日—16日，2018中国商用车博览会在重庆公路物流基地成功举行。

19日，《教育部办公厅关于公布2018年全国中小学德育工作典型经验名单的通知》（教基厅函〔2018〕79号），公布2018年全国中小学德育工作典型经验名单，巴南区界石小学《儿歌声声润童年》入选。

23日，上海奉贤区人大常委会考察团，到红光社区考察调研“三社联动”和“助老服务站”工作。

26日，巴南区划定生态保护红线184.6平方公里，占幅员总面积的10.12%。

28日，著名作家张恨水之女、美国侨胞张明明和安徽池州学院张恨水研究中心主任谢家顺教授一行来渝考察巴南区南泉镇张恨水旧居。

29日，巴南区白居寺长江大桥主体正式动工。

同日，西南地区最大的室内体育馆——华熙LIVE·重庆鱼洞文体中心正式开馆运营。

是月，市级重点项目智睿生物医药产业园研发及孵化中心在重庆麻柳沿江开发区（现更名为“重庆国际生物城”）一期建成投入使用。

十月

10日，央视中文国际频道《外国人在中国》节目摄制组到木洞镇，用镜头记录匈牙利导演阿提拉和中国剧协副主席沈铁梅寻访中国民俗文化的故事片段。

同日，由区安监局主办，重庆科能文化发展有限公司承办的“掌上安监”系统运营新闻发布会召开。市相关辖区安监局领导，市区行业协会领导，赤水工业园区相关领导，市区内近200家工贸企业代表及20余家新闻媒体记者出席会议。

15日—22日，2018中国冰壶公开赛在华熙LIVE·巴南国际体育文化中心成功举办。共有11个国家的16支代表队共150余名选手参加。

16日，全国人大代表、民革中央组织部部长、民革中央妇青委副主任叶赞平率民革中央妇青委调研组一行奔赴巴南区石滩镇、界石镇，就“西部地区农村人员返乡创业情况”课题进行专题调研。

同日，市政府办公厅《政务工作交流》第6期以《巴南区深化商事制度改革助力企业高质量发展》为题专题报道巴南区商事制度改革成果。

17日，区侨联在鱼洞街道广益街社区举行

“侨胞之家”授牌仪式，成立巴南区第一个“侨胞之家”。

22 日，南两（南川至两江新区）高速汤家山隧道左洞提前 10 天顺利贯通。

22 日—26 日，重庆市宗申产业集团刘勇作为重庆市非公企业代表参加中国工会第十七次全国代表大会,并被中华全国总工会授予“全国五一劳动奖章”。

23 日，重庆市机械高级技工学校教师秦维刚获批建立秦维刚数控车工市级首席技能大师工作室。中冶建工集团重庆钢结构有限公司杜天均获批建立杜天均焊工市级首席技能大师工作室。

24 日，巴南区举行 2018 年人防专业队伍防空袭综合演练。8 类 16 支专业队伍 200 余名队员、防空防灾一体化社区 100 余名民防志愿者参加演练活动。

25 日，由台中市私立李照雄慈善基金会（中国台湾）重庆代表处主办的健康惠民公益项目启动仪式在巴南举行。

同日，双星桥迁移保护工程验收会在东温泉镇召开，正式通过验收。

26 日，上午 9:30 左右在巴南区鱼洞新世纪幼儿园门口，发生一起持刀伤害幼儿的恶性案件。市委市政府、区委区政府高度重视，指挥处置得当，受伤幼儿得到妥善救治，均无生命危险。

30 日，巴南区第五届“助你启航”创业大赛决赛在区文化艺术中心举行。大赛以“扬帆巴南 创业起航”为主题，历时 6 个月，100 余个项目参赛。

31 日，巴南区委组织部与建行重庆市巴南支行签订了智慧党建平台合作协议。

是月，巴南区龙洲湾片区地下综合管廊建设动工建设。

十一月

1 日，重庆茶业（集团）有限公司被认定为农业部“农业产业化国家重点龙头企业”。

4 日，由国家体彩中心、市体育局、巴南区政府主办，市体彩中心和区体育局承办的 2018 优秀特困大学生关爱行动暨重庆体彩公益 V 跑在巴滨路顺利落幕，活动共筹集到 40880 元善款用于公益捐赠。

5 日—14 日，由市委宣传部、市文化和旅游发展委员会主办，区委宣传部、区文化委、区文联承办的“奉献人民·放歌巴渝”——渝州大舞台城乡文化互动工程暨 2018 年秋季送演出进基层活动在巴南区各镇街开展。

7 日，渝黔高速公路扩能工程首条隧道新弯隧道贯通。

7 日—10 日，巴南中学排舞队参加 2018 年福摩杯“舞动中国—排舞联赛”全国总决赛获中学生乙组小集体团体特等奖。

9 日，巴南区在姜家龙石矿业有限公司成功举办 2018 年巴南区非煤矿山坍塌事故灾害应急演练，金安系统向全市安监系统现场直播，得到市政府安全专家充分肯定。

12 日，南两（南川区至两江新区）高速汤家山隧道提前 60 天全线贯通，汤家山隧道为南两高速全线唯一一条双向六车道隧道。

12 日—18 日，由市文化和旅游发展委员会、市文学艺术界联合会指导，巴南区人民政府、重庆日报、重庆市创意设计家协会、重庆华熙国信体育文化产业发展有限公司联合主办的重庆国际创意周活动，在巴南华熙 LIVE 举办。市委宣传部副部长张洪斌，重庆日报总编辑张永才，市文化和旅游发展委员会副主任朱茂，市文联党组成员、副主席杨矿，中国商务广告协会会长李西沙，西部创意行业特邀代表李三水，龙玺奖创始人、亚太广告节主席林俊明及数百位论坛演讲嘉宾、展览策展人、重庆各行业代表人物、国内外创意行业领头羊、西部各城市创意青年代表和各界媒体共同出席参加活动。

13 日，中国人民银行巴南中心支行成功处理首笔电子化出口退税业务。

15 日—30 日，姜家、东泉、南彭、二圣、惠民、接龙、界石、石龙、石滩、天星寺 10 个镇街的居民可前往各属地镇街（村社）办理公交卡。

16 日，住建部检查巴南区筑垃圾消纳场工作，检查专家组由上海市废弃物管理处处长（组长）邹华、东莞市城市综合管理局副局长叶志峰、北京建筑大学土木与交通工程学院副教授周文娟等专家组成。

18 日，2018 重庆国际半程马拉松赛在巴滨路开跑，来自 15 个国家和地区的 15000 余名选手参赛。

19 日，金竹大桥正式通车。

21 日，区委第六次人大工作会议召开。

同日，龙洞湾大桥正式通车。

21 日—11 月 23 日，湖北省天门市党外代表人士培训班在区委党校举办。

24 日，南川区至两江新区高速公路（巴南段）太洪长江大桥南岸主塔顺利封顶。

同日，新中国第一位驻外女大使丁雪松 100 周年诞辰纪念活动在木洞镇河街举行，丁雪松的后人及社会各界人士参加活动。

28 日，巴南区退役军人保障机构筹备组挂牌成立，标志着巴南区退役军人服务保障工作进入新阶段。

同日，巴南区退役军人保障机构筹备组挂牌成立。

同日，重庆市川剧院、木洞镇政府签署战略合作协议，共同推动“非遗”文化发展和乡村文化振兴。

28 日—30 日，区政协承办的黔川渝毗邻文化旅游金三角第五次联动协作会在巴南区龙洲湾典雅戴斯酒店举行，来自黔川渝毗邻地区的 38 个区县市政协齐聚巴南，以“合力打造旅游升级版，共同创造高品质生活”为主题，助推文化旅游大发展进行商讨。

29 日，住建部到巴南区核查危桥加固改造工作，现场踏勘巴南区箭滩河大桥加固改造情况，听取巴南区城管局箭滩河大桥加固改造情况的汇报，检查相应资料，并进行评价。

是月，全国供销总社研究室主任程庆新一行，对丰盛供销社综合改革暨专项试点工作、石滩供销社全程农业社会化服务、美亨柚子专业合作社建设和发展情况做了详细调研，并对巴南区取得的成果给予肯定。

是月，区货运车辆大数据监控平台正式启用，辖区 200 余家货运企业 2500 余辆货运车辆将全部接入平台监管。

是月，2018 年重庆国际人才创新创业洽谈会生物医药双创英才项目对接会在重庆麻柳沿江开发区（现更名为“重庆国际生物城”）举行，来自海内外的 23 个高精尖医疗创新创业团队及 10 家风投机构参会。

是月，恒大城小学被教育部西南基础教育课程研究中心评为2018年全国群文阅读示范基地。

是月底，巴滨路、渝南大道、东城大道、龙洲大道的绿化品质完成提档升级。

十二月

4 日，重庆市主城区中小学幼儿园安全隐患整改工作推进会在巴南区召开，市政府副市长屈谦出席，市政府副秘书长唐慎、市教委副主任刘宴兵、市应急局副局长刘涛、市综治办副主任张强等市级部门负责人，主城各区教育工作分管领导、教育行政部门负责人参加会议。

5 日，区工商分局投入使用智能营业执照自助打印一体机，可自助打印 A3 正本、A4 副本的标准格式全套营业执照。

6日，重庆—新加坡东盟班车线路测试在巴南区南彭公路保税物流中心（B型）启动，满载无人超市专用设备货物的东盟班车一路向南，于12月12日下午在新加坡叶水福供应链城正式完成接车，标志着重庆东盟公路班车连接陆上丝绸之路与海上丝绸之路的跨境公路货运通道全线贯通，实现了重庆东盟公路班车中南半岛国家一二线城市的全覆盖。

8日，巴南区第三届“巴南工匠”职业技能大赛在重庆市机械高级技工学校举行。共设数控车、园艺2个竞赛项目，吸引80余名优秀选手参加。

12日，12月12日，由市妇联、市商务委、市文旅委主办，区妇联承办的重庆市首届最美巾帼农家乐展示展演活动在南彭街道水竹村南湖湾农家乐举行。

13日，“巴渝工匠”杯第三届重庆市健康养老行业暨生物医药行业职业技能大赛在区卫生技工学校举行，国家人社部职业能力建设司副巡视员刘新昌出席并宣布开幕。

同日，重庆金珏果蔬种植专业合作社作被区人力社保局和区扶贫办认定为巴南区第1家就业扶贫示范车间并授牌。

14日，东盟班车在新加坡叶水福供应链城正式完成接车，标志着重庆—东盟公路班车第六条班线全线贯通。

15日，巴南区实现国有空地出让成本返还入库858.87万元，超额完成200万元国有空地处置收入任务。

18日，区委第六次政协工作会召开。会议通过并印发《中共重庆市巴南区委〈关于加强和改进新时代人民政协工作的意见〉》（巴南委发〔2018〕45号）和《中共重庆市巴南区委办公室〈关于加强新时代人民政协党的建设工作的实施意见〉》的通知（巴南委办发〔2018〕25号）。

19日，巴南区开行104公交线路，该线路起于龙德二支路，经龙德路、区府、轨道学堂湾至龙泽路北。

19日—23日，2018重庆国际羽毛球公开赛在巴南区体育馆举行。此次比赛有来自丹麦、新加坡、加拿大等国以及福建、江苏、湖北、重庆等共计12支专业羽毛球队参加，是重庆市有史以来最高水平羽毛球赛事。

21日，中国银行保险监督管理委员会巴南监管分局挂牌成立。

24日，中央电视台《记住乡愁》第五季摄制组此次走进木洞，探寻大禹治水留在当地的精神起源。

同日，巴南区广播电视台调频104.5推出新节目《一路心赏》。

25日，姜家接龙片区131辆、47条线路的班线客车正式退出，12月26日，22条常规公交、40条定制公交线路，共计157辆公交车一次跟进，至此，巴南区成为全市主城区率先实现二环外全域公交化的区县。

27日，重庆市政府副市长刘桂平率队调研物流基地“陆海新通道”建设。

28日，巴南区南环立交改造项目正式动工。

同日，重庆市曲艺家协会授予惠民街道“重庆市曲艺家协会特色基地（谐剧）”的称号。

29日，按照《重庆市医疗保障局重庆市财政局关于调整我市城镇职工医疗保险政策实现退休人员医保待遇与用人单位缴费脱钩的通知》（渝医保发〔2018〕27号）规定，退休人员医疗保险待遇与用人单位缴费脱钩。

31日，高洞子水库完成枢纽工程建设。

是月，巴南区名班主任志愿者服务队“点灯人”亲子阅读推广计划获“第四届中国青年志愿服务项目大赛金奖”。

2018年，全区辖区税收收入突破100亿元，迈上历史新进程；全区一般公共预算收入48.1亿元，增长27.6%、居全市第一位；其中税收收入43.4亿元，增长30.2%；非税收入占比10%，收入质量居全市第二位。

目 录

法　治

军 事

经 济

农 业

工　业

园区建设及区属国有公司

交通　邮电

城乡建设与管理

环境保护与管理

商贸流通

旅　游

金　融

财政　税务

经济监督管理

社会事业

科学技术

教　育

文化　体育　卫生

人民生活

库区移民

镇 街

人物　光荣榜

人　物

光　荣　榜

重要文献

文件索引

统计资料

附　录

索　引

综　述

综　述

巴南概况

巴南区的前身是千年历史名邑巴县。1994年12月经国务院批准撤县建区，辖区面积1825平方千米。巴南区位于重庆主城南部，东与涪陵区、南川区接壤，南与綦江区相连，西与江津区、九龙坡区、大渡口区毗邻，北与南岸区、江北区、渝北区、长寿区交界。全区辖8个街道、14个镇。2018年末，有行政村198个，村民小组1860个；社区居委会102个、居民小组1726个。常住人口108.82万，城镇化率为81.67%。

历史文化厚重。早在3000多年前的商代，巴人就在此繁衍生息、立国建都。作为巴国的发源地和传承之地，三千年巴文化源远流长。历史上，先后涌现出"宁抛头颅不丢寸土"的英雄将军巴蔓子、"革命军中马前卒"邹容、孙中山大元帅府秘书长杨沧白、新中国首任女大使丁雪松等杰出人物，拥有"接龙吹打""木洞山歌"国家级非物质文化遗产、南泉抗战旧址群等丰富文化资源。

区位优势突出。巴南位于重庆主城南部，属主城九区之一。5条高速公路在境内交会，是"重庆—东盟南向国际物流大通道"的起点；拥有60余千米长江黄金水道，李家沱、马桑溪、鱼洞3座长江大桥和在建的白居寺长江大桥架通南北，渝南大道、龙洲大道、巴滨路、轨道交通2号线和3号线等构筑起便捷的立体交通网络。

生态环境优越。全区森林覆盖率达46.6%，拥有主城近50%的森林面积，全市50%的温泉资源，沿江、傍泉、依山、靠林、临湖、环岛，有重庆市十大旅游度假区之一的东温泉—南温泉旅游度假区以及天坪山、圣灯山、云篆山、樵坪山、南湖、金龙湖、丰盛古镇、木洞老街等旅游休闲胜地，是名副其实的山城、江城、温泉之城、森林之城，是"中国优秀旅游城区"、西部第一个"中国温泉之乡"和"全域旅游·重庆最美旅游胜地"。

产业基础雄厚。重庆国际生物城正式落户，公路物流基地成为全市"1+3"国际物流分拨基地之一，汽车摩托、生物医药、电子信息、商贸物流、军民融合等产业集群不断发展壮大。以京东电商、华南城等为代表的现代服务业蓬勃发展。拥有重庆市首批市级特色工业园区，新能源汽车、电子信息、生物医药等战略新兴产业集群发展，宗申、建设、大江、长安铃木、惠科电子、智睿生物、弘愿气动等一大批知名企业云集巴南。现代特色效益农业"3+5"产业体系加快构建，农商文旅融合发展，培育了"定心茶""接龙美亨蜜柚"、五洲园、南湖多彩植物园等一批标志性产品和休闲旅游品牌。

自然环境

【气候】 巴南区属亚热带湿润气候，四季分明，春早秋迟，夏热冬暖，盛夏多伏旱，秋季有绵雨，冬季多云雾，霜雪甚少，无霜期长，日照少，风力小，湿度大。2018 年巴南区平均气温为 17.3℃，历年平均气温为 18.4℃，偏低 1.1℃；本年极端最高气温为 38.8℃，历年极端最高气温为 43.9℃，偏低 5.1℃；本年极端最低气温为 0.8℃，历年极端最低气温为 -1.7℃，偏高 2.5℃。本年降水量为 1214.9 毫米，历年降水量为 1070.3 毫米，雨量偏多 14%。本年日照时数为 1124.0 小时，历年日照时数为 1147.4 小时，日照偏少 2%。

全年共出现暴雨天气 5 次，轻度气象干旱 1 段，超过 35℃的高温日数较常年明显偏多 17 天，强降温 4 次，特强降温 2 次，轻度连阴雨天气 5 段，严重连阴雨天气 3 段，3 次局地降雪天气过程。全年各类气象灾害造成全区 8098 人受灾，紧急转移安置 299 人，倒塌房屋 53 间，严重损坏房屋 116 间，一般损坏房屋 888 间，农作物受灾面积 227.6 公顷，道路受损 15 千米，滑坡 5 处，垮塌 40.8 余立方米，道路中断 1 条，直接经济损失 3584 万元。总体来看，2018 年气象灾害偏轻，农业气象条件正常偏好，全年度气象条件对植物生长发育和产量形成总体较有利。

（气象局 陈小伦）

【环境质量】 2018 年，巴南区环境质量总体趋好，大气环境质量改善较为明显，空气质量优良天数达 309 天，较 2017 年增加 24 天；环境空气中细颗粒物（PM2.5）、可吸入颗粒物（PM10）、二氧化硫（SO_2）、二氧化氮（NO_2）的年均浓度分别为 35μg/m^3、65μg/m^3、10μg/m^3、38μg/m^3，大气污染物得到有效控制。水环境质量整体保持良好，长江巴南段、一品河、五布河均能满足水域功能要求，城市集中式饮用水源地达标率为 100%，乡镇集中式饮用水源地达标率为 100%，较 2017 年上升 12.1%。声环境质量总体平稳，网格达标率为 100%，较 2017 年提升 4.88%。

（环保局 赵雪丽）

【土地资源】 全区土地以丘陵为主，低山次之，平地极少，分别占全区总面积的 62.3%、33% 和 4.7%。土壤类型有水稻土、紫色土、黄壤土、潮土和石灰土等。根据 2018 年末土地利用变更调查成果，全区土地总面积 1822.84 平方千米，其中耕地 575.99 平方千米。

（国土局 熊吉祥）

【植物资源】 巴南区现有林地面积 132.6 万亩，林木蓄积 370 万立方米，森林覆盖率 46.6%，是主城重要的“肺叶”，也是长江上游重要的生态屏障。2012 年全国森林资源二类调查结果显示，巴南区植物资源丰富，全区境内分布有树种 73 科 227 种。其中珍贵稀有树种有红豆树、银杏、穗花杉、红豆杉、桢楠、大叶黄荆等。优势树种有松科（7 种）、杉科（4 种）、柏科（9 种）、樟科（11 种）、豆科（9 种）、禾本科（15 种）等，全区森林中优势树种有松、杉、柏，竹类等，尤以马尾松分布最广，现有 47.2 万亩，占主城全部松林面积的 40%。森林主要分布于铜锣山、明月山、桃子荡、鲜家坪四大山脉和云篆山、圣灯山、樵坪山、石滩天台山、安澜龙岗、石龙长岭六大林区。

（林业局 周小波）

【动物资源】 2012 年全国森林资源二类调查结果显示，全区境内有动物资源数百种。除大量的畜、禽、鱼等养殖品种外，常见的野生兽类动物有狐狸、林麝、獐子、松鼠、兔子、穿山甲、野猪等；鸟类动物有鸬鹚、苍鹭、白鹭、绿翅鸭、长尾雉、猫头鹰、金鸡、斑鸠、画眉、喜鹊、乌鸦、麻雀等；还有大量的水生动物、两栖动物、爬行动物等。属国家二级保护动物的有白鹭、猫头鹰、穿山甲等。三级保护的动物有林麝、獐子、金鸡等。

（林业局　周小波）

【矿产资源】　巴南区矿产资源分带较明显，分布相对集中，主要分布在区内三大背斜附近，包括南温泉地热成矿带，桃子荡石灰岩、地热、铁矿成矿带，丰盛场石灰岩、煤、地热成矿带等3个成矿区带。在重庆市范围内，巴南区属矿产资源相对较少的区县之一，但具有地热、石灰岩（水泥用灰岩、建筑石料用灰岩）和砖瓦用页岩等特色优势矿产，具有找矿潜力的矿产主要是石英砂（玻璃用砂、建筑用砂）、煤和铁矿。全区共发现矿产 20 种（含亚矿种），查明矿产资源储量 17 种。辖区内能源矿产、金属矿产较少；非金属矿产中水泥用灰岩、建筑石料用灰岩、砖瓦用页岩资源丰富；地热资源在全市具有得天独厚的优势；石英砂（玻璃用砂、建筑用砂）、煤、铁矿等具有一定的资源潜力。

（国土局）

【水资源】　巴南区属四川盆地亚热带湿润气候区中的四川盆地东南部长江河谷区，年内降水量多，径流量较大，全区多年平均降水 1081.7 毫米，水资源十分丰富。长江贯穿境内北部边境长达60 千米，加之境内有大小溪河 100 多条，流域面积 1702.24 平方千米，占辖区面积的 93.30%。多年平均地表水径流量 9.58 亿立方米，地下水补给量 1.17 亿立方米、长江（寸滩水文站断面）过境水量 3448 亿立方米。区内各种水利工程 5225 处，总蓄水量 1.38 亿立方米，有效灌溉面积 2017 平方千米，农业生产有可靠的水资源保证。

（水务局　徐　佳）

民族　人口　宗教

【民族】　第六次全国人口普查汇总资料显示，2010 年 11 月 1 日零时，巴南区境内常住人口以汉族为主，占常住总人口的 99.5%；其次有土家族、苗族、满族、回族、彝族、壮族、蒙古族、藏族、维吾尔族、布依族、朝鲜族、侗族、瑶族、白族、哈尼族、傣族、黎族、傈僳族、佤族、高山族、拉祜族、水族、纳西族、柯尔克孜族、达斡尔族、仫佬族、羌族、布朗族、毛南族、仡佬族、独龙族和其他未识别民族，少数民族人口占常住总人口的 0.5%。

巴南区少数民族种类及人数情况

民族	人数	民族	人数	民族	人数
土家族	1747	侗族	93	水族	7
苗族	1250	瑶族	40	纳西族	10
蒙古族	85	白族	37	柯尔克孜族	1
回族	182	哈尼族	33	达斡尔族	8
藏族	68	独龙族	1	仫佬族	8
维吾尔族	8	傣族	30	羌族	17
彝族	167	黎族	19	布朗族	3
壮族	153	傈僳族	8	毛南族	1
布依族	116	佤族	9	仡佬族	65
朝鲜族	17	高山族	2	未识别民族	1
满族	223	拉祜族	1		

（区统计局　民宗侨办）

【人口】 2018年，全区常住人口108.82万人，比上年增加2.1万人，其中城镇常住人口88.87万人，占总人口比重（常住人口城镇化率）为81.67%，比上年提高1.29个百分点。全区户籍人口930214人，增长1.2%，其中男性469184人，女性461030人，男女性别比为101.8：100。城镇人口568557人，占总人口的61.1%；乡村人口为361657人，占总人口的38.9%。按户籍人口计算，年内出生人口9972人，出生率为10.8‰；死亡人口6891人，死亡率为7.5‰；人口自然增长率增长3.3‰。

（统计局）

【宗教】 巴南区是重庆市宗教工作重点区县之一，全区有佛教、道教、天主教、基督教四大宗教，有佛教协会、天主教爱国会、基督教三自爱国运动委员会3个宗教团体；批准开放的宗教活动场所24处，其中：佛教活动场所10处（云篆寺、白沙寺、云豁寺、灵香寺、龙岗宝峰寺、天心寺、清溪寺、皇经寺、木洞显应寺、青岩寺），天主教活动场所2处（和平桥天主堂、木洞天主堂），基督教活动场所8处（基督教南泉礼拜堂、基督教姜家礼拜堂、基督教惠民礼拜堂，基督教木洞福音堂、基督教二圣活动点、基督教石龙活动点、基督教双河口活动点、基督教大江活动点），道教活动场所3处（老君庙、清玄观、建文宫）；认定备案的教职人员22人，信教群众约10万余人。

（统战部 张 利）

经济社会发展概况

【经济建设】 2018年，巴南区实现地区生产总值781.2亿元，按可比价计算（下同），增长7.1%。其中，第一产业实现增加值41.2亿元，增长0.7%；第二产业实现增加值302.5亿元，增长4.4%；第三产业实现增加值437.5亿元，增长9.8%。按常住人口计算，人均地区生产总值为72489元，按现行汇率（1：6.8755）折算为10543美元。三次产业的比例，由2017年的6.9：45.6：47.5调整为2018年的5.3：38.7：56.0。三次产业对全区经济增长的贡献率分别为0.5%、25.0%和74.5%，对全区经济增长的拉动力分别为0.0、1.8和5.3个百分点。

农业产值平稳增长，农业产业结构进一步优化，粮经产值比调整到17.44：82.56。全年实现农业总产值56亿元，按可比价计算，增长1.3%。

全年工业增加值199.5亿元，增长2.9%。工业总产值增长2.1%，其中规上工业总产值增长0.8%，按轻重工业分，轻工业规上总产值增长18.5%，重工业规上总产值下降2.3%；按经济类型划分，国有企业规上总产值下降20.7%，股份合作制企业规上总产值下降42.6%，股份制企业规上总产值增长1.4%，外商及港澳台投资企业规上总产值增长0.4%，其他经济类型企业规上总产值下降31.8%。

全年建筑业增加值103亿元，增长7.6%。按注册地分，实现注册地建筑业总产值294亿元，增长0.6%。房屋施工面积1088万平方米，下降9.7%；房屋竣工面积509万平方米，下降3.8%。

交通运输、邮政、电信业稳步发展。全年完成旅客运输量1451万人次，下降3.1%；货物运输量3852万吨，增长10.0%。2018年，完成邮电业务总量25.3亿元，增长71.9%。本地固定电话用户达到19.9万户，增长5.9%；移动电话用户达到129.8万户，净增12.5万户，增长10.7%。

城市建设和管理成效显著。城市道路内联外畅建设加快，龙洲湾隧道主线全线贯通，立交全面启动施工，白居寺长江大桥已进场施工，佛耳岩码头进港道路一期建成通车，滨江片区纵一路完成50%路段建设，3条未贯通道路全面启动建设，南环立交改造项目、新燕尾山隧道、渝黔复线连接道内环至绕城段和云篆山隧道4个项目前期工作有序推进，轨道交通5A线建设前期工作全面启动。新建公厕25座，清运生活垃圾25万吨，新增城市绿地面积167万平方米，完成改建项目10个，改建绿化面积10.7万平方米。

市场消费持续增长。全年实现社会消费品零售总额343.5亿元，增长11.2%。其中，城镇实现326亿元，增长11.2%；乡村实现17.5亿元，增长10.7%。全年批发零售业销售总额304.6亿元，增长10.7%；住宿餐饮业营业收入38.9亿元，增长15.1%。全区商品销售总额848.4亿元，增长11.7%，其中批发零售业销售总额808.5亿元，增长12%，住宿餐饮业营业收入39.9亿元，增长6.5%。

旅游业亮点纷呈。全年接待游客3339万人次，增长8.0%，实现旅游综合收入111.1亿元，增长9.3%；签约昊宇航空房车露营基地、红炉盘龙美丽乡村等9个项目，全年新增备案旅行社服务网点25家，全区有国内旅行社2家、旅行社分社1家、门市部94家。东温泉景区通过4A级景区的复核，丰盛镇获评“重庆市乡村文明旅游示范乡镇（街道）”、安澜顶山村获评“重庆市乡村文明旅游示范村”、又见炊烟获评“重庆市乡村文明旅游示范农家乐（商铺）”，二圣镇获评重庆市第三批特色景观旅游名镇，五斗丘小院等6家民宿获评“重庆市最美旅游民宿”。

利用外资9640万美元，下降34.6%。据海关统计，全年外贸进出口总额104.8亿元，下降11%，其中进口总额40.9亿元，下降34.3%，出口总额63.9亿元，增长15.1%。

固定资产投资全年实现515.3亿元，增长15.4%；建设与改造投资122.6亿元，下降2.4%；房地产开发投资392.6亿元，增长40%，其中住宅投资316.7亿元，增长56.9%。全年商品房销售面积560万平方米，增长21.5%，其中住宅销售面积481万平方米，增长26.9%；商品房销售额499.4亿元，增长54.3%，其中住宅销售额440.6元，增长65.9%，商品房销售呈现量价齐增态势。商品房空置面积152万平方米，下降13.1%；商品房竣工面积242万平方米，远小于商品房销售面积，房地产去库存效果明显。

地方财政收支稳定增长。2018年，全区实现一般公共预算收入48.1亿元，增长27.6%，其中地方税收收入43.4亿元，增长30.2%。一般公共预算支出83.8亿元，增长9.3%，其中一般公共服务支出8.7亿元，下降11.1%；教育支出14.7亿元，增长16.8%；医疗卫生计划生育支出8.0亿元，下降2.5%；社会保障和就业支出10.1亿元，增长14.6%。辖区税收总收入104亿元，增长24.2%。

金融业稳步增长。2018年末，全区金融机构人民币存款余额842.9亿元，增长10.2%，其中个人储蓄余额525.5亿元，增长7.9%。金融机构人民币贷款余额716.1亿元，增长15.1%，其中短期贷款111.6亿元，下降2.8%，中长期贷款597.6亿元，增长18.5%，其他贷款6.9亿元，增长159.4%。

全年全区社会消费品零售总额增长7.9%。按销售地分，乡村社会消费品零售总额增长7.5%；按行业分，批发零售业社会消费品零售总额增长7.0%，住宿餐饮业社会消费品零售总额增长15.1%。

【社会发展】 科学技术稳步提升。2018年，全区组织申报高新技术产品94个，科技型企业累计入库519家，组织高新技术企业申报两批次共计35家，已通过24家，全区累计拥有国家高新技术企业79家。全区有效发明专利拥有量达1552件，专利密度达到14.54件/万人。全区建设市级及以上众创空间8个，众创空间总面积3万余平方米，入驻创新创业主体近200个，创新创业人数近千人。

教育事业健康发展。2018年，全区7所学校获评“市级课程创新基地”，6门课程获评“市级精品课程”。教学质量稳步提升，中考高考成绩再创历史新高，全区学生获国家级奖项200个、市级1700个。社区教育成果丰硕，创建终身学习全国品牌1个，获评“全国优秀成人教育院校”2

所，获评“重庆市社区教育特色课程”1门。体艺教育成绩斐然，创建全国体育、国防教育特色示范校10所，市级特色校4所，11人获评一级运动员。区属普通高中招生3930人，在校生11848人，毕业生4790人；职高招生9172人，在校生23905人，毕业生6832人；初中招生7967人，在校生22758人，毕业生6758人；小学招生10802人，在校生57941人，毕业生7939人；学前教育招生12770人，在校生31835人，毕业生10390人；特殊教育招生18人，在校生142人，毕业生7人；初中升高中入学率为99.9%，小学升初中入学率为100%，学龄儿童入学率为100%。辖区内普通高校招生16404人，在校生58585人，毕业生13300人。

文化事业不断发展。2018年，全年举办全区性大型群文活动201场次，镇街文化站群文活动2093场次，群文活动荣获省（市）级奖9个，全区娱乐单位数达239个。全区总藏书量达95.8万册，年阅读流通数近124万人次，年收刊共阅读90万册次。

体育事业取得新成绩。华熙文化体育中心投用，1.6万个室内座席创西南之最，成为重庆国际体育文化新地标。全区建成综合健身广场2个、社区健身点10个、农民体育健身工程18套、社区健身路径110条，新增公共体育场地面积近80000平方米。全区等级运动员发展人数1300人，等级裁判员发展人数105人，教练员134人，裁判员112人。

卫生医疗事业不断改善。区分级诊疗秩序初步建立，建成医联体4个，基层医疗机构建设达标率100%；急诊急救医疗体系更加健全，建成胸痛、卒中2个中心。区三级甲等医院建设项目、区中医院龙洲湾迁建工程三期综合楼工程、市七院门诊住院综合楼装饰工程等均按进度推进；建成国家、市级重点（特色）专科10个；举办国家级学术活动3次，市级继续医学教育198项。公共卫生服务能力显著增强，“八苗”接种率达99.98%以上，“三位一体”防控模式普及率达100%；孕妇健康管理率95.33%，0～6岁儿童健康管理率91.86%，孕产妇死亡率13.09/10万，婴儿死亡率3.58‰。全区有卫生机构666个（其中医院28个、基层医疗卫生机构628个），有编制床位7146张，卫生机构在岗职工7999人，卫生技术人员6627人。拥有职业（助理）医师人数2554人，其他技术人员224人。

城乡居民收入稳步增加。2018年，城乡居民可支配收入34917元，增长9.6%。其中城镇居民人均可支配收入38984元，增长8.7%；农村居民人均可支配收入18254元，增长9%。

劳动就业和社会保障体系不断完善。2018年，帮扶各类就业困难人员6449人次，举办各类招聘会125场；开展“企校双师联合培养”新型学徒制培训，累计培训4212人，其中新型学徒制培训711人。全区城镇新增就业人员、登记失业人员和就业困难人员就业分别为37426人、12209人和3935人，城镇登记失业率为2.69%，全区各大保险参保人数为183.21万人次，征收28.77亿元。

社会福利保障建设取得新进展。2018年，全区有4127户5306人享受城市低保，有5640户7953人享受农村低保，全年累计发放城市低保金3782万元、农村低保金4096万元。全年发放各类救助金3981万元，救助11余万人次，累计为6500余名特困人员发放救助供养金5545万元。开展救灾款物专项整治，救助5455户、8981人。2018年末，全区有198个村、102个社区居委会。

全社会用电量快速增长。2018年，全区售电量315067万千瓦·时，增长14.5%，其中第一产业售电量295万千瓦·时，下降20.5%；第二产业售电量125047万千瓦·时，增长8.6%；第三产业售电量104616万千瓦·时，增长18.0%；居民售电量85110万千瓦·时，增长19.9%。

生态环境持续改善。持续开展“五大行动”，全面实行“河长制”，持续开展花溪河、黄溪河、一品河黑臭河段控源截污整治，启动9座镇街污水处理厂技改项目，空气优良天数增加21天、达

309 天，创历史新高。林地面积增至 132.6 万亩，森林覆盖率达 46.6%。饮用水源地保护、次级河流水质、土壤污染防治、区域环境噪声全面达标。人居环境不断优化。

深入推进社会治安综合治理，严厉打击各类违法犯罪活动，全年刑事案件立案数 4668 件，下降 9.2%，刑事案件破案数 5465 件，增长 15.7%，治安案件发现受理起数 21584 件，下降 22.1%，治安案件查处数 21584 件，下降 22%。

（统计局　区志办）

政治、法治与军事

政　治

中国共产党重庆市巴南区委员会

【概况】　2018年，巴南区委深入学习贯彻党的十九大精神和习近平新时代中国特色社会主义思想，紧紧围绕习近平总书记对重庆提出的“两点”定位、“两地”“两高”目标和营造良好政治生态、做到“四个扎实”的重要指示要求，坚决打好“三大攻坚战”，认真实施“八项行动计划”，全区政治生态明显改善、干部精神振奋、社会大局稳定、经济稳步增长。全年实现地区生产总值781.2亿元，增长7.1%；工业总产值835.6亿元，增长2.1%；一般公共预算收入完成48.1亿元，增长27.6%，居全市第一位；辖区税收104亿元，增长24.2%；社会消费品零售总额364.8亿元，增长7.9%；全社会固定资产投资515.3亿元，增长15.4%；城镇、农村居民人均可支配收入分别达到3.89万元和1.83万元，分别增长8.7%和9%。扎实有效推进全面从严治党。深入学习宣传党的十九大精神和习近平新时代中国特色社会主义思想，习近平总书记视察重庆和参加重庆代表团审议时的重要讲话精神，以及市委五届四次、五次全会精神和陈敏尔书记到巴南宣讲调研指示精神，切实增强“四个意识”、坚定“四个自信”，坚决做到“两个维护”，坚决落实“三个确保”政治承诺。结合“兴调研转作风促落实”行动，深入基层开展宣讲1000多场次，引导广大干部群众把思想和认识统一到中央和市委决策部署上来，确保执行有力度、落实有深度。按照习近平总书记对肃清工作的重要指示精神和市委“十破十立”要求，坚决肃清孙政才恶劣影响和薄熙来、王立军流毒，消除杨钟馗严重违纪违法问题不良影响，教育广大党员干部明大德、守公德、严私德，以滚石上山的劲头持续净化政治生态，全区干部团结一致、沉心静气，干事创业激情不断释放。深化落实全面从严治党主体责任，制定完善区委全面从严治党责任清单。准确运用监督执纪“四种形态”，通报曝光各类案例68起107人，开展“以案四说”警示教育344场。狠抓作风建设，查处违反中央八项规定精神问题46件72人。自觉担负起巡察工作政治责任，及时听取巡察工作情况汇报，把支持配合巡察工作、落实巡察工作任务情况纳入各级党组织党建目标考核指标，纳入党组织书记述责述廉的必述内容。积极推进巡察工作向基层延伸，全年共移交问题线索121条，组织处理173人次，党纪处分11人。稳中有进提高经济发展质量。大力推进中新互联互通国际陆海贸易新通道建设，重庆公路物流基地成为全市“1+3”国际物流分拨中心之一，京东、阿里巴巴、满帮等37个龙头项目入驻，重庆—东盟班车新增重庆至缅甸、新加坡线路，实现中南半岛国家全覆盖。坚持“分块划分、单块运行、逐步整合、高效运转”的工作思路，整合成立“城市建设、文旅产业、工业商贸”三大管委会，进一步规范平台公司运行。有力有序开展“土地征收出让、税收规费征管、招商优惠政策”三项规范，有效遏制债务增量。2018年以来，债务总额稳中有降，存量债务以低冲高、以长冲短，有力降低了债务风险，全区财力实现收支平衡后结余9.4亿元，在消化历年赤字7亿元后，累计结余2.4亿元，为实现经济高质量发展奠定了坚实基础。城市面貌日新月异，龙洲湾隧道全线贯通，铁路枢纽东环线、渝黔高速扩能、南两高速、观景口水利枢纽等重大项目有序推进，中交、龙湖、金科等大型房企先后入驻。着力提升城市管理水平，坚持开展“马路办公”，清漂截污城乡环境综合整治万人百日攻坚行动效果显著，被《人民日报》等主流媒体广泛报道。统筹推进农旅融合，农业综合效应不断提升，坚持质量兴农、品牌强农，落实财政补助资金近5100万元，精准支持品牌茶叶、精品果蔬、特色粮油、生态渔业等四大支柱产业。“三品一标”认证农产品（产地）达到186个，11个农产品通过重庆名牌农产品认证。“五彩丰盛”“天坪天乡”“环云篆山”三个农旅融合发展示范片区成效初显，一品幸福田园小镇等农旅融合项目有序推进。新申报市级龙头企业6家，做大做强“云林天乡”“乡村印象”等农旅融合、“生态三养”旅游项目168个，培育壮大新型农业经营主体达2492家，通过就业吸纳、订单带动、参股合作、利润分红等方式增加农民收入。全力保障和改善社会民生。坚决打好精准脱贫攻坚战，全面贯彻习近平总书记扶贫开发重要论述，投入2000万元帮扶资金，认真开展对口帮扶万州区脱贫攻坚工作。落实市、区级财政专项资金1500万元，整合行业部门扶贫资金1.4亿元，持续巩固发展5个贫困村主导产业，238户建卡贫困户直接受益。筹集危房改造专项资金1亿多元，基本完成3060户农村4类重点对象D级危房改造建设任务。生态环境质量不断改善，守牢长江及其主要支流“1千米”“5千米”底线，划定生态红线面积184.6平方千米，全区森林覆盖率达46.6%。全面落实河长制，花溪河、黄溪河水质逐步改善，城市集中式饮用水源水质达标率100%，城市黑臭水体国家考核为“优”，全年空气质量优良天数达309天，医疗废物无害化集中处理率达100%。切实提高社会保障水平，“稳就业”成效明显，各社会保险参保人数183.2万人次，同比增加近14.5万人次，全区城镇新增就业、登记失业人员就业和就业困难人员就业共计5.2万人。持续提升医疗服务水平，区人民医院开展“三甲”创建，市七院、区中医院通过“二甲”复评，区二院创建“二甲”成功。扎实推进文化事业发展，巴南博物馆建成开放，非遗节目《巴歌渝调》在市群艺馆成功上演，“麻雀艺评”获评市“文艺评论（创新）基地”和“十佳工作品牌”，高水平承办中国冰壶公开赛、重庆国际羽毛球公开赛。全力提供安全稳定保障，坚持“有黑扫黑、无黑除恶、无恶治乱”，扫黑除恶专项斗争成效显著，全区连续54个月未发生较大及以上生产安全事故。

（李　坤）

【区委十三届四次全会】　区委十三届四次全会于2018年1月5日召开。全会深入学习贯彻党的十九大精神及市委五届三次全会精神；审议并通过区委工作报告、区纪委工作报告、区十三届党代会第二次会议有关事项。

【区委十三届五次全会】　区委十三届五次全会于2018年4月18日召开。全会深入学习贯彻党的十九大和习近平总书记重要讲话精神及市委五届四次全会精神，研究部署营造良好政治生态、加强法治和德治工作。审议通过了《中共重庆市巴南区委关于营造良好政治生态的意见（审议稿）》《中共重庆市巴南区委关于加强法治和德治工作的实施意见（审议稿）》《中共重庆市巴南区委关于落实〈中共重庆市委关于坚决肃清孙政才恶劣影响和薄熙来王立军流毒的意见〉的任务分解方案（审议稿）》。

【区委十三届六次全会】　区委十三届六次全会于2018年12月14日召开。全会贯彻党的十九大和十九届三中全会精神，深入学习习近平总书记关于深化党和国家机构改革的重要论述，全面落实市委五届五次全会精神，研究部署全区党政机构改革工作，审议通过了《重庆市巴南区机构改革方案（审议稿）》。

【区委常委会】 2018年，十三届区委共召开常委会会议42次。会议传达学习了习近平总书记在中央政治局民主生活会上的重要讲话、习近平总书记在中央全面依法治国委员会第一次会议上的重要讲话、习近平总书记对脱贫攻坚工作作出的重要指示等习近平总书记系列重要讲话指示精神；学习了《中共中央办公厅关于陕西省委、西安市委在秦岭北麓西安境内违建别墅问题上严重违反政治纪律以及开展违建别墅专项整治情况的通报》《重庆市委巡视工作规划（2018—2022）》《地方党政领导干部安全生产责任制规定》等重要文件。听取了区人大常委会、区政府、区政协、区法院、区检察院党组及区委各部委等单位重大工作事项的情况汇报，听取了全区经济运行、财政收支执行、重大招商引资项目等有关重大事宜的情况汇报。审议了《中共重庆市巴南区委巡察工作实施办法（审议稿）》《落实全面从严治党主体责任专项督查工作方案》《全面优化营商环境促进民营经济发展的实施意见（审议稿）》《巴南区实施生态优先绿色发展战略行动计划（2018—2020年）（审议稿）》等重要文件、规划、方案。

（余柏松）

【全面深化改革新进展】 对标对表中央和市委要求，坚持将经济体制改革作为重点，以供给侧结构性改革为主线，全面完成93项年度改革任务，助推全区经济高质量发展。加快去除落后产能，有序化解房地产库存，扎实推进区属国有企业战略性重组；稳步推进农业农村改革，率先启动“农地贷”试点，拓宽新型农业经营主体融资途径，推进农村集体产权制度改革，量化经营性资产总额5.6亿元，农村土地“三权”分置改革已为28家经营主体颁发《农村土地经营权证》；整合财政资金8.2亿元，保障乡村振兴战略顺利实施，推动二圣镇巴山村“三变”试点等改革任务取得积极成效；深化“放管服”改革，进一步增加行政审批“一窗办”“一次办”“全区通办”等事项。《巴南区机构改革方案》正式获批，机构改革工作有序推进；集团化办学、医改便民长效机制、防范化解重大风险机制、“廉政档案+工作平台”等一批重点改革任务落地生根。“狠抓市委深改会议精神落实”“土坡菜地整治”“国企瘦身健体”等工作被列为全市改革特色亮点。

【创新发展新成效】 持续推进主导产业发展，思睿创5G陶瓷滤波器、南松医药、中迪医疗等20多个项目投产投运，战新产业实现产值186.8亿元、增长7.6%。扎实推进园区建设，“重庆国际生物城”成功挂牌，智睿生物、美国Athenex原料药、参天科瑞等40个龙头企业项目快速推进，抗肿瘤疫苗、口服紫杉醇、长效胰岛素等产品填补了全市无高端生物制药产品的空白；界石工业园打造全市第一个商标品牌创业创新基地，新增注册商标2557件。持续实施产业转型、产品升级、技术研发、模式创新“四个一批”工作计划，宗申创新技术研究院获批“新型高端研发机构”，高技术制造业实现产值155亿元、增长25%。军民融合产业不断壮大，12个军民融合项目投产，实现产值95亿元。深入推动大数据智能产业发展，引进中德几何人工智能、爱上出行等10个大数据智能化产业项目，工业数字经济实现增加值35亿元、增长66%，比全市高约50个百分点。

【社会民生新突破】 大力发展乡村旅游，重点打造“康养温泉”“美丽乡村”“民俗文化”“山水滨江”四大品牌，巴南荣获“首批国民休闲旅游胜地”称号，全年累计接待游客3300多万人次，实现旅游综合收入111亿元。持续开展国家卫生区创建工作，集中整治占全市近70%的城市荒坡菜地和城区空地940.5万平方米，新增城市绿地166万平方米，建成区绿化覆盖率和绿地率分别达38%和36.8%，全区森林覆盖率达46.6%。整合涉农资金2.1亿元，加强农村道路、水利、环保等基础设施建设，持续开展农村人居环境整治行动，接龙镇成功打造为全国重点镇，南彭街道水竹村等7个村成功创建绿色示范村庄，二圣镇集体村成功创建全国现代生态农业创新示范基地。全市第一座万人以上大型室内综合型体育馆——华熙文化体育中心正式投用。重庆主城首条10千米沿江自行车道建成投用，进一步丰富市民生活。在主城区率先实现二环外公交全覆盖，受益群众达40万人。全区新增48所公办园、42所普惠园，5所新校建成开学。建成全国基层中医药工作先进区。建立长效脱贫机制，86户建卡贫困户通过小额信贷发展生产经营，188名建卡贫困对象通过公益性岗位就业，全区贫困户基本实现“两不愁、三保障”。

【党的建设新风貌】 深入推进“两学一做”学习教育常态化制度化，出台党支部标准化规范化建设办法和党员积分管理办法。全覆盖培训党支部书记2041名，整顿转化36个软弱涣散党组织。龙洲湾“智慧党建”得到重庆市委书记陈敏尔的充分肯定。强化党建引领，198个村围绕“五个振兴”实施“七大工程”，103个社区围绕和谐建设推行联动共治，党建联盟等5个做法入选全国城市基层党建创新案例，鱼洞街道“新三缘”党支部破解城市党员管理“新三难”入选中组部《基层党组织书记案例选编》。坚持贯彻新时期好干部标准，调整交流干部202人次，选优配强25个单位党政主要领导。高度重视年轻干部培养，择优选派73名年轻干部到基层一线挂职锻炼。引进各领域人才672人，48人入选首批“鸿雁计划”“菁英计划”人才。研究制定《关于进一步激励广大干部新时代新担当新作为的若干措施》，推动形成干部敢于担当、善于作为的工作氛围。宣传文化正向发力，成功举办“推动重庆各项事业沿着总书记指引的方向奋力前行”“德法相伴”等主题活动，常态化开展“榜样人物”“最美家庭”评选，宣传报道李永波、国存海等33名先进人物典型事迹，区融媒体中心“中央厨房”纳入全市试点并建成投用，鱼洞乱针绣等11项巴南非遗项目走出国门开展文化交流。

【党内法规制度建设】 持续深入学习贯彻党的十九大精神，深学笃用习近平新时代中国特色社会主义思想，深刻领会习近平总书记关于制度治党、依规治党重要论述精神，把坚决落实“两个维护”贯穿党内法规制度建设全过程、各方面。区委加强对全区党内法规制度建设的统一领导，区委常委会研究党内法规制度建设中的重大问题2次，召开区委党内法规工作联席会议1次。把好质量关口，坚决防止问题文件带病出台、带病实施，前置审核区委规范性文件80余件，报送市委备案审查57件，规范报备率、合法合规率均为100%。按照中央专门部署和市委专项安排，结合坚决肃清孙政才恶劣影响和薄熙来、王立军流毒工作，启动1997—2018年以来制定的区委规范性文件集中清理工作。开展军民融合、脱贫攻坚有关文件专项清理工作，废止、失效26件。完善即时清理机制，废止区委规范性文件2件。强化宣传教育，将党内法规制度纳入各级党委（党组、党工委）会议学习、理论学习中心组学习、“两学一做”常态化制度化学习和主题党日等的重要内容。创新学习方式，推动广大党员学习党内法规制度常态化。综合运用巡察、督查等措施，促使铁规发力、制度生威。对照中央、市委关于加强党内法规制度建设督查报告，认真开展自查，制定《巴南区贯彻落实中共中央关于加强党内法规制度建设督查报告的整改方案》，提出15条整改措施和40条细化措施，确保问题整改到位、工作落实到位。按照市委有关工作安排，落实《党政机关厉行节约反对浪费条例》实施情况评估工作。聘请中豪律师事务所、重庆理工大学等两家单位5名法学专家、律师为区委外聘法律顾问，充分发挥专业人才在党内法规制度建设中的积极作用。将党内法规制度纳入党校、行政学校必修课程，纳入党员领导干部任前法治知识考试内容，进一步提升党员干部法规素养。按照市委要求的“稳妥规范”原则，稳妥规范落实推进党务公开工作。

（乔　杰）

【政策研究辅政】 全年拟写向陈敏尔、唐良智等市领导的汇报材料和向市委、市委办公厅、市委研究室、市委改革办、市委法治办等报告材料，以及区党代会报告、常委会工作报告、中心组学习、各类活动致辞等材料200余篇，起草和审改文件100多个，印发领导讲话办公室通报37期，制发《区委常委会2018年工作要点》《巴南区2018年全面深化改革工作要点》《关于落实〈中共重庆市委关于坚决肃清孙政才恶劣影响和薄熙来王立军流毒的意见〉的任务分解方案》《关于营造良好政治生态的意见》《关于加强法治和德治工作的实施意见》等重要文件。《新巴南》编印6期，成为传递正能量、发出好声音的重要平台。撰写的《倾力发展全域旅游　打造农旅融合典范》《坚决守好政治生态的"绿水青山"》等理论文章在《重庆日报》《重庆学习论坛》报刊登载。参与和开展调研90多次，牵头完成的《南彭公路物流基地现代产业体系研究》专题报告提交市委研究室，作为市委建设中新互联互通项目国际陆海贸易新通道的重要内容，上报党中央、国务院；撰写的《严控债务风险促进经济社会持续健康发展》被市委办公厅"兴调研转作风促落实行动"调研专刊采用。

（李　坤）

【加强和改进保密工作的实施意见出台】　结合巴南实际，对照《中共中央关于加强和改进保密工作的意见》《中共重庆市委关于加强和改进保密工作的实施意见》，制定出台了《中共重庆市巴南区委关于加强和改进保密工作的实施意见》。文件明确了现在至2030年保密工作的指导思想、基本原则、目标任务、工作措施，对今后10余年加强和改进保密工作提出了要求。为我区深入贯彻落实总体国家安全观，筑牢信息化条件下党和国家秘密安全防线，切实维护国家安全和利益，为加强我区新形势下的保密工作提供行动指南。

【保护国家秘密应急预案编制】　结合巴南实际，依据《重庆市保护国家秘密应急预案》等，编制完成《重庆市巴南区保护国家秘密应急预案》。出台《预案》，旨在建立健全我区保密突发事件应急处置机制，避免、减轻保密突发事件对国家安全和利益造成的威胁和损害。《预案》分总则、组织机构与职责、事件分级、事件分类处置、预防响应、事后管理、表彰补偿及惩处、宣传培训和演练、附则等9部分，每部分均有较强的操作性，为我区保密突发事件应急处置提供了工作指引。

【保密工作责任制落实不力约谈机制】　落实《重庆市巴南区贯彻〈党政领导干部保密工作责任制规定〉的实施细则》。探索建立了对落实保密工作责任制不到位的领导干部进行约谈的机制，这一做法在《保密工作》杂志上登载，得到市委保密办的肯定。

【"三个一"保密检查督导工作机制】　建立对重点单位每月检查一次、每季度通报一次，对保密工作推进不力、落实不到位的每季度约谈一次的机制，同时将保密检查整改落实情况纳入机关、单位考核工作目标内容，这一做法得到市委保密办的肯定。

（彭　建）

【区委督查工作】　区委站在全局高度提出"围绕责任与任务抓督查"的政治要求，将抓督查与抓增收、抓发展、抓平安、抓风气一体部署、一体推进，整合督查机构力量，将区委督查室、区政府督查室集中办公，保持原有机构和人员编制不动，统一接受督查任务，统一调配督查人员开展工作，统一督查方式方法和结果运用，解决了以往"两个督查室"重复或多头督查等问题；加强计划管理和统筹，年初制定督查工作年度计划，每月初作出本月重点督查任务安排，实行周工作小结并细化安排下周任务，建立督查工作台账，清理上报市委办公厅2018年全区督查检查考核事项146项、备案2019年全区督查检查考核事项37项，精简109项，有效解决基层反应强烈的督查过多过滥、频率过高等问题；强化重点督办和专项督查，督办完成市委办公厅、市委督查室交办事项19项，牵头完成贯彻落实习近平总书记对重庆所做重要讲话和系列重要指示批示精神"回头看"、中央八项规定精神等重大决策部署专项督查，组织开展"三大攻坚战"、"八项行动计划"、创国卫、全面从严治党、巴滨路提档升级、人大代表建议和政协委员提案督办、河长制、城乡环境管理等重点工作专项督查；改进督查方式方法，灵活运用自查、书面督查、实地督查、暗访督查、交叉督查、联合督查、区领导带队督查等多种方式和调阅资料、集体座谈、个别访谈、电话访谈、入户走访、随机抽查等多种方法，探索推进互联网+督查；强化督查结果运用，统一编发《督查情况通报》32 期、《督查报告》32 期，在区委理论学习中心组学习会上通报重点督查事项 10 余次，确保党的十九大、十九届二中三中全会、市委五届三次四次五次全会等重大会议决策部署、区委重点工作事项落实见效。

（金　涛）

【党委信息工作】　紧紧围绕中央、市委、区委中心工作，向中央办公厅、市委办公厅编报信息，为上级党委了解掌握基层贯彻落实各项工作提供“第一道研判”“第一手情况”。以“全员办信息”目标管理制抓实党委信息工作，按月发布《党委信息工作要点》，提高基层信息报送的针对性和有效性，执行好党委信息采用情况月通报制度，强化责任落实，充分发挥党委信息主渠道作用。抓好以顶岗培训为主线的党委信息工作轮训，共开展培训 7 批 7 人，帮助相关单位把脉思路、找准出路 20 余次，全年编报信息 1230 余篇，被中办、市委办公厅采用 272 篇，每个工作日都有 1 篇以上信息被采用。其中中办采用 28 篇，获市领导批示 17 次，获得市委办公厅奖励 4 次。《严控债务风险促进经济社会持续健康发展》刊登在市委办公厅《工作情况交流》《巴南区龙洲湾街道“德法相伴”走出基层社会治理新路径》《巴南区质效并举提高“两个覆盖”实现民营企业党建河业绩双增效》等信息被《信息专报》单条采用，获评全市党委信息工作优秀区县，党委信息工作主城排名前三。

（邹基珩）

重庆市巴南区人民代表大会常务委员会

【概况】　重庆市巴南区人民代表大会下设 3 个专门委员会，分别为区人大法制委员会、区人大财政经济委员会、区人大教育科学文化卫生委员会。常务委员会下设 5 个办事机构和工作机构，分别为办公室、人事代表工作委员会、农业与农村工作委员会、预算工作委员会、信访办公室。龙洲湾等 8 个人大街道工作委员会为常委会派出机构。

2018 年，在区委坚强领导下，区人大常委会坚持以习近平新时代中国特色社会主义思想为指导，学思践悟习近平总书记关于坚持和完善人民代表大会制度的重要思想，全面学习贯彻党的十九大和十九届一中、二中、三中全会精神，认真贯彻落实习近平总书记对重庆提出的“两点”定位、“两地”“两高”目标和营造良好政治生态，做到“四个扎实”的重要指示要求，落实市委提出的“三个确保”政治承诺，按照区委工作部署，坚持党的领导、人民当家作主、依法治国有机统一，在全区发展大局中依法履职，积极作为，圆满完成了区十八届人大二次会议确定的各项任务。

【区十八届人大二次会议】　1 月 12 日—14 日，巴南区第十八届人民代表大会第二次会议在区行政中心大礼堂召开。会议听取和审查《政府工作报告》《区人大常委会工作报告》《区人民法院工作报告》和《区人民检察院工作报告》，并批准这些报告；听取和审议《区政府关于区十八届人大一次会议代表议案和建议、批评、意见办理落实情况的报告》。会议还审查并批准《区 2017 年国民经济和社会发展计划执行情况和 2018 年计划报告》《区 2017 年财政预算执行情况和 2018 年财政预算报告》《区 2017 年重点项目和民生工程完成情况及 2018 年重点项目和民生工程安排情况报告》；审查并批准 2018 年 260 个一级预算单位的部门预算。会议表决通过《重庆市巴南区人民代表大会议事规则》《重庆市巴南区预算审查监督办法》。会议选举何友生同志为区人民政府区长、曹森同志为区监察委员会主任、杜黎明等 22 位同志为巴南区出席重庆市第五届人民代表大会代表。大会共收到代表提出的议案建议 261 件，经大会主席团决定立议案 1 件；建议、批评、意见 260 件（含转作建议处理的议案 21 件）。

【经济工作监督】　听取和审议区政府关于国民

经济和社会发展计划执行情况、重点项目重大前期项目和民生工程执行情况、进一步加快工业经济发展的决定执行情况等工作报告，先后作出关于批准巴南区2018年政府性债务限额等决议12个。专题调研全区智能化创新驱动发展，听取关于内陆开放高地建设情况报告，督促区政府顺应“一带一路”发展战略，加强内陆开放平台和通道建设。专项评议旅游产业发展，提升旅游业对经济和民生的带动功能。关注农业农村发展，听取审议乡村振兴工作情况报告和视察农村电子商务建设与运营情况。推动重点经济板块发展，视察鹿角组团开发建设情况和专题调研重庆生物医药产业园税源培育情况。推动重点经济要素管理水平的提升，听取审议关于土地储备情况等报告。

【预决算工作监督】 听取审议并批准2017年区本级、区民政局等5个部门及南泉和南彭街道的财政收支决算。听取审议区级财政收支预算执行情况、国有资产管理工作情况、2017年度区级财政收支预算执行和其他财政收支审计工作情况等报告。推动预算决算审查监督重点向支出预算和政策拓展，落实预算审查监督重点责任清单。首次委托第三方中介机构对区政府“2017年雨污分流及管网改造工程项目”和“城乡一体发展项目”2个重点资金支出项目开展绩效评价。强化预算联网监督，建立完善市、区统一的预算联网监督平台。

【民生工作监督】 持续用力抓好精准脱贫工作，对全区精准脱贫工作开展专题调研，听取审议区政府精准脱贫工作开展情况的报告。关注“生老病死、衣食住行”等基本民生工作，听取审议区政府创建“三甲”医院情况、加快公共法律服务体系建设情况、征地拆迁及住房安置工作情况、城市建设管理工作情况等报告。关注精神文明建设和社会主义核心价值观培育工作，听取审议宗教工作情况报告和视察区文化艺术中心建设。积极推动生态文明建设，视察花溪河综合治理成效，专题调研对全区农村面源污染情况，听取审议全区环保工作情况、河长制（湖长制）实施情况等报告。对学前教育工作开展市区联动的专项评议，对评议意见落实情况进行满意度测评，着力推动解决“入园难”“入园贵”等问题。

【宪法法律实施情况监督】 积极开展学习宪法活动，邀请市委党校教授为常委会组成人员和部分人大代表辅导学习宪法。组织开展以“尊崇宪法、学习宪法、遵守宪法、维护宪法、运用宪法”为主题的“12·4”国家宪法日法治宣传活动。听取审议区政府关于2017年度法治政府建设、区检察院关于开展公益诉讼工作切实维护国家和社会公共利益情况、区公安分局关于开展执法规范化建设工作情况等报告。对区政府贯彻实施《重庆市河道管理条例》《信访条例》《重庆市食品生产加工小作坊和食品摊贩管理条例》和区法院贯彻实施《民法总则》情况开展执法检查。加强合宪合法性审查，全年共收到区政府报备的规范性文件16件，向市人大常委会报送备案区人大常委会规范性文件4件，报备率100%。推进备案审查信息平台建设，实现市区备案审查信息平台互联互通。大力推进信访法治化建设，全年共受理群众来信59件，接待来访63批次。

【依法行使职权】 修订《区人大常委会讨论决定重大事项的规定》，共做出重大事项决议12项，作出关于进一步加快乡村振兴的决定、关于加快花溪河综合治理的决定、关于同意巴南区与日本新潟县三条市缔结友好城市关系的决定等3项。听取审议关于区政府落实区人大常委会决议、决定和审议意见情况的报告，对加快花溪河综合治理决定的落实情况进行满意度测评。依法任免国家机关工作人员45人次，组织24人次参加任前法律知识考试。进一步完善宪法宣誓的组织程序，24名新任干部在常委会会议上宣誓。加强代表资格审查工作，依法确认并公告代表资格变动22人次。修订《区人大常委会任命的“一府一委两院”国家机关工作人员履行誓词监督办法》，对1名法院副院长、1名检察院副检察长和5名区政府组成部门的领导干部开展履行誓词情况监督。

【代表议案建议办理】 办理区十八届人大二次会议立案的1个议案和260个建议，实现办理过程和办理结果满意率100%。对1件议案和16件重点督办建议实行“专人负责、逐件落实”，常委会主任、副主任分别牵头督办。构建议案和重点督办建议办理的“五方会商”机制，强化代表、督办单位、承办单位之间的沟通联系。修订《代表议案和建议批评意见督办办法》，进一步规范议案建议提出、协商、督办、评价、通报等工作环节。

【代表依法履职支持保障】 接待在渝全国人大代表专题调研第三组到区调研垃圾发电厂建设发展运行情况。组织市人大代表巴南联系组开展4次集中视察，市五届人大一次会议巴南代表团共提出建议29件，其中有2件被列为重点督办建议。安排基层区人大代表列席常委会会议40人次、参加专项工作评议大会和履行誓词监督大会210人次。继续落实好区人大代表约见常委会主任制度。及时刊发《人大公报》《代表学习参考》《区人大常委会会议情况通报》《区人大常委会审议情况》。修订《人大代表履职办法》《人大代表学习制度》，出台《关于加强区第十八届人民代表大会闭会期间代表活动的意见》，完善代表履职积分制考核管理机制，进一步规范代表履职行为。

【密切联系人民群众】 修订《人大代表述职制度》《人大代表联系选民制度》《人大代表接待选民来信来访制度》，共组织275名区人大代表向原选区选民述职。“主任接待日”共接待区人大代表103人，收集意见建议89件，转交区政府研究处理19件，供政府工作参考42件。调整优化区人大常委会组成人员固定联系区人大代表制度，提高联系基层代表的比例。推动开展“选民约见代表”活动，双河口镇40余名群众约见1名区人大代表。

【常委会自身建设】 将学习宪法、学习习近平总书记关于坚持和完善人民代表大会制度重要思想、学习市委、区委人大工作会议精神分别列为常委会会议第一议题。开展常委会党组和机关党组中心组学习16次。严格执行《党章》，严格执行组织纪律、廉政纪律、群众纪律、工作纪律和生活纪律，严格贯彻执行中央“八项规定”“两准则三条例”，扎实推进“两学一做”学习教育常态化制度化。认真落实组织生活日制度、班子成员双重组织生活制度、“三会一课”制度、个人重大事项及收入申报制度。按要求及时召开民主生活会。完善《区人大常委会国有资产管理工作监督办法》《区人大常委会政府债务监督办法》、出台《区人大常委会专题询问办法》，共计出台和修订制度11项。

【队伍能力建设】 常委会主任、副主任及机关干部积极参加市、区党校和市人大常委会组织的专题学习培训，组织60名区镇人大干部赴全国人大深圳培训基地进行履职培训。确定23名预算审查监督联络员。调整优化2018年镇街人大工作评价性指标，评价体系更加科学完善。召开全区镇街人大工作座谈会，积极研究加强和改进镇街人大工作的措施。授权人大街道工委开展对同级有关单位的工作监督，通过上下联动提升监督工作实效。

【良好氛围营造】 健全人大信息宣传网络，强化考核机制，对全区人大信息宣传骨干通讯员开展业务能力培训。运用市人大《公民报》《公民导刊》、重庆人大网等媒介，大力宣传巴南人大工作，在市级以上媒体上稿138篇，其中《对促进高校毕业生就业的几点建议》得到屈谦副市长批示，《代表问政当“考官”》新闻宣传稿件荣获“2018年重庆人大新闻奖一等奖”。巴南人大工作影响力进一步提升，市内外县（市、区）人大来我区交流人大工作16次。

（李春雨　苟斐斐）

重庆市巴南区人民政府

【概况】 2018年，重庆市巴南区人民政府（以下简称区政府）深入贯彻党的十九大精神，深学笃用习近平新时代中国特色社会主义思想，认真落实习近平总书记对重庆提出的“两点”定位、

“两地”“两高”目标和发挥“三个作用”，营造良好政治生态的重要指示要求，在市委、市政府和区委的正确领导下，按照“五个围绕”工作要求，积极应对各种困难和挑战，知难而进、迎难而上，扎实推进“三大攻坚战”“八项行动计划”，经济社会发展取得新业绩、迈出新步伐。全年实现地区生产总值781.2.6亿元、同比增长7.1%（下同）。工业增加值实现302.5亿元、增长4.4%，全社会固定资产投资增长15.4%。实现一般公共预算收入48.1亿元、增长27.6%，其中税收收入43.4亿元、增长30.2%。城乡常住居民人均可支配收入分别达38984元和18254，分别增长8.7%和9%。

一年来，区政府坚持党的全面领导，以政治建设统领政府工作。树牢“四个意识”，坚定“四个自信”，坚决做到“两个维护”，认真履行全面从严治党主体责任，严格执行中央八项规定精神。坚决肃清孙政才恶劣影响和薄熙来、王立军流毒，消除杨钟馗严重违纪违法问题不良影响，政治生态持续向好。深入开展“兴调研、转作风、促落实”行动，大力推行“马上就办”，坚持依法行政、真抓实干、重在实效，政府工作有序高效推进。

一年来，区政府狠抓“放管服”改革，扎实开展“三项规范”。加大对民营企业扶持力度，落实减税降费政策，让利于企业30.7亿元，促进工业企业产品本地消纳93亿元，民间投资和民营经济增加值分别增长8%、6%。新增市场主体1.5万户，增长10.4%。争取债券资金15.3亿元，实现土地出让综合价金88.9亿元，有效防控债务风险。及时稳妥处理“10·26”突发案件，有序推进各项后续工作。非法集资、问题楼盘等矛盾化解取得明显成效。深入开展扫黑除恶专项斗争，群众安全感进一步增强。连续4年未发生较大及以上生产安全事故，安全稳定形势总体平稳。

全社会研发投入（R&D）增长13%。综合科技创新水平指数70.67，高于全市5.77个点。高技术产业实现产值156.6亿元，增长15.6%。成功创建国家知识产权试点城区，万人发明专利拥有量16.33件，比全市平均多7.45件。以惠科为龙头的平板显示产业聚集企业15家，实现产值152亿元、增长23%。被确定为全市生物医药产业核心聚集区，重庆国际生物城挂牌。抗肿瘤疫苗等药品填补全市高端生物制药空白。轻工服装实现产值107亿元、增长19.8%。获批重庆军民融合产业示范基地，军民融合产业实现产值95亿元。主动融入“一带一路”建设，公路物流基地成为国际陆海贸易新通道起点，纳入全市“1+3”国际物流分拨中心规划。重庆—东盟班车6条班线全面开通，实现中南半岛国家全覆盖。五大专业市场实现交易额348亿元。万达广场、海洋公园、华盛奥特莱斯人气持续提升。限上电商零售额实现97亿元，占全市四分之一。旅游接待3300余万人次、增长8%，实现收入111亿元、增长9.3%。规上文化服务业实现营业收入227亿元，增长53.6%。商品房销售额499.4亿元，增长54.3%。特色效益农业产值达到34.6亿元，增长6.8%。新增“三品一标”73个，新发展专业合作社、家庭农场等新型农业经营主体215个。81户181人实现脱贫退出。5个建卡贫困村发展“姜家黑”等10个特色产业。实施3060户农村“四类”重点对象D级危房改造。帮助188名建档立卡贫困人口实现就业。推行“先诊疗后付费”“一站式”结算，严格落实贫困人口门诊及住院费用控制政策。筹集资金7200万元，精准资助家庭困难学生6.7万人次。全面落实农村承包地“三权分置”制度，农村集体产权制度改革试点实现突破。新增建成区面积9.5平方千米。华熙文化体育中心投用，1.6万个室内座席创西南之最，成为重庆国际体育文化新地标。龙洲湾隧道提前贯通，完成国省道路面改造48千米。观景口水库主体完工。率先实现主城区二环外公交全覆盖，受益群众40万人。推进大城智管、大城细管、大城众管，城管、安防等智能系统升级扩面，累计投入3.3亿元，实施一批国家卫生区创建项目。整治“两违”305万平方米，治理荒坡菜地、城市空地等940万平方米，新增城市绿地166万平方米。主城首条10千米自行车健身道建成投用。划定生态保护红线面积184.6平方千米、国家级公益林69.6平方千米，全面落实产业禁投清单、环境准入负面清单。全面落实河长制，长江巴南段水质稳定保持Ⅲ类标准。鱼洞、李家沱污水处理厂完成扩建，建成投用雨污管网 34 千米，城镇生活污水集中处理率达 96%。规范企业危险废物处置，医疗废物无害化集中处理率达 100%。花溪河、一品河、黄溪河水质消除劣Ⅴ类，黑臭水体基本消除。开展“散乱污”企业整治攻坚，关停取缔、规范整治、搬迁整合 1205 家。教育支出 14.7 亿元，增长 16.8%。新增公办幼儿园 48 所，公办幼儿园占比 38.6%，提高 18 个百分点。新增普惠性幼儿园 42 所，普惠率 60.3%，提高 5.8 个百分点。高考录取人数再创新高。医疗卫生支出 8.6 亿元，增长 5.3%。家庭医生签约覆盖率 32%，区域分级诊疗体系初步建立。巴南博物馆建成开放，文化馆、图书馆分馆实现镇街全覆盖。木洞山歌等通过“我在重庆学非遗”走出国门。举办中国冰壶公开赛、重庆国际羽毛球赛等大型赛事 40 次。新增公共体育场地 14 万平方米。社会保险参保人数 183.4 万人次，参保率保持 95% 以上。完成棚户区改造 2003 户、17 万平方米。地质灾害避让搬迁 73 户、202 人。扎实开展治欠保支，全力维护农民工合法权益。

【区政府全体会议】 2018 年 7 月 20 日，重庆市巴南区第十八届人民政府第二次全体会议召开，研究区委、区政府重要工作部署及《2018 年巴南区人民政府工作报告》任务分解、重点项目民生实事目标任务等推动落实情况，分析 2018 年上半年经济形势，安排部署下半年政府主要工作。会议认为，上半年，在市委、市政府和区委的正确领导下，全区上下坚持以习近平新时代中国特色社会主义思想为指导，认真落实区委“五个围绕”工作要求，坚决打好“三大攻坚战”，大力实施“八项行动计划”，经济运行平稳向好，主导产业较快增长，“三项规范”持续见效。会议要求，下半年，要以“三项攻坚战”“八项行动计划”统筹推进各项工作。把项目攻坚作为当前工作的主要抓手，把发展工业经济摆在更加突出的位置，以农旅融合为重点推进乡村振兴，以消费升级培育经济增长新动能，以高水平建设促进城市品质提升，以更大力度推进内陆开放高地建设，以更有效的管控手段切实防范债务风险，以“五大环保行动”为重点推进生态保护，坚持以人民为中心的发展思想抓好脱贫攻坚。

【区政府常务会议】 2018 年区政府共召开常务会议 35 次。会议审议通过有关决议事项包括：

一是综合类，《2018 年区政府工作报告网格化管理目标任务分解》《关于进一步规范区政府常务会议管理的意见》《巴南区落实乡村振兴战略行动计划实施方案》《巴南区精准脱贫攻坚战实施方案》《关于坚决打好“三大攻坚战”大力实施“八项行动计划”的实施意见》《巴南区坚决打好防范化解重大风险攻坚战实施方案》《巴南区内陆开放高地建设行动计划实施方案》《成立重庆市巴南区城市综合管理工作领导小组的通知》《巴南区发放机关在职人员目标绩效奖（事业单位超额绩效参考线）和离退休人员健康休养费实施方案》《关于做好第四次经济普查的通知》《巴南区以大数据智能化为引领的创新驱动发展战略行动计划（2018—2020 年）》《巴南区 2017 年脱贫攻坚工作问题整改方案》《巴南区智慧城市专项规划》《巴南区贯彻落实〈领导干部自然资源资产离任审计规定（试行）〉实施方案》《巴南区科教兴区和人才强区行动计划（2018—2020 年）》《巴南区军民融合发展战略行动计划（2018—2020 年）》《巴南区经济建设和国防建设融合发展“十三五”规划》《巴南区政府法律顾问管理办法》《2018 年度经济社会发展和全面从严治党考核指标体系》《关于加快全域旅游发展的实施意见》《关于进一步加强涉法事项合法性审查工作的通知》《关于深入推动长江经济带发展加快建设山清水秀美丽之地的实施意见》《关于深化“放管服”改革转变政府职能的实施意见》《关于全面优化营商环境促进民营经济发展的实施意见》《巴南区关于贯彻聚焦乡村发展难题精准落实“五个振兴”的意见》《巴南区开展“大棚房”问题专项整治行动方案》《全区农村征地拆迁和城市拆迁安置房源解决的方案》《重庆市巴南区城市桥梁事故应急预案》《巴南区农业水价综合改革实施方案》《关于建立健全村（居）务监督委员会的实施意见是是巴南区区级审批服务事项马上办网上办就近办一次办清单（第一批）》《巴南区农村应拆未拆危房的处置意见》

《巴南区农村非应拆未拆空置危房的处置意见》《关于原农税助征员（协税员）养老和医疗补助的工作方案》《巴南区县道路网规划方案（2018—2030年）》《关于加强和完善社区治理的实施意见》《加强镇政府服务能力建设工作实施方案》《关于进一步加强必须招标限额标准以下政府投资工程类项目交易工作的通知》《2019中华山水茶道文化节暨首届乡村振兴高峰论坛方案》《关于进一步加强全区货运汽车市场监管工作的通知》《贯彻落实全市安全稳定工作电视电话会议精神切实开展全区安全稳定工作大排查大整治大督查大执法行动实施方案》。

二是经济建设类，《重庆川安综合性医药产业基地项目投资协议》《探索世界文旅主题小镇项目合作协议》、巴南区人民政府与重庆邮电大学签署《战略合作框架协议书》、《霍氏百利威（重庆）国际电子商务产业园项目投资协议》《大江库博合资合作项目投资协议》《大江库博合资合作项目投资补充协议》《重庆京东电商产业园二期项目投资协议》《巴南区一品幸福田园小镇投资合作协议》《四川新绿色现代中药项目投资协议》《艾维迪伴随诊断项目投资协议》《雄飞医疗器械流通项目投资协议》《京东全球购项目优惠政策调减方案》《宗申产业集团有限公司高分子材料轻量化应用项目落户巴南区投资协议》《宗申产业集团有限公司新一代车辆无极变速器项目落户巴南区投资协议》《巴南区盐业体制改革实施方案》《银柱机器人研发生产项目投资协议》《关于进一步加强国有资产处置利用的通知》《京东（重庆）生态型智慧电商产业园项目投资协议》《京东X无人超市重庆区域总部项目合作协议》《货车帮集团西南运营中心项目投资协议》《中远军民融合扩能项目投资协议书》《重庆一品农产品批发市场项目投资合作协议》《2018中国商用车博览会总体方案》《上海紫江企业集团股份有限公司重庆食品容器包装项目投资协议书》、区政府与中国农业发展银行重庆市分行签署《战略合作协议》、《巴南区货运汽车市场规范整治工作方案》《巴南区参加第十三届中国重庆高新技术交易会暨第九届中国国际军民两用技术博览会工作方案》《南京宏程高端线束项目投资协议》《大健康产业物流中心项目补充协议》《巴南区推进电子商务与快递物流协同发展实施方案》《关于“三大攻坚战八项行动计划”实施项目资金统筹管理的通知》《良科电子SPD专用压敏电阻项目投资协议书》《中国智能骨干网之阿里巴巴新零售（重庆）供应链运营中心项目投资合作协议》《中国西部木材贸易港项目投资合作协议书》《重庆市巴南区创业种子基金组建方案》《重庆市巴南区创业种子基金管理办法（试行）》《重庆市巴南区创业种子基金投资决策委员会议事规则》《共同出资设立重庆市巴南区创业种子基金暨委托管理协议》《巴南区扶贫小额信贷工作实施方案》《关于着力营造企业家健康成长环境弘扬优秀企业家精神更好发挥企业家作用的实施意见》《建设翰昂合资合作项目投资协议》《新生源医药创新性研发及产业化平台项目投资协议》《华为ICT学院入驻高职城三方合作框架协议》《华为ICT学院—实训基地入驻高职城协议》《智睿生物医药产业园美莱德实验动物研究中心和安评中心项目投资协议》《国药集团重庆慢特病药品配送中心项目投资协议》《重庆芸峰药业药品产业化项目投资协议》《攀钢集团钛白产品应用研究中心项目投资协议》《重庆生物医药产业园与国药集团医疗器械研究院有限公司战略合作协议》《华熙研产二合一医疗创新产业基地项目战略合作框架协议》。

三是文化建设类，《关于进一步深化文化市场综合执法改革的实施意见》《巴南区第三期学前教育行动计划的实施意见》《巴南区2017—2018年度加快发展普惠性学前教育工作方案》《巴南区统筹推进城乡义务教育一体化改革发展实施方案》《巴南区2018—2020年乡村小规模学校和乡镇寄宿制学校建设工作方案》。

四是社会民生类，《重庆市巴南区残疾儿童康复救助实施细则》《巴南区村镇集中式供水工程运行管理办法》《巴南区“菜篮子”区长负责制考核办法实施细则》《姜家接龙片区公交改革实施方案》《巴南区传染病防治“十三五”规划》《巴南区医疗机构设置规划（2016—2020年）》《巴南区2018年度就业补助资金收支预算方案》《巴南区保障和改善民生实施方案（2018—2020

年)》《巴南区城区菜市场长效管理办法》《重庆市巴南区深化医药卫生体制改革领导小组关于进一步推广深化医药卫生体制改革经验的实施意见》《巴南区健康扶贫医疗救助工作实施方案》《巴南区健全现代医院管理制度实施方案》《巴南区物业专项维修资金管理细则》《巴南区食品药品放心工程建设三年工作计划(2018年—2020年)》《巴南区南彭公租房(南湖水畔)集体租赁管理实施细则(试行)》。

五是生态环保类,《巴南区加强城乡环境管理的实施方案》《巴南区第三次土地调查实施方案》《巴南区城市道路市政设施及园林绿化品质提升整治工作实施方案》《巴滨路品质提升及长效管理工作实施方案》《关于土坡菜地整治及长效管理的实施方案》《巴南区"散乱污"企业综合整治工作方案》《2018年巴南区国土绿化提升行动工作方案》《开展城市管理"四大专项行动"工作方案》《巴南区城市管理"五长制"工作方案》《巴南区农村改厕三年行动计划(2018—2020年)》《巴南区长江经济带生态修复与环境保护十大工程工作方案》《巴南区污染防治攻坚战实施方案》《巴南区自然保护地大检查大整治工作自查情况及整改方案》《巴南区实施生态优先绿色发展行动计划(2018—2020年)》《巴南区贯彻落实市环境保护督察反馈意见整改实施方案》《巴南区城镇排水设施建设管理办法(试行)》《巴南区生态环境损害赔偿制度改革实施方案》《巴南区以建设"重庆生态创新示范区"为目标的城市提升行动计划》《花溪河综合整治方案》《巴南区养殖水域滩涂规划(2018—2030)》《巴南区居民生活垃圾强制分类试点三年工作方案》《巴南区农村生活垃圾分类三年示范行动实施方案》《巴南区城市综合管理提升行动方案》等。

研究决定:

一是综合类,包括重庆全合农业发展有限公司等7宗设施农用地备案、南泉派出所选址迁建、废止原区土储中心南泉唯泰及其配套安置房项目已发征地公告、重庆申烨置业有限公司转让国有土地使用权、2018年至2020年农村贫困人群D级危房改造、姜家羊鹿治超站更换检测设备、交通三年行动计划农发行贷款、启动高职城鱼洞街道金竹片区征地、开竣工违约项目处置、无偿提供农村地区35千伏变电站建设用地、决定征收龙江片区旧城区改建项目国有土地上房屋、巴南区与日本新潟县三条市缔结友好城市关系、巴南区产业创业园选址、闲置土地处置、建设区政务信息资源共享交换平台、在重庆卫视开展巴南旅游品牌宣传、申报2018年度农业综合开发项目、整合2018年乡村振兴战略发展资金分配、重庆江南新城创新创业基地建设运营、成立龙洲湾街道龙苑社区居民委员会、终止《重庆丰盛生态文化旅游特色小镇项目投资开发协议书》、调剂租用龙洲湾街道办公用房、调整局机关及部分直属单位办公用房等。

二是经济建设类,包括区属投融资公司拟新增融资项目、开展巴南区长江佛耳岩段防洪护岸综合整治工程(二期)前期工作、木洞轻工产业园土地整治、京东重庆商事创新(金融)产业基地项目、解决云教育产业园至云篆山连接道补助资金来源、使用历年三峡后续结余资金安排项目库项目、南两高速麻柳互通上跨桥及匝道工程等项目立项、缩短重庆南彭公路保税物流中心(B型)入驻企业退税时间、金鹅路一期等项目立项、安排2018年水利发展资金、签订姜家溶洞旅游开发项目补充协议、职教城和平台公司开发建设相关财税扶持政策调整、区属平台公司2018年度经营业绩考核、2018年新增政府债券资金分配、修订《重庆市巴南区南彭公路保税物流中心产业扶持政策》等。

三是文化建设类,包括启动巴比亚小学建设、开展充电基础设施建设项目备案、区职教中心新校区(迁建)项目一期工程借款、国家教育考试标准化考点建设、联合举办2018重庆国际创意周活动、将刘氏泥塑等4项目列入第四批区级非物质文化遗产代表性项目名录等。

四是社会民生类,包括征收李家沱工联三村片区旧城区改建项目工联三村小片区国有土地上房屋、解决重庆大江工业有限责任公司退休教辅人员待遇、解决2016年度民生工程新建农村人行便道建设资金、团购商品房源解决龙洲湾B区征地拆迁项目遗留安置问题、废止原区土储中心南泉唯泰及其配套安置房项目已发征地公告、调整

2016年体彩公益金用款计划、对符朝荣评定为烈士的初审意见进行复查、长江鱼洞城区段堤防工程、小泉桥排危整治、2018年残疾人事业发展项目及资金安排、对部分宗教活动场所开展危房整治、耐德山花项目区域市政道路建设、兑现第二批离岗乡村医生养老和医疗补助、开展“雪亮工程”（一期）建设、土桥派出所选址迁建、公立医院改革经费安排、市第七人民医院使用李家沱街道枯井湾1号招待所（原体育酒店）用于改建社区卫生服务中心、开展全区农村危房鉴定、推进姜家接龙片区公交改革、追加2018年计划生育家庭奖扶特扶并发症特别扶助及独生子女死亡家庭一次性养老经费、实施鱼洞老城片区路面改造提档升级精表处治工程、实施2019年迎春灯饰工程、2018年基层医疗发展资金分配、4所公立医院举办的社区卫生服务机构运行经费实行“定额补差”、姜家接龙片区40条定制公交票价、2018年基本公共卫生服务项目资金使用、启动长期护理保险试点、完善临时救助工作、调整机关事业单位工作人员基本工资标准和增加机关事业单位离休人员离休费等。

五是生态环保类，包括2017美丽乡村和传统村落保护补助资金分配、妥善处置龙洲湾地热矿项目、审核巴南区国家级公益林区划落界成果、东温泉镇正街环境综合整治项目一期立项、丰岩水库工程调整概算、安排2018年高效节水灌溉项目、安排2018年大中型水库移民后期扶持基金项目、开展巴南区河流清水绿岸整治等重要事项。

【区长办公会议】 2018年共召开区长办公会议31次。会议议题包括：传达贯彻市政府第4次常务会议及主城片区经济发展情况座谈会、全市区县化解政府性债务风险约谈会、全市2018年发展改革和统计工作会议、全市商务工作会、2018年全市工业和信息化工作会议、2018年第一次重大项目调度会、2018年全市应急管理工作会议、2018年全市交通工作会议、2018年全市科技创新工作会议、2018年打击非法金融活动领导小组（扩大）会议、《关于优化区县对口帮扶机制的实施意见》（渝府办发〔2018〕46号）、国务院安委会办公室“6·29”电视电话会议、《关于进一步加强房地产市场调控工作的通知》（渝府办发〔2018〕88号）、全国和全市普通高等学校毕业生就业创业工作电视电话会议、全市人民调解暨访调对接工作会议、主城区传统风貌街区保护推进会议精神、全市乡村文化振兴工作会议、全市平安建设暨基层社会治理智能化建设现场会、全市政务信息资源共享应用推进工作会议、2018年全市医改工作电视电话会议、全市第五次商务经济运行调度会议、全市城市黑臭水体整治专项巡查汇报会暨动员会议、全市农村生活垃圾治理工作推进现场会暨迎接全国验收动员会议、全市退役军人工作电视电话会议精神，听取霍氏百利威（重庆）国际电子商务产业园项目、惠科金渝液晶面板第8.6代线项目、惠科股份有限公司逾期借款问题整改、调整滨江片区勾地协议有关条款、南温泉景区道路（南温泉广场至金鸡岭段）改造工程挡墙投资分摊、保障农民工工资支付、圣灯山双寨山投资框架协议、房地产开发单位筹集配套建校资金收缴、2018年征地拆迁工作、深入开展“兴调研转作风促落实”行动、土坡菜地整治、续（增）聘区政府法律顾问、君禧天地项目建设、区经济园区公司拆借资金偿还本息、2018年全区招商引资工作、2017年度医保基金运行及监管、提前实施东部旅游健康体验带（天坪山现代农业示范工程）瓦青路道路改造工程、实施庙垭村孤坟坝滑坡整治工程、办理丰盛古镇历史文化展览中心土地划拨手续、移民迁建集镇小区综合帮扶项目（三标段）征地拆迁费用、龙洲湾隧道项目建设、重庆结义食品厂搬迁项目落地、划转重庆创途置业有限公司、区属国有公司2017年度经营业绩考核、区属商住用地土地招拍挂出让和征地拆迁、区属平台公司2017年度会计审计报告、《2017年市对区扶贫开发工作成效考核反馈问题整改方案》《全区脱贫攻坚大排查工作方案》、给予汉嘉电气股份有限公司产业扶持、调整国有土地上房屋征收补助奖励政策、调整重庆银行流动资金借款成本、给予重庆京东同盈小额贷款有限公司一次性落户财政补贴、出具《关于巴南区南彭功能区整体城镇化“城乡一体化”（一期）项目相关事项的通知》、渝黔高速扩能项目

（巴南段）、与鹿角储备地征地项目拆迁群众签订申购限价房补充协议、调整 BN-12 和 BN-23 加油站规划布点、部分推进滞后重点项目、全区建筑弃土消纳场建设运营、重庆结义食品厂搬迁项目另行选址、轨道交通5A 线巴南段车站命名、拨付 2015 年农村饮水安全项目中央结余资金、《工商银行鱼洞支行片区棚户区改造项目协议搬迁补偿方案》、垫付桃花岛土地流转费、国家开发银行巴南区城市棚户区改造贷款项目需区政府签订还款差额补足协议变更协议（三）、接受重庆市县域义务教育发展基本均衡督导评估复查验收、区人大常委会评议学前教育工作整改、花溪中学高压线搬迁工程给予亿超公司补偿、支持大江改革调整分批支付土地收储价款、重庆结义食品厂停产搬迁、审核区属平台公司 2018 年 1—2 月优惠政策兑现、重庆泰基科技发展有限公司有关问题处置、加快创卫项目推进、购买界石东城国际幼儿园、《巴南区违法用地违法建筑集中整治行动实施方案》以及工作保障、做好迎接国务院 2017 年度消防工作考核有关工作、增加城区货车限行路段、区属平台公司和区土储中心 2018 年 5 月资金收支、《合兴包装重庆高端纸包装生产基地项目投资协议》、引进富皇巴南装配式建筑研发及制造基地项目、引进中德工业技术研究院几何人工智能项目、引进华雄·智能时代产业园项目、惠科电子扩产扩能项目、在中国国际智能产业博览会上举办无人机表演赛、开展长期护理保险制度试点、南泉街道龚家湾社增加人员安置名额、市七院与万家燕公司终止《三方合作协议》、科瑞制药更新升级项目投资协议调整、2018 年上半年主要经济指标预计完成情况、无专用烟道商住综合楼内餐饮服务经营许可工作、疫苗事件应对处置、海尔集团国际创智谷项目合作框架协议、爱上出行项目战略合作协议、界石仪表有限公司智能仪器仪表项目投资协议、债务管控、协调落实华熙体育项目税收减免、重庆泰基科技发展有限公司养殖废水接入重庆市巴南区嘉恒污水处理有限公司处理、重庆星界置业有限公司股权及债务再次挂牌转让、南环立交改造项目征地拆迁、成立青山派出所、清理收回行政事业单位账户中存量结余资金、“两违”整治工作保障、2018—2020 年拟实施 PPP 项目储备库核查、C 标准分区天池西二路使用国有建设用地、解决大江水厂饮用水源保护区所需经费、钓鱼嘴片区土地上磷石膏清运、中央巡视统计造假问题整改有关精神及巴南区统计工作、拆除安澜鹭类自然保护区内金土砖厂建构筑物、贯彻 2018 年全市重大项目第三次调度会精神实施意见、加快启动部分重大基础设施建设项目、新增高污染燃料禁燃区通告、增加城市管理执法经费、增加合资子公司重庆公运东盟国际物流有限公司注册资本金、重庆江晖实业有限公司申请公示出让巴南组团 D 分区 D4-5/06 宗地国有建设用地使用权、实施双河口镇旅游规划建设农用地转用和土地征收、骨干水源工程区级配套资金筹集、支持凤凰文化城项目开展项目融资、与市经信委、武汉高德红外股份有限公司、中国兵器装备集团有限公司发展计划部《战略合作框架协议》、李家沱组团 K 分区 K09-7/04、K09-9/05 宗地公示出让、麻柳沿江开发公司“重庆麻柳沿江开发区木洞污水处理厂工程”项目申请划拨国有建设用地使用权、斌鑫地块开发建设、打击非法储存销售成品油行动扣押没收涉案不合格成品油处置、龙洲湾隧道工程政府与社会资本合作（PPP 模式）项目合规性经济性审核、重庆栋青医药城投融资（EPC）项目合规性经济性审核、重庆建工集团一品混凝土搅拌站搬迁选址、举办中国冰壶公开赛、惠科股份公司逾期借款督查整改方案、界石组团 T 标准分区 T17-2/02 地块、花溪工业园区 H2-2/02 地块中零星土地整合、重庆公路物流基地控规 A3 地块配套道路（暂定名）、华兴路及华南城一道市政道路工程（观音山北路二期）使用国有建设用地、公示出让界石组团 D 分区 D6-1/01 宗地国有建设用地使用权、兑付 2018 年上半年科技创新专项资金、中秋节日期间政务值班工作、安排部署国庆节日期间政务值班工作、切实化解政府隐性债务风险、《巴南区对口帮扶万州区三年实施方案》、《巴南区项目储备策划投向指南》、与中冶建工集团有限公司签订《战略合作框架协议》、存量企业扩能和转型升级合作协议签约主体问题、加快中建滨江新城配套小学建设、撤销小型公共资源交易平台、《巴南区举报假币犯罪奖励试行办法》、加快一品幸福田园小镇横一路工程施工、赴泰国越南开展物流产业对接洽谈活动及赴越南开展中新互联互通项目南向通道推介活动、全区消防火灾形势、安全生产工作、国庆期间政务值班工作、第三季度政府工作报告网格化和重点项目民生实事目标任务完成、鹿角组团五期征地项目工作实施方案、向上古资本出具出资承诺函、推进石龙田园综合体项目建设、渝兴公司与区税务局资产置换、区职教中心迁建项目主要材料价格调差、重庆公路物流基地与高速集团置换土地补偿等事项、调整观景口水库东温泉镇移民统建安置房项目建设规模及投资金额、划拨重庆巴南育才中学用地、重庆水投集团土储中心申请公示出让李家沱—鱼洞组团Q标准分区Q20-1/02宗地国有建设用地使用权、办理市七院门诊住院综合楼装修工程施工许可证、解决2018年及以前年度地质灾害治理项目所需资金、《巴南区厅级干部医疗服务及费用区级统筹暂行办法》、《巴南区厅级干部医疗服务及费用统筹管理暂行办法实施细则》、组建重庆市南部新城产业投资集团公司、《贯彻落实中央经济工作决策部署和市委区委要求重要举措及任务分解方案》、2019年市级重点项目申报、《重庆市巴南区事业单位公务用车制度改革实施意见》、启动渝南大道D段南段项目及云篆山隧道项目投融资咨询工作、李家沱林荫村片区旧城区改建项目遗留问题安置补偿、规范箭滩河沿线大桥命名、推进海洋公园项目建设、老万鱼庄龙都鱼庄餐饮船舶整治费用、取缔部分集中式饮水水源地、协调处理重庆联环蓄电池隔板有限责任公司信访遗留问题、原重庆第六棉纺织厂临时工身份认定、中国人民武装警察部队水电第八支队"武警水电第八支队公寓房建设项目"申请划拨国有建设用地使用权、继续推进市实验中学改扩建项目拆迁征收、继续执行融汇小学办学协议、攀钢集团重庆钛业河边宿舍协商搬迁工作、2018年森林督查违法违规使用林地（采伐林木）整改方案、中国电竞行业首届年会、区体育局关于Starladder Imba Chongqing Major（简称SLI重庆Major）电竞赛、与国家开发银行重庆分行签订《全面深化合作加快建设两区两地一窗口开发性金融合作备忘录》、举办第二届中国天使投资节、与北京京东金融科技控股有限公司签订补充协议、区人民医院三甲医院建设项目合规性经济性审核、富腾公司装配式建筑项目、办理白居寺长江大桥项目土地划拨手续、尚盟公司委托贷款整改、收购重庆市巴南区龙田机械厂、明确观景口水库工程移民房屋实施司法拆迁主体、《环重庆理工大学创新创业生态圈建设方案》、教育大道代建项目直接进行结算及决算审计、《华雄·智能时代产业园项目投资协议》、《中德几何人工智能项目投资协议》、《吉力芸峰生产基地项目投资协议》、重庆公路物流基地控规A3地块配套道路交叉口项目申请划拨界石镇钟湾村、金鹅村部分国有建设用地使用权，重庆公路物流基地合志路二期、合志路三期、环道路西段（金鹅路）一期项目申请划拨国有建设用地使用权，南彭街道白合子村部分国有建设用地（南彭组团A分区A19-2-1/02、A19-2-2/02宗地）使用权公示出让、鱼洞二校昕晖校区项目申请划拨国有建设用地使用权、武警水电第八支队营房及配套设施建设项目申请划拨国有建设用地使用权、鱼洞黄溪口污水提升泵站、重庆银海房地产开发（集团）有限公司合同纠纷案应诉、凤凰中国西部文化城四期（S2高塔）项目加快施工、《关于进一步加强巴南区农村人居环境整治区级示范点建设项目管理的通知》、区属国有公司内控管理制度、将区法院审判大楼产权划回区法院、区二院等单位部分职工身份认定及有关管理问题、办理2017—2018年园区财税扶持政策资金预算追加、界石镇金鹅村部分国有建设用地（南彭功能区组团A分区A46-1/02宗地）使用权公示出让、国网重庆市电力公司南岸供电分公司在重庆公路物流基地实施巴南南彭110kV变电站35kV送出工程建设、返还云计算产业园部分土地成本用于农民工工资支付、《南温泉历史遗留问题处置工作方案》、开展"大棚房"问题专项清理整治行动、《巴南区农村人居环境整治区级示范点（第二批）建设方案》、补偿龙洲湾隧道项目占用市高速公路集团土地费用、追加区政法委破产处置专项资金、社区微型消防站运行经费、重庆市城市建设土地发展有限责任公司"巴南区外河坪储备地片区路网工程项目"申请划拨国有建设用地使用权等有关情况的汇报，研究区政府重点工作病害听取区政府分管区领导工作推进情况汇报，通报统计工作相关情况等。

【依法行政】 健全行政决策合法性审查制度，规范全区政府法律顾问管理，全年开展行政决策合法性审查852余次，参加各类涉法专题会议320余场次，牵头或参与攀钢集团河边宿舍处置、南城花园工程纠纷、“10·26”突发事件、桃花岛历史遗留问题处置及花木世界、高职城、南泉整体开发、全区农旅项目退出机制等多个重大项目工作组，有效提供涉法事务法律意见，切实降低了政府法律风险。规范性文件备案审查，对著名商标（知名商标）制度、军民融合发展、产权保护制度以及与现行法律、行政法规及国务院部门规章中与一体化平台运行、政务服务“一网通办”要求不相适应的行政规范性文件进行了清理，进一步强化区行政规范性文件的动态化管理。全年办理行政复议案件45件、协调案件15件、行政诉讼案件94件。2018年，我区行政复议应诉败诉率为3%，较2017年20.4%大幅下降。认真落实行政负责人出庭应诉制度，全年区级各部门和镇街行政机关负责人出庭应诉总体比例已超过50%。2018年8月，区政府副区长徐江海、杨亚平先后出庭应诉，发挥了示范带动作用。健全完善随机抽查的机制和细则，加强抽查结果的公示和运用，截至目前在“信用中国（重庆）”公示抽查结果1251条。组织全区部门和镇街行政执法及法制工作人员240余人开展全区行政复议应诉培训，并编印《行政法律法规汇编》《政府信息公开指导手册》《重庆市巴南区人民政府法治政府建设内刊》工具书。坚持政务服务事项合法规范，对全区初步清理出的958项和按“三级四同”清理出的372项公共服务事项目录清单，分别进行合法性审查。全面清理全区各类证明事项，共清理审核出国家设定证明事项94项、本市设定证明事项71项、取消证明事项17项。全年通过区政府门户网站主动发布、更新政府信息1845条，共收到群众依法申请政府信息公开件60件，已按期办结43件，无1件超期。

【政务督查】 按照“问题导向、结果倒逼”工作要求，积极构建“大督查促大落实”工作格局，狠抓区委、区政府重大决策部署、区政府工作网格化管理目标任务、区政府常务会、区长办公会和区政府专题会议定事项、区政府领导重要批示等工作的督查督办。全年共发出黄色督办通知5个，牵头组织或参与督查督办230余人次，编发《督查情况通报》20期、《政务督查》13期，报送专题督查报告5个，主要抓好了市对区实绩考核指标、城乡环境综合整治、花溪河污染治理、违法建筑整治、农村危旧房改造、污水处理设施建设、滨江片区路网建设、龙洲湾隧道、安置房建设、中小学建设、城镇危房排查、校园安全及食品安全监管、招商引资“六个一批”、铁路枢纽东环线、协信汽车公园、巴南区体育中心、华宇龙湾五星级酒店项目、龙洲湾隧道供水管道工程箭滩河大桥、西部公路物流集散中心等145项重点项目和惠民电影放映工程、农村集体产权制度改革、棚户区改造、加油站建设、地质灾害搬迁避让项目等27项民生工程等重点项目和专项工作的督促落实，充分发挥“督查硬手”的作用，为区领导决策提供准确的依据，确保了区委、区政府决策部署直达“最后一千米”。同时，还对区政府承办的6件市人大代表建议和政协提案、254件区人大代表议案建议、179件区政协提案的办理落实情况开展跟踪督查。

【应急管理】 不断完善应急管理体制机制，夯实应急基层基础，提升应急科技水平，全面增强综合保障能力，有效防范和处置各类突发事件，为确保全区经济社会稳定发展做出了积极贡献。落实资金240余万元，建成一个以模拟应急体验为主体、传统声像科普为补充、多样科普教育为载体的应急科普体验馆。落实资金30余万元，整合安监、民政、消防等部门示范项目建设，因地制宜，在龙洲湾街道、鱼洞街道、界石镇率先完成社区应急科普规范化试点工作。在全市区县中率先建立了《重庆市巴南区暴雨预警响应机制》，试点成果得到了市政府肯定和认可，并在全市推广学习。延伸拓展应急应战指挥平台，将15个应急值守重点单位和国有公司纳入应急应战指挥系统，进一步强化了全区值班值守和突发事件处置工作。充分发挥预警平台作用，各镇街和涉灾部门及时响应，全年主动上报应急响应措施287条，灾情信息97条，依托预警平台视频会商系统开展汛期自然灾害趋势分析、部门联动会商6次，实现了灾害信息的快速反馈和上报。在防范应对“7·14”长江最大洪峰过境过程中，我区预警及时，措施到位，无一人伤亡，确保了人民群众生命财产安全。完成巴南区防汛抗旱、城市桥梁事故应急预案等5个区级预案的编修。组织开展了危险废物泄漏事故、地质灾害避险等6场区级专项应急演练，指导各部门和镇街开展各类应急演练40余场。扎实开展“5·12”防灾减灾日、“119”消防宣传日、“国际减灾日”等主题宣传活动。实现风险信息管理常态化，全年新录入突发事件风险信息918条，销号1630条，更新4230条，系统累计排查风险隐患信息6031余条，留存建档5661条，并一一落实防范应对措施。积极推进应急队伍专业化建设，全年开展综合应急队伍训练3次，有效提升了训练水平。圆满完成全市民兵应急力量军地联考联评任务，此次考评工作聚军地合力，实现了“安全事故无，竞赛效果好”的目标，创造了联考联评保障工作的“巴南模式”。累计投入400余万元，新增应急物资装备3万余件，并完成全区应急队伍和物资储备装备配备年度核查统计工作，确保应急物资装备底数清、情况明，关键时刻拿得出、用得上。全年共接处值班电话2万余个，各类突发事件信息3000余条，公开电话（信箱）群众来件5000余件，办结率达100%；编写节日专报7期、值班专报105期、周报43期、月报12期；向市委、市政府上报值班信息180条，收到市领导批示48条，无迟报、漏报、瞒报情况发生。承担市管主要领导干部请假报备和区管主要领导干部请销假工作，全年请销假304人次。全年共计处置各类突发事件330余起，成功处置斌鑫江南御府、旭辉城、远洋高尔夫、融汇半岛、典雅花溪半岛等相关开发建设项目等引发的群众聚集、到市到区群访集访等一系列事件；牵头妥善处置了“6·1”融汇清华实验中学学生刺死敏感案件；积极参与处置“10·26”鱼洞新世纪幼儿园恶性伤人案件、木洞镇盐溪口交通事故、涉军群体反复集访等有较大影响的突发事件，在全区维稳处突和安全稳定工作中发挥了重要作用，有力维护了辖区的安全稳定。

【经济建设提速推进】 2018年，全区工业总产值835.6亿元，同比增长2.1%；其中工业增加值199.5亿元，同比增长2.9%，占全区GDP的25.5%。全年引进工业项目36个，工业协议投资额477亿元、实际到位资金130亿元，居主城九区第3位。工业投资58.6亿元，其中技改投资占比40.1%，增速居主城九区第1位、全市第2位。基本建成信息通信技术（ICT）、生物医药、汽车制造、装备制造、轻工服装、云计算“5+1”产业体系，五大支柱产业产值572.8亿元，占全区规模工业产值90.8%。32家战新企业完成战新产值187亿元，同比增长7.6%，占规上工业产值比重29.6%。信息通信技术产业支柱地位突出，以惠科为龙头的平板显示产业聚集企业15家，在其强劲带动下，集群产值超过174亿元。生物医药产业主导作用打下坚实基础，被确定为全市生物医药产业核心聚集区，重庆国际生物城挂牌，12个项目签约落地，投资增长185%，抗肿瘤疫苗等药品填补我市高端生物制药空白。传统制造业加快转型升级和智能化改造，12家存量企业实施34个合资合作项目，大江亚普、建设翰昂等汽车关键零部件制造项目建成投产，宗申发动机等4家企业获全市数字化车间和智能工厂认定，百亚、立泰等企业实施技改扩能，轻工服装实现产值107亿元、增长19.8%。

【农业农村全面进步】 2018年，全区深入落实乡村振兴战略行动计划，坚决打好四场硬仗，全面推进五个振兴，积极开展探索实践，全区实施乡村振兴战略实现良好开局，农业农村发展呈现新气象。巴南大力发展品牌茶叶、精品果蔬、特色粮油、生态渔业等四大支柱产业，带动特色效益农业产值达到34.6亿元，增长6.8%。新增“三品一标”73个，红心猕猴桃等11个农产品获评重庆名牌，巴南银针入选重庆茶叶三大品牌。深化农村改革，农村集体产权制度改革推进顺利，确认成员身份总数69.02万人，量化经营性资产总额7.39亿元。农村土地“三权”分置改革工作成效显著，已为28家经营主体颁发《农村土地经营权证》，涉及流转面积9844亩，其中9家经营主体获得银行抵押融资贷款共计2585万元。脱贫攻坚向纵深推进，2018年脱贫退出81户181人，超额完成年度150人的目标减贫任务。全力推进危房改造，3060户农村“四类”困难对象住房安全得到保障。积极开展扶贫小额信贷，建立1000万元扶贫小额信贷风险补偿金，全区已放贷96户426万元，有效缓解贫困户生产经营压力，建立健全精准扶贫长效机制，脱贫攻坚成效全面巩固。围绕地域特色及产业优势，落细落实村规划编制工作，加快推进农村基础设施建设，切实改善农村人居环境，通过示范带动，促进农民转产增收、推动乡村全面发展。投资1.3亿元，建成“四好农村路”165千米、场镇天然气管道65千米。新建4G基站87个、光纤1739千米，新增农村公共照明3400盏，完成改厕8128户。195个行政村实现垃圾有效治理，场镇生活污水集中处理率达85%。完成农业综合开发土地治理项目2个，生态综合治理面积2.32万亩，总投资2550万元。打造二圣镇月亮湾生态渔村、安澜镇五通村昊宇航空农旅基地、沿滩村如来谷农旅基地等，以进行土地整治、完善基础设施，助力幸福村产业发展，推进化肥农药减量行动，推广绿色防控面积51.6万亩次。

【城乡一体协调发展】 2018年，区城乡一体发展中心围绕区委、区政府中心工作，狠抓乡村振兴产业发展、乡村振兴试点示范、农村人居环境整治等工作，全区城乡一体工作全面推进。2018年，新引进快乐体验青少年生态科创教育营地、田舍翁、昊宇航空房车露营基地等12个乡村振兴项目，协议资金8.35亿元。一品阳春巴人公社、麻柳木鱼谷生态农场、帝苑农业天池生态园等4个项目建成开放。有序推进天坪山片区“五大振兴”示范点建设，巴山村完成了策划方案，中坪茶果项目栽种40万株茶苗、10万株梨苗，天坪山人居环境整治完成规划设计和评审，职业农民培训中心项目全面完成工程建设。扎实推进农村人居环境整治，出台了《关于印发〈巴南区农村人居环境整治三年行动实施方案（2018年—2020年）〉的通知》（巴南委办发〔2018〕15号）、《关于印发〈巴南区开展“五沿”区域改善农村人居环境示范建设的工作方案〉的通知》（巴南人居办发〔2018〕1号），对我区农村人居环境整治工作进行全面安排部署。启动了二圣集体村中坪村、鱼洞干湾村、丰盛油房村3个示范点和南温泉重点整治线建设。出台《关于印发巴南区农村人居环境整治考核办法（试行）的通知》（巴南府办发〔2018〕149号），每月对全区22个镇街进行考核、督查通报。实施农村“四旁”植树2854亩，按序时进度拨付农村“四旁”植树资金97.5万元。推进农村综合产权交易，开展农村综合产权交易鉴证23宗7173亩，实现交易金额6010万元。在天星寺、木洞、麻柳嘴镇新建3个农村综合产权流转交易工作站和二圣镇幸福村新建1个农村综合产权流转交易服务点。

【服务业蓬勃兴盛】 第三产业实现增加值437.47亿元，同比增长8.5%。社会消费品零售总额实现364.75亿元，主城九区列第7位，增长7.9%，主城九区列第1位。批发零售商品销售总额685.95亿元，增长8.0%。餐饮住宿营业收入42.74亿元，增长7.1%。一是商贸项目建设有序推进。协信车时光项目一期4S店集群已基本建成，引进的凯迪拉克、宝马、捷豹、路虎、林肯等8家4S店，除林肯外，其余7家建成运营。西部汽车城提档升级改造稳步推进，一期楼宇市场全面动工建设。华南城12万平方米的金属材料市场、11万平方米的灯饰市场建成。以普洛斯、中集、公运等为代表的第三方物流和以普洛斯（传化）公路港为代表的第四方物流项目建设有序推进，13.5万平方米的普洛斯、7.2万平方米的中集等商贸物流配送中心建成投入使用。积极推进格云生态冷链物流配送中心项目和光大乳业冷链物流配送中心项目建设，5000平方米的凤梧超市冷链配送中心落户公路物流基地并投入使用。二是万达金街一期、二期和鲁能南渝秀街建成开街。三是京东电商基地项目开工建设，“亚洲一号”2.4万平方米大件仓建成投入使用，引进京东商城在我区设立了重庆运营中心和全球广告营销中心，京东巴南特色馆建成运营。西南地区首个商事服务集群注册平台建成投用，注册企业900余家。2018 年，线上电商交易完成 257 亿元，其中零售 130 亿元。

【会展经济提速发展】 继续发挥资源、产业和区位优势，大力开展特色节庆会展活动，积极创节办展，招商引会。2018 年我区成功举办中国商用车博览会、年猪美食文化节、夜市文化节、采梨节等各类会展 12 个，促进消费实现销售总额 20.3 亿元。2018 年 4 月 28 日—5 月 1 日，我区组织 10 个餐饮企业代表参加第三届中国（重庆）国际美食文化节，荣获重庆餐饮 30 年功勋人物奖等 5 项殊荣。2018 年 9 月 14—16 日，2018 中国商用车博览会在重庆公路物流基地隆重举行并取得较好成效。车博会期间销售总额约 10.4 亿元，现场参观人数超过 8 万人次，比 2017 车博会分别增长 35% 和 33%。共销售商用车 2657 台、销售额 6.6 亿元；销售乘用车 1151 台、销售额 2.1 亿元。指导巴南年猪美食文化节成功举办，全区 20 个镇街共宰杀年猪约 3.5 万头，600 余家农家乐，实现销售额约 9 亿元。

【专业市场欣欣向荣】 2018 年，继续推进渝南大道家居、汽车专业市场群转型升级，协信汽车公园（即原弛盛汽车城）车时光项目一期的汽车 4S 店集群已基本建成，起亚、凯迪拉克、宝马、捷豹路虎、进口福特、众泰汽车等 7 个店建成运营，二期项目正式启动，南彭汽车公园项目二期全面动工。西部汽车城二手车生态楼宇市场全面动工建设。铠恩国际家居名都调结构，由单一的家居向家居、建材一体发展。重庆华南城按专业市场群及新型城市综合体两大板块，在南彭公路物流基地打造产城融合的现代化新城。目前，专业市场开业的有食品交易市场、酒店用品市场、五金机电市场、华盛奥特莱斯等。2018 年，五大市场实现交易额 346 亿元。

【全域旅游方兴未艾】 围绕“国际知名温泉旅游目的地”和“都市休闲旅游目的地”建设目标，推进旅游业供给侧结构性改革，以发展全域旅游为抓手，突出农旅融合发展工作主线，着力塑造“乐享四季·生态巴南”旅游品牌形象，全力打造巴南旅游业发展升级版。全年累计接待游客 3338.6 万人次，实现旅游综合收入 111.06 亿元，分别同比增长 8.03% 和 9.25%。出台巴南区《关于加快全域旅游发展的实施意见》，“三镇三村”的创建工作稳步开展。红炉盘龙美丽乡村等 9 个农旅融合项目签约落地资金 8.9 亿元，完成“厕所革命”15 座旅游厕所建设年度任务，旅游交通标识牌国际化，改造交通导识牌 22 块。巴南区举办各类旅游节庆活动近 20 个开展媒体宣传 40 余次，编发旅游画册、旅游指南、宣传折页、旅游扑克等宣传品近 20000 册（盒），微信、微博等新媒体平台发布旅游资讯近 1000 条，有效带动旅游人气。巴南区获评“2018 年重庆十大春游目的地”“首批国民休闲旅游胜地”等荣誉。丰盛镇获评“重庆市乡村文明旅游示范乡镇（街道）”、安澜顶山村获评“重庆市乡村文明旅游示范村”、又见炊烟获评“重庆市乡村文明旅游示范农家乐（商铺）”、二圣镇获评“重庆市第三批特色景观旅游名镇”；又见炊烟、五斗丘小院、巴廉寺民宿、彩色森林·云山房乡村艺术酒店、溯月·大来山树屋、福地生态园 6 家民宿获评“重庆市最美旅游民宿”。东温泉镇、云林天乡被列为第一批重庆市智慧旅游乡村示范点创建单位。

【房地产业健康推进】 2018 年全区房地产业完成固定资产投资 392.6 亿，同比上年增长 40.1%。注册地建筑业总产值达 285 亿元，同比上年增长 0.6%。截至 2018 年 12 月，在建项目 321 个，在建面积 2164.414 万平方米，在建面积同比上年增长 25.27%；竣工项目 141 个，竣工面积 556.3468 平方米，竣工面积同比上年增长 14.13%。

【城市建管提质增效】 有序推进打通“断头路”、人行天桥、公共停车场建设、堵点整治及二、三级管网建设。2017 年区城市管理局实施雨污管网长度约 30 千米、人行过街设施 3 座、临时农贸市场 6 座。新建一品场镇滨河公园等绿化项目，新增城市绿地 160.8 万平方米，新增停车位 22428 个。实施桥隧检测 10 座，桥隧结构设施安全检测率和城市道路完好率分别达 100%、98%。

整治城市道路（含人行道）4.91 万平方米，其中整治车行道 2.55 万平方米、维修人行道板 2.36 万平方米。清掏雨水篦子 1339 个、下水管道 17662.8 米，安装隔离栏杆 3221 米，新建、改建路灯 428 盏、灯饰 8 项。新建接龙、圣灯山等 2 个区域性垃圾转运站，配置包括东温泉、姜家等在内的 4 个转运站设备和 110 个村的农村垃圾前端收运设备，全区餐厨垃圾无害化处理量达 105.6 吨/日，生活垃圾清运量达 580 吨/日。城管执法查处冒装撒漏车辆 127 辆，清除“牛皮癣” 13436 处，整治占道经营 1477 户、广告店招 305 块；数字化城管平台上报 119118 件、立案 111349 件、结案 102942 件，结案率 92.45%，转办“12319”城市管理服务热线案件 1988 件、网络舆情 214 件，处置率为 100%。

【交通建设快速推进】 2018 年，完成旅客运输量 1451 万人；货物运输量 38486 万吨。全区公路里程已达 4255.776 千米，其中，高速公路 169.2 千米、国道 116.644 千米、省道 248.33 千米、县道 238.514 千米、乡道 310.732 千米、村道 3172.356 千米，所有行政镇通畅率 100%、行政村通达率 100%。城区共有公交线路 78 条、公交车辆 990 余台；二环外共有公交线路 98 条、公交车辆 340 余台。铁路枢纽东环线（巴南段）已实现 27 个工点开工建设，完成正线征地拆迁总量 93%；渝湘高铁（重庆至黔江段）已开工建设，巴南段途径我区南泉、惠民、姜家、接龙、石龙、天星寺，全长 36 千米，并在惠民设置“巴南惠民站”；南（川）两（江新区）高速公路（巴南段）汤家山隧道已提前贯通，渝黔高速公路扩能项目（巴南段）已完成房屋拆迁 85%，新弯隧道右线实现贯通；渝湘高速扩能拟在二圣、东温泉设立下道口，巴南段初设双向八车道通车，将有效带动旅游产业发展。下达“四好农村路”、普通干线公路建设计划项目 259 个，共计 641.2 千米，已完成 173 千米。完成徐家岩桥、望天中桥等 6 座桥梁病害整治，完成春天门大桥加固整治工程。区路政管理支队法制安全监督科荣获国家安监总局、共青团中央联合表彰“全国青年安全生产示范岗”称号，“四好农村路”建设经验受到中国国际广播电台深度采访报道，“水上党建联席会议机制”入选人民网“全国城市基层党建创新案例”。

【社会民生全面发展】 劳动就业和社会保障体系不断完善。2018 年，全区城镇新增就业 37426 人、登记失业人员就业 11769 人、困难人员就业 4175 人；城镇登记失业率为 2.69%。开展就业培训 4148 人，发放创业担保贷款 7393 万元，向市重点电子企业输送 6348 人。为 5785 人发放社会保险补贴、公益性岗位补贴等就业扶持政策补助金共计 2172.9 万元。各大保险参保人数达 185 万人次，全区各大保险征收 34.47 亿元。2018 年，城乡居民养老保险参保人数为 29.12 万人，城镇职工养老保险参保人数为 24.74 万人。认真实施各项社会救助制度，累计发放低保金 7877.97 万元、保障困难群众 1.3 万名，支出医疗救助金 3275.32 万元、救助 11 万人次，支出临时救助金 524.11 万元、救助 2101 人，支出扶贫济困医疗基金 181.88 万元、救助 925 人次，为 2.5 万名困难群众购买“惠民济困”保险。实施特困人员救助供养网上审批，规范特困人员供养，为 6504 名特困人员发放救助供养金 5545 万元。加强灾害救助，2017—2018 年度发放冬春救助资金 184 万元，救助 5455 户 8981 人。进一步放开养老服务市场，深化养老机构服务质量建设专项行动，2018 年新增许可养老机构 4 个，新增养老床位 200 多张。抓好医养融合式发展，全区有 8 家养老机构设立了医疗机构，全区 22 个公立医疗机构与 49 家养老机构签订了合作协议，为入住老人提供便捷的医疗健康服务。投入建设资金 2835 万元，建成投用 9 个社区养老服务中心（站）。深入推进“三社联动”，落实资金 526 万元，实施政府购买服务项目 57 个。出台《巴南区城乡社区治理实施意见》和《巴南区加强镇政府服务能力建设工作实施方案》，推动构建新时代乡村治理体系建设。认真贯彻落实各类优待抚恤补助政策，及时足额兑现各类抚恤优待补助、医疗补助、住房补助 5290 余万元。开展殡葬领域突出问题专项整治，强化文明治丧，推进丧葬礼俗改革，为 582 名困难群众减免基本丧葬服务费 116.4 万元。

【教育科技服务有力】 2018年，全区有高等教育机构5个，在校生61478人；普通中小学103所（含九年一贯制学校），在校生92547人；开展中职学历教育学校11所，在籍学生22911人；特殊教育学校1所，在校生142人；幼儿园238所，在园幼儿31835人。全区义务教育阶段公办学校共接收流动人口子女20231人。建成投用西南大学华南城中小学、珠江城中小学、龙洲湾中学等5所新校，增加义务教育阶段学位9240个；投入资金1亿元，新增公办幼儿园48所，公办园占比达38.6%，新增普惠性幼儿学位3969个，普惠率60.3%。获评“重庆市研学旅行先进区”，中小学生综合实践学校获评“全国中小学国防教育示范学校”。界石小学《儿歌声声润童年》入选“全国中小学德育工作典型经验名单”，马王坪学校获评“全国城乡社区教育特色学校”，道角中学获评“市级义务教育特色学校”，鱼洞中学、花石小学、花溪中学、惠民小学4所学校获评“市级体育艺术特色学校”。新增4名重庆市特级教师，3名正高级专家；增加45名幼儿园责任督学，实现幼儿园责任督学挂牌督导全覆盖；建立校外培训机构服务平台强化监管，摸排校外培训机构463家；组建10余个安全巡查指导组，全覆盖督导校园安全隐患排查整治工作。新认定国家高新技术企业24家，累计达79家；培育科技型企业491家；新认定高新技术产品38项；申请各类专利2116件，授权各类专利1446件，其中发明专利授权219件，同比负增长64.68%；全区有效发明专利拥有量达到1788件，同比增长17.79%，每万人发明专利拥有量16.75件，同比增长17.89%。全年共发放专利资助奖励金816.72万元，同比负增长28.1%，争取上级各类科技项目72项，获得资助2443.12万元。2018年，巴南区成功创建国家知识产权试点城区。巴南在2018年度全国地市级防震减灾工作综合考核中被评为“先进单位”。区科委在全市地震工作专项考核中，获得“2018年度防震减灾目标考核优秀奖”。在第五届重庆科普讲解大赛中，区科委被授予“优秀组织奖”。在第十三届中国重庆高新技术交易会、第九届中国国际军民两用技术博览会期间，中华人民共和国科学技术部联合中国科学院、中国发明协会、重庆市人民政府向重庆市巴南区人民政府、巴南区科委颁发“特别贡献奖”“优秀组织奖”。

【卫生事业健康发展】 公立医院综合改革持续深化，全市改革效果考核评价结果排名主城第三。薪酬制度改革试点经验在市内外推广，接待各省市政府及部门30批次180人考察学习，何友生区长在市政府医改工作电视电话会上专题发言。大力推进三甲医院创建和建设，市七院、区中医院通过二甲复评，全国基层中医药工作先进区创建成功。巴南区2018年基本公共卫生服务项目工作全市绩效考核成绩位列主城第一、全市第三，医防融合试点工作成效得到市主管部门高度认可，12月全市基层卫生机构医防融合工作年度总结会在区召开。稳妥实施全面两孩政策，常住出生人口7679人，人口自然增长率1.82‰，符合政策生育率99.51%，出生人口性别比保持在103～107正常值范围内。

【文化事业产业齐头并进】 2018年，巴南博物馆建成并免费开放，文化馆、图书馆分馆实现镇街全覆盖；建成镇街惠民电影室内放映厅数量达全区镇街总数的2/3。全年开展广场演出、影剧欣赏、春联写赠等群众活动500余场，送流动文化服务进村社800余场，放映惠民电影3900余场。创作文艺作品200余件，推出专场非遗舞台艺术展演“巴歌渝调”在重庆群星剧场成功上演。完成南泉中央政治学校研究部旧址和南彭朱家大院修缮。举办“我在重庆学非遗”主题外宣活动，巴南非遗项目赴毛里求斯开展文化交流，提升巴南对外影响力。举办第二届重庆文化惠民消费季巴南简单生活节、2018重庆国际创意周等活动，提升文化消费水平。华熙LIVE·鱼洞项目、西流沱非遗文旅小镇等重大文化项目建成投用，影人视界电影创意公园获评重庆市文化创意产业园。全区文化产业单位数量达2587家，较第三次经济普查同比增长392.8%，规上文化服务业实现营业收入227亿元，同比增长53.6%。完成文化市场综合执法改革，建成区、镇（街道）、村（社区）文化市场三级监管网络，有效净化社会文化环境。

【改革开放成效明显】 深化供给侧结构性改革，积极推动落后产能退出，停产3户化工企业，加快僵尸企业处置，7户工业僵尸企业进入司法破产程序，强制注销5318户、吊销74户未正常经营的个体工商户和企业。加快推进大数据智能化发展，建设公共信息资源共享交换中心，收集共798项政务资源，强化政务信息化项目管理，完成网络安全态势感知系统建设。开展全区国有建设用地使用权转让、出租、抵押二级市场改革试点，形成典型案例，出台《国有建设用地使用权转让投资额认定实施细则（试行）》，成功通过验收。建立健全覆盖全社会的信用体系，将信用信息应用纳入政策文件规范，实时更新“红黑名单”，加大诚信行为的表彰和失信行为的曝光力度。推进实施公平竞争审查制度，清理排除限制竞争政策措施42个、废止4个。大力推进国有企业制度改革，开展区属平台公司整合重组，完成89家平台公司子、孙公司全面清理。

【机构改革有序推进】 区税务局正式挂牌成立，组建区退役军人事务管理局。深入推进行政审批服务便民化改革，推广行政许可二维码服务，通过预约、代办、延时、上门等特色服务办件2.8万件，实现31证信息一窗申请、数据共享。全面推开“证照分离”改革，累计发放“多证合一”执照54509户。推进公共服务“全渝通办”，实现“一网对外”和“网上能办”业务，全年网上办件共计54448件。全面推行审批服务“马上办、网上办、就近办、一次办”，全区392个行政许可事项项目清单及办事指南在市网上办事大厅公开。深化文化市场综合执法改革，出台《文化市场行政执法大队机构编制方案》，实现“一支队伍管执法”。全面推进医药卫生体制改革，巩固深化公立医院综合改革成果，控费指标全部达标，全民健康信息平台成为全市达到国家四级乙等水平的4个区县之一，全面实行“两票制”。深化公立医院薪酬制度改革，建立三级考核办法，合理确定薪酬结构，在试点单位实行绩效自主分配，得到国家卫生计生委调研组高度评价。深入推进医联体建设，建立“4+18”区内医疗联合体。深化教育体制改革，实施学前教育改革，探索校外教育培训管理新机制，实施民办教育分类管理改革，依法进行分类登记，杜绝非营利性民办学校取得办学收益。实施巴南教育品牌计划，推进集团化办学，全面覆盖学前教育、普通中小学、职业教育，优质教育资源不断扩大，有效促进教育均衡发展。推进文化体制创新，探索媒体融合发展，积极开展区广播电视台管理机制改革，开展融媒体中心“中央厨房”试点，打造两网、三端、一报、多微新媒体平台集群，实现常态化运行并通过市级验收。深化公办养老机构改革，在龙洲湾敬老院开展公建民营试点，鼓励社会办养老机构，新增许可养老机构3家，新增床位133张。

（张　兵）

政协重庆市巴南区委员会

【概况】 中国人民政治协商会议重庆市巴南区委员会（简称：区政协）第十四届委员会由29个界别（民主党派、社会团体等）组成，有委员288名。其中主席1名、副主席7名、秘书长1名，常务委员46名。内设办公室和提案、经济科技城建环保、文化教育体育卫生、社会和法制、农业与社情民意、委员联络等6个专门委员会；下设龙洲湾、鱼洞、李家沱、花溪、界石、一品、接龙、东温泉、木洞等9个委员地区小组。6个专门委员会和区政协办公室共同组成政协机关7个工作机构，为政协常委会工作运行服务。在职人员42人（其中行政编制人员32人、事业编制人员5人、工勤人员5人）。

2018年，区政协常委会始终坚持党对政协工作的全面领导，坚持深学笃用习近平新时代中国特色社会主义思想和党的十九大精神，认真学习研讨习近平总书记关于加强和改进人民政协工作的重要思想，坚持把“两个维护”作为最高政治原则，树牢“四个意识”，坚定“四个自信”。坚决服从区委领导，重要工作、重大事项和重要情况及时向区委请示报告。发挥好政协党组作用，凡提交政协主席会议、常委会会议审议的重要议题，区政协党组均认真研究。始终坚持加强政协党的建设，推进政协党的组织和党的工作有效覆盖。取消机关党小组设置，新组建三个党支部。认真履行全面从严治党主体责任，制定《区政协关于禁止干部职工利用名贵特产类特殊资源谋取私利的规定》，防止“四风”回潮反弹。始终坚持发挥好专门协商机构的作用，聚焦“山清水秀美丽之地”“乡村振兴”“项目攻坚年”“民生改善”“政治建设”等工作，全年组织开展42项重点协商议政监督活动。在全市率先开展提案“提质增效”探索实践，全年编报社情民意信息53期，被全国政协采用1条，被市政协采用10条。首次以镇街为民主评议对象开展专项民主监督，首次在年度协商计划中明确监督性视察议题，加强同各党派团体的工作联系和团结合作，全年主席班子成员集中走访精准服务民营企业44家，解疑释惑、增进共识、提振信心、推动发展。出版文史资料《改革纪事》，举办庆祝改革开放40周年摄影展，增强各界坚定不移将改革开放进行到底的信心和决心。在《人民政协报》《重庆政协报》等市级以上媒体上稿101篇，切实讲好政协故事，唱响委员履职声音。始终坚持加强自身建设，加强委员队伍建设，分两批组织委员赴浙江大学和贵州省政协开展培训，建成“委员履职管理服务平台”，传递“委员家书”，建立委员履职档案，改版巴南政协网站，规范机关干部网络行为，不断完善机关会议召开、活动组织、后勤服务等制度，努力把政协机关建成“委员之家”。建立机关党建带群建的协同活动机制，机关团结向上的工作氛围愈加浓厚。

（郑于蓝）

【区政协十四届二次会议】 区政协十四届二次会议于2018年1月11日至13日在龙洲湾区行政中心举行。会议应到委员276人，实到会委员263人；应到列席人员188人，实到161人。会议听取并审议了十四届区政协主席刘永全所做的十四届政协常委会工作报告和副主席周存开所做的十四届一次会议以来区政协提案工作情况的报告；列席了区第十八届人民代表大会第二次会议，听取并协商讨论了区政府工作报告、区法院工做报告和区检察院工作报告，协商讨论了2018年区国民经济和社会发展计划报告、区重点项目和民生工作情况报告、区财政预决算报告；29个参加单位、专委会和地区委员小组就“军民融合创新示范区建设”“推动电子信息产业发展三大变革”“健全我区新型农业经营体系”“促进巴南特色文化产业发展”等方面做了大会发言。会议审议通过了区政协十四届常委会工作报告、十四届一次会议以来区政协提案工作情况报告和区政协十四届二次会议决议。会议期间，共征集到政协委员提案191件，立案98件，其中集体提案54件，区政协主席刘永全和中共重庆市巴南区委书记辛国荣做重要讲话。

（刘　恋）

【区委第六次政协工作会】 为贯彻落实市委第五次政协工作会议精神，研究部署新时代巴南区政协工作，加强和改进党对政协工作的全面领导，2018年12月18日，区委召开第六次政协工作会。区委书记辛国荣做重要讲话，区委副书记、区长何友生主持会议，区人大常委会主任胡能兵出席会议，区政协主席刘永全发言。全体在家区领导，区委办公室、区人大常委会办公室、区政府办公室、区政协办公室，区委各部委、区级各部门、区级各民主党派、工商联、人民团体、在区市管行政机关和区属国有公司主要负责人，区政协各专门委员会负责人、区政协常委、住区市政协委员参加会议。辛国荣指出，区政协和广大政协委员要以更高的层次和更宽广的视野谋划政协工作，充分发挥政协职能优势，认真研究加强和改进政协工作的新思路、新办法、新机制，以更加有力的措施推进政协工作。要牢牢把握正确政治方向，以实际行动践行“两个维护”，要积极发展协商民主，践行协商理念，精选协商内容，丰富协商形式，完善协商机制，落实政协民主监督。要与时俱进抓好自身建设，坚持问题导向，注重知行合一，提高政治把握能力、调查研究能力、联系群众能力、合作共事能力。党的领导是人民政协事业发展进步的根本保证，要切实把政协工作纳入区委工作总体布局，要加强政协系统党的建设，各级党组织要充分遵循人民政协特点和工作规律，为政协履职创造良好条件。会上，印发了《中共重庆市巴南区委〈关于加强和改进新时代人民政协工作的意见〉》（巴南委发〔2018〕45号）和《中共重庆市巴南区委办公室〈关于加强新时代人民政协党的建设工作的实施意见〉》的通知（巴南委办发〔2018〕25号）。区政府、区委统战部、民革区委、团区委、李家沱街道、界石镇、木洞镇做书面发言。

（张　茜）

【加强新时代政协党的建设工作】　2018年，区政协党组全面贯彻习近平新时代中国特色社会主义思想和党的十九大精神，以党章为根本遵循，按照新时代党的建设总要求，切实加强政协党的建设，以党建促进政协工作提质增效。加强政治建设，坚持把“两个维护”作为最高政治原则，树牢“四个意识”、坚定“四个自信”，确保各项事业沿着习近平总书记指引的正确方向前进。加强思想建设，坚持深学笃用习近平新时代中国特色社会主义思想和中共十九大精神，认真学习研讨习近平总书记关于加强和改进人民政协工作的重要思想，真正学出忠诚、学出信念、学出能力、学出担当，从思想上政治上扣好履职的第一粒扣子。加强组织建设，完成了机关党总支、离退休支部换届选举工作；认真贯彻《中国共产党支部工作条例（试行）》，取消机关党小组设置，新组建三个机关党支部，夯实政协机关党建工作的组织基础；发挥专委会基础性作用，并以专委会为依托开展党的工作；政协全委会、委员外出集中培训等活动，成立临时党支部，推动党的工作向委员覆盖；严格贯彻落实《关于新形势下党内政治生活的若干准则》，举行庆祝建党97周年活动，积极开展主题党日、党性锻炼等多种形式的组织活动，增强政协党组织的凝聚力和向心力。加强作风建设，严格贯彻落实中央八项规定及其实施细则精神和区委实施意见，坚决防止和克服一切形式主义、官僚主义；制定并严格贯彻落实《区政协关于禁止干部职工利用名贵特产类特殊资源谋取私利的规定》，严防任何违规违纪行为发生。加强纪律建设，认真履行全面从严治党主体责任，严明党的政治纪律，教育引导政协组织中的共产党员严格遵守党的政治纪律和政治规矩。扎实落实党风廉政责任制，通过开展廉政专题党课、观看廉政警示片、参观廉政教育基地、通报违纪违法案例、发送廉政微信等多种形式开展党风廉政教育，并强化日常管理监督，持之以恒正风肃纪。

（王　鑫）

【全面实施提案提质增效工作】　为深入贯彻落实习近平总书记“提高提案质量、提高办理质量”指示精神，切实把提案工作作为政协履行职能、发挥作用的重要抓手。2018年，区政协坚持以“提得好、办得好”为目标，在全市率先开展提案“提质增效”探索实践，并取得阶段性明显成效，开启了提案由数量型向质量型转变、办理由答复型向落实型转变的新征程。一是大力改进提出方法。引导委员按照党政关注、部门能为、群众期盼、委员熟悉“四位一体”的要求，提出选题准、分析透、建议实的提案，提高了提案的“含金量”。全年共提交提案353件，其中立案194件（集体提案88件、重点提案16件）。二是大力改进审查方法。首次开展委组预审，及时组织提案工作骨干力量对提案进行预先审查，并按照宁缺毋滥的原则，提出了或立案、或并案、或撤销、或转社情民意的处理意见，实现了提案“供给侧”把关。全年各委组共预审个人提案295件，预审合格202件，合格率68.5%。三是大力改进办理协商方法。承办单位普遍采取上门走访、集中座谈、专题讨论、邀请参与等多种方式沟通协商，面商率达90%以上。部分重点提案办理单位，在“七方面商”基础上，积极邀请相关行业专家、学者参与面商活动，探索了“七+N”协商新模式，不断深化和发展了重点提案办理“七方面商”工作。四是大力改进提案培训方法。采取以会代训、专题讲座、交流研讨、参观考察等多种形式，加强队伍建设。在浙江大学、贵州省政协干部培训中心等开设的委员全面轮训课程中，突出提案工作专题，丰富委员综合素质。组织力量参加部分民主党派和委组的履职活动，共同开展专题交流6次，深入探讨了提案“提质增效”的实际问题。集中开展提案工作专题培训，采用理论与实作相结合，分三期培训100余人，不断培育了“会撰写、会审查、会指导”的提案工作骨干队伍。五是大力开展提案工作研讨。召开提案提质增效工作民主党派专题研讨会议，总结工作成绩，听取意见建议。召开提案提质增效工作推进会议，区政协主席刘永全作工作部署，区政协副主席周存开总结成绩，相关党派、委组、个人做了交流发言。会议内容丰富、研讨深刻，参与广泛、反响热烈，达到了总结成绩、交流经验的预期目的，达到了增进共识、提振信心的预期目的，达到了明确任务、推进工作的预期目的。市政协提案委专职副主任来江域做培训讲话，对巴南区提案提质增效工作给予了充分肯定和高度评价，认为亮点纷呈、成效显著，走在了全市前列，值得复制推广。

（李光胜）

【反映社情民意信息工作】 2018 年，区政协立足于反映社情民意信息工作在新时代的新使命和新定位，调整工作思路，全年共收到社情民意信息 336 条，编报社情民意 53 期。其中普刊 5 期，转送 7 期，转报 47 期，被全国政协采用 1 条，被市政协采用 10 条，被市级部门回复 2 期，被区领导批示 3 期，区级部门回复 5 期，在全市区县政协反映社情民意信息工作中保持了先进地位。

一是围绕“两地”“两高”等中心工作和民生实事反映信息。《当前环境保护工作存在的问题和建议》被全国政协采用，围绕重庆建设山清水秀美丽之地反映的信息《关于加强三峡库区面源污染治理的建议》被市政协采用。二是注重围绕全国政协和市政协的信息需求，结合巴南实际做好选题策划，提高针对性。结合全国政协的重点选题，向各单位约稿 8 篇，编辑报送 4 篇，其中《关于用好农户小额贷款　防范“户贷企用”道德风险的建议》等 2 篇被市政协采用并报送全国政协。三是以严谨审慎的态度，根据“十报十不报”的原则严格把关，坚持对不采用的信息认真填写存档理由，告之不被采用的原因。四是优化报送系统，新系统在老系统的基础上进行了全面升级，以更高更全面的信息化手段促进社情民意信息的管理和处理，有效缩短各环节之间的时间，促进反映社情民意信息工作的程序化、高效化。

（陈　卓）

【深化协商民主实践】 按照协商于民、协商为民的要求，充分发挥自身优势，大胆探索，深化协商民主实践创新，增强协商民主实效，不断推动政协协商民主发展。

完善协商民主制度体系。出台《制定区政协年度协商计划的办法》，从协商议题的提出和确定、协商活动的准备和开展、协商会议的组织和召开、协商成果的形成和报送、协商意见的处理和反馈等方面进行明确规范，对相关环节作出具体规定。利用现代信息技术手段，在改版的区政协网站中设立主席信箱、网上留言，开通政协委员微信、QQ 群等形式，推动形成较为完善的网络民意收集机制、协商互动机制、问题处理和结果反馈机制。

积极组织开展协商活动。坚持协商议题和协商形式相匹配，全年组织开展 42 项重点协商活动，推动形成完整制度程序和参与实践。其中，围绕推进“项目攻坚年”、实施乡村振兴战略两大主题开展专题议政性常委会，围绕学前教育发展、依法行政推进、智能制造引领创新驱动发展等三大主题开展主席会协商，围绕农旅融合发展、房地产市场与销售运行、中国西部木材贸易港推进、二野军大历史陈列馆筹建工作等四大主题开展对口协商，围绕加快人工智能与产业发展、与在区高校校地合作、校外教育培训机构的监管、宗教界别抵制邪教和治理非法传教活动、气象服务地方经济建设等五大主题开展界别协商。

拓展协商民主渠道与形式。从协商式监督的要求和原则出发，首次以镇街为民主评议对象，围绕“创卫工作”开展专项民主监督。探索基层群众参与政协协商的有效途径，邀请市民代表参加全委会、提案办理协商会，把协商与民落到实处。持续探索委员地区小组发挥作用机制，精心制定委员地区小组年度协商计划，要求每个委员地区小组全年分别开展 1 次对口协商、1 次视察和 1 次调研，9 个委员地区小组全年组织实施 27 项履职活动，在助推镇街经济社会发展中贡献了智慧和力量。

（张　茜）

【加强和改进政协民主监督工作】 2018年，区政协从协商式监督的要求和原则出发，积极探索加强和改进政协民主监督工作。首次以镇街为民主评议对象开展专项民主监督，围绕创建国家卫生区工作，对12个镇街开展民主评议，采取走访座谈、明察暗访、问卷调查等方式，摸透情况，找准问题，提出建议，形成1个主报告和9个分报告，约2.2万字，为“创建国家卫生区”顺利通过市级评估贡献了政协智慧力量。首次在政协年度重点协商计划中明确监督性视察议题，围绕黄溪河、花溪河、一品河黑臭水体治理开展监督性视察，采取现场视察、跟踪查看等方式了解实情，并及时提出批评和建议，助力我区基本消除城市黑臭水体。

（郑于蓝）

【扎实开展视察调研】 专项视察农村“四好”公路建设、提案提质增效工作贯彻落实情况、高职城建设情况、法律服务中心建设情况，收集各类意见建议，为委员知情明政、建言献策创造了条件。首次开展监督性视察，围绕“黑臭水体治理推进情况”开展重点视察，提出建设性意见建议，助推黑臭水体治理工作。贯彻落实市委“兴调研转作风促落实”行动部署，扎实开展调研工作。注重发言前先调研，建立主席班子成员牵头重点调研课题，专委会、参加单位协同调研，专家委员自主调研机制，聚焦问题、深度调研，集合众智、协力攻关，提升议政建言“含金量”。围绕利用大数据发展智能金融产业情况、基层文化建设情况、巴南建设“山清水秀、美丽之地”情况调研、巴南区智能制造工业发展情况等四大主题，进行了全面深入的调研并形成调研报告，送区委区政府及相关部门参考。注重无调研不协商，特别是在专题议政性常委会协商前，加大调研力度，突出做足“项目攻坚年”专题协商前期工作，分解课题，成立调研组，沉到一线，调研、协商、监督相互贯通，形成14篇调研报告，确保了协商建言的深度和实效。为全面了解农业农村发展情况，开展6大类49项专题调研，形成54篇调研建议，奠定了“实施乡村振兴战略”专题协商的坚实基础。《人民政协报》以“共焕乡土新芬芳”为题深度报道，《重庆政协报》头版报道。

（江　川）

【扎实开展理论研究工作】 2018年，区政协认真组织开展习近平总书记关于加强和改进人民政协工作的重要思想学习研讨活动，及时制定学习研讨方案，推动活动有序开展。将政协机关、各参加单位、专委会、委员地区小组全部纳入整体安排，实现了政协系统全覆盖；统一印发资料，保证了学习研讨内容的原汁原味；通过微信群、QQ群及时推送系列权威解读，拓展了学习广度和深度；对标对表，认真查找差距和不足，机关干部职工人均查找问题两条以上，查找出政协组织存在履职质量不高等4个共性问题。以“习近平总书记关于加强和改进人民政协工作的重要思想理论研究”为主题开展理论研讨征文活动，征集论文13篇，向市政协选送的论文《人民政协在推动“一带一路”建设中的作用》获市政协三等奖。7月20日，区政协召开了理论研讨会，对理论研究工作进行了阶段性总结，刘永全同志在会上对抓好政协系统的理论研究工作进行了安排部署，明确了今后工作的方向和重点。

（郭翰中）

【加强委员联络管理】 委员是政协工作的核心和关键。建立科学的委员管理方式，使委员“动”起来，履职成效“实”起来，政协工作“活”起来，不断激发委员履职热情，增强协商民主实效，促进政协工作科学发展。一年来，做到了三个“进一步”。

一是进一步完善制度建设。2018年，开展《区政协委员管理办法》运行中期评估，对发现的问题深入开展调研，并修订完善，牵头拟定区政协2018年“主席接待委员日”活动方案、巴南区政协2018年主席走访委员活动方案、2018年区政协委员地区小组工作经费方案等，进一步保障委员权利，激励委员履职，充分发挥委员的主体作用，切实增强委员的荣誉感、使命感和责任感。二是进一步激发委员履职热情。坚持每一季度对委员履职情况进行通报，对2018年区政协农社委、提案委和李家沱委员地区小组、龙洲湾委员地区小组、界石委员地区小组5个先进委组以及31名优秀政协委员进行了表彰，进一步激发了各委组和委员履职热情。三是进一步调整委员队伍。积极协助有关部门开展委员调整工作，同意9人辞去委员职务，及时增补21名委员；对发现与委员身份不符的行为，及时给予约谈诫勉、批评教育等处理，确保了政协工作的延续性，保持了队伍纯洁性。

（于　靖）

【创新委员履职平台管理】　为进一步方便委员履职更高效、更精准、更有现实价值，确保委员在履职活动中唱主角、见成效，2018年区政协积极创新委员履职平台管理。

一是创新搭建网上平台。在改版的区政协网站上创新搭建委员履职管理系统，每位委员在网上提交履职成果、查询履职情况，运用信息化手段统计分析履职情况，实现委员履职管理动态化、网络化、数字化。二是创新拓展学习平台。组织委员和政协工作者分别前往浙江大学、贵州省政协干部培训中心学习，进一步增强了委员履职的责任感和使命感，提高了委员的思想政治素质和履职能力。三是创新拓宽交流平台。为加强委员学习工作，为委员履职提供服务，在免费为全体委员征订《重庆政协报》的基础上，区政协又免费为全体委员征订《人民政协报》等学习资料，进一步便利了委员学习理论、了解政策、知情明政。

（于　靖）

【新闻宣传工作】　2018年度，研究制定《区政协新闻宣传工作考评办法》，调整区政协通联站及攻坚组成员，加强对委员履职风采的宣传，在区级以上媒体刊载了多名委员优秀履职事迹，在《人民政协报》《人民政协网》《重庆政协报》等市级以上媒体上稿101篇，市级媒体头版头条1篇，头版4篇。《一次解渴过瘾的大学习》获得《重庆政协报》好新闻；荣获“市政协新闻宣传工作优秀单位奖”。张茜同志被评为“市政协新闻宣传先进工作者”。郑于蓝同志被评为“市政协新闻宣传优秀通讯员”。《人民政协报》副社长一行来重庆调研，巴南区政协新闻宣传工作得到《人民政协报》报社的充分肯定。

（张　茜）

【征编文史专辑《改革纪事》】　2018年是改革开放四十周年。为了记录跋涉者的足迹、奋进者的壮歌，真实地呈现巴南（原巴县）人民40年的心路历程，2018年2月区政协启动了文史专辑《改革纪事》资料征集和编撰工作。秉持“三亲”原则和存史、资政、团结、育人的理念，《改革纪事》以当事人的口述见证改革，以亲历者的记忆回望改革，把镜头对准丰碑中的砖石，把笔墨倾注在长河中的浪花，为改革的参与者画像，为改革的推动者录音。一年来，区政协组织重点作者、文史爱好者和相关单位召开专题培训会、题材审核会等协商会议6次，组织文史专家开展审稿会4次。全书由《挺立潮头》《耕耘希望》《筑城江南》《唱响巴南》四大章节组成，共103篇文章，37万字。

（王　艳）

【黔川渝毗邻文化旅游金三角联动协作会】　黔川渝毗邻文化旅游金三角联动协作会是由贵州遵义正安县政协、务川自治县政协、道真自治县政协2015年联合发起的，旨在交流创新政协工作，共商共谋区域协调发展。至2018年11月，协作会共有黔、川、渝38个县（市、区）政协成员单位。

根据章程，协作会每年召开2次全体成员单位会议。2018年11月28日—30日，巴南区政协在龙洲湾典雅·戴斯酒店承办了第五次联动协作会。本次会议主题为“合力打造旅游升级版，共同创造高品质生活”。来自贵州省遵义市、铜仁市，四川省泸州市以及重庆市所辖38个区（县）政协及旅游部门的同志约280人参加了会议。重庆市政协副主席谭家玲，重庆市政协副秘书长吉强，巴南区委副书记、区政府区长何友生，区委常委、统战部部长胡百中，区政府副区长舒朝斌应邀出席了会议。会议取得了丰硕的成果：一是壮大了力量。参会成员单位一致同意江阳区政协、龙马潭区政协加入联动协作会，联动协作会成员单位数量由36个增加到38个。二是达成了共识。就打造文化旅游联盟、联线、联动、联结升级版方面达成了一系列共识，形成了会议的《共同建议》。三是完善了机制。对联动协作会章程第八条、第十七条进行了修改，对轮值承办次序进行了适当调整。四是促进了交流。通过多个交流互动议程，为参会人员助推当地文化旅游发展带来了富有现实价值的启迪与思考。大家还就加强与改进政协工作进行交流沟通，相互借鉴履职成功经验，政协履职思路得到进一步拓展。

（郭翰中）

纪检　监察

【概况】　2018年1月，撤销原区监察局，设立重庆市巴南区监察委员会。区纪委与区监委合署办公，对党委全面负责，履行纪检、监察两项职责，监察委员会不设党组，主任、副主任分别由同级纪委书记、副书记兼任，实行一套工作机构、两个机关名称。

中国共产党重庆市巴南区纪律检查委员会、重庆市巴南区监察委员会（以下简称区纪委监委）在重庆市纪委监委和区委的领导下开展工作。区纪委监委领导班子成员11人（其中区纪委委员9人，区监委委员9人），机关干部编制79名，实际在编65人，内设办公室、组织部、宣传部、法规研究室、党风政风监督室、信访室、案件监督管理室、第一纪检监察室、第二纪检监察室、第三纪检监察室、第四纪检监察室、第五纪检监察室、第六纪检监察室、第七纪检监察室、第八纪检监察室、案件审理室、纪检监察干部监督室等机构17个，下设七级职员事业单位1个（巴南区纪检监察信息中心）。全区设镇（街道）纪委（纪工委）22个，区纪委监委派驻纪检监察组10个，派出纪检监察室6个，以及区法院、区检察院和区审计局纪检组。中共重庆市巴南区委巡察工作领导小组办公室（以下简称区委巡察办）作为区委工作机构，设在区纪委。2018年，区委巡察办领导班子成员2人（其中，主任由区纪委副书记兼任），核定编制15名，其中行政编制10名，事业编制5名，设置处级领导职数6名、科级领导职数2名，实际在编12人，内设综合科、督查科等2个科室。设区委巡察组5个，区委交叉巡察组2个，村（社区）党组织巡察小组22个。

区纪委职责：维护党的章程和其他党内法规，检查党的路线、方针、政策和决议的执行情况，协助区委推进全面从严治党、加强党风建设和组织协调反腐败工作。履行监督、执纪、问责职责。经常对党员进行遵守纪律的教育，作出关于维护党纪的决定；对党的组织和党员领导干部履行职责、行使权力进行监督，受理处置党员群众检举举报，开展谈话提醒、约谈函询；检查和处理党的组织和党员违反党的章程和其他党内法规的比较重要或复杂的案件，决定或取消对这些案件中的党员的处分；进行问责或提出责任追究的建议；受理党员的控告和申诉；保障党员的权利。履行有关法律法规赋予的其他职能职责。

区监委职责：维护宪法和法律法规权威；依法监察公职人员行使公权力情况，调查职务违法和职务犯罪；开展廉政建设和反腐败工作。履行监督、调查、处置职责。监督：对公职人员开展廉政教育，对其依法履职、秉公用权、廉洁从政从业以及道德操守情况进行监督检查。调查：对涉嫌贪污贿赂、滥用职权、玩忽职守、权力寻租、利益输送、徇私舞弊以及浪费国家资财等职务违法和职务犯罪进行调查。处置：对违法的公职人员依法作出政务处分决定；对履行职责不力、失职失责的领导人员进行问责；对涉嫌职务犯罪的，将调查结果移送检察机关依法提起公诉；对在行使职权中存在的问题提出监察建议。履行有关法律法规赋予的其他职能职责。

区委巡察办职责：向区委巡察工作领导小组报告工作情况，传达贯彻区委巡察工作领导小组的决策和部署。统筹、协调、指导巡察组开展工作。开展巡察政策研究、制度建设工作。对区委、区委巡察工作领导小组决定的事项进行督办。配合有关部门对巡察工作人员进行培训、考核、监督和管理。办理区委、区委巡察工作领导小组交办的其他事项。

【区纪委第十三届四次全会】 中国共产党重庆市巴南区第十三届纪律检查委员会第四次全体会议，于2018年2月9日举行。区纪委委员23人出席。会议全面总结了2017年全区纪检监察工作，研究部署了2018年任务，审议通过了曹森同志代表区纪委常委会所做的《以习近平新时代中国特色社会主义思想为引领，让党的十九大全面从严治党战略部署在巴南落地生根》工作报告。全会号召，要紧密团结在以习近平同志为核心的党中央周围，深入贯彻落实党的十九大精神，按照中央纪委、市纪委全会部署，紧紧扭住净化政治生态和作风建设不放松，一锤接着一锤敲，一个钉子接着一个钉子钉，以永远在路上的执着把全面从严治党引向深入，以一刻不停歇的努力换来政治生态的海晏河清，为决胜全面建成小康社会、促进巴南经济社会发展贡献新的更大的力量！

【践行“两个维护”】 肃清孙政才恶劣影响和薄熙来、王立军流毒，消除杨钟馗严重违纪违法问题不良影响，特别是对涉杨钟馗收送“红包”礼金、违规吃喝、公款旅游等问题进行查处，立案审查11人（其中留置1人），诫勉谈话6人，批评教育36人次。区委召开政治生态建设半年专题分析会，系市纪委七室联系的13个区县中第一个。定期分析研判纪检监察信访举报情况，全年收到的信访举报同比下降11.59%，其中反映区管领导干部的同比下降46.03%，政治生态不断向好。《中国纪检监察报》头版对巴南区净化政治生态的工作进行了报道。

【落实“两个责任”】 协助区委制定完善《深化落实全面从严治党主体责任的意见》《区委全面从严治党责任清单》，在“共性清单”的基础上，增加“个性清单”，让全区各级党组织和纪检监察组织落实责任有章可循，避免责任虚抓空转，层层传导压力。发挥“监督的再监督、检查的再检查”职能作用，加强对各级各部门党组织履行全面从严治党责任情况的监督检查，对履责不到位的严肃问责。全年共实施党内问责22件，问责区管领导干部28名。协助区委做好市管领导履行主体责任履职情况纪实工作，录入883条履责落实情况。

【深化“纪检监察体制改革”】 国家监察体制改革试点工作启动后，区纪委会同区检察院、区编办、区委组织部和区财政局等单位，制定改革试点工作方案并报市深化国家监察体制改革试点工作小组审定，为深化国家监察体制改革在全区落地落实提供有力依据。2018年1月14日，完成区监委选举任命，选举产生巴南区监察委员会主任，并进行机构挂牌。2018年1月15日，根据提名由区人大常委会任命区监察委员会副主任3名、委员4名。完成涉改机构资产移交，完成16名涉改人员转隶。本次改革，区纪委监委机关人员编制从49名增至69名，内设机构由13个增至17个，其中新设立第五至第八纪检监察室；调整设置派驻纪检监察组10个，人员编制40名，授予部分监察调查权限；新设立派出监察室6个，人员编制22名，归口负责22个镇（街道）的监察工作；设立七级职员事业单位1个，人员编制10名。推动监察全覆盖，监察对象增加到60953人，增加9242人，其中非中共党员人数增加8948人，实现对全区所有行使公权力的公职人员监察全覆盖。

【防止“四风”反弹回潮】 狠抓重大节假日等重要时间节点，以专题访谈、走访调查、查看账目、“大数据”核查等方式开展全方位监督检查，共组建专项检查组20个，检查单位86个，发现问题线索17个。全年查处违反中央八项规定精神问题46件72人，并对查处的问题点名道姓通报曝光。全年收到涉及违反中央八项规定精神的信访举报同比下降63.04%。在2018年全区开展的2次民意调查中，干部大吃大喝大操大办减少情况在城镇和农村满意度调查指标中得分均列第一，群众满意度显著提升。坚决整治形式主义、官僚主义，聚焦4个方面12类问题，查处相关问题53件，处理159人。

【执纪审查】 坚持严管和厚爱结合、激励和约束并重，准确运用监督执纪“四种形态”。全年运用监督执纪“四种形态”1739人次，其中，第一种形态1577人次，同比增长42%，占90.7%；

第二种形态 102 人次，占 5.9%；第三种形态 32 人次，占 1.8%；第四种形态 28 人次，占 1.6%。对全区 2017 年受到党（政）纪处分和组织处理、2016 年受处分后仍在影响期内的 79 名党员干部进行跟踪教育回访，达到纪律处分和纪律教育的最佳效果。

【保持惩治腐败高压态势】 全年共备案问题线索 611 件，立案审查 162 件 171 人，自办案件 104 件，结案 152 件，给予党纪政务处分 159 人，开展“走读式”谈话 770 次。深化群众身边腐败和作风问题治理，全年查处侵害群众利益腐败问题和不正之风 148 件 296 人，其中查处扶贫领域腐败和作风问题 47 件 155 人。坚决做好中央巡视组脱贫攻坚专项巡视交办问题线索的办理反馈工作，共办理中巡组交办的问题线索 32 件。全年收到涉及群众身边腐败问题的信访举报同比下降 66.51%。

【反腐败追逃追赃】 在反腐败追逃追赃专项行动中，在区委的坚强领导下，区纪委监委牵头协调公安、检察、审判机关，仅用一周时间，就将潜逃 19 年的区财政局原工作人员杨某捉拿归案、绳之以法，是 2018 年全市追逃到案的第一人。

【扫黑除恶专项斗争监督执纪问责】 坚持把扫黑除恶与反腐、基层“拍蝇”结合起来，深挖黑恶势力“保护伞”，办理相关问题线索 172 件，办结 167 件，其中立案 12 件，组织处理 21 人，党纪处分 7 人，采取留置措施 1 人，移送司法机关 3 人。全力做好中央扫黑除恶第 9 督导组交办问题线索的办理反馈工作，办结督导组交办问题线索 19 件。重庆新闻联播对巴南区扫黑除恶专项斗争监督执纪问责工作进行重点报道，工作开展情况在全市进行经验交流发言。

【巡察工作】 落实巡察工作部署，设立区委巡察办为区委工作机构，核定人员编制和领导职数，制发区委巡察工作规划等 9 个制度文件，完成十三届区委第四至第七轮 40 个区委管理党组织，第一、第二轮 198 个村（社区）党组织以及教育、卫生系统交叉巡察。实践巡察向基层延伸，制发村（社区）党组织巡察全覆盖实施方案和工作流程，推动对全区 7027 名村居专职干部联合审查，清除有前科劣迹干部 24 人，调整不胜任书记 4 人，补缺 4 人；推动解决了木洞镇 600 余户群众吃水等一批民生问题。完成联系点工作任务，坚持选派优秀干部到巡察岗位锻炼，全年共选派 242 人次，探索“3+N”协同机制、问题线索移交前会商和办理中推进机制、巡察后评估机制，建立全程纪实、问题线索、立行立改、书记点人点事等 4 个台账，有关经验做法在中国纪检监察报、重庆市纪检监察信息、重庆巡视巡察工作登载 5 次。

【党员干部亲属涉权事项公开】 推进落实党员干部亲属涉权事项公开工作，切实管好管住“小微”权力。全年核查对比党员干部及亲属涉及惠民资金（项目）4500 余人次，发现问题线索 8 条，组织处理 13 人。全年区管干部申报办理婚丧喜庆事宜 74 人次，在申报同时当面进行纪律提醒。把好党风廉政意见回复关，确保落实好干部标准，树立正确用人导向，全年共回复党风廉政审查意见 14353 人次。

【党风廉政宣传】 开展“兴调研转作风促落实”行动，上报的调研报告、理论文章和调研信息被中央纪委、市纪委采用 11 篇。累计在《人民日报》《中国纪检监察报》《重庆日报》等市级以上媒体发布新闻稿件 110 余篇；上报纪检监察信息 160 余篇，多篇信息被中央纪委、市纪委、区委采用。举办专题讲座 50 余场，各级党组织开展专题学习 1000 余场，刊载（播）党纪法规原文及解读 1200 余条次，在公益宣传平台刊播（张贴）宣传广告、标语、视频 20 余万条次。全年累计宣布对区管领导干部的处分决定 27 人次，通报曝光各类典型案例 68 起 107 人，开展“以案四说”警示教育 344 场对新提任 33 名处级以上领导干部开展廉政谈话，使广大党员干部知敬畏、存戒惧、守底线。

【纪检监察队伍建设】 加大对纪检监察干部的

培训力度，选派党员干部参加中央纪委国家监委、市纪委监委培训22人次，组织参加市纪委监委远程培训讲座4期447人次，自主举办培训班3期431人次。选派干部参与中央纪委、市纪委监委办案或市委巡视办专项工作13名，到区级贫困村挂职锻炼1名。加强内部监管，自觉接受监督，对纪检监察干部违纪违规行为“零容忍”，全年查办纪检监察干部问题线索7件12人，其中诫勉谈话6人，批评教育4人，提醒谈话2人，切实提高纪检监察干部的政治觉悟和责任担当。

（陈　波）

组织工作

【概况】 巴南区委组织部内设办公室（研究室）、组织科、干部科（公务员管理科）、干部监督科（信访举报科）、人才科（干部教育培训科）、党代表工作科、非公党建科、考核科等8个科室，下设区电教中心、网管中心2个事业单位。截至2018年12月，部机关在编人员共37人，其中行政编制20人，参公12人，事业4人，工勤1人。区委非公工委与区委组织部合署办公，区委党代表联络办公室、区考核办公室在区委组织部挂牌。2018年，开展大排查，摸清了全区党组织及党员底数；制定党支部标准化规范化建设“1+10”指标体系，“5+X”措施抓实主题党日；召开3个片区会，彻底整改中央扫黑除恶督导组指出的组织建设方面问题；牵头完成38个后进基层党组织整顿转化，整改满意率达95%；严把党员发展关口，发展党员418人，除名2人；调整不胜任村党组织书记4名，清除有前科劣迹村（社区）干部24名，储备村级后备干部302名；轮训党支部书记2432名；抓党建促脱贫攻坚，选派30名优秀机关干部组成驻村工作队，牵头第一扶贫集团结对帮扶双河口镇塘湾村工作；“1+X”党建联盟等做法成为全国城市基层党建创新案例；“云直播+微平台”智慧党建工作全面推广，微视频《初心》《爱永在》分获全市党员教育教学课件评比一等奖、二等奖。突出政治标准，坚持以事择人，调整干部202人次，选配区管领导干部25名、免去7名；深入90多个区管班子开展运行调研；精细制定考核指标体系；举办各类培训87期，培训干部1.3万人次；加强干部监督管理，提醒谈话334人，函询1人，诫勉15人；出台《关于激励干部新时代新担当新作为的若干措施》，提拔重用敢担当、善作为的区管干部30名，免去7名担当精神差、工作成效不佳的区管领导干部职务；建立优秀年轻干部信息库，新提拔优秀年轻区管正职5名，15名新录用选调生全部安排到村任职历练，选派50名年轻干部参加区内集中互派挂职锻炼。分类推进人才评价机制改革，落实《关于分类推进人才评价机制改革的实施方案》和7个配套办法；出台《重庆市巴南区科技兴区和人才强区行动计划（2018—2020年）》，编制实施“十大”行动，统筹人才、教育、科技、创新创业生态四个领域，推进人才开发建设；评选表彰首批“鸿雁计划”“菁英计划”人才48名，发放奖补资金1102万元；开展区第4届学术技术带头人及后备人选年度考评工作，发放政府津贴32.7万元，审批兑现高技能人才激励奖补7.3万元；创建区级人才工作示范单位4个，分别补助10万元。引进国家级人才计划专家6名、市级人才计划专家12名，培养国家技术能手1名、“西部之光”访问学者1名；创建世界技能大赛市级选拔培训基地2个、市级首席技能大师工作室2个。与中国建设银行巴南支行签署战略合作协议，投入近100万元推广使用“云犀BOX”直播平台，畅通基层创作发布节目通道；开发党建精灵智能客服系统，为党员提供全方位智能服务；推广使用语音转换系统。严格按程序停（终）止15名因工作单位、职务等发生变化不再适合担任区党代表的代表资格，并进行增补，收集、办结党代表提案117件，办结率、满意率均达100%。

【模范部门打造】 确定2018年为机关干部综合素质提升年，打造“两堂一校”学习品牌，全年举办“专家讲堂”“周三夜校”10次，“职工学堂”12次，读书沙龙活动1次，美文共享活动3期。制定制度着力解决“三多一懒”问题，实现全年发文和办会数量同比下降10%以上。落实

“一岗双责”，排查出机关廉政风险点33个，分条制定针对性措施。制定固定资产（服务）“5+X”采购管理办法，成立采购工作小组加强对大额资金采购的监管，建立健全部机关内部控制制度。

【政治理论学习传达】 将习近平新时代中国特色社会主义思想和党的十九大精神作为干部教育培训和“三会一课”“主题党日”、党支部书记集中轮训、党员冬训的必学内容，细分10个领域对49529名党员开展全覆盖培训。牵头制定“十九大精神‘进课堂’方案”，推动十九大精神进干部课堂、学校课堂、基层课堂、网络课堂。

【“两学一做”常态化制度化】 将“两学一做”内容与中心组学习、“三会一课”等紧密结合，纳入“5+X”主题党日规定内容，细化到月到支部，促使全区党员常态化开展学习研讨、问题查改。区委书记以普通党员身份参加组织生活12次，讲党课4次。

【党支部书记全覆盖培训】 分领域制定“1+9”培训方案，自编5种辅导资料，明确书记应知必抓工作内容，分15期每期3天对全区2432名支部书记开展全覆盖培训。实行“无手机”课堂、严格请销假制度、全程摄像纪实、即时督查通报等严明培训纪律，建立结业考试制度，“以考促学”确保培训质量。

【村干部人才队伍建设】 全覆盖排查“两委”班子运行情况，优化调整党组织书记4名。对全区301个村（社区）的2499名“两委”成员能力素质逐一分析研判，探索建立农村、社区基层干部履职情况一人一表电子档案。198个村回引本土人才225名，培养储备村级后备干部302名，村“两委”年龄结构持续改善。

【基层党组织整顿】 结合“兴调研、转作风、促落实”行动和村（社区）“两委”班子回访研判，开展全面摸排，将27个基层党组织列为软弱涣散整顿对象。在扫黑除恶中将光国村、天坪村及市、区公安局挂牌督办的7个重点整治村（社区）新纳为整顿对象。针对既有问题挂单整改，落实“一支一策”硬要求，探索“一支多问”找准症结、“一问多举”细化措施、“一举多效”去除病根、“一效多评”激发动力“四步工作法”，强化整顿转化。软弱涣散党组织全部整改到位，满意度均在95%以上。

【城市各领域党建】 建立区、街道、社区三级城市党建联席会议制度，将辖区单位党组织负责人作为成员，全年召开区级联席会4次，研究议题24个，制定联席会议制度、联络员管理办法等文件和方案10个。统筹机关、学校、公立医院、国企等领域党建，推动民办学校、律师等行业党建，非公经济组织和社会组织党组织覆盖率分别为87.8%和75.2%。

【基层组织建设助扫黑除恶】 建立联审机制，按照“十不选”及“五条规定”要求，对全区2499名村（社区）“两委”成员、3528名社组长和1000名监委会成员开展联合审查，按程序清除有前科劣迹干部24人，免职2人，调整不胜任书记4人。统一发放扫黑除恶倡议书近5万份，与党员签订《承诺书》4万余份。利用党员活动室、农民夜校广泛宣传扫黑除恶知识，群众知晓率达95%以上。选树身边榜样12名，弘扬正能量。

【驻村工作队促脱贫攻坚】 成立驻村工作领导小组，建立工作例会、召回调整、考核奖惩等制度9项，每季度召开1次工作例会听取各驻村工作队工作汇报，全年研究解决突出问题20余项。从机关事业单位、平台公司选派30名驻村干部组成驻村工作队，其中5名优秀副处级干部任市级贫困村第一书记兼驻村工作队队长。全面落实下村签到、扶贫日志、在岗抽查等制度，确保队员每个月有2/3以上时间吃、住、干工作在村；优化日常考核和年终考核规则，年度考核优秀名额单独下达并给予适当倾斜。

【区管领导班子选配】 调整干部202人次，选优配强部分镇街、区级部门、区属国有公司主要领导25名。全年新提拔副处级单位副职5名，转正考核试用期满干部12名。完成区委巡察办和区监委派出监察室人员配备、区总工会等群团组织换届提名、部分区管学校干部调整、军转干部安置、区纪委内设机构和区市政园林局（市政支队）机构职务更名等工作。

【班子届中回访调研】 深入全区22个镇街、63个区级部门、3个区管医院和7个区属国有公司，对领导班子运行、领导干部履职以及干部个人意愿、中层干部储备等情况进行了全覆盖回访调研，重点收集对激励干部担当作为措施办法、处级非领导职务干部管理、领导班子和干部队伍建设有关意见，形成综合分析研判材料86套、各类人员名单9种。

【干部挂职锻炼】 安排7名新提拔区管副职到区信访办挂职，选派6名优秀干部到万州区对口帮扶挂职、25名干部在区内集中互派挂职、35名干部赴市区两级贫困村扶贫挂职，集中抽调118名干部参与创卫、巡察、信访维稳、环保督查等全区性中心工作。接收市人大、市委宣传部、万州区等到我区挂职干部17名。

【个人事项报告】 收集报送全区1049名领导干部个人有关事项报告，随机抽查105名干部，批评教育17人、责令作出检查4人、诫勉9人。重点抽查171名领导干部个人有关事项报告，其中30人被批评教育，6人被诫勉，8人提拔晋升被“放下”。

【选人用人专项检查】 对8个区属国有公司、19个教育和卫生系统的区管事业单位开展选人用人专项检查，共查阅文书档案176份、个别访谈94人，形成选人用人专项检查情况报告37套，实现全区换届候选人用人专项检查全覆盖。

【干部监督制度建设】 制定《巴南区干部监督工作联席会议制度和信息沟通办法》，与纪检监察、公安、民政、工商、信访等12家单位建立起联席会议制度，定期收集领导干部信访反映、婚丧嫁娶、配偶和子女经商办企业等重点信息并进行分析研判，及时纠正苗头性、倾向性问题。

【人才聚集工程】 开展“领军人才集聚”“高层次人才引进”“基础性人才保障”三大引才计划。召开院士专家座谈会，举办生物医药双创英才项目洽谈会，组团对接洽谈国创会创新人才大赛项目，赴北京大学等“双一流”高校开展引才和校园招聘，建立“5+1”主导产业专家库，开展第三方合作，全年引进各类优秀人才695名，其中国家级人才计划专家6名（柔性引进加拿大工程院院士1名，“两院”院士5名）、市级人才计划专家12名。

【人才培育工程】 建立巴南与万州每年互派3～5名科技人才交流挂职培养机制。实施“千名重点人才培训计划”，培训各类人才1025人次。推荐人选全市“西部之光”访问学者1名，培养国家技术能手1名。承接重庆理工大学2名教授来区挂职，依托重庆邮电大学教学优势开展人才培养、共建实训基地。

【三级人才服务平台】 建立镇街人才服务站22个、园区人才服务站2个、重点企业人才服务点27个，选用人才服务专员151人。编制《重庆市巴南区高层次人才服务手册》，解决人才在配偶就业、子女入学等方面的现实问题。

【干部教育培训】 召开全区干教领导小组会，统筹全区干部教育培训工作，打造精品课程、特色班次，课程更新率超90%，《〈共产党宣言〉原著“悦读”》荣获重庆市好课程称号。加强与知名院校合作，举办乡村振兴行动专题研修班等高质量培训班次。

【市对区及区内考核工作】 分析研判2017年市对区结果，通报表彰牵头单位16个，嘉奖表彰干部12名。开展市对区考核专项督查6批次，通报市对区考核工作的推进情况，及时传导市对区考核压力，研究困难，解决问题。对101个区管领导班子、1027名区管干部开展年度考核，提出考核结果运用建议方案，通报表扬区管领导班子29

个、区管干部174名，重新考核区管干部15名。

【民意调查工作】 分类召开镇街、牵头部门民调工作会5次，实现全区22个镇街专项调研全覆盖。2017年市对区民调成绩位居主城前三。开展区内民调2次，收集调查样本10000多份，形成了全区民调专题分析报告，对相关情况进行全区通报。

（唐延枫）

宣传工作

【概况】 区委宣传部内设重庆市巴南区精神文明建设委员会办公室、中共重庆市巴南区委对外宣传办公室（重庆市人民政府新闻办公室、重庆市巴南区人民政府互联网信息办公室）、办公室、理论教育科、宣传文化科、新闻科、未成年人思想道德建设科。区委网信办为区委网络安全和信息化领导小组的常设办事机构，设在宣传部。2018年末，在职人员15人（其中行政编制14人，工勤编制1人）、离退休人员12人。2018年，区委宣传部组织各级中心组学习10次以上，编印学习手册2期2000册；组建“百姓名嘴”宣讲团，出台积分管理办法，深入基层宣讲410场，承办全市微宣讲总决赛，3篇文稿被市《宣讲参考》刊载。健全意识形态“1+12”制度，建立场所等数据库3个，层层签订责任书，区委专项巡察单位24个。开展十大主题宣传，推出李永波等先进25个，在传统媒体和新媒体累计刊播稿件8万余条（次），同比增长42%；其中，中央主流媒体刊播280多条（次）。妥善处置敏感舆情23件，获评市年度“舆情信息工作先进单位”，1件作品入选全国“五个一百”网络正能量精品。融媒体中心“中央厨房”在全市率先建成投用，并被确定为全市试点单位，新媒体建设全市领先，获市委宣传部张鸣部长肯定。“奋斗的人生最幸福”身边榜样先进事迹报告会、李永波同志先进事迹巡回报告会获市委宣传部张鸣部长肯定。“德法相伴”活动获陈敏尔书记肯定，并全市推开。涌现中国好人1人、重庆好人7人、新时代好少年3人。“点灯人”项目获全国金奖，“女警帮帮团”和“水清沐华”项目获银奖。文联基层组织建设全市领先，实现22个镇街全覆盖。创新开展“麻雀艺评”获中国文联、中国评协关注。开展“巴”字系列活动38场。市级以上发表作品500余件，编纂出版专著8部，30多件作品在市以上获奖。儿歌《小瓷猪》获“第七届全国优秀童谣评选二等奖”，9首童谣获市一等奖。开展新闻发布会59场次，组织承办媒体行18次，新建4条新闻采访线。配合区“2018重庆国际创意周”等特色工作开展6场重大外宣活动。策划开展“我在重庆学非遗”等4项对外文化交流活动，巴南非遗组团赴美参演；组织开展5次城市形象推广活动。

【理论学习】 充分运用中心组学习会、支部主题党日、干部理论学习手册、理论学习书籍、百姓名嘴宣讲团、三微一端等六大载体，着力抓实中心组领导干部、支部党员、基层广大群众三类群体的理论学习。区委中心组坚持每半月开展一次理论学习，全年共集中学习研讨19次，举办理论中心组专题报告会4场。镇街（部门）中心组坚持每月开展一次理论学习。编印党员干部理论学习手册2期2000册发放全区处级以上领导干部，购买《理论面对面》《习近平新时代中国特色社会主义思想三十讲》等理论书籍5本15729余册发放区委中心组扩大学习会成员。开展习近平新时代中国特色社会主义思想网上知识竞赛，参与人数达89500人次。将全区各级各单位开展理论学习情况纳入落实全面从严治党责任制专项督查和区委巡察的内容，开展理论知识测试达1560余人次。举办《习近平新时代中国特色社会主义思想三十讲》大家谈征文比赛，收集征文123篇，评选出一二三等奖和优秀奖18篇。收集全区处级以上党员干部理论文章（调研报告）700余篇，向市级相关刊物推荐优秀文章10余篇，在看巴南APP“理论面对面”刊发优秀文章22篇，刊发基层理论学习宣讲信息等45条次。

【理论宣讲】 以“习近平新时代中国特色社会主义思想”理论微宣讲大赛为抓手，着力全面部署、精心谋划、全面发动、强化指导，发动392名基层宣讲员开展预赛41场，举办片区赛5场、决赛1场；在看巴南APP全程直播全区微宣讲决赛，49830名网友点播观看；制作宣讲微视频12期，在看巴南APP、巴南微发布等新媒体平台展播。围绕全国“两会”精神，“习近平总书记在民营企业座谈会重要讲话精神”，分别抽调11人、40人，组建区委宣讲团，深入镇街（部门）、村居、企事业单位共宣讲110场；全区“百姓名嘴”宣讲团、各镇街（部门）宣讲队围绕习近平新时代中国特色社会主义思想、全国“两会”精神、习近平总书记在民营企业座谈会上的重要讲话精神和在庆祝改革开放40周年大会上的讲话精神等广泛开展基层宣讲710场。在全区开展习近平新时代中国特色社会主义思想微宣讲稿征文比赛，收到乡村振兴、生态环保、从严治党等各方面征文稿件83篇，评选出一二三等奖和优秀奖20篇。

【“百姓名嘴”宣讲团】 出台《巴南区“百姓名嘴”理论宣讲员管理办法（试行）》，通过自荐、基层党组织推荐、宣讲比赛，在全区机关干部、企事业单位人员、村社区工作者、乡土艺人中遴选61人组建全区“百姓名嘴”理论宣讲团，由区委宣传部下发聘书，建优“百姓名嘴”宣讲团队伍。围绕党的路线方针政策、改革发展形势任务、百姓关心关注的民生问题，坚持与上级理论宣讲要求、本区发展中心大局、百姓需求“三个结合”，规范宣讲内容。遵循时间灵活、场所灵活、语言灵活、形式灵活、内容灵活、受众灵活的“六个灵活”原则，开展多层次、多形式宣讲。通过每年为宣讲员订购一套业务书籍，每年有计划地邀请市区宣讲专家点对点、面对面专题辅导培训，每年围绕重点宣讲内容和宣讲课题开展集中研讨、集体备课、示范宣讲，提升宣讲水平。建立积分管理激励，要求宣讲员每年撰写文稿2篇以上、到村居宣讲6场以上，完成培训、宣讲比赛、征文比赛等任务，实行积分考评，根据考评情况，实行每年一聘宣讲员，每分100元的标准给予宣讲员奖励补助，积分考评优秀的优先推荐参加全市培训、比赛和推优评先。全年制作“百姓名嘴”微宣讲视频12期，在看巴南APP、巴南微发布等新媒体平台展播；“百姓名嘴”宣讲团通过公共文化物联网、结对联系镇街村居等形式，深入村居宣讲全国“两会”精神、习近平总书记在民营企业座谈会上的重要讲话精神和在庆祝改革开放40周年大会上的讲话精神等200余场；在全市微宣讲总决赛中，1名“百姓名嘴”宣讲员获二等奖，3名“百姓名嘴”宣讲员的文稿被全市《宣讲参考》刊登，巴南区“百姓名嘴”宣讲得到了市委宣传部领导充分肯定，全市微宣讲比赛总决赛在巴南举行，巴南区“百姓名嘴”宣讲团被市委宣传部评为全市基层理论宣讲先进集体。

【意识形态】 健全“1+12”工作制度，层层签订意识形态工作责任书，区委书记辛国荣与全区各镇街（部门）主要负责人签订意识形态工作责任书107份。区委常委会、区委全委会定期研究意识形态工作；坚持每半年召开一次联席会议分析研判意识形态形态工作，每半年向市委报告一次意识形态工作，每半年向各镇街（部门）通报一次全区意识形态工作情况。将意识形态纳入区委专项督查、区纪委巡察、全区党建目标考核，对9个国有公司、6个镇街、9个区级部门进行了专项巡察，对24个单位进行了专项督查。严守网络、文化、国企、非公、学校、宗教、重点场所等意识形态阵地，加强意识形态工作，全区意识形态整体安全平稳可控。将意识形态场所管控作为工作重点，建立意识形态工作信息员制度，落实各镇街各部门和意识形态重要场所信息员476名。通过现场检查指导、工作群实时督导，指导基层召开场所负责人会议，签订场所管理责任书，切实加强论坛讲座的审批备案管理。举办全区意识形态工作专题培训班，邀请市委宣传部理论处负责同志专题讲解，培训镇街（部门）分管领导、工作人员210人；在全区全覆盖党支部书记培训班设置意识形态专题培训课程，全覆盖培训村居等基层干部1500余人。

【新闻宣传浓墨重彩】 精心策划开展“十大主题新闻”宣传活动，打造《直播巴南》等品牌栏目。落实选题策划月会、周会、日会制度，利用图解、H5等创新时政报道和政策解读，开设评论专栏壮大评论、言论。制定《进一步完善和推行新闻发言人制度的意见》，落实党委新闻发言人68人。推进中央媒体上榜工程，在中央电视台、人民日报等中央媒体刊播280条次。区融媒体中心“中央厨房”全市率先建成投用并通过市文化委验收，被市委宣传部纳入全市试点，先后接受中宣部领导、市委宣传部张鸣部长及20多个区县领导的调研，广受好评。新媒体平台提档升级，“看巴南”APP下载率（35万，约33%）全市第一，“巴南发布”微信公众号粉丝量（24万）居主城区第一，“爱巴南”跻身全国县级广电微信公众号100强（76位），构建103个“双微”传播矩阵体系，新媒体推出点击量上万的网络作品502件，《巴南日报》连续9年荣获重庆市优秀区县报。出台区属新媒体粉丝量、用户数等指标绩效奖励制度。探索“互联网+新闻服务”，全年报送新闻线索103条、采用83条，全面完成内网指令任务，探索利用“索贝融媒体采编系统”评价媒体融合报道成效。深化“走转改”“新春走基层”主题实践活动，推出系列主题报道300余篇。承办全市“好记者讲好故事”决赛，我区选手获全市第一名，代表我市参加全国比赛获“优秀选手奖”。制定《巴南区新闻阅评工作制度》，积极参加重庆市新闻奖、区县好新闻奖评选，全年共获奖50余人次。

【对外宣传有声有色】 定期召开由文化、旅游、体育、招商等22个重点部门组成的全区外宣联席会议，构建大外宣工作格局，推动中华文化走出去。承办新加坡媒体采访团赴渝参访中新互联互通陆海新通道等“感知重庆”媒体参访工程，承办“澳大利亚领事馆VS巴南区主题周”等“重庆时光”文化交流工程，参与“重庆发布”政务传播30余条次，按要求做好“人人重庆”创意推广。抓好“感知巴南”工程，举办“首届智博会无人机大赛”等媒体行18次；协调央视《外国人在中国》栏目拍摄播出巴南非遗专题片，央视《幸福账单》栏目选拔赛2次在巴南举行；与凤凰网等驻渝媒体开展“扬帆起航新巴南”宣传推广活动。办好“发布巴南”工程，举办中国商用车博览会等市级新闻发布会3场，举行“垃圾分类”等区级新闻发布会15场；深化“巴南发布”政务传播矩阵建设，构建起103个政务微信、微博的“双微”传播体系，覆盖受众200余万人。做好“爱上巴南”工程，围绕推动中华文化走出去，组织8件书画作品赴瑞士参加中瑞文化艺术作品展，组织巴南非遗项目相继参加“中国文化周暨毛里求斯独立50周年龙舟庆典”“2018感知重庆·美国日本友城行”等对外交流活动，举办“我在重庆学非遗”“我教老外学制茶”“2018巴南邂逅韩国”等“家门口”主题外宣活动。围绕城市形象推广，策划举办“2018重庆国际创意周”“中国国际冰壶公开赛”“重庆半程马拉松赛”“庆祝改革开放四十年·百万市民拍巴南摄影大赛”等重大赛事和外宣活动40次；积极参与“我与重庆一起飞”推广活动，投入500多万元拍摄“乐享四季·生态巴南”等外宣片在中央电视台播出；推出“巴南银针”“接龙美亨蜜柚”“锦晖陶瓷”等一批外宣产品。善于“借筒发声”，与人民网、新华网等中央网络媒体建立战略合作关系，定期推送巴南主题外宣500余条次。

【精心策划组织开展“我在重庆学非遗”主题外宣活动】 2018年，在市委宣传部、市委外宣办的悉心指导下，我区精心策划组织开展了“我在重庆学非遗”主题外宣活动。活动首次将外国人作为招募对象，邀请他们亲身学习、体验非遗技艺，让其真正了解、爱上、传播重庆的传统文化。活动开展以来，先后有来自12个国家的218位国际友人参与，开展非遗线下教学11次近40个课时。《人民日报》《光明日报》等30余家主流媒体来区采访8次，刊发报道293条（篇），新媒体稿件总阅读量超过2000万人次，创历次活动新高。活动的成功举办也得到了社会的广泛关注，2018年7月，巴南应邀参加“2018年重庆与世界嘉年华”开幕式与主题周活动。2018年8月26日至9月2日，巴南区的《木洞山歌》《接龙吹打》作为中国非物质文化遗产的杰出代表，参与“2018感知重庆·美国日本友城行”活动，在市委常委、宣传部张鸣部长的带领下亮相美国西雅图、明尼阿波利斯、纽约三座城市，向世界友人展示中国传统文化魅力，赢得广泛赞誉。

【德法相伴　德法治巴南】　在全区深入推进“德法相伴”主题活动，开展“德法有约”大讲堂412场、“以案说法”院坝会355场，通过“德法红黑榜”张榜公布身边典型389名（户），曝光身边不文明现象221起。中央政治局委员、市委书记陈敏尔，以及市委宣传部副部长马岱良先后赴巴南调研，并给予充分肯定。《重庆日报》头版头条进行宣传报道，并刊发了专题评论，人民网、新华网、光明网等多家网站进行转载。中宣部核心期刊《思想政治工作研究》刊发了工作经验。市委宣传部将德法相伴作为乡村文化振兴重点项目在全市推开。

【家风润万家　和风醉巴南】　“孝爱惠民”“上善木洞”“孝善石滩”等镇街特色主题活动，既推动家风向更深更广的领域延伸，又让主题活动特色鲜明、精彩纷呈。春节期间，在全区110所中小学学生、2041个党支部党员和干部约20万家庭广泛开展“佳节话家风·和美家年会”活动，让孩子在家风的点滴熏陶中健康成长，让党员干部在家风的传承中加强政德建设，让家庭成为践行社会主义核心价值、传承中华民族优秀传统文化的首善之地，促进家庭和睦，促进社会文明，使千千万万个家庭成为社会和谐、国家发展、民族进步的重要基点。

【四堂互映　和谐建巴南】　常态化抓好“四堂互映”阵地规范化建设，整合资源分类建立社区课堂、公开课堂、流动课堂、网上课堂，建立包括教师、医生、大学生村官、普通群众等九大类宣讲员数据库，新培育了双河口“印象庄园”农家草堂、一品街道五角亭社区“巴壁茶馆”百姓茶堂等一批有特色的活动阵地。全年各镇街及村（社区）开展梦想课堂、百姓茶堂等活动3500余场次。开展百姓茶堂宣讲稿评选活动。

【梦想主题教育活动有声有色】　在龙洲湾枢纽站组织开展了梦想驿站活动，服务过往旅客3000余人次。组织开展了全区“拥抱新时代、践行新思想、实现新作为”人生规划大赛，参加全市决赛获二等奖1名。组织开展了“警营青年说”“创·青春”等梦想沙龙。以“中国好人”杨天才为故事原型，组织拍摄微电影作品《的士司机》，参加第四届全市微电影大赛获优秀作品奖，同时被推荐参加中宣部社会主义核心价值观微电影作品大赛。李永波同志被评为“感动重庆月度人物”“中国好人”。

【时代新人培育树起身边榜样】　历时150天，全程参与了全市乡村振兴报告团组织筹备及巡回宣讲工作。组织开展了学习“时代楷模”杨雪峰先进事迹榜样面对面巡回宣讲、文艺演出、故事会等系列活动，重庆电视台、华龙网等市级媒体报道转载34条次。承办了杨骅先进事迹报告会巴南区专场活动。举办“奋斗的人生最幸福”身边榜样先进事迹报告会和李永波同志先进事迹报告会，得到市委常委、宣传部部长张鸣，市委宣传部副部长马岱良肯定批示，活动经验在市委宣传部《重庆宣传信息》2018年第51期专报编发供全市各区县学习借鉴。

（李彦池）

精神文明建设

【概况】　区文明办隶属区委宣传部，是巴南区精神文明建设指导委员会的办事机构，负责全区精神文明建设工作的规划和调研，各种群众性精神文明创建活动的指导、评比、表彰，完成区文明委日常工作及文明委领导交办的各项任务。现有在岗行政编制人员4名。2018年，以创建全国文明城区提名城区为契机，开展各项群众性精神文明创建活动，评选出区级最美家庭102户，区级文明单位12个、区级文明村镇11个，推荐市级文明村镇6个、文明单位4个、文明家庭4个、文明校园5个。

【公民道德建设】　李永波获“中国好人”称号，杨军等8人获“重庆好人”称号，陈光珍获“市级岗位学雷锋标兵”，推荐市级道德模范5个。组织28名区级以上道德模范在花溪街道红光社区开展“道德模范进社区”新春联谊会，赠送3万余元的慰问金和慰问品。刊播“讲文明树新风”公益广告宣传166条次，发放宣传资料32万余份，开展宣传、宣讲795场次。开展“大城众管·共治五乱”主题活动，签订线上线下承诺书38万份，开展各类主题活动820场次、34万人次参与，区级媒体曝光不文明行为和陋习248条次。

【“我们的节日”活动】 在春节、元宵、清明、七夕、中秋、重阳等“我们的节日”开展“道德模范进社区”“好人好报·德者有得”“涌潮巴南·喜庆国庆”等区级示范活动36场次，基层活动1230场次。承办为期5天的“我们的节日·中秋”市级示范活动，5.3万群众参与。

【未成年人思想道德建设】 指导全区22个市区乡村学校少年宫常态化开展形式多样的德育、文体、科技等系列活动，16件师生书画作品，在重庆市2018年乡村学校少年宫书画大赛获奖。开展“九童圆梦”“扣好人生第一粒扣子”等主题活动，林政安等3人获“新时代重庆好少年”，评选区级“新时代好少年”12人，18名师生、石滩河社区获重庆市“书香典范”。持续筑牢儿歌品牌，《小瓷猪》获2018年全国第七届优秀童谣评选二等奖，17首作品获2018年市优秀童谣征集一、二等奖。

【农村移风易俗】 开展“德润巴南　文明乡村”主题活动，重点实施以“家园、家庭、家乡”为主要内容的移风易俗工作，打造洁美家园，争创善美家庭，建设和美家乡。实施试点示范，22个镇街围绕移风易俗打造示范点，木洞镇、惠民街道、石滩镇万伦村、二圣镇集体村、双河口镇塘湾村分别围绕孝老爱亲、家园清洁、乱摆酒席治理开展试点示范。

【志愿服务制度化建设】 2018年1月18日，经区民政局批复成立重庆市巴南区志愿服务联合会，发展团体会员65个，孵化培育志愿服务组织2个。开展“文明在行动　满意在重庆”“山水之城　美丽之地”“礼让斑马线·文明我点赞”乡村振兴、志愿服务季等志愿服务2500场次。孵化培育“海洋之心1+1+1”“爱乡村”等10个优秀志愿服务项目，开展一对一项目指导47次。在第四届中国青年志愿服务项目大赛上，“点灯人”项目获金奖，“女警帮帮团”“水清木华”项目获银奖；在2018年全市志愿服务先进典型评选中，吴苹获“最美志愿者”，“点灯人”项目获“最佳志愿服务项目”，红光社区获“最美志愿服务社区”，“老王工作室”获“最美志愿服务站（岗）”。

（李彦池）

统一战线工作

【概况】 区委统战部内设有办公室、党派干部管理科、民宗科、侨台科等4个科室，有行政编制13名，工勤编制1名；下设巴南区民主党派服务中心，有事业编制6名。统战部负责民主党派、工商联、对台、侨务、民族、宗教等统一战线各领域的工作，统筹全区统战工作。为巩固和完善大统战工作格局，在每个镇街均配备统战委员1名。2018年，在区委的领导下，全区统战系统深学笃用习近平新时代中国特色社会主义思想，全面贯彻习近平总书记关于加强和改进统一战线工作的重要思想和中央、市委、区委关于统一战线系列重大决策部署，对标全市统战工作“1211”总体思路、“争创一流　走在前列”部署和“四个作为”“四个当天”要求，扎实做好统一战线各领域工作，取得了阶段性成效。市委常委、统战部部长李静2次对我区统战工作作出肯定性批示。

【统一战线工作责任落实】 调整区委统战工作领导小组，区委书记辛国荣任组长；区委常委会、区委中心组15次传达学习统战政策、研究统战事宜；定期召开区委统战工作领导小组会、全区党建联席会，安排统战各领域工作。严格落实“三个带头”“四个纳入”，特别是将统战工作纳入从严治党督查内容，开展2次专项督查；纳入国民教育内容，发行《统战知识简明读本》，被新华网、中央统战部专题报道。区委书记带头落实统战工作第一责任人责任，积极参加统一战线调研协商活动。区委常委会班子成员带头广交深交党外朋友，29 名市管党员领导干部与 87 名党外代表人士“结对子”。区政府在保障日常经费的基础上，划拨各类专项资金 500 多万元。全区各级各部门积极抓好本单位、本地区统战工作，强化大统战工作格局。

【统一战线思想基础夯实】 着力加强统战成员思想引领，扎实开展“不忘初心、与党同心”系列教育活动。开展统一战线“学讲做”活动，举办宣讲比赛，开展分层分级宣讲 97 场，覆盖统战成员 1000 余人，引导全区统一战线思想同心、目标同向、工作同力、落实同步。举办纪念中共中央发布“五一口号”70 周年系列纪念活动，通过召开座谈会、组织区各民主党派主委赴西柏坡重温“五一口号”、举办统一战线“同心讲坛”、开展书画作品展和征文、演讲比赛等，重温多党合作历史，弘扬优良传统，巩固和发展全区统一战线团结奋斗的思想政治基础。

【多党合作效能提升】 支持民主党派按照中国特色社会主义参政党要求更好履行职能，开展环保专题协商等政党协商活动 7 次；以“10+10”同心实践活动为载体，支持民主党派参政议政实践基地建设，有力推动了木洞栋青蔬菜基地、圣灯山佛影峡基地等同心实践基地建设。支持民主党派开展民主监督，各党派成员参加对口协商 13 次、127 人，参加执法监督 22 次。支持议政建言，3 条党外人士建言被中央统战部《零讯》采用，市级以上刊物采用 17 篇；各民主党派提出的 6 件政协提案被列为区政协重点提案，7 件区人大代表议案被列为区人大重点督办建议。支持民主党派加强自身建设，进一步规范民主党派发展成员，新发展民主党派成员 15 名；支持民盟区委新成立职教城支部，农工党区委新成立区人民医院支部；建立全区首个民盟“盟员之家”，民盟市委主委吴刚亲临指导并高度评价。2018 年，8 个民主党派区级组织 21 次被党派中央、党派市委表彰。

【民营经济发展环境改善】 召开全区民营经济发展大会、民营企业座谈会，出台《关于全面优化营商环境促进民营经济发展的实施意见》《关于进一步营造企业家健康成长环境弘扬优秀企业家精神更好发挥企业家作用的实施意见》《关于政法机关服务民营经济发展的实施意见》等服务民营经济发展的一系列政策措施；全面做实诉求台账，扎实开展集中走访精准服务民营企业活动，推行非公有制经济人士接待日制度，出台《巴南区民营企业诉求台账办理工作规则》，专题召开民营企业诉求交办会，2018 年共解决民营企业问题 97 个。加强民营企业家队伍建设，新选举左宗申同志为区工商联主席，调整青商会班子，指导基层商会完成换届。左宗申同志被评为“改革开放 40 年百名杰出民营企业家”，作为全市唯一的民营企业家代表参加中央民营企业座谈会；区内 4 名民营企业家被评为“重庆市优秀民营企业家”，4 个民营企业被评为“重庆市优秀民营企业”。

【做好党外知识分子和新的社会阶层人士统战工作】 推荐 4 名无党派人士加入市知联会；推荐、认定 48 名党外知识分子分别作为市委统战部、区委统战部重点联系的无党派人士。成立巴南区中华职教社，完成区新专联换届。持续做好市级新的社会阶层人士挂职锻炼巴南基地工作，接收 7 名新的社会阶层人士来区挂职；创新推进市级新的社会阶层人士统战工作实践创新基地—“同心·新阶荟”建设，编印《巴南区新的社会阶层人士创新创业政策汇编》；出台加强新的社会阶层人士宣传工作“12 条措施”和《加强非公有制经济组织和社会组织新的社会阶层人士统战工作指导意见》，被中央统战部专题报道。

【党外代表人士队伍建设加强】 配合做好全市“11356”党外后备干部培养计划，定期召开党外干部联席会，做好党外年轻干部储备、推荐和培养工作；选派 4 名优秀党外中青年干部到区级部门、镇街挂职锻炼，新提拔 1 名正处级党外干部、2 名副处级党外干部；交流 1 名副处级党外干部。

【统战系统自身建设强化】 坚持把党的政治建设摆在首位，把坚决维护以习近平同志为核心的党中央权威和集中统一领导落实在岗位上、行动中。坚决肃清孙政才恶劣影响和薄熙来、王立军流毒，坚决消除杨钟馗严重违纪问题恶劣影响，制定《全区统一战线落实〈区委关于落实《中共重庆市委关于坚决肃清孙政才恶劣影响和薄熙来王立军流毒的意见》的任务分解方案〉的实施方案》，当好政治生态的“护林员”。严肃党内政治生活，不断培厚统一战线良好政治生态的土壤。加强法治和德治工作，培育崇德尚法的良好风气。强化为民、务实、清廉、高效作风，开展7个统一战线领域专题调研，组织全区48名统战干部赴复旦大学开展专题培训，完善统战部机关8项运行管理制度，驰而不息整治“四风”问题，全面推行“四个当天”“四个作为”的执行意识，营造全区统一战线务实高效、干事创业的良好氛围。

（杨知春）

对台工作

【概况】 区台办牌子挂在区委统战部，与区委统战部合署办公，设主任1名（由统战部领导兼任），副主任1名。主要职能职责是区委对台工作领导小组的办事机构，区委、区政府处理全区涉台事务的执行机构，负责协调处理全区对台交流、联络等工作。

【对台联络交流】 开展台胞台属专项调研，对全区台胞台属的基本情况进行全覆盖调查统计，目前全区有台胞101名、台属211名。开展台资企业专项统计，完善在区台资企业台账，全区共有台资企业12家。定期开展联谊慰问活动，走访慰问侨台对象67人，帮助台商追回损失21万元，协调解决矛盾纠纷6件。全面落实“重庆市惠台58条”、《港澳台居民居住证申领发放办法》，为在区台胞办理居住证95个。接待“渝台基层交流”参访团等组团来访3批次125人，开展“友好村居交流互访”基层交流活动1批次7人。深化经贸交流，接待重庆台商协会考察华南城等对台招商活动6起，成功帮助台商在巴南新注册公司1家，指导惠科公司成功创建为“海峡两岸青年就业创业示范点”。深化文化交流，将南泉抗战旧址群创建为市级海峡两岸交流基地。

（杨知春）

机关党建

【概况】 截至2018年12月，区直机关共有基层党组织202个，其中机关党委9个，党总支21个，党支部（含机关党委、总支管理的支部）172个，党员3473名。2018年，中共重庆市巴南区直属机关工作委员会（简称区直机关工委）在中共巴南区委领导下，以党的十九大精神为指导，围绕全区“十三五”规划布局，按照年度工作目标，突出从严治党这条主线，认真开展“两学一做”学习教育，不断探索党建工作与中心任务相结合的方式、方法，全面加强机关党的思想、组织、作风、制度和反腐倡廉建设。

【从严治党责任述职评议】 3月8日，区直机关工委组织召开区直机关党组织书记落实全面从严治党责任述职评议会，5名党组织书记现场述职，实事求是地找出工作推进中的亮点、难点和不足，有针对性地提出了具体对策和下一步工作思路，并诚恳接受现场点评。76名直属党组织书记书面述职并开展评议。

【“最美办公室”和“最差办公室”评选】 区直机关工委组织区直机关作风监督员每季度开展“最美办公室”和“最差办公室”评选工作，每季度评选出10间“最美办公室”和2间“最差办公室”。进一步助力打造舒适优美的办公环境，规范机关干部行为习惯，提升机关干部精神面貌，凝聚机关干部职工团结协作、开拓创新、奋发向上、勇争一流的精神。

【应知应会学习高潮】 区直机关开展应知应会知识学习活动，学习活动内容包含习近平总书记视察重庆和两会期间参加重庆代表团审议时提出的“两点”定位、“两地”“两高”目标和“四个扎实”的要求、四个意识、四个自信等概念和内容，指导各级基层党组织采取集中学习与党员自学相结合的方式，充分利用党组织书记上党课、党支部、党小组、微课堂等载体，切实把应知应会知识学习好、记忆深、理解透。

【“主题党日”的督导】 为进一步督促各级党组织把“主题党日”落实到位，将组织生活标准化、规范化、制度化，区直机关工委组织5个督导组，每月对各单位包括参加人员、开展质量等在内的开展“主题党日”情况进行跟踪督导，特别督促区领导参加“主题党日”情况，对于在“主题党日”缺席的人员采取各单位组织集中补学的形式补过。

【党的十九大精神学习宣传贯彻落实】 党的十九大胜利闭幕后，区直机关工委按照区委要求，全面准确学习领会党的十九大精神，认真组织机关各级党组织开展好党的十九大精神学习宣传贯彻工作。按照《关于开展基层党员学习贯彻党的十九大精神专题培训的通知》（巴南委组〔2018〕14号）文件精神，制定工作方案和学习计划，开展全覆盖专项督导。2018年区直机关全体党员按照每名党员不少于16个学时、既定内容等要求完成培训学习。

【“七一”系列活动】 5月以来，区直机关工委组织各级基层党组织开展“不忘初心　牢记使命”主题演讲比赛，历经初赛、预赛，并于6月27日上午，在区行政中心大礼堂顺利召开区直机关庆祝建党97周年暨“不忘初心　牢记使命”主题演讲比赛决赛。10位演讲比赛决赛选手用自己的理解，满怀深情地诠释着“不忘初心　牢记使命”，评出最佳风采奖等四类演讲比赛奖项。活动现场还颁发了先进基层党组织、优秀党务工作者、优秀党员、最美办公室等奖项。

【党组织书记培训】 7月17日—19日，区直机关基层党组织书记集中培训在行政中心3号楼大礼堂圆满完成，300余名党组织书记、党务干部以高昂的学习热情、谦逊的学习态度、饱满的精神状态，保质保量地完成了三天的集中培训。培训课程既有严谨的原理分析、又有实用的业务知识，既有扎实的理论学习、又有生动的案例分析，对党组织书记和党务干部而言是一次扎实的党性“洗礼”和“锤炼”。

【党务干部培训班】 区直机关工委组织区直机关70余名党务干部前往福建进行为期五天的党务干部培训，先后到才溪乡调查旧址、古田会议旧址、叶坪革命旧址群、闽西革命历史博物馆等地参观学习，在主席园敬献花圈，重温入党誓词。学员们通过学习培训，切实加强机关党务干部对党的深刻认识，提升党性修养。

（李欣益）

信访稳定工作

【概况】 巴南区信访部门内设综合科（干部下访群众服务科）、办信接访科（人民建议征集办）、维稳科、复查复核科4个科室，下属区信访投诉受理中心（六级职员事业单位）。行政编制12名（含机关工勤1名）、事业编制14名。实有行政人员14人、事业人员13人。2018年，全区上下深入贯彻落实中央、市、区关于信访稳定工作的系列决策部署，紧紧围绕防范化解社会矛盾风险攻坚主线，及早安排部署，强化工作措施，各项工作扎实有效开展。1—12月，全区信访总量4233件次、6304人次，其中群众来信（含网上投诉）3275件次、4021人次，同比件次上升154.07%、人次上升141.94%；群众来访958件次、2283人次，同比件次下降14.08%、人次下降48.91%。群众到区集访170批次、1090人次，同比批次下降26.09%、人次下降64.86%；到市集访65批次、659人次，同比批次上升6.56%、人次上升4.11%。市交办重点问题12件全部化解、市交办重点人员28件已化解10件，化解进度位居全市前列。实现了全国“两会”等敏感节点期间进京非访“零目标”，确保了“智博会”、国务院大督查、中央扫黑除恶督导组、中央第四巡视组在渝期间等敏感节点期间大局稳定。但区内突出不稳定因素依然较多，房产物业、征地拆迁、环境保护、农村土地流转等方面的问题仍较突出。

【信访法治化建设】 落实诉访分离，对已经进入涉法涉诉渠道的信访案件，直接转相应政法机关按法定程序处理；坚持律师参与公开接访制度，积极引导群众通过法定途径解决诉求；对生活困难的信访群众积极协调予以法律援助20余件次。加强培训指导，通过邀请专家授课、组织参加信访业务大讲堂、召开专题培训会等形式组织全区信访干部集体充电，累计受众400余人次；组织信访业务骨干到22个镇街、15个重点部门逐一督促指导，提升全区依法分类处理信访诉求水平。注重宣传引导，围绕“依法信访、理性维权”主题，通过制作文化墙、下发宣传牌，在22个镇街开展巡回展示等多种形式，累计发放宣传漫画口袋书1500余份、宣传袋1500余份，参与群众5万余人次。在《巴南日报》开设专刊20余期，持续曝光依法处置违法上访反面典型案例。强化依法处置。持续开展“违法上访、非法维权”专项治理，对“违法上访、非法维权”人员给予行政拘留10人、罚款1人、警告2人。组织相关部门到酉阳县学习借鉴依法处置违法上访行为先进经验，推动依法处置违法上访工作再上新台阶。

【畅通信访渠道】 严格落实区领导公开接访制度，坚持每周二、四，特殊敏感节点每日区级领导轮流到接访大厅接访群众，累计接访群众188批次、683人次。规范领导干部接访下访登记录入，制发《关于进一步规范领导干部接访下访信息录入工作的通知》，统一印制《领导干部接访下访群众登记簿》，全年全区领导干部接访下访2941件次、办结2924件次，办结率99.42%。全年办理群众来信881件，其中区级领导批示信件185件，接待群众来访958批次、2283人次。办理中央联席办、国家信访局交办、督办案件13件，办结率100%。深入开展人民建议征集活动，收到人民建议139条。加强复查复核工作，受理群众复查申请5件，其中出具复查意见书3件、准许撤回复查申请1件、不再受理1件。推进网上信访代理，办理群众网上信访投诉3015件次，全面落实网上信访代理制度，全区22个镇街289个村居设立了网上信访代理点，落实321名网上信访代理员，同时学习借鉴九龙坡区等地先进经验，制定具体方案，着力打造网上信访代理示范点，以点带面全面推进，代理群众通过网上反映诉求2026件。

【信访矛盾四项攻坚】 扎实推动重点问题、重点人员、重点领域、重点群体信访矛盾“四项攻坚”。一是推动重点问题和重点人员攻坚。全面落实领导包案制度，制发《2018年全区开展重点人员和重点问题攻坚实施方案》，实行“一图两表”挂图作战，每月收集工作情况，并“点对点”向包案区领导、责任单位主要领导报告、通报案件进展。对化解进展缓慢、工作开展不力的，纳入信访月通报或约谈涉事单位主要领导。针对个别“疑难杂症”，通过约谈信访人、实地督查、专题研究、主动与相关区县协调等多种方式全力推动问题解决。市交办重点问题12件全部化解，化解率100%；市交办重点人员28件，已化解10件，另有3人无到市进京上访记录，教育转化率46.43%，化解进度位居全市前列。二是推动重点领域攻坚。全面排查重点领域突出问题，制发《2018年全区开展重点领域攻坚〈“3+2”信访突出问题专项治理〉实施方案》，明确牵头单位及其职能职责，各牵头单位分别制定各领域的专项治理工作方案并推动落实。排查重点领域问题38件，均全部化解或稳控到位。三是推动重点群体攻坚。市交办重点群体5件，牵头研究处理的1件、稳控的3件、依法引导诉讼的1件，其中化解2件、疏导稳控到位3件。针对涉军等全市面上群体，落实系列疏导稳控措施，多次成功劝阻进京、到市的集访、聚集活动。

【维护社会稳定工作】 加强矛盾纠纷排查调处，坚持区、镇（街道）每半月、村（居）每周开展集中排查调处，特殊敏感时期每日集中排查。对排查出的矛盾纠纷实行网格化管理，明确责任，落实具体化解稳控措施，累计排查矛盾纠纷143

件，已化解133件，化解率93%。落实社会稳定风险评估制度，对涉及群众较多、稳定风险较大的龙江片区旧城区改建项目、重庆富皇装配式建筑研发及制造基地项目等重大事项开展社会稳定风险评估，累计完成社会稳定风险评估备案38件、不予备案3件。确保敏感节点大局稳定，以做好全国“两会”、“智博会”、国务院大督查、中央扫黑除恶督导组、中央第四巡视组在渝期间等敏感节点的维稳工作为重点，多次召开全区性大会安排部署，严格落实“战时”工作机制，启动“日点名、日报告”制度，每日对信访稳定情况进行分析研判，第一时间处置各类预警信息、不稳定苗头。强化涉稳重点人员管控，严格落实“五个一”措施，加强动态管理。制定完善应急预案，加强统筹调度，及时组建劝返处置工作组，一旦发现进京、到市上访人员，第一时间开展劝返处置，确保社会大局稳定。

【信访部门自身建设】 加强政治理论学习，坚持党组中心组学习、“三会一课”、主题党日等制度，制定相关学习计划，将习近平新时代中国特色社会主义思想及习近平总书记系列重要讲话精神、十九大精神、全国“两会”精神及《习近平谈治国理政》等纳入重要学习内容。严守政治纪律规矩，坚决维护习近平总书记在党中央和全党的核心地位，坚决维护党中央权威和集中统一领导，坚决肃清孙政才恶劣影响和薄熙来、王立军流毒，消除杨钟馗严重违纪问题恶劣影响。狠抓党风廉政教育，注重加强对反面典型案例的警示教育学习；节假日编发廉政提示短信100余条次，提醒干部职工廉洁过节；观看《巡视利剑》《王斌忏悔警示录》《蜕变的初心》等廉政教育影片。持之以恒改进作风，着力纠正形式主义、官僚主义，做到少发文、开短会，发文数量同比下降近20%。深入基层开展调研，对全区22个镇街全覆盖进行业务指导。加强廉政风险防控管理，全面排查廉政风险点22个，并逐一落实责任人和具体防控措施。充分运用“四种形态”，特别是“第一种形态”，开展提醒谈话3人次。

（熊晓松）

老干部工作

【概况】 中共重庆市巴南区委老干部局（以下简称区委老干局）是主管全区离休干部和退休时在巴南区党和国家机关、人民团体担任过县处级、厅局级职务（含享受待遇）以上退休干部的正处级职能部门。2018年，区委老干局认真学习贯彻习近平新时代中国特色社会主义思想和党的十九大精神，紧紧围绕以服务与教育管理老干部为工作主线，认真落实老干部的政治、生活待遇，进一步激励老干部为党和人民的事业增添正能量，开拓创新、狠抓落实、科学发展，努力提高老干部工作科学化水平。截至12月底，全区有离休干部55人，副处级（含县局级）以上退休干部1326人。

【老干部政治待遇】 认真落实离退休干部阅读文件、听报告、参加重要会议和重大活动、向离退休干部通报情况、组织离退休干部就近参观学习、走访慰问离退休干部等制度，保障离退休干部能及时了解党的路线方针政策、国际国内形势以及本地本部门的重要情况。组织离退休干部学习贯彻习近平新时代中国特色社会主义思想、党的十九大精神以及中央、市、区重要会议或重要文件精神，邀请离退休干部参加区党代会、人大和政协会议，围绕新时代本地区经济社会发展中的重大问题及离退休干部共同关心的热点问题做好解疑释惑工作。扎实落实工作通报制度，2月9日，召开2018年离退休干部迎春座谈会，区四大家主要领导出席会议并通报2017年经济社会发展情况；9月10日，举办离退休干部2018年上半年经济社会发展情况通报会，区四大家主要领导出席会议并通报2018年上半年全区经济社会发展情况。全年为全区老干部订阅《党员文摘》《当代党员》《老同志生活》等杂志，编印《巴南区老干部学习园地》等学习资料。

【老干部生活待遇】 确保离休干部“三个机制”正常运行，做好离休费和生活补贴按时足额发放到位，医药费及时便捷报销等工作。尽力帮助老干部解决实际困难，离退休干部帮扶机制保障到位，对14个镇街和21个区级部门申请特殊困难帮扶资金的35名离退休干部进行了帮扶，发放帮扶资金15万元。做好区（县）级离退休干部的健康体检工作，主动征求离退休干部的意见，制定针对每个人的体检方案，组织他们在新桥医院、大坪医院和区人民医院等进行一年一次的健康体检。

【老干部服务】 落实走访慰问制度，开展元旦春节、五一端午、夏送清凉、中秋国庆、重阳节、寒冬送温暖等重大节日和传统节日主题慰问活动8次。对满旬的离休干部和担任过区（县）级领导职务的退休干部上门进行生日慰问。全年上门走访看望慰问离休干部和区（县）级退休干部185人次，看望生病住院老干部57人次，吊唁去世老干部5人，共发放慰问金额189万元。2018年，利用社区资源做好离退休干部服务工作，7个市级试点社区开展内容丰富、健康向上的文体活动29场次。

【老干部教育】 加强老干部党校建设，按照全覆盖培训党支部书记的要求，举办为期5天的离退休干部党支部书记培训班，培训离退休干部党支部书记、委员70余人。组织离退休干部集中政治理论学习4次，邀请区领导、市委党校教授、区级部门领导为离退休干部解读党解读习近平新时代中国特色社会主义思想、十九大精神、习近平总书记在参加十三届全国人大一次会议重庆代表团审议时的重要讲话精神等。

【老干部参观调研】 3月7日，组织女性离休干部和区（县）级退休女干部赴安澜大来山树屋开展“三八国际劳动妇女节”参观活动。4月10日，组织区（县）级离退休干部参观南彭多彩植物园，调研区乡村旅游发展现状。10月16日，组织区（县）级离退休干部参观华熙LIVE·巴南国际体育文化中心，实地调研区体育文化工作。11月27日，组织区（县）级离退休干部赴界石开展“我看改革开放新成就”专题调研并召开座谈。2018年，市委老干局先后两次组织200余名市级部门、全市各高校离退休干部党支部书记来区考察调研重庆生物医药产业园和木洞镇经济社会发展情况，对巴南区改革开放40周年来经济社会发生的巨大变化给予高度评价。

【老干部活动】 加强老干部学习活动阵地建设，根据活动中心各功能室特点，添置各类器材设施设备，购置图书和影像制品，征订报纸杂志等，满足老干部活动的需要，全年到活动中心活动的老干部达11500人次。组织全区离退休干部开展庆“七一”学习党的十九大精神及习总书记系列重要讲话精神知识答题、“我看改革开放新成就”主题征文活动。每季度组织离休干部开展适合老同志特点、有益身心健康的活动。组织区（县）级老干部开展户外垂钓等活动。积极组织老干部参加市委老干局举办的钓鱼比赛、棋牌比赛、门球比赛等，不断丰富老干部的精神文化生活。

（向　颖）

党校工作

【概况】 中共重庆市巴南区委党校位于巴南区花溪街道红光大道15号，占地面积24.6亩，建筑面积10616.54平方米。与重庆市巴南区行政学校、重庆市巴南区社会主义学院“三块牌子，一套班子，合署办公”。内设办公室、培训部、科研部、联络部、后勤部5个部室。2018年有教职工45人，其中在职人员21人，退休人员24人。办学资质为重庆市一类党校、行政学校。2018年，获重庆市委党校全市党校行政院校系统2017年度办学考评二等奖，被区直机关评为“先进基层党组织”。2018年共完成各类培训班48班次，培训5313人次。其中处级领导干部培训班2期，中青年干部培训班2期，科级领导干部培训班1期，共259人次；党支部书记培训班3期，共400人次；承接区政法委、区卫计委等部门专题培训班40期4654人次。完成各类课题23项，其中市级课题2项，新立项2018年市委党校校级课题4项，深入镇街开展调研60余人次，报送资政报告11篇，得到区领导肯定性批示8篇。专职教师年度公开发表文章48篇，其中核心期刊1篇。开展宣讲20余场次，受众2000余人，报送各类宣传理论文章15篇，获奖8篇次。

【党性教育“三个优化”】 一是优化党性教育课程体系。结合学员特点，梳理完善教学布局和具体班次的教学要求，强调党性教育课程体系本身的科学性、针对性。目前已初步实现了在教学内容上突出党性、在肃清流毒中体现党性、在革命传统教育中升华党性、在实岗锻炼中锤炼党性、在严格管理中强化党性的预期效果。二是优化党性教育内容。重点帮助解决学员思想上的疙瘩，引导学员做“政治上的明白人”。把对党忠诚作为首要教学内容，深入开展理想信念教育、党的宗旨教育、党规党纪教育、党史国史教育和革命传统教育。如全面开展习近平新时代中国特色社会主义思想教育、推行“四步法”经典著作学习、“三深入”推动新思想学思践悟等。三是优化党性教育形式。打造《〈共产党宣言〉原著“悦读”》《不忘初心》党性实训课等互动课程；邀请先进模范人物、基层党务工作者进课堂开展访谈式教学；邀请十九大代表马善祥开展《老马如何学马列》典型教育，增强学员对马克思主义学习的自觉性和坚定性；组织学员到江西井冈山、陕西延安、山东临沂开展革命传统教育。注重形式突破、过程体验、效果延伸。

【“四个环节”严做实】 一是做实党性分析环节。紧扣初心、使命，将党性分析与“读经典书籍、上专题党课、重温入党誓词、参观革命传统教育基地、参加主题党日”等环节相结合。学员们在各个环节，撰写心得体会，认真查找存在的问题，深入剖析原因，共形成了544篇党性分析材料及心得体会。在一次次叩问初心的过程中，党性得到锤炼。二是做实实岗锻炼环节。坚持锻炼主题“有聚焦”、时间内容“有层次”、落实方式“有特点”、学风纪律“有要求”，扎实开展实岗锻炼。2018年，学员共走访20个镇街100多个村社1042户贫困户，发放问卷1042份，收集实际问题49个，形成脱贫攻坚调研报告4篇，提出意见建议163个，撰写心得体会67篇，有力强化了广大学员的宗旨意识和为民情怀。三是做实社会调研环节。围绕提升“八大本领”，组织学员以小组为单位，深入到部门、镇街、园区、企业、社区开展“调研周”活动。2018年学员撰写调研资政报告78篇，对解决巴南的热点难点问题提出了可行的意见建议，部分报告已得到区领导肯定性批示，实现了理论与实践的有机结合。四是做实跟踪反馈环节。学员结合工作实际制定成果转化表，分条列项规划下一步的工作打算和具体思路。通过电话访谈、随机抽查等方式，强化学员结业后的跟踪反馈与后期管理，及时了解学员返回岗位后的现实表现，不断优化党性教育方式方法。

【“三个突出”抓管理】 一是突出从严管理。严格贯彻落实中央、市、区学风建设纪律要求，充分发挥班支委带头作用和纪检委员监督作用，通过出勤情况公示、迟到早退通报等落实监督提醒制度。严格落实请假审批制度。严把优秀学员评定，将请假情况计入学员培训档案，同时对请假超过2天的学员开展柔性补学。二是突出全程管理。实行学员自主管理、班主任蹲班管理、领导巡视抽查管理相结合的方法，实现了无手机课堂的目标。实施量化考核，综合考评出勤情况、学习活动、党性分析、实岗锻炼、社会调研、考试成绩、自我鉴定及相关情况，促使学员在学好理论知识的同时受到严格的党性锻炼。三是突出科学管理。一方面，坚持制度管理，建立了规范的管理制度体系，将党性教育渗透于各个方面。另一方面，加强人性管理和柔性服务，在教学安排、食宿安保、医疗环境、课前课后服务、监督管理等方面做大量具体、细致深入的工作，体现党性教育的人情“温度”。

（高海涛）

党史研究

【概况】 中共重庆市巴南区委党史研究室（简称区委党史研究室）是研究中共重庆市巴南区地方党史的区委直属事业单位，参照《中华人民共和国公务员法》管理。内设综合科、征编研究科，编制5人，实有在岗在编人员5人（其中：主任1名、副主任1名，副调研员1名，正科级领导2名）。2018年，深学笃用习近平新时代中国特色社会主义思想，认真学习宣传贯彻党的十九大精神，公开出版发行《中国共产党重庆历史大事记·巴南区卷（1919—2006）》；反复修改完善《重庆市巴南区抗日战争时期人口伤亡和财产损失》《中国共产党重庆历史·巴南区卷（简明读本）》；制发《关于开展2018年党史资料征集工作的通知》，征集到8篇回忆录、42篇党史专题文稿、39张图片资料，征集整理出重庆二野军大校史研究会史料实物460件。完成“江东顺烈士之墓”更名为“江东顺等烈士之墓”等党史遗址保护利用工作；征集到22个单位送交的党史专题文稿26篇、回忆录14篇。及时收集、摘抄、整理反映全区2018年党的建设、经济社会发展等方面大事记42条，计3.5万字。全年分别荣获全市2017年度区县党史工作先进单位、2018年度《红岩春秋》宣传发行先进单位，《弘扬革命精神传承红色基因赓续红色血脉》在市委党史研究室第11期《重庆党史工作》刊登；《重庆市巴南区推进革命遗址保护利用工作纪实》于11月在《红岩春秋》专题刊登。全年党史信息被重庆党史网采用19篇、《重庆党史》采用10篇，名列全市区县第2名。

【党史基本著作编纂】 经过三年多编纂和2018年的两次修改完善，《中国共产党重庆历史大事记·巴南区卷（1919—2006）》于2018年8月由重庆出版社公开出版发行。《重庆市巴南区抗日战争时期人口伤亡和财产损失》经巴南区委、重庆市委党史研究室审查后送中央党史出版社审定。《中国共产党重庆市巴南区历史（简明读本）》完成审读修改、图片筛选、图表制作设计、文字校改等工作，待送区委审定。

【开展党史专题资料征集】 制发《关于开展2018年党史资料征集工作的通知》，面向全区征集党史专题资料和回忆录。截至12月底，征集到8篇回忆录、42篇党史专题文稿、39张图片资料。开展重庆二野军大校史研究会的史料征集工作，整理出史料实物460件，为筹建解放重庆历史陈列馆奠定一定的基础。

【党史宣传教育】 为了党史宣传工作“动起来、活起来”，增强感染力和说服力，利用宣传媒介和革命遗址等，围绕重要纪念日或重要党史事件，积极开展宣传教育工作。作为十九大精神、十三届全国人大一次会议和全国政协十三届一次会议（简称全国两会）精神区宣讲团成员的两位室领导，先后深入区政协、界石镇、巴南中学等单位，结合党史工作，宣讲党的十九大精神、全国两会精神合计15场次，受众近1000人。全年报送的党史信息被重庆党史网采用19篇、重庆党史采用10篇，名列全市区县第2名。2018年11期《红岩春秋》刊登题为《重庆市巴南区推进革命遗址保护利用工作纪实》的专题文章，介绍推广巴南区开展革命遗址保护利用工作经验。组织征订2019年《红岩春秋》期刊280份，名列全市前茅。

【党史资政育人】 为学习宣传党的十九大精神，撰写《共产党人奋力建设现代化中国的历史征程》一文，为学习贯彻习近平总书记3月10日参加十三届全国人大一次会议重庆代表团审议时发表的重要讲话，查找大量史料，研究撰写出《风雨巴山遗恨远　至今人念大将军——写在邹容烈士逝世113周年之际》一文，系统介绍邹容及《革命军》，上述两篇文章分别被《巴南日报》《巴南社科》《巴南论坛》刊载。5月，在马克思200周年诞辰之际，撰写《马克思主义在巴县的早期传播》一文。在脱贫攻坚、帮扶贫困户的调研中，与圣灯山镇党委共同撰写《圣灯山镇基层党组织在乡村振兴的探索与实践》一文。2018年11月，结合全国、全市和区宣传思想工作会议精神，撰写《践行社会主义核心价值观　弘扬优秀传统文化——浅谈社会主义核心价值观与中国传统文化的关系》一文。全年审读《巴南日报》涉及巴南党史、历史文稿28篇，严把史实、政治关，刊登后社会公众反映良好。

【重庆解放历史陈列馆建设】 2018年初，联合南温泉风景管理处等部门进行多方查勘、论证，选址在南泉建文峰“解放重庆主战场遗址纪念园”广场建设“解放重庆历史陈列馆（含二野军大历史陈列馆）”，3月区委向市委党史研究室报送《关于支持巴南区筹建解放重庆历史陈列馆的函》，得到上级同意，并将“二野军大历史陈列馆”正式更名为“解放重庆历史陈列馆”。4—9月，与原重庆二野军大校史研究会完成史料接交工作，完成研究会史料、书籍、文物的甄别、编目、整理、分类、装订、归档和数字化处理工作，并草拟了《解放重庆历史陈列馆建设方案（草案）》，就建设解放重庆历史陈列馆的工作目标、组织机构、部门职责、具体事务、保障措施予以明确，并呈送区分管领导审定。11月，由区政协牵头开展加快筹建解放重庆历史陈列馆对口协商暨视察活动。12月25日，区分管领导再次组织召开推进会，计划于2019年国庆前开馆，解放重庆历史陈列馆筹建工作正稳步推进中。

【党史遗址保护利用】 结合解放鱼洞战斗史实和遗址实际地形，主动联系区文化委、区民政局、区人民医院等将修建“解放鱼洞战斗遗址纪念碑”与二龙桥“江东顺烈士之墓”结合起来统筹谋划，实地调研座谈5次，8月形成可行性调研报告呈分管区领导。同时，为廓清历史迷雾，还原历史本来应有的面目，教育广大群众特别是青少年，铭记鱼洞战斗中牺牲烈士们，依据史实并尊重当地居民口传，致函区文化委，完成了“江东顺烈士之墓”更名为“江东顺等烈士之墓”的相关工作。从2018年5月起，先后召开行政办公会9次专题研究、推进鱼洞街道工农坡烈士公墓绿化维护项目，询价启事于11月6日—15日连续在《巴南日报》刊登。《弘扬革命精神传承红色基因赓续红色血脉》作为全市革命遗址保护利用方面唯一的经验交流文章在2018年第11期《重庆党史工作》刊登。

【指导服务西南服务团巴南区团史研究会工作】 组织西南服务团巴南区团史研究会老同志在元旦、春节、“七一”“八一”、中秋、国庆等节日召开的座谈会服务；开展重大节日走访慰问老同志活动；看望慰问生病住院老同志，送去组织的关怀和温暖。

（孔相霞）

机构编制

【概况】 区编办是巴南区机构编制委员会的常设办事机构，既是区委的工作机构，又是区政府的工作部门，列入区委工作机构序列。区编办内设综合科、机构编制管理科，行政编制6名、机关后勤服务人员事业编制1名，实有在编在岗7人；下设巴南区事业单位登记管理局（正科级），事业编制2名，实有2人。

2018年，全区机构编制工作认真贯彻落实中央决策部署，深化行政体制改革，持续推进简政放权，统筹使用各类机构编制资源，为全区经济社会持续健康发展提供有力的机构编制和体制机制保障。完成监察体制改革、巡察体制改革，推进区党政机构改革，深化文化市场综合执法改革，开展区级部门和镇街行政执法职责清理。全面完成经营类事业单位改革任务，调整完善教育、卫生、文化系统137个事业单位的宗旨和职责任务，新设公办幼儿园19所，完成418个事业单位法人年度报告公示。持续推进统一社会信用代码赋码工作，深化行政审批制度改革，取消行政许可等事项35项，依法做好行政审批项目动态调整管理，保留区级行政许可事项目录262大项、392小项，建立马上办26项、就近办20项、网上办348项、一次办392项的“四办”服务清单，推行告知承诺制，坚持标准服务，网上行政许可事项标准化应用实现全区行政许可事项与全市“一套标准”。严格贯彻中央和市关于严格机构改革期间有关纪律的精神，全区机关事业单位机构编制控制在中央和市核定的总量内，全区新增人员计划用编546名、区内人员调整用编218名。开展全区非在编人员管理问题整改落实情况专项督查，推进全区非在编人员规范管理。全年上报中编办、市编办机构编制宣传信息120余条次，被中国机构编制网采用报道2条次，被重庆市机构编制内网报道76条次，全年机构编制信息宣传工作得分在全市区县中排名第一。

【行政体制改革】 设立区监委，与区纪委合署办公，撤销区监察局，印发区纪委区监委“三定”方案，增设4个纪检监察室，完成区检察院划转区监委的人员转隶工作，在22个镇街分片区设立区监察委员会派出监察室，作为区监委的派出机构，明确派出监察室的职责、权限和监察范围，为监察职责延伸基层提供机构编制保障。设立区委巡察办，作为区委工作机构，印发区委巡察办机构编制方案，明确巡察办的主要职责、内设机构和人员编制。对照中央和国家机构改革方案，在做好调研梳理区级党政机构改革准备工作基础上，研究拟定《巴南区机构改革方案（送审稿）》，经区委机构改革协调小组、区委常委会、区委全委会审议通过后上报市委，12月28日市委正式批准巴南区机构改革方案。

【综合执法改革】 深化文化市场综合执法改革，重新印发区文化市场行政执法大队机构编制方案，增加查处网络文化、网络视听等职责5项，取消协助执法等职责3项，强化综合执法程序审查职责，明确区文化市场行政执法大队作为综合行政执法机构负责全区范围内的文化市场领域综合行政执法，实现“一支队伍管执法”。印发《关于开展区级部门和镇街行政执法职责清理工作的通知》，全面清理掌握区级部门和镇街行政执法职能、区级部门委托镇街行政执法事项及相关机构人员编制情况，理顺区级部门和镇街行政执法权责关系，为深化行政执法体制改革加快推进综合行政执法奠定基础。结合机构改革工作，形成《推进综合行政执法改革的实施方案（初稿）》，并把镇街综合执法纳入优化镇街机构设置方案统筹考虑。

【行政审批制度改革】 取消“建设项目水资源论证报告书审批”等35项区级行政许可事项，印发《关于取消一批行政审批等管理事项的决定》（巴南府发〔2018〕5号）和《关于取消一批行政许可等事项的决定》（巴南府发〔2018〕27号）等文件；对照《巴南区区级行政审批事项目录（2017年版）》和重庆市网上办事大厅平台认领事项，逐一厘清与行政许可权相对应的责任事项，明确不依法行使许可应当追究责任的情形和依据，形成《巴南区区级行政许可事项目录（2018年版）》，共计保留262大项，392小项（其中：调整85项、新增30项）。全面推行审批服务“马上办、网上办、就近办、一次办”，梳理并公布《巴南区区级审批服务事项马上办网上办就近办一次办清单（第一批）的通知》（巴南府发〔2018〕38号），马上办26项、就近办20项、网上办348项、一次办392项，最大限度减少企业和群众的跑腿次数。印发《巴南区工程建设项目行政许可告知承诺办法（试行）》（巴工程改发〔2018〕4号），公布建设工程规划许可、建设项目用地预审等7项事项实行告知承诺的审批事项清单，明确告知承诺的实施范围、工作方式及加强事中事后监管的措施。以《行政许可标准化指引（2016版）》为总遵循，在2017年全面通过达标验收的基础上，结合2018年行政许可事项的动态调整和工程建设项目审批制度改革试点，及时配套更新行政许可标准化文本，动态更新基本信息、服务指南、审查细则、示范文本、常见错误事例等信息；出台《关于深化完善行政许可标准化有关工作的通知》（巴南府办〔2018〕43号），对审批事项申请材料、审批时限等进行再梳理、再精减、再压缩；按照全面实现行政审批“一表申报、一网通办、标准服务、限时办结”的要求，积极推进网上行政许可事项标准化应用，实现全区行政许可事项与全市“一套标准”；开展区镇（街）两级审批服务人员标准化政务服务专题培训，召开“优化政务环境、提升服务效能推进会”，对审批事项集中、优化流程、政务服务等方面提出要求。继续清理规范审批中介服务事项，审批部门在中介服务事项目录清单外，不得要求申请人委托中介机构开展服务和提供中介服务材料。制定行政审批审查细则，建立事中事后监管制度，工作重心从事前审批转到加强事中事后监管，督促部门认真落实监管责任，建立各类联合执法机制，引导市场主体诚信经营。

【事业单位改革】 对全区事业单位承担的行政职能进行梳理，理清其承担行政职能及法律法规依据，开展编制需求测算。将全区17个承担行政职能的事业单位纳入区级机构改革同步推进，提出改革建议方案，针对行政职能剥离、机构名称调整、人员分流等提出建议意见。撤销全区最后1个经营类事业单位区体育局招待所建制，并注销事业单位法人登记。对教育、卫生、文化系统137个事业单位的宗旨和职责任务进行调整完善，强化公共服务职能，确保事业单位承担的公益服务职能与经济社会发展需要一致。为提高全区学前教育普及普惠水平，加快构建覆盖城乡、布局合理、公益普惠的学前教育公共服务体系，新设立云水苑幼儿园等19所公办幼儿园。完成全区418个事业单位法人年度报告公示，年度报送率和公示率均为100%。按照“双随机一公开”原则，开展事业单位法人公示信息抽查工作，随机抽取130个事业单位进行形式审查，对其中8个单位进行实地核查并公示抽查结果，实行信息共享，监督管理取得实效。推进统一社会信用代码赋码工作，已为72个机关单位、12个群团单位、2个垂直管理机关、4个其他单位和439个事业单位赋予统一社会信用代码。

【机构编制管理】 严格机构编制管理，全面贯彻落实中央和市关于机构改革期间有关纪律规定，严格执行机构编制政策纪律，强化部门联动管控机制，加强机构编制巡察、审计和政策宣传，机构改革期间暂停办理机构编制调整事宜，暂停除市明确特殊情况外的用编审批。调整优化机构编制资源，对职责弱化单位的机构编制事项进行调整，先后调整23个单位行政编制32名、事业编制17名、内设机构3个、职责11项，核销机关工勤余编3名，撤销事业单位建制1个，收回余编2名。坚持“总量控制、围绕中心、保证急需、留有余编”原则，2018年新增人员计划用编546名，其中教育系统200名，卫生系统117名；区内人员调整用编218名。核定全区16所公办小学附属幼儿园非在编人员员额54名，核定19所新设公办幼儿园教职工编制60名和非在编人员员额258名，为推进全区学前教育普及普惠提供机构编制保障。

（覃世义）

人力资源管理

【概况】 重庆市巴南区人力资源和社会保障局（简称区人力社保局）下设8个科室：办公室、计划财务科（重庆市巴南区社会保障监督委员会办公室）、公务员管理科（重庆市巴南区军队转业干部安置办公室、重庆市巴南区自主择业军队转业干部管理办公室）、事业单位人事管理科（职称改革办公室）、机关事业单位工资福利科、行政审批科（社会保险科、重庆市巴南区劳动鉴定委员会办公室、重庆市巴南区医疗保险办公室）、群众工作科、政工科；下属5个事业单位：社会保险局、就业服务管理局、劳动和社会保障监察大队、劳动人事争议仲裁院、劳务经济服务中心。截至12月底，区人力社保局在编干部职工156人（其中行政人员26人、参公事业人员125人、工勤人员5人）。2018年，区人力社保在区委、区政府的正确领导和市人力社保局的大力指导下，紧紧围绕持续开展“两学一做”学习教育，以推进人力社保系统行风建设为契机，坚持以人民为中心的发展思想和“民生为本、人才优先”工作主线，扎实工作，锐意进取，各项工作取得了良好成绩。在党的十九大维稳安保工作中被区委区政府记“集体三等功”，局机关党支部、就业局党支部被区委评为区“先进基层党组织”。

【人事人才工作稳步推进】 积极做好机关事业单位人员的公开招聘招录工作，报考人数共计16408人次，接近去年同期的2倍，招聘机关事业工作人员441人。抓好职称材料审核报送工作，全区新取得高级职称资格214人，中级职称资格268人。全面完成调整机关事业单位工作人员基本工资标准和增加机关事业单位离休人员离休费工作。成功创建市级高校毕业生就业见习基地2家，区级高校毕业生就业见习基地109家。

【人才强区战略积极实施】 加快引进紧缺人才，建立紧缺人才数据库，对人才进行分类管理和全方位服务。制定急需紧缺人才招揽方案，引进硕博紧缺人才23人。协助举办首批“鸿雁计划”“菁英计划”入选人才表彰大会，向4名市级“鸿雁计划”入选人才发放区级配套资金106.59万元。夯实区、镇街（园区）、企业三级人才服务平台，建立并完善区“一窗受理、一站式服务”平台的运行机制，实现人才服务系统化、专业化。确定4家定点医院，为首批人才一对一匹配38名副高级以上职称保健医生。

【就业创业成效显著】 全区城镇新增就业人员、登记失业人员和就业困难人员就业分别为37426人、11284人和3935人，分别完成目标任务的163%、133%、132%；城镇登记失业率为2.7%，低于全市控制目标；开展就业培训4148人，完成目标任务的104%；发放创业担保贷款7393万元，完成目标任务的246%；向市重点电子企业输送6301人，完成招工任务的131%。

【就业创业品牌做强做亮】 “雪中炭火”就业援助品牌。积极搭建平台让建卡贫困户、残疾人等困难群体与企业家结成帮扶对子，并把公益性岗位开发与就业扶贫相结合，帮扶各类就业困难人员6449人次，发放社保补贴等各项补贴1796万元。建设“智慧就业”服务平台，共举办各类招聘会130场、帮助4075人实现就业，《人民日报》对我区“雪中炭火”就业援助品牌作了宣传报道。“助你启航”创业引领品牌。全市首位通过政府购买服务，启动实施创业能力培养和创业成果展示5个服务项目，开展创业沙龙、创业夜校活动14场、服务创业者660余人次。承办了全市第二届“渝创渝新”创业创新大赛乡村振兴主体赛及创业文化节，举办了我区第五届“助你启航”创业大赛，参与项目100余个。“巴南工匠”技能提升品牌。结合本区特色产业发展和“乡村振兴”战略，创新开展“企校双师联合培养”新型学徒制培训，累计培训4212人，其中新型学徒制培训711人。将优秀技能人才纳入全区学术带头人和菁英人才计划培养，发放奖励资金19.58万元。

【劳动关系和谐稳定】 及时处理因欠薪引发的各类突发事件，为456名劳动者追回劳动报酬675万元。全年全区无一例因欠薪引发的群体性、恶性事件。受理劳动争议案件1368件，审结1266件，结案率达92.5%。开展工伤认定2114件，劳动能力鉴定1285人次。推进行政审批事项改革，行政审批事项承诺办理时限比法定办理时限均缩短了30%以上，办结行政审批事项2853件。

【扶贫工作扎实推进】 狠抓就业创业扶贫，帮扶贫困人员就业70人，完成市下达目标任务15人的467%，其中通过公益性岗位安置等“四种渠道”吸纳就业14人，完成目标任务5人的280%；组织开展“雪中炭火”就业帮扶见面对接会10场，成功帮扶极度就业困难人员就业18人；针对农村建卡贫困人员、残疾人等特殊困难群体开发公益性岗位858个，累计帮扶就业困难人员819人，其中针对农村建卡贫困户、残疾人等开发“雪中炭火”精准扶贫公益性岗位2批、492个，帮助211名建卡贫困等贫困劳动力实现就业；成功创建扶贫车间1个，吸纳就业26人，其中建卡贫困户9人、低保户2人；开展建卡贫困人员职业培训69人，成功实现就业13人。夯实健康医疗保障扶贫，全区享受政府资助参保的未脱贫建卡贫困群众有339人，全面实现应保尽保参保率100%，享受财政资助6.1万元。我区财政补贴困群人员参加基本医疗保险享共计36403人，享受财政补贴资金537.99万元；建卡户700余人次，享受健康扶贫医保专项政策报销40余万元；为3457名重度残疾人参保并完成代缴，为困难群体参保并完成代缴4449人，其中特困人员158人，低保对象4165人，未脱贫建卡贫困对象126人，特困人员、未脱贫建卡贫困户参保率达100%，低保对象参保率达99.6%。开展党员干部结对帮扶，全局为对口帮扶镇——姜家镇划拨扶贫专项资金10万元，局帮扶干部与56户农户签订三年帮扶计划书，全年走访230余次，送去慰问金11000元。选派1名干部到丰盛镇油房村任第一书记，送去价值41150元的办公设备，宣讲就业、社保扶贫政策13场次。

（徐　建）

机关事务管理

【概况】　巴南区机关事务管理局（以下简称区机关事务局）内设办公室、综合服务科（节能科）、保卫科、公务用车管理科等4个科室，有巴南区接待中心、巴南区云篆山物业管理有限责任公司等2个局属事（企）业单位。局机关人员编制15人，实有在职员工15人，其中局领导3人，区政府接待办公室主任由区机关事务局局长兼任。有退休人员14人（另代管机关修理厂退休人员15人）。接待中心人员编制7人，实有在职员工5人。2018年，区机关事务局在区委、区政府的正确领导下，认真贯彻落实党的十九大精神，深学笃用习近平新时代中国特色社会主义思想，结合机关后勤管理、服务、保障的工作职能，不断加强法治和德治建设，锐意进取，开拓创新，实现了后勤管理、服务、保障的全方位提升。在做好机关事务管理服务保障工作的基础上，完成了公共机构节能管理、公务用车管理、公务接待、办公用房管理等工作。

【公共机构节能】　2018年，区机关事务局全力做好市对区2017年公共机构节约能源资源考核评价工作，并在市对区2017年度考核中取得优秀成绩；对全区2017年度能耗会审及数据、重点用能单位进行统计上报。制作和张贴节能标识1100份，采购LED灯5000支，营造了节能进机关良好氛围。组织全区8个机关事业单位节能工作人员参加了第五期国管局组织的公共机构节能管理远程培训。组织开展了全区公共机构能耗数据核查工作，下发《关于做好全市公共机构能源资源消费统计数据抽查准备工作的通知》，督促各单位做好全区能耗统计数据上报工作。组织全区公共机构积极开展2018年公共机构节能宣传周活动，通过横幅、短信、微信、宣传栏、黑板报、宣传画和节能标识等形式广泛开展节能宣传，张贴节能宣传画1300余张，发放节能宣传资料2800余份。根据市下达区完成20家公共机构食堂油烟污染治理工作任务，印发《关于开展机关事业单位食堂油烟污染治理工作的通知》，明确治理单位、治理要求和完成时限，全面治理任务。按照全市公共机构生活垃圾强制分类工作总体要求，印发《重庆市巴南区党政机关等公共机构生活垃圾强制分类工作实施方案》，方案明确工作目标、分类要求、分类设施设置标准、实施步骤、保障措施和督查考核评价标准等，做到工作开展有章可循。同时采取发放宣传手册、张贴宣传海报等多种形式开展生活垃圾强制分类知识宣传，全年发放宣传手册1800余本、宣传单1000余份，张贴宣传海报50余份，全力推进公共机构生活垃圾强制分类工作。全区公共机构已制定本单位生活垃圾强制分类实施方案，购置生活垃圾分类设施，部分单位已与具备相应资质的生活垃圾回收企业签订回收处理协议，并建立垃圾分类情况统计台账，食堂餐厨垃圾交由区城管局固废公司统一回收处理。

【公务用车管理】　严格按规定在公务用车配置管理中，坚持编制、排量、价格“三控”原则，配置一般公务用车，不购买进口车，严格控制越野车、商务车数量，公务用车逐步更换为国产自主品牌和地产车，并实行政府采购；坚持公务用车处置原则，讲求节俭，反对浪费，对已达到报废年限可修复的车辆，坚持继续使用或调剂调拨使用。全年全区购置车辆61辆，其中党政机关购置公务车辆14辆，事业单位购置公务车辆11辆，执法执勤部门购置36辆，购置资金1102.63万元；全区处置车辆71辆，其中调拨调剂使用5辆，报废处置66辆，残值费及时缴交国库。全区行政事业单位现实有车1131辆，其中：党政机关561辆（机要通信车27辆、应急车79辆、综合执法车47辆、特种专业技术车48辆、离退休干部保障用车4辆、其他车4辆、执法车352辆）。事业单位570辆（一般公务用车355辆、特种专业技术用车215辆）。根据市区车改办的工作要求，实施全区事业单位车改保留车辆编制核定及车改方案编制等相关工作，改革后，拟保留518辆，保留比例91%。拟取消52辆，取消车比例9%。建立行政事业单位车辆配备使用明细台账和购置、处置车辆明细台账，对每台车的牌照号、车型、排量、价格、编制等以及最终去向进行详细记录，使用车辆有据可查，违规必究。

【公务接待】 严格执行《巴南区国内公务接待管理实施细则》和《巴南区接待办国内公务接待管理制度》，严控公务接待审批程序及公务接待经费支出，从严把握接待范围、接待规格，严控陪客人数，公务接待就餐原则上安排在区机关食堂，并以家常菜为主，降低公务接待成本。2018年，共接待各类宾客161批次，2604人次，出色地完成公务接待工作，受到各级领导和来宾的一致好评。

【办公用房管理】 对巴南区法院、检察院房屋资产上划进行摸底，并确定了资产上划方案报领导审定；根据市机关事务局要求，对“约法三章”涉及楼堂馆所进行清理并上报情况；做好了区监察委新办公楼物管入驻和区救助管理站搬迁新址的资产移交相关工作；同时按照市机关事务局的统一安排，对全区党政机关办公用房资产进行了汇总并上报。

【机关服务保障】 区机关事务局加强对云篆山物管公司、新大正物管公司、泉沁坊餐饮管理公司的监督管理。按月召开了满意度测评专题会议，通过测评，云篆山公司、新大正物管公司和泉沁坊餐饮管理公司平均满意率均达90%以上。加强区行政中心人员及车辆出入管理，要求区行政中心工作人员必须佩戴工作证出入，外来办事人员须出示相关证件，经门卫核实登记后方可进入；对不明包裹、快递等物品进入区行政中心，一律通过安检设备进行检查；实施区行政中心主入口加装智慧人像识别系统工程，提高区行政中心智能化管理水平；完成了区行政中心消防设施设备的维修保养、监控显示器的维修、临近有效期灭火器的更换等工作。完成了区行政中心空调维保招标、会议室音响维保招标、区行政中心无线网络招标和大礼堂改造工作。做好了区行政中心日常维修工作。2018年，各入驻单位报事、报修合计2331次，处理2242次，业主报事报修回访率为100%。圆满完成机关食堂接待用房的招标工作和二楼食堂厨房劳务外包招标，努力提高就餐人员满意度。为进一步加强对区行政中心的管理，建立工作微信群，动员全体干部职工，加大对机关事务管理工作的自查力度，要求干部职工加强日常巡查，发现问题第一时间发至工作群中，由相关业务科室主动认领问题并迅速安排整改落实到位，对现场整改较为困难的问题，结合实际逐一制定整改方案，2018年共自查发现区行政中心存在的后勤管理问题共47个，已全部完成整改。

（李洪艳）

行政服务和公共资源交易

【概况】 区行政服务中心内设8个科（综合科、监督和信息科、计划财务科、政务服务科、工程交易科、基层指导科、诉求服务科、综合交易科），下设“巴南区政府采购中心”，系区财政全额拨款的正科级事业单位。在编人员30人（其中行政和参公人员22人、事业编8人），服务窗口26个（其中专项服务窗口24个、综合服务窗口2个）。2018年，决定迁建11600平方米新便民服务大楼，完成搬迁工程立项工作，指导搬迁接龙镇柴坝村、桥边村300平方米新便民服务大楼。拍摄专题宣传片《启航——标准化建设引领行政服务新征程》，顺利通过行政服务和公共资源交易国家级标准化试点市级验收。理顺限额以下公共资源交易机制，完成招投标电子系统建设试点工作，顺利通过市公共资源交易中心测试。

【标准化国家级试点市级验收完成】 制定《行政服务承诺》《限时办结》《行政服务信息公开》《行政服务责任追究办法》等规范性制度24个，组织区、镇两级有关人员参加的两期标准化政务服务培训。围绕中心服务理念设计单位文化logo，明确各科室职能职责，出台办公环境规范、服务礼仪规范，统一大厅标识标牌，完善文明服务、廉政文化等标识标牌和指引展示30余块，行政审批服务目视化管理标准化成效明显。推广运用现有标准体系共有通用基础标准25项，服务提供标准33项，管理标准42项，岗位工作标准31项，建成523个标准体系，完成体系文本印制，顺利通过行政服务和公共资源交易标准化国家级试点市级验收。

【政务服务更优质】 完成区级行政许可项目清单、公共服务事项清单以及行政许可收费清单等“三张清单”清理，优化办事流程，动态更新网上办事指南，全区行政许可承诺时限比法定时限压缩56.02%，即办件占比10.2%；清理公开10个单位、42个许可项目、58个收费项目，收费项目减少10.8%。区级392个行政许可项目、385个公共服务项目全部进入网审平台上线运行。2018年网上行政审批办事大厅共办理行政审批事项59761余件，按时办结率100%。全区34个行政审批部门和392个审批事项进驻区行政服务中心（分中心），任命40名首席代表，首席代表享有审批决定权的项目占比达95.7%。推进工程建设项目分阶段并联审批，一般社会投资工程建设项目审批服务50个工作日办结，较法定办结时限201个工作日提高效率75.12%。全年开展预约、代办、延时、上门等特色服务28177件次。

【公共资源交易更阳光】 撤销全区小型公共资源交易平台，区政府印发《关于进一步加强必须招标限额标准以下政府投资工程类项目交易工作的通知》（巴南府办发〔2018〕231号），理顺限额以下公共资源交易机制。制定工程建设招投标和政府采购的标准化流程，实现交易范围、入场登记、公告发布、保证金递交、专家抽取、开标、评标、结果公示、保证金退还等交易全流程“八个统一”。实行交易项目2人负责制，打造“文书组”+“开标组”分段式运行机制，减少人为干扰因素，风险防控贯彻交易全过程。全面推进全市公共资源交易电子系统运用，顺利通过市公共资源交易中心测试。2018年，完成工程建设交易项目129个，完成交易额61051.58万元，节约财政资金2557.92万元；组织采购项目608次，采购预算约176.6亿元，成交金额约170.9亿元，节约资金约5.7亿元。

【诉求服务渠道更畅通】 以打造群众满意的便民服务系统为宗旨，推动群工系统升级改造，建设全区便民服务综合信息平台和“12345一号通”呼叫中心，群众可通过PC网络、移动APP、微信、电话及三级实体平台服务窗口多渠道畅通诉求渠道，实现政务咨询、投诉受理、建议收集、监督评价、民意调查、决策辅助、风险评估、紧急救助、民生信息发布等“一号通”。全年受理群众诉求事项12752项，办结12610项，办结率为98.9%，满意率达到93.1%。

【“三金”管理更规范】 落实市政府办公厅“涉企减负30条”和巴南发改委发〔2018〕255号文件精神，从5月7日起取消交易服务费，并对已收取的189个项目建立退费台账，及时退付到位。按照渝经信发〔2018〕12号文件要求，全面清理涉企履约保证金项目，梳理涉及21家业主单位，34个交易项目，应交未交金额1623万元，并限期整改到位，有效规范履约保证金管理。对《投标保证金和履约保证金管理办法》《财务管理办法》进行修订，优化办事流程，确定5家“三金”承办银行，设立保证金代收代管专用账户。

【三级服务体系更便民】 完成新便民服务大楼立项工作，指导搬迁接龙镇柴坝村、桥边村300平方米新便民服务大楼，成功推选二圣镇幸福村为全市行政审批终端服务试点村，三级服务平台提档升级。区级下放镇街16项行政许可项目全面进驻镇街公共服务中心，16项行政许可、100项公共服务完成网审平台上的领取、录入、更新工作。两级服务平台共受理行政审批服务事项346400件次，办结345266件次。2018年到镇街、村（社区）和园区服务中心开展调研指导，累计开展专题调研66次，总结成功经验267条，表彰典型案例30件，重点工作现场督办50余次，问题整改落实5个。

【网络信息更安全】 完成公共资源交易系统三级等保测评工作并通过验收。制定各类规章制度59个，下发文件2个，上墙制度4个，与4个业务科室（采购中心）的20名交易网后台工作人员签下保密协议书；对系统进行3次全面扫描检测，升级和修补漏洞4次。制定应急预案，明确了应急措施，综合运用人工巡查、技术检测等多种手段开展实时监测和巡查，确保网络安全。对全区各行政审批职能和22个镇街约150人进行市网平台事项库的具体操作培训。

【内部管理】 印发《关于规范行文运转流程的通知》，中心公文处理工作标准化、制度化、科学化。印发《中心机关干部职工请休假制度》《中心办公物品采购、领用等管理制度》《关于进一步强调有关组织纪律的通知》《关于规范值班、加班工作的通知》《中心非在编人员绩效考核办法》等，全面加强中心人、财、物等内部管理。印发《关于进一步规范档案工作等相关制度的通知》《文件材料归档范围及文书档案保管期限》等文件，对历年档案实施数字化档案管理，对当年文件资料按文种、内容等进行分类存放。全面清理中心工作廉政风险点和办事赌点，共查找廉政风险点24个，办事赌点18个，建立台账，提出整改措施45条，组织参观长寿廉政教育基地，观看《违纪违法忏悔警示录》《蜕变的初心》等警示教育片，筑牢思想防线。规范中心大厅管理，设立党风廉政举报箱，摆放廉情监督卡，落实大厅值班巡查制度，常态化开展大厅巡查1000余人次，及时发现问题并予以谈话，纠正40余次。全年共评选出96名文明服务标兵，36个流动红旗窗口。

（徐海英）

网络信息监管

【概况】 区委网信办与区互联网信息办公室“一个机构、两块牌子”，内设网络安全和舆情科、信息化发展科、移动互联网科等3个科室，管理区互联网信息中心和区信息化发展服务中心等两个事业单位。单位共有行政编制8名，事业编制19名。截至12月，在编干部职工20人（其中行政人员5人，事业人员15人）。2018年，区委网信办以党的十九大精神和习近平总书记关于网络强国的重要思想为指导，贯彻落实《党委（党组）网络意识形态工作责任制实施细则》《党委（党组）网络安全工作责任制实施办法》，加强网络意识形态建设，提升网络安全保障能力，推进信息化发展，网络舆论空间氛围良好，网络舆情处置有力，网络安全保障加强，创新驱动信息化发展。

【网络正面宣传】 以宣传贯彻习近平新时代中国特色社会主义思想和党的十九大精神为主线，印发《巴南区关于推进网络内容建设工程的实施方案》，建立镇街部门新闻线索动态征集机制，实施网络宣传选题170个。构建全区103个微信、微博的“双微”传播体系，覆盖用户200余万。推出点击量上万的网络作品215件，1件作品选入中央网信办组织的“五个一百”正能量网络作品。全年在中央、市级网络媒体上稿2150余篇。开展“把党的十九大精神全面落实在重庆大地上”等网上主题宣传活动20余次，深入推进“网络公益工程”，唱响巴南好声音。

【网络评论引导】 夯实全区网评队伍，多次组织核心网评员培训，提高核心网评队伍思想素质和工作水平，2名同志被中央网信办评为全国优秀网评员。围绕中心工作，在互动平台发布网评文章430余篇，被中央级、市级网站采用20篇；围绕重要节点、热点事件开展网络舆论引导160余次，新闻跟帖、微博微信转评2.8万余条，广泛争取民心，凝聚社会共识。

【网络舆情处置】 建立多部门信息共享机制，坚持常态化开展舆情巡查和研判，坚持网络舆情日研判、周上报、月分析、季报告、半年总结。2018年，巡获各类网络舆情3500余件，回复率达98%。拟发涉区舆情快报228期，舆情摘报60期，舆情专报38期，领导批示134次，成功处置“10·26新世纪幼儿园事件”等热点网络舆情23次，“融汇清华实验中学事件”的处置得到市委网信办高度评价。完成市委网信办下达的专项监测任务，收集涉渝信息近5000条，被《每日舆情》采用480条，合计积分2100分，排名全市前列。

【网络舆情研究】 作为“服务中宣部舆情信息工作专项组”“服务中央网信办约稿小组”成员单位，向中宣部、中央网信办供稿940条（篇），被采用67条（篇）。完成中央、市级专项约稿任务81篇。龙洲湾街道、李家沱街道基层舆情信息均位居全市前10名。全区舆情信息总分达8000分，位居全市前列。持续被7年被评为全市“舆情信息工作优秀单位”，1名同志被评为“舆情信息工作优秀个人”，3篇舆情信息稿件被评为“舆情信息优秀稿件”。

【网络内容治理】 印发《关于开展在区互联网信息发布平台监测工作的通知》，将7万个信息发布平台纳入监管，分别开展日巡查、周巡查和月巡查，强化发布平台的主体责任、行业主管责任和镇街属地责任。加强网络阵地管理，持续开展历史虚无主义、网络扫黄打非等内容专项整治行动，坚决遏制网络意识形态渗透。肃清孙政才恶劣影响和薄熙来、王立军流毒，清理有害信息340条，关闭注销非法网站161家，查处违法违规互联网单位25家，约谈信息发布平台4次，关停微信公众账号2个，查处编造传播谣言案件3起。

【网络安全保障】 开展关键信息基础设施网络安全检查，通过集中培训、单位自查、现场检查，对20家单位24个关键基础设施全面开展现场检查，落实整改6大类150余个问题。建立全区网络安全预警信息发布机制，发布网络安全预警10次，通报网络安全漏洞23次，处置网络安全隐患5起。推进全区网络安全态势感知平台建设。全区未发生较大以上的网络安全事件。

【网络安全宣传】 开展网络安全宣传活动周和“5·17电信日”宣传活动，全区累计组织宣传活动320场次，开展网络知识竞赛有奖答题86次，发放宣传材料20万余份，发送公益短信200万余条，媒体宣传报道400余条，参与人数达55万人次，营造浓厚的宣传网络安全氛围。全区累计开展各类网络安全培训1800多人次。

【信息化统筹工作】 2018年，深入实施“宽带中国”战略，新建4G基站509个，新建光纤入户9万余户，全区光纤覆盖能力达126万户，实现全区300个村居光纤全覆盖，城市家庭宽带接入能力达100Mbps。骨干网优化升级，区互联网出口带宽已达580Gbps。完成12个镇街的通信管线规范整治，有力支持了创建卫生城市工作。免费Wi-Fi已覆盖主要商圈、医院、图书馆等重点公共区域；东温泉镇、安澜镇两镇纳入重庆市互联网试点小镇；网络扶贫、智慧政务、智慧城管、智慧旅游等重点项目建设已初见效。

（曾德伟）

民族宗教工作

【概况】 全区民族宗教散居少数民族人口较多，有少数民族32个，少数民族人口6500余人，其中常住少数民族人口4400余人，流动少数民族人口2100余人，主要分布在鱼洞、李家沱、界石等主城镇街。区民族团结促进会目前共有会员100余名。全区有佛教、道教、天主教、基督教四大宗教，有佛教协会、天主教爱国会、基督教三自爱国会3个宗教团体。批准开放的宗教活动场所24处，其中，佛教活动场所10处，道教活动场所3处，天主教活动场所2处，基督教活动场所9处；有认定备案的教职人员22人，信教群众10万余人。

【民族关系团结巩固】 区委、区政府不断加大对民生实事项目的投入，投资35亿元实施多项民生项目，不断改善包括少数民族群众在内的群众生产生活条件。利用105万元少数民族发展（教育、卫生）资金，推进了天星寺单石村饮水管网建设、李家沱滨江社区民族团结之家创建等6个少数民族项目。开展了以“共同团结奋斗、共同繁荣发展”为主题的民族联谊话中秋活动，促进了各民族交往交流交融。扎实开展少数民族群众摸底排查，走访慰问困难少数民族群众，及时化解涉及少数民族矛盾纷争5起，协调解决一批流动少数民族子女入学问题。

【宗教事务依法管理】 深入学习贯彻新修订

《宗教事务条例》，争取 291 万元对 12 处宗教活动场所开展危房整治；出台《关于加强新形势下基督教工作的实施意见》《关于加强和改进新形势下伊斯兰教工作的实施意见》《巴南区抵御境外利用宗教进行渗透工作机制》，扎实开展“中国真理教会”“基督教私设聚会点”依法治理工作，全区 39 个聚会点全部停止活动，576 名信教群众脱离“中国真理教会”组织，79 处基督教私设聚会点全部治理完成。开展民间信仰、乱建庙宇、滥塑宗教造像等专项整治，顺利通过中央宗教工作督查。

【民族宗教领域安全稳定维护】 区民族宗教工作领导小组成员单位落实了分管领导和专（兼）职工作人员。建立健全了民族宗教工作三级网络两级责任，明确区、镇、村三级工作职能职责，22 个镇街党委（党工委）书记为民族宗教第一责任人，落实 300 个村（社区）书记负总责、300 名村（社区）综治专干为民族宗教联络人员，夯实了宗教工作基础。对宗教活动场所开展安全检查，预防化解民族宗教领域安全稳定事件 10 起，确保全区民族宗教领域安全稳定。

（杨知春）

民主党派　工商联

民革巴南区委

【概况】 2018 年底，中国国民党革命委员会重庆市巴南区委员会（简称民革区委）共有民革党员 156 人，平均年龄约 52.7 岁。其中，女党员 70 人，占 44.9%；大学以上学历者 135 人，占 86.5%；具有中级技术职称以上 124 人，占 79.5%。现任厅（局）级领导干部 1 人，区管正职领导干部 1 人，区管副职领导干部 3 人；市政协委员 2 人（常委 1 人），区人大代表 6 人（常委 1 人），区政协委员 18 人（副主席 1 人，常委 3 人）；民革党员 14 人次担任民革职务，其中民革重庆市委常委 1 人，民革重庆市委委员 2 人，民革巴南区委委员 14 人。2018 年，民革区委被区政协评为“2017 年度反映社情民意信息工作先进单位”，有 1 名党员被评为“2017 年度反映社情民意信息工作先进个人”，4 名党员被评为“2017 年度优秀政协委员”。在民革市委参政议政工作暨重点课题启动会议上，民革区委荣获“2017 年度参政议政工作先进集体”，1 名党员被评为“2017 年度参政议政工作先进个人”。

【思想建设】 扎实推进“学讲做”活动，区委统战部领导分别两次在民革区委全委（扩大）会上做“学讲做”活动宣讲，区委领导班子率先垂范，深入各支部开展宣讲活动、学习活动近 20 次，党员学习覆盖率达 95% 以上，积极参加全区统一战线“学讲做”活动宣讲比赛，1 名党员荣获二等奖。区委领导班子参加区委统战部组织赴河北省西柏坡开展的“不忘初心、与党同心”学习培训活动，各支部开展“观故居，走多党合作之路”活动共 5 次。组织 100 余名党员参加民革市委、中共区委组织的纪念中共中央发布“五一口号”发布 70 周年书画展活动，共推送参展作品 3 副，征集征文 5 篇，其中 1 篇被收录在《民革重庆市委纪念中共中央发布“五一口号”70 周年文集》里，参加民革市委举办的纪念中共中央“五一口号”发布 70 周年演讲比赛，1 名党员荣获三等奖。推进“民革党员之家”建设，“民革党员之家”建设项目已完成选址工作。高度重视宣传报道工作在思想建设方面的作用，利用各种宣传舆论阵地，宣传民革工作和凝聚党员思想，思想宣传工作取得良好成效。累计编辑《巴南民革》信息 16 期，30 余篇次简讯被民革中央、市委统战部、民革市委、区政协、区统战部、《巴南日报》等媒体采用，区委专干被评为“民革市委优秀通讯员”。圆满完成民革市委下达的团结报征订指标，征订率达 40% 以上。

【组织建设】 制定《民革巴南区委关于高层次人才培养与发展工作实施方案》，邀请民革市委主要领导到重庆理工大学支部走访调研高层次人才队伍建设工作，区委领导班子 4 次走访所辖高校支部，积极推动高层次人才队伍建设工作，全年，有7名无党派高层次人才初步纳入民革拟发展高层次人才对象，有4名高校教师提交加入民革的申请，其中1名已正式加入。发展新党员2名，平均年龄36.5岁，均为大学以上学历。全区共有民革党员156人。加强基层组织工作规范性，推进支部思想建设、组织建设、履职能力建设和制度建设，7个支部结合各自特色、党员构成和已经开展的重点工作等实际情况，探索民革基层组织建设规范化的工作路径和方法，城市管理职业学院支部被初评为“全市优秀高校基层组织”。进一步加强干部的培养与推荐工作，两名副主委分别提拔为正处级领导干部和副处级领导干部，领导班子参加民革中央、市政协、民革市委、区委组织部、区委统战等单位举办的各类培训班10余人次，培训学时累计近800学时，撰写学习心得文章10余篇，推荐近20名党员参加民革市委的各类培训。

【参政议政】 积极参加由中共巴南区委、区政府、区政协主持召开的协商会，在政协常委会专题协商会上，提出《以创建国家级高新区助推项目攻坚》的建议，在区政协关于“深入推动长江经济带发展、加快建设山清水秀美丽之地”委员履职尽责实践活动动员会上做《履职尽责　努力助推实践活动落地见效》的发言、在提案提质增效工作推进会上做《打造精品提案　提升党派形象》的发言，同时在区委第六次政协工作会上，提交《坚定政治方向　提高履职实效为我区人民政协事业发展贡献力量》的书面发言材料。在区政协十四届二次会议上，提交大会发言1件、集体提案5件（立案5件，立案率100%），担任区人大代表、政协委员的24名民革党员提交建议、提案18件（立案8件，立案率44.4%），其中《关于进一步深入推进巴南开放口岸建设的建议》《关于留住国有区属平台公司专业技术人才的建议》被评为区政协重点提案，《关于加快农旅融合发展的建议》被列为区政协1号重点提案。向市、区反映社情民意信息38条次，其中市政协采用6条，民革市委采用10条，区政协采用8条；提交党外人士建言15篇，市委统战部采用4篇；提交约稿14篇，市委统战部采用1篇。在市政协五届二次会议前，1名党员提交的1篇提案素材，被民革市委采用为集体提案提交市政协。成立由区委主委任组长，重庆理工大学支部党员专家为主要成员的“巴南区乡村旅游内生动力机制研究”课题调研组，圆满完成课题报告。积极参与民革市委组织的脱贫攻坚决战决胜阶段的民主监督工作，主委带队赴石柱土家族自治县，深入基层，就加强长效扶贫、扶贫扶志等问题提出多条建议。获聘市司法局行业行风监督员的2名党员、区人民政府特邀监察员的1名党员，参与党风、政风、行风评议和视察活动近20次，提出建设性意见10余条。1名党员被市人民检察院与市司法局评为“2017年度优秀监督员”。

【社会服务】 继续向11所山区学校近110名受助学生进行帮扶和走访，累计发放资助金6万余元；组织党员10余人次到石滩镇开展农村人员返乡创业、脱贫攻坚等方面调研，提出意见建议5条；开展法律宣传、法律咨询、法律援助服务等，受益群众200余人，发放宣传资料300余份；开展看望慰问贫困党员、贫困大学生、敬老院老人、社区留守老人和义诊义检活动等社服活动12次，金额达3万余元，受益群众600余人次。积极推进法律服务援助中心实体平台的建设，通过实地调研和协商沟通，已完成选址工作，力争2019年完成建设工作。

【祖统工作】 按照民革中央提出的民革祖统工作“四个转变”要求，民革巴南区委把祖统工作重心向参政议政转变作为工作重点。积极参与重点提案48号《关于在南泉打造海峡两岸文化交流基地的建议》“七方面商”会议，提出意见建议3条。积极参加民革市委在厦门大学举办祖统骨干培训以及区委统战部举办的“重庆惠台58条”政策解读培训。

（尹　瑾）

民盟巴南区委

【概况】 民盟巴南区委下设14个基层支部（机关、卫生、重庆市实验中学校、重庆市清华中学校、教育联合、科技文化、重庆市巴南中学校、重庆城市管理职业学院、重庆工程学院、重庆理工大学巴南、重庆道角中学校、重庆市花溪中学校、鱼洞退休、重庆高职城支部等）和参政议政、组织联谊、新盟员等3个工作委员会。2018年底，共有盟员368人，其中委员19人（主委1人、副主委4人）。2018年，民盟巴南区委荣获民盟中央社会服务工作先进集体、思想宣传工作先进集体，巴南“盟员之家”被民盟中央授予“优秀盟员之家”荣誉称号，被民盟重庆市委授予“盟务工作先进集体”，被区政协评为“反映社情民意信息工作先进单位”，在巴南区2018年民主党派工商联和无党派人士课题调研评比中被区委统战部评为二等奖。

【思想建设】 民盟区委采取主委、副主委带头讲，区委委员、支部主委、专委会主任学习讲，通过区委扩大会、盟言堂、主题活动比赛等形式，扎实开展“学讲做”活动，认真学习领会中共十九大精神、习近平新时代中国特色社会主义思想、习近平在全国政协会上的讲话、习近平总书记关于加强和改进统一战线工作重要思想，全国、市、区“两会”、党代会、经济工作会等精神。邓红代表民盟区委参加全区统战系统“学讲做”宣讲比赛获一等奖。深入开展“不忘合作初心，继续携手前进”主题教育系列活动，以纪念中共中央“五一口号”发布70周年、改革开放40周年为契机，开展专家讲座、书画作品展、征文活动、诵读比赛等9场次；张茜参加民盟市委主题演讲比赛获一等奖；8人次分别荣获盟市委主题征文比赛一、二、三等奖。强化“巴南民盟”微信公众平台建设，平台有粉丝707人，全年编辑推送信息76期共78条，阅读43000余次；微信平台关注度在全国民盟地方组织平均排名前5位，7月排名全盟第1位，民盟区委在民盟市委思想宣传会上就微信公众号推广做了经验交流发言。编发巴南民盟简报7期。在团结报、全国政协报、市政协报、华龙网、《重庆统一战线》、巴南报、巴南电视台、看巴南等媒体刊载各类新闻、信息、工作经验等30条。

【组织建设】 稳步推进组织发展，全年发展新盟员23名，其中高教界4名，硕士研究生以上学历5名，平均年龄34.2岁；成立重庆民盟首个高职院校联合基层组织——民盟巴南区高职城支部。加强干部队伍建设。举办两期盟务干部培训班，培训干部90人次；推荐14名盟员参加各层级培训，推荐2人到部门和盟市委挂职，推荐2名盟员为区青联委员；举办“盟言堂”活动4期，60名盟员登台演讲；参政议政、组织联谊、新盟员三个专委会分别开展参观、视察、11·27主题纪念活动等6次；修订完善盟区委工作制度2项。巴南“盟员之家”成功揭牌开放，自7月开放以来，共接待40个团队1000余人参观；巴南“盟员之家”建设经验被民盟市委推荐为各区县学习的范本，被民盟中央评为“优秀盟员之家”。加强区县民盟组织之间的交流学习，全年先后5次在民盟市委各类会议上做经验交流发言；先后接待民盟市委直属总支、民盟垫江县总支、民盟涪陵区委、民盟合川区委到区调研、交流学习。接待市委常委、统战部部长李静等领导到区调研党派机关建设，并得到肯定和好评。

【参政议政】 “两会”期间，民盟区委及盟员市、区人大代表、政协委员向民盟市委提交提案素材5件，其中2件被民盟市委作为集体提案素材提交市政协；向市人大提交议案（建议）5件，区人大提交议案（建议）17件；向区政协提交集体提案立案5件，个人提案立案22件，其中集体提案《关于加快推进军民产业融合发展的建议》、个人提案《关于做好“鹿界南”南部新城战略规划的建议》被区政协选为2018年重点督办提案，《关于加快推进军民产业融合发展的建议》被区长何友生领办，6件提案被区政协评为优秀提案，6名盟员被评为“优秀政协委员”；在区政协大会上，区民盟做《关于加快我区“军民融合创新示范区”建设的建议》大会发言。全年民盟区委完成调研课题3个，撰写调研报告3篇，其中承担“重庆市高校在推动军民融合中的功能与作用研究”“重庆农业机械化现状及对策建议”等2个民盟市委委托调研课题，承担“加快推进我区军民融合产业发展的若干政策措施建议”1个区委安排调研课题，《重庆市高校在推动军民融合中的功能与作用研究》被推荐为民盟市委在市政协全委会的集体提案。编订《巴南民盟参政议政手册》2期，开展参政议政专题培训4次，70余人参加培训，开展乡村振兴、学前教育、精准扶贫等各类调研、视察活动4次，反映社情民意179件，其中民盟中央采用1件，市政协采用5件，市委统战部采用11件，民盟市委采用30件，在25个区县民盟组织中排名第六位，区政协采用33件，区委统战部采用5件，区领导批示4件，其中《加强我区石油沟油气工业遗址保护工作的建议》《建议督促市级国有平台公司尽快实施储备地范围内的学校等公建配套设施》2篇得到区政府主要领导批示。开展政党协商、对口协商，完成区政协全委会、区委政党协商会、区级民主党派暑期谈心会等政党协商会议发言6次；与区农委、区水务局开展对口协商活动，实地察看了我区二圣镇云岭天香、茶果种植及林业灌溉等乡村振兴项目实施情况，与区教委就学前教育发展开展对口协商，盟员同志就视察和调研中存在的问题进行交流讨论，提出意见建议10余条，有的转化为社情民意，有的转化为提案建议在区“两会”上提交。

【社会服务】 开展“烛光行动”，协调民盟市委黄丝带专委会、区体育局、区教委等各方力量，开展助推接龙中学体育特色化办学系列活动；组织接龙中学30余名教师走进名校全善中学，开展初中优质语文课观摩暨专家讲座活动；联合重庆市儿和妇女儿童公益基金会、李家沱幼儿园等筹集资金近3万元，开展走进乡村幼儿园献课、送玩具、送绘本活动。乡村振兴、精准扶贫民盟在行动，先后在接龙镇开展了“健康扶贫·光明行动”义诊义检白内障免费筛查·手术活动；制定中蜂养殖精准扶贫接龙镇马路村实施方案，正逐步实施；开展迎新年送演出、送春联、送法治进社区活动；举办“关爱农民工，民盟烛光行”送电影下基层主题活动，为高职城建设工地上的农民工们送“文化大餐”。强化制度建设，调动支部和盟员积极性，开展社会服务“一支部一项目”活动，实行支部“社会服务项目申报制度”，给予支部一定的经费补助；近2/3的支部结合自身资源优势开展了烛光行动、结对帮扶、家庭医生、精准扶贫等社会服务活动，科技文化支部被民盟市委授予社会服务“扶贫济困先进集体”。

（刘茂琴）

民建巴南区委

【概况】 民建巴南区委下设李家沱支部、鱼洞支部、花溪支部、龙洲湾支部、界石支部、重庆理工大学支部等6个支部和经济工作、妇女工作、调研工作、理论宣传工作等4个专门委员会。2018年底有会员192人，其中博士2人；大学本科以上学历104人，占54%；经济界人士157人，占81%。全区会员中有民建市委委员2人；全国政协委员1人，市政协委员2人；区人大代表10人（其中常委1人）；区级政协委员29人（其中常委6人，外区2人）；有副厅级干部2名（分别担任重庆市民族宗教委员会副主任、重庆市巴南区人民政府副区长），副处级干部7名。

【思想建设】 认真贯彻落实《民建中央关于加强会的思想政治建设的意见》《民建重庆市委员会关于加强思想政治建设的实施意见》，深学笃用习近平新时代中国特色社会主义思想和中共十九大精神，学习领会习近平总书记新型政党制度重大论述、参加重庆代表团审议时的重要讲话以及在全国民营企业座谈会上重要讲话精神，学习领会民建十一大精神，全年组织各级各类集体学习52次，专题学习15次，邀请市委会专职副主委杨亚丽为骨干会员专题集中授课1次，进一步增强接受中国共产党领导的自觉性和坚定性。以中共中央发布“五一口号”70周年以及黄炎培诞辰140周年纪念活动为契机，结合“不忘合作初心，继续携手前进”专题教育和“学讲做”活动，组织开展“学习‘中共十九大精神’知识竞赛”、纪念中共中央发布“五一口号”70周年演讲比赛，撰写报送“纪念‘五一口号’70周年”征文15篇、纪念改革开放40周年征文1篇，4篇被民建市委采用，1篇被民建中央采用，刘祥伟参加民建市委演讲比赛获三等奖，李天银参加区委统战部“学讲做”宣讲比赛获二等奖。全年宣传投稿82篇，被市级以上媒体采用76篇，其中民建市委网站采用73篇、中央网站采用31篇、团结网采用3篇、《重庆民建》采用13篇、《重庆政协报》采用3篇、《团结报》采用1篇。向中共巴南区委统战部报送约稿12篇。《弘扬优良传统，巩固中国共产党领导的多党合作政治协商制度》在2018年民建市委区县工作交流会上现场交流。发行《巴南民建》4期，利用微信群及时报道会务、履职和社会服务工作70余次。获市委会理论宣传报道工作先进集体三等奖。

【组织建设】 严格发展程序，严把入会“关口”，新发展会员1名。组织2名会员参加民建中央“2018”中国非公有制经济发展论坛。全年组织参加民建市委会组织的厦门大学能力提升培训、中央社会主义学院骨干会员培训、支部主委培训和新会员培训、“星五沙龙”等各级活动培训锻炼会员500余人次。协助区委统战部成立巴南区中华职业教育社，推荐19名会员为社员，其中6名为社务委员。全年共召开区委（扩大）会7次，主委会8次，开展学习、研究干部推荐、组织建设等问题。专职副主委到位后，及时完善主副委分工，坚持主副委联系基层支部制度、专职副主委指导支部生活会制度等，专题听取各支部工作情况汇报，研究解决各个支部发展问题。修改完善《支部会务工作考核评比办法》，评选表彰鱼洞支部、重庆理工大学支部、龙洲湾支部等先进支部，王禧力等19名会员为优秀会员。坚持“会员关爱”制度，登门看望老会员22人次，关心慰问生病住院会员、困难会员等40人次。开展领导班子与会员、支部班子与会员交心谈心活动。全年走访会员企业30家。区委班子赴江津珞璜工业园区，与民建江津区委共同调研座谈，助力会员企业发展。报请市委会或协调相关职能部门帮助4名会员维权。接待来渝寻根的湖南长沙支部、工商支部并座谈交流。区委会获市委会“会务工作综合考核评比一等奖”。

【参政议政】 继续加强专委会“专门”参政议政的机构属性建设。全年围绕4个课题开展16次调研，形成调研报告5篇，其中《促进农民专业合作社健康发展　助推乡村振兴》《以传统村寨和小场镇为抓手，联片打造，提振重庆美丽乡村建设》《加快推进全市“互联网+”时代智慧社区建设助推智慧城市建设》等3篇上报民建市委，《加快推进我区“互联网+”时代智慧社区建设助推智慧城市建设》等1篇报送区委统战部，《助推巴南公路物流园区招商项目攻坚落地的建议》等1篇报送区政协。会员中各级人大代表、政协委员共提交议案、建议和提案49件，其中全国政协提案8件，市政协提案7件，区人大建议12件，区政协提案22件（立案14件），其中集体提案7件。《建立我区小微企业不良贷款快速处置机制的建议》被区人大常委会确定为重点督办建议，由区工商分局负责承办，并通过该机制成功处置2起小微企业不良贷款案件。《关于加快农村交通基础设施建设的建议》被列为区政协重点提案，并评为优秀提案。全年提交社情民意55件，其中《公益类事业单位改革的问题与建议》被民建中央采用，市委会采用14件，区政协采用12件。《建议督促市国有平台公司尽快实施储备地范围内的学校等公建配套设施》得到区长批示。区委会荣获区政协“反映社情民意工作先进单位”。

【民主监督和参加中国共产党领导的政治协商】 支持监督员履职，开展民主监督，会员中的市、区特邀监察员、区政协民主监督员，认真履职，曹勇参加区学前教育工作集中评议、旅游产业发展评议，许大斌参加龙洲湾、东泉等创卫评议、参与区法院“基本解决执行难”监督工作，有2名会员参与一体办农村人居环境整治督查。区委会参加中共巴南区委、区政协和区委统战部召开的专题协商会、谈心会、情况通报会、视察调研等活动10余次，分别就促进民营企业发展、脱贫攻坚、污染防治、党风廉政建设等提出针对性和操作性意见建议。关于促进民营企业发展、整治“假空”专业合作社等意见建议得到相关部门认真办理回复。《加快推进我区“互联网+”时代智慧社区建设助推智慧城市建设》在政党协商会上发言并转化为区政协大会发言。民建界别政协委员调研华南城、重庆公路物流基地、麻柳沿江开发区等，形成《助推巴南公路物流园区招商项目攻坚落地的建议》在区政协专题协商会做会议发言，助推全区工业招商及招商落地。

【社会服务】 区委会动员会员既立足本职建功立业，又“尽力而为、量力而行”，积极参与扶贫攻坚、乡村振兴等工作。据不完全统计，全区会员企业实现年产值约46亿元，纳税5000余万元，解决就业7万余人。会员杨世国的企业获发明专利1项。严琦被中央统战部、全国工商联评为“改革开放40年百名杰出民营企业家”，吴小兵荣获重庆市“五一奖章”并被评为綦江区“优秀民营企业家”，严琦、曹勇、罗萍、沈波、谢光宇等5人被民建市委评为“改革开放40年优秀企业家”，苟晓彬、穆健、李天银、李汶静、吕林久、阁明鉴、蒋勇、谢光宇等8人被区政协评为“优秀政协委员”，占全区优秀政协委员总数的20%。争取市委会支持，专职副主委杨亚丽到佛影峡“同心”实践基地指导工作，副主委胡崇理、秘书长周吉率市委会青年专委会委员等到五洲园、佛影峡开展实地调研，为企业发展、乡村振兴以及圣灯山镇发展支招。区委会成员与圣灯山镇党委政府座谈交流，就镇域经济发展建言献策。结合脱贫攻坚战，对口帮扶圣灯山镇建卡贫困户学子，捐书捐款6000余元，并建立“扶志、扶智、献爱心”长效帮扶机制。会员企业陶然居集团应用“消费扶贫”方式投入资金3615余万元，帮助綦江、城口等地农户实现增收，并捐建一所光彩幼儿园。广大会员积极投身各类爱心济困帮扶，其中有1名会员向灾区捐物资10万元，帮助大学生3名共9万元，帮扶贫困户1户8人；1名会员向石柱中益乡敬老院、重庆第一、第二社会福利院共捐赠价值13万余元医养设备，捐助江津永兴镇精准帮扶资金2万元；1名会员为界石镇政府“稻草援助基金”捐赠5万元；另有1名会员持续13年为麻柳嘴镇敬老院献爱心，捐赠衣物、鞋袜、床上用品和公司产品。

（李天银）

民进巴南区委

【概况】 中国民主促进会重庆市巴南区委员会（简称民进巴南区委会），下设7个基层支部（巴县中学支部、李家沱支部、鱼洞综合支部、鱼洞小教支部、鱼洞中教支部、重庆理工大学巴南区支部、重庆城市管理职业学院支部）。2018年底，民进巴南区委会共有会员145人，平均年龄47.4岁。其中主界别教育、文化、新闻出版会员103人，占71.0%。民进会员中有区委委员15人（其中主任委员1人，副主任委员4人）；民进市委委员2人（其中常委1人）；市政协委员1人；区人大代表9人（其中常委1人）；区政协委员14人（其中副主席1人、常委3人）。担任副处级以上实职的3人（其中厅级领导1人、副处2人），担任学校校长职务1人，科级职务16人。2018年，民进巴南区委会被民进重庆市委会评为参政议政、新闻宣传、电子信息化建设工作先进单位。

【思想建设】 深入开展“不忘合作初心，继续携手前进”主题教育活动，认真学习贯彻中央、市、区会议重要精神和习近平系列重要讲话精神，不断增强会员“四个意识”，坚定“四个自信”，坚持“两个维护”，巩固思想政治基础。召开主委会、全委会、专题学习会等会议组织政治学习10次；召开“学讲做”活动动员会，开展主题宣讲会9场；组织会员参加统战部举办的宣讲比赛荣获二等奖；组织会员积极参与纪念“五一口号”发布70周年主题征文、书画展等系列活动，征集3篇文章分获民进中央优秀奖、市委会二等奖和市委统战部三等奖，4幅作品入选民进中央和市委统战部举办的书画展。承办巴南区纪念“五一口号”发布70周年书画展，发动会员主题创作24件作品入展，组织会员观展80余人次，主委在纪念座谈会和书画展开幕式上做发言；同民盟等联合主办纪念改革开放40周年国画联展；积极宣传自身建设和履行职能取得的成果和经验，在重庆民进网站推送信息23篇，在《重庆民进》杂志上稿11篇、《重庆政协报》上稿6篇、《巴南报》上稿5篇。

【组织建设】 全年共发展新会员9名，平均年龄37.11岁。其中副高级职称1人，中级职称4人。推荐5名骨干会员参加在中央社院、红旗渠干部学院和区委组织部举办的培训班；领导班子5人次参加市委会、市委组织部和市委统战部组织的学习；举办暑期骨干会员培训会，邀请专家讲授会章、会史；主动向组织推荐1人到区级部门挂职锻炼，1人补选为区政协委员，1人从事业调入行政部门受到组织重用；坚持领导联系基层制度，主委带队主动走访会员所在单位党组织，完成1个支部届中调整，理顺支部工作关系；提出“四个一”组织生活会基本要求，引导支部创新活动形式、丰富活动内容，组织20多名会员聆听朱永新副主席报告，同支部联动开展社会服务，联合走访企业调研，做到组织生活与履行职能的有机结合；全面梳理工作制度，重新拟定《区委会工作规则》等12个规章制度，经全委（扩大）会审议通过。

【参政议政】 区委会领导参加政党协商、政协协商、专题协商等各级协商会议20余次。收集提交党外代表人士建言26件，报送社情民意信息68条，其中《关于加强对垂直管理执法部门反腐工作的建议》《关于缩小城乡教育差距的建议》等8篇信息被民进中央、市委会分别采用，并转报市政协、市委统战部。以《农村专业化人才的现状及发展对策和和引导和保障我市乡村民宿发展》为题，深入区内外乡村调研，形成4篇调研报告和1篇发言材料，被各级采用，在区政协全委会和市政协联组会上发言，获好评。《响应中共中央“五一口号”与民进合作初心研究》顺利结题。全年开展突击调研和补充调研10余次，完成区委统战部约稿22篇，市委会约稿4篇。调研工作经验《提案：向调查研究要质量》在区政协“提质增效”工作会上做交流发言深受好评。不断完善“集智聚力”的工作机制，拟定《会员履职积分办法》，强化履职保障力度。召开教师节座谈会、文化工商界别座谈会、务虚会和召开带有参政议政培训性质的座谈会2次，从中发现人才、培养人才和用好人才。

【社会服务】 始终坚持社会服务要发挥优势、突出特色、尽力而为、注重实效。扎实开展“10+10”同心实践活动，协调部门资金6万元打造校园法制文化；通过党派资源邀请市农委副主任刘保国和市农业专家到麻柳嘴镇乡村调研，为乡村振兴把脉问症；坚持开展“春联万家”活动，组织书法家会员走进石樵坪人家公租房，免费为群众写春联200余幅，福字200余张，深受群众的喜爱；组织“法律进校园”活动，律师会员主动到学校为全校师生讲授法律知识；组织“送教下乡”活动，基层支部活动到圣灯山镇陈家小学演示公开课、赠送文化用品、座谈交流，帮助乡村学校提升教育水平。

（王坤汝）

农工党巴南区委

【概况】 中国农工民主党是以医药卫生、人口资源和生态环境领域高中级知识分子为主，具有政治联盟特点的中国特色社会主义参政党。中国农工民主党重庆市巴南区委员会（简称农工党巴南区委），设立重庆市第七人民医院、鱼洞地区、巴南区第二人民医院、巴南中学、龙洲湾地区、木洞地区、重庆理工大学、巴南区人民医院等8个支部。截至2018年底，农工党巴南区委有党员143人，其中在职党员99人、退休党员44人，平均年龄52.04岁。其中医卫界84人、人口资源和生态环境界20人、文教界22人、其他界别17人；大专及以上学历132人（硕士8人、博士9人），占比92.3%；具有高中级职称及正科级以上职务的占比100%，其中副高职称46人、正高职称17人。担任农工党市委常委1人、市政协常委1人、市人大代表1人、区政协委员12人、区人大代表5人、各类特约监督员2人，其中担任区政协副主席1人、政协常委2人、人大常委会委员1人。党员担任副处级及以上实职8人（高等院校2人），其中副厅级1人、正处级1人、副处级6人（高等院校2人）。2018年，被农工党中央评为党刊发行工作全国先进单位，被农工党市委评为思想宣传工作、组织工作、参政议政工作、社情民意信息工作、社会服务工作先进集体。

【思想建设】　通过区委扩大会、基层支部组织生活，利用多媒体平台，深入学习贯彻习近平新时代中国特色社会主义思想、中共十九大精神及农工党十六大精神，学习《中国农工民主党章程》。区委主委带头讲党课，着重对我国的政治制度进行全面解读，与党员进行交流。组织党员参加统战系统“学讲做”宣讲比赛、“同心讲坛”专题报告会等活动。开展中共中央“五一口号”发布70周年纪念活动——农工党暨多党合作故事演讲比赛，老中青三代党员讲述农工党故事，重温多党合作历史，大力弘扬农工党优良传统。持续举办主委课堂，区委副主委白勇作了题为“关于几个农业问题的思考”专题讲座，交流包括农业供给侧、土地改革等方面问题，区委副主委饶世伦围绕中共十九大主要精神与退休党员进行交流。形式多样开展系列专题教育活动，组织党员参观红岩革命纪念馆和农工党中央机关旧址陈列馆以及听取“纪念改革开放40周年”专题报告会。宣传党员先进典型，农工党市委网站、《巴南日报》等先后对黄碧有、吴成富、李幸萃、罗晨、温宇峰等党员先进事迹进行宣传报道。积极撰写工作信息，农工党中央网站采用宣传信息4条，重庆政协报采用1条，农工党市委、市政协、区政协等采用30余条。

【组织建设】　始终坚持积极稳妥、宁缺毋滥原则，严把组织发展入口关，不断提高组织成员代表性、优化党员年龄结构，全年新发展党员11名，其中：农工党主体界别9名、硕士研究生4名。为促进基层组织建设更好地体现界别特色、发挥界别作用，根据地方组织发展需要，于1月成立农工党巴南区人民医院支部，选举产生支部委员2名。针对不同党员群体，开结合不同主题，开展形式多样组织活动，特色鲜明，例如：妇女节组织女党员开展厨艺大赛，并评选出团体、个人奖项若干，引导女性党员增强家庭责任感；重阳节组织退休党员开展座谈，教授学习太极拳，倡导传承传统文化、开启健康生活；开展骨干党员野外综合素质训练活动，培养组织团结合作精神、增强组织凝聚力。10名党员参加市委2018年度新党员培训、1名党员完成区委党校处级干部培训、1名党员完成区委党校科级干部培训等；1名党员选派参加重庆市第十批党外干部挂职锻炼；3名党员分别到西南医院、重医附一院进修学习。

【参政议政】　在区政协全委会上做《以农产品品牌建设为推手　推进我区农业供给侧结构性改革》大会交流发言。提交区政协集体提案6件（立案4件，优秀提案1件），其中《关于进一步推进农产品品牌建设管理的建议》列为区政协重点提案；区政协委员个人提案8件（立案6件，优秀提案1件），市政协委员个人提案4件（立案4件）；市人大代表个人建议1件、区人大代表个人建议6件。承接农工党重庆市委调研课题“筑牢社区卫生服务机构网底建设　助推城镇化进程中分级诊疗制度有效落实”，分析社区卫生服务中心能力建设面临的困难和机遇，纳入市政协大会书面发言材料。通过区政协主席会、常委会、专题视察、主席接待日等活动平台，在党风廉政建设与反腐败、环境保护等方面，积极反映问题、提出意见建议。党员全年撰写社情民意信息70余篇，区政协采用5篇、农工党市委采用20篇、市政协采用7篇。形成骨干党员参政议政季度研讨制度。一季度总结2018年全国“两会”信息报送工作，座谈交流撰写社情民意的自身经验；二季度邀请农工党市委秘书长对社情民意撰写进行专题培训；三季度围绕今年区委重点调研课题开展参政议政自由谈活动；四季度开展提案撰写培训。

【社会服务】　持续推进栋青蔬菜基地建设，邀请蔬菜专家实地指导示范农户并建立“一对一”技术咨询；集中购买专用缓释肥、购买农用机械设备、发放种子种苗补助等；区委主委带队进行田间指导、开院坝会，按照“五步走”计划，指导蔬菜基地下一步建设。木洞栋青蔬菜示范基地建设项目纳入农工党市委2019年区县社会服务示范项目。开展健康帮扶，关注弱势群体，与木洞镇辖区内3家敬老院的130名老人及475名建档立卡贫困户结成“医疗服务帮扶对子”，逐步为其建立健康档案，定期开展健康体检。木洞地区支部持续开展“情暖端午·心系老人”送医疗服务到敬老院活动；市七院、区二院等各医疗支部充分发挥界别优势，不定期开展义诊义检活动；巴南中学支部党员参加公益志愿者活动，为山区孩子编织近百双手套。重庆理工大学支部党员承担省部级以上科研教学项目7项，横向项目6项，公开发表论文10余篇。

（杨　雪）

致公党巴南区工委

【概况】　致公党巴南区工委下设综合、医卫、教育和重庆理工大学4个支部。截至2018年年底，共有党员64人。委员10名，其中有主任委员1名，副主任委员3名；党员中有市政协委员1人，致公党市委常委1人；区人大代表2人（其中常委1人），区政协委员11人（其中常委2人）。2018年，致公党巴南区工委被致公党重庆市委评为“社会服务先进集体”“参政议政先进集体”三等奖。

【思想建设】　致公党区工委始终把思想政治建设摆在各项工作的首要位置，毫不动摇地坚持中国共产党的领导。通过多渠道的学习不断增强广大党员的“四个意识”和对中国特色社会主义的“四个自信”，在思想上政治上行动上始终与党中央保持高度一致。全年来共召开各类专题学习会议15场（次），上报各类约稿及信息18条，在致公党中央网站、《重庆致公》上多篇刊载；共开展“学讲做”专题宣讲6次，集中学习6次，参与学习的党员达到200余人次；大力推进理论研究工作，全年共撰写5篇理论研究文章；以多种形式纪念“五一口号”发布70周年——一是召开了纪念“五一口号”发布70周年座谈会；二是开展了纪念“五一口号”发布70周年征文活动，其中有两篇征文被致公党重庆市委评为优秀征文二等奖；三是参加了书画展活动，选送其中一幅剪纸作品到市委参展，选送两幅油画作品到区文化馆参展；四是开展了“不忘初心，携手前进，共创辉煌”演讲比赛。

【组织建设】　实行主、副委联系支部的工作方式，通过支部活动、党员思想动态的了解，以此督促和强化支部的工作开展；全年共召开主委会5次，全委会3次，集体研究讨论区工委的日常工作和具体事项；严把党员质量，深入拟发展成员单位充分了解其工作情况和思想动态，考察拟发展成员2名；多渠道加强党员干部的培养，2018年全年，工委党员共有100余人/次党员参加了致公党市委会、市委统战部、区委组织部、统战部、致公党区工委组织的各类学习培训，通过多途径、多渠道的实践锻炼、学习培训，切实提高了党员的综合素质，进一步增强了党派履职能力。

【参政议政】　积极参加巴南区委、区政协、区委统战部及各职能部门召开的各种座谈会、政协会，积极建言献策；在市、区“两会”期间，工委市政协委员提交个人提案2件，区“两会”上，工委共提交了人大议案2件，政协集体提案4件，政协委员个人提案10件，反映社情民意7条。吴春梅代表区工委作了《关于推进非物质文化遗产产业化发展的建议》的政协大会发言，该提案被列为区政协重点提案。在这期间，共报送约稿28篇。两个调研课题圆满完成，其中，“关于《环境保护税法》在我区实施的思考与建议”这一调研课题被确定为2018年成果汇报内容，“关于我区山坪塘建后管护的建议”这一调研课题被致公党市委会选为集体提案；通过组织调研、专题培训、广泛交流、扩大知情明政信息等渠道不断提高党员参政议政、建言献策的能力和水平，全年共撰写社情民意信息和主题约稿25篇（条），刘辉撰写的《关于修改〈城市居民委员会组织法〉》的建议被中共中央统战部《零讯》和重庆市委统战部《党外人士建言》采用。这是区工委首条被《零讯》采用的社情民意建议类信息。

【社会服务】　全年为群众免费提供法律知识培训、法制宣传及各类专业讲座10余场，惠及人数达600余人；积极助推劳动人事争议仲裁工作，多次组织开展送法进企业、进园区、召开宣讲法律知识活动，发放宣传资料100余册，惠及人数达到3000余人；据不完全统计，2018年全年处理企业与员工，企业与企业纠纷隐患等实际问题50余件/次；着力打造教育公益培训品牌，全年共举办8期“家长教育公益培训班”；持续助推二圣镇农村人居环境市级示范片的“乡村文化建设”板块的工作，现该镇集体村清华寺和一碗水美丽宜居示范村庄项目已基本完成，墙面的文化绘图设计成为一道靓丽的风景。

（曹余灿）

九三学社巴南区工委

【概况】 截至2018年年底，全区有九三社员123人，平均年龄为47.48岁。其中女社员53人，占43.1%，离退休17人，高级职称69人；高等教育界别30人，科学技术界别17人，医药卫生界别48人，九三主体界别比例77.2%；全部社员均取得大专及以上文凭，其中硕士23人，博士10人；区人大代表8名（常委1名），区政协委员12名（常委2名）。现有基层组织8个，分别是巴南区一支社委员会、巴南区二支社委员会、巴南区三支社委员会、巴南区四支社委员会、重庆理工大学巴南支社委员会、巴南区人民医院支社委员会、巴南区中医院支社委员会、巴南区第二人民医院支社委员会，下设青年工作委员会、参政议政专委会。区工委机关设有办公室，机关现有专职副主委1人、专职干部1人。九三学社巴南区工作委员会荣获九三学社重庆市委2018年度思想建设和宣传、参政议政、社情民意信息、社会服务、组织建设、参政党理论与社史研究六项先进集体表彰，三支社获九三学社重庆市委社情民意信息工作先进集体表彰；社员计28人次荣获宣传、参政议政、专委会工作等先进个人表彰。

【思想建设】 围绕中共中央、九三学社中央、中共重庆市委、九三学社重庆市委、中共巴南区委等重要会议精神内容，组织区工委、支社班子成员及全体社员深入学习贯彻落实；制定《九三学社重庆市巴南区工作委员会学习贯彻中共十九大精神实施方案》，工委及各基层组织先后集中开展各种学习、贯彻、践行十九大精神活动30余场次；“学讲做”活动开展以来共组织集中学习、专题宣讲12次，参加人数达160余人次；举办纪念“五一口号”发布70周年、五四运动等多种主题实践活动，坚定理想信念，增强组织凝聚力；协助社中央、社市委多次对彭氏民居开展实地考察，顺利完成把彭氏民居建设成为九三学社全国传统教育基地项目申报工作，并获社中央批准；2018年社市委参政党理论与社史研究成果评选，撰写征文8篇，获评一等奖2篇、二等奖2篇、三等奖3篇、优秀奖1篇。

【组织建设】 2018年制定入社积极分子培养考察量化指标，新发展社员13人，其中高等教育界3人、科技界4人、医卫界3人、新的社会阶层人士1人，其中取得硕士学位5人、学士学位7人，高级职称3人；成立参政议政专委会，推选出委员17人，其中主任委员1人，副主任委员2人，承担工委参政议政、课题调研等重要任务；补选青工委班子成员，增补副主任1名，委员2人，进一步加强对青年工作的组织和领导；强化基层组织领导班子成员集中学习、组织活动、对口联系社员、档案管理等工作制度，全面推动基层组织规范化建设，进一步提升组织动员能力；完成区委组织部推荐后备干部到区信访办、镇街挂职锻炼，推荐9名社员当选巴南区青年联合会委员，强化学习培训，培养后备骨干力量；建立社员个人信息档案，完善社员信息管理系统，筹备“社员之家”建设，完成初步设计方案，完善管理制度，开展机关正规化建设，不断提升机关规范化运转水平和服务能力。2018年，社员累计撰写自身建设、参政议政、社会服务活动等各类工作动态信息137篇（社中央网站采用56篇、市政协采用2篇、市人大采用3篇），组织影响力得以进一步提升。

【参政议政】 务实开展政党协商，积极参加中共巴南区委、区委统战部组织召开的人事协商座谈会、情况通报会、暑期谈心会等协商活动7次。深入镇街、村（社区），围绕乡村治理、人民调解、生物医药产业等主题开展调研，圆满完成《“三治”协同视角下的〈村规民约〉现状与对策》《基层人民调解工作现状与对策》2项课题调研任务。围绕“新时代、新青年、新乡村”主题开展美丽乡村调研，发动青年社员撰写青年论坛论文15篇，荣获一等奖1篇，二等奖6篇，三等奖5篇，工委荣获青年论坛优秀组织奖；组织社员参加社中央第一届教育论坛，撰写论文6篇，荣获二等奖2篇。关注民生，服务发展，积极建言献策，全年累计撰写提交社情民意98篇，市级及以上单位（部门）采用20篇，其中九三学社中央采用3篇、市委统战部采用5篇、市政协采用1篇，《建议积极推进我国社会组织界别协商建设》被中央统战部《零讯》采用；撰写提交区政协提案28件，2名社员分别代表工委和农社委做大会发言，《关于加强领导干部法治教育工作的建议》《关于以“互联网+”深化矛盾纠纷多元化解工作的建议》被列为重点提案；撰写提交区人大建议21件，《建议巴南区全面开展律师参与信访工作》《关于加快民生工程——重庆市第七人民医院门诊住院综合楼项目建设的建议》《关于加快推进我区老旧小区住宅七层及以上增设电梯问题建议》被列为区人大重点督办建议。

【社会服务】 九三学社重庆市委和中共巴南区委就“九巴合作”协议内容达成一致意见，双方将围绕巴南区生物医药产业和卫生事业发展等行业领域开展系列合作，发挥九三学社自身优势，助推巴南经济社会发展。加大与市关工委、区科协及有关镇街等单位合作，按照讲群众喜欢的课、讲社员擅长的课、讲通俗易懂的课这一要求，深入社区、校园、院坝，以法制、健康、科技等知识为主题举办九三科普讲堂104期，深受欢迎和好评。与龙洲湾街道龙海社区居委会签订《履职实践基地共建协议书》，并在龙海社区开展人民调解员培训、健康与科技、九三科普讲堂等系列社会服务活动，参与社员达20余人次，服务群众500余人次。针对困难群体开展“授渔”帮扶行动，以实现求学就业发展脱贫目标，牵头为1名困难家庭子女实现求学梦；开展扶贫济困行动，累计向12名困难学生、63户困难群众捐助困难帮扶金27000余元；多次组织医卫界别骨干社员为群众开展专家义诊及技术指导等服务，宣传健康知识。

（孙付恋）

台盟巴南区工委

【概况】 巴南区于2011年4月20日成立台湾民主自治同盟重庆市巴南区工作委员会。鉴于台盟盟员数量和分布情况的特殊性，经中共巴南区委统战部报请市委统战部同意，确定以巴南区的盟员为主体，将巴南区、南岸区、江津区、永川区、璧山县、铜梁县、綦江县等区县盟员纳入台盟巴南区工委。现有盟员19人，其中主任委员1人，副主任委员2人，工委委员2人；盟员中有台盟市委常委1人，市政协委员3人、区人大代表1人、区级政协委员6人；盟员平均年龄43.6岁，文化程度均在大专以上。2018年，台盟巴南区工委荣获“台盟中央地市级参政议政先进集体”，邱献锋同志荣获“台盟中央纪念改革开放40周年优秀盟员”。

【思想建设】 积极开展坚持和发展中国特色社会主义学习实践活动、“不忘合作初心、继续携手前进”专题教育，组织召开专题报告会、主委会、全委会等，深入学习中共十九大报告、决议等习近平总书记在社会主义新时代的总要论断，深入学习总书记视察重庆的重要讲话精神，以及习近平总书记在参加重庆代表团审议及政协联组会议的讲话精神等一系列重要会议精神和方针政策、决策部署。开展纪念“五一口号”发布70周年活动，组织盟员参观特园民主党派纪念馆、参加区委统战部“学讲做”活动宣讲比赛、参加台盟中央的征文活动。

【组织建设】 由于台盟入盟受台籍条件的限制，一直以来，发展盟员有别于其他兄弟党派。台盟区工委积极稳妥地做好盟员发展工作，积极与台盟市委沟通，进一步充实台盟区工委的力量。

【参政议政】 2018年，在重庆市“两会”上，提交提案8件，立案7件。在巴南区及盟员所在其他区的“两会”上，台盟巴南区工委提交集体提案4件、委员提案8件、人大议案3件、大会口头发言1件。其中，集体提案《关于在南泉打造我国西部海峡两岸文化交流基地的建议》、刘家祥《关于提高城区道路通行效率的建议》的委员提案被列为政协重点提案列为重点督办建议。

【社会服务】 台盟巴南区工委持续推进“10+10”同心·实践活动。主委、副主委分别联系一个建卡贫困户，开展帮扶活动。2018年，盟工委共计投入2万元用于安澜镇的帮扶活动。

（王洪健）

巴南区工商业联合会（总商会）

【概况】 重庆市巴南区工商业联合会（总商会），是党和政府联系非公有制经济人士的桥梁和纽带，是由巴南区工商企业界人士为主组成的人民团体和民间商会。内设办公室、会员科，下设事业单位民营经济服务中心；有主席（会长）1名，驻会副主席（副会长）3名，不驻会副主席15名、副会长16名；常委66名，执委99名。2018年，新增会员204个（其中，企业会员新增203个，团体会员新增1个），累计会员2285余家（其中，企业会员1748户，团体会员30户，个人会员507户）22个镇街商会已全覆盖，现累计有房地产商会、餐饮商会、百里生态农业长廊商会、女企业家商会、农副食品加工业商会、青年企业家商会、巴南区云南省昆明商会、门窗商会等。

2018年，区工商联扩大覆盖面，服务民营经济发展取得新成效。5月17日，召开第十一届三次执委会，增补执委8名，其中常委4名，副主席1名，并选举宗申产业集团董事局主席左宗申为工商联主席（会长）；7月，承办全市民营经济发展大会巴南分会场，推动出台《巴南区全面优化营商环境促进民营经济发展的实施意见》和《关于着力营造企业家健康成长环境弘扬优秀企业家精神更好发挥企业家作用的实施意见》；11月，召开全区民营企业座谈会。全年先后荣获全国工商联“创新中国奖”、全国工商联“2018年民营经济调查点先进基层单位”、市级优秀区县工商联等荣誉称号。全年上报各类宣传信息100余篇，在全国工商联网站、中华工商时报、重庆市工商联网站、区政府门户网站、昨日简讯、巴南日报等媒体上稿40余篇。其中《巴南区建立民营企业诉求台账助推民营经济健康发展》被市政府办公厅采用并上报国务院办公厅。区工商联主席、宗申产业集团董事局主席左宗申作为重庆市唯一民营企业家代表，参加全国民营企业座谈会被习近平总书记亲切接见，同时被评为“改革开放40年百名杰出民营企业家”。宗申产业集团、重庆茶业集团、恒安纸业、惠科金渝等4家会员企业被重庆市评为“优秀民营企业”，多位企业家被评为“市级优秀民营企业家”。区女企业家商会、青年企业家商会长期致力于敬老、助学等慈善事业，全区非公经济人士参与脱贫攻坚、解困助学等光彩事业累计捐款捐物500余万元。在助力全区脱贫攻坚行动中，对口帮扶木洞镇，对30余户贫困户开展走访慰问，帮助解决困难，逐户制定三年帮扶计划，向木洞镇捐献血压仪、体温计50套。引导民营企业和基层行业商会参与“万企帮万村”活动，区工商联副主席、重庆市南方阻燃电线电缆有限公司总经理吴政菊向姜家镇捐款10万元。

【集中走访精准服务】 2018年11月中下旬开展集中走访精准服务民营企业活动，32名区领导分别走访规模以上民营企业达710家（次），部门、镇街负责人走访规模以上民营企业达1104家（次），累计收集问题929个，通过召开现场办公会和诉求集中交办会、开展督察督办等措施累计解决民营企业各类诉求建议573个。

【强化诉求办理】 在全市率先出台了《巴南区民营企业诉求台账办理工作规则》，以非公经济发展领导小组名义出台了《关于认真抓好民营企业诉求办理工作的通知》，召开由9名区领导和30余个部门主要负责人参加的企业诉求建议集中交办会，将民营企业42件诉求、14个建议集中交办。全年以“三本台账”工作为抓手，收集企业诉求150余件，解决97件。实现诉求台账电子网络化运行和镇街诉求台账全覆盖，强化诉求办理跟踪反馈。

（李可心）

群团组织

巴南区总工会

【概况】 截至2018年底，区总工会定编人员7人，实有人员8人（其中处级领导干部3人，科级领导干部2人，科级干部2人，工勤人员1人），内设综合部、基层工作部等2个机构。领导班子成员共7人，其中主席1人（由人大常委会副主任兼任），常务副主席1人，副主席2人，挂职副主席1人，兼职副主席2人。一年来，区总工会深入学习贯彻党的十九大精神以及中国工会十七大精神，引导职工听党话、跟党走。运用工会网站、巴南工会微信公众号舆论宣传阵地进行宣传，大力弘扬劳模精神、劳动精神、工匠精神，引导职工树立和践行社会主义核心价值观。组织职工开展“中国梦·劳动美”主题教育活动，组织职工积极参加“拥抱新时代、践行新思想、实现新作为”人生规划大赛、“时代强音·劳动的脉搏”职工原创文艺作品大赛。加强以“职工书屋”为主的职工学习阵地建设，组织职工开展读书活动、文体活动，丰富职工精神文化生活。重庆百亚卫生用品公司职工书屋创建为“全国工会职工书屋示范点”单位。坚持用习近平新时代中国特色社会主义思想指导工会工作，围绕“两点”定位和“两”“地两高”目标，聚集“三大攻坚战”和“八项行动计划”，推进工会改革向纵深发展，凝聚全区职工力量，为推动巴南经济发展社会稳定做出积极贡献。

【巴南区工会第十二次代表大会】 2018年4月26日至27日，巴南区工会第十二次代表大会在区行政中心大礼堂隆重召开。会议的主题是深入学习贯彻党的十九大精神，牢记使命，凝心聚力，组织动员全区职工群众为推动巴南发展、创造更加美好幸福的生活而努力奋斗。会议的任务是总结过去五年的工作，谋划今后五年的工作，选举产生新一届区总工会委员会和经费审查委员会。区委书记辛国荣在开幕式上讲话并对工会工作提出要求，市总工会王平副主席对巴南区过去五年来的工会工作给予了充分肯定，区人大常委会副主任、区总工会主席廖渝川代表区总工会第十一届委员会向大会做工作报告。4月27日下午，巴南区总工会第十二届委员会第一次全体会议召开，会议选举产生了尹洁等15名常务委员和新一届区总工会领导班子。何平当选为区总工会主席，向萍、刘泽全、张守芳、张娅岚（挂职）、曹红（兼职）、高敏（兼职）当选为区总工会副主席。

【职工困难帮扶】 组织党员干部参与脱贫攻坚工作，结对帮扶脱贫攻坚对象40户，派出人员担任驻村脱贫工作队队长，并安排资金10万元支持安澜镇顶山村脱贫工作。健全完善困难职工档案、三级帮扶机制，落实一户一策帮扶措施，在传统节日慰问建档困难职工204人次，送去慰问金和慰问品6.1万元，对因重病致困的10位职工进行临时帮扶救助，资助金额4.9万元。筹集资金11.9万元，开展“金秋助学”活动，资助22名困难职工家庭子女上大学。组织发动全区职工参保8万人次，参保总金额达353.5万元，全年获得医疗互助保障理赔的职工937人次，理赔金额169万余元，为职工减轻就医负担。安排资金17万开展以“战高温、送清凉、保健康”为主题的“炎夏送清凉”活动，区领导带队，工会干部参与，为奋战在高温一线的27个单位的1.8万余名职工送去防暑降温物品和药品，同时向职工广泛宣传安全生产知识和职工劳动保护的法规政策，并配合政府职能部门开展安全生产检查。

【职工权益维护】 区总工会举办“尊法守法·携手筑梦”服务农民工公益法律服务行动2场，发放《外出务工小手册》等宣传资料2000余份，增强农民工的法治意识。开展全市“千名律师进企业服务职工在基层”工作，聘请6名律师，分别进驻6个镇街的60家企业开展挂牌服务，开展普法宣传42场次，提供法律咨询179人次，协调劳动争议8件。与区法律援助中心合作，免费为职工提供法律援助31件。积极配合区相关部门做好职工信访稳定工作，维护全区社会稳定大局。深入推进集体协商工作，签订集体合同和工资专项合同70份，为维护职工经济权益提供保障。在龙海社区推行区域性民主管理集体协商制度扩面工作，深入推行厂务公开、职代会制度，维护职工民主权利。重庆百亚卫生用品股份有限公司创建为重庆市厂务公开民主管理示范单位。

【劳动技能竞赛】 围绕“两点”定位和“两地两高”目标，聚集“三大攻坚战”和“八项行动计划”，组织职工开展劳动竞赛和技能竞赛，担当巴南改革发展主力军。承办2018年重庆市交通建设行业职工技能大赛，与区公安分局联合举办公安干警能力素质提升技能竞赛，组织巴南区职工参加重庆市卫生护理技能大赛和全市网上技能竞赛、汽车检测与维修技能大赛，巴南区参赛职工获得2个一等奖、1个二等奖、2个三等奖的佳绩，区总工会两次获得优秀组织奖。在各条战线的劳动竞赛中，涌现出了一批先进集体和个人。

【工会组织建设】 加强新建工会和会员实名录入工作，将非公企业工会组建工作作为组织建设工作重点，最大限度地把农民工吸收到工会中来，组织好货车司机等八大群体农民工入会，新建工会95个，吸收会员2033人，全年全区会员网络实名录入完成83853人。全区基层工会成功创建区级模范职工之家8家，合格职工之家23家，以点带面推动全区工作，宗申产业集团工会被人力资源社会保障部、中华全国总工会联合授予“全国工会系统先进集体”称号，成为重庆市2018年唯一被评为全国工会系统先进集体的单位。开展工会干部培训4期，组织基层工会干部开展工会业务知识培训、工会经费收支管理培训、工会组织和会员实名制管理系统培训、职工互助保障工作培训，参训干部1150人次，提高工会干部的综合素质和业务水平。

【工会改革】 加强职工服务阵地建设，区群团服务中心新招录工作人员3名，工青妇各1人，增强工作力量，区群团服务中心全年累计开展职工生活汇、就业创业等线上线下活动31场次，服务职工群众2.9万人次，为职工群众提供就业创业、技能培训、文化活动、公益活动等方面的服务，打造户外劳动者爱心驿站1个，爱心妈咪小屋2个，为职工提供饮水、休息、哺乳等服务。在鱼洞街道等8个重点镇街和区经济园区各配备1名工会社会化工作者，增强镇街和园区工会工作力量，着力解决工作力量不足的问题。区总工会聘请2名职工互助保障专职工作人员，增强互助保障工作力量。深入实施“三社联动”项目，与麻柳园区公司、重庆心桥社会工作发展中心合作，在麻柳工业园区实施以“服务职工心贴心”为主题的“三社联动”项目，通过开展健康知识宣传、义诊义检、学雷锋志愿者宣传、困难帮扶等活动，为职工提供多方面服务，已开展主题活动12次，服务职工2073人次，个案服务53人次，小组服务542人次，受到园区职工的普遍欢迎。

（彭玉凤）

共青团重庆市巴南区委

【概况】 2018年，共青团重庆市巴南区委（以下简称团区委）深入学习贯彻落实党的十九大精神，深学笃用习近平新时代中国特色社会主义思想，认真落实习近平总书记对重庆提出的“两点”定位、“两地”“两高”目标和营造良好政治生态，做到“四个扎实”的重要指示要求，在区委的坚强领导下，紧紧围绕区委、区政府中心任务开展团的工作，认真落实《中长期青年发展规划（2016—2025年）》，巩固推进中学共青团和少先队改革，全面落实区委、区政府交办的各项工作任务。2018年，全区共有基层团组织1819个，其中基层团委76个、基层团工委15个，团总支19个、团支部1709个（其中，待接转团支部31个）。团员38599人。其学校团员32394人、机关企事业单位团员1685人、非公经济组织和社会组织团员403人、农村团员1235人、城市社区团员782人，待转接团组织关系团员2100人。团干部324人，其中专职团干部28人、挂兼职团干部296人。2018年，全区基层团组织、青年集体和青年个人获国家级奖项4个，市级奖项41个，相关工作被区四大家主要领导肯定批示6次，共青团工作被国家、市、区级媒体报道43条次。

【新时代青年思想引领】 开展党的十九大精神学习宣讲，组织1000余个团组织召开以“践行新思想 拥抱新时代”为主题的组织生活会；“五四”期间，召开学习习近平总书记在北京大学师生座谈会上重要讲话精神的座谈会；组织全区8000多名团员青年参与“青年大学习”网上主题团课，青春巴南微信公众号、共青团重庆市巴南区委官方微博阅读量共计突破500万人次。开展“我在重庆学非遗”“倡导文明祭祀，助推山清水秀美丽之地建设”“德者有德·好人好报”端午主题活动、“丰收节新型职业农民祈福”等各类主题活动，引导广大青少年继承传统文化，践行核心价值观。广泛开展向时代楷模杨雪峰学习，学习李永波先进事迹等活动，开展“青年五四奖章”“五四红旗团委（团支部）”“优秀共青团员”“优秀共青团干部”“优秀少先队员”“最美团支书”“巴渝青年工匠”等榜样选树力度，切实讲好中国故事、重庆故事和青年故事。

【青联换届】 2018年9月27日，重庆市巴南区青年联合会第三届委员会第一次全体会议在区行政中心3号楼会议室（一）胜利召开。团市委副书记叶力娜，区委常委、统战部部长胡百中，区委常委、组织部部长夏杨松，区政府副区长杨亚平等，区政协副主席温永学等领导参加了会议。全区各群团部门领导和全区各族各界、各行各业青年委员近200人参会。大会听取了团区委书记腊丁扬同志代表重庆市巴南区青年联合会第二届委员会所做的《凝聚青春力量 勇担发展重任 在加快推进巴南建设发展的生动实践中铸就青春辉煌》的报告。报告总结了过去十年的工作，明确了未来三年的指导思想和工作任务，号召巴南区青联委员不忘初心，牢记使命，勇挑重担，为建设重庆内陆开放高地、山清水秀美丽之地贡献青春智慧和力量，为实现中华民族伟大复兴不懈奋斗。大会选举腊丁扬同志为青联第三届主席，张璐、李长洪、杨含、杨洪、贺晗当选为副主席，张贵彬为秘书长。王惠等25名同志为巴南第三届青联常务委员。同时，向市青联推荐了市青联委员，杨坚等16名同志当选为市第五届青联委员。

【重庆市青促会第十一分会改选】 2019年9月18日，举办重庆市青年创新创业促进会十一分会第二次全体会议，巴南团区委书记腊丁扬、副书记张贵彬、重庆赵李房地产开发有限公司董事长和重庆春姿花坊生态农业发展有限公司总经理出席会议，十一分会20名会员参加本次会议。会议上，秘书长樊登勇就十一分会一年来的工作开展情况向大会做了通报；全体会员集体审议通过了《选举办法》，并按照程序开展选举工作，最终重庆赵李房地产开发有限公司董事长赵静全票当选为重庆市青年创新创业促进会十一分会新任会长。

【预防青少年违法犯罪】 将预防青少年违法犯罪纳入平安建设重要内容，完善《预防青少年违法犯罪工作领导小组联席会议制度》，召开“预青”工作联席会议2次，针对“预青”工作中发现的重要情况和突出问题，进行分析研判，提出解决方法。投入30余万元，购买青少年社会工作服务项目、社区社会工作室岗位项目等项目6个，培育和引导社会力量开展青少年群体服务管理。加强青少年普法宣传，开展“行动起来，减轻身边的灾害风险”“感恩生命、健康生活——2018巴南区全民禁毒宣传月”“反邪教”警示宣传教育、“青春自护教育”等系列主题活动。做好青少年合法权益维护，区公安分局刑警支队打拐追逃大队参加2016—2017年度全国“青少年维权岗”创建；推荐检察院未成年人刑事检察科、龙洲湾司法等5个单位参加2018—2019年度全国“青少年维权岗”创建。

【青年志愿服务】 围绕区委、区政府重点工作，开展系列志愿服务。围绕山清水秀美丽之地建设，承办“美丽重庆·青年先行”全市学雷锋青年志愿服务示范活动，引导青年践行“绿水青山就是金山银山”的生态发展理念。围绕河长制落实，举办“助力河长制·争当河小青”巡河护河青年志愿服务活动，新成立22支“河小青”志愿服务队，发动广大青年共同守卫青山渝水。围绕创建国家卫生城区工作，开展“大城众管共治五乱”志愿服务活动，通过喊话提醒，动员广大市民“齐动手、治五乱”。推荐三个项目参加全国志愿服务项目大赛，在全市25个项目中，获1金2银，弘扬了巴南志愿服务精神的正能量。

【青年婚恋交友】 服务青年婚恋交友，在“青春巴南”微信公众号上建立“青春之约”巴南区单身青年线上交友平台，注册单身青年448人。举办了“青春之约 追爱专列”、“巴爱团团围在龙浒峡”七夕湿身派对、“邂逅爱情”红星美凯龙一日情侣体验和“全城热恋·巴人有喜”巴文化公园青年联谊会4场，20对青年牵手成功。

（张贵彬）

巴南区妇女联合会

【概况】 重庆市巴南区妇女联合会（以下简称区妇联）是区委、区政府联系妇女群众的桥梁和纽带。2018年，全区各级妇联认真贯彻落实党的十九大、中国妇女十二大精神，切实履行组织妇女、引导妇女、服务妇女和维护妇女儿童合法权益的工作职责，开拓创新，扎实工作，为促进全区经济社会发展做出积极贡献。截至2018年底，全区共有女性460642人（户籍人口），198个村妇联，102个社区妇联，200个教科文卫事业单位基层妇委会，98个“两新”组织妇委会，村（社区）“妇女之家”覆盖率达到100%。2018年4月25日，巴南区召开第十四次妇女代表大会，来自全区各条战线的243名妇女代表出席会议，圆满完成区妇联换届选举。

【“三大巾帼行动”建新功】 开展“乡村振兴·巴南农妇管家行动”。开展农妇管家美活动，在全区寻找“最美庭院（阳台）”2460余户，命名巴南十大“最美庭院（阳台）”。开展农妇管家富活动，开展留守妇女“双学双比”酒店服务技能竞赛等。引导妇女结合现代农业及乡村旅游发展契机，创办领办农家乐，承办了重庆市首届最美巾帼农家乐展示展演活动，李明清副市长、市妇联主席万相兰、区委书记辛国荣等领导出席活动。开展寻找全区“最美家庭”评选活动，92户家庭获评“最美家庭”，周成会等10户家庭获评巴南“十大最美家庭”。举办首届“巾帼心向党 建功新时代”女性美术·书法·摄影作品展。命名了105名巾帼河长，选拔培训10名女飞手，组建全市首支“女子无人机巡河队”，常态化开展护河活动。成立区女性创业者协会，吸纳了全区各行业50余名女企业家，搭建女性创业创新交流平台。举办“创业创新·巾帼引领行动”推进会暨女子无人机飞手队成立活动，展播创业故事、签订女性创业创新战略支持协议、推介产品。鼓励带动广大女性积极加入创业创新行动，涌现出芸中鹰、乔冠汽车配件等上100家“妇字号”企业，带动妇女就业近10万人。

【妇女儿童合法权益维护】 全力推进“两纲”“两规划”规划实施，召开“两纲”“两规划”监测与评估工作培训会，对重点部门具体经办人员进行系统培训，实现重点指标100%达标，按时保质保量完成2018年“两纲”“两规划”监测评估工作。下发《关于进一步推进儿童之家规范化建设的意见》（巴南妇儿工委办发〔2018〕2号），深入推进保障妇女合法权益，区、镇、村三级妇联均设置妇联信访接待室，实现窗口建设率100%，畅通妇女维权渠道，接待处理群众婚姻家庭权益等资讯和投诉。成立家事调解委员会，妇联干部作为成员，吸纳专业社工进行家事调解，全年接待家事纠纷2378件，调处家事纠纷2193件，支持遭遇家暴妇女申请人身保护令5件。倡导建立“家事讲堂”，组建妇女维权普法“轻骑兵”，深入到村、社区普法。举办“千万妇女大学法”法治巡回宣讲，引导广大妇女学法尊法守法用法。建立工作台账，按时报送信访统计情况。

【关爱行动广泛开展】 筹资27.25万元，开展社会帮扶、传统节日送温暖活动，为1820余名贫困妇女儿童送去温暖。开展“微爱行动·一件冬衣的温暖”关爱困境儿童冬衣捐赠行动，143名困境儿童每人获价值200元羽绒服。发动巾帼志愿者参与“恒爱行动”，编织毛衣70余件。筹资0.24万元，发放“母亲邮包”24个。开展关爱“三留守”人员和建卡贫困户，走访慰问1万余人。开展“爱心妈妈”一对一结对帮扶、“爱心妈妈”素质培训和困境儿童心理援助等团辅关爱活动，帮助困境儿童提高自信心，用阳光心态面对生活。实施农村妇女“两癌”免费筛查和救助项目，2018年免费检查宫颈癌1.6万人、乳腺癌检查1.2万人，救助“两癌”患病贫困妇女14人。对因学致贫的家庭，实施“春蕾圆梦行动”予以帮扶。开展2次“春雷助学·澳鼎圆梦”活动，筹资50.74万元，分别资助贫困女学生283人、127名贫困儿童。

【妇联参政议政凸显】 推动妇女参政议政，88名女性当选为区人大代表，102名女性当选为区政协委员，女代表、女委员积极通过人大、政协平台参与制定地方妇儿维权政策，为妇女儿童代言。向区法院致函——《建议将严容从失信被执行人名单上取消的函》，帮助特殊群体维权，推动涉及妇女权益相关政策的制定和修改。

【妇联基层组织建设】 举办2018年全区基层妇联干部培训班，对全区22个镇街妇联主席、部分村（居）妇联主席44人，共100余人进行了为期4天的培训，区委副书记何永革出席开班仪式并讲话。坚持以改革创新精神建设服务型妇女之家，坚持“五有标准”，让基层妇联组织的所有工作在妇女之家落地。建立三级妇联执委“1带3、5个1”关爱“三留守”群体工作机制，让“三留守”人员“亲情有依、生活有靠、心灵有抚、安全有护、学业有教、困难有帮”。

（董文琼）

巴南区科学技术协会

【概况】 重庆市巴南区科学技术协会（以下简称区科协），是巴南区科技工作者的群众组织，是中国共产党重庆市巴南区委员会领导下的人民团体，是党和政府联系科技工作者的桥梁和纽带，是政协参加单位，协会在职7人，其中主席1人，副主席2人，下设办公室与科学技术普及部两部室。2018年，区科协结合实际，团结广大科技工作者，积极开展科普宣传、科技咨询、科技示范，紧扣科普、科技重点工作抓推进，围绕常规业务工作抓落实，取得较好成绩。5月底，重庆市巴南区科学技术协会第七次代表大会成功召开。9月，巴南区姜家花果山科普示范基地在中国科协“基层科普行动计划”中被评为“农村科普示范基地”，重庆市巴南区二圣镇巴山村村民委员会被评为“科普示范社区”，获中国科协、财政部表彰。12月，区科协主办的全国科普日活动被中国科协办公厅予以表扬；同月，区科协承办市科协主办的第29届重庆市青少年科技模型大赛（下半年）。

【全民科学素质行动实施】 2018年，区科协扩大覆盖面，服务全民科学素质取得新成效。推进社区科普工作，新建社区科普活动室2个。将社区科普大学作为民心工程打造，全年25个社区科普大学教学点招收学员1300人、开课650节；龙海社区等四个教学点被命名为“重庆市社区科普大学示范教学点”。推进农村科普工作，按月定期定点向各镇街赠阅《科普惠农》《重庆科技报》月刊，实现全区镇村全覆盖。在农村科普示范基地开展技术培训工作，先后在接龙镇春龙村、鱼洞百胜村举办专题技术培训。引入市级农技专家资源，与市老科协签订合作协议，共建农村科普基地。开展村会合作相关工作，实施巴山村“乡村科技馆”建设项目，开展科普进乡村入农户活动。加强青少年科技教育工作，组织全区中小学生参加市级、全国创新大赛，共获奖671个，其中国家级一等奖6个、二等奖26个、三等奖6个、专项奖2个；市级一等奖100个、二等奖205个、三等奖326个。承办市科协主办的第29届重庆市青少年科技模型大赛（下半年）。联合重庆大学科协开展“科普走进社区、共建爱的家园”少年儿童主题实践活动，联合区教委等举办“巴南区第七届中小学科技节”。开办社区探索课堂，在青少年科技孵化基地举办科技培训两期。开展科技辅导员培训，举办青少年STEAM科创教师培训班。新建青少年科学工作室2个，在巴南小学建成科技体验中心1个。

【品牌科普宣传】 利用重要时间节点，突出科普主题，举办首届“科学素质大赛”，组队参加市科学素质电视大赛，深入开展“科技下乡”“科技活动周”“全国科普日”“科普大篷车”等品牌科普活动。全年区科协主导开展大型科普宣传活动12次，各基层科协组织开展科普活动100余次。联合全国学会开展论坛讲座、培训等活动3次，联合市级学会开展活动4次。开展宣传优秀科技工作者活动，通过《巴南日报》“政协委员风采”、先进人物宣讲、市科协网站等平台，宣传我区优秀科技工作者，营造尊重科技、尊重人才的良好氛围。

【科普文化信息化建设】 加强科普文化云终端落地应用，落实专人负责科普文化云终端配套落地情况，保障全区96台终端正常开机运行，同时加强宣传推介、推进点击使用，2018年年底，巴南区科普文化云终端点击率居重庆市第二。建成科普中国·社区e站示范点2个、乡村e站示范点1个、校园e站示范点2个并挂牌运行。

【创新驱动发展】 联合区委组织部、区发展改革委、区经济信息委、区科委、区国资办、区人力社保局、区财政局、区工商联等9个部门出台《重庆市巴南区院士（专家）工作站建设管理办法》《重庆市巴南区院士（专家）工作站评审办法》，开展区级院士（专家）工作站申报及评审工作，在重庆宗申创新技术研究院有限公司创建全区首个院士（专家）工作站。开展市、区科技资源精准对接活动，在经济园区组织25家企业开展科技信息应用培训。区科协作为承办单位，参与举办2018年重庆生物医药双创英才项目对接会，促进生物医药相关创新创业成果转化成产业项目。

【科协组织建设】 组织完成换届选举，选好配强新一届领导班子和委员会委员。在区科协和洲湾街道科协推行“3+1”试点工作，区科协补选增加“三长”兼职副主席三名，龙洲湾街道科协选举产生“三长”兼职副主席三名。健全服务机制，建立区科协干部联系科技工作者制度、科技工作者需求定期调查制度，积极反映科技工作者诉求，帮助解决困难问题。拓宽联系渠道，建立“巴南科协工作”等多个微信、QQ群及短信服务平台，广泛开展网上建家交友活动。发挥镇街科协、园区科协、协会的联系服务职能，通过科普宣传、创新争先、学术交流等活动载体，以座谈交流、走访慰问、征集意见建议、解决困难问题等形式，广泛服务联系科技工作者。

（冯　琦）

巴南区社会科学界联合会

【概况】 重庆市巴南区社会科学界联合会（以下简称区社科联）现有主席1名，专职副主席1名，兼职副主席9名，常委23名，委员60名，内设综合科，参公事业编制3人，在职人员4人。编印工作性刊物《巴南社科》，每期印刷1000册左右，免费赠阅至各区县社科联和区内各单位、各镇街以及刊物稿件作者，为广大社科工作者和爱好者搭建了学术交流的平台。

【社科队伍建设】 加强机关队伍建设，经过向区委组织部和区委请示，新增一名专职主席，壮大区社科联人员队伍。以筹备第二次会员大会为契机，通过多种渠道，积极和辖区内的高校、部门、镇街以及社会团体加强联系，得到各部门、镇街的大力支持，也得到社科工作者和爱好者的认可，共吸纳个人会员212人，团体会员8个。

【主题理论宣讲】 为学习贯彻习近平新时代中国特色社会主义思想，培育壮大基层社科理论宣讲主力军、生力军，与区委宣传部、区文联联合开展“习近平新时代中国特色社会主义思想微宣讲大赛”。大赛开始于7月，历经2个多月时间，全区22个镇街、14个区委直管的区级部门党委（党工委），485名基层宣讲员参加，宣讲通过片区赛、决赛的方式范围覆盖全区各个角落。我区推荐参加市里比赛的选手获得主城片区一等奖，全市“习近平新时代中国特色社会主义思想微宣讲大赛”大赛二等奖。

【“五进”示范活动】 社科知识宣传普及到辖区机关、农村、社区、企业、学校。7月，联合区教委开展“社科知识进校园”活动，在鱼洞二小集团下属学校开展“书香进万家，幸福共成长”亲子阅读活动。10月，联合弘道国学研究院在龙洲湾街道沿河村开展“社科知识进农村”活动，邀请国学院老师开展国学讲座1堂。联合花溪街道在重庆吉力芸峰实业（集团）有限公司内开展社科理论知识微宣讲的“社科知识进企业”示范活动，在李家沱街道青年堂社区开展“社科知识进社区”活动。在区委中心组报告会上，开展“社科知识进机关”的专题报告。通过示范活动引领，全区各部门、镇街积极开展讲座、论坛、宣讲、主题展览等多种形式社科知识普及活动，2018年全区共开展“五进”活动1263场次，通过讲座、论坛、宣讲、主题展览等形式开展社科知识普及活动1806场次。

【“巴山书语”读书分享汇】 持续开展读书分享汇活动，巩固品牌效应。1月31日，举办以《习近平的七年知青岁月》为主题分享书籍的区级示范读书活动，为当代青年树立了正确人生观，为党员干部锤炼党性、提升素质；为纪念马克思200周年诞辰，举办以《共产党宣言》为主题的读书分享活动；为纪念改革开放40周年，举办以《读懂中国改革5：如何应对未来十年》主题分享书籍的读书分享活动。每期读书分享活动紧扣当前时期政治经济热点话题，精心选择主题分享书籍，组织分享人员，同时邀请市社科联领导为分享汇活动做精彩点评。全区范围内开展活动500余场，累计人数约4万余人次，对全民阅读氛围的养成奠定基础。

【社科理论调研】 采取选题下发、课题征集、课题立项和结项审批的模式，制定《巴南区社科理论研究课题管理暂行办法》。开展“净化政治生态　促进经济发展”“基层群众优质公共文化服务一体化保障机制构建研究”“巴南区全域旅游满意指数提升对策建议”“当前我市基层干部群众对农村“三变”改革的认知和反响调查”“当前我区青少年心理问题研究”“推动习近平新时代关于人的全面发展思想深入人心”6个社科理论课题调研。向市社科联申报课题“基层群众优质公共文化服务一体化保障机制构建研究”，获得市社科联研究室课题立项。

（韩　娇）

巴南区文学艺术界联合会

【概况】 重庆市巴南区文学艺术联合会有主席1人（驻会）、驻会副主席1人、不驻会副主席6人，常委18名，委员30名。下辖11个文艺家协会（区作家协会、区美术家协会、区书法家协会、区摄影家协会、区音乐家协会、区舞蹈家协会、区戏剧曲艺家协会、区民间文艺家协会、区文艺评论家协会、区观赏石协会、区收藏家协会），会员数1115人。2018年，区文联深入学习贯彻习近平总书记关于文艺工作系列重要讲话精神和党的十九大精神，以出作品出人才为目标，开展了丰富多彩的文艺创作活动，39件作品在全国全市获奖。市文艺评论家协会在巴南召开基层文艺评论品牌“麻雀艺评”专题研讨会，在中国评协2018年会向全国推介“麻雀艺评”。全年编印《巴南文艺》刊物4期、《巴南文艺·麻雀艺评》专刊4期、《巴渝儿歌》报12期，《巴南文艺信息》电子简报36期，新创办《巴南摄影》报。“巴人巴艺”微信公众号全年发布290期，累计发布582期。命名李家沱摄影创作基地为第四批区文艺创作基地，木洞山歌和界石儿歌两个市级文艺创作基地有《乡音》《我在木洞等你》《美丽传说木洞》等新作佳品面世。继续开展巴南区文学艺术奖暨年度文艺佳作评选，小说《一块红布》等7件作品获评“2017年巴南区度文艺佳作”。

【文艺队伍】 11个文艺家协会按照工作计划开展各项活动，区作协、区摄协二项目获评区文联创新工作项目。指导镇街文联建设，全区17个镇街建立文联组织（其余5个镇街建立文艺协会）。率先在花溪街道探索建立村（居）文艺爱好者协会，实现辖区24个村居全覆盖。开展第八批区文艺工作室申报评选，命名12家文艺工作室并授牌。

【文艺精品】 大型非遗创新节目展演《巴歌渝调》在市群艺馆上演。长篇小说、报告文学、美术、儿童组歌、评论等6件作品题材入选《重庆市当代文学艺术创作工程规划（2017—2021）》。电影剧本《暖警雪峰》、儿歌集《青蛙练功》获市重点作品扶持，在市级以上发表作品500多件，39件在全国全市获奖；《的士司机》获评第四届“爱·重庆”微电影大赛优秀奖，《风鸣木洞》获第15届世界民族电影节“最佳原创音乐奖”“优秀电影提名奖”和温哥华国际华语电影节大奖，有11件作品在市首届群众书法大赛中获奖。舞蹈《山沟里的音符》获第四届市少儿舞蹈大赛创作组二等奖，群舞《碟韵》获第八届市乡村文艺会演舞蹈类三等奖。《创新回应文艺评论时代之问》等3篇文艺理论文章获市“十九大精神与文艺评论”“改革开放与文艺发展”主题征文一、三等奖。编纂出版《巴南历代散文选（下）》《巴南作家小说选》《圣灯山》等专著8部。

【文化活动】 在元旦、春节、元宵节、端午、国庆、中秋等传统佳节举办内容丰富、形式多样的庆祝活动。为庆祝改革开放40周年，举办了“唱响新时代共筑中国梦”2018年巴南区纪念改革开放40周年暨迎国庆歌咏比赛、“涌潮巴南·喜庆国庆”纪念改革开放40周年巴南区美术作品展、巴南区纪念改革开放40周年系列活动之艺道同行——唐娟、余泽详、叶维林、肖静四人国画作品联展等；联合举办了“从‘心’爱上巴南——百万市民拍巴南”主题摄影大赛。举办了“纪念改革开放40周年——亲历改革”专题征文。

【“麻雀艺评”】 在创新开展的“麻雀艺评”基层文艺评论活动中增加电影鉴评门类，参加单位扩大到区级有关部门，全年举办“麻雀艺评”活动105场，累计210场。市文联、市评协在巴南区召开“麻雀艺评”专题调研会、研讨会，市文艺评论家协会在中国评协2018年会上做题为“让群众成为文艺审美的鉴赏者和评判者——从基层走来的‘麻雀艺评’”专题发言，向全国推介“麻雀艺评”，成为重庆一张文化名片。

【儿歌品牌】 创卫儿歌在《巴南日报》连载，扫黑除恶、扫黄打非儿歌汇编成5000册小册子发放到学校传唱。出版《“党的建设在我心”青少年读本》歌谣丛书5册。徐平《小瓷猪》获中宣部等国家七部委举办的2018年第七届全国优秀童谣征集活动二等奖，并制作成TV，巴南儿歌连续七届上榜。《爷爷寻亲》在全国生肖儿歌大赛中获“小金犬儿歌”奖，3首儿歌获“小金犬儿歌提名奖”。17首童谣获市2018年优秀童谣评选一二等奖，其中一等奖9首，区文联荣获先进组织工作奖。儿歌集《青蛙练功》被列入2018年重庆市重点文艺作品扶持项目。戚万凯受邀主编2017年度《重庆作家作品年选·儿童文学卷》，在中国少儿报刊协会低幼报刊专委会年会上和渝北小作家暑期培训班做专题讲座，《重庆晚报》“重庆作家”专栏专版报道。界石儿歌育人策略入选教育部全国德育先进案例。

【第九届“珍珠儿歌”擂台赛】 面向全国举办第九届“珍珠儿歌”擂台赛，首次将70首入围作品在界石小学和鱼胡路小学等100名学生中开展试唱评选，最终35件作品荣获等次奖和优秀奖，界石小学、双河口小学等单位获组织工作奖，六位老师获指导教师奖。

【儿歌助推乡村振兴】 组建巴南区乡村振兴儿歌创作采风团，深入接龙蜜柚基地采风，创作儿歌300多首，现场举办改稿会，并深入自力村院坝开展诵读活动。儿歌助推乡村振兴新闻登上《重庆日报》、重庆文艺网等网络媒体。

【村（居）“文会”建设现场会】 2018年9月13日，花溪街道村（居）文艺爱好者协会（简称“文会”）建设现场会在先锋村隆重召开，2012年成立的全市、全区第一个村级文联回顾文联成立六年来取得的丰硕成果。街道党工委专职副书记对村（居）“文会”建设工作做安排部署，计划年内实现24个村居文会组织全覆盖。

【中秋诗会】　2018 年 9 月 21 日，“高歌庆丰收　巴渝月正圆”中秋诗会在木洞镇河街沈福存剧场举办。作为全市“我们的节日·中秋”活动之一，整台节目演出时长 1 个小时。内容为三大板块。第一板块以“月”为关键词，表达对中秋佳节的问候与祝福；第二板块以“木洞”为写作对象的古典诗，颂扬木洞人杰地灵；第三版块表达每逢佳节倍思亲的情怀；以木洞人民追求幸福生活、喜庆丰收为主题。

【乡村振兴故事会】　2018 年 9 月 21 日，乡村振兴故事会在木洞镇河街举办。作为全市“我们的节日·中秋”活动之一，6 名巴南区优秀故事员讲述《嫦娥奔月》《半斤八两》《爱拼才会赢》《狠大爷的故事》《废品的报复》《遗嘱》等传统佳节、家庭美德、乡村振兴故事，旨在欢度中秋，庆祝首届“中国农民丰收节”，突出阖家团圆、喜庆丰收主题。

【第四次文代会】　2018 年 11 月 22 日，重庆市巴南区文学艺术界联合会第四次代表大会在区行政中心一号楼会议室（一）召开。136 名推举代表和特邀代表出席大会。大会审议通过了区文联三届委员会工作报告，审议修改了《重庆市巴南区文学艺术界联合会章程（修正案）》，选举产生区文联第四届委员会主席 1 人、副主席 7 人、常务委员 18 名、委员 30 名，戚万凯当选为区文联四届委员会主席。

【第二届重点文艺项目扶持】　组织实施民间艺人（文艺团队）扶持管理和重点文艺作品创作扶持，配合开展区第二届重点文艺项目扶持，对小说集《让我报答你》、散文集《梦里小扇轻轻摇》、区文化馆相声《名著与方言》、谐剧《让我看你一眼》、重庆南语影视文化传媒有限公司电影《凤鸣木洞》、木洞山歌创作基地歌曲《在春天绽放》等 6 件作品给予资助，并举行签约式。

【重庆市基层文艺评论工作现场会】　11 月 17 日，由重庆市文艺评论家协会、中共巴南区委宣传部主办，巴南区文联协办的重庆市基层文艺评论品牌“麻雀艺评”专题研讨会在巴南区行政中心会议室举行。市文联副主席杨矿，区委常委、宣传部部长周密出席，市评协 10 余名专家参会。市文联副主席、市评协主席、重庆师范大学教授周晓风主持会议。会议高度肯定“麻雀艺评”基层文艺评论的地位及作用，对其存在问题进行分析，提出许多进一步改进工作的建议。

（朱丽红　王卫红）

巴南区归侨侨眷联合会

【概况】　巴南区归侨侨眷联合会（以下简称区侨联）是由广大归侨、侨眷组成的，由区委领导的人民团体，是党和政府联系广大归侨侨眷和海外侨胞的桥梁和纽带，是团结服务归侨侨眷和海外侨胞的群众组织，是区政协的参加单位。本届委员会是第六届，委员 21 人，其中主席 1 人，副主席 5 人，秘书长 1 人（兼职）。下辖李家沱街道、花溪街道、鱼洞街道侨联，界石镇侨台属联谊会，鱼洞街道广益街侨胞之家，有区留学生家长联谊会和区侨界青年联合会 2 个社团。区侨联机关有事业编制 3 名，其中主席 1 人、副主席 1 名、正科级领导 1 名，内设办公室。区侨联机关目前在编 2 人，其中驻会副主席 1 人，办公室主任 1 人。2018 年，区侨联深入贯彻落实党的十九大精神，认真学习习近平新时代中国特色社会主义思想，强化侨界政治引领。组织区侨界代表、委员建言献策 30 余次，撰写《优化民宿产业　助推乡村振兴》等调研报告，撰写理论研究文章《人民政协在推动“一带一路”建设中的作用》获得市政协理论研究论文三等奖；侨界政协委员丁祖友撰写的《关于加强乡村文化建设的建议》被评为 2018 年区政协优秀提案。广泛组织和参加联络联谊活动，不断扩大侨联工作“朋友圈”；积极参加市侨联、市侨青会、重庆华商会活动，有效对接市级资源；带领全区侨界代表走访渝北区、南岸区、大渡口区、涪陵区侨联；全年组织区内侨界开展主题活动 11 次。

【政治引领】　深入学习宣传贯彻党的十九大精神，以参加上级学习会系统学、组织全委会专题学、制定学习制度及时学等形式开展一系列学习活动，强化侨界政治引领。扎实开展“学讲做”活动，侨联领导干部、侨界政协委员全面出动，走进基层侨界、涉侨企业，用群众听得懂的语言，结合PPT展示、院坝会等形式开展宣讲6次，宣讲内容注重与群众需求、侨法普及、全国侨界先进人物事迹相结合，引导群众合法维权，激励爱国、爱家乡的情怀，使党的十九大、习近平总书记重要讲话精神深入广大侨界群众内心。

【组织建设】 坚持归侨侨眷和海外侨胞的主体地位，积极补足基层基础薄弱短板。以“基层侨联组织建设情况”为主题，深入调研我区基层侨联组织情况，收集整理基层侨联在工作中存在的问题困难15个，建设性意见建议20条。联合区民宗侨办，在全区范围开展巴南区海外及归国人员调查，回收调查表150余份，全面掌握我区侨情。制定《巴南区基层侨联建设工作实施方案》，指导鱼洞街道侨联开展换届活动，在广益街社区成立我区第一个侨胞之家，推动建设有组织、有队伍、有经费、有阵地、有活动的基层侨界服务平台。

【民生服务】 做好中国侨联“精准脱贫光明行”巴南地区工作，联合爱尔眼科医院为我区年满60周岁的白内障患者开展医疗救助，免费为每位受助者提供价值5000多元的产品和手术服务。区内接受免费白内障筛查的生活困难老人达800余人次，为260余名白内障患者实施治疗手术，免除医疗费用150余万元，受到群众好评。

【归侨侨眷关爱帮扶】 春节前夕，中国侨联副主席康晓萍、市侨联主席张玲到巴南区慰问关怀区老归侨，为老归侨送去组织的深切关怀与祝福。开展好重大节假日慰问走访，筹集资金5万余元，春节、国庆、中秋节集中慰问区老归侨、困难侨眷，镇街及重点侨眷侨属代表150余人次。做好李常明基金发放工作，与圣灯山镇2名家庭经济较为困难、学习成绩优秀的学生建立资助关系，给予每人每年2000元的经济资助。

【传统文化弘扬】 积极参与“第十九届世界华人学生作文大赛”，发动区内各中小学校以巴南风土人情、文化传统为主题，踊跃撰文投稿，共计75篇作文获奖，创历史佳绩，其中一等奖7名，二等奖26名，三等奖42名，区侨联荣获大赛组织奖，获奖作品充分展示了当代巴南的良好风貌。联合区侨办、区教委、区文化委举办2018年巴南区侨界国庆中秋联谊会暨第十九届世界华人学生作文大赛颁奖仪式，组织表演接龙吹打、花鼓戏等巴南传统文化节目，吸引全区归侨侨眷200余人参加活动，在全区侨界获得良好反响。

（白乙涵）

法　治

政法及综合治理

【概述】　区委政法委内设办公室、政治处、执法督察（涉法涉诉信访）、安全稳定联络（国安）、社会治安综合治理5个科室，主要职能职责：加强党对政法工作的绝对领导，组织指导安全稳定工作，组织协调社会治安综合治理暨平安建设工作，统筹协调国家安全工作，组织推动政法队伍建设，指导和推动政法部门为经济社会发展提供法制保障等工作。区综治办与区委政法委合署办公，区委防邪办挂靠区委政法委。区综治办、区委防邪办由区委政法委实行统一领导、统一管理。代管区法学会机关，会长由区领导兼任，常务副会长由区委政法委常务副书记兼任，设秘书长1名（副处级）。下设区社会治理信息中心（七级职员事业单位）。共有编制24人，其中行政编制15人、事业编制7人、工勤人员2人；实有在编职工行政人员16人、事业人员6人、工勤人员2人，退休职工8人。

2018年，全区政法维稳部门以习近平新时代中国特色社会主义思想为指导，全面贯彻落实党的十九大和中央、市委、区委政法工作会议精神，尽职履责、齐心协力、攻坚克难，深入开展扫黑除恶专项斗争，狠抓风险防范化解、社会治理创新和服务经济社会发展“三大”重点任务，深入推进法治建设、平安建设和过硬政法队伍建设“三大”建设，政法工作取得新成效。据市民调中心民调数据显示，全区群众安全感、政法队伍满意度和司法公信力分别达96.26%、96.93%、96.86%，分别同比上升0.34%、1.43%、1.17%。

【政治建设】始终把政治建设摆在首位，深学笃用习近平新时代中国特色社会主义思想，组织开展中心组学习、“三会一课”、“主题党日”等各类学习活动60余次，进一步严明党的政治纪律和政治规矩，引导干部牢固树立“四个意识”、坚定“四个自信”，始终在政治上思想上行动上同党中央保持高度一致，自觉维护以习近平同志为核心的党中央权威和集中统一领导。坚决肃清孙政才恶劣影响和薄熙来、王立军流毒，推动政法系统政治生态持续向好。严格落实《政法机关党组织向党委请示报告重大事项规定》，2018年政法各部门累计向区委报告重大事项90次，确保党对政法工作的绝对领导。

【开展扫黑除恶专项斗争】　全区各级各部门提高政治站位、强化组织领导，对标对表贯彻落实中央决策部署，全力推动专项斗争向纵深发展，取得阶段性成效，顺利通过中央扫黑除恶第9督导组、市委督导组专项工作督导。区委常委会10次、区政府常务会8次专题传达学习习近平总书记重要指示精神、中央决策部署和市委工作要求。

召开3次领导小组成员单位会议和8次全区性大会，安排部署专项斗争。通过印发宣传资料、悬挂标语横幅、开展文艺演出、开设专栏等形式广泛宣传，充分利用微信、QQ等现代传媒深入引导，形成了强大声势。开展个人排查、单位排查、专业排查，张贴发放有奖举报通告70余万份，悬挂1000个举报箱，深挖涉黑恶违法犯罪问题线索。规范问题线索核查办理反馈机制，严格“一案三查”，坚持依法严惩与“打伞”“破网”同步推进。整顿后进基层党组织，对村（社区）两委成员开展“拉网式”核查，不断筑牢战斗堡垒。开展建筑“两违”、乱倒弃土弃渣、汽车货运市场经营乱象、瓶装液化气市场经营乱象、“涉油”违法犯罪等专项整治行动，着力防范黑恶滋生。对12个社会治安重点地区实施挂牌整治，整治地区刑事案件发案同比下降46.2%，整治地区全部摘牌，突出治安问题得到有效控制。坚持严打高压态势不动摇，全年共侦办涉黑涉恶团伙5个，抓获团伙成员109人；判决涉黑案件1件，判决涉恶势力案件3件，其中邓某黑社会性质组织案受到中央政法委高度重视，中央政法委扫黑除恶专项斗争调研组专门赴我区开展调研。

【社会治安综合治理】 2018年，全区社会治安综合治理工作以扫黑除恶专项斗争为牵引，突出重点、整体推进，狠抓社会治理创新，为全区经济社会发展创造了安全稳定的社会环境。一是着力提高基层社会治理智能化水平。进一步完善“党委领导、政府主导、社会协同、公众参与、法治保障”的社会治理体制，全面推进“雪亮工程”建设，三级综治网格化服务管理信息系统全面覆盖，智能化社区防控体系建设持续深化。二是大力创新社会治理方式。全区涌现了一批卓有成效的社会治理创新重点项目，如龙洲湾街道道角村通过“互联网+”打造高效便民的基层治理体系，麻柳嘴镇建立“一二三”多元矛盾纠纷预防调处化解机制，南彭街道司法所通过社会化、专业化实现社区矫正“个人定制”等等，健全了全民共建共治共享的社会治理格局，增强了人民群众获得感、幸福感、安全感。

【反邪教警示宣传教育】 积极拓展阵地，创新宣传形式，广泛开展反邪教警示宣传教育，提高广大群众和学生识别邪教、抵制邪教的能力。宣传面上注重全覆盖，2018年，全区以“七进”活动为载体，集中组织开展专场宣传教育活动22场次。开展反邪教文艺节目演出46场次、反邪教知识宣讲100余场次，发放反邪教宣传资料20余万份、宣传品1万余件。在每个村（社区）、中小学、旅游景点、宗教场所等均设立了反邪教宣传教育橱窗，开展宣传教育500余版（期），通过巴南网推送和转发反邪教文章和信息296篇。积极向区、市级报刊投稿，宣传巴南区开展反邪教宣传教育活动情况和取得的成效，在《重庆法制报》正道专刊刊稿15篇，《巴南日报》刊稿15篇。宣传形式注重多样化，通过文艺演出、报刊、电视等传统的宣传方式和巴南网、巴南政法微信公众号、微博等新兴媒体平台开展反邪教警示宣传教育。全区各学校通过主题班会活动，反邪教知识竞赛、书画等多种形式，积极开展校园反邪教宣传教育活动。镇街、村（社区）、团区委、妇联、反邪教协会等相关单位，结合普法宣传、科普宣传、文化科技卫生“三下乡”等活动，深入场镇、农村院坝和居民小区为群众开展反邪教宣讲活动。积极推进“基层党建+反邪教”工作，结合每月“主题党日”，组织党员干部学习反邪教知识，开展反邪教专题教育，进一步增强党员干部反邪教工作责任感和紧迫感。

【重大风险防控】 按照中央、市委市政府关于防范化解重大风险攻坚战的相关要求，区委区政府高度重视，召开区委常委会、区政府常务会议专题研究。成立区防范化解重大风险攻坚战行动总指挥部（下设办公室），明确总指挥、副总指挥、牵头部门和责任单位的工作职责，制定三年攻坚实施方案。牵头部门和责任单位按五大领域风险进行拉网式排查，列出风险责任清单，细化措施全力化解，召开全区推进会、培训会，规范和强化工作流程，层层签订责任书，强化工作督导，并将攻坚战纳入年终经济社会发展实绩考核。自攻坚战开局以来，精准发力补短板，妥善处置金融领域风险，积极化解非法集资积案。扎实开展“三项规范”，压实控债责任，有效化解存量债务，确保不违规举债。全力实施“雪亮工程”，完成“1+5科技护城墙”防控体系建设。协调处理涉军群体、交通安全、建筑安全等不稳定事件110余件，对经济园区建设、龙洲水岸烂尾楼等历史遗留问题专项治理，有效防范降低了社会矛盾风险。建立区企业破产处置联席会议制度，协调解决重庆巴界金昌不锈钢管制造有限公司、重庆厚煌实业有限公司、重庆南湖渔村有限公司等5家企业破产处置问题，积极解决矛盾纠纷，切实维护群众利益。在迎接2018年国务院大督查、市委督查组专项督查中，攻坚战工作得到了充分肯定。全年实现了陈敏尔书记提出的“七个坚决防止”和巴南区提出的“两个不发生”工作目标，全区保持了和谐稳定良好局面。

【涉法涉诉监督】 充分发挥执法监督职能，在全区政法系统组织开展为期5个月的案件评查活动，评查的104件案件中合格为97件，一般瑕疵7件，瑕疵率为6.7%，比上年上升降0.7个百分点，同时将评查结果通报政法各部门，指导督促整改，进一步提高执法司法规范化水平。严格落实领导干部干预司法活动、插手具体案件处理的记录、通报和责任追究，严格执行司法机关内部人员过问案件的记录和责任追究等制度。政法各部门每季度向区委政法委报告领导干部及司法机关内部人员干预司法活动插手具体案件处理的情况。全年没有发现司法机关内部人员过问案件的情况。积极推进涉法涉诉信访改革和积案攻坚化解工作，有力化解涉法涉诉信访问题，排查出的8件积案，已全部化解。加强涉法涉诉联合接访中心建设，政法部门通过安排二级班子正副职干部轮流接访、返聘经验丰富的退休法官、聘请专职律师参与接访工作，中心工作运行更加规范，全年共接访和法律咨询61起、67人次，处理信访21件。充分发挥司法救助作用，用足用活司法救助政策，维护群众合法权益。根据司法体制改革的规定，今年审批1件救助案件，发放救助金11万元。切实增强“亲商、安商、护商”意识，建立政法机关服务民营经济发展会商机制，为民营经济发展协调解决问题。建立区产权保护联席会议和破产企业处置协调机制，设立企业破产处置专项资金每年800万元，累计为巴界金昌等5家破产企业协调处置资金799.5万元。设立“基本解决执行难”专项执行救助资金每年200万元，2018年拨付区法院协调解决178件案件执行难问题，争取用3年的时间基本解决执行难问题。

【政法队伍建设】 始终把提升职业能力作为队伍建设工作重点，创新教育培训机制，深化“能力素质提升”活动，举办4期政法综治维稳系统干部专题培训班，从理论武装、工作指导、领导能力等多方面提高政法干部素质能力。始终按照全面从严治党要求，持续深入推进作风建设，多形式抓实党风廉政教育，定期开展明察暗访、案件评查等工作，切实整治政法队伍中的突出问题，全力打造“五个过硬”政法队伍。2018年，“女警帮帮团”“情暖童心·明月行动”项目获第四届中国青年志愿服务项目大赛银奖。

【法学会工作】 加强法学会自身建设，制定理事会、常务理事会、会长办公会议事规则以及会员服务工作实施细则、法学会分会活动管理办法，规范学会运行。发展壮大法学会队伍，新增会员34人，现有个人会员561人，团体会员92个，学会覆盖面不断扩大；设立11个分会，并在重点单位设立会员联络员，完善学会工作网络。充分发挥法学会优势和职能作用，团结引领巴南区法学法律工作者凝心聚力服务大局，积极开展法学实务研究、法治宣传和法律服务。组织开展依法治区专题调研和年度法学课题研究，向泛珠三角合作与发展法治论坛、西部法治论坛报送征文8篇，征集法治论文48篇，成功申报2018年市检察院重点课题1个。持续深入开展“百名法学家百场报告会”法治宣讲、法治文化基层行、义务法律服务活动，法治宣传效果和社会影响力不断提升。重庆市法学会秘书长陈忠东调研巴南区法学会工作时，对法学会深度参与“德法相伴”社会治理以及学会组织建设等工作给予高度评价。积极开展对外学习交流活动，2018年梁平区法学会、南京市法学会相继来巴南区进行考察交流。

（胡　丽）

公 安

【概述】 区公安分局内设直属单位26个，派出所26个，警务室158个（其中，社区警务室84个、驻村警务室74个），临时机构3个。2018年，区公安分局以打造忠诚警务、主动警务、智慧警务、创新警务、素质警务“五大警务”为着力点，围绕优化打防保稳定、关注民生严管理、紧盯民意抓服务、紧扣实战推创新、改进作风强队伍，扫黑除恶专项斗争取得阶段性成效，智能化社区防控体系建设深入推进，“微改革”“微创新”成效显著，民警能力素质极大提升，社会安全稳定环境有效改善。先后荣获集体二等功1次、集体三等功16次，获得表彰的集体83个、个人627人次。特别是“郝晓明青年创新团队”以市“五小”创新大赛第一名的成绩获得市“青创工作室”荣誉称号；“女警帮帮团”“情暖童心·明月行动”项目获“第四届中国青年志愿服务项目大赛银奖”；推出了重庆市三八红旗手宋艳丽、重庆市巾帼建功标兵王惠、重庆市优秀巾帼志愿者吴苹、重庆市公安局“十佳青年”范鑫黎等先进典型。

【刑事犯罪惩罚】 扎实开展扫黑除恶专项斗争、“渝警行动2018”专项工作，坚持“以新应新、以变应变”，不断深化打击犯罪新机制，切实提升打击效能。1—12月，各类刑事案件发案数同比下降8.2%，破案数同比上升11.0%；八类严重暴力刑事案件发案数同比下降1.0%，命案破案率100%。成功侦破邓强黑社会性质组织案以及“3·22”“6·12”公安部督办网络贩枪案等一批大要案件。

【经济要案查处】 发起云端线索3条，开展云端线索部署打击，共收到线索93条，反馈93条，立案23件，抓获犯罪嫌疑人33人。开展打击涉众型经济犯罪专项行动，成功侦办重庆老来福商贸有限公司曾某康等人集资诈骗案，抓获犯罪嫌疑人5名，查封房屋7套、车辆4辆，冻结资产56万余元。成功办理全市涉案金额最大的吴某标等人销售假冒注册商标的商品案，抓获犯罪嫌疑人14名，查获假冒品牌香皂15万余块以及假冒品牌牙膏等洗护用品1127箱，原材料及半成品30余吨，假冒包装材料23万余套，涉案金额约2.5亿元。

【禁毒缉毒侦查】 积极开展“禁毒2018两打两控”专项工作，强化多警种参战和跨区域协作，深入开展涉毒情报信息研判、制贩毒案件侦办、毒品堵源截流与公开查缉，强化吸毒人员排查管控、收治收戒、易制毒化学品和精麻药品管控。共侦破公安部部级目标案件3件，共缴获各类毒品34.6千克。社区戒毒和社区康复报到率均为100%，无吸毒人员漏管失控。全区未发生吸毒人员肇事肇祸案事件。易制毒化学品和精麻药品管控管理规范，未发生被公安部通报或流入非法渠道的案事件。

【出境入境管理】 深化“放管服”改革，提供高质出入境管理服务。全年共受理群众办证申请53815人次，群众满意度均保持100%。为来自孟加拉国、越南、俄罗斯和巴基斯坦等32个国家的外国人办理各类签证328人次。为民营企业员工加急办理出入境证件297人次，为民营企业聘雇的外国人签发有效期5年以内的工作类居留许可154人次。全年办理境外人员临住登记6516人次。

【交通行政执法】 紧紧围绕“遏制重较大事故、防控死亡事故、压减一般事故”主线，全方位加强道路交通安全监管工作，道路交通事故死亡人数同比下降9.0%。积极参与城市品质提升行动，强化城市交通管理，实行“巡区制”“渝警骁骑”勤务，城区快反速度由8～10分钟提高到3～5分钟；推动渝南大道、龙洲大道等“瘦身扩容”，建成2处共享转换车道，在渝南大道炒油场路口设置自动可变车道，推动建成5千米公交车优先道建设，有效解决了周边交通拥堵问题。深入开展严管整治行动，建立130多套违法停车自动抓拍系统，查处违法停车7万余起，查处各类道路交通违法30余万起，城区主要干道和重要次、支道路车辆、行人守法率保持90%以上，高峰时段平均车速达到30千米/小时以上，高于主城平均车速25%以上。

【社会治安管理】 加强大型群众性活动安全保卫，投入安保力量5900余人，完成40起大型活动安全保卫工作。严厉打击黄赌违法犯罪活动，全年共办理各类案件76件，抓获违法犯罪人员320余人。开展治安乱点整治，AB类重点地区刑事立案共227起，同比下降49%。加强特行管理，查处未按规定登记旅客住宿信息旅馆73家次，排查整改危爆化学品单位安全隐患31处；审批炸药6878.02吨、雷管247.51万发，开具民爆物品购买证8844个，运输证9424个，剧毒化学物品准购证79个，烟花爆竹运输证34个，枪支运输证61个，爆破作业项目方案37个；组织保安员考试247人次，受理保安员资格报名274人，办理保安证379个。加强内保单位安全防范工作，共督导安装视频监控探头12501个，入侵报警器3278套，周界报警6696米。加强校园安全保卫工作，排查并整治校园周边治安乱点3处，排查整治校园内部安全隐患656处，开展法制宣传教育587次，指导开展演练312次。

【实有人口管理】 加强居民身份证管理，全面推行居民身份证异地受理、挂失申报、丢失招领“三项制度”，共办理居民身份证61072个、临时身份证3024个、军人身份证102个；为外省市居民办理身份证4893个，为市内其他区县居民办理身份证7715个，为区内居民跨所办理身份证4745个。全年共编制门楼号牌68906块。加强流动人口管理，全年累计采集流动人口134304人，出租房屋8379户，办理居住证5970个。认真落实《港澳台居民居住证申领发放办法》，为港澳台居民办理居住证113个。

【网络安全管理】 加强互联网信息监控，开展“净网2018”专项行动，整治互联网秩序，共清理属地网站违法有害信息323条，督促属地交互式网站备案12个，核验属地APP摸排名单349个。开展互联网安全专项监督检查，共计检查32家联网单位，对存在安全隐患和未履行网络安全义务的30家单位进行处罚。

【公安科技信息】 积极开展信息平台建设，自主研发设计党建工作平台、派出所随身财物管理系统、网上党校、执法记录仪小助手等4个应用系统，其中执法记录仪小助手项目获市公安局创新大赛三等奖。完成PDT对讲机的入网登记管理和350Mbps基站的补点建设工作。完成新增的25所学校视频镜头接入工作。探索建设“1+5科技护城墙”实战应用系统，获公安部2018年度“畅通大数据服务基层渠道专项工作”三等奖。

（刘寒冰）

检　察

【概况】 区检察院内设办公室、政治部、检察一部、检察二部、检察三部、检察四部、检察五部、检察六部等8个机构，下设巴南区检察院驻界石检察室、巴南区检察院驻木洞检察室等2个检察室。政法专项编制93个，在岗干警90人。2018年8月，区检察院启动内设机构改革，整合侦查监督、公诉、控告申诉等部门，形成批捕、起诉、诉讼监督一体化的部门体系，全院内设机构从12个减少为8个。撤销公诉科、侦查监督科、未成年人刑事检察科，组建检察一部、检察二部；撤销民事行政检察科，组建检察三部；撤销刑事执行检察科，组建检察四部；强化公益诉讼职责，组建检察五部；撤销案件管理科、法律政策研究室、控告申诉检察科，组建检察六部；撤销司法警察大队、检察技术科，其职能合并到办公室；撤销政治处、监察室，组建政治部。

2018年，区检察院深入贯彻习近平新时代中国特色社会主义思想和党的十九大精神，紧紧围绕全区改革发展稳定大局，以人民为中心，以公正为主线，积极履行法律监督职责，全力维护国家政治安全，确保社会大局稳定，促进社会公平正义，保障人民安居乐业。先后被重庆市检察院评为全市检察宣传工作先进单位，被重庆市财政局行政政法处评为“2017年度财务管理工作三等奖”。区检察院女检协在全市检察机关首届女检察官迷你马拉松暨春季竞走决赛活动中荣获最佳组织奖。在《人民日报》、新浪微博、新浪网联合举办的“初心·使命·新征程——2018年政务V影响力峰会”上，我院荣获“2017年度全国十佳多媒体应用案例”。6篇理论文章在市级以上征文比赛活动中获奖，7人获得市级以上单位表彰，3部新媒体作品在市级以上评选大赛上获奖。继续保持全国“文明接待室”、中华全国妇女联合会授予的“巾帼文明岗”荣誉称号。

【刑事犯罪检察】 依法打击各类刑事犯罪，全年批捕673人，起诉1146人，其中批捕故意杀人、强奸、抢劫、聚众斗殴、涉枪涉暴等严重暴力犯罪59人，起诉93人。提前介入融汇清华实验中学伤害致死案、从快批捕新世纪幼儿园行凶案犯罪嫌疑人。打击“黄赌毒”犯罪，批捕178人，起诉229人。打击校园欺凌，依法起诉性质恶劣的寻衅滋事等校园暴力犯罪2人。

【扫黑除恶】 稳准狠打击各类黑恶势力犯罪，批捕46人，起诉49人，立案监督9人，追捕追诉3人，成功起诉以邓强为首的33人涉黑案。对侦查方向、取证重点提出有针对性的工作建议86条，向有关部门移送涉黑恶案件线索和“保护伞”线索3条，向有关部门发出检察建议3份。

【公益诉讼】 全年立案25件，其中刑事附带民事公益诉讼2件，民事公益诉讼支持起诉1件，行政公益诉讼22件，涉及国有财产9件、食品安全7件、生态环境资源6件，已回复整改。出台《公益诉讼举报工作规定（试行）》，与区国土局会签订《关于在公益诉讼中加强协作与配合的意见》。开展“保障千家万户舌尖上的安全”公益诉讼专项监督活动，以农贸市场、超市销售的食用农产品、食品和网络餐饮等为监督重点，对美团等网络餐饮平台入网商户逐一排查，督促相关执法部门整顿无网络经营资质商户272家，处理无食品经营许可证、餐饮服务许可证超期、超范围经营4家。

【民营经济助力】 开展保护民营企业财产权和知识产权专项行动，办理相关案件47件。起诉民营企业内部职务侵占、挪用资金、非国家工作人员受贿等“内鬼”犯罪12人，起诉侵犯民营企业商标权、专利权、商业秘密等“李鬼”犯罪12人，成功起诉孔某某等三人长期生产销售假冒宗申发动机案。打击盗窃、抢劫、诈骗等针对民营企业财产的刑事犯罪，积极追赃挽损，为企业挽回经济损失300万余元。

【脱贫攻坚】 批捕发生在农村地区的“两抢一盗”、诈骗、强奸、伤害、杀人等犯罪34人，起诉86人。起诉在农村地区生产销售假药、非法行医犯罪2人，批捕非法占用农用地1人。向1名刑事案件的深度贫困被害人伸出援手，发放救助金4万元。妥善处理因农村土地承包经营等引发的纠纷，强化对土地承包、土地流转领域的民事行政诉讼法律监督，办理占有物返还纠纷监督案2件。派驻基层检察室开展涉农法律政策宣传38次，召开院坝会7次。

【社会综合治理】 运用宽严相济刑事司法政策，化解社会矛盾，全年无逮捕必要不捕118人，微罪不起诉111人，对不需要继续羁押的22名犯罪嫌疑人，建议变更强制措施。妥善处理群众来信来访300余人次，其中涉法涉诉70余人次，刑事申诉5件5人，无涉检群体性事件和进京上访事件发生。派驻检察室就地化解矛盾纠纷10件次，开展“莎姐”大普法30场，开启市民法律大讲堂6次，打造“检校法治共建基地”1个。在腾讯视频开设《对话检察官》普法专栏，每半月更新自编自演普法视频，累计观看800多万人次。

【诉讼案件监督】 监督侦查机关立案8件、撤案1件，追捕追诉12人，立案监督、追捕追诉案件被判5年以上10年以下3人，被判10年以上1人。对不当使用强制措施、违法取证等侦查活动违法情形，提出纠正意见18件次。对不构成犯罪或证据不足的，不批准逮捕51人、不起诉45人。审查判决782件，提出抗诉2件，已改判1件。监督纠正刑罚执行和看守所监管活动中的违法情形11人次，纠正应收监而未收监3人，批捕起诉监外执行罪犯再犯罪15人。审查民行监督案件线索218件，办理生效裁判结果监督案件17件，向上级院提请抗诉3件，发出再审检察建议3件，再审改判3件。打击虚假诉讼，办理相关案件3件。支持农民工讨薪胜诉162件，为当事人追索劳动报酬153万余元。

（苏贺峰）

审　判

【概况】　区法院内设刑事审判庭、民事审判一庭、民事审判二庭、民事审判三庭、行政庭、未成年综合审判庭、速裁庭、执行局、立案庭、审判监督庭、办公室、政治处、研究室、监察室、审判管理办公室、司法警察大队，下设一品、接龙、东泉、木洞4个人民法庭。共有政法编制189名，有正式干警179名，其中员额法官73名、法官助理61名、书记员12名、司法行政人员22名、工勤人员3名、司法警察9名，聘用制司法警察和书记员109名，具有法律硕士以上学位的干警占比31.96%。2018年，区法院坚持以习近平新时代中国特色社会主义思想为指导，全面贯彻落实党的十九大和十九届二中、三中全会精神以及习近平总书记参加重庆代表团审议时重要讲话精神，在区委的坚强领导、区人大及其常委会和上级法院的有力监督下，坚持“司法为民、公正司法”主线，依法履行审判职责，为维护巴南社会稳定、促进经济发展提供了有力的司法保障。全年受理各类案件28795件，审执结26007件，同比分别增长2.56%和1.71%，审判法官人均结案342件，审判案件结案率达93.83%，列主城法院第一位；司法公信力得分96.98分，列主城法院第一位；审判工作综合目标考核排名主城法院第三位。

【刑事审判】　开展“扫黑除恶”专项斗争，从快从重打击邓某“套路收车”黑社会性质组织犯罪团伙，对组织领导者邓某判处有期徒刑25年，其余21名黑社会性质组织成员分别被判处2年6个月至20年有期徒刑。从严惩处“红衣帮”恶势力犯罪团伙，陈某某等七名未成年人被分别判处4至7年有期徒刑。依法惩治影响人民群众安全感的多发性犯罪，审结“两抢一盗”犯罪案件339件444人，审结食品、药品制假售假犯罪案件2件7人。保护公民个人信息安全，审结侵犯公民个人信息犯罪案件6件23人。严厉惩治贪污贿赂等职务犯罪，区监委首例查办的网信办原主任王斌因受贿被判处有期徒刑3年，潜逃近20年的巴南原投资公司副经理杨侃因贪污被判处有期徒刑3年。全年共审结刑事犯罪案件819件1227人，其中未成年犯罪案件22件46人。

【民事审判】　落实案件“繁简分流”，根据案件类型、难易程度，划定速裁程序、简易程序、司法确认程序、普通程序受案范围，做到“简案快办”“难案精审”，确保矛盾纠纷及时化解。全年共审结民商事案件17207件，其中适用小额速裁程序占25%，适用简易程序占56%，适用司法确认程序占4%，适用普通程序占15%。同时，注重运用调解方式化解争议，立足“案结事了”，全年民商事案件调解、撤诉率占62%。如在处理涉及中美之间司法认证的“冷冻精子案”中，法官充分运用调解成功予以化解，取得了良好的社会效果。

【商事审判】　及时受理企业破产重整、破产清算案件，充分运用重整、和解法律手段，尽最大可能让暂困企业通过重整救治“起死回生”，对重整无望企业依法退出市场。今年受理重庆凯茂房地产开发公司等企业破产清算案件4件，受理重庆赛英思实业公司等企业破产重整案件2件，历年旧存破产清算案件10件、破产重整案件4件。目前已审结3件，其中重庆威特嘉实业有限公司破产重整案已进入重整计划执行阶段。依法审理与经济结构、产业结构调整相关的其他商事案件1472件，诉讼标的金额4.27亿元。加强对民营企业的司法保护，出台《关于依法平等全面保护民营经济健康发展的意见》，落实院领导和审判部门联系重点民营企业56家，全年为全区民营企业胜诉案件执行到位标的款2.05亿元。审理的城口赵孝春公司腊拱嘴产品责任纠纷案入选重庆高院保护民营企业典型案例。

【行政审判】　严格落实行政案件交叉管辖制度，及时保护行政管理相对人诉权，坚持依法审理与依法调解相结合，有效化解行政争议，坚持依法审查与释法析理相结合，妥善处理非诉执行案件，做到既监督行政机关依法行政，又依法保护行政管理相对人合法权益，有力助推法治政府建设。全年审结行政诉讼案件190件，审查行政非诉执行案件234件，行政机关败诉率12.82%，行政审查案件裁定准予执行率21.79%，行政机关负责人出庭应诉率13.15%。针对行政执法中出现的问题，向有关行政机关发出司法建议21份，市人力资源和社会保障局、区文化委、区不动产登记中心等单位积极采纳办理。

【执行工作】　对标对表党中央和最高法院部署要求，自2016年以来，聚焦第三方中国社会科学院制定的69项执行评估指标，举全院之力，全力攻坚“基本解决执行难”，取得了阶段性成果。三年来共受理执行案件14796件，执行完毕案件14039件（因被执行人暂无财产可供执行而终结本次执行程序案件7018件），执行兑现标的10.65亿元，9663人被纳入失信被执行人名单，9090人被限制高消费，149人被司法拘留，5人被追究刑事责任。据市高院2018年12月31日初评估，全院有可供执行财产案件法定期限内执结率达95.2%、无财产可供执行案件终结本次执行程序符合结案条件达90.71%、最高法院挂网信访案件化解率达100%；执行完毕案件和终本案件结案总和占受理案件总数的94.9%。

【司法改革】　全面完成员额法官等级晋升、法官助理等级确认、司法行政人员归类管理工作，出台《法官、司法辅助人员、司法行政人员绩效考核办法》，实施人员分类管理考核。推进书记员管理制度改革，聘用制书记员过渡考核工作全面完成，补缺招录工作正在进行。根据上级法院关于内设机构改革要求，本院内设机构将由16个减少至11个，改革方案正在审批中。以审判为中心的刑事诉讼制度改革试点持续推进，庭前会议程序、法庭调查程序、证人、鉴定人、侦查人员出庭质证规则、法庭辩论规则、案件当庭宣判制度、诉讼参与人权利保障制度等进一步规范。全年普通程序案件证人、鉴定人、侦查人员出庭作证占25.16%。刑事认罪认罚从宽制度改革全面铺开，全年适用认罪认罚速裁程序审理被告人3年以下有期徒刑案件724件，占刑事案件总数的88.4%。“家事审判”试点改革成效显著，全年审理婚姻、赡养、抚养、扶养等家事案件2455件，其中调解结案1459件。“智慧法院”建设有序推进，新增网络直播法庭21个，安装审判法庭语音识别系统5个，“易诉”“易审”“易解”“易达”诉讼平台全面启用；法院官方网站、微博、微信开通运行；“机动车交通事故纠纷”“医疗纠纷”“产品责任纠纷”类案智审平台试点运行；审判法庭录音录像全覆盖，与审判管理系统实现无缝对接；“大数据集控中心”“数字审委会”“执行指挥中心”升级改造工程完成规划设计。

【队伍建设】　始终把政治建设摆在首位，组织党员干部学习党的十九大精神，习近平新时代中国特色社会主义思想，习近平总书记视察重庆重要讲话精神和参加重庆代表团审议时的重要讲话精神，市委五届四次全会精神和区委十三届五次全会精神，坚决肃清孙政才恶劣影响和薄熙来、王立军流毒，消除杨钟馗严重违纪违法问题恶劣影响，自觉营造良好政治生态，牢固树立“四个意识”、坚定“四个自信”、坚决做到“两个维护”，毫不动摇坚持党对法院工作的绝对领导，在政治立场、政治方向、政治原则、政治道路上同以习近平同志为核心的党中央保持高度一致。始终把主体责任扛在肩上。制定全面从严治党、党风廉政、意识形态主体责任实施意见和责任清单，层层签订责任书、承诺书，分级开展责任约谈，层层传导压力，落实主体责任季度述职制度。坚持重大事项报告制度，主动向区委、区委政法委报告法院工作重大事项23次。持之以恒正风肃纪。深入落实中央八项规定精神及实施细则，结合整治“六难三案”问题，开展庭审、公务用车、经费报销等审务督察52次，明察暗访9次，办理当事人信访投诉84件，谈话提醒36人次，通报批评教育7人次，通报违纪违法案例8期43例，结合违纪违法典型案例开展“以案说纪、以案说法、以案说德、以案说责”警示教育4次，不断强化队伍纪律作风建设，规范干警司法行为，筑牢拒腐防变的思想道德防线。强化队伍司法能力建设。按照增强“八种本领”和“五个过硬”的要求，不断加强队伍正规化专业化职业化建设，先后组织和选派干警参加高等院校、法官学院、上级法院、区委相关部门组织的综合素能培训1020人次，28个审判团队召开法官专业会议131次，不断提升法官的法律适用能力、庭审驾驭能力、诉讼调解能力、裁判文书说理能力、案件执行能力和司法政务工作水平。

（李春光）

司法行政

【概况】 区司法局主要担负法治宣传、法律服务、法治保障三大职能，履行普法依法治理、法律服务机构监管、人民调解指导、社区矫正、安置帮教、法律援助等工作职责。2018年，区司法局内设办公室、法律事务科、法宣科、基层科、社区矫正科5个科室，下设法律援助中心、矫正中心和公证处3个事业单位，辖22个镇街司法所。司法所实行镇街、区司法局双重管理体制，人、财、物及业务工作均属所在镇街管理，区司法局进行业务指导。全区司法行政系统现有政法专编97名（司法局机关25名、直属单位14名、司法所58名），在编87名（区司法局机关21名、直属单位14名、司法所52名），司法协管员20名。全区现有律师事务所11家，执业律师67名，公职律师93名，公司律师4名；公证处1家，公证员3名；法律援助中心1家，法律援助律师2名；法律服务所10家，法律服务工作者42名；司法鉴定所2家，鉴定从业人员31名。2018年，在区委、区政府的领导和市司法局的指导下，以公共法律服务体系建设为总揽，围绕中心、服务大局，真抓实干、狠抓落实，扎实推进并圆满完成司法行政各项工作。全区司法行政系统荣获国家级奖项2个，市级奖项2个，区级奖励5个。全区司法行政工作被国家、市、区级媒体报道13余次。

【普法宣传】 大力开展宪法、监察法为重点的普法宣传教育，在市人大视察和市“七五”普法中期督查组的督导检查中，得到市领导充分肯定。不断完善“执法即宣传、管理即普法、司法即释法”的大普法工作机制，深入落实“谁执法谁普法”责任制。狠抓领导干部、青少年等重点人群的法治宣传教育，组织近300名处级及以上领导干部旁听庭审案件，组织新提任处级以上干部开展法治理论考试，开展青少年普法宣讲、法治知识竞赛等活动，组织全区各界干部群众7.2万人参加全市千万市民学宪法活动。深化法治文化建设。精心组织开展“三月法治宣传月”“12·4宪法宣传日”“国家宪法宣传周”“三大攻坚战”“八项行动计划”等主题普法宣传，实施“法润乡村——服务乡村振兴战略行动”，深入推进“法律十进”和“法治基层行”活动。开展各类法治宣传活动399场次，发送法治宣传资料和书籍17万余份（册）。

【法律服务】 全面落实“一村（居）一法律顾问”制度，全区300个村（社区）实现法律顾问全覆盖，法律顾问为村（社区）提供法律建议199条，提供法律咨询1464人次，提供法律帮助387人次，发放宣传资料17596份，开展法律讲座131场次，调解矛盾纠纷257件。组建律师团队，开展民营企业法治体检专项法律服务，支持和促进民营经济发展。整合法律资源积极参与全区园区建设、“问题楼盘”、项目攻坚、征地拆迁、农民工工资清欠、“10·26”幼儿园伤人案件等重点难点工作。组织律师积极参与诉讼及信访工作，全区律师代理各类诉讼案件835件，参与涉法涉诉值班134天，共接访179件次，涉及信访人员2010人，化解信访案件131件，其中群体性案件71件、涉及人数1809人。强化公证质量管理。健全管理制度和质量监管机制，办理公证案件6135件，公证质量和公信力进一步提高。加强司法鉴定管理，办理鉴定事项2703件，司法鉴定采信率达95%以上。

【法律援助】 完善法律援助站点建设。在全区22个镇街建立了法律援助站，在300个村居、5个律师事务所、8个法律服务所设立了法律援助联络点或联络员，在区级重点部门、行业调委会设立了“法律援助工作站”。强化便民利民举措。开辟“绿色通道”，畅通法律援助服务渠道，扩大法律援助覆盖面，使更多弱势群体受到法律援助。坚持援助律师值班制度。值班律师共接待来访群众815人，涉及咨询事项303件，建议速裁程序、见证签署认罪认罚具结书各303件。加强法律援助办案质量监督管理。实行案件质量回访制度，提高办案质量。法律援助中心受理并指派办理法律援助案件2055件，办结案件1605件，为农民工提供法律援助1460件，为未成年人提供法律援助256件，共接待2235人次，来电、来访咨询3672件，代写法律文书2131件，为当事人挽回经济损失1717.95万元。

【人民调解】 推进医疗、交通、环保、物业、民营经济等领域行业人民调解组织建设，全区现有人民调解委员会330个，规范化率达91%。坚持发展“枫桥经验”，践行“老马工作法”，推进访调、诉调、警调对接工作，推进“金牌调解专项行动”“法润社区·司法同行”行动。积极与重庆电视台、巴南电视台等主流媒体合作，宣传报道我区人民调解工作；持续推广“巴渝和事佬APP”，推动“互联网+”人民调解工作。全区共调处纠纷4782件，调解成功率98.6%，无因人民调解处置不当发生民转刑案件。南彭街道胡贤俊被评为“全国人民调解工作先进个人”，界石镇人民调解委员会、二圣镇人民调解委员会李仲秋分别获评“重庆市优秀人民调解委员会”“重庆市优秀人民调解员”。

【矫正帮教】 采取“排”“管”“引”“帮”“处”五步法，为“两类人员”架设预防犯罪高压线，开展集中宣传警示教育141场次，入户走访排查283人次，训诫谈话及敦促坦检662人次，摸排线索389次。投入126万元建成全区社区矫正应急指挥中心和远程视频督察系统，提升组织实施、督查管理基层司法所开展矫正安帮工作的效能。执法力度不断加强。强化执法监管，对违反社区矫正监管的服刑人员警告处罚66人次，1人被治安处罚，11人被提请撤缓或收监。全区累计接收社区服刑人员3978人，累计解除3548人，在册社区服刑人员430人，无一人脱漏管，或发生重特大刑事案件或参与重大社会影响事件；在帮教期内的刑释解矫人员2846人，其中曾经涉黑涉恶的人员8人、重点涉稳人员4人，目前平稳可控。

【扫黑除恶】 成立领导小组及办公室，制定《扫黑除恶专项斗争工作方案》等，建立工作机制。明确职责任务，及时细化分解，逐项压实责任。大力开展法治宣传，加强律师行业及代理律师监管指导，强化社区服刑人员和刑释解矫人员监管帮教，全面摸排问题线索等举措，推进扫黑除恶专项斗争扎实有效开展。开展线索摸排769次，摸排线索2条；开展律师代理案件工作会和督导指导会8次、专项排查5次、律所检查指导13次；区内律师代理区内涉黑涉恶案件35件（已办结26件）、代理区外涉黑涉恶案件2件；区外律师代理区内涉黑涉恶案件2件。

【队伍建设】 深学笃用习近平新时代中国特色社会主义思想，全面贯彻党的十九大精神、十九届二中三中全会精神；不断增强“四个意识”、坚定“四个自信”、做到“两个维护”；坚决肃清孙政才恶劣影响和薄熙来、王立军流毒，坚决消除杨钟馗严重违纪违法问题恶劣影响，营造风清气正的良好政治生态。坚持全面加强党的建设。按照新时代党的建设总要求，以党的政治建设为统领，全面推进党的政治、思想、组织、作风、纪律建设，建立健全党建工作制度28项。强化律师行业党建工作，实现党的组织和党的工作全覆盖。坚持每月开展理论中心组（扩大）学习会、“支部主题党日”和“两学一做”常态化教育。坚持党建引领推动司法行政工作。建立完善《督查督办工作制度（试行）》等管理制度10余项。着力发挥党组织战斗堡垒作用和党员先锋模范作用，教育党员干部立足岗位建功立业、争创一流、当好表率。加强干部职工教育培训和监督管理，努力打造忠诚干净担当的高素质司法行政队伍。

（胡　娟）

军 事

【概况】 2018 年，人武部党委“一班人”聚精会神搞建设、一心一意谋发展，全体干部职工和文职人员齐心协力、积极作为，以习主席强军思想为引领，以迎接十九大为主线，按照“维护核心听指挥，支持改革迎大考，专司主营抓规范，正风肃纪树形象”的工作思路，围绕发挥“六部”职能，扎实推进了各项工作落实，全区国防动员和后备力量建设保持了向上向好的发展势头。一年来，牢固树立“抓好武装是本职、抓不好武装是失职、不抓武装是渎职”的思想，提高政治站位，提升管好武装的能力。认真落实双重领导、党委议军、军事日、双向兼职、现场办公等制度规定，区委书记、区长多次参加人武工作会议，并亲自研究部署夏季征兵、欢送新兵等工作，召开巴南区委议军会议。2018 年，在警备区组织的全市民兵干部骨干“三长”比武竞赛活动中，巴南区人武部获得团体第三名和四个单项个人名次的好成绩。

【政治建军旗帜明】 突出强党性、转作风，开展“传承红色基因、担当强军重任”主题教育活动，突出忠诚核心、拥戴核心、维护核心这个根本，把学习贯彻习主席系列重要讲话精神特别是国防和军队建设重要论述贯穿始终；投入 30 余万元建设强军文化墙、办公楼内按照军事文化、安全文化、廉政文化、英模文化 5 个部分制作 61 块展板，进一步铸牢忠诚品格、聚力强军兴军；采取专题学习讨论、党员承诺践诺、每月讲党课等形式，运用身边事例现身说法，不断将“两学一做”学习教育活动常态化制度化；通过利用媒体跟学、对照原文细学、组织讨论研学等形式，加深对党的十九大报告的学习领悟，将十九大精神“军事篇”作为重要内容，开展十九大精神“进军营”活动；以树立忧患意识、增强国防意识为着力点，在民兵队伍中组织宣讲教育，增强热爱国防、支持国防的意识。

【战备训练质量高】 始终以军事训练任务为牵引，瞄准“能打仗、打胜仗”，严格落实战备教育、战备值班、战备检查和节假日战备等制度，建立正规战备秩序；会同区应急办、防汛办、森指等部门定期分析研判辖区社情、民情、灾情，及时修订完善各类应急应战、维稳处突和抢险救灾方案。加强季节变换期对基层武装部的战备点验，规范战备库室建设。根据《重庆市“十三五”时期民兵调整改革计划方案》的通知精神，以规范基干民兵三类队伍建设为重点，科学编组，优化布局，编组普通民兵 50200 人、基干民兵 2419 人。严格落实部领导、机关干部、基层值班分队三级战备值班制度，与区应急办及相关部门建立情报资源共享机制。加强值班备勤，搞好应急分队装备物资补充保养，指导乡镇人武部开展应急分队训练。严密组织机关训练，抓好新大纲试训论证，严格落实每天 1 小时体能训练，每月组织体能测试。组织全区专武部长、干事集训，提升专武干部听指挥、爱武装、精业务的能力素质。全年分8批次组织民兵应急分队和民兵骨干集训，为应对突发事件和执行参与维稳、抢险救灾等各项任务打下坚实基础。先后10余次召开区委常委会、区政府常务会、部党委会、任务部署会等，投入经费180余万元，机关干部200余人天，警力300余人天，民兵1800余人次，聚集军地合力，完成联考联评保障任务。

【征兵任务完成好】 4月初，全面启动年度征兵工作，利用电视、网络、手机报等媒体宣传发动，开展兵役登记工作，辖区18周岁男性公民兵役登记3344人，登记率100%；网上男性公民报名人数1642人，达征集任务数的4.7倍；确定预征对象1458人，其中大学生692人，大学生预征对象确定率100%；上站体检人数1458人，达征集任务数4.2倍；大学生预征对象上站692人，上站率100%；双合格人数443人，达征集任务数1.26倍；5月份，在重庆理工大学举办巴南区首届“大学生征兵宣传月”启动仪式，征集大学生新兵270人，其中男兵256人，女兵14人。市征办下达全区征兵任务350人，实际完成374人。8月份，专题召开“廉洁征兵巴南行”系列教育活动，重申廉洁征兵纪律，组织廉洁征兵监督员业务培训，并成立工作组赴重点镇（街道）开展廉洁征兵专项督查。9月，赴全区22个镇（街道）进行组织廉洁征兵普查，确保征兵全程阳光透明。同时分2批对预定新兵进行役前训练，淘汰不合格兵员150人，有效提高兵源质量。

【国防教育活动实】 大力开展“双拥”工作，结合第18个全民国防教育日、重庆市第8个全民国防教育宣传周活动，展系列国防教育宣传活动。在全区各级党政机关和企事业单位组织国防知识学习或国防形势报告一次，全区中小学校采取课堂教学或课外活动开展国防教育一次，各村、社区利用橱窗、板报等加强国防教育宣传。结合欢送新兵仪式、巴南区国防教育宣传月启动仪式等活动，利用学生军训开训结业仪式进行国防教育授课，组织全区各级领导干部和各界代表举行一次升国旗仪式和一次公祭活动。举办红色电影周活动，在辖区人流密集区和商业繁华区、标志醒目处均张贴标语、悬挂横幅、制作展板，全区中小学校每个班级开展一次国防教育主题班会或创办一期墙报，电视台、报社等区属媒体开辟专栏进行跟踪宣传报道。各镇、街道对新入伍的374名新兵和现役官兵困难家属开展一次走访慰问活动，以拥军优属的实际成效暖兵心稳军心。围绕民兵训练、学生军训、联考联评保障等中心工作、重大任务扎实抓好新闻宣传工作，先后在中央电视台、《中国国防报》等中央级媒体上稿6篇（条），在重庆卫视、《重庆日报》、华龙网、山城军号等省级媒体上稿12篇，在警备区要讯上稿19篇。

【军地共建氛围浓】 结合欢送新兵、重庆市应急力量军地联考联评等活动，制作双拥成果系列展板，组织“勿忘国耻、警钟长鸣”签名活动，开展《少年中国说》集体诵读等活动，树立全国双拥模范城的良好形象。到一品街道的4户结对贫困户中走访慰问，制定脱贫规划，发展特色产业，实施精准扶贫。在鱼洞新世纪幼儿园“10·26”砍人事件善后处理中，主动请战、积极作为，精心挑选160名应急民兵成立巡逻分队实施安保协勤，确保教学秩序尽快恢复。紧贴“保安全、促和谐”，常抓安全教育，严格落实安全制度。坚持每季度安全形势分析，落实重大任务前风险评估制度，落实记账销账制度，制定完善防范重大安全问题预案，并适时开展“森林扑火”“应急维稳”“反恐处突”训演练。先后投入100多万元，购置应急队员装备、安装大门口液压升降桩和窗户防护栏，有效提高预防能力。根据警备区“百日安全活动”实施方案，专题召开部党委会，调整完善安全组织机构、制定工作计划，科学组织实施，围绕问题清零目标，对发现的瓶颈性、顽固性、长期性矛盾问题逐个研究对策性措施，持续跟进、创新举措、专项治理，集智聚力攻关，确保各项工作安全稳定。

【民兵调整改革】 2018年，根据《重庆市“十三五”时期民兵调整改革计划方案》通知精神，紧紧围绕“能打仗、打胜仗”核心目标，贯穿“实战化”要求，坚持军民融合发展，以规范基干民兵三类队伍建设为重点，突出向新兴领域拓展转移，科学编组，优化布局，按照“编为战、建为用”的思路，科学拟制编组方案，与基层武装部签订了责任书，组织三个检查评估小组深入22个镇街和7个企事业单位，对2479名基干民兵进行“全员额、全要素、全装备”的实战拉动点验。通过实地点验验收，促使编组与任务对接，民兵与战位对接，为实现潜力与战力有效耦合奠定基础；同时，强化服从意识，锤炼战斗作风，提升机动能力，增强遂行任务的综合素质。

【首长机关和民兵军事训练】 采取在职自学、结合岗位自训的方法，主要进行军事理论、新军事训练大纲、轻武器分解结合与实弹射击、单个军人队列动作及组织指挥、体能等共同基础训练。1月，结合开训周，组织部机关干部职工和全区专武干部共60余人开展战备拉练和实弹射击活动；3月，组织10名双37高炮民兵骨干开展了为期一周的实装操作训练，培训一批高炮教练员，并组织区委党校中青班60余名学员开展为期3天的军事训练活动，强化地方领导干部的国防观念；4—6月，选派19名民兵骨干参加警备区教练员和防空民兵轮训备勤，培养一批业务精、能力强、作风硬的民兵专业骨干队伍，组织龙洲湾、鱼洞、花溪、李家沱四个街道共100名应急民兵参加驻渝部队非战争军事行动联合训练，组织22个镇街和7个企事业单位共60名基干民兵骨干开展了为期10天的集训备勤活动，强化军事基础科目训练，提升组训任教和履行使命任务能力。

【“三长”比武竞赛】 先期组织全区专武部长和民兵干部骨干共50余人开展遴选，选拔军事综合素质较强的人员开展为期1月的封闭式强化训练。在比武竞赛中，参赛队员把赛场当战场、把比武当打仗，顽强拼搏、敢于亮剑，展现了勇争第一、不甘落后的胆气血性，展示了军事过硬、作风优良的精武民兵形象。最终通过圣灯山镇专武部长杨正位、丰盛镇民兵连长黄诗和、木洞镇民兵班长赵科、姜家镇民兵班长张江4名参赛队员团结协作、顽强拼搏，取得团体成绩第三名、个人综合成绩第七名和第九名、个人单项成绩第三名和第五名的优异成绩，得到了警备区首长、机关以及友邻单位的充分肯定和高度赞扬。

【区委年度议军会议】 7月30日，巴南区召开巴南区委议军会议，会议由区委书记辛国荣主持，驻区解放军和武警部队独立营以上单位主官和部分地方相关部门领导参加。会议总结了近年来军地双方在双拥共建、应急维稳、抢险救灾上的成绩和经验，肯定了驻区部队爱人民、重大局，对驻区部队涉及家属子女、转业安置、军用土地、市政建设、营区改造、房屋拆迁等32个问题进行了现场讨论，确定取消了随军家属安置从区里规定的“二类”地区调整到“一类”地区，必须要考试；正营职以下干部转业到区机关单位工作，只能是事业编制；正营职以下干部不办理随军等等。

【新兵役前教育训练】 7—8月，分两期组织辖区420余名“双合格”应征青年开展役前教育训练，训练中注重突出“三活”（即教育形式活、训练方法活、管理手段活），区人武部主要领导带头授课，从自身从军近30年的亲身感悟谈起，引导参训青年端正“当兵为什么、当兵干什么”等基本认知；邀请优秀退伍军人现身说法，通过介绍自己在军营成长成才的经历，正视可能经受的苦和累，回味成长中的获得感，鼓励新战友扎根军营奋发有为、施展抱负。技能课目的训练，按照先讲解示范后体会操作、先基础练习后应用练习、先分步训练后合练的步骤组织实施；体能课目始终遵循“循序渐进，贯穿全程，逐步提高”的原则来组织完成，临机开展“信任背摔、坐地起身”等多种军事互动游戏，既较好地消除对训练的畏难情绪，又在一定程度上打牢体能素质基础。注重采用说服引导的艺术，提升预定新兵对军队“令行禁止”纪律约束的心理认可度；要求干部骨干主动靠前做到“四多”（多谈心、多交流、多鼓励、多帮助）；注重“五善”（善找共同语言、善养共同情趣、善解新兵心结、善找新兵优点、善答新兵疑惑），使其真切感受到部队大家庭的战友情、同志谊。通过为期一周的教育训练，打牢预定新兵依法服役思想根基，强化身体适应基础，提高入营适应能力，提高兵员征集质量，达成集训初衷。

【联考联评保障任务圆满完成】 10月，区人民政府和区人武部受命2018年重庆市军地联考联评保障任务。区委、区政府和区人武部高度重视保障工作，成立以区政府何友生区长为组长，区政府何内平副区长、区人武部王恩平政委为副组长，区应急办、区财政局、区民政局、区水务局、区卫计委、区林业局、区城市管理局、区机关事务局、区公安分局、区交巡警支队、麻柳沿江开发区、文旅实业有限公司、木洞镇党委政府主要领导为成员的军地联考联评保障领导小组。领导小组下设综合协调、观礼台搭设、宿营和野炊、武装越野考核、轻武器实弹射击考核、开辟隔离带和扑灭明火考核、城市排涝行动和水上救援行动考核、战术基础动作考核、综合保障9个小组。领导小组提前召开任务部署会，统一思想，凝聚共识，明确任务，细化责任，形成合力。实地保障期间，先后10余次召开军地协调会，投入180余万元保障经费，动用民兵1800余人次、警力300余人天，聚集军地合力，圆满完成保障任务，赢得各级的广泛赞誉，实现了“安全事故无、竞赛效果好”的目标。

（周超强）

经　济

农　业

概　述

重庆市巴南区农业委员会（挂重庆市巴南区农业综合开发办公室牌子），负责全区农业农村工作的综合协调和指导服务工作，承担全区农业技术推广、农产品质量监管、农村经济经营管理、新农村建设、农业机械管理、畜牧业管理、农业综合开发、扶贫开发等职责，涉及全区农业农村工作方方面面。区农委共有1个行政机关，9个机关科室，13个独立法人事业单位，核定行政和事业编制共计232个，现有在职干部职工218名，离退休干部职工178名。农委是以专业技术为社会提供公益性服务的单位，岗位设置以专业技术岗位为主，专业技术岗位超过事业单位岗位总量的75%，在岗正高级专业技术人员5名，副高级专业技术人员15名，中级专业技术人员43名，初级专业技术人员18名。

2018年，全区农业总产值55.95亿元，同比增长1.3%；农村居民人均可支配收入18254元，同比增长9.0%。粮食总产量21.69万吨，同比减少1.0%，蔬菜总产量45.28万吨，同比增长3.4%，水果总产量5.06万吨，同比增长5.0%，茶叶总产量4221吨，同比增长4.7%；生猪出栏17万头，同比减少1.8%，家禽出栏258万只，同比减少2.8%，水产品产量2.12万吨，同比减少2.3%。巴南着力乡村振兴，农业农村发展呈现新气象，区农委被市农委评为农机推广、农产品质量安全等先进单位。大力发展品牌茶叶、精品果蔬、特色粮油、生态渔业等四大支柱产业，带动特色效益农业产值达到34.6亿元，增长6.8%。新增“三品一标”73个，红心猕猴桃等11个农产品获评重庆名牌，巴南银针入选重庆茶叶三大品牌。五洲园、云林天乡、多彩植物园、乡村印象人气攀升，成为主城乡村旅游新热点。新发展专业合作社、家庭农场等新型农业经营主体215个。

2018年全区主要农产品产量

产品名称	单位	产量	比2017年增减（%）
粮食	万吨	21.69	-1.0
蔬菜	万吨	45.28	4.3
水果	万吨	5.06	5.0
茶叶	吨	4221	4.7
生猪	万头	17	-1.8
家禽	万只	258	-2.8
水产品	万吨	2.12	-2.3

乡村产业振兴

【概况】　巴南区贯彻落实乡村振兴战略行动计划，坚决打好四场硬仗，全面推进五个振兴，积极开展探索实践，全区实施乡村振兴战略实现良好开局，农业农村发展呈现新气象。大力推进农业供给侧结构性改革，带动特色效益农业产值达到34.6亿元，增长6.8%。“三品一标”认证农产品达到186个，红心猕猴桃等11个农产品获评重庆名牌，巴南银针入选重庆茶叶三大品牌。深化农村改革，农村集体产权制度改革全面完成，确认成员身份总数69.02万人，量化经营性资产总额7.39亿元。农村土地“三权”分置改革工作成效显著，已为28家经营主体颁发《农村土地经营权证》，涉及流转面积9844亩，其中9家经营主体获得银行抵押融资贷款共计2585万元。

【农旅融合】 巴南区以优势特色效益农业和自然景观为载体，大力推动上下游产业衔接、一二三产融合发展。建成特色产业基地26个、农旅融合项目86个，培育壮大云篆山荷韵园、一品云燕花语、天坪山“梨海”、丰盛彩色森林、双河口乡村印象、二圣云林天乡等规模以上农旅融合企业70家，拥有星级条件以上农家乐249家，二环外镇街布局发展众多的乡村休闲农业产业，每年举办各类农旅结合的节庆活动10余次。创建3A级以上休闲农业与乡村旅游相关景区5个以上，形成春赏红枫、夏摘雪梨、秋游格桑花海的都市现代农业新业态。云篆山荷韵园成功创建全国首批休闲农业与乡村旅游示范点，五洲生态园被认定为市级休闲农业与乡村旅游示范点，“五彩丰盛”“天坪天乡”“环云篆山”片区成为巴南休闲农业首选目的地。

【农村基础设施】 巴南区围绕地域特色及产业优势，落细落实村规划编制工作，加快推进农村基础设施建设，改善农村人居环境，通过示范带动，促进农民转产增收，推动乡村全面发展。投资1.3亿元，建成“四好农村路”165千米、场镇天然气管道65千米。新建4G基站87个、光纤1739千米，新增农村公共照明3400盏，完成改厕8128户。195个行政村实现垃圾有效治理，场镇生活污水集中处理率85%。完成农业综合开发土地治理项目2个，生态综合治理面积2.32万亩，总投资2550万元。打造二圣镇月亮湾生态渔村、安澜镇五通村昊宇航空农旅基地、圣灯山镇沿滩村如来谷农旅基地等，通过土地整治、基础设施建设助力幸福村产业发展，推进化肥农药减量行动，推广绿色防控面积51.6万亩次。

种植　养殖业

【概况】 巴南区农业坚持需求导向，突出重点区域，集中力量发展云篆山、天坪山、丰盛等“三个一百平方千米”现代农业示范项目，培育重点产业，抓好品牌茶叶、精品果蔬、生态渔业、特色粮油等四大支柱产业，种植、养殖业发展态势喜人。全区粮食播种面积公372084顷，蔬菜种植面积16596公顷，果树种植面积4766公顷，茶叶面积2865公顷，水产品养殖面积2503公顷，生猪出栏17万头，家禽出栏258万只，奶牛存栏2595头。培育农业龙头企业国家级2家、市级35家、区级106家。2018年，培育“三品一标”认证农产品共73个，其中，通过无公害农产品（产地）认定60个、绿色食品10个、有机食品2个、农产品地理标志1个。

【优新品种推广】 坚持“良种良法”引领都市现代农业发展，以科技创新为支撑，建设现代农业产业集群。全区推广应用粮油优新良种面积2.511万公顷，优质率67.5%，与上年持平。优质良种共计15个，其中水稻7个，玉米5个，大豆、红苕3个。推进黄壳/大果虎皮辣椒、黑长系列长效栽培茄子、大红果/粉果系列番茄、燕系列黄瓜、春帅/美玉/早佳长效栽培丝瓜、兴合系列长效栽培苦瓜、松花系列花菜（台松、美青松、劲松、庆松等）、秋实1号脆甘蓝、德高系列速生水白菜、翠玉小瓢白等优新品种示范推广与应用，大幅提高产量、品质和效益。2018年新品种普及面积8.15万亩，占蔬菜基地面积的100%。增产25%～50%以上，增收30%～60%以上，实现年亩产量1万～1.5万千克，亩收入1.5万～2.5万元。新建果园主推晚熟柑橘、红柠檬、蜜柚、早熟梨、脆红桃、花果桃、青脆李等优良品种，发展面积460公顷。主推优良茶树品种巴渝特早、福鼎大白茶，无性系良种化率86%。晚秋蚕引进“渝科9号”新蚕品种245张，产茧9555千克，张种产茧39千克，蚕农收入26.75万元。引进异育银鲫“中科5号”、团头鲂“华海1号”等特优良种5000万尾，与2017年持平。

【优新技术推广】 全年推广基质穴盘育苗技术、蔬菜导管法嫁接技术、水肥一体化技术、土壤修复技术、深沟高厢栽培技术、老南瓜嫩卖栽培技术、蔬菜绿色防控措施应用技术、茄果类蔬菜高效栽培技术、瓜类蔬菜高效栽培技术、蔬菜绿色高效栽培技术与模式等10余项新技术在区内主要蔬菜基地普及应用，大幅提高产量、品质和效益。推广应用“池塘鱼菜共生生态种养技术”，完成6.67公顷鱼菜共生综合种养示范基地项目建设与验收工作，水藤菜、水稻平均产量分别达到50.52吨/公顷和9.60吨/公顷；推广应用“池塘底排污生态改造技术”40公顷，降低池塘养殖水体污染压力。

【蔬菜种植】 全区蔬菜播栽总面积16596.5公顷，同比增1.5%；总产量45.2752万吨，同比增长3.6%；农民来自蔬菜产业的销售收入达14.05亿元，同比增长4.1%。优势蔬菜茄果类、速生叶菜、瓜类等时令鲜菜专业化生产能力得到较大提升，实现保供稳价和提质增效，有效保障主城都市圈蔬菜供应。培育丰盛镇油房村黄氏农业、重庆润在农业、南彭东冒山蔬菜种植股份合作社、接龙东果农场、彭洪波家庭农场、何家伟种植大户、南彭大鱼/水竹蔬菜专业村、丰盛油房蔬菜专业村、鱼洞大中蔬菜专业村等蔬菜高产高效示范基地。培育创建蔬菜高端品牌——邻家菜地。黄氏农业公司蔬菜基地、润在农业基地、东冒山蔬菜基地等继续列为全市蔬菜高效生产标准化基地，同时继续成为重庆市农技总站《蔬菜绿色高效实用栽培技术》指定提炼基地，完善并推广提炼出适宜重庆海拔在500米左右区域应用的七大高产高效种植模式和三大保健防控栽培处方。

【经济作物生产】 水果生产总面积4766公顷。在二圣、东温泉、丰盛、安澜、接龙等镇新建果园460公顷，发展品种主要为柑橘、柚、柠檬、梨、桃、李、樱桃。水果年总产量4.8万吨，总产值1.96亿元。茶园总面积2865公顷，新建良种茶园200公顷，良种化率86%。投产面积2300公顷。茶叶总产量3060吨，产值2亿元。重庆茶业（集团）有限公司被认定为农业农村部“农业产业化国家重点龙头企业”。定心茶、巴渝红茶被重庆市农委认定为重庆市十大茶叶品牌，巴南银针被重庆市农委确定为重庆市重点发展的三大茶叶品牌之一。重庆市二圣茶业有限公司被中国茶产业联盟认定为“六茶共舞、三产交融”示范企业。在重庆市茶叶学会第12届“三峡杯”名优茶评选中，巴南银针获名茶金奖，江州红、四面碧芽获名茶银奖，江州红（一级）获红茶类特等奖，蜡梅花茶获花茶类特等奖，清茗香、四面碧芽获绿茶类一等奖。在第12届国际名茶评比中，蜡梅花茶获得金奖、定心茶获得银奖。桑树总资源725.47公顷，养蚕农户639户，发放蚕种1336张，产茧55802千克，单产41.76千克/张，单张产值1333.38元，蚕农收入178.179万元。种植果桑65公顷，培育果桑苗2.5万株，其中投产果桑47公顷，产量27万千克，产值659.88万元。

【畜禽养殖】 根据巴南经济发展“三区”规划要求，本着稳定发展生猪、积极发展特色畜牧业的精神，做好宣传发动工作，引导农户按市场规律、自愿发展，重点培育部分龙头企业和特色产品，扶植集约化、规模化、标准化的养殖小区和农村特色畜禽养殖专业户，增强重点项目的辐射带动功能。对全区畜禽养殖场的饲养管理技术、疫病防控、生产经营等开展技术指导，对存在的问题提出整改建议。2018年，出栏生猪16.98万头，出栏家禽254.94万只，出栏肉兔34.04万只，出栏肉牛1091头，出栏山羊22427只。奶牛年底存栏1091头。蜜蜂存栏20001箱，产量80吨。肉类总产量2.26万吨，奶类总产量0.90万吨，禽蛋产量0.53万吨。

【水产养殖】 巴南区水产养殖以乡村振兴和生态文明建设为契机，围绕环境友好、渔业增效、渔民增收目标，狠抓渔业经济增长方式的转变和渔业产业结构调整，加强渔业生态环境保护，推进渔业面源污染防治，提高水产品质量安全水平，发展生态渔业，逐步向都市观光休闲渔业发展。全区水产养殖面积2503公顷，比2017年减少9.51%；引进优质苗种5000万尾，与2017年持平；水产品产量2.12万吨，同比减少2.30%。

农业综合管理

【农产品质量安全监管】 巴南区将农产品质量安全纳入镇街年度目标考核，全面推行区、镇街、村社三级农产品质量安全网格化监管。印发《巴南区2018年农产品质量安全例行监测方案》（巴南农业发〔2018〕23号），承办“2018年全市放心农资下乡进村宣传周”活动。建立农产品信用体系及“黑名单”制度，持续开展农产品产地准出试行工作。巩固高毒农药专项整治成果，确保全区无高毒、剧毒、高残留农药生产、经营、销售，严格限制使用农药管理，确保全区无限制使用农药销售。对两家创建“放心肉菜示范超市”的31个食用农产品生产源头进行监控。农产品例行监测，全年抽检农产品（重点为蔬菜、水果、茶叶、食用菌等）3573个，合格率100%。屠宰环节抽检2500份“瘦肉精”，检测结果均为阴性。水产品例行检测、渔业环境监测、水产苗种鱼药残留抽样检测未发现使用硝基呋喃类、孔雀石绿等违禁药物、添加剂的违法行为。接受市农委例行监测农产品60余批次，全部合格。配合农业农村部及市饲料兽药检查所抽取饲料、兽药16个样品，全部检测合格。全年共检查农产品、畜产品、农业投入品等708家次，出动执法人员813人次，发放责令改正通知书24份，约谈执法对象7人次，立案查处违法行为48起，向市农业农村委移交农业转基因案件线索1件，移送公安机关案件17起34人，已收缴罚没款8万余元。

【农作物病虫害防控】 2018年，全区农作物种植面积87.34万亩，病虫草鼠害发生面积143.81万亩次，防治面积143.63万亩次，挽回产量损失20832.78吨。农作物多种病虫灾害发生程度总体上呈中等发生，与常年水平相当，但稻飞虱和果、蔬的部分害虫在局部地区较去年偏重。区农委编印发布病虫情报10期，发送水稻重大病虫害应急防控技术短信350余条，预报准确率95%以上，印发相关技术资料2.5万余份。建立3.5万亩水稻重大病虫灾害应急防控核心示范片，专业化统防统治作业面积14.9万亩次（水稻、小麦、玉米），专业化统防统治覆盖率35.62%。全区实施绿色防控面积51.58万亩次（水稻、玉米、蔬菜、果树、茶叶），绿色防控覆盖率38.26%；全区农药商品用量为199.35吨，折百量81.77吨，比2017年商品量减少2.04吨，折百量减少20.94吨。农药利用率39%以上。全区应用无人机统防统治作业面积3万余亩；在二圣镇天坪山现代生态农业创新示范基地6000余亩梨园实施绿色防控技术。

【动物疫病综合防控】 坚持对散养户实行仔猪阉割首免、春秋季畜禽集中免疫和每月定期补免，对规模养殖场按规定程序自主免疫和监督检查指导的防疫措施；对春秋季存栏生猪、牛、羊、家禽实施规定疫苗免疫应免密度100%；猪、牛、羊驱虫面100%；畜禽圈舍消毒面100%；动物疫情普查面100%；犬只狂犬病免疫率100%；开展非洲猪瘟防控；建立健全免疫记录档案；推行“基于监（检）测报告或风险分析评估报告”的产地检疫制度和调出市外动物产地检疫“双签字”制度，规范出具动物检疫证明；畜禽产地检疫申报受理率100%，畜禽产地临栏检疫率100%；产地到场检疫面100%；对四级以上生猪定点屠宰场坚持实行官方兽医驻场检疫监管制度，定点屠宰场生猪检疫率100%，病害动物及动物产品无害化处理率100%。全年无重大动物疫情发生。全面落实兽医工作“三项制度”，提高动物疫病防控水平；加强动物疫病监测，摸清疫源情况；科学开展动物流行病学调查和分析评估，及时准确预警预报；严格落实各项防控措施，筑牢非洲猪瘟防控屏障；稳步推进动物疫病净化工作；强化兽医实验室建设管理，提升整体技术水平；加强对外交流合作，强化兽医科技创新建设；加强畜产品质量监测，确保畜产品质量安全。

【养殖污染治理】　贯彻落实《畜禽规模养殖污染防治条例》和《重庆市人民政府关于贯彻〈畜禽规模养殖污染防治条例〉的实施意见》，有效控制畜禽养殖场发展总量及其污染排放总量，推进农业面源污染整治，严格落实畜禽养殖污染防治规划，全区禁养区内畜禽养殖场关闭计划全部完成。巩固畜禽养殖污染综合整治成果，加强限养区内畜禽规模养殖场的污染治理，完成2018年6983头生猪当量的污染治理及全国第二次污染源普查工作。

【生态渔业发展】　主推“池塘环保健康养殖模式”“鱼菜共生立体种养模式”“池塘底排污生态化改造”等节能减排环保生态养殖新技术。引导老旧池塘进行“一改五化”“底排污”生态化改造，开展池塘环保健康养殖培训12期、培训渔业生产者600余人次。完成6.67公顷鱼菜共生综合种养示范基地项目建设与验收工作，水藤菜、水稻平均产量分别达到50.52吨/公顷和9.60吨/公顷，达到项目实施要求。加强水产健康养殖示范场的指导和管理，新增2家、复核通过1家，全区累计创建水产健康养殖示范场12家共2062亩。引进推广水产新品种，引进异育银鲫“中科5号”、团头鲂“华海1号”等特优良种5000万尾以上，丰富辖区水产品养殖品种。开展水产养殖动物疫病预测预报工作，在全区重点镇街设立5个监测点（配备pH、氨氮、溶解氧等水质测试盒），确保全区无重大疫病发生。

【渔业安全监管】　按照《市农委关于切实做好我市2018年禁渔工作的通知》（渝农发〔2018〕40号）要求，加强禁渔政策宣传，采取多种宣传方式，确保政策宣传到位，营造全面禁渔的浓厚氛围，强化群防群护，落实禁渔巡护管理，依托镇街、广大群众和捕捞渔民专业合作社，缓解禁渔巡护力量不足的矛盾，全区268名渔民参加禁渔巡护工作。加大巡查力度，禁渔期间对辖区内江段每周进行日常巡查1次，开展拉网式大巡查4次，共出动执法车（艇）25车（艘）次，出动执法人员73人次，检查渔船115艘/次，做到全面巡护，不留工作死角。筹集渔业燃油补贴政策调整资金和航道炸礁补偿资金14.5万元，在木洞苏家浩、双河白沙沱、麻柳南坪坝内浩等3个鱼类重要产卵场建设人工鱼巢5800平方米。通过监测，全区5800平方米人工鱼巢产卵量约4亿尾，出苗量约2.5亿尾。安排专人负责渔船GPS应急救援系统的日常管理，渔船GPS平均在线率达到90%以上，渔船GPS应急救援系统的应用与管理得到加强。开展日常检查和安全生产大检查，组织开展渔船安全大检查5次、日常检查36次，检查渔业船舶230艘次。

农业综合开发

【概况】　巴南区农业综合开发立足自身特色，以乡村振兴战略行动计划为统领，树立“创新、绿色、特色、全程、惠民”开发理念，坚持市场引导，问题导向，按照“全域开发、全链建设、全面融合、全年体验、全民收益”的发展趋势，围绕质量兴农、绿色兴农的要求，以农田建设为根本，以产业兴旺为方向，以特色产业链建设、乡村旅游农业建设为抓手，集中连片开发、集约高效开发、综合立体开发，大力建设体系完善、绿色优质的精品项目区，推动产业升级、价值升位、农民增收。2018年，共完成农业综合开发资金任务2905万元，其中中央资金1841万元、市级配套资金878万元、区级配套资金186万元。

【农业综合开发土地治理】　完成农业综合开发土地治理项目2个，分别为二圣片区生态综合治理项目、圣灯山片区生态综合治理项目，生态综合治理面积2.32万亩，总投资2550万元。主要打造二圣镇月亮湾生态渔村、安澜镇五通村昊宇航空农旅基地、圣灯山镇大沟村熊猫亲子乐园农旅基地和沿滩村如来谷农旅基地，通过土地整治、基础设施建设助力幸福村产业发展、巴山村“三变改革”。

【农业产业化实施】　完成农业综合开发产业化发展投资355万元，分为5个项目实施。其中，石龙镇重庆大祥茶业有限公司实施的“巴南区

2017年度80吨名优绿茶加工改扩建项目”，进一步助推巴南区精品茶业区建设；石龙镇重庆市光剑蓝莓种植专业合作社实施的“巴南区2017年度400亩优质蓝莓示范基地改扩建项目”将荒山变成优质蓝莓园区；双河口镇重庆至象农业发展有限公司实施的“巴南区2017年度500亩特色水果花卉种植基地新建项目”，采用“公司+基地+合作社+农户”的产业化运营模式，将公司、合作社、基地、小农户有机结合，带动当地种、养殖特色产业发展。生态奶牛养殖基地建设项目、生猪屠宰收购加工项目通过贷款贴息，助推巴南草食性牲畜（奶业）支柱性农业产业发展。

农村扶贫开发

【概况】 全区扶贫开发工作以习近平新时代中国特色社会主义思想为指导，学习贯彻党的十九大会议精神，深学笃用习近平总书记重要讲话精神及中央、市委工作部署要求，把提高脱贫质量放在首位，坚持精准扶贫精准脱贫方略，坚持大扶贫工作格局，注重脱贫攻坚与乡村振兴相融合，注重扶贫与扶志扶智相结合，注重脱贫攻坚与成果巩固相结合，统筹贫困户与非贫困户、贫困村与非贫困村协调发展，瞄准特定贫困群众、深化到户到人精准帮扶措施，脱贫攻坚成果得以全面巩固。全区农民人均可支配收入达18254元，增幅9.0%，完成年度减贫150人目标任务，无一例返贫。

【扶贫对象管理】 以是否解决贫困人口“两不愁、三保障”为基本原则，以农民家庭年人均纯收入低于国家扶贫标准为贫困户识别标准，严格执行“四进七不进”“一出三不出”识别标准和“八步，二评议二公示一比对一公告”识别程序，通过“四看”方式，采取“七步工作法”，开展脱贫攻坚“大排查”，动态新增建档立卡贫困人口49户136人，稳定脱贫退出贫困人口80户177人。建立1064户2628人临界农户对象库。

【扶贫资金项目】 投入市级以上专项扶贫资金498万元、区级财政扶贫资金928万元，整合行业部门资金1.4亿元。在贫困村实施完成13个产业扶贫项目，5个建卡贫困村分别培育成型2~3个特色主导产业，规模约1万亩。改造农村四类贫困对象D级危房3060户。建卡贫困人口在区内就诊全面实现“先诊疗后付费”“一站式”结算，住院费用自付比例为9.47%，慢病、重特大疾病等特殊病种门诊费用自付比例为14.13%，投入救助金额214万元。在家且有签约意愿的8443名贫困人口签约率100%。按一档180元/人·年标准，资助未脱贫建卡贫困户参加城乡合作医疗保险。按100元/人·年标准，为9302名全区建卡贫困人口参加“精准脱贫保”。落实教育扶贫补助资金1275万元，惠及贫困学生5759人次。实现211名贫困人口稳定就业，64名贫困人口创业就业，创建扶贫车间1个。

【志智双扶】 各镇街设立“扶贫日”宣传活动点，发放政策资料8万余份，印制横幅60余幅，张贴海报2500余张，惠及群众达4万余人。以贫困村为重点，开展种植、养殖等实用技术培训16期，培训群众近600人次。

【结对帮扶】 继续开展到村到户跟踪帮扶，全区5000多名区镇村社四级帮扶干部坚持与建卡贫困户结成对子。20名区领导分别任扶贫开发领导小组组长，5名区领导任区级扶贫集团团长，带领全区各单位、各镇街开展对口帮扶。遴选区级15名优秀干部，派驻5个建档立卡贫困村开展驻村帮扶工作，并向5个区级贫困村选派5名区级部门优秀干部担任驻村工作队队长。帮扶干部坚持入户调研走访，瞄准贫困村和贫困户的困难需求，落实“一村一品”“一户一策”精准帮扶措施，帮助提升脱贫质量。开展对口帮扶万州区就业培训300多人次，提供就业岗位200余个，培训致富带头人43名，资助困难学生500多名。

农村经营管理

【概况】 巴南区贯彻落实中央一号文件和党的十九大精神，以习近平新时代中国特色社会主义思想为指导，坚持以实施乡村振兴战略作为农村农业经济工作的总抓手，以壮大农村集体经济和增加农民收入为目标，继续深化农村土地制度改革，推进农村土地承包经营权确权登记颁证，依法调处土地承包纠纷，全面开展农村集体产权制度改革，完善农村集体产权权能，加强农村集体“三资”和农民负担监督管理，狠抓农村财务规范、农民负担专项治理、农村土地承包关系的稳定、发展壮大村集体经济组织以及农民合作社和家庭农场建设。

【农村土地承包经营权流转】 巴南区进一步加强农村土地承包经营权流转管理与指导，规范农村土地承包经营权流转行为，维护流转双方合法权益。贯彻落实中共中央办公厅、国务院办公厅《关于引导农村土地经营权有序流转发展农业适度规模经营的意见》精神，引导农民依法、有序、规范流转土地，实现农村土地规模经营。加强对工商资本租赁农地监管和风险防范审查，按照《巴南区加强对工商资本租赁农地监管和风险防范实施意见》（巴南农业发〔2016〕63号）要求，重点审查经营主体的资质、商业信誉、征信情况、农业持续经营能力、流转土地对经营项目、土地用途、风险防范以及是否符合当地产业布局和现代化农业发展规划等。加强农村土地流转备案审查，严格落实区政府办《关于严格规范区政府常务会议管理的通知》（巴南府办发〔2017〕69号）和《关于实施流转农村土地会商制度的通知》（巴南府办发〔2018〕38号）要求，对100亩以上土地流转事宜经区级相关部门会商后报请经区政府常务会议审议。全区家庭承包耕地流转累计总面积2.37万公顷，流转率占家庭承包经营耕地总面积5.91万公顷的40.10%；适度规模经营的耕地面积2.06万公顷，适度规模经营度占家庭承包经营耕地总面积5.91万公顷的34.86%。全年受理土地承包经营纠纷535件，土地流转纠纷283件，其他纠纷数60件。调处纠纷854件（其中调解纠纷数820件，仲裁纠纷数34件），调处率97.27%。

【农村“三资”管理】 巴南区积极开展农村集体“三资”管理规范化、制度化建设，指导集体经济组织建立健全“三资”管理制度，落实责任、规范运行。巴南区被农业农村部、中央农办确定的全国100个农村集体产权制度改革试点区县之一，开展农村集体产权制度改革试点工作。截至2018年年底，全面完成改革试点任务。全区197个村、1892个社完成清产核资，195个村、1892个社完成成员身份确认和股份合作制改革，确认成员身份总数69万人，量化经营性资产总额7.39亿元，设置股份1597.25万股（其中集体股3.68万股，个人股1593.57万股）。申请登记农村集体经济组织2042个，其中，村级195个，社级1847个。因地制宜探索农村集体经济有效实现形式，抓好权能拓展，促进农村各类产权规范有序流转，激发农村发展活力。截至2018年年底，巴南区农村综合产权交易中心开展农村土地承包经营权、农村集体经营性资产出租等流转交易鉴证31宗，实现交易金额7000万元，惠及农户近2000户。办理抵押业务4笔，贷款379万元。2018年3月，中共重庆市农村工作领导小组办公室确定二圣镇巴山村为巴南区农村三变改革试点村。巴南区成立以区委书记为组长的领导小组，制定《巴南区二圣镇巴山村农村“三变”改革试点工作方案》，区领导多次召开巴山村“三变”改革现场专题会议，推进巴山村农村土地承包经营权确权登记颁证、集体产权制度改革、产业规划、新型经营、主体培育、建立合股联营机制等相关工作。进一步完善“三资”监管信息平台建设，全区有16个镇街的168个村“三资”管理信息纳入平台管理。

【农民负担监督管理】 强化农民负担监管，维护农民合法权益。按照农业农村部基点调查要求和规定，加强农民负担监测点调查，及时收集监测数据，认真进行分析、审核，按时上报。严把“一事一议”筹资筹劳项目申报，审核“一事一议”筹资筹劳公益事业建设项目92个，投入资金2475.76万元，其中市财政投入1760万元，区财政投入500万元。开展涉农乱收费专项治理，贯彻《中共重庆市委实施乡村振兴战略工作领导小组办公室〈关于2018年农民负担专项治理、工作督导及监测工作的通知〉》(渝委乡振组办〔2018〕7号)精神,印发《关于开展2018年农民负担专项治理工作的通知》(巴南农业发〔2018〕82号),在全区范围内开展涉农乱收费乱摊派以及村级组织负担专项治理工作,对全区22个镇街198个村集体组织涉农乱收费情况进行清理,未发现向农民增加收费和减少收费情况。开展防范涉农领域非法集资宣传活动,加深农民群众对涉农非法集资的认识理解,增强群众自我保护意识,让群众远离非法集资。全区印制发放宣传单10万份,组织宣传活动100余场;张贴宣传标语1200余幅,出动宣传车120余趟。

新型农业经营主体

【种养大户】 严格按照规定程序和标准开展对种养大户评审认定工作,全区培养种养大户587户。其中蔬菜种植大户270户、水果种植大户128户、生猪养殖大户90户、双河口高枫蛋鸡养殖大户1户、山羊养殖场(户)6户、肉兔养殖大户6户、重庆光大奶牛养殖大户1户、水产养殖大户85户。

【家庭农场】 巴南区加强细化落实乡村振兴战略,继续加强家庭农场等新型农业经营主体培育,加大政策扶持力度,强化生产经营指导,积极开展家庭农场认定工作,区农委新培育认定家庭农场69家,总数达到283家,比2017年增长13.2%,其中,种植业124家,畜牧业47家,渔业80家,种养结合25家,其他7家。被区级及其以上农业部门评定为示范家庭农场48家。全区家庭农场经营土地面积1100万公顷,年销售农产品总额10015万元。

【农民合作社】 加强农民合作社等新型农业经营主体培育,强化合作社管理及规范化建设,指导重庆赏心谷果蔬种植股份合作社等30多家农民合作社建立健全组织机构、管理制度、利益分配机制等。新培育发展农民合作社34个,总数达到540个,比2017年增长6.3%,合作社成员数9.28万户,带动农户数7.62万户,合作社经营收入48862万元。新发展股份合作社8个,总数达到93个,股份合作社成员出资额3.67亿元,其中土地入股2.57亿元,入股农户8170户,入股土地面积1800公顷。2018年,重庆市美享柚子种植股份合作社获评国家示范社,全区区级及其以上示范社总数44个。

【农业产业化龙头企业】 以培育壮大新型农业经营主体为重点,通过系列扶持农业企业、农民合作社、家庭农场发展的优惠扶持政策,从土地流转、产业发展、农业生产配套设施建设用地、税收、奖励、农业项目支持等多方面给予扶持,推动新型农业经营主体的快速发展。截至2018年年底,市级以上农业产业化龙头企业35家、区级106家。

农业机械

【概况】 巴南区农业机械化工作围绕中央市区党委政府关于乡村振兴战略总体要求,大力推广先进适用的现代农业机械,认真落实惠农政策,开展全程机械化示范和农机宜机化土地整理整治等工作,探索果园机械化技术、油菜超稀种植技术的丘陵山区适用农机技术。推动全区农业机械化工作不断发展,促进全区现代都市效益农业产业结构调整和农村经济发展。2018年,全区农业机械总动力达到41.98万千瓦,农业机械拥有量23.06万台套,农业机械原值22830万元,农机从业人员51583户,农机作业服务专业户4460人,农业耕种收综合机械化水平50.55%。

【农业机械作业】 按照《重庆市农业农村委员会关于做好引导社会资本参与土地宜机化整治工作的通知》的要求,组织召开巴南区宜机化地块整理整治工作,指导农机服务组织开展宜机化地块整理整治。全年完成机耕作业面积88万亩,宜机化土地整理整治1500亩。组织全区开展机插秧技术社会化服务的新型农业经营主体负责人进行技术培训,示范推广机插秧育商品秧社会化服务,全区完成机插秧面积9.4万亩。区农委成立指导组对水稻机收工作进行指导，做好辖区内跨区机收工作的协调、组织和指导。设立跨区作业24小时热线服务电话，接受农民、机手的信息咨询和投诉，及时妥善处理好作业中的各种纠纷。开展机收送清凉活动，到收割现场为本地和外地来的机手开展慰问活动。利用联合收割机谷秆切碎功能，将秸秆在收割时直接切碎还田，助推秸秆禁烧工作，进一步减少化肥使用，增加土壤有机质，推动全区农业向绿色环保转变。全区完成机械化水稻收割15.9万亩，机械脱出粮食108635吨。

【新机具新技术推广】 结合巴南地形地貌推广使用先进适用农业机械，加大适应丘陵山区农业机械的示范和引进，减轻农民劳动强度，提高农业机械化水平。贯彻落实市区购机补贴政策，通过现场会、培训会、科技下乡等形式，宣传购机补贴政策，调动农民购机、用机积极性，提高机具拥有量，促进全区农机化健康快速发展。2018年，全区春耕春播现场会上按照“加快机械化换人，促进乡村振兴”要求和巴南区乡村振兴战略实际需求，开展覆盖茶叶、花椒、蔬菜、水果、花木等特色产业和油菜、玉米、土豆、水稻等主要农作物生产的中大型农业机械进行展演示。邀请重庆宗申、重庆航天巴山、重庆吉峰、重庆保耕程等26家农机企业、农机经销商对国家补贴农机装备进行展示推广，促进适宜丘陵山区农业机械新技术新机具的应用。

【农机购置补贴实施与监管】 全面落实农机购置补贴政策，召开工作部署会，传达购机补贴政策及具体操作程序的规范化要求，推进农机新机具推广工作。强化农机购置补贴监管，设立举报投诉及补贴产品违规经营行为受理电话，落实专人具体负责办理。与22个镇街签订农机购置补贴责任书，落实监管措施，提升监管效率，确保农机购置补贴“三级监管”工作机制落实到位。加强农机购置补贴政策延伸绩效管理，区农委、区财政局印发《关于开展农业机械购置补贴专项检查的通知》，在全区开展2015—2017年农机购置补贴专项检查，重点对购买多台补贴机具和购买中大型机具的见人见机实地核查。

【农机技术培训】 举办各类农业机械化使用维修技术培训班，提高农民对农机新技术、新机具的应用知识，增强操作、保养和维修能力。在农忙时节派出技术人员到农机作业现场为机手和村民排忧解难，现场对机手进行技术指导，传授机具的安全操作和正确保养维修知识，共排除疑难故障160多台次，进一步提高农机手的维修技术。开展农机职业技术人才培训鉴定3期，培训77人，其中农业机械操作手培训班1期23人，农机修理工初级培训鉴定2期54人。

【农机安全监督管理】 落实农机安全责任制，与22个镇街签订《农机安全生产目标责任书》，各镇街与村居、农机专业合作社、机主、机手签订《目标责任书》，落实四级安全生产责任制。对市外发牌照变型拖拉机全面开展省际真伪协查工作，其中巴南区自行向市外省市发函35份协查125台，报请市监理所协查117台，总计协查车辆242台，牌证真伪协查率100%；开展隐患排查，实施网格化治理，建立镇街排查、区级汇总、部门联动整治机制，对隐患排查与整治工作实行月报制度和通报制度，把未年检、未参保的变型拖拉机和假牌假证变型拖拉机纳入整治工作重点；对变型拖拉机实施分类处置，逐步消化存量，2018年报废变型拖拉机78台，其中渝01变型拖拉机报废10台，外省藉变型拖拉机68台；全区变型拖拉机存量大幅减少，石滩镇创建为重庆市“平安农机”示范乡镇，姜家平原村、石龙白马村创建为重庆市“平安农机”示范村。

农业执法

【概况】 区农委贯彻落实法治政府建设要求，坚持围绕中心、服务大局，不断完善农业法制体系、持续深化普法宣传教育、大力强化公正文明执法，法治建设工作取得较好成效，为维护人民群众切身利益，推动巴南区乡村振兴营造良好法治环境。根据“七五”普法规划，组织实施农业普法宣传活动，全年进村入户宣传法律80余次，接受群众现场咨询500余人次。全面推行“双随机一公开”工作机制，制定完善随机抽查事项清单与随机抽查机制，全年抽取执法对象206个，针对双随机检查对象的违法行为立案6起。强化行政执法支持保障作用，全年共检查农产品、畜产品、农业投入品等708家次，出动执法人员813人次，收缴非法捕捞网具350副，收缴电捕鱼器12套，没收渔获物81.5千克，收缴拖拉机号牌32副，立案查处违法行为57起，其中农业投入品立案查处违法行为11件，动物卫生监督立案查处违法行为36件，渔政执法立案查处违法行为5件，农机立案查处4件，移送公安机关17起34人，收缴罚没款26.5万元。

【农产品安全执法】 开展冬草莓采摘和茶叶质量安全专项检查行动，对全区冬草莓采摘基地和5家茶叶生产、加工企业进行执法检查和样品检测。共检查冬草莓种植基地15个，大棚240个，面积170余亩；检查茶叶生产、加工企业、专业合作社5个，涉及茶叶生产面积5000余亩。未发现使用高毒、禁限用农药迹象，无冒用“三品一标”标识行为。组织开展为期3个月的严厉打击危害肉品质量安全违法违规行为“百日行动”，确保区内猪、牛、羊肉品质量安全。与一品、南彭、东温泉、接龙、木洞等5个镇街畜牧兽医站、食品药品监督管理所开展市场联合执法5次，检查猪肉销售点36个，家禽屠宰点9个，现杀活羊的烤羊庄（农家乐）6个。与鱼洞、木洞、南彭、东温泉、接龙等镇街对辖区内的屠宰场、家禽屠宰点、规模养殖场（户）、饲料兽药销售商开展专项检查，检查生猪屠宰场7个、家禽屠宰点14个、检查规模养殖场（户）17个。针对检查发现的相关违法行为，区农业行政执法支队下达责令改正通知书7份，立案11起。开展奶牛及生鲜乳专项整治行动。发放生鲜乳质量安全管理宣传资料，对养殖投入品、动物防疫条件、生鲜乳的保存与运输环节进行督查，对现场发现的问题要求立即整改到位。

【渔业安全执法】 协调开展打击非法捕捞专项行动。在禁渔期到来前组织召开涉鱼餐饮业主座谈会。明确要求各业主在禁渔期间要严格遵守禁渔规定，不得收购、销售、经营野生江河鱼。与长航公安、水警、相关地方派出所开展联合执法，严厉打击各类非法捕捞行为。2018年禁渔期，支队组织执法检查56次，出动执法人员220人次，出动执法车辆56车次，出动执法船艇5艘次，水上巡航里程250千米，检查涉渔餐饮37户次，蹲点守候25次，与相关部门开展联合执法25次，与毗邻区县开展联合执法检查1次。渔船安全执法，以打击非法载客载货行为为重点，对安全设施设备配备不符合要求、船员不穿戴救生衣航行作业等违规行为进行严厉打击，暂未发现相关违法行为。

【农机安全执法】 进一步加强对农机安全的执法检查和违法行为查处。与区农机警务室联合开展外省籍变型拖拉机道路执法检查工作，严格查处外省籍变型拖拉机假牌、套牌、超载、超速、拼装、改装等违法行为，一般程序立案查处农机违法行为4起，农机警务室简易程序处罚案件23起。

（邵东东）

林　业

【概况】 巴南区现有林地面积132.6万亩，林木蓄积370万立方米，森林覆盖率46.6%，是主城重要“肺叶”，也是长江上游重要生态屏障。全区森林中优势树种有松、杉、柏，竹类等，尤以马尾松分布最广，现有47.2万亩，占主城全部松林面积的40%。森林主要分布于铜锣山、明月山、桃子荡、鲜家坪四大山脉和云篆山、圣灯山、樵坪山、石滩天台山、安澜龙岗、石龙长岭六大林区。巴南区林业局机关内设办公室、政工科、资源管理审批科、计划投资科、森林防火科，下辖区森林公安局、区森林病虫害防治检疫站（参公单位）及6个直属全额拨款事业单位（巴南区退耕还林管理中心、巴南区天然林保护管理中心，南泉、桥口坝、东泉、接龙4个国有林场）共

160 人。其中，高级以上职称 12 人，中级职称 25 人。

2018 年，紧紧围绕习总书记对重庆“两点”定位、“两地”“两高”目标，贯彻落实“共抓大保护，不搞大开发”“绿水青山就是金山银山”“生态优先，绿色发展”等重要论述，按照全区“五围绕五抓”工作思路，实施乡村振兴战略，推进绿色发展，着力开展森林生态系统保护和修复工程，森林质量提升工程、国土绿化提升行动、优化林业产业发展。截至年末，全区累计实施营造林 7.86 万亩，义务植树 190 万株，林业总产值超过 40 亿元。完成 15.23 万亩退耕还林成果巩固，完成森林抚育项目 4000 亩建设任务，通过市检查验收，完成农户退耕直补资金 828.2 万元。完成天然林保护 50 万亩，兑付森林生态效益补偿资金 512 万元，完成林地变更调查和公益林落界，划定公益林区划面积 6957.67 公顷。落实资金 26 万元，完成全区 232 株古树名木复壮，落实管护人员，签订管护责任合同。有序开展森林督查和自然保护地大检查大整治专项行动。重点工程建设使用林地审核审批率 100%，采伐严格控制在市规定限额内。涉林案件查处率 100%，区境内未发生有较大社会影响的重点涉林案件。林业有害生物防控到位率 100%，松材线虫病疫情得到有效遏制。全年区境内无森林火灾发生。

【国土绿化提升行动】 2018 年，市下达巴南区国土绿化提升行动营造林任务 6.2 万亩。其中造林 3.4 万亩，营林 2.8 万亩。区委书记辛国荣、区长何友生、分管副区长舒朝斌多次在相关会议上进行安排部署，督促各地抓住春秋冬植树季节，对标对表迅速开展植树造林工作。区政府编制完成《国土绿化提升三年规划方案》，明确到 2022 年全区森林覆盖率要达到 55% 的目标。拟通过常规林地中的无林地、宜林地、疏林地等开展造林和补植封育，在符合条件的坡耕地上开展退耕还林，在农村住宅周边、公路及乡村道路两旁、塘、库、堰、河等水旁开展四旁植树等方式推进国土绿化提升。区政府办印发《2018 年国土绿化提升行动工作方案》，将市下达巴南区的目标任务进行分解，明确相关部门和镇街责任。区林业局、区发改委、区财政局、区国土分局、区农委五部门联合印发《巴南区国土绿化提升行动营造林技术和管理指导意见》，对项目管理和技术性工作作出具体规定。截至 2018 年年底，全区通过各类方式完成国土绿化提升营造林 7.86 万亩，完成计划任务的 127%。

【天保工程】 召开全区天然林保护工程工作大会，全区各镇街、国有林场按要求选聘集中管护人员 307 名，签订管护合同，落实 50 万亩天然林资源管护责任。收集并纠错完善 20 个镇街直补数据，完成 512 万元公益林直补工作，共涉及 162 个村 1002 个社 6 万余户农户。开展年度森林保险申报，会同保险公司开展多种形式入村宣传动员，完成全区 51.46 万亩公益林参保工作，做到全区公益林应保尽保。推动落实国家公益林落界工作，根据国家级公益林界定办法和国家、市相关规定，划定巴南区长江两岸、石漠化和水土流失严重地区国家级公益林共计 6957.67 公顷，征求相关镇街、部门、平台公司单位意见后，通过区政府审核。

【义务植树】 制定义务植树工作方案，于春节后上班第一天即在全区大范围开展春季义务植树活动。共设置义务植树主会场 1 个，分会场 22 个，在家区领导均参加主会场义务植树活动。同时，创新义务植树模式，政府部门和社会单位有机结合，引导全社会通过多种形式积极主动参与植树活动，掀起全区爱绿、护绿、植绿热潮。全年全区通过栽植、管护、认养认建苗木等形式开展义务植树 192 万余株。

【森林督查】 根据市里统一安排部署，如期启动森林督查工作。6 月初，区林业局向各镇街、国有林场印发《关于开展森林督查镇街级自查的通知》，全区涉及督查工作的 20 个镇街和 3 个国有林场开展遥感影像卫片判读共 250 公顷，涉及 500 个图斑的镇街级自查工作。同时，聘请西北林业勘测设计院，历时一个月，完成县级自查工作，通过市级抽查。全区 500 个疑似图斑中，不是林地的图斑228个，依法使用林地图斑74个，林地未发生改变图斑39个，违法违规使用林地或采伐林木图斑59个（其中，麻柳沿江开发区项目，违法使用林地27.4公顷，违法采伐林木蓄积752.7立方米，涉及图斑共24个；公路物流基地建设项目，违法使用林地11.2公顷，违法采伐林木蓄积335.9立方米，涉及图斑共17个；长江木洞镇防洪护岸综合治理工程项目，违法使用林地7.1公顷，违法采伐林木蓄积108.5立方米，涉及图斑5个）。针对发现的问题，区林业局制定整改措施，专题向区政府报告，明确每个违法违规图斑项目概况、占用林地（采伐林木）面积（蓄积）、整改要求、责任单位、配合单位等具体事项，责令限期整改到位。

【自然保护地大检查行动】 根据市里统一安排部署开展全区自然保护地大检查大整治，将桥口坝国家森林公园、南泉森林公园、东泉森林公园、安澜鹭类自然保护区、圣灯山自然保护区5处涉林自然保护地和南温泉风景名胜区、东温泉风景名胜区2处风景名胜区纳入清理整治范围，成立大排查大整治专项行动协调小组，会同区国土、规划、农委、旅游等自然保护地成员单位，按照区政府下发的自然保护地大检查大整治工作方案，开展全区自然保护地大检查。全区共排查出问题16处。其中，安澜鹭类自然保护区3处、桥口坝森林公园11处、东泉森林公园2处。截至2018年底，已完成查处2处，拆除并完成复耕复绿1处，其他违法问题正按整改方案推进调查处理。

【林地管理】 按照“重审核，强管理”原则，全年共办理各类占用林地56宗，涉及面积50余公顷，较去年同期减少45%，林地征占用审批率100%，实现“既要积极服务落实重大工程占地，又要千方百计严格控制林地流失”的目的。狠抓采伐管理，全面停止天然林商业性采伐。全年共办理采伐证579份，采伐蓄积375.1立方米，同比下降60%，未突破市规定的采伐限额指标。加强林地确权登记，全年办理林权登记156宗，颁发不动产权证156本。办理行政审批610件，办结610件，办结率100%，实现林业行政审批“三无”目标。

【中国西部木材贸易港】 突出“口岸+产业集群”，稳步推进西部木材贸易港建设，项目前期工作推进顺利。5月25日，市政府副市长李明清会见中林集团总经理林展一行，会上明确将从市级层面大力推动项目建设前期工作，并就建设活立木储备基地和高位打造重庆林投公司等林业产业项目达成合作意向，区政府与中林集团签订战略合作协议。8月21日，区政府与中林集团有限公司签订《中国西部木材贸易港项目投资合作协议》，标志着项目在巴南正式落户。区林业局作为该项目牵头单位，为业主单位提供各类基础性数据资料，努力营造良好的建设环境。中林集团委托专业机构对项目一期方案进行反复修改和论证，基本方案已确定。按照最新测算，一期项目总建设面积约15万平方米；乙方在项目中总投入不低于20亿元（含土地成本），项目建成达产后，年交易木材总量不低于230万立方米（其中直接进口锯材不低于70万立方米），年销售收入不低于36亿元，年综合税收不低于1.1亿元（进口环节增值税除外）。

【林业产业】 依托现有资源优势，以退耕还林后续产业基地建设为载体，支持发展林果、花卉苗木等经济林、景观林，打造“游、购、娱”一体的多元化林业产业链条。石滩天台花谷、丰盛彩色森林、二圣梨花、圣灯山五洲红枫等成为近郊游的响亮名片。全区共发展涉林企业87家、专业合作社24家、森林人家8家，林地经营面积40.86万亩，以森林生态旅游、森林食品、花卉苗木、木材加工及木制品产业为主的林业总产值超过40亿元。同时，积极做好市级林业龙头企业申报与监测资料的收集工作，并按时向市林业局产业处报送（其中：监测4家，即凯恩家居、邦天农业、五洲园林、温馨花卉；新推荐1家，即优荣农业）；积极申报2017年中央林业贷款7810万元，涉及邦天、五洲园、日月花卉等3家林业企业，并申报2017年中央林业贷款贴息136.1万元（邦天54万元、五洲园21万元、日月花卉61.1万元）；发展森林康养基地1家（“彩色森林”森林康养基地)、林业特色产业2家(南湖多彩植物园和接龙碑垭花卉苗木基地)、森林人家4家(姜家花果山、石峡茶园、顶子山林场、泽昌家庭农场)。

【森林防火】 着力提升现代化防控水平,突出健全完善基础设施、科学指挥体系、先进工具配备使用三大关键,森林防火取得显著成效,连续第四年无森林火灾发生。全年,区政府组织召开森林防火工作会议4次,累计签订防火责任书4万余份,发放各类宣传资料12万余份,利用预警平台发布预警信息22条,37万条次;重点时段、重点林区重点地段设卡228个,310人轮流看守;成立6个指导检查组累检查指导500余次,排查整改隐患508个;区委书记辛国荣、区长何友生、分管副区长舒朝斌等在重点时段分别带队到重点林区开展森林防火工作督导检查;新修森林防火公路1.3千米;完成铜锣山森林防火系统项目建设,安装监控摄像头4套、红外语音播放设备4套;定期开展森林消防专业扑火队及应急队伍理论与实战训练,区森林消防专业扑火队与圣灯山镇联合开展综合应急演练;圆满完成2018年军地联考联评后勤保障工作,得到重庆警备区书面肯定;坚持24小时值班制度,严格领导带班、扑火队员值班制度,确保一旦发生山火,领导上得快、队伍到得快、火情扑灭快。

【生物防治】 高位推动以松材线虫病为主的有害生物防控工作,保障人力、财力、物力、责任追究“四到位”,通过空中飞防、地上伐除焚毁、传播媒介诱杀、木材流通监管等措施,严把关键环节,堵塞防控漏洞,松材线虫病疫情大幅压缩。全年累计除治面积36.4万亩,除治各类枯死松树74.7万株,清理焚烧农户疫木疫柴566.8吨,防控到位率100%;开展松墨天牛诱捕防治22.5万亩,设置诱捕器4497部,诱杀天牛46.6万头,实施飞机施药防治3.6万亩。完成林业有害生物监测任务795万亩次;完成松毛虫防治任务3.8万亩。其中人工地面喷粉2.3万亩,无人机白僵菌接种1万亩,设置黑光灯诱捕监测150部防治0.5万亩。未雨绸缪今冬明春集中除治,召开全区林业有害生物防控工作大会,明确目标任务,签订防控目标责任书,启动2018—2019年度松材线虫病“百日攻坚战”。

【依法治林】 开展“2018利剑行动”“打击破坏迁徙候鸟违法犯罪行为专项行动”“国有林区禁种铲毒”“林区缉枪治爆”等一系列专项行动,持续加强对林区违法犯罪行为的打击力度,打造平安健康和谐林区。全年共接处各类警情60余起,出动警车180余次,出动警力450余次,办理涉林刑事案件2起,打击犯罪人员2人;办理林业行政案件49起,行政处罚49人次,涉林案件查处率100%,其中林区发案率同比下降约10%,未发生有重大社会影响的林业案件,林区治安形势趋于平稳。同时,按照全区统一安排部署,落实自然保护区和森林公园管理机构建设,全面完成中央环保督察反馈意见整改工作。

(周小波)

水 利

【概况】 巴南区水务局内设办公室、计划财务科、政工科、建设管理科、供排水科、防汛抗旱科等6个行政科室。下设区水利工程管理站、区水资源管理站、区水政执法大队、区河道堤防管理站、区水利规划移民管理站、区水利安全生产监管站、区水土保持生态环境监督站、区水文水质监测管理站,鱼洞、一品、东温泉、接龙、木洞5个水利站和南彭、下涧口、丰岩、龙岗4个水库管理所等17个事业站所。现有干部职工168人,离退休职工64人。下辖供水公司2个、水电设计公司1个、农村小水电公司1个、水利建设公司1个(市水投集团控股)等5个局属国有企业。另外,区观景口水库建设指挥部办公室、中型水库建设指挥部办公室、防汛抗旱指挥部办公室、河长制办公室均设在区水务局。2018年,区水务局围绕习近平总书记对重庆提出的“两点”定位、“两地”“两高”目标和“四个扎实”要求,以河长制工作为纽带,以重点水利工程建设为支撑,以保障饮水安全为重心,坚决打好“三大攻坚战”、认真实施“八项行动计划”，完成各类水利投资99439万元。11月，水利部移民司先后到巴南区视察观景口水库工程、2017年水库移民扶持基金绩效情况。

截至2018年底，全区共有水库96座［其中，中型水库4座，小（一）型水库16座，小（二）型水库76座］，总库容9245.43万立方米。山坪塘4522口，引水堰224处，固定电力提灌站382处，电力提灌年蓄、引、提水能力1.2亿立方米，有效灌溉面积22200公顷。小型水力发电站36处61台，装机容量1.91万千瓦，年发电量3685万千瓦·时。建成城乡饮水安全工程463处，解决63.236万人饮水安全问题。

【骨干水源工程建设】 观景口大型水利枢纽工程完成投资7.04亿元，占计划7亿元的101%，大坝枢纽工程有序推进，完成征地1564亩，签订生产安置和搬迁安置协议478人，签约并搬迁企业56家，8条复建路加快实施，木芦路建成通车，安置房同步推进前期手续办理和土地平场工作，平整面积4.7万平方米。高洞子中型水库工程完成投资1.5亿元，大坝枢纽工程达到坝顶高程，附属滩子口水库溢洪道扩建工程启动建设，水库功能任务调整获市水利局、市发改委批准，基本完成坝区及淹没区征地移民工作，各专项设施搬迁完成，12月底高洞子水库完成枢纽工程建设。龙岗水库工程完成投资6000万元，一品水厂建设完成，供水干管安装8千米，水厂排污管建设完成，完成管道工程二标段及一品水厂土建工程单位工程验收及工程结算。

【全面推行河长制】 建立区级河长，18名区四大家主要领导、区委常委和区政府副区长分别担任区级、镇街级河流河长或重要水库库长，同时，13条河流和5座重要水库分别由28个区级责任单位牵头推进。各级河长履行巡河监督职责，累计开展巡河19328次，发现河库污染问题2437个，解决问题2109个。以问题为导向，完成全区“一河（库）一策”方案编制工作，共编制141个《方案》，其中53个区级河库、88个镇街级河库，为解决河库管理保护突出问题提供技术支撑，为全面推行河长制打下基础。设立369块河长公示牌，让河长制工作接受社会监督。设立工作曝光台，不定期曝光辖区内河库污染典型事例。集中治理饮用水源水污染问题的“清水2号”和排查整治辖区内距河道界200米以内洗车场的“清水3号”系列行动明显改善水生态环境质量。清漂截污城乡环境综合整治万人百日攻坚行动效果显著，得到《人民日报》等主流媒体广泛报道。“下丰南”调水工程效益明显，全年调水1500万平方米，在满足下游场镇生产生活用水的同时，进一步改善花溪河流域生态环境。

【城乡供水安全】 投资4000万元，完成一品水厂建设，每天2.5万吨供水量将有效提高一品、桥口坝、百节片区用水保障。加快实施一品水厂至长凼子、长凼子到龙洲湾隧道、龙洲湾隧道供水管道工程等水库管网联通工程，增强全区源水调蓄能力。完成40千米场镇供水管网改造，有效解决南彭、一品等镇街周边群众饮水问题。投资700万元，在龙洲湾街道、鱼洞街道、东温泉镇等13个镇街实施的7000亩高效节水灌溉项目全部完成，新建管灌6200亩，喷灌800亩，铺设各级管道69.88千米，新建蓄水池26口，新建泵站16座，改善灌区农业生产条件。投资205万元，实施完成长堰、楼底下等2座一般小（二）型水库除险加固任务，恢复兴利库容6.4万立方米，改善160亩农田灌溉。投资495.70万元，实施5处农村饮水巩固提升工程，有效改善5469人饮水条件。全面完成南彭水库饮用水源地隔离网工程和响水水库回龙湾片区水源地涵养保护及水生态修复工程建设任务，完成投资83万元。不定期开展水质监测，检测站点247个，水源水合格率85%，出厂水质合格率88%，末梢水合格率86%。

【涉水事务管理】 严格水资源达标管理。全年用水总量控制在28500万立方米内，万元工业增加值用水量下降13%，农业灌溉有效利用系数达到0.4951。开展节水型小区、节水型单位、节水型企业等节水载体建设，加强入河排污口监督管理，促进水资源可持续利用。严格涉河建设管理，严格项目审批，加强后续监管，确保工程按照批准的建设方案和位置界限进行建设。全面开展全区河道“清四乱”专项行动，对其中17个进行整治销号。全面完成流域面积50平方千米及以上河流河道管理范围确权划界工作。完成4866处小型水利工程现场勘测定位、现状调查、登记造册等工作，为明晰水利工程产权，理顺管理体制，推进农村“三变”改革奠定基础。严格水保监督管理，加强水土流失预防监督和综合治理，审批治理水土保持方案92个，征收水土保持补偿费581.78万元。审批生产建设项目水土保持方案70个，完成水土保持社会投资约2.5亿元，水土流失防治4.9平方千米，开发区域内水土流失得到基本遏制。严格水行政执法，先后查处巴滨路五人制足球场等20余处水事违法违规行为，拆除违规建筑600余平方米，疏浚河道渣土8000余立方米，清理转运各类（构）附着物300余吨。与公安等部门开展联合执法行动，最大限度保障良好的水事秩序。

【江河堤防治理】 长江麻柳嘴镇（梓桐坝）河段防洪护岸综合整治工程完成堤防建设5.48千米，完成投资8000万元。长江木洞镇防洪护岸综合整治工程完成堤防建设4.9千米，完成投资4000万元。花溪河工程学院段河道治理工程完成主体工程建设，完成投资1100万元。加快推进鱼洞长江堤防除险加固工程建设和全区50平方千米以下河道名录调查评价工作。

【抢险应急防御机制】 委托资质单位对包括12个遥测水位站、9个遥测雨量站、1个区级平台、99个预警广播站等山洪灾害防治非工程措施进行巡检维护。并通过山洪灾害、河道水位监测等系统，对97个水库监测点、11个河道水位监测点、48个气象灾害监测点等进行实时全方位监测，发送预警信息24余条、25万人次。成功应对“7·14”长江超警戒水位，及时转移沿江低洼地带人员、财产，及时抓好交通、防疫、清淤等灾后恢复工作，把灾害损失降到最低。

（徐　佳）

工 业

概 述

2018年，全区工业和信息化工作坚持“稳中求进”工作总基调，突出大数据智能化引领，推动产业转型升级和新旧动能转换，促进高质量发展、创新发展、智能化发展。全区现有工业企业3280家，实现总产值835.6亿元，比上年增长2.1%；其中，工业增加值199.5亿元，比上年增长2.9%，占全地区生产总值25.5%，拉动全区地区生产总值增长0.8个百分点，对全区地区生产总值增长的贡献率为11.5%。全区引进工业项目36个，完成工业协议投资额477亿元，实际到位资金130亿元；完成工业投资59亿元，比上年增长1.7%。

2018年，全区大数据智能化快速发展，印发《巴南区实施以大数据智能化为引领的创新驱动发展行动计划（2018—2020）》，确定云计算大数据、平板显示与集成电路、智能制造装备、智能网联汽车、机器人与无人机5大重点发展领域，以大数据智能化快速推进传统产业优化升级，全面推进智慧政务、智慧城市等31项大数据智能化应用发展行动任务。成立区大数据智能化发展领导小组，统筹推进全区大数据智能化发展各项工作；领导小组办公室设在区经信委。全区新建4G基站509个，新建光纤入户9万余户，实现镇街4G网络和村居光纤全覆盖，城市家庭宽带接入能力达100Mbps，区互联网出口带宽580Gbps。建成1个智能工厂、3个数字化车间和11个“准”数字化车间，全区规上工业企业数字化研发设计工具普及率达到66%、关键工序数控化率达49%。引进10个大数据智能产业项目，投资111.7亿元、达产产值256亿元，多创电子多媒体黑板、美利信5G陶瓷滤波器等6个项目投产达效，基本建成以惠科为龙头的500亿级平板显示产业集群，全区大数据智能产业实现营业收入350亿元。

重庆市巴南区经济和信息化委员会于2009年12月挂牌成立，其前身是重庆市巴南区经济委员会，整合区经济委员会工业经济、区中小企业管理职能与科学技术委员会信息化管理职能组建而成；2016年8月机构编制调整时将部分信息化职责划转区委网信办，保留推进信息化和工业化的深度融合、推进信息化产业发展两项职能职责。对上接受重庆市经济和信息化委员会的指导和管理。区经信委下设办公室、工业发展与运行管理科、信息化与新技术推广科、能源保障科、资源节约与安全科、园区与企业综合服务科等6个科室和区新兴产业发展中心1个事业单位。其中，机关行政编制28名，机关后勤服务人员事业编制2名，年末实际在编在岗26名；区新兴产业发展中心编制23名，年末实际在编在岗22名。2018年，区经信委荣获党的十九大维稳安保工作集体三等功，区经信委党委荣获先进基层党组织。

（马 珂 郭 微）

规模工业

【概况】 2018年末，全区有规模工业企业206户（含跨区产业活动单位4户）；从业人员年平均人数为5.5万人，比上年下降6.0%。2018年，全区实现规模工业产值631.2亿元，比上年增长0.8%；销售产值比上年增长16.3%；产销率93.8%，比上年提升3.5个百分点。主营业务收入与上年持平；实现利润13.3亿元，比上年下降51.3%；应交税金23.6亿元，比上年下降9.5%。

（马 珂）

2018年巴南区工业主要指标表

	户数/户	人数/人	产值/亿元	主营业务收入/亿元	利润/亿元	税金/亿元
规模工业	206	54963	631.2	553.6	13.3	23.6
同期	202	65486	626.4	553.6	27.3	26.1
增长（%）	2.0	-16.1	0.8	0.0	-51.3	-9.6

2018年巴南区规模工业产值亿元以上名单

（按产值降序排列）

1 重庆惠科金扬科技有限公司
2 重庆惠科金渝光电科技有限公司
3 重庆长安铃木汽车有限公司
4 重庆宗申发动机制造有限公司
5 重庆恒安心相印纸制品有限公司
6 重庆中金珠宝首饰有限公司
7 攀钢集团重庆钛业有限公司
8 重庆渝惠科技有限公司
9 重庆宗申机车工业制造有限公司
10 重庆宗申通用动力机械有限公司
11 市电力公司巴南区
12 重庆四方新材股份有限公司
13 重庆百亚卫生用品股份有限公司
14 重庆航天巴山摩托车制造有限公司
15 重庆新希望饲料有限公司
16 重庆吉力芸峰实业（集团）有限公司
17 重庆宗申汽车进气系统制造有限公司
18 重庆大江信达车辆股份有限公司
19 重庆市南方阻燃电线电缆有限公司
20 重庆大江美利信压铸有限责任公司
21 重庆建设汽车系统股份有限公司
22 中冶建工集团重庆钢结构有限公司
23 重庆宗申动力机械股份有限公司
24 重庆建设翰昂汽车热管理系统有限公司
25 重庆市豪威摩托车制造有限公司
26 重庆川渝精工机械配件开发有限公司
27 蓝月亮（重庆）有限公司
28 重庆大江渝强塑料制品有限公司
29 重庆众强有色金属有限公司
30 重庆大江杰信锻造有限公司
31 重庆玛格家居有限公司
32 重庆宝钢钢材加工配送有限公司
33 重庆汇仁有色金属有限责任公司
34 重庆光宇摩托车制造有限公司
35 重庆耐德新明和工业有限公司
36 重庆众恒电器有限公司
37 重庆凯源石油天然气有限责任公司巴南分公司
38 重庆力之星机车制造有限责任公司
39 重庆结义食品有限公司
40 重庆帝勒金驰通用机械股份有限公司
41 重庆丰盛环保发电有限公司
42 重庆威星橡胶工业有限公司
43 中石化重庆坪润滑油分公司矿物油脂厂（巴南）
44 重庆巴南天然气有限责任公司
45 重庆光大集团乳业股份有限公司
46 重庆利万家商品混凝土有限公司
47 重庆大江亚普汽车部件有限公司
48 重庆全悦祥精密锻造机械工业有限公司
49 重庆市宏立摩托车制造有限公司
50 重庆弘愿工具（集团）有限公司
51 永塑（重庆）新材料科技有限公司
52 重庆敏驰塑胶有限公司

53 重庆弘愿压缩机制造有限公司
54 重庆中远精密模具有限公司
55 重庆立泰服饰集团有限公司
56 重庆桥头火锅调料有限公司
57 重庆创坤机电有限公司
58 重庆潮鑫隆电子科技有限公司
59 重庆理工清研凌创测控科技有限公司
60 富裕注塑制模（重庆）有限公司
61 重庆渝文模具机械制造有限公司
62 重庆宗申吕田机械制造有限公司
63 重庆康阳铝制品有限公司
64 重庆平山泰凯化油器有限公司
65 圣美精工（重庆）有限公司
66 重庆耐德摩托车零件制造有限公司
67 重庆新康意安得达尔新材料有限公司
68 重庆建设利爵实业有限责任公司
69 重庆奥方工贸有限公司
70 重庆祥众新型建材有限公司

2018年巴南区规模工业产值2000万元～1亿元企业名单

（按产值降序排列）

1 重庆桴之科科技发展有限公司
2 重庆锦晖陶瓷有限公司
3 重庆市中迪医疗信息科技股份有限公司
4 重庆彭氏科技开发有限公司
5 重庆航利实业有限责任公司
6 日立化成工业（重庆）有限公司
7 重庆界石仪表有限公司
8 重庆市力波机械制造有限公司
9 重庆市渝路混凝土有限公司
10 重庆奥卡机械制造有限公司
11 重庆宗申巴贝锐拖拉机制造有限公司
12 重庆平山矿山机电设备有限公司
13 重庆群犀汽车配件有限公司
14 重庆驰骋机械制造有限公司
15 重庆布莱迪仪器仪表有限公司
16 重庆协禾包装制品有限公司
17 重庆市渝南自来水有限公司
18 重庆南松凯博生物制药有限公司
19 重庆慧优源食品有限公司
20 重庆市忠德锻压有限公司
21 重庆市龙泉食品有限公司
22 重庆茂鑫门窗有限公司
23 重庆宁泰混凝土有限公司
24 重庆大江至信模具工业有限公司
25 重庆德普电气有限公司
26 重庆长庆压铸有限公司
27 重庆思必水处理材料有限公司
28 重庆市兴贸食品有限公司
29 重庆海杰机械制造有限公司
30 重庆光明消防设备厂
31 重庆定普工贸有限公司
32 重庆长江链条有限公司
33 重庆渝江水务公司
34 重庆信奇建材机械制造有限公司
35 重庆本佳机械有限公司
36 重庆金牌线缆有限公司
37 重庆三四零三汽车零部件有限公司
38 李尔长安（重庆）汽车系统有限公司巴南分公司
39 重庆昊辉钢结构制造有限公司
40 重庆万里江发链轮有限公司
41 重庆邦图科技有限公司
42 重庆精准门窗制造有限公司
43 重庆山城电器厂有限公司
44 重庆美利信科技有限责任公司
45 重庆公牛摩托车发动机工业有限公司
46 重庆耐德山花特种车有限责任公司
47 重庆八运机械有限公司
48 重庆宏普盛电子科技有限公司
49 重庆光宇瀚文汽车工业有限责任公司
50 重庆大江比特车辆技术有限公司
51 重庆仲良机械有限公司
52 重庆星辰珠宝首饰有限公司
53 重庆勃润防锈技术有限公司
54 重庆山河机械有限公司
55 重庆康电发电设备有限公司
56 重庆金银卡生物饲料有限公司
57 重庆祥明仪表机箱有限公司
58 重庆双狮摩托车制造有限公司
59 重庆宗申电器有限公司
60 重庆铭淮机械制造有限公司
61 重庆道角齿轮制造有限公司
62 重庆中轻装备有限公司
63 重庆博顺电气有限公司
64 重庆市巴南区新星橡胶厂
65 重庆长江预应力有限公司
66 重庆宏攀机械制造有限公司

67 重庆市龙彪机械制造有限公司
68 重庆市腾瀚工贸有限公司
69 重庆赛源科技有限公司
70 重庆弘创机械有限公司
71 重庆市康舒食品有限公司
72 重庆全茂机械制造有限公司
73 重庆市神羽服饰有限公司
74 重庆艾特美机车制造有限公司
75 重庆芸峰药业有限公司
76 重庆市嘉卡变速箱有限公司
77 重庆多普橡胶有限公司
78 重庆南兴包装印务有限公司
79 重庆长铃中德摩托车有限公司
80 重庆杰信联众机械有限公司
81 重庆金显像科技有限公司
82 重庆商博机械制造有限公司
83 重庆江南康融电力器具厂
84 重庆新三力宏键饲料有限公司
85 重庆联科印务有限公司
86 重庆亿美机械成套设备有限公司
87 重庆尚恒电力设备制造有限公司
88 重庆永康节能科技有限责任公司
89 重庆华能水电设备制造有限公司
90 重庆胡氏机械有限公司
91 重庆新渝洋钢模制造有限公司
92 重庆劲劦科技有限公司
93 重庆市畅阔公路养护工程有限公司
94 重庆汉嘉电气股份有限公司
95 重庆联合机器制造有限公司
96 重庆顺建金属制品有限公司
97 重庆富登机械制造有限公司
98 重庆锐翔科技发展有限公司
99 重庆旺正汽车零部件有限公司
100 重庆市春满江机械配件有限公司
101 重庆德川汽车内饰件有限公司
102 重庆市界石燃气设备有限公司
103 重庆巨康环保材料有限公司
104 重庆迎旭灯具有限责任公司
105 重庆华山无纺布有限公司
106 重庆贡宏焊管厂
107 重庆市二圣茶业有限公司
108 重庆弘顺橡塑制品有限公司
109 重庆友利光学有限公司
110 重庆国宏机电有限公司
111 重庆安冶精密钢管有限公司
112 重庆市沁元康虹服饰有限公司
113 重庆早柒天生物科技股份有限公司
114 重庆助友刃具有限公司
115 重庆源涛塑料制品有限公司
116 重庆市庞帆冲压厂

【战略性新兴产业】 2018 年，全区 32 家战略性新兴产业企业实现产值 187 亿元、增长 7.6%，占规上工业比重达 29.6%，同比提高 1.9 个百分点。其中，以惠科为龙头的平板显示产业聚集企业 15 家，实现产值 152 亿元、增长 23%。被确定为全市生物医药产业核心聚集区，重庆国际生物城挂牌，12 个项目签约落地，投资增长 185%，抗肿瘤疫苗等药品填补重庆市高端生物制药空白。

（郑　勇）

2018 年巴南区战略性新兴产业企业名单

（按工业总产值降序排列）

1 重庆惠科金扬科技有限公司
2 重庆惠科金渝光电科技有限公司
3 重庆长安铃木汽车有限公司
4 攀钢集团重庆钛业有限公司
5 重庆渝惠科技有限公司
6 重庆大江信达车辆股份有限公司
7 重庆大江美利信压铸有限责任公司
8 重庆众恒电器有限公司
9 重庆桴之科科技发展有限公司
10 重庆市中迪医疗信息科技股份有限公司
11 日立化成工业（重庆）有限公司
12 重庆界石仪表有限公司
13 重庆平山矿山机电设备有限公司
14 重庆布莱迪仪器仪表有限公司
15 重庆德普电气有限公司
16 重庆信奇建材机械制造有限公司
17 重庆山城电器厂有限公司
18 重庆美利信科技有限责任公司
19 重庆博顺电气有限公司
20 重庆长江预应力有限公司

21 重庆多普橡胶有限公司
22 重庆江南康融电力器具厂
23 重庆永康节能科技有限责任公司
24 重庆汉嘉电气股份有限公司
25 重庆联合机器制造有限公司
26 重庆市界石燃气设备有限公司
27 重庆助友刃具有限公司
28 重庆锐斯德科技有限公司
29 重庆罗曼耐磨新材料股份有限公司
30 重庆轩博科技有限公司
31 重庆宗申零部件制造有限公司
32 重庆智宇创客科技有限公司

【汽车产业】 2018 年，全区规模工业汽车制造业产值比重为 13.3%。年末企业户数为 25 户，增长 4.2%；从业人员 8297 人，比上年减少 1685 人，下降 16.9%。年末资产总额 84.8 亿元，比上年减少 13.9 亿元，下降 14.1%；实现产值 83.8 亿元，比上年减少 40.6 亿元，下降 32.6%。

（马 珂）

2018 年巴南区规模汽车工业主要指标表

	户数/户	平均人数/人	资产/亿元	产值/亿元	营业收入/亿元	利润/亿元	税金/亿元
汽摩工业	25	8297	84.8	83.8	79.8	-11.7	3.0
同期	24	9982	98.7	124.4	118.3	-1.2	6.8
增长（%）	4.2	-16.9	-14.1	-32.6	-32.5	-871.0	-55.9

【装备制造产业】 2018 年，全区规模装备制造业产值比重为 28.0%。年末企业户数为 86 户，比上年增加 1 户，增长 1.2%；从业人员 23744 人，比上年减少 1638 人，下降 6.5%。年末资产总额 209.9 亿元，比上年减少 12.0 亿元，下降 5.4%；实现产值 176.4 亿元，比上年增加 1.1 亿元，增长 0.6%。

（马 珂）

2018 年巴南区规模装备制造业主要指标表

	户数/户	平均人数/人	资产/亿元	产值/亿元	营业收入/亿元	利润/亿元	税金/亿元
装备制造业	86	23744	209.9	176.4	157.5	8.0	9.7
同期	85	25382	221.9	175.3	175.4	10.2	8.4
增长（%）	1.2	-6.5	-5.4	0.6	-10.2	-21.6	15.5

【信息通信技术产业】 2018 年，全区规模信息通信技术产业产值比重为 27.6%。年末企业户数为 23 户，与上年持平；从业人员 8271 人，比上年增加 364 人，增长 4.6%。年末资产总额 214.8 亿元，比上年增加 47.0 亿元，增长 28.0%；实现产值 174.5 亿元，比上年增加 21.4 亿元，增长 14.0%。

（马 珂）

2018 年巴南区规模信息通信技术产业主要指标表

	户数/户	平均人数/人	资产/亿元	产值/亿元	营业收入/亿元	利润/亿元	税金/亿元
信息通信技术	23	8271	214.8	174.5	148.7	7.1	4.9
同期	23	7907	167.8	153.1	96.8	6.8	5.2
增长（%）	0	4.6	28.0	14.0	53.6	4.4	-5.8

【生物医药产业】 2018年，全区规模生物医药产业产值比重为0.4%。年末企业户数为5户，与上年持平；从业人员619人，比上年增加185人，增长42.6%。年末资产总额5.3亿元，比上年增加1.3亿元，增长32.5%；实现产值2.5亿元，比上年增加0.7亿元，增长38.9%。

（马 珂）

2018年巴南区规模生物医药业主要指标表

	户数/户	平均人数/人	资产/亿元	产值/亿元	营业收入/亿元	利润/亿元	税金/亿元
电子数码	5	619	5.3	2.5	2.4	0.4	0.2
同期	5	434	4.0	1.8	1.5	0.3	0.1
增长（%）	0	42.6	32.5	38.9	60	33.3	100

【轻工服装】 2018年，全区规模轻工服装业产值比重为17.0%。年末企业户数为30户，比上年增加1户，增长3.4%；从业人员7788人，比上年减少206人，下降2.6%。年末资产总额66.7亿元，比上年减少22.7亿元，下降25.4%；实现产值107.3亿元，比上年增加17.7亿元，增长19.8%。

（马 珂）

2018年巴南区规模轻工服装业主要指标表

	户数/户	平均人数/人	资产/亿元	产值/亿元	营业收入/亿元	利润/亿元	税金/亿元
轻工业	30	7788	66.7	107.3	93.5	4.8	2.8
同期	29	7994	89.4	89.6	96.3	6.5	2.8
增长（%）	3.4	-2.6	-25.4	19.8	-2.9	-26.2	0

【主要工业产品产量】 2018年，全区规模工业企业产品中列入国家统计目录的有40种。其中，15种产品增长，占37.5%，增幅在10%以上的有合成洗涤剂、初级形态塑料、服装、自来水生产量、光电子器件、砖、纸制品、硫酸、家具、电力电缆、眼镜成镜等11种产品；25种产品下降，占62.5%，降幅在10%以上的有发动机、摩托车用发动机、小麦粉、钢材、用外购钢材再加工生产钢材、铝合金、塑料制品、泵、乳制品、气体压缩机、改装汽车、模具、汽车、摩托车充气橡胶轮胎外胎、鲜冷藏肉、矿山专用设备、工业自动调节仪表与控制系统、金属切削工具、非织造布、高压开关板、低压开关板、精制茶等22种产品。

（马 珂）

2018年巴南区规模工业主要产品产量表

产品名称	计量单位	实绩	同期	同比增长%
小麦粉	吨	26595	31160	-14.7
饲料	吨	202311	208599	-3.0
鲜、冷藏肉	吨	13685	31827	-57.0
乳制品	吨	16726	22190	-24.6
精制茶	吨	99	875	-88.7

续表

产品名称	计量单位	实绩	同期	同比增长%
非织造布（无纺布）	吨	1961	5579	-64.9
服装	万件	176	76	131.6
家具	件	26637	23091	15.4
纸制品	吨	385528	295283	30.6
硫酸（折100%）	吨	286531	235733	21.5
初级形态塑料	吨	8009	2500	220.4
合成洗涤剂	吨	60309	10586	469.7
摩托车充气橡胶轮胎外胎	条	2289353	5292106	-56.7
塑料制品	吨	12610	16326	-22.8
商品混凝土	立方米	4150514	4135978	0.4
砖	万块	5503	3999	37.6
钢材	吨	54550	66404	-17.9
用外购钢材再加工生产钢材	吨	54550	66404	-17.9
铝合金	吨	44325	55417	-20.0
金属切削工具	万件	1	2	-0.5
发动机	千瓦	35378605	39924249	-11.4
泵	台	23480	30751	-23.6
气体压缩机	台	145645	205206	-29.0
气体分离及液化设备	台	56	52	7.7
电动手提式工具	台	737724	671213	9.9
矿山专用设备	吨	956	2230	-57.1
模具	套	1178	2037	-42.2
眼镜成镜	副	607554	536437	13.3
汽车	辆	52881	99075	-46.6
改装汽车	辆	645	1037	-37.8
摩托车整车	辆	941207	1041535	-9.6
摩托车用发动机	千瓦	29450142	34404004	-14.4
互感器	台	210040	222712	-5.7
高压开关板	面	494	2790	-82.3
低压开关板	面	549	3114	-82.4
电力电缆	千米	138397	121032	14.3
显示器	台	12360039	11957502	3.4
光电子器件	万只、片	1411	928	52.0
工业自动调节仪表与控制系统	台（套）	45604	110157	-58.6
自来水生产量	万立方米	4984	2404	107.3

【对外经济贸易】 2018年年末，全区规模工业有出口交货值的企业31户，全年实现出口交货值91.3亿元，增长12.8%。其中，出口交货值净增加额1亿元以上的企业有惠科金渝、惠科金扬、宗申通用动力机械、宗申动力机械股份、帝勒金驰、宏立摩托和永塑新材料等7户，全年共实现出口交货值59.0亿元，占全区规模工业出口交货值的64.7%，对全区规模工业出口交货值增长的贡献率达到528.9%，拉动全区规模工业出口交货值增长67.9个百分点。

（马 珂）

2018年巴南区规模工业出口贸易企业名单

（按出口交货值降序排列）

1 重庆惠科金渝光电科技有限公司
2 重庆惠科金扬科技有限公司
3 重庆宗申通用动力机械有限公司
4 重庆航天巴山摩托车制造有限公司
5 重庆宗申发动机制造有限公司
6 重庆大江美利信压铸有限责任公司
7 重庆宗申机车工业制造有限公司
8 重庆光宇摩托车制造有限公司
9 永塑（重庆）新材料科技有限公司
10 重庆帝勒金驰通用机械股份有限公司
11 重庆潮鑫隆电子科技有限公司
12 重庆弘愿工具（集团）有限公司
13 富裕注塑制模（重庆）有限公司
14 重庆宗申动力机械股份有限公司
15 重庆市宏立摩托车制造有限公司
16 重庆吉力芸峰实业（集团）有限公司
17 重庆宗申汽车进气系统制造有限公司
18 攀钢集团重庆钛业有限公司
19 重庆宏攀机械制造有限公司
20 重庆双狮摩托车制造有限公司
21 重庆友利光学有限公司
22 重庆敏驰塑胶有限公司
23 重庆公牛摩托车发动机工业有限公司
24 重庆百亚卫生用品股份有限公司
25 重庆南松凯博生物制药有限公司
26 重庆威星橡胶工业有限公司
27 重庆平山泰凯化油器有限公司
28 重庆锦晖陶瓷有限公司
29 重庆宗申巴贝锐拖拉机制造有限公司
30 李尔长安（重庆）汽车系统有限公司巴南分公司
31 重庆建设汽车系统股份有限公司

服务保障

【概况】 2018年，发挥“服务企业周”和区中小企业公共服务平台作用，精准、靠前、高效服务企业。全面落实国家结构性减税、普遍性降费以及重庆市“涉企30条”“支持民营经济发展”“降低制造业成本”等系列举措，确保各项惠企利企政策落地生效，增强企业获得感。中小企业融资平台着力解决中小企业融资难、融资贵问题，举办法律宣讲及政策解读会22场次，建成楼宇产业园和标准厂房319.95万平方米，开展涉企业保证金清理和清理拖欠农民工工资问题工作，解决首批5个企业用地需求，促进本地产品销售93亿元，盘活利用合规闲置厂房11.9万平方米。

（郑 勇）

【服务企业】 “企业服务周”平台解决企业问题62个，办结率100%。巴南区中小企业公共服务平台举办就业法律法规、智能制造、产业融资等各类培训共计22场次，惠及全区中小微企业1980人次。落实降本减费政策，组织104户困难企业和66户小微企业申报困难行业企业调整社会保险缴费基数和小微企业参照个体工商户缴纳养老保险费，并协助完成对763户困难企业补贴核查、172户小微企业核查工作；对37户区重点企业实行招工补贴100多万元，组织区内企业采购本地工业企业产品金额93亿元。全区楼宇产业园和标准厂房建成面积319.95万平方米，获评2个市级楼宇产业园，指导申报项目奖补资金834.96万元。盘活利用合规闲置厂房11.9万平方米。

（胡继宏）

【五转一创新】 持续推进“五转一创新”工作，2018年“无证转有证”1030户，“个体转企业”105户，“分支转法人”21户，“限下转限上”33户，工业“规下转规上”21户，服务业“规下转规上”9户。

（马 珂）

【能源保障】 2018年，全区平稳供电315441万千瓦·时，安全供气21168万立方米。启动推进在区央企和市属国有企业职工家属区“三供”（供水、供电、供气）改造剥离移交工作，补助企业资金80余万元。组织全区41家工业企业参加直购电交易，为企业节约电费4000万元。启动建设110千伏模具变电站和110千伏大正沟变电站，建成110千伏炒油场变电站。新建投运七九配气站，投资1285万元，新建天然气管道65千米，完成优化全区天然气供区调整，推进农村天然气建设工作，解决全区多年用气难问题，如南泉街道红星、红旗村，双河口镇石门村，东温泉镇黄金林场，龙洲湾街道盘龙村。完成2018年工贸行业现场会、2018年招商引资项目集中开关活动、南彭物流基地重要调研活动、2018年中国商用车博览会、2018年全国高考、中考等30多次重大保电任务。

（唐 川）

【信贷融资】 持续开展中小企业融资平台服务工作，建行巴南支行、农商行巴南支行、兴业银行重庆市分行向23户企业发放贷款11530万元，累计向企业发放贷款92户（次）、贷款金额45580万元。持续开展中小企业应急转贷工作，全年向32户企业发放39笔应急转贷资金22975.8万元，累计向44户企业发放81笔应急转贷资金47668.4万元。

（陈昌霖）

【节能环保】 2018年，对惠科金渝、大江美利信等7家重点用能企业开展节能目标责任制落实情况监察巡查。联合区水务局、区城市管理局开展年耗水20万吨以上节水型企业评估创建工作，攀渝钛业、恒安纸业2家企业成功创建节水型企业。推进巨康环保材料、怡海通建材等7家烧结砖企业错峰生产，错峰生产线10条，减产实心砖6490万匹，空心节能砖5.4万立方米。组织重庆市能源利用监测中心对博顺电气、汉嘉电气等15家企业开展自愿性清洁生产审核。积极推进绿色工厂、绿色产品、绿色供应链和绿色园区建设，大江美利信、宗申动力、惠科金渝等3家企业获得市级绿色工厂，宗申动力荣膺国家级绿色工厂。全面开展长江干流1千米及涉重金属行业企业利用能耗标准淘汰落后产能工作，核查企业134家。推进资源综合利用，清理排查工业固废物综合利用企业11家，年综合利用各类工业固废74.06万吨。

（李 建）

转型升级

【概况】 汽摩独大的工业体系逐渐向多产业协调发展方向过渡，汽摩产业占全区工业比重从2014年的46.5%下降到2018年的34.1%，降低12.4个百分点。信息通信技术等新兴支柱产业产值174.5亿元，对全区工业产值增长贡献率446.3%，占工业比重提升至27.6%，同比提高3.2个百分点。

（郑 勇）

【转型升级】 实施“四个一批”工作计划，12家存量企业实施合资合作项目34个，大江亚普、建设翰昂等汽车关键零部件制造项目建成投产；实施新品研发或产线改造升级项目，百亚、立泰等65个企业实施技改扩能或新品研发，轻工服装实现产值107亿元、增长19.8%。大江工业集团和建设工业集团因其在转型升级方面的突出贡献，获中国兵装集团表彰“2018年特殊贡献奖”。

（郑 勇）

【科技创新】 推动“巴南制造”向“巴南智造”迈进，宗申创新技术研究院获评全市“新型高端研发机构”，建成4个国家级、53个市级工业设计中心和企业创新主体，博士后工作站2个、新型研发机构2个，培育国家高新技术企业72家、科技型企业359家、高成长企业7家，新增12个市级重大新产品、31家研发准备金备案企业，向上争取资金8000多万元。

（郑　勇）

【军民融合】　2018年，获批重庆军民融合产业示范基地。制定军民融合发展战略行动计划。宗申航发等12个项目投产，军民融合产业实现产值97.5亿元。新增军民融合企业6家、总数达17家，吉力芸峰等5家企业配齐“军工四证”。大江东龙等7个“军转民”、耐德山花等6个“民参军”项目落地建设。

（郑　勇）

【两化融合】　培育“互联网+制造业”新模式，强化企业工控系统信息安全，建成6个国家级、2个市级两化融合贯标示范企业和2个国家级、13个市级两化融合贯标试点企业，全区两化融合发展水平指数达54%。“信用巴南”公共信用平台归集市场主体近6万户，信用数据72万条，农村产权交易信息平台实现交易金额4500余万元。建成林区森林火灾预警监测体系、2个市级互联网小镇，5所区级智慧校园示范学校、22间智慧教室、40间数字实验室和43所“人人通”“云课堂”试点学校，网审平台和网上办事大厅在线运行，30个“智慧工地”实现项目全生命周期一体化智能管理。

（肖建勇）

园区建设及区属国有公司

巴南经济园区

【概况】　重庆巴南经济园区（原重庆花溪工业园区）成立于2002年12月，是重庆市政府批准的首批省级新型特色工业园区，是巴南打造战略性新兴制造业的主战场，肩负推动工业经济转型升级重任。园区规划批准面积21.73平方千米，由花溪（4.77平方千米）、金竹（1.71平方千米）、界石（10.3平方千米）、天明（4.95平方千米）四个组团构成。其中，花溪、金竹组团为建成区，产业定位以汽摩及机械加工为主；界石、天明组团为正在重点拓展的新兴组团，界石组团以数码电子、智能终端、电气机械、珠宝加工、楼宇工业和总部经济产业为主，天明组团以汽车整车和核心零部件制造为主。园区入驻企业300余家，已形成6大产业集群，包括以惠科金渝光电液晶面板第8.6代线项目、惠科金扬产业园、新康意新材料为代表的新型显示产业集群，以长安铃木、宗申集团、建设集团、光宇公司、美利信科技为代表的汽摩产业集群，以曙光恒升珠宝、中金珠宝为代表的高端饰品产业加工集群，以恒安纸业、蓝月亮为代表的快速消费品产业集群，以曙光、耐德·金工坊、宁辉为代表的楼宇工业和总部经济集群，以及以众恒、汉嘉、博顺为主的电气机械集群，正向千亿级产业园区迈进。2018年，园区各项经济指标保持稳中向好趋势，以界石数码产业园区为主导的电子信息产业从一季度以来首次超越装备制造产业，成为巴南工业经济主要增长点和第一支柱产业，全区产业结构持续优化。全年园区规上工业产值占全区规上总产值82%，其中界石组团同比增长14.1%，以惠科金渝为代表的新型显示产业产值同比增长18%，占全区规上工业产值24.2%，高技术制造业产值同比增长16.4%，占全区高技术制造业产值96.3%，实现工商税收7.28亿元，其中界石、天明实现工商税收4.73亿元，同比增长6%。

3月，取得国家发改委外债额度批复；5月，大江工业与高德红外签署《合资意向书》，界石组团S标准分区3平方千米控规编制完成初步成果；6月，6家在园企业成功申报市工业和信息化专项资金，液晶面板第8.6代线项目成功申报国家级绿色制造体系绿色集成项目；7月，启动区军民融合科技生态城发展规划编制和调规工作；8月，集中签约富皇、中远军民融合扩能、南京宏程高端线束、智能仪器仪表等8个项目，开展重点项目集中开工活动，参加首届国际智能产业博览会；9月，与区工商分局联合打造的全市首个商标品牌创业创新基地通过审核，全资子公司星界置业股权成功转让；10月，国家级众创空间2025主题馆装修完成，取得新加坡境外债发行银行备用信用证额度；11月，完成经开区拓展园约21平方千米申报资料提供；12月，惠科金渝等3家企业获评市级高成长性科技牛羚企业，理工清研等3家企业获评市级优秀创新型企业，取得绿色工厂、“专精特新”小巨人、技术创新中心等荣誉，惠科金渝在世界知识产权组织公开的PCT国际专利申请中排名中国企业第12位，是全市唯一进入国际专利申请百强企业。

【项目促建】 按照“做大增量、做优存量”工作要求，精准服务，快速推动惠科金渝8.6代线扩能、蓝月亮二期、智能装备产业园一期、翡丽锦悦等12个项目启动建设，耐德金工坊三期、思睿创5G陶瓷滤波器、惠科IC绑定扩能等11个项目实现投产、达效，其中思睿创5G陶瓷滤波器、跃欣电子、上海紫江、康美药业、惠科IC绑定扩能、良科电子等6个项目实现当年签约、当年建设和当年投产，跃欣电子、星辰珠宝、惠扬五金等5家升为规模以上企业。全年惠科金渝累计产出液晶显示屏1378万片，实现战新产值61.6亿元，占全区电子信息产业产值35.3%，自二季度开始，面板出货量稳居全球第七，充足的面板供应助推惠科电视整机出货量跃居全球第五，同比大幅增长86%，对外竞争力、影响力进一步增强。

【集群招商】 贯彻落实习近平总书记提出的“六有要求”，树立正确政绩观，严格甄选、科学论证招商项目，聚焦平板显示、新能源汽车、智能装备、高端材料等领域，累计接待、拜访企业200余家次，成功签约富皇、中远军民融合扩能、南京宏程高端线束、智能仪器仪表等，重点跟踪30余个项目。推动军民融合项目发展，完成军民融合科技生态城产业规划编制，以“一园一院”为核心领衔军民融合产业示范基地建设。

【创新驱动】 引导企业落实以大数据智能化为引领的创新驱动发展战略，帮助企业成功申报国家、市区专项扶持资金项目30余个，争取资金9401万元，引导惠科、美利信等企业成功申报“鸿雁计划”8人和“菁英计划”15人，园区高层次人才聚集效应突显；支持企业创新创业载体建设，国家级众创空间2025主题馆于10月建成投用，惠科金渝成功申报国家级绿色制造体系绿色集成项目，理工清研等4家企业被评为市“专精特新”中小企业或小巨人；建成国家级两化融合贯标达标企业3家，新增国家级高新技术企业4家、市级高成长性科技牛羚企业3家、市级优秀创新型企业3家，市技术创新中心、企业技术中心、工程研究中心5家；引导企业开展智能化改造升级，关键工序数控化率达70%；联合区工商分局在园区打造全市首个“商标品牌创业创新基地”，为企业提供工商、知识产权维权等服务。2018年园区企业累计获批国际、国内各类专利900余件，其中惠科金渝在世界知识产权组织（WIPO）公开的PCT国际专利申请中排名中国企业第12位（214件），成为全市唯一一家进入国际专利申请百强名单企业。界石、天明组团R&D经费投入平均达到4.9%，高于全国2.7个百分点，园区创新创业氛围日益浓厚。

【债务管控】 狠抓债务风险防范和化解工作，合理制定政府隐形债务10年化解方案，积极盘活各类资产。抢抓市场有利时机，成功出让界石106亩居住地，溢价率44.2%，创园区居住地出让单价新高；于9月28日成功转让星界公司股权，转让总价10.56亿元，保证了前期国有资产投入增值110%，受让方已完清所有交易价款及利息，正在开展股权工商变更登记，并已启动开发建设。通过居住用地配比工业地方式，6.2亿元土地储备专项债券申请已报市规划和自然资源局审查。多种渠道继续开展合法合规举债，全年先后融资到位资金5.7亿元，偿还债务本息17.58亿元，金融机构存量债务为124.8亿元，年度综合成本约6%，5年期以上94%，园区债务风险总体可控。积极推进新加坡境外债发行，春节前1.5亿新币（约人民币7.5亿元）债券在新加坡交易所挂牌发行，系巴南区首单境外公募债券，是新币债券市场近年来首单以备用证增信结构成功发行的公募债券，更是重庆首家企业在中新（重庆）战略性互联互通示范项目下成功发行的首笔新币公募债券。

【要素保障】 强化规划引领，界石组团S标准分区3平方千米（4500亩）已完成控规编制，并规划引进重点中学，打造“鹿—界—南”片区的教育中心；开展军民融合科技生态城控规调整和界石组团中小企业产业园控规编制；强化用地保障，累计完成界石数码五期项目、S12/14地块等项目征地拆迁约1000亩，取得惠科配套产业园征地批文4宗约261亩，报批4宗约772亩。

【城市品质】 对标全市“城市提升行动计划”统一部署，完善园区城市功能，强化配套设施完善，提升城市品质，先后引进融侨、融创、财信、阳光城、新希望等高品质开发企业，对园区379亩总建筑体量约70万立方米的商住地块进行开发建设，梨花大道A段建成通车；以提高园区投资软硬环境为目标，持续推进园区创卫工作出成绩、出效果；始终坚持安全环保发展理念，开展安全生产大排查大整治大执法工作，排查安全环保隐患340余项，悉数完成隐患整改落实，未发生一起安全环保生产责任事故。

【特色产业园简介】

界石数码产业园 界石数码产业园位于巴南区界石镇，毗邻茶园经开区，东靠樵坪山、南临武新村、西临渝黔高速、北至南泉和平村，规划面积约18.6平方千米，已获批面积10.3平方千米，拥有全市首个平板显示产业建设基地，是经济园区的重要拓展区，也是园区重点打造的新兴区域，承担工业转型升级、打造战略性新兴制造业的重要职责。产业定位为平板显示、笔电配套、打印机整机及配套、消费类电子、智能终端、车载电子、电气机械、仪器仪表、工业地产和总部经济产业等。自2009年启动开发以来，园区已有惠科液晶面板、惠科金扬产业园、新康意新材料、圣美精工、渝惠科技、中金珠宝、中远模具、众恒、曙光、耐德·金工坊、宁辉楼宇工业等40余家优质企业入驻。2018年，界石数码产业园实现规上产值224.6亿元，新增产值27.7亿元，同比增长14.1%，实现辖区内工商企业税收4.41亿元，同比增速3%，以界石数码产业园为主导的电子信息产业规上产值同比增长15.9%，对全区电子信息产业的贡献率为109%，并首度超越装备制造业成为全区第一支柱产业，助力全区产业结构持续优化。

天明汽摩产业园 天明汽摩产业园位于巴南区鱼洞街道天明村，东至鱼洞城区、南靠云篆山、西面和北面均临长江，内含佛耳岩码头，规划获批面积约4.95平方千米，是全市汽车制造工业重要基地之一，也是经济园区重要拓展区，重点发展汽车、摩托车整车及零部件生产制造。有长安铃木、上海宝钢、大江美利信、光宇摩托、劲力润滑油等一批汽车、摩托车产业链核心企业入驻投产，以汽车整车及零部件生产为主的汽摩产业集群加速发展壮大。2018年，天明汽摩产业园实现规上工业产值79.8亿元，实现辖区内企业工商税收3282万元，同比增速50%。

（邓越利）

2018年经济园区部分入驻企业基本情况表

序号	签约时间	入驻企业	项目名称	投产项目概况
1	2014年12月	重庆惠科金渝科技有限公司	惠科金渝液晶面板第8.6代液晶面板一期扩能项目	该项目总投资240亿元，总占地面积约600亩。项目分两期建设，一期投资120亿元，采用a-Si（非晶硅，即A硅）技术，月产7万片玻璃基板。该项目一期于2017年2月27日正式点亮投产。为抢抓市场份额，2018年1月惠科公司新投6亿元增加一条生产线，并于2018年6月正式投产。2018年累计完成产值61.6亿元，同比增长50.8%。

续表

序号	签约时间	入驻企业	项目名称	投产项目概况
2	2015年11月	重庆飞渡医疗器械有限公司	北京飞渡骨科医疗器械生产基地项目	该项目签约落户巴南经济园区界石组团，项目总投资约1.5亿元人民币，全面达产后年产值约2.3亿元人民币，实现税收约0.235亿元人民币。采用租用园区标准厂房及购地代建模式主要布局Medyssey中韩合资脊柱生产基地及飞渡SAMO中国人工关节项目，Medyssey主要与韩国公司合资，引入韩国先进生产体系，生产脊柱内植物产品。SAMO将引入意大利先进生产体系，生产并销售覆盖髋关节及膝关节两大品类产品。该项目分为标准厂房部分和自建厂房部分。标准厂房部分已于2016年9月投产。自建厂房部分于2018年12月完成厂房建设，并部分设备进场安装调试。
3	2018年1月	重庆思睿创瓷电科技有限公司	美利信5G通信陶瓷滤波器项目及扩能项目	5G通信陶瓷滤波器项目入驻经济园区界石组团标准厂房，租用面积约5736平方米，计划投资3000万元，于2018年4月开展设备和产品调试生产，达产后年产值约1亿元。通过反复产品测试，该项目于2018年11月已成功配套世界500强企业—爱立信公司，后期还将为华为、诺基亚等全球电信设备龙头企业配套。因产能需求，5G通信陶瓷滤波器扩能项目将新增租赁标准厂房约5800平方米，计划投资4500万元，采购VNA（网络分析仪）、自动印刷机、CNC等先进设备，新增1条调试线、2条被银车间、1条CNC机加产线。项目扩能后，计划2021年生产陶瓷滤波器320万套，产值约3.8亿元，年税收约2300万元；2022年生产陶瓷滤波器450万套，产值约4.2亿元，年税收2500万元；2023年生产陶瓷滤波器800万套，产值约5亿元，年税收3000万元。
4	2018年8月	重庆界石仪表有限公司	界石仪表智能仪器仪表项目	该项目入驻巴南经济园区界石数码产业园B区，项目购地面积40亩，总投资约2亿元，主要生产燃气调压计量系列产品，主要有燃气调压箱、燃气调压柜、燃气调压站、流量计、膜式燃气表、IC卡燃气表、无线远传表等产品。现为新奥、中石油（昆仑）、华润、中燃、重燃等国内知名燃气集团的准入供应商。新建企业总部及高端智能仪器仪表生产线，达产后年产值约3.5亿元，年纳税总额约1000万元，解决就业300人。

续表

序号	签约时间	入驻企业	项目名称	投产项目概况
5	2018年12月	几何人工智能科技股份有限公司	几何人工项目	该公司是以创建人工智能研发、系统集成的应用服务平台为基础，由中德工业技术研究院联合国际人工智能相关领域的专家学者共同创办，核心团队主要来自中国、美国和德国等人工智能研发与智能装备及传动系统的专家学者。公司主要从事人工智能的研发、应用和新产业业态的推广，运用云端科技的架构，创新研发与整合出人工智能服务平台，发展世界领先商务平台。几何人工项目入驻经济园区界石数码产业园标准厂房，厂房面积约12000平方米，计划总投资35亿元，主要建设人工智能的研发、展示、营运、培训、体验以及科技孵化中心等。项目将运用云端科技的架构，发展世界领先商务平台，首期推出示范产品及服务内容：智慧医疗、智慧健康、私人助理、智能工厂及人工智能技术应用与服务平台。
6	2013年1月	重庆宝钢钢材加工配送有限公司	宝钢汽车加工板项目	该项目入驻经济园区天明汽摩产业园，项目占地面积约43亩，总建筑面积9800平方米，总投资不低于1亿元，达产后不低于7亿元，年税收1500万元，主要为重庆各大汽车整机厂配套生产钢板剪切、加工、配送。该项目一期已于2015年3月正式投产，2018年实现产值3亿元。该项目二期已于2018年12月启动建设，预计2019年完成建设并投用。
7	2015年2月	蓝月亮（重庆）有限公司	蓝月亮西南生产基地项目	该项目入驻经济园区界石数码产业园B区。该项目占地面积约317.9亩，计划总建筑面积约14万平方米，总投资约10亿元，主要生产衣物、个人、家居清洁护理用品，是蓝月亮品牌在西南地区的生产、物流中心。项目分两期建设，一期建筑面积约6.3万方，已于2017年9月建成投产，2018年实现产值3.9亿元。该项目二期已于2018年12月启动建设。
8	2018年8月	上海紫江企业集团股份有限公司	上海紫江重庆容器项目	该项目租用界石组团创石界开发的工业楼宇重庆·香港工业园ICT标准厂房2号楼负一层1-8号房，建筑面积4019.88平方米，租赁价格为20元/平方米·月。主要为重庆天友、光大等奶制品企业配套生产PET瓶，后续将逐步开发贵州山花乳业、西安中垦牧业、成都光明乳业等客户。项目计划总投资2900万元人民币，年产PET瓶8000万只，年产值3000万元人民币，年税收180万元。该项目已于2018年10月投产。
9	2018年8月	南京宏程电器有限公司	南京宏程高端线束项目	该项目选址界石数码产业园B区，占地面积约60亩，总投资约3.2亿元，将结合西南地区的市场需求，建立国内最先进的传统汽车线束、新能源汽车高压线束、航空航天、高铁高端线束生产线。项目建成投产后，第一年度产值将达到1亿元，纳税总额约300万元；第二年度产值将达到2亿元，纳税总额600万元；第三年度全面达产，达产后年产值约4.8亿元，年纳税总额约1500万元，解决就业1000人。

续表

序号	签约时间	入驻企业	项目名称	投产项目概况
10	2018年8月	康美药业股份有限公司	康美药业智慧药房项目	该项目入驻巴南区界石镇石桂大道16号香港工业园ICT产业基地，租赁重庆·香港工业园ICT标准厂房2号楼一层整层2733平方米场地，主要围绕“智慧+大健康”产业平台为基础，经营中药饮片配送、中药代煎煮及配送。项目总投资2000万元，提供就业岗位100余个。该项目已于2018年10月投产。
11	2018年8月	重庆富皇建筑工业化制品有限公司	装配式建筑研发及制造基地项目	该项目选址位于南彭街道四方公司临近地块A31/02及其相邻地块，占地面积约110亩，预计总投资5.8亿元，新建全机械化生产、自动控制程度高的装配式建筑制品研发及生产基地。该项目建成后，可年产25万立方米装配式建筑预制部品构件，并可协同生产高品质商品混凝土30万立方米，达产后年产值8.5亿元，实现税收3800万元，解决就业400人。
12	2018年12月	重庆平山矿山机电设备有限公司	平山矿山扩能项目	重庆平山矿山机电设备有限公司是一家集矿山机械设备和矿山电器设备的研发、制造、销售及服务为一体的综合性企业。产品广泛应用于煤矿、非煤矿山、地质勘探、隧道建设等领域。自主研发的ZDY系列煤矿用全液压坑道钻机，核心技术受发明专利保护，在河南、山西、贵州等主要产煤地区，在煤矿用坑道钻机领域一直稳居行业龙头地位。企业属国家级高新技术企业，并与重庆大学、重庆工商大学、西安交通大学等高校开展产学研合作，共同开发矿山机械、电器设备新产品、新工艺、新技术。2015—2017年，企业保持持续增长，年销售收入1亿元以上，年纳税额600万元以上。平山矿山扩能项目计划总投资2.3亿元，选址经济园区界石组团B区，占地面积约50亩，新建综合性生产基地，最终搬迁合并。项目全面达产后预计可实现年产值4亿元，年税收约1500万元，新增就业岗位约200个。
13	2018年12月	重庆盛捷高科技有限公司	盛捷智能停车设备生产制造基地项目	重庆盛捷高科技有限公司是一家集停车系统研发、生产与销售于一体的高科技公司。公司斜置式停车架获得2项国家发明专利，10多项国家实用新型专利。公司集生产、销售、售后服务为一体，是目前全国唯一一家利用AGV机器人与平面斜置停车架相结合的智能化停车项目。该项目可利用有限空间、有效节约土地面积、增加停车位数量，最终可实现无人化停车目标。盛捷智能停车设备生产制造基地项目拟租用经济园区界石组团约3500平方米标准厂房，新建平面斜置智能停车架、升降横移立体停车架、垂直循环立体停车架共三条生产线。项目计划总投资2000万元，2019年3月建成投产后预计可实现年产值3000万元，年税收184万元；2020年预计可实现产值5000万元，税收390万元；2021年预计可实现产值8000万元，税收624万元。

重庆公路物流基地

【概况】 重庆公路物流基地于2009年7月设立，定位为国家级公路物流枢纽、国际陆海贸易新通道重要节点、重庆南部商贸物流新城，是重庆市“1+3”国际物流分拨中心之一和重庆跨境电商智能货物集散中心，被确定为重庆市重点物流园区、重庆市服务贸易特色产业园、重庆市现代物流集聚示范区和中新（重庆）战略性互联互通示范项目交通物流领域集聚示范区。物流基地规划面积约45平方千米，重点发展电子商务、专业市场、综合现代物流、国际贸易物流，预计到2020年将实现总投资超500亿元、年销售收入约1000亿元、年税收约10亿~15亿元，提供就业岗位5万~10万个。截至2018年底，物流基地公司投入约110亿元，建成投用40千米园区道路、27万平方米标准厂房、30万平方米公租房、4.6万平方米安置房及污水处理厂、变电站、消防站、垃圾转运站等基础配套设施，公交车、中小学、社区医院、派出所、企业服务中心等生活配套设施已同步完善。物流基地已实现规划覆盖约11平方千米，引入京东、华南城、顺丰、货车帮、公运等39个项目，建成面积达350万平方米，在建面积约150万平方米，投运项目21个，累计市场交易额约1020亿元、税收约28亿元。公路保税物流中心（B型）、跨境公路班车常态化运营，畅通国际陆海贸易新通道。

【招商引资】 招商总量实现新飞跃。顺应产业链招商“新常态”实施精准招商、产业链招商，强化宣传推介，高效高质引入京东二期、京东三期、霍氏百利威等9个项目，协议资金约54.4亿元（含外资1.5亿美元），在全区招商引资工作中位列第一。产业链条增加新环节。牢牢抓住京东电子商务产业链条，引入京东商事、京东生态型智慧物流、京东生态型智慧电商产业园，京东落户项目由“1”变“9”，全面实现京东产业链业务聚集巴南、辐射西南的目标。园区产业拓展新宽度。以京东电子商务为龙头，汇集阿里巴巴新零售、霍氏百利威、货车帮等电子商务项目，助推物流基地成为全市乃至西南片区的电子商务产业聚集高地，为物流基地“一网”建设奠定产业基础。

【项目建设】 坚持“一切围着企业转，一切围着服务办”原则，创新举措，强化落实，努力为企业当好“管家”，为项目做好“保姆”，构建“亲”“清”新型政商关系，加快推进项目建设。以制度落实服务，实现领导班子、各部门对口联系2~3家企业，实施“一线工作法”深入帮扶企业，全面了解企业实际情况，为企业解决办证、办照、水电安装、融资、用工等生产生活和经营中所遇到的困难和问题。以效率提升服务，利用园区企业服务中心的桥梁和沟通作用，及时了解入驻企业及二次招商商户的诉求，积极受理企业投诉、无偿代办、金融咨询等服务。安排专人全程“一站式”跟踪服务，为企业办理工商注册、发改委备案、税务登记等前期手续办理提供专业服务，最大限度简化办事程序、缩短办事时限、降低企业成本，提升整体行政服务水平。以计划导向服务，根据入驻企业建设计划，实施“项目网格化”，制定物流基地2018年项目建设工作倒计时，紧扣“时间表”打表推进项目建设。高质量的服务促进高质量的发展，2018年实现华南城金属材料市场一期、灯饰城项目、南方电气装备科技产业园、凤梧配送中心、新时代润滑油等7个项目建成投用投产；丹丰东风商用车、中集B区一期2个项目基本建成；京东二期、顺丰产业园、中集C区、远志达、懋缘5个项目开工建设。全年预计实现交易额超350亿元、税收实现9.2亿元，促进现代产业集聚发展，有力推进物流基地“一城”建设。

【开放平台建设】 紧紧抓住国际陆海贸易新通道建设上升为国家战略的发展机遇，围绕习近平总书记对国际陆海贸易新通道建设的重要指示精神，快速推进通道拓展、平台完善及集运疏能力提升，积极融入全市内陆开放高地建设。战略定位不断提升。物流基地纳入全市“1+3”国际物流分拨中心运营基地，共同推进重庆内陆国际物流分拨中心建设。重庆—东盟公路班车有效运行。东盟班车新开通西线（重庆南彭—缅甸仰光）及重庆—新加坡班列，实现重庆外贸货物通过全程陆运直达新加坡，运输网络实现中南半岛全覆盖。东盟班车国内外合作伙伴已达20余家，设立东盟端仓储分拨点近30个，形成重庆面向东南亚各国的跨境公路运输网络。东盟班车全年发车505车次，总货值约5.5亿元，分别增长4倍、2.3倍。平台功能不断完善。南彭公路保税物流中心（B型）新引入企业6家，开展跨境电商、国际货代、进出口贸易等业务，全年实现进出口总值约19.5亿元，增长10倍。

【园区综合管理】 推进园区提档升级，沿物流基地主次干道、重点企业周边等重要节点处新建围墙约4800米，安装围挡公益广告画面约6977平方米、仿真草皮约8000平方米，更换圆井盖82个、电力井盖50个、水篦子10个，修复人行道砖、防护栏杆、雨污管道等市政道路设施。推进园区创卫，完善园区道路清扫保洁作业考核评分标准，严格考核道路清扫保洁，对主次干道实施常态化进行水车冲洗、清扫，保持路面环境卫生，强化道路沿线绿化，园区环境实现“绿化”“靓化”。推进渣土车辆治理，制定《公路物流园区渣土车辆专项整治工作实施方案》《公路物流基地渣土运输管理办法》，修建综合执法检查站，平安志愿者巡防队员进行24小时巡查值守，严格管控进入园区辖区的渣土运输车辆。联合镇街、观音山派出所重拳整治外来车辆乱倾乱倒，提升园区环境品质。

【风险管控】 筑牢经济安全防线，坚决打好防范化解重大风险攻坚战，按照全年“总量不新增、存量逐步降”的债务管控目标要求，有效推进了资金筹集，强化债务管控，未出现资金断链、债务逾期情况。守住安全稳定红线，全面落实安全生产主体责任，督促企业落实主体责任，增强应急管理力量，完善安全基础设施，强化安全生产监督检查，强化建筑施工安全、交通运输安全等管理力度，全力推进扫黑除恶专项斗争工作。全年未发生较大以上安全生产责任事故，未突破区安委会下达的控制指标，未出现影响恶劣的群体性事件，维护物流基地安全稳定，保证园区企业和谐发展。坚守环境保护底线，坚决打好污染防治攻坚战，按照“共抓大保护、不搞大开发”的原则，坚持生态优先、绿色发展理念，项目建设中严格执行环保准入，充分利用污水处理厂功能保护环境，全年未发生一般及以上环境污染事故。

【配套保障】 推进规划覆盖，为保障未来发展用地，科学合理拓展远期规划范围，从原规划的30平方千米拓展为约44平方千米，并快速推进2.6平方千米控规方案审批。推进用地保障，取得征地批文约367亩；招拍挂出让土地3宗约627亩，成交总价约5.68亿元；完成土地划拨约190亩，确保了京东二期、京东三期、霍氏百利威等项目用地需求。推进基础配套保障，观音阁路一期、东城大道剩余电缆沟敷设及绿化工程基本完成建设，有力推进华南城金属材料中心等项目用电、用水工作；观音山派出所投用；园区穿梭巴士开行；公租房实现配租约245套，为入驻企业员工提供居住保障；海棠污水处理厂正式进入商业营运等，不断补足物流基地配套“短板”。

【党的建设】 践行“三会一课”“组织生活日”等制度，全年组织召开9次中心组学习、33次支部学习（其中11次支委会、11次党员大会学习、11次党小组学习、4次党课学习），提升党性修为，将党员干部的“精、气、神”充分凝聚到谋划物流基地发展建设的大局上。压紧压实全面从严治党主体责任，落实“一岗双责”责任制，强化监督执纪问责，全年召开8次廉政会议，运用“四种形态”中的第一种形态18次，开展明察暗访12次，对二级班子干部进行廉政谈话17人（次），纵深推进全面从严治党在物流基地落地生根。坚持“三重一大”集体决策制度和党支部议事决策制度，研究“三重一大”事项200余项，凡涉及基地“三重一大”事项，坚持通过召开支委会、行政办公会集体研究，促进决策的民主化、规范化，有效提高工作效率及班子凝聚力。以实际行动抓实精准扶贫，深入东温泉黄金林村、花溪街道王家坝社区、南彭街道白合子村、鸳鸯村、高碑村，对26户困难家庭深切慰问，切实开展驻村扶贫，并对界石镇、圣灯山镇、南彭街道采取生产帮扶、危房改造等方式助力脱贫攻坚，投入扶贫资金共计约145万元，将扶贫工作落到实处。

2018年重庆公路物流基地部分入驻企业基本情况

序号	签约时间	入驻企业	项目名称	投产项目概况
1	2018-03-09	霍氏文化产业集团有限公司	霍氏百利威（重庆）国际电子商务产业园项目	将建设现代化高标分拨仓储、商品展示中心、办公区等设施，并引入霍氏润滑油板块西南地区结算中心（不限于“统一”品牌等）。
2	2018-04-11	北京京东世纪贸易有限公司	京东（重庆）生态型智慧物流园项目	结合国际一流的“云计算+大数据”基础设施平台，运用智能自动化输送系统、智能自动化立体仓库（AS/RS）、智能自动分拣系统、智能仓储管理系统WMS，全面构建生态型的智慧物流项目。
3	2018-05-25	北京京东世纪贸易有限公司	京东（重庆）生态型智慧电商产业园项目	智慧仓储物流设施，打造包括生产运营、贸易结算、研发、智慧仓储、物流配送等多项内容于一体的智慧型电商产业园，是京东在巴南智慧型仓储物流设施的升级。
4	2018-05-25	贵阳货车帮科技有限公司	货车帮集团西南营运中心（更名满帮集团西南营运中心）	将建高标准仓库、展示中心、综合服务中心等，拟打造西南区域营运中心，计划建设重庆大数据展示中心并开展线上线下车货匹配交易、车后服务及相关金融保险等衍生业务。

（张　翠）

重庆市巴南公路建设有限公司

【概况】 重庆市巴南公路建设有限公司重点开展重要旅游基础设施建设、重要旅游项目建设、主城及园区外土地一级整治、重点农旅示范项目建设。按照旅游、交通等专项规划精神，计划到2026年开发避暑休闲地产100万平方米，开发旅游及小城镇商住用地100万平方米，全面建成旅游东部和南部环线，全区旅游环线内部道路网络基本成形，实现景区与主要产业园区、高速公路对外大通道的联系，基本形成都市休闲旅游首选目的地、重庆休闲养生旅游目的地。公司现有干部职工107人，其中领导6人，二级班子15人，一般员工86人。内设6个部门（综合部、法律事务部、财务融资部、资产经营部、规划发展部、工程部）、2个项目部（东部片区项目部、南部片区项目部）。公司原有9个全资子公司，圣灯山公司、巴弘公司、巴和公司、浩丹公司被注销后，巴滨公司、瑞洲公司、巴鑫公司、东温泉公司、仙沐苑公司等5个全资子公司存续。公司党支部有党员26人。

【文旅项目】 一品幸福田园小镇项目展示区域基本完成构建筑物外立面施工，正完善环境等配套设施及内部装修施工。东温泉文旅项目三峰泉酒店排危升级改造完成主体工程；风景名胜区控制性详细规划取得市城管委批复。丰盛古镇项目启动一品殿、客来有莱、老兽医站和历史文化展览中心的建设前期工作，其中历史文化展览中心年底已动工建设；主入口步道及景观绿化工程完成总工程量的50%。圣灯山项目《圣灯山镇镇区控制性详细规划修编》（未涉及桥口坝国家森林公园部分）获得市政府审批；完成片区三块石、袁家院子组团避暑地产地形图测量、实地勘界等前期工作。双寨山项目完成大小寨子组团地形图测量及勘界工作、土规调整方案，并初步完成双寨山村村规编制。姜家溶洞项目启动洞内清淤及施工便道硬化等建设工作。梦幻石龙项目完成约300亩土地整治，已种植油菜等作物；完成人行步道、景观水体、停车场等基础设施施工图设计。

【债务管控】 公司以“降债”为总基调，按照公司资金平衡计划，合理、有序推进融资工作。2018年，共筹集资金约26.54亿元，其中，土地成本返还收入8.65亿元，融资到位资金4.5亿元，争取上级补助资金2.4亿元，区土储中心委托征地资金4.6亿元，借款资金1.8亿元。支出工程欠款、偿还金融机构本息及区内单位借款等共计26.30亿元。截至年底债务总额为79.79亿元，较2017年末债务总额87.14亿元将下降7.35亿元。

【资产管理】 加强土地等国有资产管理，界石海棠西区约557亩已出勘界报告，其中商住用地部分已购买地票；佛耳岩三期已取得42亩征地批文；一品幸福田园小镇约940亩已取得勘界报告，并完成用地指标组件；完成花溪建新村、南泉虎啸口、圣灯山滩子口村等844.45亩土地储备批文办理。完成滨江片区储备地668项目和170项目、南泉金鸡岭虎啸口片区、鱼洞佛耳岩三期共计约600亩土地征地拆迁，并开展基础设施项目占地清理丈量补偿。滨江片区储备地B地块宗地公示出让资料已备齐，南温泉金鸡岭项目、滨江片区储备地C地块达到公示出让条件。其他资产处置有序推进，完成巴和、浩丹公司剩余5%股权转让并收回资金5952.37万元；完成凯川紫依云41套门面处置；完成重庆气矿4宗房产及龙田机械厂收购。

【招商引资】 公路公司共完成签约项目5个，其中，作为乡村振兴招商小组成员单位完成签约项目3个，分别为一品幸福田园小镇项目、南温泉旅游开发项目、花田康养小镇（原花木世界）项目，协议资金100亿元；作为南部新城招商小组成员单位，签约中建·滨江星城项目，协议资金56.4亿元、到位资金8.6亿元；作为中国西部木材贸易港项目建设指挥部成员单位，参与完成该项目一期签约落地工作。一品幸福田园小镇项目和中建·滨江星城项目，分别纳入全市重大旅游招商项目与第二十一届中国西部国际投资贸易洽谈会央企重庆行主题活动项目进行集中签约。

【工程建设】 推进乡村振兴道路建设，圣灯山—陈路倒马坎段建成通车，二圣瓦青路完成总工程量80%，一品横一路完成总工程量30%，东温泉绕景路、丰黄路、圣灯路完成占地清理工作，于年底开工建设，永仁路完成立项、初设等工作，并开展施工图设计。滨江片区道路建设方面，横三路建成通车，红光李家湾小区市政道路，一纵九横香港城段年内基本完工，横一路及站西路完成总工程量15%，龙汇路建新村段、建新村滨江片区市政道路工程于年底动工建设。同时，推进EPC钢结构等其他工程建设，其中公安业务技术用房及龙洲湾派出所完成项目费用增加、实施主体等论证工作，并经区委常委会、区政府常务会审议通过；巴渝线D325天然气管道迁改完成规划选址、立项、规划设计方案审查、水保、环评、安全预评价报告编制等工作。

【安全维稳】 健全原有安全检查制度，组织安全生产大检查7次，下发安全隐患整改通知书30余份，隐患整改率100%。加强农民工工资支付的监督管理，组织相关单位和落地项目对拖欠农民工工资情况进行清理，提出解决方案，未发生欠薪引发的群体性事件。与公司有关的群众信访件、网络舆情等均得到及时协调化解和处置。

（刘　霞）

重庆鹿角组团

【概况】 重庆市鹿角组团开发建设管理委员会（简称鹿角组团）是根据重庆市人民政府部署要求，2007年由市交开投集团（2014年移交给重庆市地产集团）和巴南区人民政府联合成立重庆市鹿角组团开发建设管理委员会，实行双主任制，双方主要领导（区长、总经理）兼任主任，分管领导（副区长、副总经理）兼任常务主任，下设办公室常驻鹿角处理日常事务工作。鹿角组团是市政府规划的“纯居住、低密度、高品质”21个大型人口聚居区之一，组团规划入驻人口约21万的鹿角新城，未来将打造成集宜居、养生、休闲、娱乐、旅游五大功能于一体的中央休闲购物区。组团占地约15平方千米，其中市级储备12平方千米，巴南区储备3平方千米。重庆市地产集团储备12平方千米，由巴南区政府与市地产集团共同招商开发，市地产集团储备部分土地收益全部上交市财政，用于全市轨道交通建设。

鹿角组团坐落于重庆主城东南部，呈两山一温泉的整体城市空间格局，西临南山风景区、东靠樵坪山风景区，南临南温泉，花溪河蜿蜒东西，鱼塘水库星罗棋布，山、水、林、泉、瀑、洞皆具，自然环境得天独厚。北接茶园城市副中心，南至界石数码产业园，内环高速横贯南北，规划3条轨道线，距离重庆主城20分钟车程，交通便利，规划基础配套设施完善。组团内自然与人文优势共存，可谓“近繁华、享宁静”。

【基础设施建设】 全年道路设施建设完成投资0.47亿元，工程施工进展顺利，其中M3路、M2路、N1路、CD延长线都已实现初通，正在完善绿化工程；截污干管项目东段施工单位已进场。

【全年投资】 鹿角组团2018年全年计划投资目标任务为42亿元，实际完成总投资65.07亿元，超额完成约155%。其中基础设施投资0.47亿元，社会资本完成投资64.6亿元，其中8项为房地产开发项目，1项为奥特莱斯商业综合体开发项目。

【招商引资】 2018年鹿角组团签约项目4个，在谈项目2个，完成协议资金300亿元，到位资金33.58亿元。全年共计对接企业20余个，接待外来单位考察30余次，其中有华强集团、青岛海尔地产集团、神州天立教育集团、龙湖地产集团等企业，对新入驻企业及意向入驻企业的大小项目，做到提前介入、主动服务、积极出谋划策，对企业和项目实行全方位、全过程优质服务，为项目后续发展打下基础。全年完成土地出让面积506亩，实现综合价金33.13亿元。引进保亿、新希望、卓越3个开发项目。有2个项目进入深度对接阶段，其中，华强“熊出没”小镇项目占地面积约2240亩，已完成第一轮协议研判，力争2019年签订协议并完成首期供地；海尔创智谷项目已签订框架合作协议，海尔地产集团已完成公司注册，正在优化调整项目规划方案。

【在建项目】 融创欧麓花园城项目完成投资7.2亿元。启迪协信星麓原项目完成投资3.2亿元。首创奥特莱斯项目完成投资7.5亿元。金嘉海悦麓山项目完成投资2.7亿元。金碧雅居麓铭府项目完成投资4亿元。保亿湖山鹿鸣项目完成投资10亿元。荣安公园天下项目完成投资2亿元。新希望卓越项目完成投资28亿元。组团内各项目均在有序建设中。

【征地拆迁】 截至2018年年底，鹿角组团储备土地面积共计18375亩，实施征收土地10872亩，其中按照据实结算的方式共计实施四期9307亩（已完成征地并交地），采取包干方式委托征收1565亩（R分区）。

（马玉婷）

重庆高等职业技术教育城

【概况】 重庆高职城位于重庆中央活动区（CAZ）龙洲湾C区，立足于科技和教育两大特点，按照“开放融合、智慧智能、资源共享、集约集群”思路，以大数据智能化为引领，教育产业为支撑，依托国家级实训中心、华为ICT学院、重大城科院等职教资源，以及中迪医疗、联合纵道、天昊基因等高新技术和战略性新兴产业，支持研发、技术成果转化及高技能人才交流、高层次人才创新创业，推动科教联动、校企共赢、产学研结合，着力打造具有高质量城市生态环境，高科技智慧化城市管理，高效率投资管理软环境的产、学、研、住、商一体化的现代化新城。

高职城已引进华为ICT学院、重庆文化艺术职业学院、重庆艺术学校、重庆工商大学融智学院、重庆教育管理学校、巴南职教中心、重庆大学城市科技学院、重庆五一高级技工学校等8所院校及西部人才产业园、中国（重庆）职业技能公共实训中心、长江剧院等3个功能性项目。其中，重庆文化艺术职业学院、重庆工商大学融智学院、重庆教育管理学校已建成开学，入住师生超过2万人；12万平方米西部人才产业园已建成投用；五一技校、实训中心、巴南职教中心正在施工建设。路网配套建设同步推进，累计完成高职城大道、尚文大道等12条约15千米道路建设；建成污水管网约20千米，完成12千米D325天然气主管网的迁改。

截至2018年底，高职城西部人才产业园已注册高新技术企业3家；云计算产业园引进37家IT信息服务类项目，中迪医疗等10个项目已投运；引进众创企业130余家；实现战新产值5.3亿元、税收5700万元，解决就业近3000人。

【基础设施】 总投资近2亿元的金竹大桥（原箭滩河大桥）和龙洞湾大桥于2018年11月建成通车，方便院校师生及企业员工出行，缓解鱼洞老城区交通拥堵问题。完成燕尾山路、崇仁路、金竹大桥等桥梁道路命名，实现云滨路、大彭路、云鹏二路、云鹏三路、市城投集团储备范围解放村道路、市城投公租房周边市政道路通车，进一步完善高职城片区路网结构。开工建设大正沟变电站，全面启动建设2.8千米尚文大道延伸段工程、2.7千米燕尾山路雨污管道建设及路基土石方工程和1.1千米箭滩河综合整治高职城段。

【招商引资】 高职城紧紧围绕职业教育、人才项目和云计算大数据产业发展，把握“大众创业、万众创新”“互联网+”的时代主题，拓宽招商渠道，强化精准招商。全年，落实招商协议资金17.74亿元，到位资金18.69亿元，实际利用外资443万美元，实现战新产值1.5亿元，税收2000万元，就业400人。引进项目9个（华为ICT学院暨实训中心、述才教育平台、盛大职业培训学校、文登培训学校、瑞思卡医学3D打印、召海科技、深圳联合生物、苏秦千谋），投运项目7个（中迪医疗、芸中鹰无人机、联和纵道职教云平台、瑞思卡医学3D打印、述才教育平台、召海科技、中移铁通）。

【项目建设】 艺校C栋宿舍楼建成投用，实现中职学生全面入驻，艺校中职、高职学生人数达到6000人。五一校、实训中心两个项目实现主体封顶。重庆教管校二期综合楼正在进行主体施工。重大城科院已开工建设。云计算产业园新建5.5万平方米产业用房主体封顶。联通南部通信枢纽楼开工建设。恒大新城、协信·敬澜山和泓·文华府等房地产项目开盘销售。

【项目运营】 助推校企合作，重庆工商大学融智学院和科大讯飞股份有限公司、甲骨文（中国）软件系统有限公司正式签署校企合作协议，将共同打造融智讯飞人工智能学院、甲骨文大数据学院，培育大数据智能化人才。助推创新创业发展，营造“大众创业，万众创新”氛围，创新创业环境持续改善，融智学院2个项目获批国家级创业项目，芸中鹰无人机团队被市妇联推选为重庆市创新创业示范团队。助推校企升级，高职城配合入驻院校企业升级转型，打造产学研融合的“科技教育城”。融智学院获批新金融智慧学习工场（2020）项目首批试点学校；多创云教育、芸中鹰、中迪医疗、联合纵道获得“高新技术产业”称号；中迪医疗被认定为“大数据智能化领域2018年市级工程研究中心”。

（罗　可）

重庆市渝兴建设投资有限公司

【概况】 重庆市渝兴建设投资有限公司（简称渝兴公司）系重庆市巴南区区属国有独资公司。公司成立于2003年，2018年注册资本金为20亿元，总资产253亿元，公司经营范围为国有资产经营管理、统筹协调建成区（鱼洞街道、花溪街道、龙洲湾街道、李家沱街道）以及铜锣山以西规划拓展区域范围内的基础设施建设、土地征收整治开发等工作。公司严格按照现代企业制度管理和运作，在发展中不断优化产业结构、组织架构和管理机制。公司内设行政部、监察人事部、财务部、融资部、投资发展部、规划用地部、开发建设部、安全维稳部、招商促建一部、招商促建二部等10个部门，下设重庆市城南建设投资有限公司、重庆龙滨建设工程有限公司、重庆源邦置业发展有限公司、重庆市智兴汽车租赁有限公司等4个子公司。其中，重庆市城南建设投资有限公司负责城市建设投资、土地储备整治、城市基础设施建设投资、土地一级整理、各类资产经营管理、房屋拆迁、投资信息咨询、物业管理、房地产开发，批发、零售建筑材料；重庆龙滨建设工程有限公司负责房屋及城市基础设施建设项目施工，建筑、建材及设备租赁，建筑材料和工程质量检测，承接其他项目施工（凭相关资质开展经营活动）；重庆源邦置业发展有限公司负责物业管理、房地产中介咨询服务、楼盘代理、房屋租赁等；重庆市智兴汽车租赁有限公司负责全区区级党政机关与部门、事业单位的突发事件、公务应急保障用车及汽车租赁、驾驶员劳务输出服务等工作。

【项目建设】 全年开展54个项目前期手续办理，办理结算手续17个。建设项目共30个，完工25个。完成片区基础设施建设情况清理及信息编辑，结合土地成本分摊及棚改计划，初步确定未来三年道路及电力建设时序计划。稳步推进重点基础设施项目建设，龙洲湾B区市政道路二期三期项目二纵路和五横路完成沥青路面铺装并达到通车条件，截污干管达到通水条件，地下综合管廊项目开工建设，轨道交通2号线3号线周边路网优化及整治工程一、二标段建设完成。有序开展公益民生项目，富达城二期主体结构施工全部完工，文化中心博物馆、区行政中心周边综合整治、渝兴综合服务大楼完工投用。

【项目促建】 功能性项目顺利推进，巴南万达广场全面完工，华熙LIVE巴南国际体育文化中心和北侧商业设施正式投入运营，凤凰项目商业部分主体完工，巴蜀小学计划2019年9月投用，融汇半岛西流沱小镇正式开街运营，华宇龙湾酒店等酒店项目启动建设。积极推进片区内市级平台公司负责的断头路建设，提升巴滨路沿线品质。龙湖春江天境、保利碧桂园、千江凌云等40余个房开项目进展顺利，2018年完成投资约180亿元、建筑面积约346万平方米、销售面积约219万平方米。

【招商引资】 按大力发展全域旅游总体思路，深入开展招商工作。根据全区土地出让计划，开展商住地块招商工作，龙湖、电建再次落户龙洲湾B区，合计出让土地533亩。参与市级公司储备土地招商、产业布局、基础设施建设谈判工作，引进龙湖地产春江天境项目落户巴南，协议资金70亿元。推动水轮机厂、机床厂、专件厂等地块的招商引资或收购。开展文旅创新项目等招商工作，签约凤凰洲际酒店项目，西流坨小镇招商率达到80%，凤凰普天数据中心项目、爱上出行等招商项目深入推进中。

【融资偿债】 全年新增融资8.1亿元，争取政府债券资金1.4亿元，保障了公司良好运行。新增融资加权综合成本为6.12%，单笔融资综合成本均未超过8%，在当前融资环境下，成本控制成效明显。未出现金融债务逾期，未发生金融债务风险，共计偿债23.42亿元（含提前回购葛兴公司7.425亿元股权融资），削减债务8.4亿元，存量金融债务总体较年初下降6.05%，有效防范金融风险。为解决2018—2020年城市棚户区改造项目资金问题，向农商行、工行通过政府购买服务的方式申请项目贷款，在此期间完成项目手续办理、政府采购流程、融资要件办理等相关工作，棚改融资全额获批，共计取得棚改项目57.1亿元的授信批复。积极储备融资项目，为公司后续资金链安全打下基础，较为成熟的储备项目重点有4个，金额共计26.5亿元。

【土地运营】 成功出让龙洲湾B区258亩、275亩商住用地和七九配气站4.5亩土地，总出让综合价金42.8亿元，全年已返区财政土地出让成本资金约31亿元。投入资金2.7亿元，购买地票1375亩，正在办理21宗约3762亩征地批文（其中约600亩已办理完成）。继续开展上一轮鱼洞新二村、王家坝（一）棚改项目征收扫尾，并成功启动工商银行片区、龙江大道片区、尚文大道及

378 项目征收补偿工作，确定全区新一轮 9 个成片拆除类棚改项目。

【资产运营】 新增国有资产约 12 万余平方米，完成 200 余套安置房产权办理工作，实现安置房销售收入约 1500 万元；开展 3 宗资产处置，成交 1 宗；经营性资产出租率为 95%，全年收取租金约 1560 万元。结合创卫工作，开展渣场运营，实现运营收入约 4600 万元。

【安全环保】 定期召开安全文明生产例会，针对性部署措施。制订扬尘污染控制方案，加大建设项目检查力度和深度，外聘安全专家参与安全文明施工检查。对重点活动或时段，召开专题会议专门部署，确保不发生重大安全事故。加快花溪河、黄溪河黑臭水体整治，开展娄溪沟、云篆山污水管网前期手续办理，对片区内 30 个地块约 500 亩土坡菜地集中开展绿化整治，处置融汇半岛雨污混流问题。定期对辖区建设项目进行安全稳定风险研判，全年及时处置突发事件约 50 件次、处置网络舆情事件约 150 件次、解决 1600 余人的拖欠工资约 3300 万元。

（吕玉兰）

重庆国际生物城

【概况】 2018 年，重庆麻柳沿江开发区（12 月更名为“重庆国际生物城开发投资有限公司”）在区委、区政府的领导和支持下，坚持“以全局谋一域，以一域服务全局”推动产业平台提升，提出建设“重庆国际生物城”，解决园区平台定位低、招商优势弱、配套滞后等瓶颈问题，承载全市生物医药产业发展。10 月，市长唐良智批示“就国际生物城授权问题予以支持，并重点扶持其发展”。11 月，常务副市长吴存荣调研园区，对重庆国际生物城建设给予支持和肯定；副市长李殿勋在全市生物医药产业推进会上，明确将巴南作为全市生物医药产业发展的重要承载地。12 月，“重庆国际生物城开发投资有限公司”完成工商核名，园区名称变更为重庆国际生物城，翻开发展新的一页。园区公司内设 12 个（行政法务部/审计督查部、人力资源部/党群工作部、规划发展部、招商引资部、科技创新服务中心、促建服务部、土地开发部、总工办、木洞工程建设部、麻柳工程建设部、财务融资部、安全环保部），全资子公司 3 个（重庆麻柳水务有限公司、重庆木洞文旅实业开发有限公司、重庆江之阳环保工程有限公司）；在职职工 90 人［其中：公司领导 8 人（含挂职 1 人），管理人员 45 人，专业技术人员 37 人］。

2018 年是园区建设任务最重、形势最为复杂、面临困难最多的一年，偿债负担重、招商引资难、建设项目多，面对复杂局面和难啃的“硬骨头”，园区按照习近平总书记对重庆提出的“两点”定位、“两地”“两高”目标和“四个扎实”要求，聚焦“三大攻坚战”“八项行动计划”，推动园区建设取得新的成效。全年 9 个项目建成投产、7 个项目建成投用、8 个新项目开工建设，工业投资同比增长 62.3%、规上产值同比增长 34.32%、规下工业企业主营收入占全区比重超过 35%，取得三项全区“第一”，发展速率领跑巴南。招商引资签约突破 100 亿，国内康养龙头落地巴南。全年签约项目 20 个，投资额 103.125 亿元，居区内平台公司之首。截至 2018 年底，园区累计引进医药项目 38 个，协议投资额 261.06 亿元，协议达产产值 487.62 亿元，协议达产税收 43.88 亿元。

【巡查整改落实】 2018 年，区委第四巡察组对园区开展为期 3 个月例行巡查。园区对巡察中发现的 6 个方面 13 个问题、8 点建议照单全收、立行立改，真认账、不推诿，真反思、不敷衍，举一反三全面整改。在巡察组召开巡察意见反馈会通报巡察情况后，立即召开党支部支委会，成立巡察整改领导小组，进行整改工作部署，明确领导小组、分管责任领导、责任部门和责任人职责，为扎实推进整改工作奠定基础。公司通过多次组织召开巡察整改专题会、支委会、总经理办公会对巡察中发现的 6 个方面共 13 个问题及 8 点建议针对性地制订详细整改方案，明确整改措施、责任部门、责任人、责任领导和整改时限，确保整改工作收到实效。并对巡察整改落实情况开展

3 次督查检查，对各部门、子公司整改落实情况逐条梳理检查，落实主体责任，加快推进整改，督促建章立制，完善佐证资料，确保有迹可循、有据可查、以点带面、举一反三，通过整改巡查问题确保园区规范、规矩运行。

【经济数据取得三项全区“第一”】 2018 年，园区是巴南项目攻坚的主战场和最大的建设工地，开工项目、在建项目最多，建设任务最重。公司狠抓一线服务，保持投资、产值持续高速增长。工业投资全区第一，全年 28 个项目实际完成工业固定资产投资 22.17 亿元，同比增长 62.3%，占全区工业投资的 37.57%，增幅及绝对数均排全区第一。规上产值增幅全区第一，全年 11 家规上企业实现产值 53.3 亿元，同比增长 4.32%，增幅在全区排名第一。规下主营收入全区第一，园区 39 家规下工业企业全年实现主营业务收入 41.79 亿元，同比增长 7.5%，占全区比重超过 35%，拉动规下主营业务收入增长 2.8 个百分点。南松医药、盛清水剂、尚佳服饰等 3 家完成工业企业升规，川安医药、嘉通医疗等 2 家商贸企业实现限下转限上，柳江医药实现科技型服务业升规。智睿生物一期、博唯生物一期、智翔金泰一期、万全医药研发中心、九龙云端、麻柳电商平台、雄飞医疗等 7 个项目建成投入使用。博唯生物二期、美莱德动物实验中心、捷牧生物、川安医药、普康器械、艾伯尔 3D 打印、麻柳电商平台、彼岸医用包装等 8 个项目开工建设。国舒制药、关西涂料、惠森驰恒、川安医药、上海伽煜、艾维迪、艾伯尔 3D 打印、普康器械、凯耀医疗等 9 个项目建成试产投产，达产产值规模 33.8 亿元。

【年度招商引资突破 100 亿元】 园区克服经济形势下行、中美贸易摩擦加剧等带来的严峻挑战，主动应对激烈的招商竞争，策划实施招商推介会、医药年会、医药双创大会等重大招商活动 20 余次。区委书记辛国荣亲自带队赴美国开展招商促进活动，区长何友生率队对接华熙集团等重大项目。通过到国外、到沿海、到生物医药发达地区上门招商、精准招商，储备华熙玻尿酸、国药器械重庆研究院、迈博太科、吉力芸峰、韩国 BINEX 项目、iHelmet 智能生发系统设备等重点项目 80 余个。全年，钱璟康复、华熙生物医创新基地、北大医疗（重庆）创新谷、四川新绿色、重庆川安、新生源医药等 20 个项目签约落地，协议投资额 103.1 亿元。生物医药招商克服重重困难，一批中短建设周期项目持续落地，进一步优化园区医药项目结构，成为全区招商引资一大亮点。其中，国内康养龙头企业钱璟康复更是创造“一周谈判、两周审批、三周签约”的巴南速度，有望形成规模 80 亿元的康养集群。

【基础设施工程建成投用】 园区在资金紧张、融资困难情况下，控制好工程实施节奏，落实项目用地保障，分清项目轻重缓急，将有限资金用在刀刃上，确保园区急需的路网、电力等配套设施加快建成，为企业按期投产创造条件。全年取得用地批文 2038 亩；协调市、区国土局取得“人地挂钩”指标 1558 亩，占全市 25.6%，全区 80.7%。建成通车梓华大道、梓桐三支路北段等道路 6.3 千米，满足关西涂料、南松医药等项目投产需求；建成木洞堤防 4.9 千米，为加快园区产城融合打下基础。建成木洞组团 K1－K4 四个 110kV 开闭所，完善智睿生物、博唯生物等重点医药项目投产电力保障。栋青医药城平场及基础设施项目完成 D 地块 3000 亩平场土石方 1000 万立方米，完成平场工程量的 80%。

【新药报批填补多项空白】 园区全力协助企业加大产品审核报批、扶持资金申报，一批新产品获批临床，促进企业持续发展和做大做强。博唯生物、参天科瑞、关西涂料、南松凯博、百亚国际、新希望等企业申报市区专项资金、补助资金、市级研发准备金等各项政策 31 项，全年协助企业向上争取资金补贴 2051 万元。协助柳江医药启动 7 个研发项目的一致性评价，艾维迪生物取得糖化血红蛋白分析用洗脱液等 2 个二类医疗器械注册证，早柒天公司取得 AMH 检测试剂盒产品二类医疗器械注册证，智翔金泰取得 pd1501 注射液临床批件。

【队伍建设促进运营效率提升】 园区坚持党管

干部原则和德才兼备、以德为先用人标准，提拔任用内设机构负责人2名，实行部门负责人、关键岗位人员轮岗交流，形成风清气正的用人环境；全年外派培训30余人次，邀请区纪委、区档案局、重庆医科大学领导及专家开展党风廉政、档案管理、健康管理等专题培训，提升全员综合素质和业务能力。园区公司以巡察整改为契机，修订完善涉及议事规则、财务支付、招投标、费用报销、会议管理、档案管理、意识形态等制度近20个，进一步织密制度笼子，堵塞管理漏洞；按照分级管理、权责明确、管理高效原则，优化调整班子成员分工，明确责权事权，优化工作归口，简化发文、用章等审批流程，提高办事效率。园区加大工作督查督办力度，成立多部门联合督查组，进现场、下工地，严格比对目标任务和项目进度，强化对企业在建项目、园区基础设施工程、安全环保等重点工作的监督检查，结果纳入年度绩效考核兑现。承办市第八届进城务工青年“亲子趣味运动会”等大型主题活动，先后开展“职工好声音歌手大赛”“第二届篮球友谊赛”“志愿巡河护河”“巾帼文明岗”“最美家庭评选”等活动，丰富职工业余文化生活，增强职工队伍凝聚力、战斗力。

【党政融合推动支部阵地建设】 园区公司严格执行党政“双向进入、交叉任职”，根据《中国共产党支部工作条例（试行）》《巴南区区属国有公司党组织工作活动基本规范》等文件要求，强化党支部主体责任落实，推动党建工作规范化、标准化；严格落实支委会前置审议“三重一大”事项规则，发挥好党组织在公司经营决策中的政治核心和领导作用；开展党员示范岗、党员责任区和项目攻坚小组等活动，推动党建工作与业务工作深度融合，发挥好党员先锋模范作用，助推园区建设；按照《党委（党组）意识形态工作责任制实施细则》等1+8制度要求，制订完善公司内部《意识形态工作应急预案》《网络信息平台巡察制度》等意识形态工作制度；加强意识形态类报告、论坛审核报批，牢牢守住意识形态阵地；加强网络信息、新媒体平台管理，及时稳妥处置市、区反馈舆情事项，有效维护园区和谐稳定；做好与园区非公经济人士交友联谊，推荐确定一批新的社会阶层人士、新专联会员及副会长、无党派人士和区政协委员，加强政治引领、事业吸引和情感召唤。

（罗建东）

2018年入驻园区部分重点企业情况

序号	签约时间	投资企业	项目名称	项目概况
1	2018年4月	重庆川安医药有限公司	重庆川安综合性医药产业基地项目	一期入驻标准厂房19326平方米，二期占地约50亩。一期建设药品流通配送基地，配备线上线下平台实现同步销售；二期建设中药饮片生产线。
2	2018年6月	四川新绿色药业科技发展有限公司	四川新绿色现代中药项目	项目占地100亩，建设饮片前处理车间、提取车间、研发中心，生产产品包括中药配方颗粒、中药饮片等。
3	2019年1月	重庆吉力芸峰实业（集团）有限公司	吉力芸峰药品产业化基地项目	项目占地102亩，建设药品产业化基地，涵盖7个品种，包括口服液、胶囊、部分颗粒剂等产品。
4	2019年1月	重庆美莱德生物医药有限公司	美莱德实验动物研究中心和安评中心项目	项目入驻标准厂房8000平方米，建设化学药、生物药、疫苗和功能性食品临床前药动药效评价、安全性评价和功能性食品的功能性评价及临床评价平台。

续表

序号	签约时间	投资企业	项目名称	项目概况
5	2018年5月	重庆艾维迪生物科技有限公司	艾维迪伴随诊断项目	建设十万级GMP厂房及研发实验室，从事体外诊断试剂（IVD）与基于智能生物芯片技术的即时检验设备（POCT）的研发、生产与服务。
6	2018年5月	重庆雄飞科技有限公司	雄飞医疗器械流通项目	建设医疗器械流通基地，主要经营Ⅱ、Ⅲ类医疗器械。
7	2018年12月	重庆海瑞奇包装有限公司	重庆海瑞奇包装项目	项目投资约0.036亿元，入驻拓为标准厂房，面积约900平方米，拟从事服装、医药产业配套纸箱、木制类包装及包装附件生产。
8	2019年1月	重庆彼岸环保材料包装有限公司	彼岸医用环保包装项目	项目入驻标准厂房1700平方米，主要研发、生产药品食品环保材料包装。
9	2019年1月	常州市钱璟康复股份有限公司	钱璟智能医疗康复项目	项目一期入驻标准厂房，二期占地约100亩，建设智能医疗康复设备（二类医疗器械）研发生产基地。
10	2019年1月	重庆恒飞百货有限公司	恒飞医用耗材项目	项目入驻标准厂房2500平方米，主要生产医用灭菌口罩、医用化妆棉等医疗卫生护理用品。
11	2019年1月	重庆市博帆科技有限公司	重庆博帆科技二期项目	项目入驻标准厂房1000平方米，主要生产汽车防尘罩、噪音布、网格布、泡沫无纺布、安全气囊布PP蜂窝板等。

交通　邮电

交通运输

【概况】 2018年，全区公路里程4255.776千米，其中，高速公路169.2千米、国道116.644千米、省道248.33千米、县道238.514千米、乡道310.732千米、村道3172.356千米，所有行政镇通畅率100%、行政村通达率100%。现有泊位12个，泊位通过能力188万吨。城区共有公交线路78条、公交车辆990余台；二环外共有公交线路98条、公交车辆340余台。

重庆市巴南区交通委员会（简称区交委）是主管全区客货运输及农村公路建设管理、区铁路港口规划、水路交通行政管理和行业管理的政府职能部门。机关内设办公室、计划财务科、政工科、规划建设管理科、安全和公路管护科、法制运管科等1室5科，共有机关干部职工19人；下辖公路养护段、道路运输管理所、路政管理支队、港航管理处、公路质量监督站和铁路港口建设服务中心等6个事业单位，行业指导交通执法巴南区大队。区交通系统共设有11个党委（支部），有中共党员242人，成立有工会、团委、妇委会群团组织。2018年，区交委以推进交通基础设施建设提升行动计划为重点，以解决民生出行问题为首要，获国家安监总局、共青团中央联合表彰“全国青年安全生产示范岗”称号，“四好农村路”建设经验受到中国国际广播电台深度采访报道，“水上党建联席会议机制”入选人民网“全国城市基层党建创新案例”评选。

【交通规划引领作用明显】 区交委对接渝湘、渝昆、渝西高铁，渝黔高速扩能、渝湘高速扩能、长寿至巴南高速路线规划论证工作，争取路线、站点规划在巴南区落地。铁路东站已确定设在南岸区茶园，其配套动车所设在茶园和巴南区鹿角之间，动车所规划占用巴南区土地由原来1800亩减少至1100亩。争取南彭站更名巴南站，南彭车站设计方案经审定，最终确定建设规模由原2500平方米调增至6000平方米。渝湘高速扩能将在二圣、东温泉设立下道口，巴南段初设双向八车道通车，将有效带动旅游产业发展。将巴南区“2+4+6”码头规划上报市交通局纳入《重庆港口规划修编》，其中，富江码头按现状码头上报；东琪码头拟取消沥青货运功能，改为新型建材（不含沥青）货运功能上报。

【三年行动计划全面启动】 2018年，区交委全面启动交通三年行动计划，争取到上级农村公路、普通干线路补助资金4.83亿元。渝湘高铁（重庆至黔江段）开工建设，巴南段途径南泉、惠民、姜家、接龙、石龙、天星寺，全长36千米并在惠民设置“巴南惠民站”；铁路枢纽东环线（巴南段）实现27个工点开工建设，完成正线征地拆迁总量93%；南两（南川区至两江新区）高速公路（巴南段）汤家山隧道提前贯通，渝黔高速公路扩能项目（巴南段）完成房屋拆迁85%，新弯隧道右线实现贯通；佛耳岩码头二期完成建设即将开港。完成徐家岩桥、望天中桥等6座桥梁病害整治，完成春天门大桥加固整治工程。瓦青路、东泉至天赐、和平桥至綦江段路面改造工程、二圣至东泉段、碾芦路复建工程等5个项目开工建设，7个公路工程项目正开展前期工作。

【“四好农村路”加快推进】 下达“四好农村路”、普通干线公路建设计划项目259个，共计641.2千米，已完成173千米，完成2014—2016年农村公路验收。创新建立“路长制”，建成区、镇（街道）、村三级路长组织体系；以安澜镇、东温泉镇、石滩镇为试点镇，推进农村公路路政管理。下发《道路管养移交镇街的通知》《养护管理考核办法》，深化农村公路养护体制改革；完成“智慧公路”项目建设，搭建一体化公路监管信息平台。持续推进二环外公交改革，解决山区群众出行难、出行贵等问题；查处机动车非法营运案件612件，其中网约车非法营运51件、摩托车368件。“四好农村路”做法被中国国际广播电台、《中国交通报》宣传报道，并在市政府专报中转发全市学习。

【城乡一体公交全面覆盖】 充分利用外河坪公交枢纽站场、龙洲湾综合换乘枢纽的集散作用，新开通龙洲湾至潼南、习水、丰都等跨区线路3条，新开调整城区公交线路5条，打造快速周转的城市公交体系。推进姜家接龙片区公交改革工作，共退出47条班线线路、131辆班线客车，开行常规线路22条、定制线路40条，跟进新型能源车150余台，二环外新能源车辆占比达到90%左右，居全市第一；新改建客运站12个、充电桩120余个、接管站场11个，新增站点1000余个；开展原班线客运从业人员及售票员转岗就业培训，完成培训162人次。公交改革实施后，姜家接龙片区总体票价低于原班线客运票价20%以上，惠及10个镇街共计约25万群众出行，在全市主城区率先实现全域公交化。

【道路运输行业逐步规范】 履行“三关一监督”行业监管职责，共检查辖区道路运输企业542家次，查出一般安全隐患问题590件，完成旅客平安运送98.9万人次。完成2017年度站场、维修、驾培、货运企业安全服务质量考核工作346家，对考核为B级的3家企业下达限期整改通知书。积极应对货运“回流”，制订审核货运企业户数和准入货车车辆数计划，完成新增普货企业申请审核36家；对辖区货运企业及车辆进行不定期清理，清理退出不合规车辆375辆，约谈违规货运企业8家；投入215万元建立全区货运车辆大数据监控平台，200余家货运企业2500余辆货运车辆纳入监控范围，推进货运行业规范有序发展。

【公路路域环境畅安舒美】 投入2500余万元完成一陈路、麻天路、圣二路等地灾或水毁治理工程，投入250万元对石小路新龙桥、南涪路木箭湾大桥实施整治；实施鲜花绿草工程310千米，清理公路及用地范围内乱推乱放杂物860余处；每天出动养护工人210余名、清扫及洒水车11台，确保公路干净整洁。会同区公安交巡警支队、交通执法巴南区大队流动治超的执法力量严查货车超限超载，共同维护公路路产路权，全年共检测车辆154万余台次，卸载货物5000余吨，收取公路补赔费70余万元，查处违法车辆753台次。

【工程质量监督从严管理】 把好“四好农村路”、重点建设项目质量安全关口，共监督公路水运工程项目80个，工程监督覆盖率100%，监督工程质量合格率100%，无一起质量安全责任事故。督促项目参建单位落实安全生产隐患排查制度，水泥混凝土路面钻芯检查140个点，印发交通建设工程监督意见书30份，纠正一般质量问题120个，排查治理安全隐患28个，整改率100%。加强对重点路段、重点区域和薄弱环节的施工安全巡查，对10个项目的违法行为进行执法处罚，共处罚金7600元，无一起行政复议案件。

【水上安全监管坚实有力】 开展渡口渡船专项整治工作，维护渡口现场秩序，共检查渡船85艘次、渡口72道次，发现并整改渡口渡船问题40个。巩固非法码头整治成果，开展规范提升码头行动，共检查港口码头62个次，查出并整改问题33个，下达码头停业通知书6份，公示注销港口经营许可证4家。实行一船一档制度，共受理、执行船舶检验业务70艘次，无1起违反船检行为发生，管辖船舶事故快报率100%。开展水上交通安全宣传，普及水上安全防护自救知识；组织应急救援队伍开展2018年港口码头防汛及消防应急演练，参演人员100余人，全区渡口渡船连续35年实现安全渡运。

【专项行动展开成效明显】 推进扫黑除恶专项斗争，在客车车厢张贴扫黑除恶标识200份，悬挂横幅47条，发放宣传资料1万余份，严厉打击交通运输领域黑恶势力违法犯罪的9种重点行为，配合区相关部门查处渝南汽车市场邓某涉黑案。联合推进交通环保创卫工作，开展非法码头、餐饮船舶专项整治行动，完成2个辖区及跨区非法码头整治，取缔餐饮船舶2艘，保留的3艘餐饮船舶生活污水全部接入市政管网，实现“零排放”要求；加强对汽车维修企业监管，共检查维修企业165家，签发整改责任书58份，查处维修案件74件，签订危险废物处置协议90余家；开展维修企业“散乱污”专项整治，对127家维修企业进行拉网式排查，环保工作通过市级环保督查验收。

【行业安全稳定持续向好】 以“平安交通”创建为主题，开展“大排查大整治大执法”“道路运输平安年”“两防”等专项行动，严查重处“三超一疲劳”等各类违法行为，坚决遏制重特大交通安全事故发生，共查获交通违法案件5255件、执行处罚3829件。建立由122人组成的道路交通和水上交通安全应急保障队伍，成功处置长冲隧道涌水、渝道路山体滑坡等各类应急事件20余件，辖区无一起安全责任事故发生。

【党风廉政建设持续加强】 深入贯彻学习党的十九大报告，习近平新时代中国特色社会主义思想、习近平总书记重要讲话等精神，坚决肃清孙政才恶劣影响和薄熙来、王立军流毒，坚决消除杨钟馗严重违纪问题恶劣影响，大力营造良好政治生态。完善“全面从严治党”制度汇编，制发内部管理制度5个；制定提升党支部标准化、规范化建设水平措施14条，提升组织生活质量具体措施8条，全系统建立标准化党员活动室6个，持续深入推进基层党组织建设。优化执纪监督队伍，由16人组成纪律检查员队伍开展“明察暗访”活动，共开展明察暗访30次，发现违反工作纪律3次。

【精神文明创建再创新高】 依托郭明义爱心团队巴南交通分队，充分凝聚工、青、妇正能量，组织开展“走村入社送温暖新春慰问”“情满旅途”“在职党员到社区服务”、绿色环保公交站台清洗等活动10余次。充分挖掘身边榜样，对委系统基层一线3个先进集体及8名先进个人进行宣传报道。向区推荐先进集体、先进个人，向上推荐参评区级先进基层党组织、优秀党支部书记、优秀党务工作者、优秀党员和区“十大孝星”。2018年，交通系统获国家级荣誉1项，获2017年重庆市模范职工之家、重庆市青年文明号集体、2018年春运工作先进集体等市级荣誉10项，交通干部职工荣获市、区个人表彰9人次。

（谭　艺）

中国邮政巴南片区分公司

【概况】 中国邮政集团公司重庆市巴南片区分公司本部（简称邮政巴南片区分公司或巴南片区邮政）辖7个邮政支局、52个邮政营业网点，有员工548人。片区分公司本部机关内设综合办公室、财务部、人力资源部、党委党建部、市场营销部、服务质量部、金融业务部、集邮与文化传媒部、渠道平台部、营业（投递）局、寄递事业部；下设有4个班组（车队、武装押运保安队等）；开办有邮务类业务（包括集邮、报刊发行、机要通信、电子商务、三农分销等），金融类业务（邮政储蓄、理财、电子银行、代理保险等），物流快递业务（包裹快递、物流类）等3大板块业务，为客户提供多层次、多样化的用邮需求。2018年，巴南片区邮政累计实现收入17995.58万元，同比增长10.35%，规模排名全市第5位；巴南邮政业务总量22769.35万元，完成目标计划的100.35%，同比增幅10.11%。

【寄递改革】 落实“一体两翼”经营发展战略，做强、做优、做大包裹快递业务，按照市邮政寄递改革相关要求，结合实际将原邮政包裹快递部、运营管理部及其涉及包裹快递客服职能，与片区速递物流分公司本部进行整合，组建片区寄递事业部。

【民生金融】 充分发挥邮政金融服务点多面广优势，扎根民生金融，主动承担与广大百姓生活息息相关的代收代付服务，每年代发养老金15亿元、直补金等财政补贴0.8亿元。结合农村电商平台，开设45处助农取款服务点，使广大农村用户享受便捷的金融服务。

【农村电商】 建成农村电商服务站322个，实现行政村全覆盖，有效解决“最后一千米”村到户投递问题。集“网络代购+平台批销+农产品返城+公共服务+普惠金融”于一体的邮政农村电子商务服务体系，为巴南农村居民提供购物不出村、销售不出村、生活不出村、金融不出村、创业不出村、寄递不出村的“六不出村”服务。同时结合乡村振兴战略和精准扶贫工作，引入邮乐平台农产品80个，累计开通邮乐小店3842个；有效促进农产品返城、工业品下乡，拓宽了龙岗脆李等地方特色产品、市级贫困村蔡家寺紫薯项目网络销售渠道，实现平台销售金额30万元。

【农资分销】 通过开展百场集中宣传活动、千场院坝会，推广优良种子产品和高效肥料产品，全年农资分销销售规模达92.61万元。坚持以服务“三农”为己任，融入新农村建设，全面开展以农村物流配送业务为重点的“三农服务”工作，开展院坝会、“农资惠乡亲”、“最后一千米”等惠民活动，全年为农民提供种子配送10吨、化肥400吨，以及部分生活用品等。

【文化传媒】 全面实施文化惠民系列主题活动，树立邮政企业文化惠民社会形象。开展丰富多彩的集邮活动，展示传统文化。通过卖场氛围布置营造，微信朋友圈产品活动发布转发，电视台、网点视频宣传，DM单等资料发放，营造浓厚的生肖邮品氛围抓住时政热点题材，将集邮文化与社会政治经济发展热点及本地热点题材相结合，启动一点一季一品活动，充分利用各网点营销精英开展营销，满足百姓需求。

【普遍服务】 贯彻落实普遍服务新标准，采取外包、委托等方式，解决普服达标难题。切实做好党报党刊发行和投递工作，确保机要通信连续26年质量全红。

【能力建设】 通过生产场地扩充，改造邮件处理中心，更新投递、网运生产及管理终端，分拣、投递环节提质增效，增强为民服务能力。按照“改扩建租购迁”指导思想，坚持“必用、好用、耐用、适用、实用”原则，开展网点标准化改造，树立邮政形象，打造邮政品牌，为用户营造舒适的用邮环境。

（王曼霓）

中国电信巴南分公司

【概况】 中国电信股份有限公司巴南分公司（简称中国电信巴南分公司）内设综合管理部、销售服务部、网络部、政企客户部、宽带电视部、综合服务支撑中心等二级机构6个，下设鱼洞新城支局、鱼洞老城支局、龙洲湾支局、李家沱支局、八公里支局、花溪支局、民主支局、李家沱融汇支局、界石支局、南彭支局、南泉支局、大江支局、鱼洞公租房支局、一品支局、接龙支局、木洞支局、东泉支局等17个支局，设有鱼洞营业厅、李家沱营业厅等2个核心营业厅。从业人员共300人。2018年，中国电信巴南分公司坚持以习近平新时代中国特色社会主义思想为指导，实现党建工作和业务工作双促进、双提高，全年完成主营收入共计约2.47亿元，同比增长11.83%，发展移动用户数同比增长约30%，发展宽带用户数同比增长约50%，发展ITV用户数同比增长约50%。针对6个农村支局开展扶贫会销72场次，覆盖用户数2000余户，并多次购买万余元的物资用于扶贫工作，努力将扶贫工作做实抓牢。

【信息化建设】 中国电信巴南分公司凭借优质的光宽带网络和稳定先进的4G技术，助力建设智慧城市。智慧政务方面，以综治E通平台为基础，实现视频监控、辖区内人口信息收集、信息互通交付、突发事件和群体事件的预防及统一调度，提升社区信息化水平和工作效率，依托综治平台承接镇街雪亮工程项目；智慧警务方面，依托天翼平台，为重庆公安定制一款拥有双系统的警务终端，可以对警务人员进行智能化管理，提高工作效率，已100%覆盖巴南交巡警支队；智慧校园方面，通过搭载教育城域网，建立覆盖巴南区中小学校的“班班通”项目，实现教育资源共享，为打造教育全面上云打下基础。

【服务提升】 通过智能工单处理系统，结合线上线下形成闭环管控。提高业务开通实效，精确查找故障源，达到业务开通不过夜，故障处理时间缩短到4小时，践行“当日装、当日修、慢必赔”承诺，提升客户满意度。以服务进小区为主题开展小区营销活动、开展“网络大检查、服务大提升”活动，主动上门为用户提供免费上门测速服务，开展送“通讯应急和防通讯诈骗知识”进社区、“6·1”农村留守儿童“渝眼”连线、营业厅高考期间到高考考点进行义务服务等活动。

【提速降费】 积极响应国家工信部提速降费相关要求，继语音漫游取消后，全面取消本地流量费，实行流量全国（除港澳台）一个价；手机流量平均资费单价下降62.34%，家庭宽带单位带宽价格下降32.68%，中小企业单位带宽价格下降56.51%，降费的同时，主要融合宽带带宽普遍提高50%，真正做到提速降费。

【网络设施建设】 无线建设方面，2018年室外室内建设均完成计划的95%以上，处理解决信号干扰问题，安装天线、微基站等优化设施，大面积解决旅游景点、高速公路、工业园区、住房小区等4G网络盲点区域信号弱的问题。“光纤到户”建设，响应国家政策，打造光网城市，全面完成行政村建设。FTTH建设时限缩短，通过FTTX系统管控，合理协调中间环节，进一步压缩工单时限。在5个贫困村共建设120个端口，光缆皮长达30千米。

（欧阳秋枫）

中国移动巴南分公司

【概况】 中国移动通信集团重庆有限公司巴南分公司（简称巴南移动）位于重庆市巴南区龙洲大道101号，现隶属于中国移动通信集团重庆有限公司。分公司设总经理1名，副总经理1名，下设综合部、销售部、集团客户部、建设维护部等二级部门4个；智慧家庭中心、业务支撑中心、营销一分局、营销二分局、营销三分局等直属中心5个。截至2018年年末有员工190人，员工平均年龄34岁。实现年收入4.26亿余元，客户总数68万余户。主要经营范围包括移动通信业务（包括语音、数据和多媒体等）、数据、传真、IP话机以及互联网接入、信息机和互联网等网络设计、投资、建设和维护等多种增值业务。主要业务品牌整合为“和”4G品牌，拥有集团专线、数据专线、商业宽带、云企信、云办公、云视讯等信息化产品，同时拥有专业的数据中心机房，具备专业级IDC托管能力和智能大数据应用能力。同时，咪咕阅读、咪咕视频、咪咕音乐、和多号、和留言、和包支付等互联网产品也逐渐成熟，受到用户喜爱。2018年8月，巴南移动被重庆市公安局、重庆市通信管理局授予警通联合打击整治通信网络违法犯罪专项行动成绩突出集体荣誉。

【网络建设】 无线网络建设方面，巴南移动按照精准建设模式，4G 基站数量同比增幅达 13%，持续完善巴南区域4G 网络覆盖，同行业中处于领跑地位。开通物联网 NB-IOT 站点 115 个，为后期巴南区物联网产业发展奠定基础。有线网络建设方面，家庭宽带光纤通信覆盖户线数上升 12%，巴南区所有公约楼盘均已覆盖，同时加大农村区域宽带投入，新农村聚集区域实现全覆盖。家庭宽带质量进一步提升，维护满意度、维护及时率、开通满意度、开通及时率等各项指标在全市达优，为巴南区移动宽带发展奠定网络基础。

【市场经营】 大市场从提升核心能力、抓住关键节点、营造市场热点三个方面着力，提升市场掌控力，获得公司市场口年度绩效得分率排名全市第二名、新春营销全市三等奖、百日大会战综合排名全市第四名成绩。集客市场从集团产品收入、重点项目开展、集团成员营销三个方面强化执行，提升信息化收入水平，以“信息化产品拓展”为主线，拓展“集团专线、商务宽带、IDC、ICT、IOT”等重点信息化业务，坚持做好集团成员保有工作，2018 年集团信息化收入增幅公司排名第十五名，IOT 收入增幅公司排名第一名。

【社会贡献】 在持续加大基础设施建设的同时，巴南移动致力于协助政府推进供给侧改革，为政府和企业提供针对性信息化解决方案，助力全区互联网全面发展；利用“互联网小镇”“乡村振兴”等专项项目提供农村信息化整体解决方案，让农村广大群众享受到城镇现代化无差别待遇，促进农村信息化建设。响应国家“提速降费”号召，巴南移动不断提升服务质量，率先推出“全国流量不限量”产品，通过“当日装、当日修、慢必赔”等承诺提升家庭宽带产品满意度，为巴南区老百姓送福利的同时也为促进区域经济转型升级做出努力。

（易森森）

中国联通巴南分公司

【概况】 中国联合网络通信有限公司重庆市巴南区分公司（以下简称巴南联通）位于重庆市巴南区巴滨路 6 号浩立碧海湾 12 号楼，系中国联合网络通信有限公司重庆市分公司在巴南区设立的分支机构，主要为全区人民提供集移动业务、本地市话业务、长途业务、数据业务、互联网业务与增值业务为一体的全业务综合电信服务。2018 年年底，公司从业人员共计 120 人，下设 3 个职能部门和 6 个经营部门，有自建营业厅 9 家，各类业务代理网点近 150 个，建有网上营业厅、手机营业厅、短信营业厅等电子化服务平台，开通 24 小时客户服务热线 10010，建有数百个移动通信基站和机房，基本实现通信网络城区及重点区域无缝覆盖、边远乡村全面覆盖的长期目标。

【市场经营】 2018 年，是公司混合所有制改革的元年，公司全面实施互联网化运营转型，推进网格划小承包，推动能力体系建设，打开经营发展新局面。全年完成收入共计 12200 余万元，收入同比增长 0.7%；新增移网用户 10.2 万户，同比增长 45.6%，移网出账用户达到近 22 万户；新增固网用户 1.4 万余户，同比增长 30.2%；宽带出账用户近 4.3 万户，同比增长 29.4%。

【网络质量】 全年完成 20 个项目，总计投资 1600 余万元。新建成 4G 基站近 20 个、3G 基站近 30 个、室分 10 余个，当期达到 4G 站点近 760 个、3G 站点 460 余个、2G 站点近 400 个、室分站点 150 余个；4G 日均流量比 2017 年初增长 13 倍。固定网络建设方面，新建项目完成投资近 200 万元，光改项目完成投资 160 余万元，新增覆盖用户数约 3.1 万户，光改已完成约近 5 万户的改造。完成近 1100 万元的集团单位网络建设投资，建成 130 余条重要专线，基本打造完成全区光网络城市，为全区用户发展和政企市场拓展奠定基础。网络运行维护上，持续开展保质保量的各类作业计划、抢险排障、通信保障任务，并在上级重庆市公司统一安排部署下，开展运维划小承包改革以及多项降本增效工作、PSTN 设备下电工作。

【服务监管】 持续推进大服务运营体系建设，重点开展网络质量、宽带装维、客服热线及营业厅渠道服务。公司围绕“服务领先”目标，建立服务质量责任认定及考核制度，强化渠道服务细节，加强服务质量监管，补齐服务短板，用户感知和满意率不断改善。通过对网络障碍修复及时率和解决率、用户投诉处理、装机工单处理等工作流程的梳理和明确，建立监控、预警、通报、考核等机制，有效控制重复故障量，提升网络安装维护服务及处理满意度。对于用户反映的焦点问题，通过对客户投诉的现场测试，分析移动网络投诉存在的问题，并采用“室分”网络外引的方式解决多个小区深度覆盖问题。

（冯激漪）

城乡建设与管理

城乡建设

【概况】 巴南区城乡建委下设8个科室，6个事业单位，总编制95人，在编在岗87人。2014年区民防办与区城乡建委合并，区城乡建委加挂区民防办牌子。区城乡建委主要职责是建设领域监管，不直接参与项目实施，项目实施均由各园区平台公司负责。2018年，区城乡建委对标对表党的十九大精神，紧紧围绕习近平总书记对重庆提出的“两点”定位、“两地”“两高”目标要求，以“抓重点、强弱项、补短板”为主线，解放思想、锐意改革、敢于担当，有力促进城乡建设健康、有序发展。截至年底，全区在建体量达2164万平方米，新开工1425万平方米，竣工617万平方米。注册地建筑业总产值283.6亿元，同比持平；房地产固定资产投资392.6亿，同比增长40.1%。

【交通体系建设】 4个“市区共建”项目有序推进，白居寺长江大桥完成征地拆迁进场施工，南环立交改造项目有序开展征地拆迁工作，新燕尾山隧道、渝黔复线连接道内环至绕城段2个项目正开展前期工作。市级区管项目快速推进，龙洲湾隧道主线全线贯通，为提前竣工投用创造了条件；佛耳岩码头进港道路一期建成通车，二期完成初步设计；滨江片区纵一路完成50%路段建设；云篆山隧道完成方案设计文件编制。未贯通道路建设加快推进，滨江片区3条未贯通道路全面启动建设，达到序时进度。次支路网建设加快加密，6个完工项目、8个新开工项目推进迅速。轨道交通建设加快布局，配合市轨道集团做好轨道交通5A线前期工作，正在进行范围线内房屋拆迁摸底工作。重大前期项目进展顺利，渝南大道D段南段项目完成可研及方案设计，正在报市规划自然资源局方案预审；公平大道、南湖大道完成立项，正在进行方案设计招标。

【民生项目建设】 投入棚改资金约8.5亿元，实施完成棚户区改造17.413万平方米、2003户，受惠群众7000余人。全年共实施3060户农村“四类”重点对象D级危房保障工作，其中2896户通过D级危房改造，164户通过其他方式进行住房安全保障。计划建设8个公共停车场，其中7个项目已开工。轨道交通2、3号线鱼洞站周边人行过街设施系统改造工程与鱼洞中学人行天桥3个项目均完成主体施工，正在进行桥面铺装。

【行业监管】 坚持“高压”安全监管常态化。深入开展大排查大整治大执法行动，对全区在建项目实行“拉网式”检查，累计出动检查人次5000余次（含专家），巡查、检查累计440个（次）建筑工地。大力开展建设施工现场形象品质提升行动，对辖区内主干道沿线15千米的施工围挡进行了整治规范。创建智慧工地30个，市级扬尘示范工地20个，增设工地雾炮600余台，增设车辆冲洗设施300余套，硬化、覆盖和绿化裸土20余万平方米。扎实开展工程质量提升行动以及监理报告制度专项检查，严厉查处工程质量问题和违规行为。全区建设工程质量水平稳中有升，总体处于受控状态，未发生重大质量安全事故。

【绿色发展】 对辖区内新建公共建筑和居住建筑强制执行一星级绿色建筑标准。2018年，新建绿色建筑项目101个，共计建筑面积1064万平方米。大力培育绿色生态住宅小区，朗基八骏里、龙湖李家沱项目、保利云熹等16个项目被授予绿色生态住宅小区设计标识，共计建筑面积423万平方米。大力培育绿色建材和绿色建筑与建筑节能产业化示范基地，辖区重庆建工南部混凝土有限公司、重庆四方混凝土有限公司、重庆巨康环保材料有限公司被评为绿色建筑与建筑节能产业化示范基地。四方新材、建工南部等公司生产的预拌混凝土，重庆巨康环保材料有限公司生产的节能型烧结页岩空心砖被评为绿色建材。

【污染防治】 大力开展城市黑臭水体治理，经第三方机构监测，花溪河、黄溪河、一品河3条河流基本消除黑臭。区政府印发《巴南区城市黑臭水体长制久清工作实施方案》（巴南府办发〔2018〕47号），区级各单位联动彻底治理受污染河流，6月份通过国家住建部会同生态环境部专项督查。完成花溪河综合整治方案，2019年全面启动建设。大力开展房屋建筑和市政基础设施工程施工扬尘管控和夜间施工噪音管控，印发《建筑扬尘污染以及夜间施工噪音管控工作方案》，将施工扬尘管控和夜间施工噪音管控工作纳入常态化管理，与安全监管工作同布置、同检查。同时，加大查处力度，对群众投诉并经查实的施工扬尘污染严重行为进行立案查处。

【人居环境改善】 加大城市环境治理力度。制定2018年排水管网建设计划。基本完成“鹿—界—南”片区污水管网普查工作，正在启动污水管网修建性详细规划编制工作。海绵城市建设工作基本完成2018—2020年巴南区海绵城市建设规划。加快改善农村人居环境。创建南彭街道水竹村等7个绿色示范村庄，安澜镇平滩村等6个村已完成80%建设任务。二圣镇集体村粉房社、接龙镇关塘村等2个美丽宜居村庄有序推进。创建评比796个美丽庭院。农村公共照明路灯或庭院灯3400盏。

【“放管服”改革】 牵头开展全区工程建设项目审批制度改革试点工作，草拟《关于成立巴南区工程建设项目审批制度改革试点工作领导小组的通知》和《关于推进工程建设项目审批制度改革试点工作的任务分解通知》。改革内部审批制度，出台《施工许可证办理通知》《优化勘察设计管理工作实施细则》《竣工联合验收实施方案》等文件，审批时限由50个工作日压缩到20个工作日，审批事项由130多项压缩到50多项。强化审批服务措施，施工许可阶段（含施工图联合审查）和竣工联合验收环节实行“一窗受理、并联审批、限时办结、一窗出件”。全年共发出施工许可证224个，新开工面积1425万平方米；发出竣工备案证136个，竣工面积617万平方米。

【民防建设】 组建群众防空组织，新建成鱼洞街道广益街社区、李家沱街道合建社区、其龙社区和花溪街道新工地社区建成4个“防空防灾一体化”社区。开展大型人防专业队伍防空袭综合演练、防空袭疏散联合演练。启动李家沱人防工程建设。批建防空地下室43个。

（张彦鹏　贾磊蕾）

城乡规划

【概况】 巴南区规划分局为市规划局派出机构，受市规划局直接领导和管理。分局内设编制科、规划一科、规划二科、市政科、办公室、执法大队，有正式职工25人。主要职责是按权限负责所在地区城乡规划管理工作。2018年，规划分局紧紧围绕巴南区发展的重点、难点和热点问题，为区争取到5平方千米城市建设用地指标满足重庆（国际）生物城建设，远期保障35平方千米建设用地需求；协调市规划局到巴南区现场指导工作，将轨道交通20号线延伸至南彭纳入重庆市新总体规划初步方案，使轨道交通串联起鹿角、界石、南彭；开展控规新编，统筹兼顾空间拓展需求，完成云计算二期约0.8平方千米规划报批，推进华南城二期、京东三期、菜鸟、货车帮等项目2.6平方千米控规新编，优先保障重大产业项目用地需求；助力区政府出让区属土地22宗，土地出让金共183.65亿元。经多方争取，继续延用指标平移机制，恢复巴南区用地指标约500亩；积极应对市政府“减容”新规，最大程度保障土地出让经济效益，为巴南区减少出让金损失约4.78亿元。

【全域发展战略研究】 按照“以全局谋划一域，以一域服务全局”思想，全面对接市级总体规划，思考巴南区在全市新一轮发展过程中的角色定位，提出建设“重庆生态创新试验区”发展目标，以“生态+、文化+”为发展路径，推动全区产业生态化、生态产业化；打造江湾魅力城、樵坪创新城、木洞生命谷和生态岭谷区的“双城、一谷、一区”空间格局，挖掘城市用地潜力，推进巴南融入平行网络城市，以全局谋一域、以一域服务全局；通过板块化布局、重点式开发、网络化联动，建设生态、生产、生活“三生融合”宜居宜业宜游新巴南；启动“鹿—界—南”概念规划，梳理环樵坪山区域现状发展条件及资源，研究城市功能体系的空间组织方式，结合现行规划合理优化用地布局，将环天坪乡村振兴示范区等功能项目纳入新城乡总规初步方案，支持将环樵坪地区作为主城九大组团之一优先发展建设，为巴南区未来发展提供空间保障。针对“国际陆海贸易新通道”承载地南彭片区重点研究，对空间布局和用地进行预控，支撑南向开放和重庆“两点”“两地”“两高”建设。

【控制性详细规划修改】 全区有11项规划修改项目获批，分别是巴南区界石组团木洞片区C3-3等地块（三联供能源站）控规修改，鱼洞组团P标准分区P01-01、P01-03等地块规划修改，三峡联合职业大学巴南新校区项目控规修改，李家沱组团G2-2等地块规划修改（珠江城），李家沱组团D10-1-1-04等地块（丽都地产公司项目）商住比调整，巴南区南彭四方混凝土二期项目控规指标覆盖，巴南区宁泰混凝土搅拌站项目用地规划修改，南彭功能A分区A3-3地块和鱼洞Q分区Q23-7、Q30-3等地块一般性技术性内容修改，界石组团木洞片区C24-1地块规划调整平移，巴南区一品独立功能点部分地块控制性详细规划一般技术性内容修改，南彭中心区A31-1地块规划指标恢复项目。

【建设工程项目审批】 区规划分局支持地方实体经济发展，提高项目协调力度和审批速度，主动做好前期服务工作，提前介入设计方案审查，按新流程要求，建设用地规划许可证5个工作日、方案预审10个工作日、核发工程规划许可证15个工作日（包括协办6个工作日），共30个工作日办结要求来控制，已压缩审批时间20个工作日，实现办结时限比法定时限压缩1/3以上的目标，加速区域经济建设工作。全年核发用地规划条件函53件次，用地面积约228万平方米；选址意见书7件次，用地面积约127万平方米；规划用地许可证92件次，用地面积约653万平方米；方案审查函94件次，总建筑面积约1230万平方米；建设工程规划许可证177件次，总建筑面积约1562万平方米。

【交通规划】 通过交通规划研究，对巴南区轨道线网、佛南路向西延伸过江通道与重庆东站道路交通衔接评估及优化规划、道路交通近期缓堵改善规划、巴滨路轨道和道路交通衔接优化等专项规划，提升巴南区综合交通互联互通水平。与市规划自然资源局密切沟通，并与各市级部门、编制单位多番协调，推动佛南路向西延伸跨越长江接入快速路五横线陶家隧道系统，形成主城区南部东西向贯通的快速路系统，佛耳岩大桥过江桥位纳入重庆市新总体规划初步方案。对巴南区交通拥堵节点进行分析研究，开展巴南区道路交通缓堵改善规划，从完善干路网系统、畅通道路微循环、提高节点通行能力、提升交通管理水平等几个方面制订缓堵改善方案，促进巴滨路交通品质提升，完善过江大桥与巴滨路交通联系通道，结合轨道交通站点设置及巴滨路沿线轨道站点周边楼盘分布情况，通过新增步行通道、设置电扶梯及垂直电梯等措施，加强5A线跨江轨道与滨江区域的步行交通衔接，提升巴滨路步行通达性。对接重庆东站进出干道网规划调整，评估巴南区与重庆东站之间骨架道路规划控制标准并提出优化调整方案，尽可能提升东站与巴南区各板块之间的道路交通通行效率。

【违法建筑整治】 贯彻落实《重庆市城乡规划条例》等法律法规，加强项目批后管理，对在建项目全程跟踪管理，依法查处违法建筑。全年共办理竣工规划核实确认91件578.34万平方米；查处违法建设行为78件，处罚金额2496.28万元。区规划分局联合两违办，在建违法建筑处置、市级挂牌督办项目、新增卫片图斑消除等8个方面推进整治工作。查处新增违法建筑206处，拆除整改4085处，完成存量违法建筑整治39.47万平方米，完成任务总量的102.03%。巴南区无违镇街、无违校区、无违主干道、无违单位等工作已基本完成。

（李　红）

城乡一体发展

【概况】 重庆市巴南区城乡一体发展中心为区发改委直属五级职员事业单位，内设综合信息科、改革试点科、规划建设科3个科室，事业编制9名，设主任1名（五级职员），副主任2名（六级职员），科长3名（七级职员）。主要职责是围绕全区城乡一体发展开展相关服务性、事务性工作。

2018年，全区城乡一体工作着眼于乡村振兴产业发展、乡村振兴试点示范、农村人居环境整治等。3月，安徽省舒城县到区考察城乡一体工作。4月，召开“农地贷”金融产品对接会。5月，印发巴南区2018年户籍制度改革工作要点。6月，召开巴南区实施乡村振兴战略工作领导小组会议暨乡村振兴工作现场推进会。8月，召开农业农村改革暨农村人居环境整治工作推进会，印发《巴南区农村人居环境整治考核办法（试行）》。9月，印发《巴南区农村人居环境整治三年行动实施方案（2018—2020年）》。10月，印发《巴南区开展“五沿”区域改善农村人居环境示范建设的工作方案》。12月，召开深入学习浙江“千万工程”经验全面扎实推进农村人居环境整治电视电话会议，印发《关于进一步加强巴南区农村人居环境整治区级示范点建设项目管理的通知》，对项目管理、验收等进行规范。

【乡村产业振兴】 新引进快乐体验青少年生态科创教育营地、田舍翁、昊宇航空房车露营基地等12个乡村振兴项目，协议资金8.35亿元。一品阳春巴人公社、麻柳木鱼谷生态农场、帝苑农业天池生态园等4个项目建成开放。实行项目库动态管理，落实项目月报制度、定期沟通协调机制和考核督查机制，推进羊鹿山常青国际养生园、乡村印象等在建乡村振兴项目。羊鹿山常青国际养生园项目完成自驾车营地建设；乡村印象项目完成儿童游乐拓展设施、三角梅观赏园、百草园、亲子厨房、农耕文化竹林水涧园建设并投入使用。

【农村人居环境整治】 出台《关于印发〈巴南区农村人居环境整治三年行动实施方案（2018—2020年）〉的通知》（巴南委办发〔2018〕15号）、《关于印发〈巴南区开展“五沿”区域改善农村人居环境示范建设的工作方案〉的通知》（巴南人居办发〔2018〕1号），安排部署全区农村人居环境整治工作。启动二圣集体村中坪村、鱼洞干湾村、丰盛油房村3个示范点和南温泉重点整治线建设。出台《关于印发巴南区农村人居环境整治考核办法（试行）的通知》（巴南府办发〔2018〕149号），每月对全区22个镇街进行考核、督查通报。实施农村“四旁”植树2854亩，按序时进度拨付农村“四旁”植树资金97.5万元。

【乡村振兴示范点建设】 天坪山片区乡村振兴示范点，产业振兴、人才振兴、文化振兴、生态振兴、组织振兴等各项工作有序推进。巴山村完成策划方案，中坪茶果项目栽种40万株茶苗、10

万株梨苗。天坪山农村人居环境整治示范点，完成规划设计和评审。职业农民培训中心项目完成工程建设。

【统筹城乡改革】 全年开展农村综合产权交易鉴证23宗7173亩，实现交易金额6010万元。在天星寺、木洞、麻柳嘴和二圣镇幸福村新建3个农村综合产权流转交易工作站和1个农村综合产权流转交易服务点。启动“农地贷”试点，拓宽新型农业经营主体融资途径。探索推进闲置农房改造利用，拟定《巴南区农村人居环境整治示范点闲置农房盘活利用奖补办法》。出台《关于印发巴南区2018年户籍制度改革工作要点的通知》（巴南府办发〔2018〕80号），做好2018年户籍制度改革工作。

【城乡一体遗留问题处置】 督促相关镇街完成城乡一体项目结算评审，分两次拨付资金1.14亿元，解决城乡一体项目补助资金问题。接龙塘边村、石滩双寨村、安澜龙岗村幸福农庄完成安全质量备案等工作，完成权证办理申报。

（罗　强）

城市管理

【概况】 区城市管理局，下设城市管理综合行政执法支队、园林绿化建设管理所、环境卫生管理处、路灯管理所、市政设施管理所、公园广场管理所、市政管理指挥中心、固废运输公司。机关行政管理人员12人，机关工勤3人，事业编制人员139人（其中，巴南区城市管理综合行政执法支队为参公事业单位，参公在编人员30人）。

2017年12月，重庆市巴南区市政园林管理局更名为重庆市巴南区城市管理局，划入区水务局承担的负责城市供水、节水、排水、污水处理监督管理、监督管理城市供水水质、城市污水处理费征收管理职责以及向城市河道倾倒废弃物和垃圾行政处罚及其相关行政强制职责；划入区环保局承担的露天烧烤污染、城市焚烧沥青塑料垃圾等烟尘和恶臭污染行政处罚及其相关行政强制职责；划入区农委承担的露天焚烧秸秆落叶等烟尘污染行政处罚及其相关行政强制职责；划入区工商分局承担的户外公共场所无照经营行政处罚及其相关行政强制职责；划入区食药监分局承担的户外公共场所食品销售和餐饮摊点无证经营行政处罚及其相关行政强制职责。加强参与城市规划、建设、地上地下市政设施验收职责；加强城市管理数字化、智慧化建设与运行管理职责。

【国卫创建】 实施“马路办公”，每周安排专人到创卫镇街开展市容环卫巡查，发现问题及时反馈责任单位限期整改。全年发现反馈问题8189个，督促整改7799个，整改率95%。统筹实施创卫项目173个，除9个项目取消外，完成139个，其余项目有序推进。制发城市管理创卫专报22期。

【环境卫生管理】 推行全天候保洁模式，7点前完成路面普扫，彻底清理树圈、绿化带、水篦子等垃圾，确保作业范围无盲区。主次干道和繁华商业窗口地区每天洒水2～3次，冲洗1次，次干道每天洒水1～2次，每周冲洗2～3次。加大对重点区域洒水降尘作业频次（环保监测点），降低扬尘污染。完成清运生活垃圾30.23万吨，无害化处理率100%，日均分类处理餐厨垃圾124.65吨、果蔬垃圾26.8吨。加强农村垃圾治理，全区有效治理行政村比例达到100%，通过国家验收。

【市政设施建设】 完成维修整治车行道17.41万平方米、人行道1.92万平方米、路沿石1810.2米，处理车行道裂缝4988.5米，检测评估城市桥梁34座（11月迎接了住建部对箭滩河大桥加固整治工程的检查）。全年维修地下管网1393米、清掏1.42万米，新改建检查井1203座，维修清掏水篦子2173个。改造破损堵塞污水管网1114米、提升泵站10座次。全年维修路灯3647盏，恢复被盗、损坏线缆3155米，拆除、校正路灯灯杆67根，新建、改建LED路灯763盏，改造滨江路景观照明设施，更换灯具334盏，改造花溪隧道50盏高压钠灯，全部采用LED隧道照明，首次采取服务外包方式对52栋楼宇灯饰进行维护，全区新增楼宇灯饰33栋，编制完成《巴南区城区城市照明总体规划》。新增备案停车位17275个（含室内停车位）。25座新建公厕任务中，11座已基本完成，14座正在实施。

【城区市容秩序】 共清理“城市牛皮癣”10889处，暂停违规小广告电话号码275个，罚款金额16650元，挡获（驱离）卡片派发人员3775人次，收缴宣传品数量563件。拆除违规户外广告978块、面积3258平方米，拆除违规招牌588块、面积725平方米。整治学校周边占道经营流动小贩2179户，依法取缔落地广告灯箱20个，规范骑门摊75家，清理各类乱堆放105处、乱牵挂53处、乱张贴286处。联合农委、公安、防疫等部门，查获“地沟油”500余千克，并对违法人员处以1.6万元罚款。联合交巡警、建委、工商等部门和镇街开展“四大专项整治”（违规运输消纳建筑垃圾整治、城区露天烧烤摊整治、占道经营和农贸市场周边游摊整治、机动车违规占道停车整治），查处建筑垃圾运输车辆1049台次，宣传教育14830余人次，查处道路扬尘违章案件105件，罚款159.67万元。9月底辖区主城区域露天烧烤全部规范、进店经营，全年共出动执法人员8431人次，劝导、制止露天焚烧526件，劝导、制止露天烧烤摊点1896个次。规范各类摊点30416处、依法取缔各类游摊占道经营24329处，暂扣违章经营物品及工具341件，街面秩序不断改善。联合区交巡警支队加强对城区占道停车处罚力度，5月23日以来，联合执法队共开具罚单10752张，罚款162.43万元，宣传教育乱停放车辆驾驶员13123余人。清理和拖移僵尸车654辆。

【公共园林绿化】 新增城市绿地166.97万平方米（其中，公园绿地84.2万平方米、防护绿地26.21万平方米、附属绿地56.56万平方米），改建10.7万平方米。清理死树160株、倒伏行道树102株，枯病枝景观树5208株、恶性藤蔓4万平方米，规范加固树撑5418株，补栽灌木96万余株、更换草坪1.3万平方米。强化直管公园广场常态长效管理，全年共摆放鲜花95.5万盆，调整移栽植物4000平方米，喷施病虫害防治药剂25万平方米，清除树干钉子1519颗，改善土壤2150平方米，施肥增加土壤肥力，施肥约6520千克；修剪乔木914株、绿篱12.4万平方米、草坪11万平方米、病虫枝3873株，清除杂草24万平方米、杂草枯枝约3106吨，更换安全护栏340米、步游道设施4.4万平方米。动员相关部门、镇街、平台公司和社会单位，采取播撒草花籽、集中绿化、“打补丁”建设停车场等方式，对城市主干道、次级河流沿线、城乡接合部、旅游环线、高速路连接道等区域土坡菜地开展集中整治，累计完成土坡菜地清表940.54万平方米，约占全市城区土坡菜地整治总面积的69.26%，复绿537.58万平方米（其中，播撒草花籽509.27万平方米，集中绿化28.31万平方米，“打补丁”新建停车场3个、约2.5万平方米）。

【智慧城管建设】 数字化城管平台受理案件13.1万件，立案12.9万件，结案10.7件，结案率85.28%。对4个重点区域污水管网溢流孔进行信息化改造，建成市政污水排放监测系统。受理12319城市管理热线2130件，结案率100%。利用公安现有视频资源，部署视频分析软件，实现对车辆乱停放、占道经营、店外经营、占道广告牌、乱堆物料等事件类问题自动抓拍识别并上传至数字化城管平台系统进行派遣处置。

【大城共管共治格局】 实行主次干道沿街商户、门店和单位市容环卫管理“门前四包”（包卫生、包设施、包绿化、包秩序）责任制，签订责任书2万余户、制作公示牌1.6万余块。落实10486名“五长”（街长、路长、楼长、片长、店长）按照网格化要求管理城市，调动和激发社区居民参与城市管理积极性。开展百万市民“大城众管·共治五乱”主题活动，完成监督劝导乱吐口痰、乱丢垃圾、乱倒污水、乱堆放物品等违规行为8755人次，查处74人次，在官方微博、微信公众号上响应“共治五乱”倡议的市民超过40万人。

【巴滨路全面整治】 代区政府出台《巴滨路品质提升及长效管理工作实施方案》，对巴滨路沿线所涉及的建筑风貌、停车场、观景平台、标识、亭廊、河滩、绿化等开展全面整治。累计整治道路裸土 12 处、生态修复消落带 1 处，补栽灌木及藤本植物 1.4 万平方米、水生植物 16 万窝；改造老旧挡墙 1 处、约 3000 平方米，取缔租赁烧烤摊区 4 处、规模愈 1000 人，规范房地产开发企业施工围挡 9 处、约 4500 米。同时，新建成全市首条、约 10.9 千米长的临江健身自行车道。

【城市品质提档升级】 开展园林绿化品质提升，新实施四条大道、轨道交通绿化等 29 个绿化整治项目，提升改造城市绿地 1107.51 万平方米（其中，新增城市绿地 166.97 万平方米，清理整治土坡菜地 940.54 万平方米）。推进桥隧涂装及道路隔离设施规范统一，完成整治道路护栏 78350 米，新设置隔离石球 7000 个，拆除倒 U 形桩 2800 个，涂装整治桥梁 4.8 万平方米、下穿道 6.19 万平方米。采取铺设环氧树脂+玄武岩颗粒的方式，对鱼洞城区 12.3 万平方米城市道路实施精表处理。统筹指导城市供水企业改造老旧社区庭院供水管网 3000 户，在直管公园广场安装直饮水设备 60 套，对城区 10 个老旧社区开展环境综合整治，完成整治公共绿化 2.84 万平方米、外立面 1.45 万平方米、路灯 170 盏。城市供水总量 5448 万吨，城市水质符合国家标准并在区政府网站公示，公共管网基本漏损率 10% 以下。城市污水处理率 96% 以上，鱼洞污水处理厂和李家沱污水处理厂 2 个城市污水处理厂均达到一级 A 标。

（陈　琳）

房屋管理

【概况】 重庆市巴南区房屋管理局（以下简称区房管局）是区政府设立的 27 个政府工作部门之一，主要负责全区住房制度改革、保障性住房管理、物业管理、国有土地上房屋征收、房屋住用安全、房地产市场管理等。内设办公室、物业科、住房保障科、房屋征收科、行政执法科等 4 科 1 室，下辖区国有土地上房屋征收中心（2011 年成立，六级职员事业单位）、区物业管理服务中心（2012 年成立，七级职员事业单位）；区保障性住房管理中心（2013 年成立，六级职员事业单位）等 3 个局属事业单位。全系统有干部职工 385 人，包括在职职工 119 人、退休职工 118 人、聘用人员 148 人。局机关党委辖机关党支部、机关离退休党支部、征收中心党支部、住保中心党支部、物业中心党支部等 5 个党支部，共有党员 113 人。

【房屋征收拆迁】 共实施征收、扫尾、收购搬迁、回迁安置项目 27 个、2551 户、23.5 万平方米。实施市级重点项目龙江片区等 4 个项目征收工作，龙江片区签约率 90.21%；完成木洞直管公房改造、姜家移民统建项目搬迁工作；工联三村采取预征收模式使小片区签约率达到 100%。通过下达补偿决定、催告通知和司法强拆等程序，破除扫尾难点，完成扫尾 46 户。把好政策关，指导各平台公司、业主单位、镇街，完成 13 个项目、651 户、11 万平方米收购搬迁工作。除环球时代广场安置房外，其余回迁安置项目均实现提前交房。规范预征收、最低住房建筑面积保障等系列制度办法，对相关部门、各镇街、区属国有公司等单位 170 余人，进行征收政策专题培训，提升征收工作规范化管理水平。

【物业服务管理】 创新开展项目业主第三方物业满意度调查、物业专项维修资金使用评审、物业企业社会信用体系、《巴南区物业专项维修资金管理细则》等工作，规范物业管理市场秩序，深化事中事后监管，广泛开展物业服务企业“四公开”“物业项目经理接待日”“设备公开日”等物业服务主题活动，双随机一公开检查形成机制，项目负责人述职进入常态，全区物业服务水平得到提升。处理物业矛盾纠纷信访件 514 件，电话投诉及政策咨询 1255 次，现场调处 343 次，接待群众来访 842 次，实现到市进京信访零目标，小区矛盾纠纷调处化解职责分工机制在全市推广。物业专项维修资金，全年归集面积 540 万平方米、归集金额 4.3 亿元，历年归集总额达到 26.8 亿元，全年受理使用维修资金 436 件，共计审批金额 1277 万元。国企“三供一业”分离移交，4 家在渝央企 998 户移交房屋并全部签订实施协议进场施工；16 家市属国企 10391 户房屋全部签订实施协议，财政补助资金按进度拨付套数 97% 以上，任务完成率120%。物业小区“两违”整治面积1.5万平方米，拆除506处、处罚747处，有效遏制小区“两违”问题。督促物业企业强化小区环境管理，张贴创卫宣传画5000张、宣传横幅600幅，清洁整治卫生死角800余次，垃圾清运1200余次，绿化美化除草300余次，有效改善小区环境卫生。

【保障性住房管理】 全年受理市级公租房申请12578件，完成公租房签约入住4735户，收取市级公租房租金1.23亿元，收缴率99.9%，完成维修整改5880件；市级公租房历年累计入住2.7万余户，满足7.4万人居住需求；成立龙洲南苑公租房房管中心，稳步推进小区管理工作；严格廉租房保障对象申请审核，审批39户、发放租赁补贴33万元，做到应保尽保；开展“邻里节”等活动，向公租房住户宣传政策，规范住用行为，营造小区和谐居住氛围。争取上级补助资金3000多万元，完成昌福盛景郦城电梯改造等区级公租房维修维护。加强直管公房信息化系统平台管理，入户采集住户信息590户，重新签订租赁合同922份，更换合同590份，清理承租人变更23户，完善一户一档；通过法律程序取得王朝花园执行案、宏锦鑫都公房办证案的胜诉；完成公房租金收缴1013万元，收缴率96.77%。通过调整租金、司法诉讼等方式推进保障性安居工程跟踪审计整改，对应退出而未退出的113户已整改81户，剩余32户住户提出司法诉讼；对租金难以收缴的276户，已追回207户欠租22.92万元，剩余69户走司法程序解决。全年审核通过住房补贴实施单位287个，兑付住房补贴资金1.17亿元，涉及职工1.1万人；历年来累计兑付住房补贴6.4亿元，保障干部职工利益。

【房屋住用安全】 开展安全生产大排查大整治大执法，重点排查物业小区、城镇危旧房、公租房小区，共开展安全执法检查41次，发现问题23个，均已督促整改完毕。对211户、1.5万平方米直管公房D级危房进行搬离整治，人员全部搬离，并整治52户。对1338栋C、D级城镇危房进行动态监测，落实监测人员169人，危房挂牌1220块；对危房险情扩大成功预警33处，涉及6个镇街，实施危房整治196栋、6.76万平方米。联合镇街在汛期对已鉴定的C、D级城镇危房进行巡查排查，涉及危旧房屋1498栋，59.6万平方米，城镇危房数据库累计销号46栋、87户。

【房地产市场监管】 坚持“房子是用来住的、不是用来炒的”定位，联合相关部门集中开展房地产市场秩序专项整治，重点打击房地产领域职业化、团伙化、恶意化的违法犯罪行为，规范市场秩序。落实房地产去库存“34条”政策措施，促进房地产市场健康发展。全区商品房共成交53134套、同比增长10.2%，成交面积532.82万平方米、同比增长28.5%，成交金额452.44亿元、同比增长47.9%，均价8491元/平方米，同比增长15.1%；巴南商品房住宅成交面积居全市第二。配合市五中院和管理人，推进典雅集团破产重整，召开第二次债权人会议，维护群众合法利益。

（李图业）

征地拆迁

【概况】 区征地办成立于2010年11月，系区政府办公室举办的全额财政拨款五级职员（正处级）事业单位。2018年，有事业编制36名，实际在编职工33名，退休职工1名。区征地办内设综合科、计划财务科、征地拆迁一科、征地拆迁二科、审计监督科、信息档案科、政策法规科，共7个科室，科长7名、副科长6名（政策法规科未设）。其主要职能是组织实施全区的集体土地征收、农房拆迁以及补偿安置工作。2018年，区征地办制定完善财务管理、会议管理、信访工作、应急管理和值班等多项制度，规范职工年假、工会活动、中介机构管理等工作，不断完善用制度管人、管事、管物长效机制。修改完善《征地房屋拆迁补偿和住房货币安置协议》《征地人员安置协议书》，对现行征地工作流程进行梳理，对各环节工作内容、工作程序、资料收集等提出明确意见，确保依法拆迁。制定职工绩效考核方案，坚持每月下任务，考核结果逗硬，奖优罚劣；改革对镇街征地拆迁工作考核方式，根据项目难易程度确定考核分值，实行加扣分制，调动镇街工作积极性。

【征地拆迁】 全区共实施征地项目37个、约29976亩。针对征地拆迁的复杂情况，征地干部职工沉身一线，切实做到“四个摸清”（摸清对拟实施征地范围内的土地、建构附着物和企业情况，摸清重点人员分布情况，摸清村“两委会”班子、社长及社员代表情况，摸清业主单位和征地手续基本情况），拆迁工作推进有力。全年完成交地15045亩，其中，商住用地完成拆迁并交地约2736亩，预计综合价金约135.85亿元，超额完成区政府下达的新征、扫尾各10000亩目标任务。由区征地办牵头的3个市、区重点项目，南两高速项目完成拆迁并交地，铁路枢纽东环线项目基本全线交地，渝黔高速扩能项目正线内交地达90%。完成结算、审计、归档各50个项目，所有以前开展的项目基本完成扫尾工作。全年拔除“钉子户”20户，特别是成功拔除反复上访6年、轮番起诉区政府的鱼洞街道天明村抱团抵制拆迁“钉子户”，解决遗留问题。

【住房安置】 安置房建设工作有序推进，完成巴桂苑、樵坪春晓建设工作，施工总面积约30.3万平方米，提供安置住宅2983套，可解决界石及南泉片区征地拆迁部分群众安置问题。解决界石片区东城国际接房问题，组织并完成珠江城、东城国际、巴桂苑等小区集中接房工作。完成南彭片区第三、四批次限价房申购，完成龙洲湾954、968项目及其他零星征地项目分房工作，全年共计接房分房约3100套、22万余平方米，安置约6300人，超额完成区政府下达的“安置2000人”目标任务。开展安置房清产核资等工作，进一步理顺与巴源公司关系，开展安置房费用结算、清产核资、资产处置等工作。

【信访维稳】 建立信访回复件办理和来访群众接待登记台账，全年完成信访事项受理转办件回复245件，办结率100%，无超期办理和不满意评价；现场接访607件次，受理率100%；收到涉及本单位网络舆情18条，回复率和办结率均100%，做到“件件有着落，事事有回音”。全区未发生一起因征地而引发的群体性和恶性事件。

（周玉祥）

供　水

渝南自来水有限公司

【概况】 重庆市渝南自来水有限公司（简称渝南水司）隶属于重庆市水务集团股份有限公司，是集自来水生产、销售、服务为一体为巴南区部分地区供水的特许经营企业。渝南水司下辖鱼洞水厂、大江水厂、道角水厂，其中鱼洞水厂设计供水能力5万吨/日，大江水厂设计供水能力5万吨/日，道角水厂设计供水能力1.2万吨/日。公司新大江水厂建设项目于2018年12月15日开工建设，第一期建设40万吨/日，投资12亿元，2020年底投运，第二期建设20万吨/日，全部建成将达90万吨/日，总投资约85亿元。公司供水片区包括大江片区、鱼洞片区、金竹工业园区、龙洲湾新区、南泉片区、花溪片区、天明工业园区、红炉和盘龙村、自由村等，供水面积100余平方千米，供水人口约50万人。管网总长度为325.5千米，用户207725户，售水量2710万立方米。公司下设党群工作部、行政办、财务部、生产安全部、技术部、客户服务中心、管网工程部、二供办等职能部门。

【水质管理】 从严管控水质，对出厂水质四级把关，提高对出厂水、管网水的抽检频次及数量，确保水质合格达标；建立二次供水水质污染应急预案和二供泵房防洪防汛应急预案，确保二次供水安全；坚持水质公示制度，每月定时将水质监测情况向社会公众进行公示，接受社会群众和广大用户监督。公司未发生一例水质事故。

【技术改造】 在现有产能基础上，对鱼洞、大江水厂进行内部挖潜，试点大江二级4#、5#高压泵联运，高峰时段增加供水量约200～250立方米/小时；对鱼洞水厂三级工农坡加压站进行扩能改造，增加供水能力0.3～0.5万立方米/日。

【供水调度】 强化调度人员培训管理，提升专业技能和突发事件应变处置能力。通过科学计算、错峰调节，提高供水稳定可靠性。关键时期公司领导和部门负责人坐镇一线、紧盯调度数据、亲自指挥、上下一体，确保指令准确，联动及时，执行到位。调整大江、鱼洞水厂低压供区，尽可能将鱼洞水厂富余水量通过工农坡调节池转供龙洲湾高区。通过苦竹坝加压站建设，跨区调度，实现从市自来水公司日转供水1万立方米的能力。

【安全生产】 坚持安全生产"党政同责、一岗双责、齐抓共管、失职追责"工作体制，健全安全管理机制，完善"横向到边，纵向到底"的安全组织和监管体系。落实安全生产目标和责任，公司与部门、部门与个人签订安全目标责任书，将安全工作纳入月度绩效考核内容。严控施工现场安全，坚持安全交底、持证上岗，落实挡板、警示带、警示标志设置，规范安全帽等安全护具的佩戴，确保人员和施工安全。强化安全保卫，加强门卫管理，督促职责履行，严格24小时值班和定时巡检制度，严控外来人员和车辆登记管理。加大资金投入，夯实人防、物防、技防建设，更换保卫工具及监控高清摄像头。通过组织开展消防应急、停电应急、盐酸泄漏、二氧化氯泄漏、供水管道事故、源水突发高浊度等多科目突发事件应急演练，进一步梳理应急程序、明确岗位应急职责，提升迅速反应、协同作战、有效处置的实战能力。强化应急物资库房管理，确保物资齐全适用，提升防止事故、抵抗事故的硬件水平。

【项目建设】 全力推动新大江水厂建设项目。因水厂原址扩建用地与同为市级重点项目的巴南区西部木材交易贸易港用地冲突，公司积极协调市、区两级相关部门，先后召开和参与水厂方案讨论及用地协调会24次，陪同市、区相关领导现场考察、调研10余次；就项目选址存在的问题和建议向集团和市级部门提交书面汇报28次，各类报表20余份；多次进行现场勘查和方案论证，为项目提供大量翔实数据和基础信息。2018年5月31日市发改委组织召开大江水厂扩建项目选址研究会，原则上同意大江水厂易址到原新道角水厂控规用地。公司还完成取水河段图纸及水厂原址扩建建设用地地形勘查，完成道角用地控规及地形图测量，确认土地权属单位，于2018年6月19日正式申报项目选址意见审批。该工程项目于2018年12月15日提前开工。龙洲湾二纵路供水主管网工程作为新大江水厂建设项目的配套管网，已完成初步设计、地形图勘测和前期手续办理，正在进行第二次工程招标。

【精细管理】 进一步完善安全标准化体系建设，持续开展"三标合一"体系建设工作，完成《质量、环境、职业健康安全管理手册》《质量、环境、职业健康程序文件》由C版更新为C/0版，并通过年度审核。打通服务群众"最后一千米"，培训客服人员，提升服务水平，改善通话自动录音，有效监督服务过程。细化管网巡线与测漏工作，普通地段管网巡线每月至少一次，重点地段专人监护、反复巡查，到位率100%。坚持执行危及供水管线施工告知制度，书面留迹存档备查。每周定期召开项目推进会，对材料供给、设计变更、施工困难等逐一讨论，分解任务，落实责任；成立微信群，每日公布项目进度，协调解决施工问题；完工项目立即验收，加速结算。如项目完工或者停滞，后续项目立即补位进场施工。

【宣传思想工作】 根据市城管委《关于做好节水型区县创建工作的通知》（渝城管委〔2018〕17号）文件精神，响应重庆市和巴南区关于做好节水型区县创建工作要求，公司通过张拉横幅标语、进社区开展宣传、积极推进主城区老旧居民住宅用水提质工程、启动老旧管网改造工程计划等多种举措，开展节水宣传和节水工作。广泛宣传贯彻党的十九大精神及中华人民共和国监察法，践行一切为了人民的发展思想，把贯彻落实党的十九大精神和党建工作融入供水服务工作中。党支部组织开展以"新时代、服务群众面对面"为主题的党员实践活动，公司党员、入党积极分子和部分青年团员、职工深入社区开展宣传服务活动，发放党的十九大精神学习宣传资料、《中华人民共和国监察法》学习宣传资料、供水服务工作宣传资料等，并听取群众对供水服务的建议和意见，针对群众反映问题进行现场解答和上门服务。

（华　露）

重庆渝江水务公司

【概况】　重庆渝江水务公司隶属于巴南区水务局，系取得城市三级供水资质的国有全资公益性企业。下辖南湖、跳石、安澜、云篆山、圣灯山、南龙、仁流、金竹、樵坪、东泉、二圣、惠民、丰岩、石龙、石滩、天星寺等16个自来水厂站；其水质每月接受区水文水质监测管理站月检，每季度接受区疾病控制中心季检，消毒方式均为二氧化氯消毒，水质检测能力均达到出厂水常规9项。主要承担巴南区（除李家沱、花溪、木洞、丰盛、麻柳嘴、双河口以外的）16个镇街及周边农村约39万人口的生产、生活、经营和消防等供水任务；主要供区有界石园区、南彭物流园区、金竹职教城及南彭、界石、跳石、一品、安澜、百节、云篆山、圣灯山、南龙、仁流、樵坪、东泉、姜家、二圣、惠民、接龙、石龙、石滩、天星寺、和平桥、小观等21个场镇。2018年末，公司有用户96662户，其中家庭用户79467户；全年售水1770万立方米，经营收入7412万元，资产总值15亿元。现有职工188人，其中借用水务局事业人员3人，聘用人员185人。

【供水管网】　南湖自来水厂是公司最大水厂，水源为南湖水库（最大库容为1330万立方米），设计制水能力80000吨/日，2018年末，有用户52464户，供水管网总长424.637千米，其中DN800mm－200mm主供水管网120.851千米，DN200mm以下支管网303.786千米。安澜水站以龙岗水库为水源，设计制水能力13200吨/日，供水管网165千米。跳石水站以刘家沟水库为水源，设计制水能力2000吨/日，供水管网30千米。圣灯山水站以廖炎岩水库和搭桥沟水库为水源，设计制水能力1600吨/日，供水管网60千米。云篆山水站以云山湖水库和大沟水库为水源，设计制水能力3500吨/日，供水管网53千米。金竹水站以滴水岩水库为水源，设计制水能力1000吨/日，供水管网19千米。南龙水站以巴联寺水库为水源，设计制水能力1000吨/日，供水管网11千米。仁流水站以焦子塘水库为水源，设计制水能力1000吨/日，供水管网12千米。樵坪水站以黑湾水库为水源，设计制水能力2000吨/日，供水管网54.2千米。惠民水站为南湖水厂供水，鱼溪河为备用水源，设计制水能力2000吨/日，供水管网36千米。二圣水站以跃进水库为水源，设计制水能力3000吨/日，供水管网161千米。东泉水站以五布河为水源，设计制水能力2000吨/日，供水管网22千米。丰岩水厂以丰岩水库为水源，设计制水能力10000吨/日，供水管网92.2千米。石滩水站以老虎岩水库为水源，设计制水能力1000吨/日，供水管网8.5千米。石龙水站以梯子口水库为水源，设计制水能力2000吨/日，供水管网17千米。天星寺水站以石桥沟水库为水源，设计制水能力1000吨/日，供水管网10.1千米。

【工程建设】　南湖水厂一、二期技改工程土建部分已完成，三期扩建工程全面完工并投产运行；龙洲湾隧道供水管廊工程进场施工并完成4千米铺设；完成巴南华府一期、观音山西路给水管网工程，华南城小学、鸥鹏应急供水管道安装工程等30余个工程项目；完成惠民永兴等场镇40千米场镇供水管网改造；完成市政消火栓建设安装48个；观音山高位水池、界石中转调节池、观景口五布安置房等供水项目前期工作有序推进。

（郭昭红）

重庆南城水务有限公司

【概况】　重庆南城水务有限公司位于重庆市巴南区花溪镇先锋村，隶属于巴南区水务局，是取得城市三级供水资质的国有全资公益性企业，下辖先锋、丰盛、麻柳嘴、双河口4个水厂，其水质接受重庆市供水处一年两次、巴南区疾病控制中心每季度水质检测及巴南区水质监督管理站每月一次的抽检。设计总日供水能力5.7万吨，公司主要从事自来水生产销售与其有关的安装和维修业务。公司是实行独立核算、自主经营、自负盈亏，下辖四个水厂，有用户37232户，主要承担花溪街道先锋村、新屋村、花溪村、建新村、重庆理工大学、重庆清华中学、重庆市花溪工业园区等企事业单位以及巴滨路以南多个房地产开发楼盘和三个镇街场镇约14万人生产生活和消防用水供水任务，平均年产值3000万元左右。2018年末，公司有用户37232户，有员工77人，其中，借用巴南区水务局事业编制人员2人，聘用人员75人，销售水量689万立方米，比去年同期增长13%，上缴各种税费400余万元。

【供水管网】 先锋水厂属城市供水，抽取长江水作为水源水；水文资料主要来源于该工程取水口上游124千米长江朱沱水文站，下游29.5千米长江寸滩水文站（朱沱、寸滩站均为一类精度水文站）；有取水塔一座（取水管道至长江江心），5万立方米，日水处理场一座、2000立方米清水池两座、4000立方米高位调节池二座、生产用房约830平方米。水处理工艺为“混合→反应→沉淀→过滤→消毒”，工艺可靠，水质稳定。高位水池采用变频恒压供水，供水高程可达海拔290米。自高位水池向四周射线状敷设DN150mm－DN500mm供水主管道约35千米，在方圆9千米范围内已形成环网供水，供水保证率高。丰盛、麻柳嘴、双河口三个供水站，主要以丰盛响水湖水库、麻柳嘴白银洞水库和双河口北隘口水库水为水源，消毒方式均为二氧化氯消毒，水质检测能力均达到出厂水常规9项。

【重要工程建设】 南城水司建设完成融汇十六期A区、珠江城D地块、半岛驿站、花语佰骊等楼盘的一户一表安装，新增用户3577户。投资221万余元新建安装纵二路外河坪储备地块DN200mm-DN300mm市政供水管道、纵一路香港城段、纵一路七八号路DN200mm-DN400mm市政供水管道等5100余米。

【重点工作】 公司完成对巴南区巴滨路先锋营业中心（先锋水厂）取水、送水、加压设备及电力设施以及其他配套设施等实施技改，实现节能降耗，生产能力从2.5万立方米/天提高到4万立方米/天，提高60%，生产电耗成本与去年同期相比，从原0.53元/立方米，降至0.45元/立方米，电费成本降低15%。全年节约电费成本52万余元。

（曾　琪）

供　电

国网重庆市电力公司南岸供电分公司

【概况】 国网重庆市电力公司南岸供电分公司是国网重庆市电力公司的直属主城区供电公司，承担着南岸区、巴南区2090平方千米的供电工作，负责供区内电网建设、电力调度、电力销售及服务业务等。2018年，南岸供电公司认真履行“人民电业为人民”的企业宗旨，主动融入全区工作大局，建设坚强电网，优化营商环境，加强民生服务，助力经济社会发展。同年，公司保持全国文明单位称号，获评全国“安康杯”竞赛优胜单位，1人获“全国工会系统劳动模范”，1人获“全国青年岗位能手称号”，1人获“重庆五一劳动奖章”。

【电网建设】 全年公司完成电网投资2.65亿元。开工建设110千伏模具、大正沟输变电工程。完成110千伏炒油场输变电工程电气设备安装调试。取得110千伏仙池输变电工程可研批复。有序推进220千伏老龙洞变电站选址工作。加快建设新能源基础设施，累计建成黄金大道等充电站6座，交流充电桩51个，直流充电桩32个。截至2018年年底，巴南电网共有公用变电站28座；220-35千伏变电总容量293.4万千伏安；220-35千伏输电线路78条共841.825千米；10千伏中压线路352条共3519千米；开闭所（环网柜）173座；配电房613座；配变3913台。全区共有用电客户63.27万户，全年售电量31.51亿千瓦·时，同比增长14.49%。

【供电服务】 精心组织，保障重大活动用电，出动284人次，发电车8台次，完成冰壶公开赛等71项重大保电任务。精心调度，成功应对五轮高温大负荷、两轮洪峰过境等严峻考验，顺利度夏。贯彻优化营商环境工作部署，压减办电流程，低压接入容量标准放宽至160千瓦，高低压接电时间完成全市深化“放管服”改革会议水电气办理时间压减目标。落实一般工商业降价要求，分三次共降低一般工商业电价7.93分/千瓦·时，平均降幅10.22%，全年减少工商业用电成本8800余万元。落实“三去一降一补”，跟踪走访工业企业，降低160户工业企业用电成本462.1万元。配合重庆生物医药产业园建设和麻柳沿江公司地域电源调整，延伸投资界面实施4个开闭所和8个环网柜规划建设，完成35千伏木五双路、10千伏木镇等线路迁改工程。取消并清退临时接电费4000余万元。开工铁路东环线涉及的35千伏迎五、桥界线迁改工程。统筹协调，华熙体育、渝南自来水、智睿投资、博唯佰泰等一批重点项目按期通电。

（邓宇鑫）

供　气

重庆巴南天然气有限责任公司

【概况】 重庆巴南天然气有限责任公司（简称巴南天然气公司）是重庆燃气集团下属具有独立法人资格的全资子公司。下设六科一室两站，正式职工101人，其中，专业技术人员25人，取得国家执业注册资格2人，技师4人，高级工23人，另有劳务外包、派遣工94人。现负责鱼洞、大江、龙洲湾街道、麻柳沿江工业园木洞组团、南彭公路物流基地、巴南职教城、天明工业园和一品、惠民、南彭、跳石、二圣、天星寺、姜家、东泉、迎龙镇街及新工地、道角部分区域的天然气发展规划、燃气工程设计安装、天然气储、输、配及经营管理工作。截至2018年年底，公司管理客户20万户，资产总额2.43亿元，年供气量7728万立方米。在鱼洞花土湾建有储配站一座，内有1000立方米的储气球罐2个。

【基础设施建设】 2018年3月29日，以应急工程方式启动的木洞杨家洞村委会至百亚管线、木洞栋青医药城三纵线天然气管线和木洞栋青医药城横二路天然气管线3个工程全面碰口通气，由此打通木洞场镇供气“瓶胫”。9月初，启动跳南线至南惠线联络线工程，该联络线工程通气后，惠民、迎龙、二圣、东泉、姜家、木洞场镇区域管线压力将由中压提升到次高压，彻底解决木洞园区供气紧张问题，为区域经济发展提供气源保障。华熙体育项目配建的七九配气站及天然气管线迁建工程，于2018年5月30日进行碰口投运，新站设计规模60万立方米/日，当期投产20万立方米/日。

【供气安全管理】 全年安全培训638人次，投入安全生产费用607.12万元，其中安全隐患整改费用477.69万元，安全教育宣传费用53.80万元。全年无安全责任事故。完成2年1次居民安检周期内入户检查工作，累计入户率101.86%，非居安检入户率108.05%；维护维修调压箱（柜）12852台次，完成管网有效巡检13707.56千米，管理辖区内低压埋地管网补测33千米；开展“日周月”隐患排查工作，坚持三级排查和专项检查相结合，对检查出的问题建立隐患台账，并按照“五落实”要求及时进行整改。年度内完成7条隐患管线整改，户内立管隐患整改3765户，增设标志桩及标志板8135块，户内立管除锈刷油漆200米，完成短桩除锈刷油漆6000米，更换皮管4150根、管箍8300个。利用“3·15”“安全生产月”和“燃气安全进万家”“党员突击队”“大排查大整治”等主题活动开展安全用气宣传。全年累计媒体宣传5批次，进企业、学校、机关开展安全宣传3次，进社区、乡镇宣传12次，发放《天然气安全用气须知》和《安全用气提醒标贴和危险警示标贴》共计5000余份，安装《天然气安全用气须知》铝板256块，安全用气展板129块，非居民客户及特殊用气场所张贴安全用气卡通宣传画近900张。5月份对木洞重点用户尚盟、新希望、同晟祺等非居用户56人次进行安全用气培训及宣传。

【行风廉政建设】 遵循“为政府分忧、为客户解难”服务宗旨，将行风建设作为企业发展内在要求和动力。狠抓基层一线和各窗口部门优质服务意识教育、优质服务能力培训、优质服务环境打造和各项基础资料、台账的规范管理等，提高服务质量和效率。完善规章制度，年度内共新制（修）订制度51个，规范员工工作行为。加强绩效管理，公司全面开展三级督查，发现问题均纳入月度绩效考核，提升工作效能。加强业务技能培训，提升员工对外服务技能。将“吃拿卡要”行为上升为“四风”问题来对待，通过短信平台回访通气工作情况9000余次。

（张吉琴）

重庆凯源石油天然气有限责任公司巴南分公司

【概况】 重庆凯源石油天然气有限责任公司巴南分公司位于重庆市巴南区李家沱西流沱4村190号（融汇半岛）。主要供气区域分布在李家沱、花溪、界石、鹿角、安澜等5个街镇，管理面积120平方千米，点多面广用户分散。主要大型工业用户有恒安纸业、重庆建设工业集团、重庆宗申动力和转供的3座CNG加气站。2018年，公司内设综合办、财务办、营销办、生产技术办、安全办、管网所、营业所（管理李家沱、融汇、界石三个营业点），有干部职工77名。公司各类设施设备有调压箱（柜）2967台，阀井488座，各类燃气管线1002千米，车辆8台，管理用户18万户。

【天然气市场管理】 及时收集上报辖区建设规划情况，樵坪山片区管道进入前期准备阶段，公平社区200余户进行施工设计，调查安澜片区用户市场。清理供气区域，巡查供区边界，维护市场区域。按照公司管理办法签订并执行天然气供用气、开户、施工等合同。加强合同谈判、签约、履约等过程监控，建立合同限时办结制度，提高合同运行效率。

【生产运行】 坚持安全生产分析周会。坚持输气工每月不少于10小时岗位练兵，定期巡检配气站。每月巡检加臭装置，及时解决故障。完成春季电力防雷检测和秋季复检，定期检测特种设备。随机抽查1255台次调压设备代维质量，合格率85%。清理出61处调压设备被用户圈围。巡查管线1.36万千米、调压箱（柜）3.09万台次、阀井5008台次。通过倒排施工大表、每日监督检查、主动解决施工方疑难问题等措施，完成公司下达的3项大修及隐患整治项目，同时完成101项天然气安装和119项移表改管。11月7日，利用重庆气矿走马羊配气站改造之际，优化管网。通过SCADA系统及时发现配气站运行异常问题并加以解决。坚持平时夜间、节假日24小时领导、技术干部、维修工值班制，确保紧急情况的及时处置。处理户内立管锈蚀穿孔、主管线被野蛮施工破坏等433次抢险工作。及时更新完善管网图册。开展防腐层破损检测104千米，查出破损点266处，修复60处，更换阴保测试桩28只，增补管道标识桩（砖）458块。开展泄漏检测，查出漏气点124处，全部处理。对建新村、电建村等拆迁区域优化改管9处。每天全覆盖监控管道巡护公司的巡护工作。监控第三方施工130处，销项70处。对巡护采取三色预警管理，第三方施工预警15次。严格执行换表程序，处理故障气表50多台。完成嘉卡变速箱厂、展冠食品厂等4个计量改造项目，解决原有计量装置不适应外销计量问题。坚持计量输差日报的收集分析和监控，发现异常及时查找原因并处理。

【安全生产】 践行“有感领导、直线责任和属地管理”，科级人员签订《个人安全行动计划》5份，全员签订《岗位QHSE责任书》77份，每季度考核兑现。坚持每周QHSE会议，及时研究解决问题。开展安全经验分享23次，安全观察与沟通18次，安全联系18次，安全监管41次，上报事故事件405次。开展应急双盲测试、防洪防汛应急演练、消防应急演练、配气站泄露应急演练、办公楼应急疏散演练各1次，提升员工安全认知、应急处置和风险辨识能力。新编制《巴南分公司管网所管理操作手册》《营业所管理操作手册》

《驾驶员QHSE管理手册》及《驾驶员操作手册》，修订《QHSE管理手册》《染料配气站管理手册》《染料配气站操作手册》《染料配气站突发事件现场应急处置方案》及《管网所抢险应急处置方案》，评审发布基层站QHSE标准化建设“三手册一图册”。根据《巴南分公司2018年隐患排查治理方案》，对配气站排查治理、PCM检测修复、用户隐患等七个方面开展排查治理，排查出问题390项，整改161项，其中管线相交相遇23处等上报区政府协调处理。定期不定期安全监督检查88次，查出隐患74项，整改61项。开展“大反思、大排查、大整改”活动，“四不两直”检查135次，发现问题48项，整改38项。梳理QHSE体系量化审核问题清单，剖析原因，落实整改措施和责任人，杜绝同类问题重复发生。

（石世明　朱慧敏）

环境保护与管理

【概况】 区环境保护局设局领导职数1正3副，区纪委派驻纪检组长1人，班子成员7人，现有编制82人（其中机关编制17人、执法支队编制30人、监测站编制30人、宣教中心编制5人）。内设5科1室（办公室、行政审批科、污染防治科、生态环境保护科、环保督查与法制科、辐射和固体废物管理科），区纪委联合派驻纪检组1个；下属3个事业单位（区环境行政执法支队、生态环境监测站、环境宣教信息中心），1个区属国有公司（重庆禹润排水有限公司，主要负责街镇污水处理厂的运营管理）。

2018年，区环保局认真贯彻落实党中央、市委、区委决策部署，学习贯彻党的十九大精神，围绕“五位一体”总体布局和“四个全面”战略布局，全面落实“两点”定位、“两地”“两高”目标和“四个扎实”要求，坚持生态优先绿色发展，持续推进“五大环保行动”，打好污染防治攻坚战，生态环境质量持续改善，区域环境安全得到有效保障。

【蓝天行动】 全年整治工业废气16家，增划11平方千米高污染燃料禁燃区，查处建筑工地扬尘354家次、垃圾运输车辆728台次、冒黑烟车辆2452起，取缔巴滨路露天烧烤摊51家，完成社会餐饮油烟治理70家、机关食堂油烟治理20家、机动车路检10022辆，空气优良天数达309天，空气中细微颗粒（PM2.5）浓度同比下降19%，创历史新高。

【碧水行动】 贯彻落实“水十条”，全面实行河长制，持续开展花溪河、黄溪河、一品河黑臭河段综合整治。次级河流水质逐步改善，长江巴南段、一品河水质长期达到或优于Ⅲ类，黄溪河优于Ⅴ类，成功解除花溪河劣Ⅴ类水体挂牌督办。消除城市建成区黑臭水体，在国家验收考核中获“优”。城市集中式饮用水源水质达标率100%，乡镇饮用水源水质达标率94.6%。37个集中式饮用水水源地整治达标。城镇生活污水集中处理率96%，乡镇生活污水集中处理率85%。

【绿地行动】 划定生态保护红线斑块16个，面积184.6平方千米，占全区面积10.12%，将三峡库区消落区非城区段等生态环境敏感脆弱区域、生态功能重要区域划入生态保护红线范围。治理荒坡菜地、城市空地等940万平方米，新增城市绿地166万平方米。全区林地面积增至132.6万亩，森林覆盖率达到46.6%。

【田园行动】 完成8块疑似污染场地调查评估，启动土壤污染综合防治示范区建设。印发《巴南区土壤污染治理与修复规划》《巴南区污染场地管理长效机制》，分解落实各部门职责及目标任务。规范26家重点单位危险废物的储存、收集和处置工作，医疗废物无害化集中处理率100%。

【宁静行动】 严格建筑施工、工业、娱乐等噪声监管，查处违法夜间施工 52 起，处罚金 295 万元。出动执法人员 1260 人次，约谈建筑企业 34 家次。累计创建市级安静小区 17 个，环境噪声达标区面积 65.77 平方千米，城市建成区全部实现噪声达标。

【环境行政审批】 严格环境准入，促进绿色发展，全年完成项目环评审批 75 个，购买排污权 57 家，发放排污许可证 73 个。全区年度目标任务为化学需氧量减排 982.04 吨、氨氮减排 148.86 吨、二氧化硫减排 1071.22 吨、氮氧化物减排 299.78 吨，实际完成化学需氧量削减 3433.2 吨，氨氮削减 263.16 吨，二氧化硫削减 1071.22 吨，氮氧化物削减 299.78 吨。

【环保督察】 全面落实环保督察整改，做到第一时间接受，第一时间报告，第一时间办理，确保问题整改到位。已顺利通过国务院大督查、长江“清废行动”、大气污染防治攻坚、饮用水源环境保护等 21 次国家、市督查检查，中央环保督察组交办 126 件转办案件、反馈意见整改任务 53 项全部办结；市环保督察 42 个问题清单涉及的 75 项具体问题已完成 48 项，总体整改进度完成 87.4%。

【环境行政执法】 全年受理群众环境投诉 6687 件，办结率 100%。实施环境行政处罚 410 件，处罚金 2600 余万元。加大联合执法力度，立案侦办环境犯罪刑事案件 18 件。开展“散乱污”企业整治百日攻坚行动，收集纳入“散乱污企业”整治 1424 家，关停取缔“散乱污”企业 186 家，规范整治 930 家，搬迁整合 89 家，总计完成 1205 家，占“散乱污”企业总数 84.6%。

【污染源普查】 清查工业污染源 7887 家、集中式污染治理设施 83 家、生活源锅炉 28 台、农业源（规模化畜禽养殖场）141 家、入河排污口 124 个，纳入普查 3562 个，同时将全区 198 个行政村生活污染源统计和 47 个移动源加油站统计纳入普查。全面完成 3807 个污染源入户调查原始资料采集、系统数据初录和复录以及数据质量初审工作，清查阶段工作被市普查办质量核查评定为“优”。

【环境宣传教育】 开展“你我共携手　保护母亲河”志愿服务、“4·22”世界地球日宣传、“六五”环境日宣传等系列环保活动 8 次，各类报纸、电视等媒体宣传报道巴南区生态环保工作 330 次；成功创建市级绿色学校 1 个，市级生态文明示范企业 2 个，市级生态文明示范医院 1 个，绿色·惜福家庭 1 个，区级绿色学校 3 个，创新“绿色生活”宣传，让建设山清水秀美丽巴南理念深入人心。

（赵雪丽）

商贸流通

概　述

【概况】　重庆市巴南区商务局于2009年底由原粮食局、商委、外经委、财办和物资局等5个单位合并而成。主要负责全区商贸流通、粮食流通、餐饮服务、酒类流通、药品流通等行政管理；负责驻巴南、綦江、万盛解放军和武警部队军供粮油的储备、供应和管理工作。现有局级实职领导干部5名，设2正3副，非处级领导（含调研员、副调研员和保留正副处级待遇干部）6名，内设局办公室、政工科、规划发展科、市场流通科、会展餐住科、粮油管理科和行业监管科等7个科室，下属巴南区军粮供应管理站（参公事业单位，人员编制3名）和巴南区商务服务中心（7级职员事业单位，人员编制2名）等2个事业单位。2018年共有在编人员33人，其中男23人，女10人，中共党员28人，民主党派1人，非党员4人；行政人员22人，工勤人员6人，参工人员3人，事业人员2人；任实职处级干部5人，任实职科级干部7人。

2018年，全区社会消费品零售总额实现364.82亿元，增长7.9%，主城九区列第一位。批发零售商品销售总额685.69亿元，增长8.0%。餐饮住宿营业收入42.72亿元，增长7.1%。重庆协信汽车公园启动提档升级二期车时光项目建设，重庆西部国际汽车城生态楼宇市场进入施工阶段，华南城灯饰市场、金属材料中心基本建成，新建成先锋经济园区标准化菜市场，完成石龙、石滩、圣灯山3个乡镇农贸市场提档升级改造等重点项目及民生工程任务。龙洲湾商圈基本形成。成功举办2018中国商用车博览会；推动农家乐提档升级，建成一批乡村酒店；进一步完善商贸领域开展信用体系建设等工作。

【招商引资工作】　全区引进商贸类项目5个，预计协议投资20亿元，到位资金18.4亿元。引进协信公司"车时光乘用车交易市场"项目，即将开工建设，总投资15亿元，已与20家汽车4S店签订入驻协议。新建李家沱、接龙、南泉虎啸内、虎啸外加油站4座，其中，接龙加油站已建成投入使用，李家沱加油站主体建设完成。

【专业市场提档升级】　继续推进渝南大道家居、汽车专业市场群转型升级。协信汽车公园（即原弛盛汽车城）提档升级项目一期的汽车4S店集群已基本建成。起亚、凯迪拉克、宝马、捷豹路虎正式营业，进口福特、众泰汽车、林肯等已动工建设。二期车时光项目正式启动。西部汽车城二手车生态楼宇市场已动工建设。铠恩国际家居名都调结构，由单一的家居向家居、建材一体发展。重庆华南城按专业市场群及新型城市综合体两大板块，在南彭公路物流基地打造产城融合的现代化新城。专业市场开业的有食品交易市场、酒店用品市场、五金机电市场、华盛奥莱等。2018 年五大市场实现交易额 346 亿元。

【民生商业发展】 抓好乡镇农贸市场的提档升级，提档升级改造乡镇农贸市场 3 个，极大改善购物环境。督促新规划菜市场建设。新建成营业先锋经济园区标准化菜市场，满足周边居民消费需求。成功将丰盛镇打造为市级旅游型乡镇商贸综合服务中心。

【特色商业街建设】 万达金街一期、二期建成开街，开业经营户达 700 余户，其中二期招商入驻经营户 400 余户，已正式营业 80 余户。鲁能南渝秀街 2 万平方米的集中商业和 3 万平方米的社区商业已招商完毕，95% 以上的经营户已正式营业。入驻商家有红星太平洋影院、朗豪大饭店、海贼王网咖、郑利平创意美术、渝梦星工厂、大帝教育、传承街舞、苏宁小店、京东便利店等商家入驻。

【电子商务发展】 京东项目“由 1 变 10”，京东二期、阿里巴巴新零售等项目迅速落地开建，2018 年限上电商交易完成 257 亿元，其中零售 130 亿元。京东电商基地项目开工建设，“亚洲一号” 2.4 万平方米大件仓建成投入使用，引进京东商城在巴南区设立重庆运营中心和全球广告营销中心，京东巴南特色馆建成运营。西南地区首个商事服务集群注册平台建成投用，注册企业 900 余家。

【重点商业项目建设】 华南城 12 万平方米的金属材料市场、11 万平方米的灯饰市场建成营业，华盛奥莱全馆正式营业。以普洛斯、中集、公运等为代表的第三方物流和以普洛斯（传化）公路港为代表的第四方物流项目建设有序推进，13.5 万平方米的普洛斯、7.2 万平方米的中集等商贸物流配送中心建成投入使用。积极推进格云生态冷链物流配送中心项目和光大乳业冷链物流配送中心项目建设，5000 平方米的凤梧超市冷链配送中心落户公路物流基地并投入使用。

（刘姝华）

商业网点

【概况】 2018 年，巴南区实际经营的商业网点达到 3.2 万余个。其中，再生资源回收网点 398 个、加油站 53 个、典当行 3 个、液化气充装站 3 个、液化气销售网点 44 个、粮食收购 42 个、大中型超市 32 个、大中型商场 12 个、大型专业市场 7 个、汽车 4S 店 25 家。全区商业网点面积达到 490 万平方米，其中城区营业面积 365 万平方米，乡村 125 万平方米。

全年，在保障性住房小区、新建小区和消费不便的已建成小区，累计建成 53 个社区商业项目，其中便民商圈 15 个（其中市级 12 个）、菜市场 38 个。建成市级商贸强镇 1 个，市级商贸服务中心镇 4 个，区级商贸服务中心镇 2 个，农贸市场 19 个，农村电商网点 198 个。

【专业特色市场】 重庆渝南汽车市场、重庆铠恩国际家居名都、重庆西部国际汽车城、重庆协信汽车公园、重庆华南城食品交易市场、重庆华南城五金机电交易市场、重庆华南城酒店用品交易市场、重庆盈福铁公鸡物流港等特色专业市场继续发挥主力军作用，实现商品成交额 346 亿元，同比下降 16.0%；占巴南区社会消费品零售总额的 35.0%；占巴南区批发零售销售总额的 50.4%。

渝南大道三大专业市场继续推进提档升级：重庆铠恩国际家居名都调结构，增加建材卖场；重庆西部国际汽车城二手车交易市场，楼宇市场开始动工建设；原重庆西部机动车交易市场腾笼换鸟打造的城市汽车展厅、4S 店集群已具雏形。协信宏亚、凯迪拉克、宝马、捷豹路虎 4S 店建成营业，林肯、进口福特已基本建成。

（娄　艺）

日用品贸易

【概况】 巴南区日用工业品购销活跃，呈现稳步增长态势。市场商品品种繁多，营销活跃。以铠恩国际家居名都、西部国际汽车城、酒店用品市场、五金机电市场、乘用车销售4S店、商社汇购物中心、巴南万达广场、新世纪百货、永辉超市、国美电器、苏宁电器、重百商场等为主力的卖场商品丰富，基本满足城乡居民生活需要。商品包括汽车、电视机、洗衣机、空调、冰箱、数码产品、手机、小家电、小五金、化妆品、服装等。2018年，乘用车销售额实现82.5亿元，同比下降16.3%；家电、化妆品、服装销售额实现40.7亿元，同比增长8.6%；家具销售额实现98.0亿元，同比下降26.4%。各大商家充分利用春节、五一、国庆、周年庆等日子，组织开展满额送、满额省、刷卡送礼、抽奖、特价等形式多样的促销活动，整个市场呈现出繁荣景象。城乡居民消费热情持续上升。2018年巴南区城镇居民人均消费性支出达30498元，比2017年增长8.3%，其中，食品消费9904元，比2017年增长7.9%；衣着消费3297元，比2017年增长8.2%；居住消费4673元，比2017年增长8.8%；生活用品及服务消费2633元，比2017年增长8.3%；医疗保健消费2948元，比2017年增长8.7%；交通及通信消费3350元，比2017年增长8.5%。2018年巴南区农村居民人均消费性支出达到13266元，比2017年增长8.7%，其中，食品消费4989元，比2017年增长8.5%；衣着消费1031元，比2017年增长8.8%；居住消费1970元，同比增长8.9%；生活用品及服务消费1143元，比2017年增长8.9%；医疗保健消费1451元，比2017年增长9.0%；交通及通信消费1254元，比2017年增长8.6%。汽车4S店大量落户红光大道、渝南大道，工业品销售异军突起。截至2018年底，巴南区落户汽车4S店25家，涉及奥迪、宝马、捷豹路虎、福特、日产、现代、大众、斯巴鲁、奔驰、凯迪拉克、雪佛兰、起亚、双龙等23个品牌。2018年巴南区限上汽车4S店实现销售额55.1亿元，比2017年增长20.2%。

【城乡市场共同繁荣】 2018年巴南区社会消费品零售总额实现364.8亿元；比2017年增长7.9%，增幅位居主城9区第一位。其中，城区市场社会消费品零售总额实现158.2亿元，比2017年增长7.9%；农村市场社会消费品零售总额实现155.0亿元，比2017年增长7.5%。

【重点企业引导消费】 2018年巴南区303家限额以上批发和零售企业、住宿和餐饮企业实现社会消费品零售总额158.4亿元，比2017年增长9.4%；实现商品销售总额270.8亿元，比2017年增长1.0%，其中餐饮住宿业实现营业收入4.9亿元，比2017年下降26.7%。

（娄　艺）

副食品贸易

【概况】 巴南区副食品贸易比较活跃，购销呈上升趋势，呈现三大特点：一是区内各大、中型超市和集贸市场仍然是全区人民群众购买副食品的主渠道。2018年，全区副食品消费达26余亿元，全区拥有大中型超市32家，食品批发市场1个,经营面积达20万余平方米，其中经营面积5000平方米以上的有9家；城区标准化菜市场28个，经营面积10万余平方米；农村规范化农贸市场19个，经营面积达3万余平方米。二是生活必需品价格呈平稳并小幅上涨态势。根据2018年12月31日生活必需品市场运行监测表明，大米5.74元/千克，同比上涨10.08%；面粉5.40元/千克，同比上涨6.14%；色拉油10.25元/千克，同比下跌1.09%；鲜鸡蛋12.08元/千克，同比下跌15.51%；鲜牛奶8.24元/千克，同比下跌6.36%。三是城乡居民对食品的消费呈上升趋势，城乡居民增加速度基本一致。2018年城镇居民人均食品消费支出为9904元，同比增长7.9%，占城镇居民人均消费性支出的比重为32.5%，比重比2017年下降0.1个百分点。2018年农村居民人均食品消费支出为4989元，同比增长8.5%，占农村居民人均消费性支出的比重为37.6%，比重比2017年下降0.1个百分点。

【重要商品储备】 巴南区商务局高度重视重要生活必需品的商品储备工作。与新世纪超市李家沱店、重庆风梧商贸有限公司、永辉人民广场店、巴南区韵新生猪屠宰场等9家企业签订2018—2020年每年价值282万元的应急保供生活物资储备协议；签订2018—2020年主城九区联供联保应急物资储备协议，协议储备物资金额234万元。在全区储备应急大米市级1000吨，区级800吨。

【名特食品】 巴南区有广阔的农村地区，是主城重要的农副产品生产加工基地，辖区名特食品主要有：接龙镇蜜柚（获第十六、十七、十八届中国绿色食品博览会金奖、2017年进入全国名特优新农产品名录），龙洲湾街道樵坪贡米，姜家镇木歼猪业、姜家黑猪，东温泉镇五布柚，鱼洞街道红柠檬，木洞镇晒枣、油酥鸭、榨菜，南泉街道桥头火锅调料，惠民街道花椒、“小蜜蜂”菜籽油、黑芝麻油，界石镇南泉挂面。2018年新获重庆名牌农产品有：二圣镇巴南银针、定心绿茶、天坪山梨，安澜镇三宜庄红心猕猴桃，姜家镇巴蜀花果山汗血桃、玫瑰香李，鱼洞街道陈麒嘉草莓、果桑、葡萄和互鹏牌红心猕猴桃，石滩镇放心村有机大米，南彭萄源社牌音乐葡萄。其中樵坪贡米、“小蜜蜂”菜籽油、黑芝麻油、南泉挂面、桥头火锅调料、巴南银针等名特食品已进入市内外的各大连锁超市销售。

（娄　艺）

粮油贸易

【概况】 巴南区商务局负责全区粮食流通行政管理工作；依法对从事粮食收购、储存、加工、销售等经营活动进行监督管理，维护市场稳定，促进粮食生产，确保国家粮食安全。全区国有粮食企业1家，从业人员86人，仓库完好仓容量49203吨；重点民营企业7家；市级放心粮油龙头加工企业3个、放心粮油龙头销售店2个，全市放心粮油10强加工企业1个；粮食应急加工生产基地1个、应急配送中心1个、粮油应急供应网点42个；粮油市场监测点7个；取得粮食收购许可证的25户。粮食购销市场化以来，逐步形成以国有粮食购销企业为主渠道、民营粮油经营企业为辅助、粮油经纪人为纽带的粮油流通网络。

【粮食储供调控】 加强粮食储供调控，保证粮食市场供应。瞄准区内区外两个市场抓粮源，在区内巩固粮源基地，通过订单农业模式，巴南粮食公司与巴南区南泉街道农业服务中心签订协议，对符合国家质量标准三级以上的稻谷，收购价格按高于普通杂交水稻市场收购价格的10%确定；在吉林、湖北、安徽等省级粮食主产区发展粮食贸易，与中储粮（成都）粮油工业公司建立业务往来关系，掌控粮源达50万吨以上，既活跃了在国内的粮食贸易业务，又掌控粮源保证区内储粮轮换、加工和商品口粮供应。尝试江海联运，优化物流配置。巴南粮食公司以港口贸易、江海联运模式为标志，经营粮食近2万吨，降低物流成本。加强粮食保供体系建设，对建成的42个粮油应急供应网点加强管理和培训，组织重点粮食企业、粮油应急供应网点和相关镇街在军粮供应管理站开展粮食应急演练。做好粮食统计工作，及时准确报送粮食统计报表；做好市场监测预警工作，及时掌握市场行情变化；做好社会粮食供需平衡调查工作，为政府决策提供可靠依据。

【粮食仓储管理】 全区粮食仓储企业严格按照储备粮管理规定，做到承储的市级储备粮数量真实足量、品质良好、储存安全、管理规范，储粮管理双“四无”比例达98%以上。2018年，全区开展粮食库存检查，区内储存粮食22934.56吨（其中：稻谷16336吨、小麦4000吨，应急大米折合稻谷2571.43吨，商品粮大米折合稻谷1.43吨，面粉折合小麦25.7吨）。市级储备粮轮换任务5069吨，完成100%。开展“四无”粮油安全普查，确定巴南粮食公司为2018年度储粮“四无”单位。市级应急储备大米1000吨。区级应急储备大米830吨、食用植物油15吨，挂面20吨。

【粮油加工生产】 全区实现粮油工业总产值98176.8万元；年销售收入77114万元；实现利润1886.9万元。区内重点企业重庆粮食集团巴南粮食公司、重庆市龙泉食品有限公司加工技改完成并通过验收。

【放心粮油工程】 制发《重庆市巴南区商务局关于印发〈巴南区推进“放心粮油”建设实施方案〉的通知》（巴南商发〔2018〕65号），依托区粮食应急供应网点、军粮供应站、粮食监测点，建设4个放心粮油加工企业、1个放心粮油配送中心、42个放心粮油店。

【粮食产业经济】 印发《重庆市巴南区人民政府办公室关于印发巴南区大力发展粮食产业经济实施方案的通知》（巴南府办发〔2018〕227号），重点扶持重庆粮食集团巴南粮食公司等大型国有企业，大力培育重庆龙泉食品有限公司等行业龙头企业。

【粮食安全行政首长责任制】 印发《重庆市巴南区人民政府办公室关于印发〈2018年度重庆市巴南区粮食安全行政首长责任制考核工作方案〉的通知》（巴南府办发〔2018〕216号），细化粮食安全行政首长责任制考核工作，确保粮食安全行政首长责任制工作顺利推进。

（余　姣）

餐饮住宿业

【概况】 全区餐饮住宿业持续健康发展。据不完全统计，全区餐饮住宿业单位共4726个；全区有五星级酒店1家；四钻级酒家1家；全区有农家乐544家（一星级5家、二星级36家、三星级48家、五星级1家）。全年餐饮住宿业收入为42.7亿元，同比增长7.1%。新增“味道巴南”餐饮名店20个。

【特色餐饮街】 巴南金街位于渝南大道297、299号，紧邻巴南万达广场，700米的步行街，轨道交通、停车场、商业综合体等功能配套完善，火锅、大排档、中高档餐厅、酒店、电影院等业态分布齐全，花房村火锅、李记串串、一只酸奶牛、木洞豆花等特色餐饮齐聚，让八方来客尽情购物的同时一饱口福，巴南金街是享受“夜巴南，潮生活”的理想场所。

【餐饮品牌化建设】 11月1日—12月7日，为进一步规范全区餐饮业经营管理，加快提升整体发展水平，聚焦宣传推广巴南特色餐饮企业，在全区开展2018年度“味道巴南”餐饮名店评选活动，广福缘酒楼等20家餐饮名店出炉。该次活动共有参评商家56家，5天时间的网络投票期间，访问量567773人次，投票人数241136人次，创造了爱巴南、巴南发布访问量奇迹。

（吴　静）

会展节庆

【概况】 巴南区依托当地的资源、产业和区位等方面优势，大力开展特色节庆会展活动，打造亮点、热点和卖点，着力创节办展，招商引会，精心培育一批影响力大、美誉度高的品牌展会，促进节庆会展与相关产业融合发展。4月21日—24日，第三届商用车春季消费节暨区县巡展活动在协信汽车公园完美收官，实现厂商与消费者互惠共赢。活动期间，累计成交量突破530台，销售额达1.3亿元。4月28日—5月1日，组织10个餐饮企业代表参加第三届中国（重庆）国际美食文化节，同时参加多项团体和个人项目评选活动，郑朝渠重庆餐饮30年功勋人物奖，巴南区机关食堂荣获重庆餐饮30年重庆好食堂等5项殊荣。7月—9月，2018重庆夜市文化节期间，推荐组织巴南万达广场、旭辉乐活城、融汇西流沱古镇等特色街区、夜市商家，运用线上线下资源，开展集消费、旅游、休闲一体化的多种形式特色夜市文化活动，并通过宣传造势，扩大宣传范围，改善消费环境，拉动消费增长。同时，巴南区商务局获优秀组织奖，旭辉乐活城街区的仟喜年大饭店荣获优先服务商家称号。7月15日，巴南区酷爽夜市文化节在巴南万达广场正式启动，以“夜来巴南　酷爽过夏”为主题，整合全巴南各夜市街、夜市商家特色，促进消费和文化体验，打造集“休闲、购物、娱乐、餐饮”于一体的夜文化盛宴，让大家酷爽过夏。夜市文化节期间，巴南区内各大商圈、夜市街推出多项主题活动，为拉动夜市消费注入新鲜动力。10月19日-22日，渝交会期间，区商务局组织华南城在渝交会N5-10展位对外展示重庆华南城系列产品，吸引众多市民喜爱。副市长刘桂平、市政协副主席张玲亲临巴南展厅，充分肯定巴南区商贸物流工作。

区商务局获“第六届渝交会最佳组织奖”。

【2018 中国商用车博览会】 9 月 14—16 日，2018 中国商用车博览会在重庆公路物流基地举行，由巴南区政府、市商务委、中国汽车流通协会主办，并取得较好成效。车博期间销售总额 10.4 亿元，现场参观人数 8 万余人次，比 2017 车博会分别增长 35% 和 33%。共销售商用车 2657 台、6.6 亿元；乘用车 1151 台、2.1 亿元；华南城 5 大专业市场暨华盛奥特莱斯销售额 1.7 亿元。28 家企业现场签约入驻，实现由展商转变为入驻企业。

【第十届重庆巴南年猪美食文化节】 第十届重庆·巴南年猪美食文化节成功举办。活动期间不仅有年猪祭祀表演、年猪宴等传统活动，同时还结合巴南冬季乡村旅游特点推出 6 条赏景泡温泉“吃刨汤”路线。全区 20 个镇街 300 余家农家乐，共宰杀年猪约 5 万头，实现销售额约 1.25 亿元。

（吴　静）

电商物流

【概况】 深入实施“互联网+流通”行动计划，出台《巴南区电子商务发展“十三”五规划》。围绕京东项目以商招商，以“1 变 10”，实现京东智慧物流、京东商事等项目落地建设，形成业态丰富的京东产业集群。2018 年限上电商交易完成 257 亿元，其中零售 130 亿元。

【农村电商】 邮政等企业积极参与区、镇、村、社区电子商务网络体系建设，电商网络服务体系雏形显现。新兴生鲜农产品电商模式不断涌现，巴食荟、巴南食尚、邦天生态、定心绿茶、美亨公社、易可良品、岭香园、渝名园等一批微信商城、APP 上线运营。农副产品触网品牌越来越多，上田红柠檬、普丰葡萄、巴南银针、刘家四合胡豆、刘记十全糖、桥头火锅底料、陈吉旺麻花、百味村手磨豆干等品牌纷纷在淘宝等平台开设网店，扩大产品的知名度和影响力。据初步统计，2018 年，全区上网农副产品生产、加工企业达 50 余家，网上销售金额近 1 亿元。

【电商主体壮大】 京东电商基地项目开工建设，“亚洲一号”2.4 万平方米大件仓建成投入使用，引进京东商城在巴南区设立重庆运营中心和全球广告营销中心，京东巴南特色馆建成运营。京东物流集团重庆区域总部项目、京东重庆虚拟电商金融产业基地和京东互联网小贷项目与巴南签约，进一步促进巴南区产城融合发展。京东全球购项目已入驻 B 保，该项目目前在 B 保内的库存商品约 27 万件、货值约 5000 万元。

【物流配送】 加快推进三级共同配送体系建设。商贸物流配送网络建设加速推进，已建成 2 个物流分拨中心、2 个公共配送中心、66 个城市末端配送网点，商贸物流成本明显下降。积极推进格云生态冷链物流配送中心项目和光大乳业冷链物流配送中心项目建设。5000 平方米的凤梧超市冷链配送中心落户公路物流基地投入使用。

（唐　砚）

重点商贸企业

【重庆铠恩国际家居名都】 位于重庆市巴南区渝南大道 19 号，东靠南山，西临渝黔高速公路主干道，北面有建设中重庆市最大的商品物流配送中心，距市中心解放碑约 8 千米、港务码头 10 千米，交通十分便捷。法人代表张永钻，电话（023）62415566，传真（023）62410227，邮编 400054，公司网址 http：//www.kaien.cn，注册资金 4200 万元，职工人数 178 人，市场内从业人员近万人。是以研究、设计、生产、销售（家具及材料、装饰材料、家居用品、化工产品、五金、交电）、建筑机械、物业管理、企业管理咨询服务等于一体的大型综合企业。规划建设面积 80 万平方米，分三期建设，总投资 15 亿元，一二期现已建成 40 万平方米并投入使用。2018 年销售总额 95.4 亿元，同比下降 26.4%。实现利税总额 4.83 亿元，同比增长 5.1%。

【重庆协信汽车公园有限公司】 前身是重庆西

部机动交易市场有限公司，于2013年10月更现名，位于重庆市巴南区南彭公路物流基地环道东路6号，法人代表吴佑麟，注册资金5000万元，员工人数152人，市场内从业人员6000人。经营范围包括市场摊位、设施出租服务；房屋租赁；销售汽车、汽车装饰用品、建筑材料；二手车经营；代办汽车过户手续费；制造、加工、销售；汽车零部件及配件、摩托车零部件及配件、机械设备；物流仓储配送服务；房地产开发。企业占地214亩、经营面积128401万平方米。2018年销售额为64亿元，同比增长15.1%。利税总额3.7亿元，同比下降7.2%

【重庆市渝南汽车销售有限公司】 位于重庆市巴南区渝南大道66号，法人代表刘元章，注册资金500万元，员工人数28人，市场内从业人员2840人。经营范围包括汽车交易管理服务、二手车交易管理服务、商用汽车销售、汽车零配件、工程机械、汽车装饰美容、停车服务。企业占地128亩、经营面积13万平方米。2018年销售额为151.8亿元，同比增长2.1%。利税总额6.12亿元，同比下降2.7%

【重庆凤梧商贸有限公司】 位于重庆市巴南区李家沱街道新坪村2号附14号、15号、16号，法人代表胡忠林，注册资金330万元。职工人数1036人，场内从业人员1026人。经营范围包括零售预包装食品、散装食品、乳制品（含婴幼儿配方乳粉），零售卷烟、雪茄烟（以上经营范围按相关许可核定事项和期限从事经营）；销售百货（不含农膜）、文化体育用品、五金、交电、化工（不含危险化学品）、日用杂品（不含烟花爆竹）、家具、建筑材料（不含危险化学品）；市场设施及摊位出租（限分支机构经营）；销售蔬菜、水果、鲜肉、鱼、冻制品、服装、床上用品、针织品、办公用品。（以上经营范围法律、法规禁止的不得经营，法律、法规限制的需取得许可或审批后经营）。门店营业面积达36166平方米，配送中心面积10000平方米。2018年，销售额为4.0亿元，同比下降37%。利税总额2037万元，同比下降57%。

【重庆华南城有限公司】 位于重庆市巴南区南彭公路物流基地环道东路6号，法人代表梁丽仪，注册资金10亿元，员工人数65人，市场内从业人员1630人。经营范围包括专业市场、展会。系外资企业。占地11000亩、经营面积150万平方米。2016—2018年建成开业的食品交易市场、酒店用品市场、五金机电市场、华盛奥莱，2018年实现销售7.3亿元。

【重庆京东创盟信息技术有限公司】 位于重庆市巴南区公路物流基地环道东路6号，法人代表张雳，注册资金5000万元，员工人数2066人。经营范围包括批发零售、仓储物流。企业占地485亩、经营面积20万平方米。2018年销售额89亿元，同比增长28%。利税总额0.63亿元

（娄　艺）

供销商业

【概况】 重庆市巴南区供销合作社联合社（简称区供销社）是区政府推进农村合作经济组织发展、促进农产品流通、参与农业社会化服务和农村金融等方面工作的职能部门。主要职能职责是为巴南区农村农产品流通、农业生产资料储供、农民日用品供应等服务，协调、指导并管理全区农村合作经济组织联合会（简称农合会）改革发展等工作。机关内设办公室、企业指导科、政工科、合作经济发展科、农产品流通科、资产管理科。机关在职干部职工19人，离退休人员48人。区供销社系统参控股企业及基层供销社共有24个（鸿茂公司、干果公司、博迈公司、广博公司、农禾电子商务公司、必佳经营部，鱼洞供销社、土桥供销社、南泉供销社、鹿角供销社、木洞供销社、姜家供销社、接龙供销社、一品供销社、界石供销社、得民供销社、二圣供销社、跳石供销社、安澜供销社、南彭供销社、惠民供销社、石滩供销社、丰盛供销社、石龙供销社），成员单位4个（重庆群鑫农业生产资料有限公司、鑫壮物资回收有限公司、重庆通达汽车修理厂、巴南区金和商贸公司），市级控股子公司1个（重庆市烟花爆竹集团昊旺有限公司），代管企业1个（巴南

区供销社集体商业管理委员会），关闭歇业企业1个（农资公司）。同时，还建有巴南区农村合作经济组织联合会、巴南区再生资源行业协会和巴南区烟花爆竹行业协会等3个行业协会。全社系统资产总额1.7亿元，共有各类房屋面积11万平方米。从业人员871人，离退休职工694人。

2018年，区供销社被国家人社部、全国供销总社评为全国先进集体，完成全国供销总社和市委市政府安排巴南区的“强化基层社合作经济组织属性”专项试点工作。巴南区一品供销合作社和巴南区木洞供销合作社获得全国供销系统基层社标杆社的称号，美亨柚子股份合作社的“接龙蜜柚”被评定为全国名特优新农产品并获得农业农村部地理标识认证，三宜庄牌红心猕猴桃被认定为2018年度重庆名牌农产品，三宜庄红心猕猴桃、石马山莲藕均通过绿色食品认证，一品枫梧社区综合服务社被全国总社评为五星级服务社。重庆市巴南区荣果水果种植股份合作社、重庆市巴南区小贝滩蔬菜种植专业合作社被市供销总社评为“第五批农民专业合作社示范社”。同时完成丰盛供销大楼排危改造工程，改造后成为丰盛古镇的标志性建筑之一。

【各项经济指标持续增长】 2018年，全区供销系统销售额突破20亿元大关，全社系统实现销售总额23亿元，同比增长15%；实现农副产品销售额10亿元，同比增长16%；储备供应各种化肥2.3万吨；实现再生资源销售额2.5亿元，同比增长14%；农村电商销售额2.9亿元，同比增长300%；汇总利润实现964万元，同比增长18%。

【农资安全保障供应】 全区供销社系统依托区农资储备（配送）中心，组织1.5万吨各种化肥开展淡储旺供工作。新建庄稼医院5个，建成惠民供销社测土配肥站一个，同时又分别建成接龙、石滩两个测土配肥服务点，年配肥量544吨，测土配肥面积超过16500亩。

【专项重点改革工作】 在推进“强化基层社合作经济组织属性”专项试点工作中，落实财政资金640万元，用于8个市级基层社示范社建设；完成15个镇街农合分会建设工作；指导发展农民专业合作社20个；规范建设综合服务社20个；常住农户入社入会率70.67%；通过市总社检查组检查，按期完成“强化基层社合作经济组织属性”专项试点工作。

【脱贫攻坚】 供销系统筹集资金20万元，分别用于驻镇支农的石滩镇、东温泉镇黄金林村开展脱贫攻坚工作；向市级贫困村姜家镇蔡家村捐赠化肥15吨，东温泉镇黄金林村和石滩镇31户贫困农户开展走访慰问和结对帮扶活动，对口帮扶万州区供销社工作。

【污染防治攻坚】 建立废弃农膜回收站点60余个，下达巴南区污染防治攻坚战涉及的废旧农膜回收目标任务3吨，实际完成3.2吨，获得区财政补助6.4万元。

【供销系统安全信访稳定】 落实安全生产“党政同责”和“一岗双责”责任并建立“日周月”安全排查台账，查出安全隐患124件，投入整改资金50余万元，整改率100%。全年供销系统无重特大事故和一般事故发生。开展矛盾纠纷排查化解，协调解决系统内239名合同制职工退休连续工龄认定等信访问题，全年无进京上访、无到市到区集访、无非正常上访情况。

（王海燕）

烟草专卖

【概况】 重庆市巴南区烟草专卖局（中国烟草总公司重庆市公司巴南分公司）为中央在渝企业，隶属于国家烟草专卖局（中国烟草总公司），系两块牌子、一套机构，实行市和区双重领导，履行烟草专卖行政管理及卷烟经营双重职能。实行“统一领导、垂直管理、专卖专营”管理体制。局（分公司）内设办公室、综合科、专卖监督管理科、财务审计科、政工科、专卖内管与法制监督科（简称内管派驻办）、客户服务部等1室5科1部。专卖监督管理科负责专卖执法、行政许可、法规宣传等工作，下设1个稽查支队、3个稽查大队；客户服务部负责卷烟营销、客户服务、销售网络建设等工作，下设3个区域客户服务部。

【卷烟营销】 2018年，局（分公司）贯彻落实全市烟草工作会议精神，紧扣年度目标，紧盯进度排名，细化调度任务，优化绩效考核，突出效益优先，库存流转持续好转，市场活力不断增强。全年卷烟销量47307.88箱，同比增长4.03%；销售收入（含税）15.37亿元，同比增长9.55%；税利总额2.74亿元，同比增长10.75%。各项考核指标均排在全市前列。

【市场监管】 区局始终保持内管外打高压态势，整治真烟非法流通，加强终端市场监管力度，提升辖区市场净化率，紧绷卷烟规范经营“高压线”，守好本土市场，确保卷烟经营规范有序。全年查处各类违法案件371起，查获各类涉案卷烟16472.7条，案值4459.52万元。成功破获“10·21”销售假冒卷烟国家局级假烟网络案件，该案涉及购进、运输、储存、销售4个环节，查获卷烟2563.1条，总案值160.72万元，1名涉案人员已判刑，2名涉案人员被公安机关执行逮捕。在案件处理过程中，全年无一起违法行政行为，实现案件处理零复议、零上诉。

（程莉莉）

旅　游

【概况】　2018年，巴南旅游围绕“国际知名温泉旅游目的地”和“都市休闲旅游目的地”建设目标，推进旅游业供给侧结构性改革，以发展全域旅游为抓手，突出农旅融合发展工作主线，着力塑造“乐享四季·生态巴南”旅游品牌形象，全力打造巴南旅游业发展升级版。全年累计接待游客3338.6万人次，实现旅游综合收入111.06亿元。巴南区获评“2018年重庆十大春游目的地”“首批国民休闲旅游胜地”等荣誉。

2018年，区旅游局内设办公室、旅游休闲项目科（重庆市巴南区风景名胜管理局）、旅游市场发展科（旅游安全监管科），下设南温泉风景管理处（参公）、重庆市巴南区旅游监察执法大队（参公）、重庆市巴南区休闲旅游管理服务中心等3个事业单位。有行政编制10个，事业编制37个，实有干部职工38名。

【旅游接待增长】　2018年，巴南旅游接待游客3338.6万人次，实现旅游综合收入111.06亿元，旅游接待人数和旅游总收入分别同比增长8.03%和9.25%。

2018年巴南区旅游接待及收入情况

统计项目	单位	小计	同比上年比+%
旅游接待人数	万人次	3338.6	8.03
国内旅游人数	万人次	3337.87	8.03
海外游客人数	人次	7273	-0.98
旅游总收入	亿元	111.06	9.25
过夜旅游人数	万人次	156.2145	-13.26

【全域旅游发展】　依据国家、市级等上级文件，明确“国际知名温泉旅游目的地”和“都市休闲旅游目的地”建设目标，结合城乡规划建设、资源开发与保护、乡村振兴战略，起草拟定《关于加快全域旅游发展的实施意见》，并由区委、区政府联合印发施行。按照市政府部署要求，对标对表牵头推动成立区旅游经济发展领导小组。推进全域旅游示范区创建工作和东温泉镇、接龙镇、丰盛镇，北隘口村、芙蓉村、塘湾村“三镇三村”创建工作。

【农旅融合发展】　着力推进农旅融合项目招商落地，签约昊宇航空房车露营基地、红炉盘龙美丽乡村等9个项目，协议资金合计8.9亿元，一品幸福田园小镇项目于4月在市旅发大会上作为重大项目签约。推动南温泉项目的重新招商工作和相关遗留问题处置工作，联合推动五山、四岛、两泉、两镇的招商、促建、运营等工作。按照“厕所革命”年度计划，提前1个月完成“厕所革命”年度15座旅游厕所建设任务，2017年新建的10座旅游厕所通过综合验收。推动乡村振兴示范片区产业振兴工作，持续推进乡村振兴“3个10”项目建设，会同鱼洞街道整体推进云篆山片区环境整治和产业提档升级工作，推进旅游交通标识牌国际化改造，完善天坪山片区交通导识牌22块。智慧旅游建设迅速，3A级及以上旅游景区、三星级及以上酒店和重点旅游区域免费Wi-Fi全覆盖，东温泉镇、云林天乡被列为第一批重庆市智慧旅游乡村示范点创建单位。拟定《农旅融合重点片区道路交通组织方案》，针对琵琶洞—丰盛—东温泉片区、天坪山—天星寺片区、圣灯山片区、云篆山片区、双寨山片区、大来山片区等6个农旅融合重点片区，计划新建改建提升一批道路等级和旅游服务设施，打通农旅融合重点片区主要进出通道，推进乡村“快旅慢游”体系建设。

【旅游宣传营销】 围绕“乐享四季·生态巴南”品牌形象塑造，开展“春赏花、夏纳凉、秋摘果、冬泡泉”四季主题宣传营销。加大报刊、电视、网络等各类媒体宣传投入力度，在《重庆日报》、新华网、华龙网等媒体开展专题宣传40余次，微信、微博等新媒体平台发布旅游资讯近1000条；在重庆卫视订播10秒巴南旅游形象宣传片及5秒天气预报巴南图片宣传。在T2航站楼等地开展74块LED及灯箱广告宣传，20辆公交车身广告宣传，渝湘高速、渝黔高速、沿江高速T型广告牌宣传。制作巴南旅游画册、巴南旅游指南、四季宣传折页、旅游扑克等宣传品近20000册。制作全区旅游整体风光宣传片1部，被黔川渝毗邻文化旅游金三角第五次联动协作会评为“十佳旅游宣传片”。策划营销推广活动近20次，打造四季精品旅游线路23条，指导举办天坪山梨花节、采梨节、佛影峡国际漂流赛、云篆山乌皮樱桃节等节庆活动近20个、子活动近100个。四季旅游亮点突出，春季推出以南湖多彩植物园、五洲园等为代表的赏花项目，形成“赏花经济”；夏季推出以鲸豚湾水世界、冰巴水世界、佛影峡漂流、龙浒峡漂流等为代表的水上项目，形成“嬉水经济”；秋季推出以安澜巴廉寺生态园、接龙长岗果园、鱼洞荷韵园等为代表的摘果项目，形成“摘果经济”；冬季推出以东温泉、南温泉为代表的泡泉项目，形成“泡泉经济”。市政府办公厅昨日简况以“巴南区抢抓赏花旅游经济乡村旅游持续红火”为题专门登载巴南区的做法和效果，并得到区长何友生肯定性批示。

【旅游行业管理】 加强市场监管，制定旅游安全相关文件，与各镇街、A级景区、星级饭店、旅行社及重点旅游企业签订旅游安全目标责任书，开展“不合理低价游”“利剑行动”等全区旅游市场专项整治3次、出动30余人次，加大旅游安全排查力度，安全大检查40余次，“扫黑除恶”工作对旅游行业全覆盖；开展文明旅游等宣传活动，举办2018年旅游经营管理人才专题培训班，提升行业素质，优化旅游环境。全年新增备案旅行社服务网点25家，全区共有国内旅行社2家、旅行社分社1家、门市部94家。东温泉4A级景区通过市景评委复核，指导羊鹿山景区创建国家4A级景区。组织镇街、企业进行品牌创建，丰盛镇获评“重庆市乡村文明旅游示范乡镇（街道）”，安澜顶山村获评“重庆市乡村文明旅游示范村”，又见炊烟获评“重庆市乡村文明旅游示范农家乐（商铺）”，二圣镇获评重庆市第三批特色景观旅游名镇；又见炊烟、五斗丘小院、巴廉寺民宿、彩色森林·云山房乡村艺术酒店、溯月·大来山树屋、福地生态园6家民宿获评“重庆市最美旅游民宿”。

（朱　柯）

金 融

概 述

截至2018年年底，巴南区共有金融监管机构2家，各类金融机构88家。其中，银行机构27家，保险机构21家，证券营业部4家，小贷公司10家，担保公司3家，私募股权投资机构21家，P2P网贷机构2家。

2018年末，全区银行业金融机构人民币存款余额842.95亿元，同比增长10.19%，同比增速居主城九区第2位；全区银行业金融机构人民币贷款余额716.07亿元，同比增长15.14%，同比增速居主城九区第5位。贷存比为84.95%，比年初上升1.83个百分点。银行机构实现利润14.93亿元，同比增加52.97%。银行金融机构不良率为0.97%，同比下降0.41个百分点。截至2018年11月末，全区保费收入约22亿元，其中，产险5.61亿元，环比增长10.46%；寿险16.39亿元，环比增长5.72%。

2018年巴南区金融机构情况表

类别	名称	性质
监管类金融机构	人行巴南中心支行、巴南银监分局	
银行机构	农发行巴南支行	政策性银行
	工行巴南支行、农行巴南支行、中行巴南支行、建行巴南支行、交行巴南支行、邮储银行巴南分行、邮储银行巴南支行	大型国有银行
	中信银行巴南支行、民生银行巴南支行、光大银行巴南支行、华夏银行巴南支行、兴业银行巴南支行、平安银行巴南支行、浙商银行巴南支行、招商银行巴南支行、重庆银行巴南支行、重庆农村商业银行巴南支行、三峡银行巴南支行、三峡银行李家沱支行、三峡银行界石支行、成都银行巴南支行、恒丰银行巴南支行、哈尔滨银行巴南支行、广东南粤银行巴南支行、大连银行巴南支行	股份制商业银行/地方性商业银行
	巴南浦发村镇银行	村镇银行

续表

类别	名称	性质
保险公司	人保财险巴南支公司、太平洋财保巴南支公司、平安财保巴南支公司、永安财保巴南支公司、天安财保巴南支公司、阳光财保巴南支公司、中华联合财保巴南营销部、太平财产保险公司、中国人寿财险巴南支公司、中国人寿巴南支公司、人保寿险巴南支公司、太平洋人寿巴南支公司、平安人寿巴南支公司、泰康人寿巴南支公司、阳光人寿保险、新华人寿巴南支公司、平安养老保险巴南支公司、安邦财产保险巴南支公司、富德生命人寿保险巴南支公司、太平人寿保险公司、亚太财险巴南支公司	财险和寿险机构
小额贷款公司	向南小贷、诚通小贷、嘉信小贷、融穗小贷、农产品小贷、予求小贷、万兆小贷、明亮小贷、美的小贷、京东小贷	民营
担保公司	区兴农担保公司	国有
	升华担保	民营
	渝信担保公司	民营
证券公司	光大证券巴南营业部、光大证券李家沱营业部、西南证券巴南营业部、银河证券巴南营业部	证券机构
私募股权投资类机构	重庆市巴南产业引导股权投资基金管理有限公司、重庆立鼎股权投资基金管理有限公司、重庆磬石臻和股权投资基金管理有限责任公司、重庆磬石臻和股权投资基金合伙企业（有限合伙）、重庆融汇天和股权投资基金管理有限公司、重庆巴恩股权投资基金管理有限公司、重庆金颉股权投资基金管理有限公司、重庆夏鼎经信股权投资基金管理中心（有限合伙）、重庆华熙文信股权投资基金合伙企业（有限合伙）、重庆京航股权投资基金合伙企业（有限合伙）、重庆市麻柳股权投资基金合伙企业（有限合伙）、重庆振翔股权投资基金合伙企业（有限合伙）、重庆英飞尼迪投资管理有限公司、英飞尼迪（重庆）股权投资基金合伙企业（有限合伙）、重庆远恒股权投资基金合伙企业（有限合伙）、重庆鑫晟隽达股权投资基金合伙企业（有限合伙）、重庆新明升股权投资管理中心（有限合伙）、重庆惠科股权投资基金管理有限公司、重庆博威股权投资基金管理有限公司、重庆联合金融股权投资基金管理有限公司、重庆鑫晟达股权投资基金管理有限公司	
互联网金融公司	重庆倍赢金融服务有限公司、重庆通贷投资有限公司	

2018 年 12 月末巴南辖区银行业基本情况统计表

单位：万元

金融机构	资产总额	各项贷款余额	比年初增减	各项存款余额	比年初增减	营业利润
巴南农发行	307020	306160	20060	29213	-15109	3034
巴南工行	1138551	1123543	32502	1050155	179484	37979
巴南农行	1260235	1259573	36461	984572	49578	34824
巴南中行	625544	623940	169497	538177	40594	26977

续表

金融机构	资产总额	各项贷款余额	比年初增减	各项存款余额	比年初增减	营业利润
巴南建行	764325	735705	109272	739490	74051	18634
巴南交行	158221	142682	40113	153933	-13544	2636
巴南兴业银行	373442	260885	75298	154777	59701	8707
巴南中信银行	139220	138521	50994	60260	308	1961
巴南光大银行	71122	40248	14582	68931	-3872	851
巴南华夏银行	42579	41736	21324	21636	6055	1491
巴南招商银行	15734	7979	5182	15135	8453	361
巴南哈尔滨银行	28862	28713	-31986	21238	-14226	576
巴南浙商银行	238607	180843	68868	130544	-18209	-1085
巴南南粤银行	15631	3000	-9917	18139	-3212	-2855
巴南三峡银行	137948	26023	6142	139924	32744	-1771
巴南重庆银行	515331	235035	-9121	508073	124988	-1437
巴南农商行	2272536	1292292	125961	2227488	281065	9965
巴南成都银行	99438	98305	53018	33766	10685	1268
李家沱三峡银行	33663	13362	2783	30770	2102	-239
巴南大连银行	10632	0	0	10669	8912	-48
巴南民生银行	48818	6720	-1279	47938	-56888	-3
巴南平安银行	21050	10800	-686	20861	-8174	-151
巴南恒丰银行	131447	128950	-7381	18580	-34529	5715
界石三峡银行	30750	42006	38447	31366	5288	-721
巴南邮储银行	1231573	200299	29795	1176170	57749	2423
巴南浦发村银行	191706	126902	3777	173201	-5191	230

金融发展中心

【概况】 重庆市巴南区金融发展中心为五级职员事业单位（正处级），由巴南区财政局举办。内设综合科、银行金融科、非银行金融科。有在编在岗员工11人。2018年，区金融发展中心努力增强金融机构服务实体经济发展能力，打好金融风险防范攻坚战，持续优化金融环境，各项指标稳中有升。全区完成金融业增加值48.2亿元，按照可比价同比增长5.4%，占全区GDP比例6.2%，拉动全区GDP增长0.3个百分点。

【招商引资】 区金融发展中心多策并举，先后引进5个项目入驻，分别是银河证券、国福基金管理公司、上古乘鹭基金管理公司、种子基金（市科委和区政府共同出资）、京东商事项目，协议资金1500万元，实际到位资金1500万元。

【企业挂牌上市】 全区新增重庆巴城建筑公司、重庆宽佳科技有限公司在重庆股份转让中心孵化板挂牌，全区企业挂牌上市数量达到16家，其中主板上市企业2家，分别是宗申动力和建设摩托B股，其余14家均为在新三板或OTC市场挂牌企业，已累计发放上市补助财政资金742万元。

【公路运单融资】 区金融发展中心会同人行巴南中心支行积极探索“公路运单融资”模式，依托企业出口东南亚的公路运输单据，采取“公路运单+出口信保”“公路运单+出口池”融资方式，成功开展公路运单融资8笔，总金额987.2万元。

【扶贫小额信贷】 区金融发展中心积极落实各项扶贫小额信贷政策，出台和完善相关配套文件，推动区扶贫小额信贷风险补偿金1000万元到位，确定6家银行机构作为全区扶贫小额信贷业务主办银行，截至2018年年底，全区已发放扶贫小额信贷96户，累计金额426万元。

【信用村、信用镇（街）创建】 组织巴南区信用村、镇（街）评定组成员单位对申报2017年信用村、信用镇的村镇进行评审。经评定小组综合评审，2017年最终评选出7个信用镇、92个信用村。截至2018年10月末，巴南区农户贷款余额达22.1亿元，相较2013年末的余额3.07亿元，增长6.19倍。对2017年符合条件的119笔596.4万元贷款，发放贴息32万元。

【普惠性民生保险】 积极开展小额人身意外保险、农房保险，加快推进巨灾保险，扩大农村居民保险覆盖面，充分发挥保险社会稳定器的作用。自小额人身意外伤害保险试点开展以来，全区累计参保人数超过6万人，提供意外风险保障35亿元，给付保险金180余万元，为1200多个家庭减轻了遭受意外伤害时的经济负担。全区农房保险实现22个镇街全覆盖，累计投保52.71万户，保额共计95.06亿元，受理报案4600余起，理赔3900余起，涉及受损房屋10000余间，总赔付金额超过930万元。自2018年1月1日起，区政府同意2018年至2020年，全区每年投入315万元用于探索建立巨灾保险制度。巨灾保险工作启动以来，全区巨灾保险共计完成9笔理赔，累计赔付金额50万元。

【非法金融活动防范和处置】 强化案件处置和化解，市级挂牌督办案件“袖善”非法集资案已完成审判，进入资产处置阶段；对重庆老来福公司涉案集资诈骗进行打击，涉案金额11800余万元，涉及人数8200人，该案正移送起诉中。加强排查，先后发现一批涉嫌非法金融活动的企业，并采用行政手段有效处置，防止风险进一步扩大。加强防控，稳妥化解不稳定因素，开展户籍地在巴南区的非法集资投资人核查工作，共排查出重点人员32人。加强宣传，积极推进“进机关、进工厂、进学校、进村社、进家庭”的六进宣传活动，引导群众理性投资。

【农村产权抵押融资和“两权”抵押贷款试点】 成立领导小组，建立协同机制，制定出台试点工作方案及5个配套支持制度。区金融发展中心会同人行巴南中心支行积极指导各涉农银行建立企业储备库、创新金融产品、加强贷款服务工作。建立包括农业大户、家庭农场、专业合作社、农业企业在内的企业储备库。截至2018年10月末，巴南区农地抵押贷款余额4.3亿元，其中，银行直接以农地经营权为单一抵押贷款余额1506万元，以农地经营权为反担保的贷款余额4.15亿元。银行直贷贷款最低利率为5.1%，最高不超过8%，期限1年至3年。2018年累放额为2.62亿元，其中以农村承包土地的经营权为单一抵押的贷款共3笔，金额576万元。

（冉　潮）

中国银行保险监督管理委员会巴南监管分局

【概况】 中国银行监督管理委员会巴南监管分局管辖范围为巴南区、綦江区、万盛经开区的银行业金融机构，主要职责是负责辖内有关银行业金融机构的设立、变更、终止和业务活动的监督管理；依法对金融违法、违规行为进行查处；审查和批准辖内有关银行业金融机构高级管理人员任职资格；统计有关数据和信息等工作。2018年12月21日，机构改革，划入保险业监督管理职能，挂牌成立中国银行保险监督管理委员会巴南监管分局（简称巴南银保监分局），正式履职对银行业、保险业的监督管理。巴南银保监分局设有办公室、监管一科、监管二科，在编正式职工9人。巴南区一级支行及以上银行机构28家，营业网点188家，银行从业人员1906名。

2018年，巴南银保监分局坚持引导巴南区银行业金融机构支持地方经济发展，妥善处置各类风险问题。巴南区银行业金融机构稳中有进，资产总额

999.40亿元较年初增幅8.66%；负债总额983.42亿元，较年初增幅8.85%；各项存、贷款余额840.5亿元、707.42亿元，较年初分别增长10.07%、13.54%。信用风险实现“三降”，不良贷款余额6.83亿元，较年初下降20.59%；不良贷款率0.97%，较年初降低0.41个百分点；逾期90天以上贷款余额4.9亿元，较年初下降10.91%；指导机构牵头组建瑞洲、渝南、重庆公路物流基地3家债委会，继续推进风险防范化解。对巴南区法人机构监管有力有效，巴南浦发村镇银行资产19.17亿元，资本充足率14.2%，不良贷款率2.99%，拨备覆盖率150.5%，流动性比例64.99%，主要监管指标在监管标准以内。同时，分局加大监管问责力度，全年对巴南区银行业金融机构发出金融监管提示书1份，约谈高管1人/次，对1家机构进行行政处罚，督促机构内部问责348人/次，其中纪律处分11人/次、经济处罚211人/次。

【服务实体经济】 紧扣供给侧结构性改革主线，结合巴南资源和发展规划，做好项目对接、工作对接和信息对接，先后深入南彭公路物流基地、地方水利项目、京东商城、华南城等开展调研，积极推动巴南区银行业金融机构支持“一带一路”及长江经济带、战略性新兴产业发展。着力搭建联动平台，主动对接区农委、税务、工商等，强化银政合作，银行业金融机构推出各具特色的“创富贷”“好企贷”和“退税贷”等金融产品，创新小微、涉农金融服务模式。建立小微企业定点联系常态化机制，筛选确定16户小微企业名单，领导班子定点联系逐户走访，开展针对性调研。开展村镇银行小微企业金融服务工作考评，制定方案要求落实“两禁两限”、主动减费让利。联合多部门开展乡村振兴调研座谈会，畅通联系渠道，加大金融支持乡村振兴力度。加强扶贫领域作风问题专项治理，制定方案，明确治理内容，突出重点领域，派员对部分银行机构存在的认识不到位、自查不到位等问题进行及时纠正。主动对接地方政府，组织召开由政府、银行、监管部门等组成的三方会谈，搭建银政扶贫沟通合作平台，增强银行扶贫信贷投放动力。

【银行风险防控】 按照银保监会和重庆银保监局部署，围绕“三三四十”（“三违反”指违法、违规、违章；“三套利”指监管套利、空转套利、关联套利；“四不当”指不当创新、不当交易、不当激励、不当收费；“十乱象”指股权和对外投资、机构及高管、规章制度、业务、产品、人员行为、行业廉洁风险、监管履职、内外勾结违法、涉及非法金融活动10个方面市场乱象）等开展现场巡督查。持续保持银行业金融机构案防高压态势，召开巴南区银行业金融机构案防安保工作会，签订责任书，开展安全评估大检查，开展年关、长假等重要时点安全排查，对村镇银行开展案防评估。配合巴南区金融发展中心开展P2P网络借贷专项整治整改验收工作并清退两家P2P网贷机构。督促银行业金融机构加强内部管理，开展扫黑除恶大排查工作，对涉嫌非法集资以及涉黑涉恶的人员加强跟踪处理。加强负面舆情预警监测，建立网络舆情盯网机制，及时有效处置负面舆情隐患，防范声誉风险。

【金融消费者权益保护】 加强统筹，做好金融知识宣传，组织银行业金融机构全员参与，以基层网点为阵地，以集中宣传为抓手，开展3·15金融知识宣传、送金融知识“进商圈、社区、工厂、校园、企业”等宣传活动，通过发放资料、展示标语、摆放海报、现场讲解答疑等，累计发放宣传资料9万余份，接受群众咨询3万余人次。开展银行业金融机构消费者权益考核评价工作，持续开展“提升金融素养争做金融好网民”活动。

（郑佳音）

中国人民银行巴南中心支行

【概况】 中国人民银行巴南中心支行（简称人行巴南中心支行），位于巴南区鱼洞街道化龙中街87号。正处级建制，现有在册职工63人。内设办公室（党委办公室、科技科）、货币信贷管理科（金融稳定科）、调查统计科（征信管理科）、会计财务科（反洗钱科）、支付结算科（营业室）、货币金银科、国库科、人事科（党委组织部）、外汇管理科、宣传群工部、纪委监察室

(内审科)、保卫科、后勤服务中心等13个职能科室。负责在巴南区、綦江区及万盛经济技术开发区内履行中央银行职能。

【货币政策传导】 通过信贷投向指引、金融情况通报会、实地走访银行机构、政策导向评估等形式传导稳健货币政策，保持信贷规模适度增长。2018年末巴南区各项存款余额842.95亿元，比年初增加77.93亿元，同比增长10.19%，贷款余额716.07亿元，比年初增加94.16亿元，同比增长15.14%。实地走访银行、企业40余家，发放支小再贷款7000万元，办理电票再贴现870.28万元，开展涉农、小微信贷政策导向效果评估，加大对民营企业、小微企业金融支持力度。加强绿色金融政策宣传和产品推广，巴南辖区绿色金融贷款余额70.38亿元。

【金融服务】 优化企业银行开户服务。引入第三方专业票据传递公司，实行服务外包模式打包统一办理人行非驻地银行账户资料传递工作，大幅提升企业开户效率。实现外汇行政服务“当场办”。构建“互联网+”服务平台，创新推出分管领导审批权限行政许可业务办理预约制。实施外汇行政服务网上办理外债注销登记业务等6项业务，获得巴南区区长肯定性批示。提升移动支付便民服务水平。移动支付工作稳步推进，全辖（人行巴南中心支行所负责的巴南区、綦江区及万盛经济技术开发区全部辖区，下同）实现公交、菜市场等云闪付运用项目18个。农村支付环境不断优化。全辖620个村共有1162个助农取款服务点，全年累计办理取款18.77万笔、1.33亿元，指导银行开通便民流动金融服务车，农村地区金融服务更加方便快捷。积极推进国库信息化建设。进一步简化国库公共服务流程，对出口退税实行限时服务制，成功办理全市首笔电子化出口退税业务，提高企业使用效率，切实发挥国库服务社会、服务民生作用。2018年年末，巴南区办理出口退税11.66亿元，其中出口退税电子退库1.47亿元。探索推进“公路物流运单+”融资模式。依托重庆南彭公路保税物流中心（B型）和重庆—东盟国际物流大通道，探索“公路运单+”融资模式并取得突破，3家银行发放“公路运单”融资987.2万元，该项工作获得巴南区副区长肯定性批示。探索推进跨境公司资金池业务发展。在重庆外汇管理部支持下，推动宗申产业集团成为辖区首家开展跨国公司外汇资金集中运营管理的企业，实现辖区跨境公司资金池业务零的突破。

【金融市场监管】 健全金融稳定内外部工作机制，开展辖区金融风险状况摸排，实现区域重大金融风险绘图。强化对法人金融机构监管。结合央行评级与MPA考核情况，对1家村镇银行进行风险提示及约谈。开展违法违规金融广告治理。加入辖内两区整治虚假违法广告联席会议，开展大规模违法违规金融广告集中排查行动，成功处置违法违规金融广告1例。加强反洗钱监管。使用双罚制对2家银行反洗钱处罚42.5万元。加强反假人民币工作。推动巴南区政府在全市率先出台举报假币犯罪奖励试行办法，建立全国首批社区反假货币综合治理服务站，净化人民币流通环境。切实防范跨境资金流动风险。成功查实某企业违规使用无效单证办理贸易融资，实施行政处罚475.81万元，系中心支局成立以来首例特大型外汇违规案件，有效震慑违法违规主体。

【普惠金融】 持续推进巴南区农村土地承包经营权抵押贷款工作。2018年年末，巴南区农地抵押贷款余额4.3亿元，其中银行直接发放贷款1636万元。加强外部协调推动扶贫小额信贷。指导涉农银行与地方政府部门签订《扶贫小额信贷精准扶贫合作协议》，2018年末，巴南区发放扶贫小额信贷426万元。推进乡村振兴金融服务示范典型创建。5个创建项目获得重庆营业管理部认定，发挥了服务实体经高质量发展的示范作用。推进农村信用体系建设。定期召开农村信用体系建设交流会，搭建银农对接平台，引导各涉农银行加大对信用村支持力度。2018年末，巴南区7个信用镇（街）、92个信用村农户贷款余额2.66亿元，比年初增长35.27%，高于各项贷款平均增速20.13个百分点，全区农户贷款余额22.57亿元，其中不良贷款471万元。

（王　晋）

财政　税务

财　政

【概况】　巴南区财政局内设办公室、预算国库科、行财科、农业科、企业科、经济建设科、社会保障科、税政科、债务科、会计科10个职能科室和3个直属事业单位。职能科室分别是：直属事业单位分别是区国库支付中心、区税费征收管理局、区政府采购（投资评审）办公室。全局现有干部职工93人，退休干部职工48人。

2018年，全区财政系统树立高质量发展理念，以供给侧结构性改革为主线，坚持稳中求进工作总基调，发挥财政政策引导作用，优化资源配置，保障“三大攻坚战”和“八项行动计划”推进落实，推动财政改革管理各项工作。全区辖区税收收入突破100亿元，区级一般公共预算收入实现48.1亿元，区级税收收入实现43.4亿元。

【财政收入征管】　围绕“三项规范”及税费征管“四项机制”抓收入征管，强化完善重点税源清查、企业注册地管控、重点企业摸排、欠税欠费清理、涉税信息共享等工作手段，形成财税等部门通力合作、共促增收的良好局面。争取土地政策调整，跟进土地成本分摊、综合价金确定、成本审计、综合价金缴纳及成本返还等，市财政及时返还土地成本60.1亿元、土地出让金21亿元，并争取到市财政将土地成本约22亿元预返巴南区。全区一般公共预算收入完成48.1亿元，增长27.6%，其中税收收入完成43.4亿元，增长30.2%，一般公共预算收入、区级税收收入增幅均排主城九区第一位。区级税收收入规模从2017年排位第七跃居至第五。全区辖区税收收入首次突破100亿元，迈上历史新进程。全区综合财力达到188亿元，缓解了平台公司偿债压力，为全区各项事业发展提供了财力保障。

【供给侧结构性改革】　按照全面深化供给侧结构性改革要求，落实“放管服”各项措施，为企业减税约28.2亿元；累计停征或免征行政事业性收费60项；阶段性降低企业社保费率，为企业降费减负5.16亿元；降低残疾人就业保障金征收标准上限；优化行政审批事项流程，转变职能，优化发展环境，最大限度激发市场活力。通过“新工通·助保贷·增信贷”平台及市级转贷应急周转金平台，为企业提供贷款3.1亿元，支持中小微企业发展。兑现财税扶持资金12.8亿元，推动传统企业升级改造，培育新兴产业。兑现招商优惠政策资金5869万元，助推全区签约招商项目141个，年投资总额500余亿元。

【重大风险防范化解】　以防范化解系统性、区域性债务风险，打好重大风险攻坚战为重点，处理好发展与控债的关系。全年争取政府债券资金15.32亿元，支持全区土地整治开发和基础设施补短板等重点公益性项目建设，缓解财政支出压力，并完成截至2014年末存量政府债务的全部置换。同时紧盯债务风险，推进摸底数、防风险、控总量、强管理等各项工作，落实“三落实、两建立、两统筹”工作措施，统筹调度资金76.8亿元，专项用于平台公司偿还债务和化解风险。2018年全区债务余额同口径较上年减少15亿元，债务总量稳中有降。贯彻执行政府债务限额管理规定，2018年政府债务余额104.4亿元，政府债务率57%。

【精准脱贫】 围绕全区贫困户脱贫“两不愁，三保障”目标任务，在农村危旧房改造、四好农村路、健康扶贫、教育扶贫、金融扶贫、产业扶贫六个方面予以资金保障。拨付资金1.1亿元，完成3000余户D级危房改造，改善贫困户居住环境；拨付农村公路建设资金8694万元，助力四好农村路建设；拨付医疗救助资金3469万元，降低贫困人口就医自付比例，推进健康扶贫工程；落实学生资助资金7200万元，精准资助家庭经济困难学生6.7万人次；安排5个市级贫困村产业扶贫项目资金1000万元，推进“产业+就业”精准扶贫；构建扶贫资金动态监控平台，对扶贫资金实施全流程动态监管。

【污染防治】 安排资金5.6亿元，开展花溪河、黄溪河、一品河整治，启动9座污水处理厂技改项目，全区城市集中式饮用水源水质达标率100%。投入资金9600万元，治理工业废气、施工扬尘、机动车尾气等，全区实现空气质量优良天数比去年同期增加21天。

【创新驱动发展战略】 落实创新发展理念，加大对互联网、大数据、人工智能等新兴产业的财政扶持，促进其与实体经济相融合，推动传统企业新旧动能转换，落实高新技术企业税收优惠、研发费用加计扣除、研发准备金、重大新产品补助等政策，43家企业享受政策优惠资金4.3亿元。出台新一轮园区产业扶持政策，投入产业扶持资金8.4亿元，支持战略平台引进、优势产业壮大、战新企业成长，重庆国际生物城在区挂牌。整合市区两级工业发展资金2.1亿元，鼓励大数据、智能化、研发投入，支持工业企业转型升级发展。投入科技创新资金3500万元，支持科技领域基础研究及应用开发，全社会R&D投入增长13%。

【乡村振兴战略】 整合市区涉农资金8.2亿元，保障全区乡村振兴战略顺利实施。在项目安排上突出重点，按照“先定项目、后定资金”思路，围绕“1+3+4+N”，推动实施一批现代农业、农旅融合、专业合作社“3个10”试点示范、“三变”改革试点等重点项目，促进城乡融合、质量兴农、绿色发展。二圣镇被农业农村部办公厅、财政部办公厅评为“2018年农业产业强镇示范镇”。

【基础设施建设提升战略】 加大财政资金对现代基础设施建设支持力度，统筹安排资金2亿元，用于新建改造骨干公路、四好农村路建设、道路防护栏等交通基础设施建设，提高全区公路等级。向上争取将箭滩河大桥建设资金1.2亿元纳入土地成本分摊，缓解区级资金压力。安排专项资金8346万元，推动26项城市品质提升工程和鱼洞老城区12.3万平方米路面提档升级精表处治工程，提升巴南城市形象，增强吸引力和竞争力。

【军民融合发展战略】 推动军民产业融合发展，支持辖区企业参加第十三届中国重庆高新技术交易会暨第九届中国国际军民两用技术博览会，科技部、中科院、中国发明协会、市政府授予巴南“特别贡献奖”。

【科教兴市和人才强市战略】 补助企业研发资金861万元，撬动社会研发投入增长13%。全区科技型企业累计入库480家，同比增长184%；重庆宗申创新技术研究院获批“新型高端研发机构”（全市仅10家），填补巴南区无“新型高端研发机构”空白；2018年全区知识产权综合实力位列全市第7位、万人发明专利拥有量为14.38件，位列考核组22个区县第九位。安排人才开发专项资金1000万元，用于引进和培养高层次创新人才，兑现“菁英人才”奖励527万元，鼓励企业、个人开拓创新。

【内陆开放高地建设战略】 依托重庆融入国际国内一线城市发展机遇，算好招商引资平衡账，促进全区签约招商项目141个，年投资总额500余亿元。兑现公路物流基地产业扶持资金5.7亿元，配套完善园区基础设施，促进京东系、华南城等企业发展壮大，公路物流基地纳入全市“1+3”国际物流分拨中心建设版图。兑现外经贸发展专项进口贴息等企业产业扶持资金1.2亿元，增强外贸企业国际竞争力和创汇能力。兑现万达商圈产业扶持政策3200万元、旅游及商贸专项资金820万元，万达广场人气持续提升，服务业发展集群效应显现。

【保障和改善民生战略】 贯彻以人民为中心的发展思想，兑现基本民生资金，提高基本公共服务均等化水平。民生支出实现52.9亿元，占全区一般公共预算支出的63.2%。支持教育事业发展，集中整合市区教育专项资金4.4亿元，重点支持学校标准化建设、“三名”工程建设等，珠江城中小学等5所学校建成投入使用，增加学位9240个；筹措资金1.1亿元，新增48所公办幼儿园和42所普惠性幼儿园，补齐学前教育服务供给短板，普惠率达60.3%，促进幼有所育、学有所教。推动创业就业，兑现稳岗补贴1214万元，稳定就业7.2万人；发放创业担保贷款7018万元，扶持1670人创业就业。提高医疗保障水平，筹集医保财政补助资金3.2亿元，保障65.4万名参保群众及时享受待遇。落实基层卫生机构“两核一补”经费9197万元，确保基层医疗机构正常运转。筹集基本公共卫生服务经费5782万元，推进预防接种、家庭医生签约等14大类55小项基本公卫免费服务。增强社会保障能力，安排1.7亿元，确保城乡低保、临时救助等各项社会救助政策落实，切实兜底困难群众基本生活。助推文体事业发展，安排文体专项资金5559万元，支持文化进基层、体育设施建设等惠民工程，支持华熙LIVE举办中国冰壶公开赛。加大住房保障力度，安排廉租住房资金4379万元，用于廉租房维修维护、基础设施改造等，保障城镇低收入家庭住房困难户“住有所居”。加强社会治理，投入8070万元支持公共安全视频监控建设联网应用即“雪亮工程”，2.9万余个视频监控镜头互联互通；安排专项资金609万元，支持为期3年的“扫黑除恶”专项斗争，投入消防资金1.3亿元，提高重特大火灾处置能力。

【生态优先绿色发展战略】 投入资金2.5亿元，清理土坡菜地940万平方米，新改建城市公园25个，新增城市绿地166.8万平方米。累计投入创卫资金3.3亿元，创建13个绿化示范村，完成农村改厕7626户，改善城乡面貌和人居环境，国家卫生区创建通过市级评估。

【现代财政体系】 实施镇街国库集中支付改革，确保资金安全、高效。推进预算绩效管理，实现预算绩效全覆盖，全年共367个项目纳入专项资金绩效评价计划，资金规模10.59亿元，提高财政资金使用效益。优化支出结构，压减一般性支出，全区三公经费支出下降25%以上。专项清理规范账户及往来资金，划转资金4亿元到财政统一代管，盘活存量资金2.5亿元。对61家预算单位、3个镇街财务进行专项检查，查纠违规问题涉及财政资金2亿元以上。严格执行政府采购及评审程序，完成政府采购4.1亿元、节约率5.6%，投资评审额50.6亿元、审减金额8.4亿元。

（洪德斌）

税　务

【概况】 2018年7月5日，撤销重庆市巴南区国家税务局、重庆市巴南区地方税务局，正式合并挂牌成立国家税务总局重庆市巴南区税务局（简称区税务局），下设18个科室，2个事业单位，9个税务所，担负全区4万余户各类纳税人的税收征收管理工作。现有干部职工290人，临聘人员49人，退休干部137人。机构改革“三定”方案落地后，按要求完成机关党委及18个基层党支部的设置工作。干部队伍练兵常态化，年内新增初级会计师资格60人，中级会计师资格4人，“三师”资格5人，专业人才队伍进一步壮大。

2018年，巴南区税务局共组织税费收入137.3亿元，同比增长24.1%，增收26.7亿元。其中，组织税收收入100.61亿元，同比增长31.07%，增收23.86亿元；区级收入完成43亿元，同比增长32.12%，增收10.45亿元。区税务局在继续保留“全国文明单位”称号基础上，获市税务局党建工作先进单位称号；4个基层单位继续保留市级文明单位称号，同时4个基层单位创建为区级文明单位；1个党支部、3名党员荣获区直机关工委表彰；得到区委区政府主要领导7次肯定性批示。

【税务机构改革】 6月15日，成立巴南区税务局机构改革工作小组，建立起“1+4+8”改革工作运行架构，同时在区委区政府领导下成立区委机构改革协调小组税务机构改革专项小组，统筹领导全区税务机构改革工作。6月29日，成立国家税务总局重庆市巴南区税务局联合党委。7月5日，正式挂牌成立国家税务总局重庆市巴南区税务局。9月12日，巴南区税务局联合党委改设为巴南区税务局党委。9月30日，巴南区税务局新设9个派出机构全部按要求换挂新机构正式牌子，启用新的行政、业务印章，按照“岗得其人、人适其岗”原则配置科所长，有组织、有步骤、有纪律地实现“三定”方案平稳有序落地。

【税收政策落实】 坚决打好个人所得税改革攻坚战，面对面“进企业”宣讲个税新政策专题活动，“点对点”送政策上门，“手把手”指导实务操作，促进个税改革平稳推进。坚决打好增值税改革落实战，深化增值税改革三项措施，为符合条件的一般纳税人转登记为小规模纳税人，享受较低征收率计税，按规定办理留抵退税。坚决打好社保费和非税收入征管职责划转推进战，强化组织领导，成立专项工作组，确保责任明晰、运转顺畅。坚决打好金三期并库攻坚战，进一步提高信息管税能力、纳税服务水平。全面推进征管业务融合，梳理优化各税源管理所征管业务流程，实现“属地+专业化”综合税源管理模式有机统一，即“重点税源集中管理、典型行业统一管理、一般税源属地管理、风险应对专门管理、特定事项指定管理”，税源管理能力有效提升。落实各项税收优惠政策，在应收尽收的同时，不折不扣地做到应退尽退、应抵尽抵、应免尽免，全年共计减税25.52亿元，税收优惠享受比例达25.4%，减税红利持续释放。

【纳税服务优化】 梳理优化办税流程，实现办税服务厅“一厅通办”“一人通办”，设置特色窗口，优化流程设置，压缩办税时间。积极推进办税便利化，全面上线非住宅存量房评估系统，推行首次申领发票1日办结、免填单等服务，作为全市税务系统第二个无纸化退税试点单位，成功完成出口企业无纸化退税，大幅提高退税效率。全面丰富办税渠道，大力推行电子税务局、“一表集成”手机端申报等智能办税模式，更多的纳税人实现涉税事项“全程网上办”。设立自助办税区，打造“六能”12366分中心，推出线上咨询等新举措。

【营商环境建设】 传递税务“声音”营造良好氛围，拓宽宣传渠道，充分利用各种方式宣传新政策，机构合并以来中央媒体、市级媒体累计刊登报道27则，为改革与税收工作开展营造良好舆论氛围。创新宣传形式，组织开展“代表委员话春风”座谈会、办税服务厅体验日、校园舞台剧等系列活动，充分展现税务“新风貌”。建立信息共享机制，整合决策资料、相关部门政策执行情况及第三方涉税信息，建立完善税收经济分析“数据库”。开展全区制造业、房地产业以及生物医药业税收调研，撰写税收分析报告4篇，参与撰写的《税收视角下重庆产业转型之路》在中国税务报上发表。激发税务“能量”助力民营经济发展，开展民营企业大走访，举办6场共计500余人次参与的税企交流活动，深入53户重点企业开展走访问需，共收集问题63个，意见建议14条，对纳税人提出的问题逐一解答并建立问题台账，逐条制定改进措施，及时回应民企关切。

（尹文超）

经济监督管理

经济发展改革管理

【概况】 区发改委内设办公室、综合规划科、融资管理科、改革科、能源管理科、投资管理科、产业发展科、招标投标科、价格科8科1室，下设物价检查所（派出机构）；下辖价格认证中心（参公）、重点项目服务中心、城乡一体发展中心、节能监察中心、农村综合产权流转交易中心5个事业单位。在编干部职工55人。

2018年，区发改委围绕学习宣传贯彻党的十九大精神主线，围绕打好“三项攻坚战”、实施“八项行动计划”，思全局、谋发展、促改革，推动全区经济实现高质量发展。全区经济保持平稳增长，实现地区生产总值781.2亿元，增长7.1%。工业总产值835.6亿元，增长2.1%。全社会固定资产投资、社会消费品零售总额、规上服务业营业收入，分别增长15.4%、7.9%、48.4%。一般公共预算收入48.1亿元，增长27.6%。城乡居民收入增长与经济增长基本同步。

【规划编制】 起草国民经济和社会发展年度计划报告及半年执行情况报告，参与政府工作报告起草工作。开展战略规划、区域规划、产业规划编制，完善《推动长江经济带发展规划》《巴南区“鹿界南”新城社会经济发展规划》《巴南区经济建设和国防建设融合发展“十三五”规划》《巴南区军民融合发展战略行动计划》《巴南区以大数据智能化为引领的创新驱动发展战略行动计划》《巴南区智慧城市总体规划》，形成较为科学、完整的发展战略体系。开展事关巴南经济社会发展全局的重点课题研究，形成《巴南区加强有效投资促进经济高效发展》《推动设立国家级市级开放平台促进巴南发展》《长江经济带生态修复与环境保护工程实施方案研究》《巴南区与长江沿线经济发达区县对标分析》《木洞长江大桥项目前期论证报告》等研究成果，为巴南经济社会发展提供决策参考。

【政府投资项目管理】 修订《重庆市巴南区政府投资项目管理办法（审议稿）》，对项目决策程序、审批流程、资金使用、建设实施等全过程进一步规范。编制《政府项目投资指南》，按照“3+8”行动计划建立257个项目、总投资1377.8亿元的项目储备库。全年审批、核准及备案项目共713个，安排5000万元资金，开展25个项目前期工作。其中：政府投资项目立项624个，估算总投资478.2亿元；受理企业投资项目备案86个，估算总投资765.9亿元；受理企业投资项目核准3个，估算总投资0.4亿元。招标项目共计213个，投资估算金额127.9亿元，公开招投标率100%。

【重点项目民生工程】 通过联席会议调度等举

措，推进市区重点项目民生工程，出台《保障和改善民生三年行动计划》。全区 172 项重点项目民生工程完成投资约 347 亿元。其中，56 项政府资本类重点项目完成投资 71 亿元，89 项社会资本类重点项目完成投资 262 亿元，27 项民生工程完成投资约 14 亿元。

2018 年区级民生工程一览表

单位：万元

序号	项目名称	2018 年建设阶段	建设地点	建设内容及规模	开完工起止年限	计划总投资	2018 年计划投资	1—12 月实际完成投资	2018 年主要工作目标任务	1—12 月进展情况
1	国省道大中修工程*	新开工	相关镇街	完成约 48 千米国省道路面改造。	2018	4600	4600	4600	完成约 48 千米国省道路面改造。	完成约 48 千米路面改造
2	安全防护栏安装工程	新开工	相关镇街	完成 20 千米防护栏安装	2018	400	400	400	完成 20 千米防护栏安装	完成 20 千米防护栏安装
3	客运招呼站建设	新开工	相关镇街	完成 20 个客运招呼站点建设	2018	80	80	80	完成 20 个客运招呼站点建设	完成 20 个客运招呼站（点）建设
4	桥梁病害整治工程	新开工	相关镇街	完成 6 座桥梁病害整治	2018	100	100	100	完成 6 座桥梁病害整治	完成 6 座危桥病害整治
5	隧道病害整治工程	新开工	木洞镇	完成天池隧道病害整治	2018	2600	2600	500	完成天池隧道病害整治	正在开展项目招投标前期工作
6	村级人行便道建设	新开工	各镇街	建成人行便道 500 千米	2018	2250	2250	2250	5 月开工建设，12 月前完工	完成 500 千米人行便道建设
7	重庆市巴南区精神卫生中心住院部改扩建工程	新开工	界石镇	拆除房屋约 5500 平方米，改建为住院楼总建筑面积 15461.78 平方米，住院及配套用房面积 12628.62 平方米，车库及设备用房面积 2888.49 平方米。主要建设内容包括土建、装饰、安装、污水处理、环境及绿化等工程	2018—2020	6208	1000	100	在资金落实的前提下，10 月开始建设	现已完成招标挂网的前期工作
8	重庆市巴南区南泉街道社区卫生服务中心配套用房	新开工	南泉街道	新建公卫、办公等配套用房约 2000 平方米，包括土建、室内外装饰、强弱电、给排水、消防设施安装及环境绿化等	2018—2019	700	400	400	完成主体建设	完成主体建设
9	惠民电影放映工程	新开工	相关镇街	在全区 22 个镇街村（社区）全覆盖放映惠民电影 3000 场。建成 2 个惠民电影室内放映点	2018	89	89	89	在全区 22 个镇街村（社区）全覆盖放映惠民电影 3000 场。建成 2 个惠民电影室内放映点	累计完成放映 3971 场次惠民电影，新建成 2 个惠民电影室内放映点

续表

序号	项目名称	2018年建设阶段	建设地点	建设内容及规模	开完工起止年限	计划总投资	2018年计划投资	1—12月实际完成投资	2018年主要工作目标任务	1—12月进展情况
10	全民健身路径社区健身站点建设	新开工	相关镇街	每个镇街建设一条全民健身路径	2018	44	44	44	完成22条健身路径建设	完成22条健身路径建设
		新开工	各镇街	新建不少于300平方米的室外活动场地和不少于50平方米的室内活动场地及健身器材设施	2018	100	100	100	完成10社区健身站点建设任务	完成10个社区健身站点建设
11	体育设施维修维护、学校体育设施开放	——	各镇街	对每个镇街的健身设施进行维修改造	2018	44	44	44	完成每个镇街的健身设施维护	完成22个镇街健身设施维护
		——	相关镇街	学校体育场地对外开放	2018	100	100	100	学校体育设施对外开放	各中小学自行安排学校体育设施对外日常开放
12	"1+5"科技城墙社会治安防控体系建设工程*	续建	巴南区	一个重点工程：自动化情报生产平台；五个实战应用项目：智能门禁系统、智能卡口系统、RFID智能安防定位服务平台、联网报警及社会视频共享接入平台、一线警务工作平台	2016—2018	8000	4800	4800	完成一个重点工程及五个实战应用项目建设	1. 完成项目初步设计方案，报市局信息办进行审核，并按审核意见进行了修改。2. 初步设计方案及概算书交发改委进行概算批复，发改委已委托第三方公司（重庆西恒工程咨询有限公司）进行概算审核，6月13日区发改委下达了概算批复。3. 开展施工图审查工作，目前施工图审查已结束，审图单位已提交施工图审查合格书。4. 按照5月24日区应指主任办公会会议精神，已向区评审办提交老旧社区单元门限价评审相关资料，7月3日区评审办下达了老旧社区单元门最高限价标准。5. 项目详细设计方案及预算编制已完成，7月18日已将相关资料提交区评审办开展限价评审工作，经过近一个多月的评审，9月19日下达了评审结果。6. 项目监理招标文件已于7月17日挂网招标，并于8月28日开标，由重庆鼎信建设监理有限公司中标，目前监理单位已开展工作；7. 施工招标于9月29日开标，在评标过程中因评标专家委员会要求对招标文件进行优化并予以明确导致流标，第二次施工招标原计划于10月24日开标，而市公安局于10月21日组织部分区县局召开了智能化社区防控建设相关会议，并提出了新的要求，因此，分局拟对设计方案进行优化调整，目前方案正在加紧完善，完成后立即挂网招标

续表

序号	项目名称	2018年建设阶段	建设地点	建设内容及规模	开完工起止年限	计划总投资	2018年计划投资	1—12月实际完成投资	2018年主要工作目标任务	1—12月进展情况
13	地质灾害搬迁避让项目	新开工	各镇街	实施地灾搬迁45户	2018	90	90	124	实施地灾搬迁45户	实施地质灾害搬迁73户
14	木洞产业拓展区截污干管工程	新开工	木洞镇	项目建设污水管线总长约4千米（含架空箱涵0.565千米），其中D500压力管道长0.14千米，D600管道长0.99千米，D1000管道长2.86千米，一体化泵站1座，配套建设污水检查井98座及相关附属设施	2018—2019	5632	4200	900	8月完成招标，12月完成工程量的30%	完成地质勘察和方案批复，完成初步设计批复，投资计划，施工图设计，启动工程招标
15	农村环境整治	新开工	有关镇街	对3～5个示范村进行农村环境整治	2018	500	500	500	5月开工建设，11月前完成	一是落实责任、强化考核。印发《巴南区农村人居环境整治三年行动实施方案（2018—2020年）》《农村人居环境整治工作考核办法》，明确工作职责，每月开展考核督查。二是整治提升村容村貌。新建通组通畅公路200千米、创建绿色示范村庄13个、安装公共照明路灯或庭院灯3400盏。三是开展农村生活垃圾治理。195个行政村农村垃圾得到有效治理，比例达98%。四是开展农村生活污水治理。全区农村生活污水处理率已达80%。五是推进农村“厕所革命”。制定了《巴南区“厕所革命”（2018—2020年）实施方案》《巴南区农户改厕三年行动计划（2018—2020年）》，完成农户改厕7626户、农村公厕建设7户
16	农村土地承包经营权确权登记颁证	新开工	各镇街	完成全区土地承包经营权确权登记颁证	2018	2474	2474	2215	1月启动，12月前完成	正在开展外业测绘，全区9个镇街、119个村、1497个社、147725户已完成承包地测绘调查，测绘地块1546065块、783961.5亩，完成率86.89%，年底前将全面完成

续表

序号	项目名称	2018年建设阶段	建设地点	建设内容及规模	开完工起止年限	计划总投资	2018年计划投资	1—12月实际完成投资	2018年主要工作目标任务	1—12月进展情况
17	农村集体产权制度改革	新开工	各镇街	完成全区范围内所有农村集体经济组织	2018	442	442	442	1月启动，8月前完成	全区197个、1892个社完成清产核资，清查核实资产总额29.48亿元，其中经营性资产7.39亿元；全区195个村、1892个社完成农村集体资产股份合作制改革的，确认成员身份总数69.02万人，量化经营性资产总额7.39亿元，设置股份1597.25万股，其中，个人股1593.57万股，集体股3.68万股；正在申请登记的农村集体经济组织2042个，其中，村级195个，社级1847个
18	棚户区改造*	续建	李家沱街道 花溪街道 鱼洞街道 龙洲湾街道 圣灯山镇 南泉镇 姜家镇	启动实施18.54万平方米棚户区改造	2017—2018	86000	86000	86000	完成2000户棚户区改造（其中：修缮加固1200户）	已完成棚户区改造2003户
19	加油站建设	新开工	南泉街道 接龙镇	中油诚源、龙禹石油等公司总投资约2亿元，在南泉、接龙、李家沱等镇街新建加油站4座	2018	20000	20000	20000	一季度接龙加油站建成投入使用；二季度李家沱加油站建成；三季度虎啸内、虎啸外加油启动建设，李家沱加油站投入使用；四季度虎啸内、虎啸外加油建成	接龙加油站已建成投入使用；李家沱加油站主体建成；虎啸内、外加油站启动建设
20	观景口水利枢纽工程移民统建安置房项目	新开工	东温泉镇 姜家镇	观景口水库配套移民统建安置房，总建设用地161038平方米，居住用地32022平方米，公共设施用地12828平方米，道路用地29132平方米，其他配套面积87083平方米	2018—2019	22773	15000	7250	完成安置房平场工作，力争安置房封顶	完成安置房平场工作
21	巴南区图书馆鱼洞直属分管公共文化服务场所改造	新开工	鱼洞街道	对鱼洞直属分馆公共文化服务场所（约1500平方米）公共区域、水电线路、空调设施、消防安全设施、书架桌椅等项目进行改造	2018	80	80	80	12月底前完成公共区域、水电线路、空调设施、消防安全设施、书架桌椅等项目改造，并投入使用	1—12月接待群众15.8万余人，完成项目施工，待市级验收后对外开放

续表

序号	项目名称	2018 年建设阶段	建设地点	建设内容及规模	开完工起止年限	计划总投资	2018 年计划投资	1—12 月实际完成投资	2018 年主要工作目标任务	1—12 月进展情况
22	巴南区公共图书馆总分馆制建设及中文图书通借通还“一卡通”项目	新开工	各镇街	为全区的总馆、分馆及服务延伸点购置公共文献信息资源，维护设备，积极开展“一卡通”项目的宣传、推广及活动	2018	90	90	90	为全区的总馆、分馆及服务延伸点购置公共文献信息资源，维护设备，积极开展“一卡通”项目的宣传、推广及活动；开展“你点单，我购买”的活动；开展全区图书馆总分馆制培训、讲座、展览等活动 50 场，惠及群众 5 万人次	制定全区 2018 年度总分馆制工作实施方案，已建成“1 个总馆+22 个镇街分馆+35 个基层服务点”的总分馆服务网络体系，完成 51 个分馆及基层服务点新购置文献采购配发。开展主题宣传 42 场，展览活动 26 场。开展镇街分馆系列活动 110 场次
23	巴南区文化馆总分馆制	新开工	各镇街	根据《关于加快构建现代公共文化服务体系的意见》的文件精神和市对区的实绩考核要求：1. 全年完成总馆与分馆联动活动 22 场，含演出、展览等。2. 开展总分馆业务培训，一年四次，含创作、编导、活动策划等。3. 推进分馆数字化建设，含网络直播、线上教学、视频点播等。4. 在我区相关学校、部队、企业等单位建设 6 个特色分馆，分别开展总分馆工作	2018	40	40	40	开展业务培训 4 场，联动活动 22 场。建设 6 个特色分馆	1—12 月与鱼洞、花溪、李家沱和南彭等分馆共开展总分馆联办活动累计 22 场；开展业务培训 6 场，召开了总分馆培训会 4 场。建成 6 个特色分馆
24	巴南区文化馆数字文化馆项目	新开工	龙洲湾街道	能化系统集成。智能化群众服务管理，如活动室门禁系统、监控系统、宣传栏系统、信息展播一体机、取票机等	2018	130	130	130	8 月完成数字文化馆云平台开发和线下互动体验空间基础建设；11 月前完成艺术普及基础资源库开发；12 月前完成场馆智能化系统集成建设，正式投入使用	完成年度所有项目建设、资源制作和拍摄，项目建成并上线试运行

续表

序号	项目名称	2018年建设阶段	建设地点	建设内容及规模	开完工起止年限	计划总投资	2018年计划投资	1—12月实际完成投资	2018年主要工作目标任务	1—12月进展情况
25	巴南区公共文化物联网服务项目	新开工	各镇街	公共文化物联网服务是重庆市文化委员会全面推进公共文化服务供给改革的重点项目之一，该项工作为市对区实绩考核指标内容，目前我区由市级专业院团8支、区级文艺团队2支、民间文艺团队15支、展览团队6支、文化志愿者168名，计划年开展文化讲座、文艺培训、展览展示、文艺演出、政策宣讲850场	2018	195	195	195	完成850场次的配送任务，涵盖文化讲座、文艺培训、展览展示、文艺演出、政策宣讲，继续稳步推进我区公共文化服务“均等化+差异化”的配送思路	累计完成850场次配送任务、发放绩效费用
26	文化中心免费开放	——	龙洲湾街道	中心入驻单位包括区文化馆、区图书馆、区博物馆，楼宇共9层，面积约18000多平方米，免费开放项目20多项，每天接待群众数量达2000多人次	2018	427	427	427	区文化艺术中心（含区图书馆、区文化馆、区博物馆）年免费开放接待群众不低于80万人次，群众满意度达到90%以上。提供声乐班、舞蹈班、合唱班、电子琴班等各类免费培训班54期；推进“馆带镇街”“一镇街一品牌”工作的有序开展，推出新人新作；举办各类展演、大型活动，扩大文化品牌影响力；文献年外借册次12万册次；图书馆网站建设，网站更新和数据查询；讲座：32次/年；展览：20次/年；活动：20次/年	区文化馆：累计接待群众39万人次，举办各类培训班94期，小剧场惠民演出18场、举办欢笑巴南12期、业务人员下基层56次，平面艺术展览12次。举办免费开放成果展示会演2次，召开了全区创作座谈会 区图书馆：完成巴南区公共文化资源网站建设工作，1—12月接待群众100万人次以上；文献外借累计90万册次。累计举办巴人图语讲座、小葵花公益课堂培训等活动150场

续表

序号	项目名称	2018年建设阶段	建设地点	建设内容及规模	开完工起止年限	计划总投资	2018年计划投资	1—12月实际完成投资	2018年主要工作目标任务	1—12月进展情况
27	农村三变改革	新开工	各镇街	完成全区范围内农村三变改革试点示范	2018	4400	4400	4500	1月落实项目试点单位，12月前每个镇街完成1～2村试点	在二圣镇巴山村开展农村“三变”改革试点，成立了以区委书记为组长的领导小组，制定了《巴山村农村“三变”改革试点方案》，整合涉农资金2375万元，农民入股土地1932亩，打造“巴山桃源·慢养茶乡”田园综合体，已完成2500亩特色水果苗木栽种，正在完善产业园区基础设施
合 计						168588	150675	136500		

注：带“＊”号的为市级在区重点项目。

【供给侧结构性改革】　稳步推进“三去一降一补”，去除过剩产能，出台《巴南区利用综合标准依法依规推动落后产能退出工作方案》，推进“僵尸企业”、空壳公司处置；去杠杆防风险，采取“三落实、两建立、两统筹”措施，实现全年债务不逾期，资金不断链，债务风险总体可控；降低实体经济企业成本，落实税收优惠政策，小微企业政策享受面100%。推进铁路枢纽东环线、南两高速公路、渝黔高速公路扩能项目、佛耳岩码头二期等重大基础设施项目，补强发展短板。

【经济体制改革】　制定《巴南区政府投资信息化项目管理办法》、编制政务信息资源目录，搭建区级共享交换平台，为实现全区政务信息资源共享应用打下基础。推动产业投资负面清单、企业投资管理权力清单和责任清单落地。印发《重庆市巴南区人民政府办公室关于贯彻落实重庆市开展市场准入负面清单制定改革试点总体方案的通知》，在全区范围内实施国家《市场准入负面清单草案（试点版）》。完善区行政许可清单、区公共服务清单等目录库，制定《一次性告知服务制度》《限时办结规范》等35个服务规范性文件，建立130余个体系规范，实现事项管理、流程、服务、受理场所与管理、监督检查评价等方面标准化。推进事业单位和国有企业公务用车制度改革，在确保节支前提下，确定全区保留车辆总数，统筹部门、镇街事业单位车辆编制，拟定巴南区《实施意见（审议稿）》并报市车改办备案。

【社会信用体系建设】　形成“1+X”制度体系，“信用巴南”与市级平台互联互通，截至12月，“信用巴南”公共信用信息平台共归集7万户市场主体，87万条信用信息，信用产品应用取得突破，在政府采购等16个领域试点实施信用记录核查，在工程建设招标等9个领域试点应用第三方征信机构信用报告。实施守信联合激励和失信联合惩戒，健全严重失信主体“黑名单”和诚信典型“红名单”制度，探索对诚信主体实施行政审批“绿色通道”、优先提供公共服务便利、优化行政监管安排、降低市场交易成本等激励措施，营造诚实守信氛围。

【价格监督管理】　强化“米袋子”“菜篮子”“油瓶子”等民生商品价格监测监管，全年发布价格快讯24期、价格信息15篇、市场价格监测分析资料12期。完成接龙、姜家片区40条超长线路定制公交票价测算工作，完成收费备案89件。对全区60余家房地产企业商品房销售明码标价及25个停车场收费进行监制。完成涉案财务价格认定361件，涉案财务标的金额2493余万元。受理价格咨询、投诉举报349件，办结率100%。

（朱　玲）

2018 年巴南区主要商品零售价格

商品名称	规格、等级	计量单位	币值/元	同比
1. 粮食				
黄豆	标准品	500 克	3. 64	-3. 70%
绿豆	一级	500 克	5. 29	-12. 99%
大米	当地主销	500 克	2. 60	0. 39%
粳米	东北大米	500 克	3. 12	0. 65%
面粉	特一粉	500 克	2. 71	1. 12%
面粉	标准粉	500 克	2. 44	-3. 17%
2. 食用油				
花生油	桶装一级压榨	5 升	149. 35	0. 43%
菜籽油	桶装一级压榨	5 升	66. 26	-0. 51%
大豆油	桶装一级浸出	5 升	52. 11	0. 25%
菜籽油	散装	500 克	6. 59	1. 38%
色拉油	桶装一级	5 升	53. 70	-4. 45%
3. 日用品				
洗衣粉	当地主销 袋装 1 千克	袋	10. 31	5. 20%
洗洁精	当地主销 瓶装 500 克	瓶	5. 08	3. 67%
洗发液	当地主销 瓶装 750 毫升	瓶	55. 75	10. 68%
沐浴液	当地主销 瓶装 750 毫升	瓶	31. 90	0. 31%
香皂	当地主销 普通 125 克	块	5. 69	1. 43%
牙膏	当地主销 普通 120 克	支	10. 89	0. 83%
4. 家用电器	品牌、型号			
洗衣机	当地主销 波轮式（5 千克）	台	1299. 00	-6. 41%
洗衣机	当地主销 滚筒式（5 千克）	台	1999. 00	—
空调	当地主销 1. 5 匹冷暖	台	2750. 00	3. 54%
冰箱	当地主销 210 ~ 250 升	台	2699. 00	5. 64%
彩电	当地主销 液晶 42 英寸	台	1699. 00	—
微波炉	当地主销 功率 700 瓦	台	999. 00	11. 12%
手机	当地主销 彩屏带摄像头	台	1899. 00	-4. 95%
数码照相机	当地主销 1200 万像素，5 倍光学变焦	台	1490. 00	-0. 53%
电取暖器	当地主销 油汀型	台	502. 00	0. 60%
电热水器	当地主销 50 升钢化搪瓷内胆	台	1298. 00	—
燃气热水器	当地主销 8 升	台	1599. 00	—
抽油烟机	当地主销 直吸式	台	2490. 00	—
燃气灶具	当地主销 嵌入式燃气灶	台	1199. 00	—
电脑	主流品牌台式机（标准配置）	台	3099. 00	-4. 12%

招商引资管理

【概况】　巴南区投资促进办公室是巴南区政府组成部门，是财政全额拨款的行政单位。主要职能职责是负责全区招商引资统筹协调、信息引进及后续服务工作，以及外商投资和对外经济贸易、经济合作，推进国际化，建设内陆开放高地。现有行政编制6名，在职人员4名。下设巴南区招商服务中心和巴南区总部经济服务中心2个区属事业单位。其中，巴南区招商服务中心属正科级参公事业单位，主要职责为负责招商引资具体事务性工作，承办主管部门交办的其他事项，有参公编制14名，在职人员13名；巴南区总部经济服务中心属六级职员事业单位，主要职责为围绕总部经济开展事务性和服务性工作，有事业编制10名，在职人员8名。

2018年，全区累计签约招商项目144个，招商引资正式合同额1062亿元，实际到位资金310亿元，分别完成区政府下达年度招商引资目标引进项目100个、协议引资500亿元、实际到位资金300亿元的144%、212%和103%。2018年，招商引资呈现“三多一快”特点：一是重大项目较多，龙头引领效应明显。全年引进投资5000万元以上项目80个、1亿元以上项目62个、10亿元以上项目24个、50亿元以上项目8个、100亿元以上项目2个。代表性项目有投资230亿元的中国西部木材贸易港项目、投资100亿元的一品幸福田园小镇。二是制造业项目较多，做实做强实体经济。引进平板显示、生物医药、军民融合等招商项目52个、协议资金255亿元，爱上出行、四川新绿色现代中药、川安综合性医药产业基地、新生源医药创新性研发及产业化平台、捷牧新型微生物制品生产基地、武汉高德红外军民融合红外光电产业园等项目实现“签约落地一批”，建设翰昂热管理系统、大江亚普塑料油箱、大江东龙合资专用车、宗申无级变速箱、大江库博乘用车密封系统、中远军民融合扩能等项目实现“转型升级一批”。三是现代服务业项目较多，产业结构持续优化。贸易物流、文旅融合、城市提升等三产签约项目78个、协议金额795.7亿元，京东生态型智慧物流园、阿里巴巴新零售供应链运营中心、霍氏百利威国际电子商务产业园、华为ICT学院等大批行业龙头项目相继签约。四是项目落地投产加快，培育壮大新动能。重庆国际生物城挂牌，签约引进的144个项目中，已开工项目54个，已投运项目56个，占签约项目总数的76%。

2018年，全区实现进出口额104.79亿元，同比下降10.96%。其中出口63.94亿元，同比增长15.08%，进口40.85亿元，同比下降34.25%。B保完成进出口额1.21亿元，同比增加425.23%。2018年，市对区下达外资目标任务为1.6亿美元。全区实际利用外资0.964亿美元、同比下降34.5%。共争取上级外经贸发展专项资金11441.4万元，惠及60余家外贸企业，已完成10375.6万元资金拨付下达。

【重大招商经贸活动】　组织举办“2018年巴南土地推介会”，吸引龙湖、融创、保利等100多家知名地产企业参会。组织举办“2018年巴南区招商项目集中签约”，签约项目36个、协议金额713亿元，预计实现年产值超过1000亿元。其中，工业签约项目25个、协议金额551亿元；三产签约项目11个、协议金额162亿元。组织区内重点企业参加第二十一届“西洽会”，重点对巴南区军民融合和乡村振兴产业进行全方位展示，巴南签约招商项目22个，合同投资总额达406亿元。组织企业参加第五届中俄博览会、第五届中国（北京）国际服务贸易交易会。牵头做好进口博览会巴南交易分团工作，邀请43家企事业单位98人注册专业观众，进口博览会于11月5日在上海开展，全区有24家单位40余人参会。

【招商统筹调度】　坚持招商“一把手”工程，成立区委、区政府主要领导任组长的招商领导及决策机构，“四大家”领导凝聚共识、率先垂范，亲自参与招商项目推动，坚持做到重点企业亲自拜访、关键节点亲自把控、瓶颈问题亲自解决。全年，区委、区政府主要领导参与接待、拜访企业436家次，回访率80%。完善招商运行机制，成立10个专业招商小组，11个区级部门、5个国有平台公司、22个镇街“一把手”承担招商主体责任，个个肩上有招商指标。成立招商引资项目评审领导小组，统筹招商项目优惠政策评审，建立重大项目专家咨询、尽职调查及法务审查机制，实现招商决策主体专业化、决策程序合理化、决策内容规范化。加大招商考核，发挥考核“指挥棒”作用，将招商引资工作纳入处级领导班子年度实绩考核。组织召开招商专题会、研判会、评审会，集中调度项目洽谈、签约、落地工作。组织全区招商队伍，开展“走出去”招商商务培训。把好“事前协议约定、事中履约管理、事后政策兑现”三大环节，确保招商引资高效、有序、规范运行。严格事前协议约定，对承诺投资主体的招商扶持政策以投资合作等法律文件形式予以明确，营造保护企业家合法权益的法治环境；严格事中履约管理，强化对入驻企业协议履约进度的监督管理，实行“周调度、月通报、季考核”，实现“放管结合”，做到“引得进、放得开，管得好、留得住”；严格事后兑现报备，建立招商优惠政策“审批—兑现—报备—通报”机制，按照投资合同及企业履约进度平等兑现优惠政策，对未履约项目依法追缴超额兑现的优惠政策资金，营造促进企业家公平竞争诚信经营的市场环境。

【招商优惠政策规范】 深入推进全区“三项规范”之一的“招商优惠政策规范”改革工作。优化招商决策流程。按优惠政策平衡年限实行分类决策。提升研判评审时效。增强研判评审统筹调度能力。调整区招商引资项目评审领导小组，组长由常务副区长宋葵调整为区长何友生，常务副区长宋葵、副区长杨亚平共同任副组长。优化招商项目研判评审会运行机制，招商项目研判评审会按定期与不定期召开机制运行，即定期收集需研判评审项目、统一集中研判评审，急需研判评审项目、随时召集研判评审。精准优惠政策算账。一般招商项目平衡年限为3~5年，重大招商项目不超过10年，产业用地算账价格一律采用市国土房管局提供的招拍挂评估价。加强招商履约管理。出台全区招商督查考核办法，对新开工项目计划投资额进行重点考核督查，全区招商实行“周调度、月通报、季考核”。2017—2018年，在建、建成项目累计250个、占比88%，在建、建成项目金额1163亿元、占比75%。严格招商政策兑现。对全区招商优惠兑现审批流程进行完善，新增监察、审计对优惠政策兑现审核把关。借鉴两江新区招商合同范本，对全区招商合同范本进行更新完善。实行按优惠政策资金来源实行分类审批机制。

【内陆开放高地建设】 推动南彭公路B保和公路车检场运营。南彭公路保税物流中心（B型）已签约入驻京东全球购、重庆顺君意物流、重庆斯诺保税物流、重庆泰科供应链管理、重庆鑫任达国际物流、重庆泰越通供应链管理等8家企业。2018年，B保实现进出口额5916.99万元；公路车检场基本建成，重庆海关即将进行验收。推动陆海新物流大通道建设。重庆—东盟公路班车已形成覆盖越南、老挝、泰国等10余个东南亚半岛国家的国际干线运输网络。向西，重庆东盟公路班车通过中欧班列（重庆），连接起“丝绸之路经济带”；向南，则承接起“21世纪海上丝绸之路”。2018年，东盟公路班车共计发车505车次，总重3265吨，总货值约55089万元。车次同比增长约400%，重量同比增长约220%，货值同比增长约230%。做好通道相关服务工作，人行巴南支行已促成重庆银行巴南支行与南彭公路物流基地重庆潮鑫隆电子科技有限公司在运单融资上达成合作意向，资料已报送至重庆银行总行等待审批。惠科等企业也有运单融资意向，正积极促进银企合作。做好中新互联互通项目相关工作。参与中新互联互通项目南向通道2018年中方联席会议、中新金融峰会等。同时，大力推进南向通道沿线项目招商引资，主动出击对接如威纳冷链、新加坡CIC等各类项目。

【外贸企业服务】 出台外贸企业扶持政策，印发《重庆市巴南区外贸稳增长专项资金管理实施细则》，重点支持企业技改研发、开拓国际市场，鼓励企业提升业务素质和综合管理水平。深入走访在区重点外贸企业，建立进出口情况沟通机制，建立对美贸易企业受影响情况台账，及时帮助企业解决问题。有针对性地开展外贸专题培训，推动广大企业使用重庆国际贸易“单一窗口”，降低其口岸通行整体成本；做好服务贸易企业统计直报监测系统培训工作，推进我区国际服务贸易统计相关工作，帮助企业区内企业更加便利开展报关报检、数据报送、资金申报等工作。

（张云亮）

2018 年全区重点签约项目明细表

序号	项目名称	投资方企业	项目简介	行业	投资总额/亿元
1	重庆跃欣电子生产基地项目	重庆跃欣电子有限公司	主要从事各种电子辅料包装及模切行业生产深加工	第二产业	0.4
2	中远军民融合扩能项目	重庆中远精密模具有限公司	新建生产线，主要生产军民融合产品机匣、弹链、弹鼓、弹夹、弹匣等枪械核心零部件	第二产业	1.5
3	南京宏程高端线束项目	南京宏程科技有限公司	建立传统汽车线束、新能源汽车高压线束、航空航天、高铁高端线束生产线	第二产业	3.2
4	康美药业股份有限公司重庆智慧药房项目	康美药业股份有限公司	经营中药饮片配送、中药代煎煮及配送	第二产业	0.2
5	重庆捷牧新型微生物制品生产基地项目	重庆捷牧科技发展有限公司	项目占地约35亩，将建设年产20000吨液态微生态制剂和5000吨固态微生物制剂生产线	第二产业	1.65
6	重庆川安综合性医药产业基地项目	重庆川安医药有限公司	建设药品流通基地及中药饮片生产基地	第二产业	9
7	四川新绿色现代中药项目	四川新绿色药业科技发展股份有限公司	建设饮片前处理车间、提取车间、研发中心等，生产产品包括中药配方颗粒、中药饮片等	第二产业	5
8	重庆市卫生技工学校、重庆市公共卫生学校项目	重庆黄埔教育集团发展有限公司	培养药剂、中药、化学制药、生物制药、药物制剂、制药技术、药物分析与检验、中草药种植、护理、养老护理、中医康复保健等专业技能人才	第二产业	6.5
9	上海紫江企业集团股份有限公司重庆食品包容器包装项目	上海紫江企业集团股份有限公司	为重庆天友、光大等奶制拼企业配套生产PET瓶子	第二产业	0.3
10	合兴包装项目	重庆合信包装印刷有限公司	生产中高档瓦楞纸箱及各类包装印刷制品，后期将研究开发及生产医用产品包装材料	第二产业	5
11	有色铸造生产基地项目	重庆大江工业公司、中国兵器工业第五九研究所	建立有色铸造生产基地	第二产业	10
12	乘用车密封系统和管路系统项目	大江工业、库博汽车配件（重庆）有限公司	入股库博标准重庆工厂并注册到大江工业园，生产乘胜车密封系统、燃油和制动管路系统及流体传输系统等产品，年销售额10亿元	第二产业	10
13	宗申兴业高分子材料轻量化应用项目	重庆宗申兴业新材料科技有限公司	开展高新材料应用的研发、产品应用推广和市场拓展，用于航空航天配件制造	第二产业	8

续表

序号	项目名称	投资方企业	项目简介	行业	投资总额/亿元
14	重庆建设利爵摩托车项目	重庆建设机电有限责任公司、重庆利爵摩托车有限公司	研发、生产、销售摩托车及其零部件产品	第二产业	5
15	建设翰昂合资合作项目	重庆建设机电有限责任公司、韩国翰昂系统株式会社	生产汽车热能管理系统，包括空调系统、压缩机、发动机冷却系统、电子组件以及CKD等，年均税收不低于4000万元	第二产业	10
16	大江亚普塑料油箱项目	重庆大江工业有限责任公司、亚普汽车部件股份有限公司	建立年产150万套塑料油箱生产基地	第二产业	5
17	大江东龙合资专用车项目	重庆大江工业有限责任公司、湖北东龙科技股份有限公司	建立年产500台转运中置轴挂车、50000台旅游房车和多功能安全服务车生产线	第二产业	5
18	宗申新一代车辆无极变速器项目	重庆宗申无级变速传动有限公司	年产销20万台汽车汽车变速箱。一期租用厂房，二期购地100亩，达产后年销售收入85426万元，年税收8259万元	第二产业	10
19	光伏发电项目	重庆平山矿山机电设备有限公司	利用锐斯德的闲置产能，建设风力发电机转子配件生产线，2018年下半年建成投产，达产产值1亿元	第二产业	1
20	重庆美利信通信5G陶瓷滤波器项目	重庆美利信科技有限责任公司	项目计划总投资1亿元人民币，规划投入生产线8条	第二产业	1
21	瑞思卡	瑞思卡生物科技（重庆）有限公司	国际生物医学3D打印的服务平台系统，帮助研发机构及每位患者定制个性化3D生物医学整体解决方案的实现	第二产业	0.3
22	芸中鹰无人机	重庆芸中鹰航空科技有限公司	无人机生产、研发基地，大学生实习基地	第二产业	0.2
23	术才教育平台	重庆术才教育科技有限公司	拟在云计算产业园建设专注于电子信息工程教育课程研发与院校产教融合服务的“互联网+教育”平台	第三产业	0.1
24	盛大职业培训学校项目	盛大职业培训学校	学校面向企业订制人才培养，为各行业优秀企业开展管理咨询和人力资源服务	第三产业	0.05
25	霍氏百利威（重庆）国际电子商务产业园项目	霍氏文化产业集团有限公司	霍氏百利威是业内知名的仓储物流综合服务商，拟建霍氏百利威（重庆）国际电子商务产业园项目	第三产业	10
26	京东（重庆）生态型智慧物流园项目	北京京东世纪贸易有限公司	京东集团将通过提高项目整体运营效率，运用智能自动化输送系统、智能自动化立体仓库	第三产业	10

续表

序号	项目名称	投资方企业	项目简介	行业	投资总额/亿元
27	货车帮集团西南运营中心	贵阳货车帮科技有限公司	建设高标准仓库、大数据展示中心、综合服务中心	第三产业	10
28	京东（重庆）生态型智慧电商产业园项目	北京京东世纪贸易有限公司	智慧仓储物流设施，打造包括生产运营、贸易结算、研发、智慧仓储、物流配送等多项内容于一体的智慧型电商产业园	第三产业	15
29	京东X无人超市重庆区域总部项目	宿迁京东得瑞企业管理有限公司	项目针对传统实体零售模式的一种重大变革，运用京东物联网、人工智能、生物识别等黑科技，给消费者提供全场景“无感知”购物体验	第三产业	0.6
30	中建·滨江星城	中建三局房地产开发有限公司	本项目净用地面积约345亩，商住用地，平均容积率2.45，计容建筑面积约56.29万平方米，其中商业13.78万平方米，住宅42.51万平方米	第三产业	56.4
31	巴南一品幸福田园小镇	1. 协信投资有限公司；2. 协信多利（重庆）农业发展有限公司	建设田园综合体项目、田园康养社区项目和小城镇综合开发示范项目	第三产业	100
32	田舍翁	重庆田舍翁生态农业发展有限公司	观光旅游、餐饮、住宿、娱乐服务为主	第一产业	0.1
33	熊猫宝贝亲子庄园项目	重庆金尚城农业发展有限公司	规划面积约560亩。设置品牌主题展示区、见学体验中心、丛林拓展教育区等	第三产业	1
34	普丰休闲度假区	重庆一片树生态农业开发有限公司	在接龙镇现普丰庄园旁结合现有高山生态葡萄及猕猴桃等产业打造特色民宿	第三产业	0.1
35	昊宇航空房车露营基地	重庆非去不可文化传媒有限公司	房车露营、休闲旅游	第三产业	0.3
36	协信车时光项目	重庆驰盛汽车城有限公司	建成集豪华品牌4S店集群、名车MALL、汽车文化体验广场、汽车休闲娱乐等多功能的汽车主题商业综合体	第三产业	6
37	李家沱加油站	龙禹石油公司	完成李家沱加油站主体建设并投入使用	第三产业	0.4
38	接龙加油站	重庆中油诚源发展有限公司	完成接龙加油站主体建设并投入使用	第三产业	0.3
39	虎啸内、虎啸外加油站	重庆中油诚源发展有限公司	完成虎啸内、虎啸外加油站主体建设并投入使用	第三产业	1.4
40	光大乳业冷链项目	光大乳业集团股份有限公司	建设5万吨冷库的冷链物流配送中心	第三产业	0.2
41	格云生态冷链项目	重庆格云生态农业发展有限公司	完成低温加工仓储配送中心，建设200吨冷库	第三产业	0.1
42	金科职教城项目	金科地产集团股份有限公司	城市商业开发及城市功能提升项目	第三产业	9

续表

序号	项目名称	投资方企业	项目简介	行业	投资总额/亿元
43	巴南华府	重庆华南城有限公司	城市商业开发及城市功能提升项目	第三产业	12
44	阳光城新希望界石项目	阳光城集团 新希望地产	城市商业开发及城市功能提升项目	第三产业	15
45	龙湖李家沱城市综合体项目	龙湖朗骏地产发展有限公司	城市商业开发及城市功能提升项目	第三产业	70
46	金科 & 旭辉鱼洞项目	金科集团 旭辉集团	城市商业开发及城市功能提升项目	第三产业	40
47	保亿巴南鹿角项目	保亿荣飞重庆房地产开发有限公司	城市开发及城市功能提升项目	第三产业	18
48	国福基金管理公司	霍建民（霍氏物流）	设立1000万元的基金管理公司	第三产业	0.1
49	洺悦城项目	中国电建地产集团有限公司	城市商业开发及城市功能提升项目	第三产业	60
50	君禧天地	爱普地产	打造高端商业及酒店	第三产业	50
51	华宇龙湾五星级酒店	重庆业瑞房地产开发有限公司	建设五星级酒店及配套商业	第三产业	10
52	荣盛滨江五星级酒店	重庆荣盛鑫煜房地产开发有限公司	建设五星级酒店及配套商业	第三产业	9
53	新美农庄	个人	该项目落户于安澜镇小龙村七社，投资规模约1000万元，共流转土地83亩，用于从事文创生态农业园生产经营	第一产业	0.1
54	红炉盘龙美丽乡村项目	重庆陶然居公司	拟在龙洲湾红炉片区打造集吃、住、行、游、购、娱为一体的田园综合体项目	第三产业	3
55	巴南一品农产品批发市场项目	一品农产品市场管理有限公司	“农业综合商贸板块”建成投入运营后，年农产品交易量达到100万吨以上，实现年交易额20亿元	第三产业	5
56	科瑞更新升级项目	重庆科瑞制药有限公司	建设综合制剂车间、口服固体制剂车间及符合FDA/cGMP标准的厂房设施及面向欧美市场的制剂生产线	第二产业	14
57	二圣玫瑰园生态产业基地	重庆珞莎园艺有限公司	以休闲观光以及花木生产销售为主，流转土地300亩，建成重庆主城第一座玫瑰主题花园和中国第一座玫瑰花品种博物馆，计划投资3000万元	第一产业	0.3
58	无花果基地	重庆名煜农业有限公司	主要以无花果示范种植基地及休闲体验，种植规模300亩，计划投资地400万元	第一产业	0.04
59	小龙虾养殖基地	重庆柯珉生态农业发展有限公司	主要以小龙虾养殖基地、餐饮及休闲体验，养殖规模100亩，计划投资地100万元	第一产业	0.01

续表

序号	项目名称	投资方企业	项目简介	行业	投资总额/亿元
60	花房故事	重庆缘渝园农业开发有限公司	计划总投资3000万元整体打造占地约300亩，集旅游度假、观光农业和乡村旅游于一体的休闲娱乐项目	第一产业	0.3
61	快乐体验青少年生态科创教育营地	重庆乐睿文化传播有限公司	营地业务主要为生态茶叶生产包装及销售、生态科创教育、户外运动、露营等为一体综合田园农旅项目	第三产业	0.8
62	大江泰瑞合资合作项目	大江集团	大江泰瑞合资合作项目	第二产业	10
63	富皇巴南装配式建筑研发及制造基地项目	重庆富皇建筑工业化制品有限公司	项目占地面积约110亩，预计总投资5.8亿元，新建全机械化生产、自动控制程度高的装配式建筑制品研发及生产基地。该项目建成后年产值8.5亿元，实现税收3800万元，解决就业400人	第二产业	5.8
64	盛实百草中药配方颗粒项目	盛实百草药业有限公司	用地面积约90亩，计划研发及生产15个经典名方品种、500个中药配方颗粒品种、为15家以上的医院提供院内制剂代加工服务	第二产业	9
65	医疗器械生产基地项目	重庆普康消毒用品有限公司	一期使用标准厂房4368平方米，主要生产医用纱布、手术服等医疗器械产品，同时将配套设立消毒产品检测中心；二期占地约50亩，主要生产乙醇消毒液、碘伏消毒液等医用消毒剂	第二产业	3.5
66	钛白产品应用研究中心项目	攀钢集团钛业有限责任公司	开展钛原料、钛白、医用金属钛等钛产业技术开发、技术咨询和技术转让等业务	第二产业	0.35
67	智能仪器仪表项目	界石仪表有限公司	主要生产燃气调压计量系列产品，包括燃气调压箱、燃气调压柜、燃气调压站、流量计、膜式燃气表、IC卡燃气表、无线远传表等产品	第二产业	1.5
68	申通重庆运营中心项目	申通快递股份有限公司	占地约40亩的综合性快递、快运营运中心，业务量覆盖全出去及周边区域。项目建筑体量约1万方，总投资约4000万元，达产后年产值2亿元，年税收约1000万元	第三产业	0.4
69	新文创演艺中心项目	重庆市汉基伊达置业有限公司	以产业链形式融合文化创意内涵，实现文化体验、制作研发、创意展览、剧场演艺中心等融合，将文创与生活完美的结合	第三产业	2
70	太阳马戏“kooza”秀项目	深圳市荣德文化传媒有限公司	在物流基地设立独立法人公司负责引进和打造太阳马戏“kooza”秀，穿插主题嘉年华、大型展览或庆典活动等	第三产业	1.5
71	3D打印生物细胞项目	艾伯尔三氏打印技术有限公司	项目主要以3D打印技术制造组织器官等生物医学产品等，拟租用标准厂房1000平方米	第二产业	0.5
72	银柱机器人项目	重庆市国丰印务有限责任公司	利用存量厂房建立磨床操作机械手、车床操作机械手、滚齿机操作机械手等生产线	第二产业	3

续表

序号	项目名称	投资方企业	项目简介	行业	投资总额/亿元
73	智合信物流项目	重庆智合信物流有限公司	开展东盟班车国际货物运输业务，租用B保仓库开展货运、仓储等业务，预计产值约5000万元	第三产业	0.1
74	深圳联合生物	深圳联合生物科技公司	从事细胞治疗技术、转基因技术、基因表达技术、基因治疗技术研究	第二产业	1
75	盛大奥鹏学习中心	重庆市盛大职业培训学校	共建四川大学、南开大学、东北大学授权网络学习中心，预计每年招生2000人以上	第三产业	0.4
76	星辰珠宝生产基地项目	重庆星辰珠宝首饰有限公司	利用中金珠宝现有场地、设备，加大产能投入，投资3亿元扩大产能	第二产业	3
77	金逸影城	汉基伊达	院线	第三产业	0.6
78	托尼斯健身	汉基伊达	健身会所	第三产业	0.2
79	阿里巴巴新零售供应链运营中心	菜鸟网络科技有限公司	拟用地370亩，总投资不低于8亿元，年销售收入不低于40亿元，年税收8000万元以上	第三产业	8
80	王家河村生态蔬菜园	重庆优顺佳节农业发展有限公司	主要建设内容农业生态蔬菜基地，结合旅游耕种体验，采摘体验等，计划流转土地200亩，投资2000万元	第一产业	0.20
81	中国西部木材贸易港	中国林业集团	项目建成后年木材交易量将超过1000万立方米，由进境木材口岸、木材加工产业园和木材及木制品展示交易中心三部分组成，将着力打造国家级的木材贸易储备加工基地	第三产业	230
82	重庆神木影视农旅科普生态园（原木洞镇庙垭生态农业观光园）	重庆森犇鱻生态农业发展有限公司	庙垭观光园项目占地1100亩，以生态农业（包括葡萄、西瓜、草莓、蔬菜、淡水鱼养殖等）生产及销售为主，以科技示范、农事体验、农耕文化展示、休闲观光等为一体的大型都市休闲农业综合体	第一产业	0.50
83	特种装备军民融合项目	重庆大江工业有限责任公司、武汉高德红外股份有限公司	打造兵器装备集团各种武器系统机动平台的科研生产基地，建设“军民融合红外光电产业园”	第二产业	46
84	良科电子热敏电阻项目	隆科电子（惠阳）有限公司	拟使用耐得金工坊工业楼宇约6000平方米，总投资6000万元，年产值约1亿元。主要封装测试热敏电阻	第二产业	0.6
85	大朝门生态农业园	重庆大朝门生态农业有限公司	流转土地619.25亩，打造大朝门生态农业园	第一产业	0.10

续表

序号	项目名称	投资方企业	项目简介	行业	投资总额/亿元
86	商用车形象店	成都力星汽车销售有限公司	协信汽车公园规划占地1500亩，总投资逾100亿元，总建筑面积近200万平方米，投产后将实现年均交易额200亿元以上，年实现各项税收约20亿元。协信汽车公园项目一期一标段商用车市场5个4S店、80个形象店已建成并投入使用，入驻率100%，入驻商户280余户，2017年实现商用车年交易量4万余辆，交易额75亿元。目前，一期二标段商用车市场现正在建设中，4个4S店、71个形象店已签约入驻，预计将在明年投入使用。届时，协信汽车公园将成为全国商用车领域领航的运营商和服务商	第三产业	0.64
87	商用车形象店	四川德曼汽车销售服务有限公司		第三产业	0.63
88	商用车形象店	重庆卡车之家汽车销售有限公司		第三产业	0.33
89	商用车形象店	重庆凌毅汽车销售服务有限公司		第三产业	0.20
90	商用车形象店	重庆忠源汽车销售有限公司		第三产业	0.31
91	商用车形象店	重庆乔一汽车销售有限公司		第三产业	0.10
92	商用车形象店	重庆如飞汽车销售有限公司		第三产业	0.13
93	商用车形象店	重庆强和汽车销售有限公司		第三产业	0.35
94	商用车形象店	重庆旺通汽车销售有限公司		第三产业	0.47
95	商用车形象店	重庆润途汽车销售有限公司		第三产业	0.32
96	商用车形象店	重庆曼卡汽车销售有限公司		第三产业	0.31
97	商用车形象店	重庆奔辉汽车营销服务有限公司		第三产业	0.34
98	商用车形象店	重庆汇满鑫汽车销售有限公司		第三产业	0.29
99	商用车形象店	重庆冠泰汽车销售有限公司		第三产业	0.22

续表

序号	项目名称	投资方企业	项目简介	行业	投资总额/亿元
100	商用车形象店	重庆耀仁商贸有限公司		第三产业	0.23
101	商用车形象店	重庆思之途汽车销售有限公司		第三产业	0.22
102	商用车4S店	重庆华廷汽车销售有限公司		第三产业	1.87
103	商用车4S店	重庆盛丰汽车销售有限公司		第三产业	1.05
104	商用车4S店	重庆政皓商贸发展有限公司		第三产业	1.07
105	商用车4S店	重庆市海泽汽车销售有限公司		第三产业	1.04
106	重庆朋来丰国际贸易有限公司项目	重庆朋来丰国际贸易有限公司	南彭保税物流中心（B型）入驻项目，主要开展国际贸易业务	第三产业	0.0017
107	洲际酒店假日智选	武汉尚景酒店管理有限公司	位于重庆京汉凤凰城四期商业S2塔楼部分，酒店楼层位于1F、3F及16F-23F部分，洲际假日酒店为洲际酒店集团旗下精品中端商务酒店，价位范围再350～700元之间，全球范围内现共有约2500家酒店	第三产业	2.00
108	金澜春天	重庆金澜众创农业股份合作社	该项目由1389名村民以土地和民房入股、6名老板共同投资1.2亿元打造的全国首个乡村振兴“众创”项目，发展花卉苗木、特色水果、民宿文化等6大特色产业，并将通过科学规划和统一包装，打造一个望得见山、看得见水、记得住乡愁，具有山水风情和文化创意的大型乡村文旅项目	第一产业	1.20
109	爱上出行智慧出行产业基金项目	北京上古新泰投资管理有限公司	计划促使爱上出行集团在辖区内落地，并推动爱上出行集团在辖区内打造无人驾驶城市测试与场景应用平台、无人车路城产业生态体系、爱上城未来科技城市，以及无人驾驶产业金融平台建设，将项目建设成为全球第一、配套智能、产业发达、服务高效、人民幸福、环境优美的城市场景测试平台和智能化未来城市示范项目	第二产业	50.00

续表

序号	项目名称	投资方企业	项目简介	行业	投资总额/亿元
110	新生源医药创新性研发及产业化平台项目	上海新生源医药集团	在重庆生物医药产业园设立创新性研发及产业化平台，一是解决以“KGF-2滴眼液”及“自动伸缩防重复使用一次性注册器”为代表的项目产业化，二是依托光谷生物城国家级武汉光谷新药创业孵化器成熟模式，设立新药孵化公共服务平台	第二产业	5.00
111	台湾改良生态园项目	改良园国际企业有限公司	该项目为台商投资项目，拟入驻标准厂房约1000平方米，主要建设果蔬深加工基地。	第二产业	0.1
112	重庆海瑞奇包装项目	重庆海瑞奇包装有限公司	项目主要从事服装、医药产业配套纸箱、木制类包装及包装附件生产	第二产业	0.05
113	重庆博帆科技二期项目	重庆市博帆科技有限公司	重庆博帆科技二期项目（以下简称“项目”）主要生产汽车防尘罩、噪音布、网格布、泡沫无纺布、安全气囊布、面套无纺布、汽车用网格布、PP蜂窝板等	第二产业	0.1
114	华为ICT学院	华为公司	打造规模为10000人、设施设备一流的高职院校，学校规划建筑面积约20万平方米	第三产业	15.00
115	3D打印生物细胞项目	艾伯尔三D打印技术（重庆）有限公司	项目拟在麻柳园区木洞组团投资建设3D打印生物细胞项目，以计算机三维模型为基础，通过软件分层离散和数控成型的方法，定位装配生物材料或活细胞，制造医疗辅具、人工植入支架、组织器官等生物医学产品等	第二产业	0.50
116	大江车桥合资合作项目	大江工业、塞北机械	成立合资公司从事车桥、转向器、传动轴生产	第二产业	0.10
117	巴南天然气项目	重庆巴南天然气有限责任公司	产业用地出让	第三产业	0.03
118	经济园区实业公司新加坡融资项目	巴南区经济园区建设实业有限公司	经济园区公司借助新加坡金融管理局推出的亚洲债券资助计划，在新加坡进行融资	第三产业	9.20
119	天乡农场	重庆天宫之晨生态农业发展有限公司	项目选址集体村大沟社，计划流转土地191亩，其中耕地106亩、林地85亩，预计投资2000万元，主要从事休闲运动、农事体验、教学营地等	第三产业	0.20
120	重庆拉克拉扎网络科技有限公司项目	重庆拉克拉扎网络科技有限公司	计算机软硬件的技术开发、技术转让、技术服务；利用互联网及实体店销售商品	第三产业	0.98
121	重庆保忠电缆有限公司项目	重庆保忠电缆有限公司	生产、加工、销售电线、电缆、普通机械等	第二产业	0.80
122	重庆佳宏商务信息咨询有限公司项目	重庆佳宏商务信息咨询有限公司	法律信息咨询；企业管理咨询；商务信息咨询等	第三产业	0.80
123	重庆德明环保设备有限责任公司项目	重庆德明环保设备有限责任公司	环保设备及配件、专用车及配件的销售及售后服务	第三产业	0.60

续表

序号	项目名称	投资方企业	项目简介	行业	投资总额/亿元
124	重庆鹏致服装有限公司项目	重庆鹏致服装有限公司	设计、生产、加工、销售服装、服饰等	第二产业	0.52
125	重庆灏祺新能源技术有限公司项目	重庆灏祺新能源技术有限公司	新能源技术咨询、技术服务、技术转让	第三产业	0.50
126	重庆垚苗谷农业开发有限公司项目	重庆垚苗谷农业开发有限公司	生态农业开发；农业技术、生物技术的技术研发、技术转让、技术咨询、技术服务	第一产业	0.50
127	百家好（上海）时装有限公司重庆巴南万达分公司项目	百家好（上海）时装有限公司重庆巴南万达分公司	从事各类服装、服饰配饰的批发及零售	第三产业	0.33
128	重庆众桂鑫链科技有限公司项目	重庆众桂鑫链科技有限公司	新能源材料的生产、加工、研发及销售	第二产业	0.32
129	重庆新进文化传播有限公司	重庆新进文化传播有限公司	承办经批准的文化艺术交流活动；会务服务；展览展示服务	第三产业	0.30
130	周大福珠宝金行（重庆）有限公司渝南大道分公司项目	周大福珠宝金行（重庆）有限公司渝南大道分公司	批发、零售、配送黄金、铂金、白银、其他贵金属	第三产业	0.30
131	九合健康产业发展（重庆）有限责任公司项目	九合健康产业发展（重庆）有限责任公司	健康管理服务；健康信息咨询（不含医疗诊治）	第三产业	0.20
132	重庆锦铄铧锋养老产业发展有限公司项目	重庆锦铄铧锋养老产业发展有限公司	养老服务；健康信息咨询服务；保健用品的研发及销售	第三产业	0.20
133	重庆颐缈文化传媒有限公司项目	重庆颐缈文化传媒有限公司	承办经批准的文化交流活动；影视策划、制作等	第三产业	0.15
134	重庆键镁乐商贸有限公司项目	重庆键镁乐商贸有限公司	销售建筑材料（不含化学危险品）、五金交电等	第三产业	0.20
135	盛捷智能停车设备生产制造基地项目	重庆盛捷高科技有限公司	项目租用厂房4000平方米，总投入2000万元，设立智能斜置式停车架研发、生产基地，预计2019年可实现产值8000万元~12000万元，实现税收530万元~800万元，解决就业约200人	第二产业	0.20
136	平山矿山项目	重庆平山矿山有限公司	拟购地50亩，新建生产基地产业园，主要生产钻机、穴机等产品，年产值约2亿元，税收700万元	第二产业	2.3
137	思贝尔智能制造产业园	重庆思贝尔置业有限公司	拟购地50亩，新建智能制造产业园约50000平方米，总投资约6.5亿元，二次招商达产后实现年产值约10亿元	第二产业	6.5

国有资产管理

【概况】 重庆市巴南区国有资产管理办公室（简称区国资办）为财政全额拨款参照公务员法管理的正处级事业单位。机关内设5个科室（综合科、发展改革科、资产管理科、人力资源科、审计监督科挂监事会办公室），下属事业单位1个（园区服务中心）。区国资办核定机关参照公务员编制19名，在编参公人员18名。园区服务中心核定事业编制62名，在编事业人员41名。区国资办领导班子成员4名（主任兼任党工委书记1名，副主任3名），委派财务总监2名。主要职能：贯彻执行党和国家国有资产管理工作的方针政策和法律法规；负责全区行政事业单位国有资产监督管理、配置、调拨和处置等工作；代表区政府履行国有资本出资人职能，维护出资人的权益；指导全区国有企业改革改制工作，促进企业转型发展，完善公司治理结构；抓好国资系统党风廉政建设和反腐败工作，加强对权力运行重要领域、重点部位和关键环节的有效监管。

区国资办围绕市、区中心工作和战略部署，全面深化国有企业改革发展，通过完善国资监管体制、优化资本布局结构、提升资本运营能力等举措，使国资国企改革发展呈现崭新面貌。截至2018年年底，区属平台公司总资产规模为1062亿元。实现国有空地出让收入858.87万元，圆满完成年初既定目标任务。全区291家行政事业单位资产总额1008372万元，其中固定资产总额291211万元，其他资产717161万元。全年审批行政事业单位资产处置事项40件，经营性国有资产租赁备案21宗，资产处置备案8宗，车辆处置88辆。

【国有企业整合重组】 按照市政府办公厅《关于进一步加强融资平台公司管理有关工作的通知》（渝府办发〔2017〕74号）和市财政局、市国资委《关于贯彻〈重庆市人民政府办公厅关于加强融资平台公司管理有关工作的通知〉有关事项的通知》（渝财债〔2017〕114号）等一系列有关平台公司整合的要求，结合巴南区实际情况，统筹考虑发展与债务关系，制定全区平台公司整合方案。将原有的7家投融资平台公司整合为3家集团公司，并将原有管委会进行相应整合，成立城市建设管理委员会、工业商贸管委会，文旅发展管委会，同时撤销原有相关管委会。

【子孙公司清理关闭】 按照“优化国有资本布局、提升国资运行效率”原则，对区属国有公司子、孙、代管公司进行清理，按照“一企一策”原则，分别对拟关闭转让的47家子孙公司逐户制定工作方案，制发《关于加快推进区属国有公司子孙公司关闭（转让）工作的通知》（巴国资发〔2018〕26号），明确工作流程和完成时限，落实工作责任和要求。建立健全周报制度，每月到现场进行逐户检查和指导，协调处理工作推进中存在的困难和问题。截至2018年12月，已完成关闭注销18家。

【幼儿园体制改革】 按照《巴南区2017—2018年度加快发展普惠性学前教育工作方案》（巴南府办发〔2018〕50号）要求，坚持全盘统筹、分类实施原则，加快发展普惠性学前教育工作，推进国有公司资产举办幼儿园的体制改革工作。全区国有公司资产举办幼儿园共计15所，其中已建成的5所成功移交区教委，完成资产评估备案5所，转为公办民营5所。另对区教委下属幼儿园评估备案12所。

【大额资金监管】 严格按照《巴南区区属平台公司大额资金管理办法》规定，以“合法合规、风险可控”为原则，对合同约定支付条件、分管区领导与公司总经理办公会研究意见、法律顾问意见等情况进行逐项审核，并提交区委常务会、区政府常务会审议。2018年各平台公司提交审核的大额资金支出共计49笔，金额共计24.98亿元，经审核并报区委、区政府审批后同意支付共计44笔，金额共计23.12亿元。同时向区委、区政府汇总上报公司月度收支和预期3个月的资金平衡计划，前瞻性地发现公司可能存在的债务风险，确保资金链稳定。

【国有闲置资产盘活】 为进一步加大国有闲置资产盘活利用力度，防止国有资产固化沉淀，先后印发《重庆市巴南区人民政府办公室关于进一步加强国有资产处置利用的通知》（巴南府办发〔2018〕92 号）、《关于开展全区国有资产处置利用情况专项检查的通知》（巴国资发〔2018〕187 号），进一步盘活闲置固定资产、经营性国有资产和资源性国有资产，规范处置程序和经营管理行为，加强督促检查力度，有效提高国有闲置资产利用效率。

（温 琳）

国土资源管理

【概况】 巴南区国土资源管理分局是重庆市国土资源和房屋管理局的派出机构，分局机关下设办公室、纪检监察室、规划计划科、建设用地科、土地资产科、权籍科、法制监察科和地质矿产科等 6 科 2 室，下设巴南国土事务中心和巴南地质环境监测站等 2 个事业单位，派驻鱼洞、花溪、南泉、界石、安澜、木洞、惠民、东泉、接龙等 9 个国土资源管理所。分局有在编干部职工 99 名，负责全区土地、矿产资源管理和地质灾害防治工作。2018 年，巴南国土资源管理工作贯彻落实党的十九大精神，以习近平新时代中国特色社会主义思想为指导，以推动乡村振兴为着力点，精准对接市、区“三大攻坚战”“八项行动计划”工作任务，在土地供后监管上积极作为，积极践行新发展理念，为巴南区全面建设小康社会提供土地资源要素保障。

【耕地保护和土地整治】 完成南泉龙井等 7 个项目共计新增耕地 1730. 36 亩，超额完成市政府下达新增耕地 1500 亩目标任务，有效保障建设占用耕地补充需求。市下达高标准基本农田建设任务 12000 亩，实际建成高标准农田 20685 亩。积极开展东温泉镇黄金林村等 3 个区级贫困村项目建设，项目初设实施规模 9243. 96 亩，投资 1612. 33 万元，截至年底，姜家镇蔡家寺村土地整理项目 A、B 已完工，东温泉镇黄金林村土地整理项目已完成全部工程量的 95%。

【规划管理】 通过改进规划预审管理和积极争取土地利用计划指标，共取得用地计划 38 宗，新增建设用地面积 4251. 45 亩。完成土地规划调整 5 宗 4746 亩，保障铁路东环线、物流基地产业等项目落地。大力开展村规划编制，51 个村的村土地利用规划已完成区级评审，其中 43 个村规划已完成市级技术审查。安澜镇顶山村成果于 2018 年 6 月入选全国首届乡村规划优秀案例。

【征收审批】 主动对接相关部门，落实重大项目专人跟踪督办，取回市批集体土地征收审批件 39 宗，总用地面积 5135. 27 亩，保障了经济园区、职教城、重庆市法制教育基地项目、麻柳沿江开发区建设一般工业固体废弃物堆场、物流基地京东二期等一批市区级重大基础设施、重点产业项目用地。

【土地资产经营】 出让土地 20 宗 3218 亩，出让价款共计 173. 32 亿元。对 19 宗闲置土地单独制定处置方案并报经区政府批准同意，累计征收 5 家企业土地闲置费 136 万余元，征收 13 家企业竣工违约金 284 万余元，督促企业加快项目建设、落实投资，促进节约集约用地。

【权籍管理】 出具土地权属调查确认书 216 份；送达书面函告、报告共计 288 份。完成 2017 年度土地变更调查国家下发图班 613 个面积 12019. 3 亩，并顺利通过国家验收。完成 17 个镇街 96 个行政村存量农房测绘与上图入库工作，测绘 100112 宗。农村产权流转交易中心累计收集各类农村产权流转信息 221 条，发布意向流转土地 11570 亩，开展交易鉴证 35 宗 10756. 44 亩，实现交易金额 8186. 18 万元，惠及农户 1955 余户；延伸产权流转交易服务平台在木洞镇、天星寺镇、麻柳嘴镇新设 3 个镇街服务窗口，在二圣镇幸福村设立第一个村级服务点。

【法制监察信访】 通过拆除复耕、完善手续等分类整改措施，消除违法占耕 125. 29 亩，违法占耕比例从 7. 21% 下降至 2. 25%。土地例行督察后续整改有序推进。收到行政应诉通知书 74 件，分局行政负责人出庭应诉36件。涉及行政复议案件7件。政府信息公开件件有落实，敏感时期信访态势平稳，及时回应群众关切，解决合理诉求。

【矿产资源监管】 全年计划建成6家绿色矿山，7家企业上交自评估报告，经市规划和自然资源局组织第三方专家组评审达到创建绿色矿山标准。计划完成矿山地质环境综合治理（复垦）30公顷，南泉洲欣采石场项目治理面积21公顷已通过竣工验收，正在实施土地复垦项目；南泉南方水泥厂、红旗水泥厂废弃矿山项目3.65公顷正在实施回填；12个8.6公顷可按自然复绿类进行验收历史遗留矿山实施竣工测绘；龙洲湾红炉村历史废弃矿山（一期）项目21.26公顷启动，已完成地质勘察和设计工作待市级部门下达批文。完成10家环保关闭烧结砖企业31.32公顷地质环境治理恢复工作；完成市环保督查要求整改的安澜鹭类保护区内金土砖厂3.67公顷拆除复垦工作，并组织相关部门进行验收。

【地质灾害防治】 落实540名“四重”网格化管理员，实现全区613处地质灾害隐患点群测群防全覆盖。投入资金932万元实施工程治理9个；实施搬迁避让73户202人；开展突发地质灾害灾险情应急调查17次，紧急避让4户10人，出具应急调查报告17份；地灾隐患点销号108处。在南彭街道华南城组织开展区地质灾害综合应急避险演练，提升应急抢险救援能力。通过区地质灾害指挥中心和区预警应急信息平台发送雨情、水情等预警信息1.3万余条。无新增地质灾害隐患点，无人员伤亡情况发生。

【改革试点工作】 印发《重庆市巴南区国有建设用地使用权转让投资额认定实施细则（试行）》，二级市场试点已经部验收通过。城镇低效用地初步成果（地块26个约436.4亩）已报市勘院技术审查中。第三次土地调查先行试点示范镇调查工作已完成内业面积176631公顷，占比97%；已完成镇街20个；巴南城镇部分7586公顷已全部完成内业解译。

【干部队伍建设】 完成科级干部试用期转正3人，科级干部交流2人次，新招录人员试用期满转正4人，非领导职务正常晋升10余人，干部结构进一步优化，干部梯队进一步合理。

（熊吉祥）

土地整治储备

【概况】 区土地整治储备中心（简称区土储中心）职级为公益一类的五级职员（正处级）全额拨款事业单位，内设综合科、土地储备一科、土地储备二科、土地供应科、土地整治科、计划财务科六个科室。核定事业编制27个，领导班子成员有党组书记、主任1人，副主任3人，二级班子成员有科长6人、副科长6人。

2018年，区土储中心围绕区委、区政府中心工作，以“夯实党建聚士气，招商供地促发展，深挖潜力增储备，稳推复垦惠民生”为工作主线，全年已出让或转让土地实现综合价金约191.3亿元（含市属公司），新增储备土地约902亩，复垦约24亩，首次成功发行土地储备专项债券资金共11亿元。

【土地出让】 2018年，房地产市场形势复杂多变，特别是8月以来，受国家政策调控和市政府土地出让新政策出台的影响，房地产市场骤然降温，房地产企业拿地更趋谨慎，拿地热情日趋低落，土地市场呈现转“冷”趋势。面对区政府年初下达的土地出让实现综合价金100亿元目标任务，区土储中心上下积极进取，攻坚克难，全力推进土地出让工作。全年出让和转让土地23宗，土地面积约3492亩，综合价金约183.88亿元，其中，区属土地17宗约2147亩（商住地13宗约1573亩，产业用地4宗约574亩），综合价金约88.9亿元；市属土地6宗约1345亩，综合价金约94.98亿元。

【土地储备】 2018年，新增储备土地约902亩，累计储备约55231亩，扣除已供应土地，剩余储备土地约30788亩，其中，商住用地约6604亩，产业用地约4457亩，其他用地约19727亩。

【首发债券】 牵头负责全区2018年土地储备专项债券申报及发行工作，经过多次收集、审核并上报，成功发行土地储备专项债券资金共11亿元，其中鹿角800亩储备地项目5.6亿元、大江土地收购项目0.8亿元、花溪建新村整治项目3.6亿元、南泉虎啸村项目1亿元，已按专项债券管理办法相关规定使用全部资金。巴南区首次成功发行土地储备专项债券，不仅有效缓解全区储备土地整治资金短缺问题，还为全区规范土地储备整治融资行为、开拓融资渠道探索了新途径。

【资金回笼】 为加快全区已出让土地资金回笼，缓解财政压力，区土储中心牵头负责全区土地出让成本审计返还和棚改项目优惠政策兑现手续的办理。全年收到市财政返还土地成本约59.7亿元，其中，2018年已出让土地预返还成本约38.2亿，2017年及以前已出让土地返还成本约21.5亿元。全区上一轮危改项目19个，可兑现优惠政策约8.2亿元，已兑现约3.3亿元；新一轮棚改项目18个，可兑现优惠政策约10.2亿元。

【土地复垦】 顺应市整治中心政策变化，科学变更目标任务，将全区“完成项目拆分重组备案500亩”调整为“复垦项目入库备案500亩”，2018年，已完成25个复垦项目约561亩入库备案；推进建卡贫困户农村集体建设用地复垦，全区建卡贫困户所涉8个镇20个村约14.9985亩复垦项目，从进场施工到完成地票交易历时9个月，创造了巴南区复垦历史上项目推进实施最快纪录，此项工作将实现农村集体经济组织、建卡贫困户个人不低于2.1万元/亩和12万元/亩的复垦收益，助力打好精准脱贫攻坚战；推进库存项目复垦和地票交易工作，全年完成龙洲湾街道团结等3个村约24亩复垦工作；实现地票交易约38.5亩，交易金额716.2万元；盘活并监管暂不能复垦房屋，全年出售暂不能复垦房屋2户约172平方米，收回资金2.48万元；加强全区暂不能复垦所涉17个镇街528户房屋安全监管和排危工作，30户约3066平方米危房及时排危。

【“三项规范”改革】 开展“三项规范”改革工作中“完善拟出让商住用地周边公建配套设施完整性审核机制”，落实土地储备出让牵头抓总职能职责，提前建立全区公建配套设施建设统计台账、市属平台储备地公建配套设施项目成本分摊台账，制定土地出让报件会审制度，草拟《巴南区拟出让商住用地周边公建配套设施成本分摊导则》，推进全区商住用地周边公建配套设施成本分摊的申报和返还工作。2018年，就已出让区属土地申报公建配套设施分摊成本约13.81亿元，审计报告认定成本约4.27亿元，未实施项目披露成本约9.54亿元；市属平台公司已出让土地申报储备红线外1千米范围内公建配套设施分摊成本约9.97亿元，审计报告认可成本约0.54亿元，另约9.43亿元暂未认定。

【棚改和历史遗留】 推进棚户区改造和集体土地征收工作，强力李家沱林荫村、桥南村和工联三村等棚改项目扫尾工作；完成花溪新村九号等新一轮棚改项目前期摸底、签约，并向花溪街道拨付全部拆迁补偿资金4000万元；推进花溪街道1、6、8社约458亩、鹿角约800亩等纳入2018年土地出让计划的集体土地征收工作；完成原重棉6厂141、142号楼128户房屋拆迁补偿工作。完成“玉宇·盛世江南”安置房项目1、2、3号楼621套房屋竣工验收和交房工作，其中，444套房屋确定安置对象，250套房屋交付安置户，700余群众入住新房；4、5号楼完成预验收，污水管道迁建基本完成，同时，对4、5号楼旁存在的滑坡隐患，上报区政府批准按最新的边坡治理方案实施。以区土储中心名义购买的互康公司“环球时代广场”项目安置房遗留问题已妥善解决，311套住房完成网签，5个商业门面正在办理网签手续。

（曾　静）

审　计

【概况】 2018年，重庆市巴南区审计局人员编制35人（其中行政人员24人，参公事业人员9人，工勤人员2人），实有33人。局领导设一正三副，纪检组长1名，经济责任联席办主任1名；设有办公室、法规审理科、整改督查与内审管理科、财政审计科、企事业审计科、投资审计科、经济责任审计科、电子数据审计科、审计中心等7科1室1中心。

全年，完成审计项目59个。查处管理不规范金额1179736万元；违规金额56651万元；实现增收节支金额共计201679.25万元，其中，已上缴财政金额133692.01万元，已归还原渠道资金33658.54万元，审减额18845万元，审计期间整改金额15483.64万元。移送案件线索16件；提出建议178条，均被采纳。审计报告、专报、要情等得到区领导肯定性批示115篇（次）。《“五举措”控制投资审计　全过程助推审计质效提升》等做法被《中国审计报》、审计署网站媒体宣传报道11篇次。

【国家重大政策措施落实情况跟踪审计】　聚焦“三大攻坚战”“三去一降一补”“放、管、服”重大投资项目建设等情况进行跟踪审计，共抽查16个部门、25家企业、10个项目，发现问题金额42509.2万元。揭示3个重点工程项目未达计划进度、铁路东环征地拆迁项目债券资金结余23064万元未及时使用、矿山地质环境治理恢复保证金2785.04万元未按规定取消、4个单位违规收取保证金201.62万元未及时清退、违规享受发放就业补贴23.25万元等问题，并督促被审计单位及时整改，促进政策落实和政令畅通。

【财政审计】　2018年，对九龙坡区财政及税收进行交叉审计，发现问题金额1073375万元，揭示区级预算编制不完整、上级专项转移支付资金结转金额大、专项资金使用不及时等问题，促进增收节支138075.52万元，移送纪委监委案件线索2件，以审计要情上报揭示某国有单位风险把控不严，造成国有资金损失6000多万元等典型问题；采取“统一数据分析+单位自核自证+现场重点核查”方式对巴南区31个部门（单位）预算执行和其他财政收支进行审计，查处应缴未缴非税收入1472.4万元、少征收垃圾处置费123.2万元、违规收取保证金106.29万元等问题。

【经济责任审计】　对全区11个单位13名领导实施经济责任审计，查出违规金额279万元，管理不规范金额137507万元，揭示政策执行不到位、权力运行不规范、内控制度不健全等110项问题。推动区委出台《关于印发巴南区贯彻落实〈领导干部自然资源资产离任审计规定（试行）实施方案〉的通知》（巴南委办发〔2018〕11号），在经济责任审计中关注领导干部自然资源资产管理和生态环境保护责任的履行情况，助力打好污染防治攻坚战。

【固定资产投资审计】　全年完成结（决）算项目37个，揭示工程项目中存在的工程变更审批程序执行不严、招投标管理不规范、部分项目建设管理不到位等问题，审减因工程量错算、误算、虚报，套用单价不准确等多计工程价款18845万元，规范公共投资建设行为。

【民生资金（项目）审计】　根据审计署、市审计局安排部署，加大对扶贫、河长制、保障性安居工程、残疾人事业发展情况、交通行动计划落实情况等民生资金和项目审计力度，查处管理不规范金额4603.17万元，揭示专项资金在筹集、管理、分配、使用上的问题，促使公共资源配置更多地向民生领域倾斜，促进惠民富民政策落实。

【内部审计】　认真贯彻落实审计署第11号令等精神，将审计整改跟踪督查和内审工作纳入对区级相关部门、镇街和区属国有公司经济社会发展实绩指标考核，推动出台巴南府办发〔2018〕206号文件，加大审计整改和内部审计工作指导监督检查力度。对区卫生计生委等单位92个项目进行计划报告备案；对区教委等4个单位进行调研及业务指导；对区经信委等15个单位审计查出问题整改落实、内部审计开展情况进行专项检查；创新对20个跟踪审计项目22个中介机构审计质量核查，发出整改函22份，得到区政府主要领导肯定性批示。结合政府投资审计项目开展专项核查，揭示1家中介机构出具的结算审核报告结算价虚高703.47万元的问题，已移送相关部门处理。指导内部审计协会完成换届工作。

【信息化建设】 推进以大数据为核心的审计信息化建设，实现全区86个一级预算单位，235个二级预算单位数据定期采集报送全覆盖；《创新构建“审计百度”模块》案例入选市局培训案例，在全市数据化审计案例培训班上交流发言。数字化审计工作得到区委督查室认可，将区审计局开展数字化审计取得的成效作为加强党风廉政建设、从严治党的监督技术创新经验上报市委、市政府。

（涂蕊玲）

统　计

【概况】 重庆市巴南区政府综合统计机构包括重庆市巴南区统计局和国家统计局巴南调查队。重庆市巴南区统计局直管重庆市巴南区普查中心、重庆市巴南区社会经济调查队和重庆市巴南区统计执法检查队三个正科级参公事业单位。重庆市巴南区统计局（简称统计局）是正处级单位，内设办公室、综合统计监测科、专业统计科、服务业统计科。区统计局及三个事业单位编制共计25人（机构改革前编制24人，机构改革后编制增加1个），在编在岗22人，另聘用劳务派遣人员3人，返聘4名退休干部参与全区第四次经济普查工作，退休干部7人，年末从业人员25人（不含返聘退休干部）。国家统计局巴南区调查队是中央事业参公管理单位，与区统计局同级，内设办公室、综合科、城镇调查科、农村调查科；编制13人，在编在岗13人，另聘用劳务派遣人员2人，年末从业人员15人。

2018年，巴南区统计工作以“提高统计服务水平、提高统计数据质量、提高统计工作能力”为核心，主动适应新常态对统计工作提出的新要求，抓好重点，突出亮点，整体推进，圆满完成常规各专业统计和专项调查工作任务。围绕全区中心工作和经济社会运行发展情况，区统计局全年撰写统计分析、信息共计160篇，被市统计局采用40篇，被区委区政府采用26篇，受到区委、区政府肯定性批示3篇；国家统计局巴南调查队全年撰写统计分析、信息共计155篇，被中办、国办及国家统计局采用24篇次，被市委、市政府及重庆调查总队采用91篇次，被各级领导肯定性批示14篇次。区统计局印发统计月报11期，编纂《统计年鉴》1册，编印《重庆市巴南区领导干部手册》1册，发布年度统计公报1次，同时充分利用区政府门户网站、新浪微博、数据巴南APP等渠道规范发布统计数据、信息，解读经济形势。统计基层基础持续夯实，全年开展行业统计和专项调查业务培训20余期，随机对8家企业开展统计执法检查，对有统计违法行为单位进行通知整改、警告和罚款等处理。区统计局在重庆市统计局专业年度考核中，社会科技和文化产业统计工作获二等奖，工业统计、能源统计、建设领域统计、服务业统计、统计教育培训工作获三等奖。

【第三次全国农业普查工作】 4月，按照重庆市关于农业普查数据使用和公布的总体要求，完成巴南区普查主要数据的汇总和核定，并于6月发布巴南区农业普查主要数据公报。6月，根据市农普办公布的第三次全国农业普查结果，完成巴南区全面农业统计历史数据的修订工作。7月，开展镇街“两员”补贴落实情况的督查。10月，按照市农普办的统一部署，完成第三次农业普查先进集体和先进个人的推荐报送。

【住户调查电子记账】 按照国家统计局和重庆市政府统一安排和部署，巴南区2018年启动建立住户调查应用系统，推进电子记账工作。2018年1月底前，完成住户调查应用系统平台搭建和各级调查人员工作业务培训。6月底前，制定《巴南区住户调查电子记账工作规程》《巴南区住户调查电子记账数据质量控制办法》，对电子记账工作组织分工、开户流程、数据采集管理、质量控制等进行规范。10月底，电子记账试点工作结束，运行效果良好。11月2日，印发《关于建立住户调查应用系统推进电子记账的通知》（巴南府办发〔2018〕192号），在全区全面推进电子记账工作。截至12月底，全区开通电子记账户190户，电子记账率63.3%。

【劳动力抽样调查】 7月，巴南调查队接手月度劳动力调查工作。8月，制定并完善《巴南区月度劳动力调查操作规程》和《巴南调查队月度劳动力调查员管理暂行办法》，覆盖从样本维护到数据审核全部流程，强化规范调查。9月，出台《巴南区月度劳动力调查电话抽查制度》和《巴南区月度劳动力调查专业考核评比办法》，每月对每个社区采取以电话抽查为主，实地回访为辅的方式，核查入户情况和数据质量状况。11月，完成劳动力样本摸底、新版程序测试。12月，经过优化调整，新增3个调查点，巴南区调查点总数达到17个，调查对象272户，样本量居全市之首，月度劳动力调查工作顺利推进。

【农作物遥测无人机对地调查】 巴南区农作物遥感测量首次利用无人机开展对地调查。3月，统一招标购买"大疆悟2"无人机、平板电脑及相关处理软件。4月，派出一名专业人员前往武汉市参加AOPA无人机驾驶员合格证培训，并取得无人机驾驶员执照。6月，制定《巴南区无人机设备管理、使用制度》，规范了无人机的保管、维护和使用。7月，在确定地形、气候符合飞行要求，同时取得航空部门同意之后，历时13天对全区范围内抽中的15个调查村、45个样方进行航拍，获取影像资料，并对影像进行处理，完成农作物遥测对地调查。

【重庆市1%人口变动抽样调查】 按照市统计局统一安排，巴南区从2018年10月开始启动1%人口抽样调查工作。10月，完成"两员"选聘及调查培训工作，组织14个镇街的指导员及27个调查小区的调查员深入学习2018年人口变动调查制度及PDA程序操作。11月，局领导带队到部分重点镇街开展数据质量检查。为保证数据质量，与计生、公安、社保资料比对以及自查、互查、抽查，确保调查信息真实、准确。11月底，完成人口抽样调查工作审核、验收工作。全区调查总户数3024户，调查总人口8666人，其中常住人口6288人，城镇人口5142，出生率12.5‰，死亡率7.7‰。

【其他专项调查】 继续开展"生产经营景气状况调查"（涉及工业、建筑业、房地产、商贸、服务业等行业）、房地产库存调查、规模以下工业调查、限额下服务业抽样调查、限额下批发零售住宿餐饮业抽样调查、劳动力变动抽样调查、城乡住户抽样调查、农产量抽样调查、畜禽监测调查、房地产价格调查、采购经理调查、固定资产价格调查、工业生产者价格调查、小微企业跟踪调查、农民工监测调查、农民工市民化进程监测调查、农业现代化发展进程监测调查、妇女儿童纲要监测调查等专项调查工作，各项调查任务圆满完成。

（张石刚　陈　松）

工商行政管理

【概况】 区工商分局机关内设机构12个，即办公室、组织人事科、监察室、法规科、财装科、非公党建科、小微科、注册登记科、消保科、商广科、信用科、监管科；直属机构1个，即执法支队；派出机构10个，即鱼洞所、龙洲湾所、李家沱所、花溪所、界石所、南彭所、木洞所、八公里所（与李家沱所合署办公）、华南城所（与南彭所合署办公）、电商所（实际在机关运行）。担负全区市场经济发展秩序的监督管理工作。2018年，区工商分局按照区委、区府和市局总体部署，以"放管服"改革为主线，围绕打造"团结型、实干型、学习型、清廉型"以及"强监管、强服务、强维权、强形象"的"四型""四强"巴南工商，创新举措、真抓实干，各项工作推进有力有序，分局被市人社局和市局联合表彰为先进集体、被国家市场监管总局表彰为商事制度改革信息化建设表现突出单位，3名干部职工被巴南区委和区直机关工委表彰为先进。多项工作在全系统率先开展，区委区政府主要领导多次给予肯定性批示。

【市场主体发展】 出台《优化营商环境助推招商引资工作的意见》《深化"放管服"改革助推

地方经济社会发展的意见》，推行20条政策措施降低市场准入门槛。逐步实行放宽新兴行业经营范围核定、企业名称“自主申报”、市场主体住所登记申报承诺制和工商注册登记“容缺受理”等多项举措，优化企业落户鼓励政策，有效降低准入门槛。创新“随地办”方式，全区7个工商登记窗口实现个人独资企业和个体工商户“通办”，23个银行网点、6个经济园区、22个镇街可办理工商登记。设立全程电子化咨询窗口和智能自助打印执照终端，推行工商行政审批“快办快结”，企业新设立时限压缩至1个工作日，进一步节约企业设立成本。率先打造登记质量可追溯系统，实现办事流程透明，督促登记人员依法履职。打造京东集团旗下西南首个集群注册平台，609户市场主体成功入驻。联合区税务局，在区行政审批中心建立联合审批窗口，“一站式”服务企业简易注销，接受涉税信息咨询服务430余次，受理企业简易注销登记115户。打造企业“个性化”服务，围绕市场准入、招商引资、政策扶持、市场培育、消费维权等方面提供“个性化服务”，对企业名称核准等简单审批事项和招商引资企业等特殊情形实行当场办结。建立企业特殊名称库推送机制，定期向市局推送特殊名称，保障企业顺利落户，累计为万全喜恩、百利威集团、华立方商业等50余户重点新设企业申请开通特殊名称申报通道。2018年新增市场主体15180户，同比增长10.38%，市场主体总量达71996户。巴南区商事制度改革成效被市政府办公厅《政务工作交流》全文刊登。

【小微企业帮扶】 贯彻落实《关于进一步支持中小微企业发展政策措施实施细则》，400余户微企申请进入“重庆成长型微企培育库”。召开全区成长性微型企业奖励暨优秀微企（个体工商户）表彰大会，对36户成长型微型企业、4户优秀微型企业、3户个体工商户进行表彰奖励，区政府主要领导出席。加强小微企业名录库建设，平台信息报送工作名列全市第一。落实全市1万人次微企培训计划，组织32人次参加16期市级微企培训班，举办2期巴南微企培训专题班，培训微企240人次。全面铺开区级微企综合赋能提升培训计划，区财政出资50万元，培训微企1000人次。开展微企自查自纠，抽查540余户微企，对77户微企进行全面复核，没有发现干部职工违纪违规现象或线索。2018年新发展小微企业4762户，较2017年底净增20.11%，解决就业37400余人，其中，新发展微型企业3826户。

【商标广告战略】 充分挖掘巴南区农业资源优势，全力推进“接龙蜜柚”“二圣梨”“巴南香桃”3件“地标”申报，对“鱼洞乌皮樱桃”“五布柚”“南彭草莓”地标开展实地调研指导，推动农产品价值逐年提升。注册商标2985件，商标总量达12642件，向总局推荐驰名商标1件。深入走访了解主体商标运用保护和品牌经营管理情况，开展商标行政指导、建议42次。在界石工业园区打造全市首个商标品牌创业创新基地，积极向市局争取在基地设立首个商标注册受理和质押办理窗口，探索开展知识产权评估、商标质押及金融服务，提升品牌价值，促进企业发展。

【信用体系建设】 新归集、整理、上报各部门信用信息26400余条，查询信息2600余条，出具企业信用报告1500余份。拓展信用信息运用领域，企业信用信息在区人大代表评选、政协巴南区第十四届委员会委员评选、农委市级项目申报财政资金项目等11个新领域实现应用。建立健全跨部门联动响应机制和失信惩戒机制，在实施行政审批、评优评先、资质认定、招投标、政府采购等工作中，将信用信息作为重要考量因素，87户企业荣获2016—2017年度重庆市“守合同重信用”称号，120余户企业因不良信用记录受限。加强信用宣传，播放国家企业信用查询公示系统宣传片和公益广告片、推送年报公示微信H5图片、事例讲解，提醒市场主体筑牢信用意识，主动开展年报公示信息工作。同时，注重收集编辑失信事例开展《信用约束故事》讲述宣传，通过身边真实的案例促使市场主体不想、不愿、不敢失信。

【消费维权工作】 推进放心消费创建，以区政府名义出台创建活动方案，围绕“放心消费在巴南”的创建主题，以“432”创建工作为载体，打造示范单位62家。开通“巴南工商”微信公众号“消费维权板块”板块，受理解决消费投诉70起，实现消费投诉零距离。建立商场小额纠纷快速解决通道，实现85%的纠纷化解在商场内部。建立消费纠纷在线调处平台，以视频调解为依托，实现异地消费维权效能大幅提高。受理消费者投诉、举报3074件，为消费者挽回经济损失2000余万元。

【市场监管执法】 加强年报宣传督查，内资企业年报率91.27%，主城位居第一。开展“双随机一公开”综合抽查5次，累计抽查市场主体3138户，责令整改273户，正在进一步调查处理84户，检查结果均在国家企业信用信息公示系统和信用中国（重庆）系统公示。按照“三去一降一补”的总体要求，对“僵尸企业”进行清理，依法强制注销未正常经营个体工商户5318户，减少无效和低端供给。加强重点领域监管执法，开展扫黑除恶专项斗争工作，走访市场开办者27家、经营者1500余户，排查欺行霸市、强买强卖等行为和涉黑涉恶线索。强化金融风险防控排查，向金融办移交非法集资线索2起，配合开展2家P2P互联网金融的清理验收和清退工作。深化非法会销、房地产广告、殡葬行业、双打促双创、执法护民生等专项执法行动，立案查处各类违法案件67件。

【非公党建工作】 充分发挥非公党组织政治核心和政治引领作用，深入调研指导非公企业党组织建设工作。统筹机关党建、“小个专”非公党建、党建带群建工作经验，通过组织共建、活动共办、资源共享三种形式，创新开展党建共建行动，开展重温入党誓词、百堂党课进企业等各类活动，参与支部39个，党员参与人数300余人次。实际指导“小个专”非公党组织30个，党员“三亮”285名，“双帮双培双带”46对。建成市级非公党建示范点4个，市级党员明星经营户2个，区级示范点6个。

（王　欢）

质量技术监督

【概况】 重庆市巴南区质监局内设办公室（监察室）、法制科、行政许可管理科、质量科、计量科、标准化管理科、认证认可监督管理科、特种设备安全监察科和重庆市巴南区质量技术监督执法大队。行政编制21名、行政执法专项编制5名、机关后勤服务人员事业编制3名，聘用5人。全区质量工作得到区委区政府高度重视，将“推进质量强区，大力弘扬‘工匠精神’，鼓励骨干企业专注主业，打磨精品、做优名品”纳入区政府网格化目标任务。市对区实绩考核纳入区委区政府重要议事日程，每季度向区委区政府报告工作推进情况。加强特种设备安全监管，全年无特种设备安全事故发生。全面落实总局、市局加强安全监管电视电话会议精神，扎实开展隐患排查整治。深化“放管服”改革，落实行政审批制度改革各项工作，全年办理行政许可2443件，特种设备使用登记、气瓶充装等许可事项全部实现网上办理，持续优化行政审批工作流程，许可办件时限缩短30%以上，特种设备使用登记许可事项基本做到当场办结。减轻企业负担，清理、取消计量器具制造、修理2项行政许可审批权，深入推进“双随机一公开”，对内燃机、电线电缆、低压开关柜、食品相关产品等37个批次产品开展“双随机”产品监督抽查。坚持行政处罚案件集体审理，规范自由裁量权，全年无复议、诉讼案件。主动接受社会监督，公开行政处罚案件信息20件。

【质量管理工作】 以培育百亚公司导入卓越绩效管理模式，申报市长质量管理奖，引导建设机电、众恒电器等企业创重庆名牌产品7个。开展群众性质量改进活动，宗申、长安铃木等企业申报QC小组成果奖，获一等奖1个，三等奖6个，获质量信得过班组三等奖1个。开展“质量月”活动，召开全区品牌建设及质量提升交流会，引导企业互帮互学，提升企业发展的质量和效益。帮扶企业健全质量管理体系，新增强制性认证证书46张，新增自愿性认证证书35张，为企业赢得供给侧结构改革和转型升级先机增添动力。

【标准化工作】 开展标准助力质量提升行动。推进区政务服务中心国家级标准化试点项目建设，促成区政务服务中心与市标准化研究院签订战略合作协议，邀请专家对项目建设进行指导，项目建设已通过中期审查，2019 年 1 月接受国家标准委验收。指导区内 10 家企业开展对标达标专项行动，对照国际标准、国外先进标准、国家标准、行业标准、地方标准等进行比对分析。推行企业产品和服务标准自我公开和监督制度，436 项企业产品标准在企业标准信息公共服务平台进行自我声明公开。推动团体标准制定，百亚公司参与起草的医护级婴幼儿纸尿裤（片）、医护级卫生巾（含卫生护垫）两个团体标准顺利通过技术审查和复审并发布实施。指导大江、建设等 10 家企业建立完善标准体系。

【计量工作】 开展基层卫生机构医用计量设备检定工作，检定设备 1833 台件，确保人民群众健康安全。开展春节期间集贸市场计量专项整治行动，检查“烤羊馆”“鱼馆”等餐饮企业 11 家，严肃查处计量欺诈行为。开展成品油市场计量监督检查，检查加油站 20 家，维护消费者权益。联合交管部门强化安检机构监管，每月对辖区 4 家安检机构实施监督检查，确保检测数据准确可靠。

【特种设备安全监察】 实行特种设备台账式管理，做到数据清、情况明。强化信息化平台应用，每周对飘红数据进行通报，有针对性进行数据清理，解决监管人机矛盾，提高监管效率。制定《2018 年度特种设备现场安全监督检查计划》，检查企业 116 家，完成全年监督检查计划。加强“两节两会”、五一和高温汛期、国庆等重要时段、重大活动的特种设备专项检查，发现安全隐患 64 起，完成整改 64 起，完成整改率 100%，均形成隐患整治闭环。坚持“检查诊断、行政处罚、整改复查”闭环执法，对重大违法行为做到“首查必罚”，监管执法处罚月月“清零”，形成执法高压态势，推动特种设备生产使用单位自觉排查整治事故隐患，倒逼企业主体责任落实。全年共立案查处特种设备违法案件 21 件，事前执法处罚率达 100%。

【认证认可】 深化认证“双提升”活动。贯彻落实市政府 37 号文件加强质量认证体系建设的实施意见，强化检验检测机构内部管理，督促和指导 16 家检验检测机构按照标准要求建立诚信管理体系。组织 10 家检验检测机构参加 2018 年度能力验证活动，推动检测水平不断提升。加强对强制认证企业的监督巡查，提升企业管理能力。引导吉力芸峰、攀钢钛业运用《企业能耗成本控制作业指导书》，节能降耗，提高企业竞争力。

【执法监督和打假治劣】 加强对重点产品质量监管，开展食品相关产品获证企业生产条件监督检查，抽查 9 家企业 18 个批次产品。开展正三轮车、农资农机、塑料管道等专项执法行动，严厉打击生产假冒伪劣产品违法行为。开展以“去产能”为主题的地条钢专项执法。

（刘　平）

食品药品监督管理

【概况】 巴南区食品药品监管分局成立于 2001 年 12 月，2003 年 12 月更名为重庆市食品药品监督管理局巴南区分局。2014 年，按照《中共中央关于全面深化改革的决定》《重庆市人民政府办公厅关于改革完善区县（自治县）食品药品监管体制有关问题的通知》（渝府办发〔2013〕239 号）和《重庆市巴南区人民政府关于改革完善食品药品监督管理体制的通知》（巴府办〔2014〕22 号）要求，整合工商食品流通领域监管、质监食品生产领域监管职能，组建成为新的食品药品监管机构。主要职能是对食品生产、经营安全监管和药品的安全性、有效性进行统一监管，并承担区食品药品安全委员会办公室相关职责。分局机关内设办公室、综合科、人事财务科、法制监督科、行政审批科、食品监管一科、食品监管二科、药品监管一科、药品监管二科；下设龙洲湾、鱼洞、李家沱、花溪、南泉 5 个直属食品药品监管所，为分局直属机构；其余 17 个镇街设立食品药品监管所（办），为镇街综合办事机构，负责各镇街食品药品监管日常工作。2018年底，编制67个，分局机关及5个食品药品监管直属所在编人员65人（其中局机关33人，5个直属所共32人），退休人员16人。

2018年，分局全力推进创建国家食品安全示范城市和卫生城区工作，开展食品药品安全风险隐患大排查、大整治、大督查、大执法，提升食品药品安全治理能力和水平，全年出动执法人员12460人次，检查食品药品生产经营单位17096家次。全面开展食品生产小作坊规范整改，对辖区140家食品生产企业和110家食品生产小作坊确定风险等级，强化监督抽检，突出食品药品监督抽检，完成“三品一械”监督抽检4612批次。受理投诉举报747件，办结687件，有效办结率100%，办理兑现投诉举报奖励19件。办理食品立案133件（含保健食品3件）、药品立案23件、器械立案16件、化妆品立案1件；结案共计199件，罚没款合计131.06万元。移送公安处理5件。公安机关立案侦查食品药品16件，被追究刑事责任9人。全区未发生食品药品安全事故，保障了人民群众饮食用药安全，促进全区食品药品经济健康有序发展。

（曾　维　甯明芳　刘　婧）

【食品生产销售领域监管】　结合实际制定2018年度食品生产经营监管计划，确定等级和监管频次，有效开展11家直管企业日常监督检查，完成食品抽检207批次，立案查处各类食品违法案件40件，罚没款28.83万元，严厉打击食品违法行为，严把生产经营食品安全关。按照双创要求，全面提升规范小作坊150家，发放登记证150张，打造示范食品生产企业20个。规范经营环节进货查验和索证索票，实行一户一档管理制度。对全区4935户食品经营者开展风险等级评定，评定A级3383户，B级838户，C级232户，实行食品生产经营表单化、频次化检查制度，按照农贸市场规范化建设要求，打造和规范八街一镇农贸市场38个，创建示范超市1个，完成“两节抽检”“放心肉菜超市”食品抽检任务92批次，开展食品快检培训2次，指导各镇街开展食品快检1150批次，开展非洲猪瘟及农村假冒伪劣食品等各类专项整治17个，通过强有力监管，保障生产经营环节食品质量安全。

（胡晓峰）

【餐饮环节食品监管】　实行以餐饮服务日常检查、风险分级管理和量化分级管理三位一体为基础的“三项”监管制度，按照日常检查结果，对餐饮服务单位全面实施食品安全等级评定，完成量化分级评定5147家，其中A级1211家，B级2931家，C级1005家；开展风险等级评定5156家，其中一级3313家，二级1420家，三级423家，四级0家。开展2018春秋校园及周边食品安全专项检查，落实学校食堂主体责任，对全区中小学和托幼机构食堂以及周边食品餐饮摊贩进行拉网式执法检查，专项检查共出动执法人员4941人次，检查校园及周边食品经营单位2316户次，排查安全隐患805个，整改隐患805个。在全区大中小学校和托幼机构食堂实施“明厨亮灶”安装率已达到99%，大中小型餐饮单位及单位食堂“明厨亮灶”676户。紧盯餐饮环节食品安全突出问题，组织开展校园及周边区域食品安全、火锅类餐饮食品安全、食品药品安全风险四大专项行动、网络安全食品安全监管、旅游景区食品安全等专项整治，进一步规范餐饮经营秩序。开展农村家庭宴席食品安全培训指导，整治规范家宴服务经营活动，对245户农村家宴服务经营者进行备案管理。全年共完成餐饮抽检202批次，完成率100%，合格率98%。开展重要节日、重大活动期间食品安全保障，完成全国山地自行车、二圣梨花节等23项重大活动餐饮食品安全保障任务，确保安全事故零发生。全年立案查处餐饮环节违法行为44件，罚没款共计42.57万元，移送公安1件，吊销许可证1个。

（龙小燕）

【药品监管】　强化监管措施，落实安全责任，规范药品流通秩序，保障辖区内人民群众用药安全。全年检查药品生产企业2家，检查药品批发企业36家次，药品零售企业580家次；区疾控预防控制中心和辖区内接种单位29家次，查处案件

24件，罚款3.87万元。将日常监管与GSP认证以及药品安全专项整治工作紧密结合，开展疫苗专项检查、处方药销售专项检查、中药饮片专项整治、二精专项检查、食品药品安全风险隐患大排查大整治大执法大督查专项行动。对辖区内药品经营使用单位开展飞行检查，会同卫生计生行政部门对疾病预防控制机构、接种单位执行《疫苗储存和运输管理规范》开展飞行检查，共检查89家次。全年共完成药品抽样136批次，其中药品流通环节130批次；全区共计上报药品不良反应1340例，严重88例，完成率260.7%；医疗器械不良事件480例，完成率202%；药物滥用363例，完成率181.5%，化妆品不良反应222例，完成率201.8%。

（唐　欢）

【医疗器械监管】　全区共有医疗器械生产企业15家（1家处于停产状态），分局按照医疗器械相关法律法规及市局要求，对辖区医疗器械生产企业进行日常监管。全区共有二、三类医疗器械兼营企业292家，三类医疗器械经营企业64家。分局按照《医疗器械经营企业分类分级监督管理规定》要求，对医疗器械经营企业进行分级监管。开展无菌植入性医疗器械、彩色平光隐形眼镜、避孕套经营、打击无证经营医疗器械与经营使用无证医疗器械专项整治行动。加强《医疗器械网络销售监督管理办法》《医疗器械监督管理条例》《医疗器械使用质量监督管理办法》宣贯工作，做好医疗器械网络销售备案工作，根据辖区实际情况确定对医疗器械使用单位监督检查的重点、频次和覆盖率，共检查医疗器械使用单位347家，对二、三级医院监督检查覆盖率100%。开展国家医疗器械抽样及市级医疗器械抽样工作，共完成抽样42批次，检出不合格产品3批次。立案查处15件，给予警告4件，罚没款204813.33元。

（徐姗姗）

【化妆品质量监管】　加强化妆品生产经营企业日常检查和专项整治。对辖区内2家国产非特殊用途化妆品生产企业3类产品进行检查。深化美容美发场所、宾馆酒店等化妆品经营（使用）单位专项整治，开展化妆品市场安全专项治理，检查化妆品经营使用单位319家次。开展化妆品“5·25护肤日”宣传活动，发放宣传册1000余份，现场接受群众咨询150余次。保质保量完成国家总局和市局的化妆品监督抽验、风险监测及快检任务。共完成国抽任务14批次，完成市抽日常监督抽检和安全风险监测抽样22批，酒店宾馆化妆品专项抽检完成5批次，快检抽样60批，其中6批次快检不合格样品转为风险监测。立案查处2件，罚没款686.16元。

（徐姗姗）

【食品药品行政审批服务】　深化行政审批制度改革，推行“互联网+政务服务”，对接全市政务服务平台建设。更新办事流程，优化申报流程，制定行政审批标准、权力清单，严格办证、认证标准、条件和程序并公示，实行“一站式”服务、网上审批，认真落实限时办结、简化程序、一次性告知、首问负责等便民措施。2018年办理食品药品经营许可、备案6910件，其中食品经营6038件，药品零售经营323件，三类医疗器械94件，二类医疗器械111件，小作坊95件，食品摊贩备案181户，家庭集体宴席服务活动经营者备案68户。承诺办结时限缩短1/2，申办资料减少38%，办结满意率100%。全面推行“双随机一公开”，强化事中事后监管，牢固树立“寓服务于监管、以监管保安全、以安全促发展”理念。助推产业发展，麻柳沿江工业园区引进生物医药企30个、投资300亿元，获得“重庆生物医药产业园”授牌，被商务部投资促进事务局、生物谷、德勤中国评选为“中国最具特色生物医药园区”。

（曾　静）

【食品安全示范城市和国家卫生区创建】　将创建国家食品安全示范城市与国家卫生区创建工作同步推进，创建工作成效明显。全面开展“三小”食品（小作坊、小食品店、小餐饮）调查摸底工作，开展“三小”食品、单位食堂、农贸市场、食品摊贩等食品安全专项整治，完成单位、学校食堂整改163家，“三小”食品整改5468家（小餐馆2764家、其中前灶后厅441家，小食品店已整改规范2599家，小作坊49家），“三小”食品生产经营单位持证率达95%以上，采取“以奖促改”方式鼓励“三小”食品改造生产经营场所、完善设施设备，对完成整改工作的“三小”食品经营户补助资金110余万元。对全区38家农贸市场进行改造升级，农贸市场环境整洁、功能分区合理，经营者持证亮照、主体责任意识增强，达到农贸市场规范管理标准。强化示范引领，创建并授牌“食品安全示范单位”128家。顺利迎接第三方评估机构对巴南区创建国家食品安全示范城市评价评估工作。全面完成创卫市级暗访问题整改，顺利通过市级技术评估工作。积极开展病媒生物防制工作，做到宣传到位、“三防”设施安装到位、整改规范到位，积极完成创卫相关工作。

（郑　鑫）

【食品药品综合监管】　充分发挥食安办综合协调作用，组织食药安委成员单位召开联席会议14次，组织开展全区火锅类餐饮业、食品保健食品欺诈和虚假宣传等专项整治，共开展联合执法18次，强化与区农委、质监、公安、工商、市政、教委等部门合作，加强食品药品安全监管，发挥监管合力。牵头做好区人大对《重庆市食品生产加工小作坊和食品摊贩管理条例》贯彻执行情况执法检查工作，得到充分肯定。加大资金保障力度，区财政安排落实食品药品安全监管工作预算经费948.8万元，其中食品药品安全监管经费20万元、创建国家食品安全示范城市经费550万元、村（居）协管员补助资金178.8万元、“三小”食品整治经费200万元，有效加强全区食品药品监管工作。

（曾　维）

【食品药品安全宣传】　加强与公众的交流沟通，提升公众对食品药品安全监管工作满意度。开展学校“小手拉大手”宣传活动，发放宣传资料14万份。开展“国家食品安全城市创建社区行”“12331宣传活动暨食品安全示范单位授牌仪式”“法律十进”、安全用药月、食品安全宣传周等系列宣传活动，组织现场宣传86场次，发放致“两代表一委员”、广大市民朋友、机关企事业单位的一封信4万余封，发放宣传购物袋3万余个，发放宣传资料5万余份，发送宣传短信130万条。在食品生产经营场所LED滚动播放食品安全知识，悬挂标语和横幅1605副。重庆市级媒体报道5次，区级媒体报道82次。

（曾　维　刘　婧）

安全生产监督管理

【概况】　区安监局是监督管理辖区内安全生产的政府职能部门。内设办公室、工矿商贸监管科、危化烟爆监管科、职业卫生监管科、综合监管科；下设参公事业单位（安全生产监察执法大队）和事业单位（安全生产应急救援指挥中心）。在职干部职工27人（其中局机关12人，执法大队10人，应急指挥中心5人）。

2018年，全区发生生产安全死亡事故36起36人，同比持平，占市下达控制目标的90%，连续54个月杜绝了较大及以上生产安全事故。全市2018年度工贸行业安全生产工作现场会在巴南召开，巴南区在会上做经验交流。创新建立《巴南区安全生产非法违法行为曝光制度》，9批次在《巴南日报》、巴南电视台曝光46家企业共84个安全生产领域非法违法行为。形成《关于城郊结合部服装企业转型升级促进安全发展的调研报告》，受到市局领导好评。敢于亮剑严格执法树典范，严肃查处全国“两会”期间发生的一起起重伤害、破坏事故现场、组织串供的生产安全责任事故，对5名涉嫌重大安全责任事故罪和帮助伪造、毁灭证据罪的责任人员依法移送司法机关处理，被市应急管理局作为全市执法典型案例，《中国应急管理报》《重庆日报》予以大篇幅宣传报道。在姜家龙石矿业有限公司举办2018年巴南区非煤矿山坍塌事故灾害应急演练，金安系统向全市安监系统现场直播。联合红十字会对企业开展应急救护知识培训，同时建立长效机制，持续推广。

【工贸行业安全监管】　全区共有工业企业3695家，商贸企业7098家，合计10793家。其中，规模以上工业企业177家，限额以上商贸企业134家，合计314家。全区有涉尘企业141家，有限空间作业225家，城郊接合部中小微企业2599家。对全区工业商贸企业落实安全生产责任制，织密安全生产责任网，督导企业建立健全“日周月”隐患排查治理制度。全年开展执法检查192家次，下达执法文书181份，责令停产停业整顿29家，共发现安全隐患1028条，督促整改完成802条，对7家企业罚款18.28万元。深化涉尘企业粉尘防爆专项整治和有限空间作业专项整治，开展执法检查225家次、发现重大安全隐患60条、完成整改48条、停产停业整顿2家。完善城郊接合部中小微企业基础台账，抽调18人编成3个检查组，对5个整治示范村进行拉网式检查，共检查企业413家，下达关停88家，已完成关停27家，计划搬迁48家，“三合一”企业搬离440人，完成“两违”建筑拆除1栋。完成10家企业二级安全标准化创建、39家三级企业安全标准化创建和复评、117家企业岗位达标。组织4期全区工贸企业主要负责人和安全管理人员431人进行安全培训。

【非煤矿山安全监管】 全区持安全生产许可证的非煤矿山共25座，主要分布在姜家、麻柳嘴镇等8个镇街，其中露天石灰岩18座、露天页岩7座，复产复工企业15家，长期停产企业8家，已注销采矿许可证的矿山企业2家。完成非煤矿山企业附属设施专项整治6家，正在整治2家，投入资金2.28亿元。开展渣车、建材运输车、水泥罐车三类车辆交通安全专项整治，通过狠抓源头治理、严格路面管控、严肃事故追责等三项措施，坚决遏制运输车辆安全生产事故。组织全区矿山企业主要负责人和安全管理人员87人进行安全培训，联合区红十字会对重点矿山企业开展应急救护培训。完成复产复工企业验收15家，其中10家大中型矿山企业按规定配齐配强总工程师。完成“一体化”考评执法工作16家，其中6家企业达到安全标准化二级，10家企业达到安全标准化三级，评审发现问题和隐患共573项，下达文书16份，完成行政处罚3家次，事前罚款2万元。全年开展执法检查73家次，排查隐患241条，督促企业完成整改241条，责令停产停业6家，事前处罚7万元。

【危化烟爆安全监管】 全区有危险化学品生产经营企业97家，其中危化生产企业4家，加油站50座，工业气体及其他危险化学品储存企业12家，票据式经营企业31家。烟花爆竹批发企业5家，常年零售点454个；非药品类易制毒经营企业10家。按风险等级将97家危化企业分为红级企业2家，橙级企业5家，黄级企业56家，蓝级企业34家，分别制定风险防控方案，突出风险重点。全年执法检查危化企业167家次、烟花爆竹经营企业22家次，出动执法人员308人次，专家参与191人次。行政罚款处罚案件8件，罚款8.46万元。对二环内93个烟花包租零售点开展专项治理。查处成品油非法销售4起、非法储存8起、非法运输3起，查获汽油8.2吨，柴油1.5吨，治安拘留1人，警告教育2人。查处非法经营储存烟花爆竹案22起，收缴各类烟花爆竹成品半成品5234件，治安拘留3人。查处非法运输气瓶3起、查获气瓶317个。完成44座加油站标准化执法一体化及3座加油站创建工作，3个烟花爆竹批发公司通过三级标准化执法一体化，完成率100%。对454家烟花爆竹常年经营户及91家主城限放区烟花爆竹零售户进行培训考核，实现100%持证上岗和购买保险。全年共办理颁（换、变更）发危险化学品经营许可证50件、烟花爆竹批发经营许可2件、生产企业初审办理2件。

【职业卫生健康监督】 全区存在职业危害用人单位405家，从业人员47980人，接触职业危害12487人，其中396家进行了网上职业病危害项目申报，申报率98%，343家企业对工作场所进行了职业危害因素检测，检测覆盖率87%。对汽车制造（汽车维修）、非煤矿山、陶瓷生产、石材加工、家具制造5个行业93家企业开展防尘防毒专项整治，其中汽车制造（含汽车维修）行业36家，累计投入整改资金192.5万元，已达标36家；非煤矿山行业23家，累计投入整改资金65万元，已达标16家；家具制造行业32家，累计投入整改资金175万元，已达标32家；石材加工行业1家，累计投入整改资金2万元，已达标；陶瓷制造行业1家，累计投入整改资金70万元，已达标。

全年检查企业91家，下达责令整改指令66份，发现问题或隐患178项，下达停产整改指令3份，责令停产整顿3家，提请关闭0家，立案查处11家，实施经济处罚共21.96万元。印发宣传材料14000份，出动宣传人员110人次，宣传受众达9500人；有街道、园区职业健康监管人员60名，已培训60人次；存在职业病危害的用人单位主要负责人和职业卫生管理人员810名，已培训4期964人次。

【安全生产应急救援】 2018年深化建设应急管理、应急指挥、救援战斗“三支队伍”，3次组织直管企业进行应急培训，组织参加全市安全生产应急管理培训，建立一支10人的兼职危化品事故救援队。优化预案“三化一卡”，11个重点部门制定完善本部门应对相关突发事故的应急预案，危化品、烟花爆竹和非煤矿预案完成处置卡优化。全区危化品、烟花爆竹和非煤矿山行业企业重点岗位均已制作处置卡，覆盖率100%。举办非煤矿山坍塌事故应急演练1次，出动救援车辆12台，参演人数112人，400余人现场观摩并在全市直播。进一步强化安全生产应急知识的宣教和培训，采取举办现场咨询，发放宣传资料等形式，广泛开展安全生产应急管理宣传。严格事故信息报送处置，切实加强事故信息报送的纵向、横向联系，杜绝迟报、漏报、谎报、瞒报。强化战斗救援队伍战训管理，制定区危化品救援队伍训练大纲，加强队伍战斗力和凝聚力。在全区建立暴雨预警响应机制试点，印发《重庆市巴南区暴雨预警响应机制》。全年应急管理行政处罚4起，处罚罚金6.1万元。

【安全生产监察执法】 2018年，开展了“执法即普法，管理即宣传”普法职责目录清理和个人“执法即宣传、管理即普法、司法即释法”构建大普法活动，组建法制宣传骨干小组，举行执法宣誓仪式。严格按执法调查制度执法，制订《2018年度安全生产监督检查执法计划》，与镇街签订《行政执法委托协议书》。对22个镇街、6个园区、54个部门安监人员进行《安全生产法》等业务培训。全年发出限期整改执法指令482份，停产停业整改38份，整改复查399份，注销非煤矿山企业2家，对企业作出61.8万元的事前处罚，对4家企业的安全负责人进行约谈并纳入黄名单管理。依法成立由区安监局牵头、相关部门参与的“事故调查组”，在安全生产事故查处上严格执行“234”工作方法。全年共组织调查安全生产事故（事件）60起（含市执法总队调查），按时结案60起，行政处罚481万元，移送司法4起共计10人，处置安全事故、隐患和维稳工作90件次，先后约谈企业26家，全年有1件次听证、无行政复议案件。区安监局接待河北、山东省等安监局和重庆市相关区县局行政执法参观学习和事故调查9批次。档案做到以年度为单位编号归档，案卷必备文书和应当择用的文书等资料齐全。推行了“服务型执法”和“人性化执法”，未发生不廉洁行为。

（杨小琴）

社会事业

科学技术

概　述

区科委与区知识产权局合署办公“两块牌子、一套班子”，内设办公室、科技管理科、知识产权科、防震减灾科；下设1个事业单位（科技创新服务中心）。机关行政编制12名，机关工勤人员编制1名，科技创新服务中心编制6名（事业单位）。现有机关行政人员12人，机关工勤人员1人，事业人员6人。

2018年，全区科技创新成效显著，科技事业成果丰硕。重庆宗申创新技术研究院成功获批“新型高端研发机构”，填补巴南区无“新型高端研发机构”空白，获市项目补助资金1000万元。全年获批高新技术企业24家，培育高成长性科技企业12家，新认定高新技术产品38项，全区现有重庆市国家高新技术企业累计达到79家，承担市级及以上科研项目72项，获得科技资助2443.12万元。推动重庆锦建生态农业有限公司建设的巴南萄源社星创天地成功创建为市级“星创天地”。组织重庆汉海海洋公园、区气象观测站等4家单位申报市级科普基地。各类专利授权1369项，同比增长8.56%，其中发明专利授权200件；全区有效发明专利达到1743件，同比增长36.92%，每万人发明专利拥有量达到16.33件，同比增长34.85%，高出全市平均水平83.9%。全年共发放专利资助奖励金816.72万元。巴南区成功创建国家知识产权试点城区。巴南在2018年度全国地市级防震减灾工作综合考核中被评为“先进单位”。区科委在全市地震工作专项考核中，获得“2018年度防震减灾目标考核优秀奖”。在第五届重庆科普讲解大赛中，区科委被授予“优秀组织奖”。在第十三届中国重庆高新技术交易会、第九届中国国际军民两用技术博览会期间，中华人民共和国科学技术部联合中国科学院、中国发明协会、重庆市人民政府向重庆市巴南区人民政府、巴南区科委颁发“特别贡献奖”“优秀组织奖”。

【科技项目争取】　2018年巴南区承担市级及以上科研项目72项，获得科技资助2443.12万元。

2018年巴南区市级科技项目及补助资金汇总表

序号	立项编号	项目名称	承担单位	资助金额/万元	项目类别
1		重庆市径向冷精密锻造成型工程技术研究中心	重庆建设工业有限责任公司	50	工程技术研究中心

续表

序号	立项编号	项目名称	承担单位	资助金额/万元	项目类别
2		重庆市一次性卫生用品工程技术研究中心	重庆百亚卫生用品股份有限公司	50	工程技术研究中心
3		重庆市新型显示工程技术研究中心	重庆惠科金渝光电科技有限公司	50	工程技术研究中心
4		智能机器人新型活齿高精密减速器开发与产业化	重庆帝勒金驰通用机械股份有限公司	200	产业类重大主题专项
5		高精度压铸制造全流程信息化集成与创新应用车间建设示范项目	重庆大江美利信压铸有限责任公司	100	智能制造重点示范项目
6		典型有机—无机复合污染地块原位修复技术集成、监管模式研究与应用示范	重庆理工大学	250	生态环保重点研发项目
7			重庆惠森驰恒医疗器械有限公司	1. 38	2018 年高新技术企业研发经费补助
8			重庆四和晶工科技有限公司	2. 77	2018 年高新技术企业研发经费补助
9			永塑（重庆）新材料科技有限公司	6. 1	2018 年高新技术企业研发经费补助
10			重庆艾特美机车制造有限公司	2. 87	2018 年高新技术企业研发经费补助
11			重庆宗申创新技术研究院有限公司	500	新型高端研发机构
12	cstc2018jszx-cyzdX0136	纯电动高机动性清扫车的研发与产业化	重庆耐德山花特种车有限责任公司	200	技术创新与应用示范（产业类重点研发）
13	cstc2018jszx-cyzdX0058	汽车传动与空心转向轴类零件关键技术开发与产业化	重庆建设工业（集团）有限责任公司	200	技术创新与应用示范（产业类重点研发）
14	cstc2018jszx-cyzdX0013	新型全自动糖化血红蛋白分析仪的开发与产业化	重庆艾维迪生物科技有限公司	100	技术创新与应用示范（产业类重点研发）
15	cstc2018jsyj-zdcxX0005	重庆市兵器工业军民融合技术创新模式与机制研究	重庆理工大学	10	技术预见与制度创新（制度创新）
16	cstc2018jsyj-zdcxX0071	环境规制下金融资源配置对重庆科技创新的作用机制研究	重庆工商大学融智学院	10	技术预见与制度创新（制度创新）
17	cstc2018jsyj-zdcxX0088	基于大数据的科技行管理创新研究与实践	重庆理工大学	10	技术预见与制度创新（制度创新）
18	cstc2018jsyj-zdcxX0074	重庆科技型企业统计分析及发展展望	重庆工商大学融智学院	10	技术预见与制度创新（制度创新）

续表

序号	立项编号	项目名称	承担单位	资助金额/万元	项目类别
19	cstc2018jcyjAX0294	基于聚苯胺/Co_3O_4/石墨烯复合膜的一氧化碳敏感机理及其光纤传感应用研究	重庆理工大学	5	基础研究与前沿探索（一般）
20	cstc2018jcyjAX0105	钨掺杂四面体非晶碳薄膜的制备及其高速、高载、高温摩擦学性能	重庆理工大学	5	基础研究与前沿探索（一般）
21	cstc2018jcyjAX0215	复几何在解析函数空间上算子理论研究中的应用	重庆理工大学	5	基础研究与前沿探索（一般）
22	cstc2018jcyjAX0198	SIRT6 基因表达水平与肺癌细胞放疗敏感性的相关性研究	重庆市巴南区人民医院	5	基础研究与前沿探索（一般）
23	cstc2018jcyjAX0299	脉冲激光制备锆合金表面梯度纳米结构层的机理及性能优化研究	重庆理工大学	5	基础研究与前沿探索（一般）
24	cstc2018jcyjAX0608	三层结构自补偿光生物反应器内多元多相传递与碳还原能质转换特性	重庆理工大学	5	基础研究与前沿探索（一般）
25	cstc2018jcyjAX0505	基于能耗表征的干切制齿精度与加工误差源实时在位识别方法研究	重庆理工大学	5	基础研究与前沿探索（一般）
26	cstc2018jcyjAX0683	PD-1 靶向多肽类蛋白—蛋白相互作用（PPI）调节剂的合理设计及效应研究	重庆理工大学	5	基础研究与前沿探索（一般）
27	cstc2018jcyjAX0063	基于功能化杂化串晶的形态结构控制及表面化学结构设计制备高性能复合材料	重庆理工大学	5	基础研究与前沿探索（一般）
28	cstc2018jcyjAX0685	大规模复对称线性系统的位移分裂预处理技术	重庆理工大学	5	基础研究与前沿探索（一般）
29	cstc2018jcyjAX0295	超导电缆低温液氮浸渍复合绝缘气隙放电发展特性及绝缘失效研究	重庆理工大学	5	基础研究与前沿探索（一般）
30	cstc2018jcyjAX0513	高效能过渡金属氧化物负载 Pd 基复合催化剂的理论设计及可控制备	重庆理工大学	5	基础研究与前沿探索（一般）
31	cstc2018jcyjAX0464	混沌背景下微弱脉冲信号的统计检测与估计	重庆理工大学	5	基础研究与前沿探索（一般）
32	cstc2018jcyjAX0109	电动轮总成多因素耦合对车辆系统动力学影响及其协同控制研究	重庆理工大学	5	基础研究与前沿探索（一般）

续表

序号	立项编号	项目名称	承担单位	资助金额/万元	项目类别
33	cstc2018jcyjAX0694	复杂场景多特征融合自适应多目标跟踪方法研究	重庆理工大学	5	基础研究与前沿探索（一般）
34	cstc2018jcyjAX0352	基于大数据和深度学习的数控机床健康状态智能监测与辨识方法	重庆理工大学	5	基础研究与前沿探索（一般）
35	cstc2018jcyjAX0705	铝合金与不锈钢的电弧铣钎焊机理	重庆理工大学	5	基础研究与前沿探索（一般）
36	cstc2018jcyjAX0071	非结构环境下柑橘采摘机器人咬合式末端执行器研究	重庆理工大学	5	基础研究与前沿探索（一般）
37	cstc2018jcyjAX0241	基于分层设计下的二重抽样数据的统计推断及应用	重庆理工大学	5	基础研究与前沿探索（一般）
38	cstc2018jcyjAX0712	压应力下疏水磷灰石—硬脂酸复合涂层对镁合金生物降解性能影响的研究	重庆理工大学	5	基础研究与前沿探索（一般）
39	cstc2018jcyjAX0324	基于深度卷积网络的脑肿瘤全自动精确语义分割及无监督跨域迁移方法研究	重庆理工大学	5	基础研究与前沿探索（一般）
40	cstc2018jcyjAX0529	AMPK 和 Itch 介导的 Txnip 降解与京尼平苷调节胰腺 β 细胞氧化还原的相关性研究	重庆理工大学	5	基础研究与前沿探索（一般）
41	cstc2018jcyjAX0287	大足石刻图像多目标配准研究	重庆理工大学	5	基础研究与前沿探索（一般）
42	cstc2018jcyjAX0280	巯基亚硝基化修饰介导的 PPARγ/sfrp5 途径受抑在 NAFL 向 NASH 进展中的作用	重庆市巴南区人民医院	5	基础研究与前沿探索（一般）
43	cstc2018jcyjAX0333	基于变分模态分解的切削颤振识别与预报方法研究	重庆理工大学	10	基础研究与前沿探索（一般）
44	cstc2018jcyjAX0092	含呼吸裂纹旋转运动梁非线性动力学行为研究	重庆理工大学	10	基础研究与前沿探索（一般）
45	cstc2018jcyjAX0107	β 相协同变形作用对搅拌摩擦加工镁锂合金组织演变影响机制研究	重庆理工大学	10	基础研究与前沿探索（一般）
46	cstc2018jcyjAX0045	高透光率硼硅酸盐光学玻璃的辐照损伤自修复改性研究	重庆理工大学	10	基础研究与前沿探索（一般）
47	cstc2018jcyjAX0518	具有高度仿病毒形态的靶向纳米凝胶基因递送系统的构建与性能研究	重庆理工大学	10	基础研究与前沿探索（一般）

续表

序号	立项编号	项目名称	承担单位	资助金额/万元	项目类别
48	cstc2018jcyjAX0035	退火工艺对新型大塑性变形AZ31板材组织与织构的影响及机制	重庆理工大学	10	基础研究与前沿探索（一般）
49	cstc2018jcyjAX0296	微结构一体化塑料光纤荧光传感器开发及应用	重庆理工大学	10	基础研究与前沿探索（一般）
50	cstc2018jcyjAX0021	伦理溢价下社会责任供应链决策优化与协调研究	重庆理工大学	10	基础研究与前沿探索（一般）
51	cstc2018jcyjAX0565	高耐热高储能聚芳醚腈基钛酸锶钡纳米复合材料的研发	重庆理工大学	10	基础研究与前沿探索（一般）
52	cstc2018jscx-mszdX0005	基于功能菌生物倍增的全好氧脱氮技术研发及其在高氨氮养殖废水中的应用	重庆理工大学	50	技术创新与应用示范（社会民生类重点研发）
53	cstc2018jscx-mszdX0083	大跨径梁拱结合刚构桥建设关键技术研究与应用示范	中建隧道建设有限公司	100	技术创新与应用示范（社会民生类重点研发）
54	cstc2018jscx-msybX0290	便携式静脉血管显像仪应用研究	重庆理工大学	10	技术创新与应用示范（社会民生类一般）
55	cstc2018jscx-msybX0258	新城疫快速检测关键技术研究与应用	重庆理工大学	10	技术创新与应用示范（社会民生类一般）
56	cstc2018jscx-msybX0049	突发公共事件预警信息发布系统研发与应用	重庆理工大学	10	技术创新与应用示范（社会民生类一般）
57	cstc2018jscx-msybX0134	固体碳源SND脱氮新技术及其在污水厂低碳源尾水提标改造中的应用	重庆理工大学	10	技术创新与应用示范（社会民生类一般）
58	GR201751100132		中安安轩安全产业发展有限公司	20	2017年度双高（高企）企业培育创新券
59	GR201751100146		重庆宗申电器有限公司	20	2017年度双高（高企）企业培育创新券
60	GR201751100150		重庆成欧机械有限公司	20	2017年度双高（高企）企业培育创新券
61	GR201751100167		重庆亿铸机械制造有限公司	20	2017年度双高（高企）企业培育创新券
62	GR201751100298		重庆双狮摩托车制造有限公司	20	2017年度双高（高企）企业培育创新券
63	GR201751100300		重庆建设机电有限责任公司	20	2017年度双高（高企）企业培育创新券

续表

序号	立项编号	项目名称	承担单位	资助金额/万元	项目类别
64	GR201751100365		重庆康昌机械制造有限公司	20	2017 年度双高（高企）企业培育创新券
65	GR201751100398		重庆联和纵道科技股份有限公司	20	2017 年度双高（高企）企业培育创新券
66	GR201751100405		重庆重锐刀具镀膜有限公司	20	2017 年度双高（高企）企业培育创新券
67	GR201751100481		重庆胜波科技开发有限公司	20	2017 年度双高（高企）企业培育创新券
68	GR201751100495		重庆地之净科技有限公司	20	2017 年度双高（高企）企业培育创新券
69	GR201751100523		永塑（重庆）新材料科技有限公司	20	2017 年度双高（高企）企业培育创新券
70	GR201751100583		重庆山城电器厂有限公司	20	2017 年度双高（高企）企业培育创新券
71	GR201751100808		重庆艾特美机车制造有限公司	10	2017 年度双高（高企）企业培育创新券
72	GR201751100810		重庆延伸科技开发有限公司	20	2017 年度双高（高企）企业培育创新券
	合　计			2443.12	

【高新技术企业培育】全年获批高新技术企业 24 家，科技型企业 491 家，培育高成长性科技企业 12 家。截至年末，全区共有重庆市国家高新技术企业 79 家。高新技术企业迅猛发展，为巴南区工业企业调整结构，开发新品，彰显实力，经济腾飞打下基础。

2018 年巴南区高新技术企业名单

序号	企业名称
1	重庆市宏立摩托车制造有限公司
2	重庆惠科金扬科技有限公司
3	重庆宗申发动机制造有限公司
4	攀钢集团重庆钛业有限公司
5	重庆宗申吕田机械制造有限公司
6	重庆宗申机车工业制造有限公司
7	重庆众恒电器有限公司
8	立普威陆（重庆）科技有限公司
9	重庆金浪机电制造有限公司

续表

序号	企业名称
10	重庆中远工业（集团）有限公司
11	重庆芸中鹰航空科技有限公司
12	重庆敏驰塑胶有限公司
13	中建隧道建设有限公司
14	重庆力杰消防工程有限公司
15	重庆德普电气有限公司
16	重庆光大集团乳业股份有限公司
17	重庆市广为道路材料有限公司
18	重庆惠科金渝光电科技有限公司
19	重庆锐锦科技有限公司
20	重庆帝勒金驰通用机械股份有限公司
21	重庆伊曼环保设备有限公司
22	重庆市南方阻燃电线电缆有限公司
23	重庆中远精密模具有限公司
24	重庆华之龙汽车制冷系统有限公司

2018 年重庆市高成长性科技企业名单

序号	企业名称	行业	备注
1	重庆卡滨通用机械有限公司	制造业	牛羚企业
2	重庆惠科金渝光电科技有限公司	制造业	牛羚企业
3	重庆品智家具有限公司	制造业	牛羚企业
4	重庆中远精密模具有限公司	制造业	牛羚企业
5	重庆环越机械制造有限公司	制造业	牛羚企业
6	重庆豪业精科技有限公司	科学研究和技术服务业	牛羚企业
7	重庆乾晋汽车零部件制造有限公司	制造业	牛羚企业
8	重庆奥方工贸有限公司	制造业	牛羚企业
9	重庆市优吉亚机械制造有限公司	制造业	牛羚企业
10	重庆弘骊祥科技有限公司	制造业	牛羚企业
11	重庆艾特美机车制造有限公司	制造业	瞪羚企业
12	重庆前竹新能源科技有限公司	制造业	瞪羚企业

【科技成果转化】 全年新认定高新技术产品 38 项。组织全区 27 家企业（含区内高校和军工企业），98 个项目成果参加第十三届重庆高交会暨第九届军博会，共签约 6 个重大项目，协议资金达 31.5 亿元。

2018 年巴南区高新技术产品汇总表

序号	产品名称	企业名称	证书编号
1	数字化超声工作站	重庆市中迪医疗信息科技股份有限公司	2018B0001
2	常温氧化锌脱硫剂	重庆地之净科技有限公司	2018B0002
3	单波聚能防撞护栏	中安安轩安全产业发展有限公司	2018B0003
4	消防电动车	重庆艾特美机车制造有限公司	2018B0004
5	消防摩托车	重庆艾特美机车制造有限公司	2018B0005
6	CNG 汽车专用压力表	重庆布莱迪仪器仪表有限公司	2018B0006
7	HCB 平衡笼式调节阀	重庆布莱迪仪器仪表有限公司	2018B0007
8	YTN 抗震压力表	重庆布莱迪仪器仪表有限公司	2018B0008
9	YTP 隔膜压力表	重庆布莱迪仪器仪表有限公司	2018B0009
10	YXFB 防爆型电接点压力表	重庆布莱迪仪器仪表有限公司	2018B0010
11	SDD51309742 盖子 R1B	重庆大江美利信压铸有限责任公司	2018B0011
12	SXK12534431 机体 R1C	重庆大江美利信压铸有限责任公司	2018B0012
13	C490 燃油箱总成（汽油）	重庆大江亚普汽车部件有限公司	2018B0013
14	长安 S302 车型 A/B 柱上加强件（左/右）热成型模具	重庆大江至信模具工业有限公司	2018B0014
15	QDY 系列汽车起动电机	重庆吉力芸峰实业（集团）有限公司	2018B0015
16	JFZ 系列汽车发电机	重庆吉力芸峰实业（集团）有限公司	2018B0016
17	汽车空心半轴	重庆建设工业（集团）有限责任公司	2018B0017
18	燃气调压箱（RX30/0.4A）	重庆界石仪表有限公司	2018B0018
19	DCT 双离合自动变速器总成（DCT 双离合自动变速器总成预检测台电控系统、DCT 双离合自动变速器总成终检测台电控系统）	重庆理工清研凌创测控科技有限公司	2018B0019
20	车桥主减下线检测台	重庆理工清研凌创测控科技有限公司	2018B0020
21	三电机试验台（自动变速箱综合性能与耐久试验台）	重庆理工清研凌创测控科技有限公司	2018B0021
22	液力机械变速箱检测与换挡控制技术开发平台试验台架	重庆理工清研凌创测控科技有限公司	2018B0022
23	稳定性强储物扶墙套件	重庆玛格家居有限公司	2018B0023
24	车门控制面板总成	重庆敏驰塑胶有限公司	2018B0024
25	汽车中格格栅	重庆敏驰塑胶有限公司	2018B0025
26	ZR 电缆	重庆市南方阻燃电线电缆有限公司	2018B0026
27	X 向进给机构安装结构以及数控外圆磨床	重庆跃典机床有限公司	2018B0027
28	小儿清热止咳口服液（10 毫升/支）	重庆芸峰药业有限公司	2018B0028
29	长春宝口服液（10 毫升/支）	重庆芸峰药业有限公司	2018B0029
30	硅藻土烛式过滤机	重庆中轻装备有限公司	2018B0030
31	汽油机点火器（S35）	重庆宗申电器有限公司	2018B0031

续表

序号	产品名称	企业名称	证书编号
32	PR150 系列发动机（PR150；PR150 电喷；PR150 国四）	重庆宗申发动机制造有限公司	2018B0032
33	Z125 水冷系列发动机（Z125 水冷）	重庆宗申发动机制造有限公司	2018B0033
34	CBS 系列通用节能气缸头组合	重庆宗申吕田机械制造有限公司	2018B0034
35	190/690 系列通用汽油机	重庆宗申通用动力机械有限公司	2018B0035
36	2V78（GB680）系列垂直轴通用汽油机	重庆宗申通用动力机械有限公司	2018B0036
37	NH130 系列通用汽油机	重庆宗申通用动力机械有限公司	2018B0037
38	PB 系列汽油发电机组	重庆宗申通用动力机械有限公司	2018B0038

【科技示范带动】 全年组织实施区级自主创新类科技项目 30 项，农业类科技项目 25 项，技术合作类科技项目 12 项、社会事业类科技项目 27 项，共安排资金 561 万元。

2018 年巴南区自主创新类科技项目汇总表

序号	项目名称	项目单位	补助金额/万元
1	C115 航空活塞发动机研发项目	重庆宗申航空发动机制造有限公司	10
2	连续酸解尾气处理技术研究及其应用	攀钢集团重庆钛业有限公司	10
3	MYDK1320 系列精密数控外圆磨床的研发	重庆跃典机床有限公司	10
4	零部件先进制造工艺的研发及应用	重庆亿铸机械制造有限公司	10
5	中高端压铸产品离散型制造系统集成应用	重庆大江美利信压铸有限责任公司	10
6	新能源电动汽车传导充电连接电缆	重庆市南方阻燃电线电缆有限公司	10
7	军民两用罐车的研发与产业化	重庆耐德山花特种车有限责任公司	10
8	涂装自动化生产项目设计与应用	重庆敏驰塑胶有限公司	10
9	预防性重组蛋白疫苗单价原液产业化平台建设	重庆博唯佰泰生物制药有限公司	10
10	齿轮的精密锻造技术研究	重庆市忠德锻压有限公司	10
11	高压轴流式燃气调压器的研发与产业化	重庆界石仪表有限公司	10
12	改进型手机界面控制低压开关柜 MIC-P（i）	重庆众恒电器有限公司	10
13	一种易于更换的平衡齿轮组研发与推广	重庆驰骋机械制造有限公司	10
14	智能生物传感与物联网管控慢性病技术的研发与应用	重庆艾维迪生物科技有限公司	10
15	液晶显示模组技术创新与应用	重庆金显像科技有限公司	10
16	智能机器人新型活齿高精密减速器开发与产业化	重庆帝勒金驰通用机械股份有限公司	10
17	CA501（德谷胰岛素）临床前中试研究	重庆宸安生物制药有限公司	10
18	抗缪勒氏管激素（AMH）检测试剂盒的研发	重庆早柒天生物科技股份有限公司	10
19	深孔激光熔覆关键技术研发及其应用	重庆江陆激光科技有限公司	10

续表

序号	项目名称	项目单位	补助金额/万元
20	基于云计算的企业现场云管理系统	重庆智迅云信息技术有限公司	10
21	基于 Hololens 的 3D 建模数据智能展示流程化研究	重庆安钴理科技股份有限公司	10
22	4 道光罩工艺技术开发与应用	重庆惠科金渝光电科技有限公司	10
23	汽车电子智能制造 U 型组装线及生产管理系统研发	重庆佰节成测控技术有限公司	10
24	重庆市区域医疗（影像）远程诊断疾病大数据智能分析平台	重庆市中迪医疗信息科技股份有限公司	10
25	电动汽车电驱动系统高速试验技术及装备开发	重庆理工清研凌创测控科技有限公司	10
26	光大生态奶业物联网技术创新项目	重庆光大集团乳业股份有限公司	10
27	抗癌药物 KX2-391 的研究开发	重庆惠源医药有限公司	10
28	羟丙甲纤维素滴眼液技术升级项目	重庆参天科瑞制药有限公司	10
29	生物药分析检测服务平台建设项目	重庆美莱德生物医药有限公司	10
30	起动电机	重庆吉力芸峰实业（集团）有限公司	10
	合　计		300

2018 年巴南区农业类科技项目汇总表

序号	项目名称	项目业主	补助金额/万元
1	奶牛布鲁氏菌病检测净化技术研究与应用	重庆市巴南区动物疫病预防控制中心	5
2	稻田生态种养高效模式试验与示范	重庆市巴南区农业技术推广站	5
3	中蜂人工育王技术	重庆市多一家农业发展有限公司	5
4	巴南区化肥减量增效示范推广	重庆市巴南区农业技术推广站	5
5	特色蜡梅花茶加工工艺技术集成及科技扶贫	重庆市二圣茶业有限公司	5
6	良种草莓水肥一体化栽培示范	重庆市巴南区乐杜苗木种植场	5
7	特色香桃防裂技术试验推广应用	重庆市巴南区多成蔬菜水果种植专业合作社	5
8	接龙蜜梨避雨设施栽培技术示范	重庆市巴南区长岗果园	5
9	巴南茶叶功能与安全	巴南区农产品质量安全中心	5
10	果园喷灌技术示范	重庆市敬弘水果种植专业合作社	5
11	良种早美丽李子丰产技术示范	重庆秋爽果木种植场	5
12	良种草莓丰产技术集成与示范	重庆锦建生态农业有限公司	5
13	名优茶新产品研发	重庆南润茶业有限公司	5
14	良种葡萄避雨栽培示范	重庆市巴南区壹流香农业发展有限公司	5
15	良种蛙丰产技术集成与示范	重庆亿汇元生态农业发展有限公司	5
16	五布柚高桩换接	重庆东温泉五布柚种植专业合作社	5
17	草莓立体种植技术示范	重庆市物唯生态农业开发有限公司	5

续表

序号	项目名称	项目业主	补助金额/万元
18	巴南接龙蜜柚绿色生产基地创建与示范	重庆市美亨柚子种植股份合作社	5
19	优质果树母本园建设技术示范	重庆雨萱居家庭农场	5
20	南方大樱桃矮化密植防裂增产技术开发与示范	重庆茂宝农业发展有限公司	5
21	良种杂柑丰产试验示范	重庆尚善园有机农业有限公司	5
22	种养循环—粪污废弃物资源化利用示范	重庆渝果甜水果专业合作社	5
23	良种玫瑰香李丰产栽培技术推广	重庆房美农业发展有限责任公司	5
24	平菇优质高产培养技术的创新示范研究	重庆市巴南区杨合子食用菌有限公司	5
25	微生态制剂在土壤改良中的应用研究项目	重庆格云生态农业发展有限公司	5
	合　计		125

2018年巴南区技术合作类科技项目汇总表

序号	项目名称	申报单位	协作单位	补助金额/万元
1	镁合金板材等温挤压—连续剪切塑性变形技术的应用基础研究	重庆理工大学	重庆市然童机械制造厂	5
2	量子点敏化石墨烯纤维柔性光电器件的设计	重庆理工大学	重庆先进光电显示技术研究院	5
3	钛白粉综合利用合成高效钒基催化剂及应用研究	重庆理工大学	攀钢集团重庆钛业有限公司	5
4	新能源电动汽车高速试验装备研发	重庆理工大学	重庆理工清研凌创测控科技有限公司	5
5	含聚合物污水一体化处理技术的研发及应用	重庆理工大学	重庆禹润排水有限公司	5
6	基于离散型生产系统的可重构优化研究	重庆理工大学	重庆帝勒金驰通用机械股份有限公司	5
7	汽车全空心EPS转向轴关键技术开发	重庆理工大学	重庆建设工业（集团）有限责任公司	5
8	基于大容量单体锂电池的多功能移动能源块研究与应用	重庆理工大学	重庆汇能达电子有限公司	5
9	汽车模具表面激光熔覆高熵合金涂层技术开发	重庆理工大学	重庆江陆激光科技有限公司	5
10	轴承滚动体表面梯度缺陷助渗合金元素工艺开发	重庆理工大学	重庆杰信联众机械有限公司、西南大学	5
11	集装箱装卸机器人的智能避障与导航技术开发	重庆理工大学	重庆竺韩科技有限公司	5
12	燃气管道腐蚀管理智能预警系统的研发	重庆理工大学	重庆学之道科技有限公司	5
	合　计			60

2017 年巴南区社会事业类科技项目汇总

序号	项目名称	项目业主	补助金额/万元
1	基于认知学徒制的新教师工作坊研修模式研究	重庆市巴南区教师进修学校	3
2	名校集团化办学模式创新研究	重庆市巴南区鱼洞第二小学校	3
3	基于生命教育理念的校本课程开发和实施策略研究	重庆市巴南区鱼洞第四小学校	3
4	小学科技创新课程的实践研究	重庆市巴南区星澜汇小学	3
5	小学校园足球实施效果评价体系构建研究	重庆市巴南区鱼洞新华小学校	3
6	小学创客教育有效实施的研究	重庆市巴南区巴南小学校	3
7	农村学校班级学习小组建设与学习习惯的养成研究	重庆市巴南区东温泉镇五布学校	3
8	趣味数学在培养小学生动手能力的应用研究	重庆市巴南区界石镇中心小学校	3
9	多模态磁共振成像诊断创伤半暗带的临床应用研究	重庆市第七人民医院	3
10	“互联网+”健康教育模式示范基地的建立及应用推广	重庆市巴南区人民医院	3
11	消癃汤联合穴位贴治疗前列腺增生研究	重庆市巴南区中医院	3
12	结直肠锯齿状息肉镜特征分析及分子标志物研究	重庆市巴南区人民医院	3
13	脑白质病变发生的危险因素及与颅内外动脉硬化关系研究	重庆市巴南区人民医院	1.5
14	帕金森病患者焦虑程度与血清同型半胱氨酸水平的相关性研究	重庆市巴南区人民医院	1.5
15	2%与4%洗必泰擦浴对重症患者医院感染影响的双盲随机对照研究	重庆市巴南区人民医院	3
16	护理人员对护理不良事件报告认知与行为及影响因素研究	重庆市巴南区人民医院	1
17	非炎症型慢性前列腺炎患者前列腺小体外泄蛋白的表达及中药治疗临床研究	重庆市巴南区人民医院	3
18	提升家庭医生签约服务质量策略研究	重庆市巴南区第二人民医院	3
19	彩色多普勒多参数与胎儿宫内窘迫各阶段相关性的临床研究	重庆市巴南区人民医院	3
20	SP 在护理教学中的应用	重庆市护士学校	3
21	中药注射剂不良反应分析及应对策略探讨	重庆市巴南区第二人民医院	3
22	不同时期介入针灸治疗对周围性面瘫患者预后的影响	重庆市巴南区第二人民医院	3
23	专科医生融入家庭医生团队签约服务实践与探索	重庆市巴南区界石镇中心卫生院	3
24	巴南区管道直饮水卫生现状评估	重庆市巴南区疾病预防控制中心	3
25	重庆市巴南区 6～14 岁儿童哮喘流行病学调查及危险因素分析	重庆市巴南区人民医院	3
26	对体检人群实施延续护理的效果评价	重庆市第七人民医院	3
27	重庆市巴南区科技服务应用研究	重庆市巴南区中小企业公共服务中心	3
	合　计		76

【环重庆理工大学创新创业生态圈建设】 2018年，经市、区级领导批示，由区科委牵头，围绕巴南区产业布局和重庆理工大学发展定位，以整体规划、校地联动、开放共享、市场运作、分步实施的建设模式，打造环重庆理工大学"一核一谷一带一园"创新创造创业生态圈，已制发《环重庆理工大学创新创业生态圈建设方案》。

【校地合作】 重庆理工大学理学院与重庆惠科金渝光电科技有限公司、重庆先进光电显示技术研究院签署三方校企合作协议，共同成立先进光电显示技术研究与实习基地，建立校企产学研深度合作关系；全年开展由重庆理工大学与重庆建设工业（集团）有限责任公司等企业共同实施的"汽车全空心 EPS 转向轴关键技术开发"等 12 项校企技术合作项目，推进重点企业在关键技术上的转化和应用。3 月巴南区与重庆邮电大学签订校地合作框架协议，共推巴南创新型城市建设。3 月邀请重庆邮电大学大数据智能研究研院长王国胤教授到巴南做人工智能大讲堂专题讲座；5 月重庆邮电大学产学研合作办公室、信息通信学院、生物信息学院与惠科光电、众恒电器、宗申集团等企业在共建实验室、产线智能化、产品云端化等方面开展校企对接和合作；6 月重庆邮电大学生物信息学院、重庆邮电大学产学研合作办公室到重庆生物医药产业园考察，双方拟通过设立科研工作站、科研团队或研究机构入驻等方式开展医疗电子、医疗仪器、生物大数据等方面的广泛合作，争取技术与产业共同成长。

知识产权

【概况】 2018 年，巴南区成功创建国家知识产权试点城区。全年各类专利授权 1369 件，同比增长 8.56%，其中，发明专利授权 200 件，同比下降 35.69；全区有效发明专利达到 1743 件，同比增长 36.92%，每万人发明专利拥有量达到 16.33 件，同比增长 34.85%，高出全市平均水平 83.9%。全年共发放专利资助奖励金 816.72 万元。

【专利资助金兑现】 根据《巴南区专利资助和奖励办法》（巴南府办发〔2012〕178 号）和《巴南区专利资助和奖励办法（修订）》（巴南府办发〔2016〕126 号）规定，对 2017 年度专利进行资助和奖励共计 816.72 万元，其中，国内发明专利授权 583 件，年费减免 440 件，PCT 专利 2 件，中国专利优秀奖 1 件。

巴南区 2017 年度专利资助和奖励情况

序号	申报单位或个人	合计补助金额/元	备注
1	重庆理工大学	1020000	
2	重庆工程学院	10000	
3	重庆建设工业（集团）有限责任公司	130000	
4	重庆建设机电有限责任公司	60000	
5	重庆耐德山花特种车有限责任公司	10000	
6	重庆太初能源有限公司	10000	
7	重庆耐德新明和工业有限公司	76000	
8	重庆地之净科技有限公司	10000	
9	重庆百亚卫生用品股份有限公司	10000	
10	重庆平山矿山机电设备有限公司	20000	
11	中建隧道建设有限公司	20000	
12	重庆市巴南区环美金属加工厂	5000	

续表

序号	申报单位或个人	合计补助金额/元	备注
13	重庆长安铃木汽车有限公司	30000	
14	重庆西伟迪磁电动力科技有限公司	20000	
15	重庆宗申技术开发研究有限公司	100000	
16	重庆市南方阻燃电线电缆有限公司	10000	
17	重庆市木越机械制造有限公司	525000	
18	重庆盛瓒科技有限公司	480000	
19	重庆硕奥科技有限公司	585000	
20	重庆雄创建筑工程技术有限公司	195000	
21	重庆天春科技有限公司	495000	
22	重庆驰山机械有限公司	480000	
23	重庆丰银包装材料有限公司	510000	
24	重庆妙坤生物科技有限责任公司	480000	
25	重庆欧荣莱汽车配件有限公司	510000	
26	重庆市巴南区环美金属加工厂	540000	
27	重庆益新阳工贸有限公司	495000	
28	重庆永林机械设备有限公司	570000	
29	重庆市龙泉汽车配件有限公司	495000	
30	重庆界威模具股份有限公司	15000	
31	重庆科燃科技有限公司	15000	
32	重庆凌云工具有限公司	15000	
33	重庆市巴南区前进机械厂	15000	
34	重庆市金升机械配件制造有限公司	15000	
35	刘孟香	15000	
36	马国旭	15000	
37	从滨江	10000	
38	杨世国	21200	
39	张　洪	10000	
40	张洪成	10000	
41	蒋和平	10000	
42	左　红	70000	
43	杨永光	10000	
44	王　帅	10000	
45	郑　松	10000	
	合　计	8167200	

防震减灾

【概况】 2018 年，防震减灾工作有效融入全区经济社会发展全局，防震减灾工作“三大体系”进一步夯实，地震科普、监测管理、灾害预防等工作得到进一步提升。地震科普成效显著。多种方式加大宣传力度，防震减灾意识普遍增强。举办各种专项演练和地震科普讲座共计 19 期，计 2300 余人。全区现有国家地震安全示范社区 4 个，市级示范学校 3 所，区级学校 1 所。8 月巴南区在“重庆市防灾减灾知识竞赛”中获得片区比赛第一名，决赛第一名。成功培育巴南小学和世贸小学为市级、区级防震减灾科普示范学校。建成应急科普中心地震体验区。狠抓“5·12”防灾减灾日宣传启动和各镇街道、学校宣传演练活动，指导中小学校把地震科普宣传纳入安全教育内容，全年累计发放各类宣传品近 20000 余件。监测管理规范有序。辖区内安澜和石龙地震监测台监测质量进一步提高，台站全年无安全事故发生。定期举办震情会商，形成会商资料 4 万余字，为区政府应急决策提供科学翔实的依据。灾害预防体系健全。“三网一员”群测群防系统有序运行。在册的镇、村、社三级防震减灾助理员 378 名，承担科普宣传、应急培训、地震观察等职能，基层基础工作体系进一步健全。地震行政管理效能进一步提升。“双随机一公开”工作机制和行政审批事项清理规范工作取得实效，深入推进工程建设项目行政审批改革试点工作，地震安全性评价由审批改为选择性中介服务事项，大大提高行政效能，推动巴南营商环境进一步向好发展。巴南区在 2018 年度全国地市级防震减灾工作综合考核中被评为“先进单位”。区科委在全市地震工作专项考核中，获得“2018 年度防震减灾目标考核优秀奖”。

（罗芸竹）

气象事业

【概况】 区气象局由办公室（法规科）、防灾减灾科（人工影响天气指挥部办公室），气象台（地面气象观测站）、气象服务中心（防雷中心）、区自然灾害预警预防中心构成。巴南区气象局设有党组，党组成员 3 人，其中 1 名党组成员兼任纪检组组长。截至年末，有干部职工 22 人，其中国家气象编制人员 10 人、地方气象编制人员 5 人、聘用人员 7 人。主要职能职责是为国家及地方发展建设、社会生活提供气象服务保障，承担气象法规建设、气象防灾减灾、气象业务管理、气象宣传、气象观测、气象预报和气象预警服务。

2018 年，区气象局深入贯彻习近平新时代中国特色社会主义思想和党的十九大精神，按照习近平总书记对重庆提出的“两点”定位、“两地”“两高”目标和“四个扎实”要求，全面融入重庆“三大攻坚战”“八项行动计划”，贯彻落实重庆市气象局和巴南区委区政府各项部署，深度融入地方经济社会发展大局，不断改革创新，推进气象现代化建设，各项工作成效显著。在全市 2018 年度气象部门综合考评中，目标考核位居第一，获评 2018 年度“优秀单位”。荣获重庆市气象局“重大气象服务先进集体”。全年短期公众预报 71.39 分，全市排名第三，全年国家站、区域站气象数据传输质量考核达标。

【现代综合气象观测】 推进山洪地质灾害防治气象保障工程项目建设，完成 2016—2017 年山洪项目验收。国家气象观测站新增自动日照观测设备。开展气象探测环境整治改造，完成国家气象观测站新型备份观测设备安装、观测场改造和 22 个区域自动站围栏、防雷工程改造。实现国家气象观测站、48 个区域自动站所有仪器设备信息化入库和动态管理。在云篆山完成“风云四号”静止气象卫星地面接收站建设，投入试运行。

【气象防灾减灾体系建设】 2018 年，区政府应急办下发关于加强灾害性天气防范工作的紧急通知 9 份，区气象局组织开展重大灾害性天气会商 3 次；2018 年 4 月组织全区 16 个部门及 22 个镇街开展预警平台培训及应急演练，对全区安监干部培训气象安全及预警平台使用的相关知识，为全区各重大活动及时提供气象应急服务保障；完成区人防办、武警巴南中队、重庆巴南海事处等单位预警平台的安装和应用推广。加强部门合作，与区水务局合作将辖区47个水库数据纳入预警平台共享，将巴南区三级河长纳入预警信息接收对象。面向企业职工、社区民众、中小学生开展气象防灾减灾科普讲座及宣传活动10余次，组织参加全市中学生防灾减灾知识竞赛，巴南中学代表队荣获“2018年重庆市中学生防灾减灾知识竞赛”团体一等奖。开展巴南区暴雨预警响应机制建设，2018年8月区政府办公室印发《重庆市巴南区暴雨预警响应机制》（巴南府办发〔2018〕155号），11月市政府办公厅下发通知，要求各区县按照《重庆市人民政府办公厅关于加强突发事件预警响应的通知》（渝府办发〔2018〕163号）要求，学习巴南区预警响应先期试点成果。联合重庆茶叶集团有限公司开发并推广“巴南茗茶与气候”二维码，服务巴南区茶叶生产和销售。

【气象预警服务保障民生】 完善决策气象服务，修订2018年决策气象服务方案。全年为区委区政府、相关部门和单位提供决策气象服务材料207期，制作发布预警信号160期，强对流天气警报76次，与区林业局联合发布森林火险预警信号5期，与区农委联合发布服务材料47期。全力做好公众气象服务，全年通过预警平台发布各类预警信息486条，发送手机短信1351万人次，每日通过巴南气象微信公众号、新浪微博等渠道对外发布天气预报信息。细化专业专项气象服务，为“春运”、“采茶节”、“中高考”、中学秋季开学高温天气、国际马拉松赛等多项重大活动开展优质气象保障服务，为18家单位提供专项天气预报服务。开展特色农业气象服务中心（茶叶）项目建设，在二圣茶场和圣灯山五洲园安装农田小气候站2套，制定2018年茶叶服务方案和茶叶气候品质认证方案，在圣灯山吴家茶场、南彭南润茶场进行气象为农服务需求调研，开展茶叶物候期人工观测，收集茶叶观测资料，完善气象为农服务手段，提升气象服务助推乡村产业振兴和乡村旅游发展的保障能力。

【人工影响天气服务】 制定《2018年人工影响天气工作计划》，人影装备通过市人影办年度检查。完善人影作业流程和应急预案，更新人影作业点射界图，新增1门自动化火箭炮，云篆山标准化固定炮站通过验收，协助市人影办开展人影作业装备物联网系统建设，全面运用人影作业指挥系统。积极组织人工影响天气作业人员培训，完成作业人员在公安部门备案，开展人工影响天气作业安全大检查和应急演练，全年人影作业共出动20余次，发射火箭弹和燃烧碘化银烟条40余枚。防雹增雨和“蓝天行动”取得良好效果。

【防雷行政管理】 3月组织召开巴南区2018年防雷安全监管工作联席会议，对会议议定事项形成会议纪要。5月区安委会印发《关于巴南区2018年度全区安全生产目标考核评分细则的通知》（巴南安委〔2018〕7号），将防雷安全监管考核工作纳入全区2018年安全生产目标考核，落实部门监管责任，镇街属地管理责任及企业主体责任。11月区气象局下发《关于开展2018年度防雷安全考核的通知》，组织对各镇街、区级行业主管部门及有关单位进行现场考核。创建规范化试点单位，从防雷安全重点监管单位中选取2家单位作为防雷安全规范化试点单位在全区范围进行推广。全年，防雷装置设计审核受理4件，防雷装置竣工验收受理55件，均办结。归档防雷行政档案共计118册。2018年共检查防雷重点监管单位48家，随机抽查22家，下发整改通知书24份，行政处罚8家，罚款0.4万元，落实检查诊断、行政处罚、整改复查的安全执法闭环管理。

（陈小伦）

教　育

概　述

2018 年，全区有各级各类学校 300 所（不含在区高校），比上年增加 13 所，增长 4.53 个百分点；有在校学生 148429 人，比上年增加 7106 人，增长 5.03 个百分点；有教职工 12150 人，比上年增加 334 人，增长 2.83 个百分点。全区学校占地 355.95 万平方米，比上年增加 15.58 万平方米，增长 4.6 个百分点；校舍建筑面积 199.31 万平方米，比上年增加 10.82 万平方米，增长 5.7 个百分点。全年教育经费总收入 231426.22 万元，比上年增加 24730.27 万元，增长 11.96 个百分点；总支出 230261.78 万元，比上年增加 23674.21 万元，增长 11.46 个百分点。巴南区教育委员会与中共巴南区委教育工作委员会合署办公，内设办公室、政工科、计划财务科、基础教育科、职成民办教育科、安全稳定科、区政府教育督导室等 7 个科室，另设区纪委监委驻区教委纪检监察组，负责教育系统综合监督工作。机关行政编制 24 名，实有在编人员 18 人，借用人员 54 人。下辖区教师进修学校、现代教育技术中心、中小学卫生保健所、教育服务中心（学生资助管理中心）、教育综合实践中心等 5 个委属单位和教育团工委、教育工会、教育红十字会、教育妇委会、教委关工委、离退休教师协会等 6 个群团组织。

2018 年，巴南教育坚持“宜学巴南、品质教育”发展理念，以“质量攻坚年”为主题，不断深化教育领域综合改革，着力促进教育公平，全区教育事业发展总体向好。是年，巴南区获评重庆市研学旅行先进区，区中小学生综合实践学校获评全国中小学国防教育示范学校，马王坪学校获评全国第二批城乡社区教育特色学校，道角中学获评市级义务教育特色学校，鱼洞中学、花石小学、花溪中学、惠民小学获评市级体育艺术特色学校，界石小学《儿歌声声润童年》入选全国中小学德育工作典型经验名单。通过新聘、兼任方式增加 45 名幼儿园责任督学，实现幼儿园责任督学挂牌督导全覆盖，建立校外培训机构服务平台强化监管，摸排校外培训机构 463 家，组建 10 余个安全巡查指导组，全覆盖督导校园安全隐患排查整治工作。投入资金 10102 万元扩大公办园占比，新增公办园 48 所，公办率达 38.6%；新增普惠性幼儿园学位 3969 个，普惠率达 60.3%。妥善安排 2 万余名流动人口子女入学。落实资助资金 8843 万元，惠及学生 88134 人次。投入资金约 61500 万元，建成投用西南大学华南城中小学、珠江城中小学、龙洲湾中学 5 所学校，并纳入西南大学基础教育集团、重庆市实验中学教育集团、鱼洞二小教育集团实行集团办学。“点灯人”亲子阅读推广计划参加志愿服务大赛获全国金奖，3 名学生获评市级新时代好少年，11 人获评国家一级运动员，2 名学生被授予市级“科技小能手”称号。重庆市实验中学、巴南中学、大江中学、光彩小学等一大批学校学生，参加市级比赛获得冠军。新增1个市级班主任工作室，7名教师获评重庆市最美校长、最美教师、最美班主任、最美乡村学校少年宫辅导员，4名教师获评重庆市特级教师。德普外国语学校袁海军、鱼洞二小张学孟和汪丹、龙洲湾小学范兴烨、全善学校李翠凤、石龙中学毛梅等一大批教师在赛课、说课、基本功大赛中获全国、全市特等奖和一等奖。

2018年巴南区教育事业情况

单位：所、人

	学校数	毕业生数	招生数	在校生数	教职工数	
					计	其中专任教师
总计	300	36716	44659	148429	12150	9208
中等职业教育	12	6832	9172	23905	1695	1296
普通高中	11	4790	3930	11848	1110	970
普通初中	26	6758	7967	22758	2066	1836
普通小学	66	7939	10802	57941	3598	3374
特殊教育	1	7	18	142	25	20
学前教育	184	10390	12770	31835	3656	1712

注：1. 此表数据含民办教育，不含高等教育；2. 数据来源《2018年巴南区教育事业统计综合报表》；3. 中职学生含技工学校

2018年巴南区办学条件情况

单位：万平方米、万册、万元、GB、台

	占地面积	校舍面积		运动场地面积	固定资产值		图书		教学用计算机
		总计	其中教学行政用房		总计	其中教学仪器设备值	总计	其中电子图书	
总计	355. 95	199. 31	120. 12	96. 32	294370. 25	28932. 05	301. 15	—	16523
中等职业教育	65. 66	41. 49	26. 22	8. 28	61931. 25	9780. 05	82. 39	—	3091
普通高中	62. 54	42. 17	19. 28	18. 16	79936	4521	52. 16	—	2733
普通初中	54. 70	30. 29	15. 14	17. 89	59177	4517	53. 13		3499
普通小学	142. 16	61. 38	40. 30	41. 23	93326	10114	91. 74	—	7200
特殊教育	0. 41	0. 13	0. 1	0. 1	—	—	0. 31	—	—
学前教育	30. 48	23. 85	19. 08	10. 66	—	—	21. 42	—	—

注：1. 此表数据含民办教育，不含高等教育；2. 数据来源《2018年巴南区教育事业统计综合报表》

2018年巴南区教育经费与办学水平情况

单位：万元、元、%、人、年

类别	数量	类别	数量
教育经费总收入	231426.22	每万人口在园幼儿数	298.2
其中：国家财政性教育经费	192553.72	每万人口在校小学生数	543
社会捐、集资办学经费	48.45	每万人口在校初中生数	213.3
事业收入	36561.13	每万人口在校高中阶段学生数	248.02
教育经费总支出	23026.78	学前三年毛入园率	100
其中：事业性经费支出	23026.78	小学适龄人口入学率	100
基本建设投资项目支出	0	初中适龄人口入学率	99.9
公共财政教育经费占公共财政预算支出的比例	17.49	高中阶段教育毛入学率	139
政府教育财政拨款的增长与财政经常性收入的增长比例	8.48	小学毕业生升入初中比例	100
小学生均预算内教育事业费	10063.07	初中毕业生升入高中阶段教育比例	95.52
初中生均预算内教育事业费	17709.91	教育人口占总人口的比例	13.91
普通高中生均预算内教育事业费	17291.49	人均受教育年限	10.7
中等职业学校生均预算内教育事业费	14119.18		
小学生均预算内公用经费	1844.85		
初中生均预算内公用经费	3010.52		
普通高中生均预算内公用经费	4030.94		
中等职业学校生均预算内公用经费	4935.4		

注：1. 此表数据含民办教育，不含高等教育；2. 数据来源《2018年全国教育经费统计报表》

【党建工作】 2018年，全区教育系统共有基层党组织106个，其中党委12个（含社会组织2个）、党总支17个（含社会组织3个）、党支部77个（含社会组织4个、国有企业1个），党员4219名。培训发展对象15名，审批通过预备党员20名，预备党员转正35名。排查209名党员资料，按规处置4名不合格党员。对223个社会组织进行摸底调查。成立5个党建工作督导组，把党建工作纳入学校综合督导评估体系。启动12个党建共同体成立工作，覆盖全区100所中小学。坚持基层党组织按期换届提醒督促机制，完成5个任期届满的党组织换届选举工作。面向213名党支部书记开展全覆盖培训。213个党组织（含党委、党总支下辖党支部）开展全覆盖大排查大落实大提升活动。严格执行按月交纳党费制度，共有4219名党员（其中退休党员1183名）缴纳党费118.1483万元。为规模较大学校核定党组织专职副书记领导职数19名。全年共调整校级干部共54人，交流15人，提拔12人，安排干部挂职17人，免职10人。扎实开展党内监督工作，对4个单位分别开展为期2个月常规巡察，对102所学校开展专项巡察，共发出《整改通知书》52份，向区纪委监委驻区教委纪检监察组移交问题线索7个，被区纪委监委立案审查调查2人，被区纪委监委驻区教委纪检监察组立案审查1人。全年开展批评和提醒谈话35次，诫勉4人，党纪处分6人，政纪处分3人。

【师资建设】 招录新教师168人，引进优秀教师9人。新增正高级教师3人，特级教师4人。区内遴选考调教师65人，区内交流教师510人。开展区级以上培训43项，参培6599人次，其中乡村教师2718人次，占41.2%，推荐干部教师577人次参加市培、国培。全面完成乡村学校从教30年、20年、10年的教师荣誉证书首次颁发工作，共发放荣誉证书7601人。对口帮扶区县调整为万州区，派遣5名教师到万州支教，辖区全善学校、融汇·清华实验中学、鱼洞二小、鱼洞四小分别与万州区塘坊中学、凉水中学、龙都小学、枇杷坪小学结成友好学校。

【基础设施建设】 全年投入“全面改薄”资金3455.94万元，其中市级改薄资金890万元，整合创卫、保障机制等区级资金2565.94万元。对惠民中学、鱼洞四小、鱼胡路小学、二圣学校共10700平方米运动场进行建设；对新华小学、鱼胡路小学、石龙中学共6765平方米的校舍实施改扩建，完成惠民小学等学校工程尾款支付；完成龙洲湾中学等学校设备设施采购，进一步改善义务教育阶段学校办学基本条件。采取政府投资、开发商出资、平台公司融资等方式，推进城区配套学校建设。是年，投入资金约61500万元，建成投用珠江城中小学、华南城中小学、龙洲湾中学5所新学校，增加学位9240个；投入资金10102万元，通过新建、改扩建、回收回购等方式新增公办幼儿园（含公办民营）48所，公办园占比38.6%，公办园在园幼儿占比30.04%，完成42所普惠园认定工作，普惠园占比60.3%。建成云水苑安置房幼儿园、巴桂苑安置房幼儿园、樵坪春晓安置房幼儿园、樵坪人家幼儿园、麻柳安置房幼儿园、木洞安置房幼儿园6所幼儿园，移交鲁能幼儿园1所，新增7800个幼儿学位。全年累计投入资金约41600万元，巴南职教中心新校区迁建项目教学楼、综合楼、实训楼、宿舍等建筑物全面完工；箭滩河中学工程完成主体工程80%；岔路口三小工程完成施工招标工作，进行基础施工；清华中学（改扩建）工程正在进行施工招标；界石南环小学完成主体施工；蓝光小学外墙全部完成，内装完成2/3，正在环境施工。

【教育督导】 2018年，接受市对区义务教育发展基本均衡复查验收，巩固义务教育基本均衡成果。启动督政工作，草拟《巴南区推进政府履行教育职责情况评价工作方案》，进一步落实区级相关部门和街镇履行教育职责，强化校园周边环境综合治理。依据新一轮《办学（园）水平综合督导评估方案》，对全区3所中职学校、75所幼儿园、57所中小学、3个委属单位开展办学（园）水平综合督导评估，全面评估学校办学实绩，引领学校发展。新聘18名幼儿园兼职督学，将责任督学挂牌督导工作延伸至学前教育，实现全区幼儿园责任督学挂牌督导全覆盖。开展中西部教育发展评估监测，幼儿园办园行为督导评估；开展全面改善义务教育薄弱学校、区域内校际均衡状况、规范中小学办园行为、校园安全大排查大整治等专项督导。组织专兼职责任督学北京研修、幼教督学培训、义务教育均衡发展等学习提升，接待北京海淀等7个教育督导考察团。

【教育科研】 2018年，市级重点改革试点项目《基于学生发展核心素养的社会实践课程体系建设改革》《优化教育资源扩充机制改革试点》和《区县教育科研管理“三分三现”创新机制改革试点》顺利结题，接龙小学的“小学数学课程创新基地”、全善学校的“初中语文‘活动式’课程创新基地”、鱼洞二小的“小学泥陶课程开发研究”、区教师进修学校的“农村初中地理教研工作坊”获重庆市第三期农村中小学领雁工程项目立项审批。全区在研课题258项，其中市级课题84项，区级课题174项，新立项课题89项，已完成开题论证38项、结题鉴定38项。是年，我区教育科研工作水平和质量显著提升，市级课题立项率取得突破性成绩。市教育学会课题立项30项，其中重点课题10项。市教育科学规划办2018年度课题立项17项，含重点课题6项，其中市实验中学、鱼洞中学各有1项带经费重点课题，实现带经费重点课题零的突破。在全市教育规划课题立项率压缩的情况下，我区在全市各区县课题立项率排名中位列第二。在重庆市第十四届基础教育课程改革征文大赛中，全区共有514篇论文获奖，其中60篇获得一等奖。

【教育装备与信息化建设】 全区共计投入4200余万元完成新龙洲湾中学、珠江城中学（一期）的教育装备和设施设备采购，升级改造20余所学校的班班通和学生计算机教室，为60所中小学配备课桌凳，采购学生作业本及音美功能室器材，完成巴南教育城域网网络中心迁建及升级改造项目采购。全区设立37所“人人通”试点学校，200余个试点班，360余名试点教师，近9000余名试点学生，部分学校已实现常态化学科教学应用。开启云课堂和“人人通”信息化教学应用融合试点的新途径。举办全区教育技术装备管理干部、教育技术科研课题培训、中小学教育信息化专题研修等10余次专业培训。清华中学、清华小学、鱼洞二小3所学校上报市级教育信息化试点单位评估验收，清华中学、鱼洞二小、清华小学和融汇小学成为首批重庆市智慧校园建设示范学校。进一步加强学校网络、危化药品及常态化教学装备使用安全管理，安排专人落实网络安全维护及应急处理工作，定期检查及时整改。巴南《教育之窗》录制节目23期，《电教与教仪》出刊11期。选送38部作品参加全国第十四届校园电视评选活动，获一等奖8个。

【学校德育】 开展“向国旗敬礼”“扣好人生第一粒扣子”等20多项主题教育活动，举办巴南区第二届家长节。鱼洞二小林政安等3名学生获评市级新时代好少年，清华中学付伟、全善学校李翠凤、鱼洞四小潘灿获评市级优秀班主任，重庆德普外国语学校夏丽琼获评重庆书香校长，南区学校舒罕、恒大城小学文胜获评重庆书香教师，融汇小学陈磊等9名家长获评重庆书香家长，鱼洞四小邓钧文等6名学生获评重庆市书香学生，融汇小学徐俊杰等3名学生获评重庆市首届“劳动小能手”典型。《中国德育》专题报道我区德育工作，界石小学“儿歌声声润童年”德育活动被教育部评为德育典型经验，并在全市中小学德育管理干部会上交流发言。巴南区获评重庆市研学旅行先进区，成功创建9个市级中小学社会实践基地、1个市级研学旅行先进学校。周小均名班主任工作室被市教委评为重庆市中小学市级班主任工作室，在重庆市班主任基本功竞赛中，全善学校李翠凤获全能决赛中学组第一名，还获得全能、单项奖9个。在重庆市青少年毒品预防教育“6·27”工程中，鱼洞中学获评先进学校，4名教师获评优秀教师，鱼洞中学张建华获评最美禁毒志愿者。“点灯人”亲子阅读推广计划获第四届中国青年志愿服务项目大赛全国赛金奖。

【体育艺术科技与国防教育】 恒大城小学、重庆德普外国语学校、桂花小学和树人立德小学成为全国青少年校园网球特色学校，鱼洞四小、重庆市实验中学、清华中学、全善学校和莲花小学成为全国青少年校园篮球特色学校，鱼洞中学、花石小学被评为“第四批重庆市义务教育阶段体育特色学校”，区中小学生综合实践学校被评为“全国国防教育示范学校”，松花江小学学生在巴南区“全民国防教育日暨巴南区国防教育宣传月启动仪式”上集体诵读《少年中国说》，在中央电视台《新闻联播》中播出，组织体育教师参加重庆市2018中小学体育优质课大赛2人获一等奖，全区学生参加体育竞赛获全国冠军6个、季军2个，市级冠军20个、亚军15个、季军21个，新增国家一级运动员11人，2名学生考入浙江大学。3所市级美育改革和发展实验校与区教委签订学校美育改革发展实验工作备忘录，6所学校成为“巴南区学校美育改革实验校”。花溪中学、惠民小学被命名为“重庆市第四批义务教育阶段艺术特色学校”。市实验中学、清华中学、鱼洞二小3所学校的合唱团被命名为“重庆市学生艺术团学校合唱艺术分团”。参加重庆市第八届中小学生艺术展演活动，5个单位获“优秀组织奖”，6人被评为市“先进个人”，节目、作品获得市50个奖项。参加2018年重庆市中小学生艺术活动月系列活动视频展评获奖10个。参加“戏曲进校园”首届重庆市中小学戏曲小梅花展演活动戏曲舞台美术作品类比赛获奖33个。参加“融创杯”重庆市第十三届中小学生才艺大赛获奖254个。深化科技教育课程改革，承办全市第29届科技模型比赛。参加第33届全国创新大赛获国家级奖5个。参加第16届全国信息技术创新与实践活动大赛获全国奖8个。学生参加第八届全国科普征文大赛获全国一二等奖21个。参加2017至2018年“一师一优课，一课一名师”市级评选活动，获部级优秀19个，市级优秀68个。参加其他各类活动共获得国家级奖6个，市级奖351个。

【学生资助】 全年共落实学生资助资金 8843 万元，惠及学生 88134 人次。其中，落实学前教育阶段家庭经济困难儿童资助资金 203.55 万元，惠及贫困儿童 1357 人次；落实义务教育阶段“营养改善计划”资金 1180.47 万元，惠及学生 17503 人次；落实普通高中国家助学金、普通高中建档立卡等贫困户子女免学费、免住宿费、课本费资金共 683.847 万元，惠及贫困学生 6423 人次；落实中职免学费、住宿费、课本费资助及国家助学金资助资金共 5775.535 万元，惠及学生 60952 人次；落实重庆籍建档立卡贫困家庭大学生学费资助 259.19 万元，惠及学生 568 人次；落实三峡移民高职学生资助资金 3.8 万元，惠及学生 38 人；落实高校生源地信用助学贷款资金 709.54 万元，惠及贫困学生 949 人；发放解困助学资助资金 46.5 万元，惠及家庭经济困难的大学新生和中小学生 183 人；发放大学新生入学资助金 9 万元，惠及贫困大学新生 137 人；落实“泛海助学”资助金 12 万元，惠及贫困大学新生 24 人。

【安全稳定】 健全完善中小学幼儿园安全风险防控体系建设、欺凌综合治理等安全管理机制，贯彻落实《关于印发进一步做好中小学幼儿园安全工作的实施意见的通知》（巴南府办发〔2018〕209 号），采取各校各园自查整改、教委包片包园检查指导、镇街部门协同检查等方式开展隐患排查整改工作，全覆盖中小学、幼儿园、民办学校和培训机构。全年共办理教育信访件 383 件。其中，在重庆市信访信息系统办理信访事项 79 件；办理市政府公开电子信箱 290 件；办理群工系统 14 件并达到 100% 满意度评价。全区教育系统没有发生一起学校安全主体责任事故，无人进京或到市集访和非法上访。

【合作与交流】 重庆市实验中学“中澳班”、清华中学“中加班”顺利通过市级复审，引进高水平外专外教 30 余人次，招收留学生 20 多名，推进中美“千校携手”，中英“伙伴学校交流计划”和“外教助推英语教学计划”重大项目。组织重庆市实验中学、清华中学、巴南中学、巴南实验中学、鱼洞二小、鱼洞四小和姜家小学等与国（境）外学校开展交流 10 余次，接待韩国、德国、美国、泰国和中国香港来访师生 100 余人次，直接参与师生达 500 余人次，新增巴南实验中学、鱼洞四小等 3 对中美签约友好学校。深化“汉语国际推广”，选派大江中学唐先凤、花溪中学陈昱霏和鱼洞四小汤玲等优秀教师赴国外开展汉语教学和传播中国文化，推进孔子课堂建设。

【政策研究】 出台《重庆市巴南区人民政府关于统筹推进城乡义务教育一体化改革发展实施方案》（巴南府发〔2018〕31 号）、《重庆市巴南区教育委员会关于建立公平竞争审查工作机制的通知》（巴南教委发〔2018〕194 号）、《重庆市巴南区教育委员会关于印发巴南区教育公共信用信息管理制度（试行）的通知》（巴南教委发〔2018〕118 号）。完成 2014 年以来中央和重庆市教育改革文件贯彻落实情况的清理工作。组织 2018 年依法治校培训、“放管服”改革暨社会信用体系建设培训和“双随机一公开”培训。编制行政审批公共服务事项清单、实施清单和服务指南。完成公共服务事项清单合法性审查、项目审定及入网工作。开展“农村中小学师资专业化与课程建设”专题调研。渝南田家炳中学、李家沱小学、融汇小学获评“依法治校”市级示范校。

学前教育

【概况】 全区有幼儿园 238 所，其中公办园 92 所（含独立建制公办园 16 所、附设园 54 所、企事业单位办 1 所，集体办 6 所，公办民营 15 所），公办园占比达 38.6%；民办园 146 所。市级示范幼儿园 2 所，一级幼儿园 60 所，二级幼儿园 73 所，三级幼儿园 91 所，未评级幼儿园 12 所。在园幼儿 31835 人，专任教师 1992 人，学前三年入园率 100%。全区普惠性幼儿园 162 所，其中公办普惠性幼儿园 92 所、民办普惠性幼儿园 70 所，普惠园在园幼儿 19197 人，占全区在园幼儿总数 60.3%。为 19 所公办园核定机构编制，调剂 60 个事业单位人员编制，完成 35 名在编幼儿教师招聘工作，选培 23 名幼儿园后备管理干部，增核 312 名非在编人员员额以补充编制不足，分两期组织200名保育员进行岗职培训。完成园长、教师共计2000多人次业务培训，实现培训全覆盖。

【保教管理】 全年下达举办批复幼儿园30所，11所幼儿园迁址、更名、变更举办者，3所民办幼儿园终止办园。对18所幼儿园进行等级评定，其中10所幼儿园达一级、6所幼儿园达二级、2所幼儿园达三级。严格规范办园行为，坚决纠正超规模大班额、小学化倾向，坚决查处超标准、超范围高额收费行为，对发现的超规模、大班额、师资配备不足等不规范办园行为下达整改通知单61份，发放提醒函200余份，约谈幼儿园负责人40余人次。大力发展公办幼儿园和普惠性幼儿园，印发《重庆市巴南区人民政府关于巴南区第三期学前教育行动计划的实施意见》（巴南府发〔2018〕8号）和《重庆市巴南区人民政府办公室关于印发巴南区2017—2018年度加快发展普惠性学前教育工作方案》（巴南府办发〔2018〕50号），共投入财政资金约10102万元，用于发展公益普惠性学前教育。通过规划新建、开发商移交、回收、回购、改扩建等途径新增公办园48所，新增普惠性幼儿园42所，新增普惠性学位3969个。努力解决“入园难”“入园贵”问题。

义务教育

【概况】 全区有义务教育学校100所（含九年一贯制6所，高完中学校6所，特殊教育学校1所），在校生80841人。其中初中34所（含民办校全善学校、融汇·清华实验中学校、重庆史迪威外语学校、重庆德普外国语学校），在校生22758人；小学66所（含民办学校重庆德普外国语学校、树人立德小学），在校生57941人，特殊教育学校学生142人。

【教育改革】 推进英语等学科“专递课堂”运用，完成293节“专递课堂”录播和上传。组织“一师一优课”活动，按照市教委要求报送的100节优课中，获部级、市级奖共计87节，位于全市前列，其中获市级奖68节，部级奖19节，区教委获“优秀组织奖”。充分运用教学常规管理云平台强化管理与考核。推进集团化办学，不断扩充优质教育资源，依托7个中小学、幼儿园教育集团，领办成员学校22个，名校集团化办学规模不断扩大，新建的珠江城小学、珠江城中学分别纳入鱼洞二小、重庆市实验中学教育集团并顺利开学。借力8个小学学校发展共同体、4个中学学校发展共同体，充分发挥优质学校的引领、帮扶作用，推进城乡学校一体化发展。实施农村薄弱学校托底工程，指导、帮扶学校不断提升教育教学质量。鱼胡路小学、桂花小学脱离领办学校走向独立发展。西南大学华南城中小学建成开学并纳入西南大学基础教育集团办学。全区中小学环境保护和生态文明专题教育开设面100%。

【招生入学】 严格执行招生政策规定，义务教育阶段学生80841人顺利入学。畅通入学渠道，妥善解决流动人口子女正常入学，城区义务教育阶段增扩88个班，共招收流动人口子女20231人（占在校生人数25.03%），确保无一例义务教育阶段学生因户口、交通等问题而辍学。全区小学毕业生7946人，毕业率100%。重庆市实验中学、清华中学、巴南中学、木洞中学普通高中统招计划70%的比例分配到区内初中学校，重点高中指标到校招生数达1854人。6783人参考中考，上联招线2745人，上线率40.47%，比去年增长了0.5个百分点。全区中高考升学奖共423万元，小学质量奖36.45万元，北大清华特别奖30万元，全区合计兑现质量考核奖489.45万元。

普通高中教育

【概况】 全区有普通高中学校9所，其中高级中学3所（含民办高中1所），高完中学校6所。重庆市实验中学、重庆市清华中学、重庆市巴南中学、重庆市木洞中学为市级重点中学，重庆市鱼洞中学、重庆市渝南田家炳中学为重庆市普通高中联合招生学校；从2017年9月起，重庆市大江中学、重庆市接龙中学逐步单办初中，停招高一新生，高中部分只有高三学生；鱼洞中学逐步单办高中，停招初一新生，初中部分只有初三学生。普通高中有教学班251个，在校生11848人，全年招生3931

人，初中毕业生升入普通高中比例达57.9%。

【特色高中建设】　重庆市实验中学以“科技教育”为办学特色，持续丰富初高中一体化课程、学科竞赛课程、“三我德育”课程等，特色课程体系日趋完善。清华中学以“自强不息、厚德载物”为办学特色，实施“学校家庭化、办学民主化、管理精细化、育人多元化、发展国际化”战略，形成“五充满”的育人环境和“四注重”的育人模式。巴南中学以“责任教育”为办学特色，强化学生职业生涯发展规划指导；鱼洞中学以“三知教育”为办学特色，形成具有特色的德育体系。木洞中学以“平民教育”为办学特色，着力推进“新行知苏派教育”。渝南田家炳中学以“爱的教育”为办学特色，着力实施“135728”和“七个一”工程建设。推进校本课程特色化、精品化，重庆市实验中学“济航文学——读写第二课堂”、大江中学“基础绘画”、渝南田家炳中学“家乡的歌谣——木洞山歌”被评为市级精品选修课程。重庆市实验中学、清华中学市级课程创新基地建设取得成效，巴南中学成功创建市级课程创新基地。

【高考成绩】　2018年，普通高中学校高考参考学生3855人，本科第一批裸分上线887人，上线率23%，同比去年增加95人，增长12%。本科第二批裸分上线2350人，上线率61%。600分以上174人，比去年增加98人，理科最高分664分，650分以上3人，600分以上171人；文科最高分642分（含北大加分20分），600分以上3人。体育本科第一批上线9人，本科第二批录取9人；体育艺术本科录取339人。市实验中学宋汶瑾，加分后位居重庆市前10名，被北京大学录取；巴南中学女子足球队员杨丽、范铃铃2位同学被浙江大学录取。

中等职业教育

【概况】　2017—2018学年全区开展中职学历教育学校11所，其中国家级示范中职学校2所，市级示范中职学校2所，市级重点中职学校2所，其他合格达标中职学校5所（详见中职学校基本信息统计表）。全区中职学历在籍学生22911人，在校学生增加802人，增幅为3.63%。中职升学率41%，普高升学率54%，普职比结构进一步优化。全区中职教职员工总计1958名，增加229人，增同幅13.24%，其中专任教师1216人增加14人增幅1.16%（专职教师1041增加2人、校外兼职教师175人增加12人）。专任教师本科以上学历1081人，占比为88.89%；专任教师中高级以上职称788人，占比为57.23%；专任教师中“双师型”教师750人，占比为61.68%。市区级专业带头人23人，市区级骨干教师118人，市、区级名师10人。

中职学校基本信息统计表

序号	学校名称	学校面积		在籍学生人数/人				评估类型					办学类型	学校性质
		占地面积/亩	建筑面积/平方米	一年级	二年级	三年级	合计	国家示范	市级示范	国家重点	市级重点	合格达标		
1	重庆市巴南职业教育中心	168.00	71364	907	681	846	2434		√	√			职业高中	公办
2	重庆教育管理学校	284.00	127114	1452	772	1837	4061	√		√			普通中专	公办
3	重庆市机械高级技工学校	129.80	54000	1609	1410	1398	4417	√		√			技工学校	公办
4	重庆工业管理职业学校	55.00	57962	1344	1278	1369	3991		√	√			职业高中	民办

续表

序号	学校名称	学校面积		在籍学生人数/人				评估类型					办学类型	学校性质
		占地面积/亩	建筑面积/平方米	一年级	二年级	三年级	合计	国家示范	市级示范	国家重点	市级重点	合格达标		
5	重庆艺术学校	85.77	53868	202	326	435	963				√		普通中专	公办
6	重庆市卫生技工学校	52.00	61286	284	393	250	927				√		技工学校	民办
7	重庆市护士学校	30.30	21763	622	693	745	2060					√	普通中专	公办
8	重庆市机电技工学校	29.80	32000	706	352	431	1489					√	技工学校	企业办
9	重庆渝州车辆工程技术学校	57.00	19894	541	383	437	1361					√	技工学校	民办
10	重庆人文艺术职业学校	47.00	31000	314	162	155	631					√	职业高中	民办
11	重庆市公共卫生学校	31.80	33018	232	345	0	577					√	普通中专	民办
	合计	970.47	563269	8213	6795	7903	22911							

中职学校教师信息统计表

单位：人

学校名称	教职员工总数				教师人数统计		教师职称统计（含）			教师学历统计（含）			双师型教师人数			专业（学科）带头人		骨干教师		名师	
	教师		职工		文化类	专业类	初级及以下	中级	高级及以上	专科	本科	研究生及以上	初级	中级	高级	市级	区级	市级	区级	市级	区级
	专职	外聘	专职	外聘																	
重庆市巴南职业教育中心	114	18	18	46	49	83	38	52	42	5	121	6	70	23	6	0	18	9	4	0	0
重庆教育管理学校	130	15	30	36	51	94	31	39	75	4	107	34	47	44	7	0	0	25	0	2	0
重庆市机械高级技工学校	182	2	239	24	47	135	46	75	61	16	141	25	70	62	41	4	0	12	0	1	0
重庆工业管理职业学校	180	22	58	32	60	142	73	58	71	32	149	21	102	56	7	5	12	8	18	0	3
重庆艺术学校	121	45	54	0	33	133	105	40	21	21	85	60	46	0	0	0	0	0	0	0	0
重庆市卫生技工学校	58	10	22	0	20	48	47	12	9	0	65	3	17	6	5	0	0	6	0	0	0
重庆市护士学校	62	10	19	2	25	47	31	29	12	6	56	10	40	10	0	0	1	5	0	0	0

续表

学校名称	教职员工总数				教师人数统计		教师职称统计（含）			教师学历统计（含）			双师型教师人数			专业（学科）带头人		骨干教师		名师	
	教师		职工		文化类	专业类	初级及以下	中级	高级及以上	专科	本科	研究生及以上	初级	中级	高级	市级	区级	市级	区级	市级	区级
	专职	外聘	专职	外聘																	
重庆市机电技工学校	59	19	108	0	30	49	53	19	6	20	56	2	9	8	2	0	0	6	3	0	0
重庆渝州车辆工程技术学校	50	22	20	0	21	51	28	31	13	27	43	2	37	2	0	0	0	0	0	0	0
重庆人文艺术职业学校	27	2	12	0	8	21	19	8	2	2	27	0	4	0	1	0	0	0	0	0	0
重庆市公共卫生学校	58	10	22	0	20	48	47	12	9	0	65	2	17	6	5	0	0	6	0	0	0
合计	1041	175	602	140	364	851	518	375	321	133	915	166	459	217	74	9	31	77	25	3	3

【专业结构】 2017—2018 学年度，全区中职学校专业设置涵盖土木水利类、加工制造类、交通运输类、信息技术类、医药卫生类、休闲保健类、财经商贸类、旅游服务类、文化艺术类、教育类、公共管理与服务类、其他共 12 大类。各中等职业学校以服务区域产业发展为目的，结合学校办学条件实行专业动态调整机制。学校动态调整专业设置，新增加专业 1 个，停招专业 5 个，调整专业 3 个。

在校学生专业统计表

单位：人

专业	农林牧渔	资源环境	能源与新能源	土木水利	加工制造	石油化工	轻纺食品	交通运输	信息技术	医药卫生	休闲保健	财经商贸	旅游服务	文化艺术	体育与健康	教育	司法服务	公共管理与服务	其他
人数	0	0	0	399	3509	0	0	4602	2776	4850	145	1284	1481	1085	0	3018	0	341	252

【招生就业】 全区中职招生 8607，毕业学生 7903 人（含就业和升学学生），中等职业学校毕业生就业率 97.25%，对口就业率 72.22%，就业稳定率 81.60%，学生初次就业月收入人均 2345 元，毕业学生创业人数 113 人。同比 2017 年，各项指标略有增幅。

中职学校就业信息统计表

年度	就业率	对口就业率	就业稳定率	初次就业平均薪酬（元/月）	创业人数/人
2017—2017	97.25%	72.22%	81.60%	2345	113

【教学质量】 通过示范校建设、现代学徒制试点项目、“3+2”、“3+4”、“5 年制”等中高职贯通人才培训模式改革试点项目创新人才培养模式，其中开设“3+2”9 个、“5 年制”项目 10 个、“3+4”项目 1 个、对口高职升学专业 19 个。以教学诊断示范校建设、重点特色专业建设为契机做

好中等职业教育质量的提升。通过教学诊断、中职督导评估、中职常规管理检查督查，促进学校加强质量建设。通过参加和承办中职技能大赛达到以赛促教的目的，提升教师专业素质。文化课合格率 92.90% 以上，体质测评合格率 95.62%，技能合格率 93.89%，毕业率 94.06%。各项指标均有所提升。

【获奖情况】 重庆市护士学校护理专业参加全国技能大赛获一等奖 2 名，巴南职业教育中心汽修专业参加全国技能获二等奖 1 名。全年参加国家级、市级职业技能大赛累计获奖 121 个。参加国家级、市级文明风采大赛获奖 160 个，参加国家级、市级教师信息化大赛获奖 20 个，教师在国家级、市级媒体发表论文 172 篇，教师参与编写教材 29 本，其中出版 23 本，校本教材 6 本。

高等教育

【概况】 巴南辖区内有高等教育机构 5 个，其中公办教育机构 3 个，即重庆理工大学、重庆文化艺术职业学院、重庆广播电视大学巴南分校。民办高等教育机构 2 所，即重庆工程学院、重庆工商大学融智学院。各高等院校校园环境优美，设施设备完善，师资力量雄厚，专业设置合理，在校大学生 61478 人，教职工 4550 人。毕业大学生 14383 人，其中就业 13698 人，就业率 95%。

2018 年巴南区高等院校办学情况一览表

单位：平方米、人

学校名称	学校地址	校长（负责人）	性质	占地面积/平方米	校舍面积/平方米	主要开设科目	在校学生数	教师人数	职员人数	毕业人数	就业人数
重庆理工大学	重庆市巴南区红光大道 69 号	石晓辉	公办	1727635	1128216	会计学、车辆工程、应用经济学、机械工程、材料科学与工程、信息与通信工程、药学、工商管理、计算机科学与技术、仪器科学与技术、数学、统计学、生物医学工程、管理科学与工程等	28408	1456	285	6199	5777
重庆文化艺术职业学院	重庆市巴南区尚文大道 887 号	吴小兰	公办	232539.2	94231	旅游管理、导游、艺术设计、公共艺术设计、人物形象设计、戏剧影视表演、音乐剧表演、舞蹈表演、国际标准舞、舞台艺术设计与制作、音乐表演、民族表演艺术、民族美术、文化市场经营管理、公共文化服务与管理、文物修复与保护、新闻采编与制作、艺术教育	4664	300	85	863	829

续表

学校名称	学校地址	校长（负责人）	性质	占地面积/平方米	校舍面积/平方米	主要开设科目	在校学生数	教师人数	职员人数	毕业人数	就业人数
重庆工程学院	重庆市巴南区南泉街道白鹤林16号	唐一科	民办	509175	305548.76	软件工程、数字媒体艺术、土木工程、市场营销、物联网工程、通信工程、信息工程等、智能科学与技术、	15310	713	986	3553	3428
重庆工商大学融智学院	重庆市巴南区龙洲湾街道尚文大道906号	柏　群	民办	449825	307936.14	经济学、国际经济与贸易、会展经济与管理、贸易经济、国际商务、经济统计学、网络与新媒体、金融学、保险学、税收学、信用管理、投资学、会计学、财务管理、资产评估、审计学、物流管理、土地资源管理、信息管理与信息系统、工业工程、城市管理、房地产开发与管理、工程管理、物业管理、电子商务、物流工程、软件工程、数字出版、空间信息与数字技术、经济与金融。	10203	544	129	2088	1996
重庆广播电视大学巴南分校	重庆市巴南区鱼洞鱼轻路52号	何远疆	公益二类	10204	5463	本科4个：工商管理、法学、会计学、行政管理。专科8个：工商管理、市场营销、法学、会计、行政管理、药学、护理学、学前教育	2893	44	8	1680	1668

注：表格内数据填报时间均截至2018年12月

特殊教育

【概况】 2018年，全区有6~14周岁三残（视残、智残、听残）适龄儿童少年442人，入学400人，入学率达90.4%。在姜家小学、接龙小学、安澜学校和新华小学建立4间随班就读资源教室，正在推进建设6间。10月，对全区263名新增随班就读学生进行筛查评估工作，并纳入学校考核，做到“全覆盖、零拒绝”。

【巴南区特殊教育学校】 学校现有教职工25人，其中专任教师20人。在校学生142人，10个教学班；其中，聋哑班1个，学生10人；培智班9个，学生132人。学校确立“爱心相随、春暖花开”办学理念，以康复和生活技能为切入点，开展语言康复、音乐康复、感统训练以及生活实训等特色课程。2018年，投入120余万元改造区特殊教育学校环境、会议室、学生食堂、围墙、塑草操场、功能室，改造和添置班班通设备等；并对特殊学校资源中心功能室进行了改造。区科委课题“对聋生进行责任意识培养研究”获得区三等奖，区级课题“利用成长记录袋促进特殊儿童生活自理能力发展的研究”成功结题。

民办教育

【概况】 全区有民办义务教育学校5所，即重庆市巴南区全善学校、重庆融汇·清华实验中学校、重庆德普外国语学校、重庆史迪威外语学校、重庆树人立德小学，有在校学生6766人，教职工1173人，其中教师496人。有民办幼儿园161所，其中民办普惠性幼儿园91所，占全区幼儿园总数的38.6%。有民办中等职业学历教育学校5所，即重庆人文艺术职业学校、重庆工业管理职业学校、重庆市卫生技工学校、重庆市公共卫生学校、重庆渝州车辆工程技术学校，在籍学生7484人，教师433人，其中，专任教师373人，兼职教师66人，共开设27个专业。经教委审批的民办非学历教育培训机构共68个。相关部门联合查处非法培训机构，发出整改通知书50份。

社区教育

【概况】 巴南区社区教育工作由区教委牵头，全区22个镇街履行主体责任。有区社区教育学院1所，镇街社区教育学校22所。全年组织各类培训261291余人次，其中60岁以上老年人75949人次，青少年48186人次，市民77180人次，农村居民59976人次。2018年巴南区获评2017年国家级全民终身学习活动周优秀组织奖；丰盛镇“百姓茶堂”成功创建全国终身学习活动品牌；巴南区教师进修学校和重庆市金龙计算机专修学校被评为“全国优秀成人教育院校（培训机构）”；木洞镇《木洞山歌》被评为“重庆市社区教育特色课程”。

（邹永超）

招生考试

【概况】 巴南区教育考试中心核定编制10人，内设办公室、高校入学考试科、自学考试科。主要负责国家教育普通高校招生、成人高校招生、高等教育自学考试和教师资格考试的政策宣传，考生报名及考试的组织管理等工作。2018年，中心共组织各类国家教育考试8次，其中普通高考、高职分类考试、成人高考各1次，高等教育自学考试2次，中小学教师资格考试（含笔试、面试）3次，参考考生共计15630人。考试严格执行国家教育考试各项规定要求，实现全年无重大违纪舞弊、无失密泄密、无安全责任事故等事件发生的工作目标。

【普通高校招生考试】 普通高校报考总人数6484人。参加高职分类考试考生2928人，考试于2018年3月17—18日举行，考点设在巴南中学和全善学校，共设置考场100间（全善学校设置考场41间，巴南中学设置考场59间）。参加全国高考统一考试考生4156人，考试于2018年6月7—8日举行，考点设在重庆市实验中学、清华中学和巴南中学，共设置考场139间（重庆市实验中学设置考场56间，清华中学设置考场41间，巴南中学设置考场42间）。两次考试被各类普通高校录取5804人，录取率89.51%。按院校层次分，提前批本科共录取91人（其中空军飞行员1人、民航飞行员7人）；本科第一批录取679人；本科第二批录取1294人；体育本科、专科录取25人；艺术本科录取396人，艺术专科录取138人；专本贯通117人，其他专科录取3064人。

【成人高校招生统一考试】 成人高考报考人数913人，其中文科196人、理科306人、专升本411人。实际录取635人，录取率69.55%。考试于2018年10月27—28日进行，考点设在巴南中学，共设置考场32间。其中文科考场7间、理科考场11间、专升本考场14间。

【高等教育自学考试】 全年共组织2次自考报名资格审核及组考工作。参加自学考试共计3455人次，涉考科目6972科。完成学业毕业22人，其中本科12人，专科10人。第一次考试于2018年4月14—15日举行，考点设在职教中心，参考人数1784人，报考科次3795科，共设置考场128间。第二次考试于2018年10月21—22日举行，考点设在职教中心，参考人数1671人，报考科次3177科，共设置考场107间。

【全国中小学教师资格考试】 全年共组织3次中小学教师资格考试（笔试2次面试1次）报名资格审核及组考工作。参加考试共计4178人次，社考科目7649科。2018年上半年中小学教师资格考试笔试于3月17日举行，考点设在职教中心，参考人数1163人，报考科次2237科，共设置考场76间；面试于2018年5月19日举行，考点设在巴南中学，参考人数460人，共设置考场30间。2018年下半年中小学教师资格考试笔试于11月3日举行，考点设在职教中心和全善中学，参考人数2555人，报考科次5412科，共设置考场183间。

（李　璐）

文化 体育 卫生

文 化

【概况】 巴南区文化委员会机关内设办公室、文化事业科、文化产业科、新闻广电出版科（行政审批科）。行政编制10名，实有9人，机关工勤编制1名，实有1人。下辖区文化馆（事业编制16名，实有13人）、区图书馆（事业编制15人，实有15人）、区文化遗产保护中心（文物保护管理所，事业编制13人，实有12人）、区文化市场行政执法大队（参公管理事业单位，人员编制为10人，实有工作人员9人）等4个事业单位。2018年，区文化委推动乡村文化振兴，开展文化扶智，巴南博物馆建成并免费开放，建成文化馆、图书馆分馆55个，实现镇街分馆全覆盖；建成镇街惠民电影室内放映厅数量达全区镇街总数的2/3；全年开展广场演出、影剧欣赏、春联写赠等群众活动500余场，送流动文化服务进村社800余场，放映惠民电影3900余场。创作文艺作品200余件，多项作品获全国、全市奖项；推出专场非遗舞台艺术展演“巴歌渝调”在重庆群星剧场成功上演。引进成都新文创演艺经纪公司、花溪地艺术区、重庆制叶堂等文化企业落户；华熙LIVE·鱼洞项目、西流沱非遗文旅小镇等重大文化项目建成投用；全区文化产业单位数量达2587家，较第三次经济普查同比增长392.8%，规上文化服务业实现营业收入227亿元，同比增长53.6%；举办第二届重庆文化惠民消费季巴南简单生活节、2018重庆国际创意周等活动，搭建文化创意与相关产业融合发展平台，提升文化消费水平。修复可移动馆藏文物80余件（套），完成南泉中央政治学校研究部旧址和南彭朱家大院修缮；举办巴南区文化遗产创造性转化、创新性发展研讨会，新增区级非遗代表性项目四项，开展非遗全产业链探索，举办“我在重庆学非遗”主题外宣活动，巴南非遗项目赴毛里求斯开展文化交流，提升巴南对外影响力。完成文化市场综合执法改革，建成区、镇（街道）、村（社区）文化市场三级监管网络，实现文化行政执法网络办案，推行文化市场红名单、警示名单和黑名单管理，强化文化市场信用体系建设；全年立案查处文化行政案件29件，整治涉黄涉赌网站35个，注销非法网站148个，惩治互联网虚假广告发布公司3家，有效净化社会文化环境。

（陶　野）

文化设施

【巴南区文化馆】 位于重庆市巴南区龙洲湾新区巴南区文化艺术中心，是国家一级文化馆。免费开放项目有文艺演出、文博展览、文艺培训、文化讲座、文艺指导、群文理论研究、平台服务等。免费开放功能室有合唱排练厅、舞蹈排练厅、多功能厅、书画教室、音乐教室、电子阅览室、老年文化活动教室、影音室等。建有面向群众的服务网站巴南区文化馆网站、巴南区文化馆微信公众号。全年不闭馆实行免费开放，2018 年累计服务群众 80 余万人次；举办各类展演及大型文艺活动 60 余场（次）。

（李　烨）

【巴南区图书馆】　巴南区图书馆（下辖鱼洞直属分馆、李家沱直属分馆），总建筑面积 13470 平方米。实行 365 天免费对公众开放，每周开放时间 84 小时，馆藏纸质图书及数字文献资源近百万册。设置有 2 个 24 小时自助图书馆（龙洲湾、鱼洞）、少儿图书馆、市民学习中心、科技体验中心、特藏书库、自助学习区等特色场馆，读者座席 1200 余个，为读者提供书报刊借阅、数字阅读、科技体验、启智教育、艺术展示、素质教育等服务。李家沱直属分馆装修改造升级，于 7 月 31 日重新对外免费开放。2018 年总藏书量 95.8 万册，接待读者 128.5 万人次，外借图书 90.9 万册次，举办各类读者活动 571 次。

（区图书馆供稿）

【巴南区博物馆】　位于巴南区渝南大道巴南文化艺术中心，建筑面积 1800 平方米，馆藏文物 3000 余件（套），展出从史前至现代各时期文物 300 余件。基本陈列为“巴之根本——巴南历史文化陈列”，由古代巴南、近代巴南、巴南非物质文化遗产三部分组成，是巴南区首座综合性博物馆。于 2018 年 6 月 15 日建成开放，每周二至周日 9：00–17：00 对外免费开放，周一闭馆。拥有专业讲解员队伍提供优质讲解，设立志愿者服务岗位，常年开展志愿者招募和培训。馆内设有观众休息区、文创品展示区等功能区和残障人士专用设施设备。

（邹　毅）

【基层综合文化服务中心示范点建设】　为不断提升基层公共文化阵地服务效能，2018 年巴南区启动基层综合文化服务中心示范点建设工作。7 月 27 日召开全区基层公共文化服务示范点打造工作推进会，对全区基层综合文化服务中心示范点建设工作进行安排部署。7 月底制发《关于推进基层公共文化阵地示范点建设的通知》（巴南文化委发〔2018〕53 号），明确示范点建设工作的意义、打造数量、打造内容、进度安排、经费来源等事项。通过广泛摸底调研，在全区范围内确定龙洲湾街道综合文化服务中心、道角村综合文化服务中心等 15 个镇街（村社）基层综合文化服务中心示范点建设名单。组织镇街和村社有关人员，到江津区、南川区和黔江区进行实地考察学习先进建设和管理经验。截至年底，各示范点打造单位已制定并细化了打造方案，花溪街道综合文化服务中心等已启动打造实施工作。

（文化科供稿）

【“两馆一站”免费开放及绩效评价】　2018 年，全区累计举办各类群众文化活动 2187 场次，惠及群众近 300 万人次。区图书馆新增馆藏 5.8 万册，订购期刊 1301 种 3.2 万余册；报纸 200 种 5.2 万份；服务读者 128.5 万人次，外借图书 90 万册次。较往年同期相比，累计服务读者增长 336%，外借图书量增长 161%，数字读物点击量增长 129%；组织开展读书活动 571 场。开展“一卡通”项目的宣传、推广活动 22 场，向各分馆、服务点输送图书 15.8 万册，电子资源共享 50 万册；开展专题培训 22 场，业务辅导 150 场。区文化馆开展各类辅导、培训，阵地活动增长 283%。新建成 6 个体制外分馆，并在镇街分馆建设基础上增建 6 个特色分馆；与龙洲湾街道、花溪街道等镇街开展总分馆联办活动 22 场，举办总分馆培训会 4 次，指导分馆举办文化活动 160 余场，吸引观众、学员 5.8 万人次；举办舞蹈、声乐等培训 320 场，文艺讲座 150 场，辅导各分馆创作文艺作品 100 余件；为全区 198 个村送流动文化服务进村 800 余场。全区 22 个镇街综合文化服务中心结合传统节日和重大庆典，组织并指导辖区村（社区）综合文化服务中心广泛开展全民阅读、文艺演出、流动服务、政策法规宣讲等活动，利用阵地设施，增设文化服务项目，年累计服务群众达 120 万人次。9 月 10 日，市群艺馆副馆长金勇率市文化旅游委第七考核组对巴南区文化馆、图书馆和镇街综合文化服务中心 2018 年度免费开放情况进行绩效评价，2018 年我区“两馆一站”免费开放工作获主城九区第三名，区文化馆和区图书馆在全市 2018 年度全市文化馆和图书馆绩效评价中均被评为一等。

（文化科供稿）

【基层综合文化服务中心效能督查暨专项治理】 2018 年，国家文化和旅游部、市文化旅游委深入基层综合文化服务中心效能督查暨基层综合文化服务中心专项治理工作。4 月，召开全区基层综合文化服务中心效能督查专题工作会，要求各镇街和有关单位要高度重视、提质增效；直面问题、深挖细节；坚持问题导向，对标对表推进整改落实。区文化委按照有关要求，落实专人负责，坚持每季度深入基层综合文化服务中心开展效能督查暗访，全年累计开展专项巡查 50 余次。11 月，巴南区启动为期 3 年的全区镇街综合文化服务中心专项治理工作，制发《关于印发巴南区镇街综合文化服务中心专项治理工作方案的通知》（巴南文化委发〔2018〕95 号），明确工作目标、治理范围、治理方式、治理内容和治理步骤等内容，全面开展自查自纠，建立问题清单。

（陈　理）

【数字图书馆】 依托电子书屋工程，整合数字图书馆、数字文化馆、数字博物馆、文化物联网等资源，打造上线巴南区公共数字文化网，针对不同服务类型为百姓提供自助化“一站式”“个性化”文化服务，实现数字图书馆（电子书屋）区域内镇街、村、社区全覆盖，年点击量 1605727 次。创新打造“巴图优借”系统，服务读者 2400 人，成功送书 8000 余册，覆盖二环以外所有镇街。开发智汇图书数据平台，将全区图书馆总分馆业务系统、客流分析统计系统、网站系统、微信平台等业务支撑系统进行数据整合，利用网站平台、数据展示屏、微信平台等方式对外发布和展示。利用微信微博等新媒体，在公众号上增加活动预安排、活动报名、知识竞答等项目，实现线上线下同步，巴南区数字图书馆微信微博现有粉丝量 119349 人，2018 年对外发信息 1232 条，点赞阅读量 487696 次，为读者提供更便捷的数字文化服务。

（区图书馆供稿）

【数字文化馆】 采取向社会力量购买服务方式，完成巴南区数字文化馆建设工作。区文化馆宽带接入 300Mbps，免费提供无线 Wi-Fi，建有“重庆群众文化云巴南支平台”、“重庆市巴南区文化馆”微信公众号（服务号）、“巴南区文化馆”微信公众号（订阅号）等面向群众服务的网站 3 个。完成视频会议系统、客流统计系统的安装与部署，初步建成以木洞山歌、接龙吹打、小观梆鼓舞等自助体验设备为代表的线下互动体验空间，拍摄艺术普及教学资源 5 部，上传各类数字文化资源 330Gbps，完成文化馆各类场馆、展厅等 45 个室内空间 VR 全景拍摄。2018 年区文化馆网站浏览量 48 万，新增注册用户 5768 人，开展巴歌渝调、纪念改革开放 40 周年歌咏比赛等直播活动 5 场、全民艺术普及系列讲座录播 12 场。

（区文化馆供稿）

【数字博物馆】 建立巴南区第三次全国文物普查（不可移动部分）、巴南区第一次全国可移动文物普查数据库，均接入国家文物局数据库、数据平台统一管理。博物馆对展陈内容进行数字化处理，通过智能化系统与观众进行互动。完成微信公众平台建设，为公众提供网上虚拟展览、藏品赏析、语音导览等服务。

（邹　毅）

群众文化

【全民阅读】 按照国家、市开展全民阅读工作要求，制发巴南区全民阅读实施方案，针对服务对象年龄差别、需求差异，创新提出“分众化阅读服务模式”，培育开展“小葵花”公益课堂、“乐享光影”音乐电影分享会、“巴图大讲堂”国学传统文化专题讲座等全民阅读品牌活动 12 个。在“4·23”世界读书日，策划实施“建设书香巴南，共享书香生活”启动仪式和系列读书活动。读书月以及图书馆服务宣传周期间，紧扣时代主题及社会热点，策划“图书行走我家乡”“我的巴图记忆”等20余项活动，与镇街分馆上下联动开展主题读书活动近百场，全年累计举办文化讲座51场、主题展览30场、全民阅读推广活动571场，受到各个年龄段、不同社会阶层读者喜爱，媒体报道达90余篇。

（区图书馆供稿）

【全民文艺普及】 全年举办各类文艺培训班120期，其中面向未成年人培训班25期，外来务工人员培训班15期、老年文化培训班80期。建有基层文化活动基地（示范点）12个：鱼洞街道南园社区居委会（外来务工人员）、接龙塘边村（农村）、龙洲湾街道龙海社区（社区）、区检察院（区级部门）、木洞山歌非遗基地萩玥艺术团（未成年人）等。组织大型展览15场，包括2018年“巴歌渝调”巴南区非遗精品节目展演及手工、非遗艺术摄影展览展示，2018年“百姓生活”《春之韵》艺术摄影作品展等。举办全民艺术普及推广讲座12次，包括2018年巴南区公共文化物联网主持人培训、2018年巴南区全民艺术普及系列活动——“我的祖国”合唱实训讲座、2018巴南区公共文化物联网展演团队业务培训会等。开展大型文化活动38场，包括“欢庆十九大　共圆中国梦”第五届巴南区乡村文艺汇演、2018年巴南区迎新春广场文艺演出、2018年送文化下乡文艺演出（44场）、“我们的节日”系列活动重庆曲艺家闹元宵文艺演出、“巴歌渝调”——巴南区2018年非遗创新节目展演等，吸引观众30余万人次。

（李　烨）

【文艺作品创作】 3月，召开全区文艺创作座谈会，谋划全年文艺创作工作；启动第二批巴南区重点文艺创作扶持评选，共收到各类作品34件，经过项目初审、专家复审、会议审定、公开公示等严格程序，决定对刘学兵创作的短篇小说集《让我报答你》等6个重点文艺作品创作项目予以扶持。围绕改革开放40周年、创卫等主题，全年组织新创作文艺作品1332件，内容涵盖音乐、歌舞、小品、评书等各门类，参加重庆市举办的各类展演赛事10余次，获奖26个：相声《名著与方言》获第十届中国曲艺牡丹奖全国曲艺大赛节目奖入围、文学奖提名；舞蹈《碟韵》获第八届重庆市乡村文艺会演舞蹈类网络人气奖、组织工作奖、舞蹈类三等奖；组织参加第三届重庆市声乐比赛在民族组获二等奖、组织工作奖；区文化馆星光合唱团参加2018全国部分文化馆联盟优秀合唱团展演暨第二十五届“缙云之声”合唱节获金奖；谐剧《让我看你一眼》、音乐表演唱《唱起歌来上上大梁》成功入围全国第十八届群星奖复赛。邀请国家级、市级多位专家新创作《巴南泉恋》《渝调》《巴山南风》等网络歌曲；举办“巴南区2018年公共文化物联网主持人培训会”等创作培训会；组织“接龙吹打”“木洞山歌”“惠民谐剧”等特色项目看稿会、采风会。举办“欢悦四季，舞动巴渝”重庆市广场舞展巴南区选拔赛、纪念改革开放40周年歌咏比赛等活动，为全区文艺爱好者提供展示、学习、交流平台。

（李　烨）

【一镇一品牌】 为各镇街提供业务指导和技术支持，牵头对接龙吹打、木洞山歌、一品情歌、天星寺禅茶故事、惠民谐剧等镇街品牌进行作品打造并开展专项演出，创作具有巴南区地域特色作品表演唱《酒歌庆丰收》，提炼《什么红来红满天》《唱山歌》《又听号子歌》《山歌山情》《巴歌》《巴山南风》《闹酒》《渝调》等“巴歌渝调”音乐作品8首和《闺绣》《龙腾巴渝》《碟韵》《栀子花儿开》等舞蹈作品4个，制作《乡音》《我在木洞等你》等8首原创歌曲的MV，成功指导木洞镇推出“木洞山歌”MV并在中央电视台《星光大道》栏目进行展播，举办“勇走改革路·奋进新巴南”献礼改革开放40周年惠民谐剧专场展演。

（李　烨）

【“巴歌渝调”非遗展演】 2018年3月1日，受重庆市群众艺术馆邀请，剧场版“巴歌渝调”在市群艺馆群星剧场上演。演出由11个“散可成章、组可成篇”的节目组成，将木洞山歌、接龙吹打等原生态文化与流行元素相融合，在2017年初体育馆展演的基础上，结合剧场演出实际，从节目形态、表现方式、节目包装等方面再次深度打磨，演出通过巴南非遗传承人、文艺骨干及普通群众生动的表演，展现巴南厚重的文化底蕴和浓郁的地域特色。演出当天，国家公共文化云、中国文化网络电视、华龙网等20余家媒体进行全程直播，超过100万人次观看；各大媒体微博转载量达1000余次，微信、手机报阅读量超百万次，受到社会各界的广泛赞誉和高度评价。

（文化科供稿）

【公共文化物联网】 巴南区公共文化物联网配送服务共计879场，其中文艺培训276场、文化讲座60场、文艺演出420场、展览展示38场、政策宣讲85场。在市群艺馆统一部署下，完成群众文化云平台的切换，开展基层服务点工作人员业务培训。依据《重庆市巴南区公共文化服务配送绩效考核办法（试行）》《重庆市公共文化物联网巴南区互联互通平台资源管理办法》相关规定，淘汰业余演出团队2支、展览展示团队1支、志愿者3名。通过政府公开招标，组织专家评审等方式，重新采购8支专业演出团队并签订服务合同，新纳入业余演出团队2支、志愿者60名。全区库存专业演出团队8支、业余演出团队17支、展览团队4支、文化志愿者225名。通过引进第三方机构开展公共文化物联网服务配送监管工作，确保配送服务真实、有效。在重庆市木洞文旅实业开发有限公司、京邦达物流有限公司、界石经济园区新增设3个基层服务点，并已开展文化配送。通过中国文化报、巴南区文化馆门户网站、物联网平台网站、微信、《巴南日报》等新闻媒体实时发布更新、宣传报道巴南区物联网资讯60余篇。

（李　烨）

【老年大学辅导】 开设老年大学辅导培训班17个，涉及舞蹈、合唱、电子琴、模特、语言表演、民乐演奏、国画等多种艺术门类课程，共80期课程，每期16课时，全年共培训7万余人次。组织星光合唱团参加2018全国部分文化馆联盟优秀合唱团展演暨第二十五届“缙云之声”合唱节获金奖；星光模特时装队参与2019年重庆市中老年电视春节联欢晚会录制，获得“网络人气十强”中第一名和“最具人气艺术团”荣誉称号；焱之舞艺术团、婉碟艺术团、星光舞蹈团参加“欢跃四季　舞动巴渝”全国广场舞展演活动重庆市第一片区展演，焱之舞艺术团、婉碟艺术团获优秀组织奖，星光舞蹈团获优秀奖。举办“免费开放成果展示”专场演出，并依托公共文化物联网将优秀节目通过“点单配送”到各镇街，展示巴南区老年艺术大学教学成果。

（李　烨）

【农家书屋】 全区建成标准农家书屋198个，广泛开展致富培训、读书辅导、送书进户等惠民活动，全年开展技能培训培训2场、各类读书活动800余次，接待读者10余万人（次），已成为农村地区传承文化、传播科学的重要阵地。区图书馆充分发挥自身工作优势，推动“馆”与“屋”无缝对接，提高农家书屋图书资源利用率，续配文献采取“农民自选、贴近实际、少数服从多数”原则，努力做到“适用对路”和精准配书，统一配送图书13680册，真正实现农家书屋被动“送菜”到读者主动“点菜”的转变，提高公共文化服务能力。同时，在农家书屋的建设中坚持“一屋多用、高效使用”原则，开展“手牵手、共成长”“亲子阅读”“暑期乐园”“就业培训”等特色活动，极大满足农民群众精神文化需求。

（区图书馆供稿）

广播　电视　电影

【广播电视行政管理】 争取中央资金320万元，把天星寺发射台、石马发射台基础设施建设项目纳入“十三五”时期广播电视基础设施建设中央预算内投资项目。制定2018年元旦、春节、全国“两会”期间、上合组织青岛峰会重保期广播电视安全播出方案，与区广播电视台、区广电网络分公司、各镇街签订安全播出责任书，强化检查督查，保障全区广播电视播出安全。巴南区全媒体融合项目（中央厨房）通过市文化委验收，该项目整合全区新闻媒体资源，通过理念创新、平台创新、流程创新，完成符合现代传播形态的流程再造，构建“两台两报两网三端多微”10多个传播平台，充分发挥新闻传播“1+1>2”的效果。

（鄢　璐）

【广播电视村村通】　贯彻落实习近平总书记关于大兴调研之风、加强作风建设的重要指示精神，深入区广播电视台、区广电网络分公司、镇街对农村综合广播运行维护开展调研。向区财政争取专项运行维护管理资金93万元，保障农村应急广播的运行管理及设备维修和线路维护。利用应急广播系统发布创卫宣传、扫黑除恶宣传、灾害预防等信息1.36万余次，将其打造成为基层政策宣传、知识传播、突发事件预警的重要平台，全区广播电视覆盖率99.62%。

（鄢　璐）

【农村数字电影惠民工程】　全年累计进村（社区）、学校等送惠民电影3600余场，观众42万人次。创新服务手段，探索新方法、新途径，新建惠民电影室内放映厅11个。采取“惠民电影+民生宣传”手段，利用惠民电影平台围绕创卫、扫黑除恶等中心工作播放宣传片，动员万达、红星等7家影院利用电子显示屏播放巴南区创卫、扫黑除恶宣传片，提高民生工程的社会知晓度。

（鄢　璐）

文化遗产保护

【文物保护修缮】　完成全国重点文物保护单位——南泉抗战旧址群（中央政治学校研究部旧址）、双星桥、朱家大院保护修缮工程，推进二圣戏楼、宝峰塔、天心寺、团结渡槽、别山花屋、南泉（红旗）日本战俘营等修缮工程。配合观景口水库工程建设项目，完成双星桥搬迁保护工程；配合高洞子水库工程建设项目，完成泰山石石刻搬迁保护；配合铁路枢纽东环线工程建设项目，完成团结渡槽保护拆除工程。协助和指导木洞文旅公司完成三峡后续工作规划2018年实施项目（苏家大院、黄启璪旧居、丁雪松旧居）第二期资金申报及2019年度三峡后续工作规划实施项目申报。指导和支持城乡群众保护管理使用的不可移动文物，探索“文物保护+公共文化服务”模式，引导社会力量自愿投入资金保护修缮市级文物保护单位——朱家大院，已完成修缮，正在由学苑出版社打造“学苑书院”，主要用于开展青少年学习传承传统文化，计划2019年正式对外开放。巴南博物馆、杨沧白故居、南泉抗战旧址群（孔园、听泉楼）陈列馆接待参观人数7万余人次，免费讲解100余场。

（王秀楠）

【非物质文化遗产传承创新】　完成第四批区级非遗代表性项目申报命名工作，新增刘氏泥塑、刘家四合胡豆制作技艺、小木凳酱派传统火锅底料制作技艺、立新七针疗法4项区级非遗项目。邀请权威机构和高等院校专家学者及巴南区非遗代表性项目传承人，成功召开巴南区文化遗产创造性转化、创新性发展研讨会。组织开展“巴歌渝调非遗手工技艺展示”“重庆与世界嘉年华——巴南主题文化周”“巴渝月正圆　高歌庆丰收——我们的节日·中秋”等非遗主题活动。完成全区80位非遗代表性传承人年度考核工作，喻良华等75人考核结果为合格；余海逵等5人考核结果为不合格。引导重庆树叶制作技艺传承人开通“巴渝手工”微信公众平台，开发“巴南十景”等非遗项目衍生品。

（刘　慧）

文化产业

【重大文化前期项目】　为大力推动大型特色文化项目建设，8月1日，区政府与市文化旅游委签订《关于文化产业项目事宜文化项目合作协议》，共同推动巴人部落主题文化公园、都市文创园、乡村文化乐园市级示范园项目建设，已完成巴人部落主题文化公园项目策划方案编制工作。

（牟俊宇）

【文化项目建设】　9月29日，西南地区最大的室内体育场馆——华熙LIVE·巴南国际体育文化中心建成开业。该项目用地面积481亩、总投资达39亿元，由华熙文体中心、M空间、HI-PARK篮球公园、HI-ZONE体育场、HI-UP商业中心等多个复合商业与文体场馆构成。以大型体育文化活动为龙头，以群众性体育活动、青少年篮球训练营等体育赛事和活动为核心，打造重庆新的文化体育活动和赛事中心。10月1日，融汇西流沱小镇正式开街，位于李家沱融汇北路比邻巴滨路和茶花广场，总建筑面积近5万平方米，小镇内巴渝风情的建筑群高低错落、街巷相交，吊脚楼、古戏台等古色古香，集非遗展示、美食、住宿、观光于一体，是巴南区又一张滨江休闲文化旅游新名片。

（牟俊宇）

【文化产业博览会】 9月7日—9日，由中共重庆市委宣传部和重庆市文化委员会指导，重庆日报报业集团主办的第七届重庆（国际）文化产业博览会在重庆国际博览中心北展馆举办。巴南展厅以“重庆首个影人聚集地——影人视界电影创意公园”项目为主线，由电影博物主题藏品展示区、影视道具体验区、以星光大道体验区和商业洽谈区构成，集中展示我区影视创意文化产业发展成果。展会期间接待到访客20万余人次，成功签约15家影视企业入驻影人视界电影创意公园影人孵化器。市委常委、宣传部部长张鸣巡展时指出“巴南影视文化产业发展有潜力。”

（牟俊宇）

【文化惠民消费】 12月29日—31日，由重庆市文化和旅游发展委员会、重庆市巴南区人民政府主办，重庆市巴南区文化委员会承办，重庆市巴南区旅游局、中国邮政集团公司重庆市巴南区分公司、重庆融汇商业管理有限公司协办的第三届重庆文化旅游惠民消费季巴南简单生活节在重庆市巴南区李家沱融汇茶花广场启幕。巴南区政府副区长冯毅梅，区政府办、区文化委、区旅游局等相关区级部门、镇街负责人以及文化旅游企业代表出席启动仪式。活动包括舞台演出、乡村文化乐园、非遗文化乐园、快乐农耕体验区、乡村摄影作品展、电影公园展示、奇遇市集等内容，30余家特色文化旅游企业齐聚活动现场，为百姓提供优质优惠的文化旅游产品和服务，活动3天吸引群众万余人，营业额达30余万元。

（刘　慧）

【2018重庆国际创意周】 11月12日—11月18日，由重庆市文化和旅游发展委员会、重庆市文学艺术界联合会指导，重庆市巴南区人民政府、重庆日报、重庆市创意设计家协会、重庆华熙国信体育文化产业发展有限公司联合主办的2018重庆国际创意周活动在华熙LIVE·鱼洞文化体育中心举行。活动涵盖中国建筑学会室内设计分会2018年会、龙玺全球华文广告大奖评选、专业论坛、创意周展览、音乐板块内容、创意市集、创意之夜等内容版块，集结全西部创意力量，将李西沙（中国商务广告协会会长）、林俊明（龙玺奖创始人、亚太广告节主席）、大卫·毕加索（西班牙）、罗杰·谢尔曼（美国）等国内外创意企业、创意机构、行业领军人物共聚一堂进行交流，集中展示本地创意事件与人物，提供全球一线创意内容互动的平台。活动评选出“2018龙玺全球华文广告大奖”和“龙玺西部杰青赛”两项重大赛事获奖选手，发布了《城市微更新计划》《创意白皮书》。

（刘　慧）

文化市场

【行政审批】 有序推进“放管服”改革，进一步梳理行政审批目录清单，制订完善审批流程，明确中介组织服务等事项，实现审批程序标准化、流程透明化、服务人性化，顺利通过国务院“放管服”专项督查。全年开展行政审批、备案及年度审核418件，勘验网吧、歌舞娱乐场所等场地29家次，接待咨询200余次。依法注销61家歌舞娱乐场所、90家游艺娱乐场所《娱乐经营许可证》，提升文化市场管理法治化水平，营造守法经营的文化市场环境。截至12月，全区共有文化市场经营单位409家，其中，歌舞娱乐场所94家、电子游戏场所22家、文艺表演团体

6家、网吧123家、印刷业78家、书店78家、电影院8家。

（鄢　璐）

【文化市场综合执法改革】 根据区委、区政府和市文化执法总队关于进一步深化文化市场综合执法改革的要求，印发《关于进一步深化文化市场综合执法改革的实施意见》（巴南委办发〔2018〕3号）和《重庆市巴南区文化市场行政执法大队机构编制方案》（巴南编委〔2018〕13号），对文化行政执法机构职能职责进行调整，优化文化行政执法机构内设机构设置。2018年，区文化执法大队新增设了内设机构法制科，对法制科科长进行选拔任用，保证案件程序合法。推进信用体系建设，印发《关于贯彻实施〈重庆市文化市场警示名单管理办法（试行）〉和〈重庆市文化市场红名单管理办法（试行）〉的通知》。将警示名单、红名单以及黑名单管理办法纳入文化市场事中事后监管，进一步建立健全文化市场信用监管制度，全年有4家文化场所列入红名单管理，1家场所列入警示名单管理，通过严惩违法违规行为，鼓励遵纪守法经营，进一步营造诚信守法的文化市场环境。推广应用全国文化市场技术监管与服务平台，实行行政执法在线办理，增强执法透明度和公信力。

（赵昌松）

【文化市场执法监管】 对文化市场实行分组分片巡查的同时，开展错时执法、突击检查、"双随机"抽查。全年共出动执法人员2516人次，检查文化场所1016家次。加大业主教育培训力度，组织网吧、娱乐、印刷等场所业主召开文化法制和安全教育培训会议6次，培训文化业主1000多人次，增强文化业主的守法经营意识。加强法制宣传，结合创建国家卫生区、"扫黑除恶"专项斗争、"4·26保护知识产权宣传"、中高考等重要时间节点，开展集中宣传4次，发放《安全生产法》《网络安全法》《娱乐场所管理条例》《行政处罚法》等宣传资料3000多份。区文化执法大队与印刷、网吧、娱乐等文化场所签订安全管理责任书，落实企业的主体责任，免费为文化场所印制《安全标准化管理台账》《公共场所卫生管理资料汇编》等制度、台账600余册，制作创卫宣传专栏200余个，办理安全案件13件，督促文化场所闭环整改安全隐患60个，促进场所规范行业管理行为。

（赵昌松）

【社会文化环境净化】 在全区构建区、镇（街道）、村（社区）文化市场三级监管网络，区级成立"扫黄打非"领导小组及办公室，镇（街道）成立"扫黄打非"工作站，村（社区）成立"扫黄打非"工作点，推动"扫黄打非"向基层延伸，做到监管全覆盖。区文化执法大队发挥区"扫黄办"的牵头和配合作用，联合区公安、工商、综治等相关职能部门在全区开展"净网""清源""秋风""护苗""固边"、打击侵权盗版、校园及周边文化场所整治等综合执法行动，全年立案查处文化行政案件29件，收缴行政罚款41350元，收缴盗版光盘2243张，确保全区文化市场健康稳定发展，文化市场未发生安全责任事故及重大不良影响。在执法办案过程中，始终坚持文明执法、公正执法，并全面推进网络执法办案，所有行政案件通过全国文化市场技术监管与服务平台办理，并在"重庆网审平台"上对行政案件进行公开公示，推动依法行政工作，增强执法的透明度和公信力。

（赵昌松）

文化交流

【我在重庆学非遗】 4月—6月，组织开展"我在重庆学非遗"系列活动，通过14场专题培训，2场集中培训，吸引来自意大利、孟加拉国等8个国家的200余位外国友人向区内喻良华、唐佑伦等8位非遗代表性传承人拜师学艺。举办"洋弟子"传承非遗文化，巴南人彰显文化自信——巴南区"文化和自然遗产日"主题活动，13位外国青年学员代表与非遗传承人合作，表演木洞山歌、接龙吹打、姜家舞龙、接龙小观梆鼓舞等项目节目，展示一个多月的学习成果。同时为来自英国、巴基斯坦的13位外国青年代表颁发"巴南区非物质文化遗产宣传大使”荣誉证书，为重庆巴南与世界各国缔结情感纽带，架设合作桥梁。

（刘　慧）

【参团赴毛里求斯开展文化交流活动】　受中华人民共和国文化和旅游部委派，由重庆市文化委员会、重庆市文化交流中心组织，经区委区政府同意，组派12人团队，与万州区组成中国重庆文化代表团，于2018年6月6日—12日携区内鱼洞乱针绣、巴渝传统木作技艺、长江赏石艺术等优秀手工艺类非遗项目赴毛里求斯，参加“中国文化周暨毛里求斯独立50周年龙舟节庆典活动”。得到毛里求斯代总统维亚普利称赞，中国驻毛里求斯大使馆给重庆市政府发来感谢信，市文化委给区委区政府发来感谢信。

（刘　慧）

广播电视

【概况】　巴南区广播电视台作为地区主流媒体，是区委宣传部领导下的正处级公益二类财政全额拨款事业单位，设有办公室、总编室、采编部、电视部、广播部、技术维护部、新媒体部7个部室。截至2018年底，核编67名，实有职工97名，其中在编职工61名，领导班子成员4人。巴南区广播电视台设有综合、生活服务、快乐3个电视频道，巴渝之声、麻辣之声2个广播频率。新媒体平台包括爱巴南微信公众号、微博、巴南手机台、巴视网、“巴南TV”APP等。区广播电视台主动担当媒体公益责任，制作《建设美丽乡村　我们在一起》等24个广播电视新媒体公益广告。综合、生活、快乐3个频道每天滚动播出相关公益广告30多条次，全年播出1万条次；广播频率每天播出公益广告70多条次，每天播出时长达到80分钟。天星寺发射台、石马发射台的基础设施建设项目动工，主体工程基本完成，达到序时进度。提档升级广电大楼设施设备，完善完成食堂油烟污染治理、车库自动识别系统等项目的采购和实施工作。全面开展创卫内部管理及宣传业务各项工作，多次获得区级创卫优评及其资金扶持。台班子及二级班子分别结对帮扶接龙镇柴坝村、桥边村、马路村，姜家镇蔡家寺村的贫困户50多户，支持接龙镇、姜家镇帮扶资金13万元。

【主题宣传丰富】　以社会主义核心价值观和全区中心工作为主题，《巴南新闻》安全播出259期，稿件1900余条；《民生巴南》安全播出246期，稿件1300余条。广播新闻稿件共计播出2600多条。开设《把党的十九大精神全面落实在重庆大地上巴南篇》《我说四十年》等20多个主题系列宣传报道。播出《直播巴南》《凡人小事》等专题节目496期。完成全区招商引资宣传片等10多个全区重点宣传任务。

【新媒体持续壮大】　爱巴南微信公众号在全国县级广电微信公众号中年度排76名，8次进入月度100强，其中月度最高名次为第25名。爱巴南微信公众号粉丝达到21万，月均阅读量35万人次。微博@巴南广播电视台粉丝18万多，稳居巴南区第一。巴南手机台访问量全年突破1000万人次。

（刘文娟　刘　勇）

【专业获奖】　全年获各类专业奖项12个，其中，重庆新闻奖2个，重庆市区县广播电视好新闻9个。栏目《直播巴南》获得包括国家广播影视大奖栏目类提名奖在内的3项奖励。职工李筱乔在重庆市第五届“好记者讲好故事”活动中，荣获一等奖，并代表重庆参加全国选拔赛，获“优秀选手”称号。专题片《梦想的声音》在《青山绿水看重庆——纪念改革开放40周年纪录片》（专题片）展评活动中，从上百部作品中脱颖而出，被评为十部展播作品之一。

（刘文娟　郭小伟）

【外宣工作】　全年在重庆台各档新闻栏目上稿540条，居区县台第5名。其中，外宣上稿量月度排名5次进入全市前四名，11月份上稿量列全市第二名。在《重庆新闻联播》上稿165.5条，居区县台第5名。3月份、4月份《重庆新闻联播》上稿量都名列全市第二名，11月上稿量列全市第一名，创历史纪录。“行进1200千米　记者全程体验重庆—东盟公路班车开行”大型策划两次受到重庆电视台新闻中心赞扬。《纪念“重庆大轰炸”全城鸣响防空警报》《重庆观景口水利枢纽工程全面开工建设》等20多条稿件相继在中央电视台《中央新闻联播》等各档栏目中播出。“巴南农家书屋”等多条稿件，在中央人民广播电台播出。

（刘文娟　徐万诚）

《巴南日报》

【概况】　重庆市巴南区巴南日报社内设办公室、总编室、记者部、通联部、新媒体部。现有在册职工40名，其中在编职工17名、非在编职工23名。2018年，巴南日报社深学笃用习近平新时代中国特色社会主义思想，认真落实习近平总书记对重庆提出的“两点”定位、“两地”“两高”目标和营造良好政治生态、做到“四个扎实”的重要指示要求，以“中央厨房”建设为抓手，深入推进媒体融合发展、新闻内外宣等工作。全年采编新闻稿件9000余条，刊发《巴南日报》《巴南手机报》各251期，《巴南日报》连续9年被市文化委评为“重庆市优秀区县报”，巴南手机报用户量突破25万户。看巴南APP下载用户突破35万户，获得重庆客户端19次奖励，其中10次获得“十佳客户端”称号、4篇作品获得“优秀稿件奖”称号、3篇作品获得“优秀直播奖”称号、1篇作品获得“优秀爆品奖”称号、1篇作品获得“优秀短视频”称号；在重庆客户端集群传播力排行榜中，看巴南APP排名第二名。巴南发布用户突破24万户、发布资讯1460条次，巴南微博发布资讯2480条次；全年微博、微信累计完成上万阅读量稿件180篇，其中“10万+”稿件5篇，微博文章《“桃”不了的夏日诱惑，最全巴南摘桃地图在此》阅读量达到76万，16条原创微博被“重庆发布”新浪微博转发，3篇原创微信被“重庆发布”微信公众号转发；区级微信主号“巴南发布”政务微信公众号影响力全市名列前茅，居主城区第一。13人次获得区县报优秀新闻（论文）一、二、三等奖，2件作品获得重庆市新闻奖；《婆孙俩用双手守护巴南环境》被中国互联网发展基金会评为第三届“五个一百”网络正能量精品评选活动“百幅网络正能量图片”。区融媒体中心（“中央厨房”）在全市区县中率先建成投用并通过市文化委验收，被市委宣传部纳入全市试点，争取上级经费50万元。

【全市首个融媒体融合试点项目建成】　巴南日报社以全市首个融媒体融合试点项目——巴南区融媒体中心（“中央厨房”）建设为抓手，纵深推进全面深化改革工作。该项目在全市区县中率先建成投用并在2月通过市文化委验收，再次被市委宣传部纳入全市试点，争取项目资金50万元，并为其他区县媒体融合发展提供了可复制的经验。在不打破现有体制情况下，创造性地提出宣传部主导下的“中央厨房”模式，全面整合报社、电视台、网信办资源，建立融媒体编委会和融媒体中心，实行内容生产和考核融合，初步实现以用户为中心的全媒体传播路径。运用“中央厨房”统筹优势，打造两网、三端、一报、多微新媒体平台集群，实现用户群多角度、多层次、全方位覆盖，同时广泛利用无人机、直播、多屏互动、虚拟演播室等新技术，打造新产品、拓展传播渠道，让不同受众群体均能品尝到个性化的“新闻大餐”。“中央厨房”确立“报道流程平台化、报道内容定制化、报道方式故事化、报道数据可视化”的四步运行理念，“一体策划、一次采集、多种生成、多元传播、多级放大、多渠道融合、全天滚动”，遵循“移动优先”原则，实行“快”“全”“深”3个层次梯度发布，实现报道效果步步升温。据统计，2018年看巴南APP、巴南发布有15篇稿件点击率超过10万，摘桃攻略阅读量突破70万，华熙国际冰壶公开赛直播观看人数超过26万，《我们不一样！重庆美女迷上吹唢呐，如今已是非遗传承人》阅读量达600万人次。

【主题外宣品牌打造】　围绕华熙LIVE开业等重点工程建设、地方工业产业发展、城市品质提升及招商引资环境、旅游资源等中心工作开展“看效果”“南向大通道”主题外宣活动，配合市级以上媒体开展集中新闻宣传18次。举办“从心爱上巴南——庆祝改革开放40周年摄影大赛”“重庆国际马拉松赛”等6项重大外宣品牌活动。协助区委宣传部举办“2018中国商用车博览会”“巴南旅游赏花季”等新闻发布会15场，并策划举办“我在重庆学非遗”“我教老外学制茶”等4项文化交流活动，助推巴南非遗远赴美国参加展演。配合区委宣传部组织开展“2018重庆与世界嘉年华·巴南周”等5次城市形象推广以及新闻推介活动，对外展示巴南形象。巴南日报社在市级及以上传统媒体刊播稿件2158条次，传统媒体和新媒体累计刊播稿件6万条次，比上年同期增长40%以上。其中在《人民日报》《农民日报》等纸媒刊发稿件287篇（国家级纸媒刊发稿件32篇、在《重庆日报》等市级纸媒刊发稿件255篇）。

【看巴南APP独立直播平台上线运行】 看巴南APP独立直播平台正式上线后，为用户带来更加直观的视频体验。1—11月，看巴南通过直播平台把“2018中国商务车博览会”“青春之约·七夕之缘，现实版非诚勿扰勿扰，100名单身青年相聚巴南龙浒峡上演湿身派对！”“木洞河街中秋活动”“李永波同志先进事迹报告会”“2018中国冰壶公开赛”“学习时代楷模，做身边榜样——巴南区学习杨雪峰先进事迹榜样面对面巡回宣讲”“巴南区第五届‘助你启航’创业大赛决赛”等10余个大型活动进行视频实时播放，让用户随时随地可以在掌上观看活动盛况，直播单场关注人数达到8万多人次。

（张应友）

档案　地方志

【概况】 重庆市巴南区档案局（重庆市巴南区档案馆、重庆市巴南区地方志办公室）为区政府局馆合一机构。负责辖区内党政机关、社会团体、企事业单位及村、社区等档案的监督、指导、检查和档案接收、保管、利用，主管本辖区内地方志、年鉴工作。局机关内设办公室、档案管理科、业务指导科、方志科，在职干部职工20人，离退休人员14人。2018年，区档案局统筹推进全区档案地方志事业发展，全年完成31个机关事业单位档案行政执法检查和复查，对3个区属国有企业开展“双随机”档案行政执法检查，全年接待查阅利用群众7376人次，其中婚姻档案“异地跨馆查询”5人次；《巴南区志（1995—2011）》进入出版审校阶段，《巴南年鉴（2018）》公开出版，全区有6部镇街部门志书出版，《荷花村志》入选第二批中国名村志文化工程丛书公开出版，并首次为《中国地方志年鉴》提供巴南区地方志工作稿件，协助完成《重庆市志·农特产品志》《重庆市志·旅游景区志》编修工作。

【档案业务指导】 指导完成全区精准扶贫档案收集、整理和数字化工作；开展区级部门、镇街、村社区、医院、学校档案业务培训和征地拆迁、二圣镇瓦青路改造工程等建设项目档案业务培训16次，参训人员400余人。指导区征地办对已收集归档的135个项目20925卷档案进行规范整理和数字化加工；完成佛耳岩进港道路工程（一期）等3个区重点建设项目、4个移民项目和2个公路建设项目档案专项验收；参与鹿角雨污分流工程等8个项目的竣工验收；区建设项目档案工作在全市档案工作会上做交流发言。编印《巴南区档案工作适用手册》《档案数字化及电子档案文件汇编》《档案法律法规文件汇编》档案业务工作丛书，免费发放给全区近200个立档单位及400个企事业单位、村、社区，规范全区档案业务工作。

【档案行政执法检查】 针对部分单位仍然存在对档案工作重视不够，档案法治意识较差，档案行政执法问题整改不落实等问题，2018年，区档案局继续破解档案工作难题，以档案工作中存在的突出问题为导向，逐一细化检查内容，将档案信息化建设首次纳入执法检查的内容；现场下达整改通知，严格执法复查，督促整改到位，各单位档案法治意识明显增强，重视程度明显提高。2018年，组织机关事业单位档案行政执法检查及复查31个，对3个区属国有企业开展“双随机”执法检查，下达责令改正通知书24份。

【档案资源建设】 完成区妇联等17个单位档案

接收进馆工作，接收档案19780卷81733件（其中照片2439张），数字化副本100.6万页；接收全区精准扶贫档案3521卷12438件（其中照片985张），数字化副本32.1万页；接收三峡移民后续项目和重点项目档案859卷，市属国有企业退休人员档案2043卷，兴农担保公司、鱼洞街道等5个单位2017年电子文件文本。完成民国巴县档案全宗J1～J11数字化扫描9040卷。完成1308卷（21263件）馆藏档案开放鉴定工作，国家重点档案目录数据采集5万余条。

【档案安全管理】 落实库房“八防”措施，区财政投入专项资金35万余元，完成对区档案馆库房54个七氟丙烷钢瓶的检测、充装和更换工作，确保馆藏档案实体安全。对数字档案馆应用系统网络安全等级保护进行二级等级备案，委托有资质公司开展系统网络安全等级测评，区档案局投入60.79万元，新购置档案查阅利用服务器及存储器、数字档案馆应用系统存储器等，配置完善软件、硬件设备。坚持每季度对档案数据进行移动硬盘备份，馆藏档案数据每年异地（上海）备份。组织召开数字化加工企业座谈会，加强档案数字化服务质量及外包监管。

（胡　棣）

【《巴南区志（1995—2011）》进入出版审校】 4月召开《巴南区志（1995—2011）》评审会，共邀请重庆市地方志办公室领导专家3人，13个区县地方志专家20余人，巴南区政府副区长冯毅梅到会致辞，《巴南区志（1995—2011）》评议稿得到与会专家一致好评。经过3个多月修改完善，报市地方志办公室审查验收，10月24日，重庆市政府正式批准同意《巴南区志（1995—2011）》出版。截至年末，志稿仍在重庆出版社正在进行审校。

【6部志书出版】 《巴南区供销社志（1988—2011）》《巴南区教育志（1986—2011）》《巴南区质量技术监督志（1949—2011）》《巴南区气象志（1959—2011）》《巴南区图书馆志（1912—2011）》《巴南区林业志（1949—2011）》等6部志书出版。《木洞镇志（1949—2011）》《安澜镇志（1949—2011）》《石滩镇志（1949—2011）》《惠民街道志（1949—2011）》等4部志书完成验收。《巴南区统战工作志（1951—2016）》《花溪街道志（1949—2015）》《丰盛镇志（1949—2011）》等3部志书完成终审。《巴南区发改委志（1953—2011）》完成复审。

【《巴南年鉴（2018）》公开出版】 年初下达《关于做好〈巴南年鉴（2018）〉编纂工作的通知》，对编纂内容和编纂要求做出明确规定。经过布置、组稿、编辑、审校，于8月完成初稿，交付出版社。受区统计年鉴数据推迟发布的影响，《巴南年鉴（2018）》于10月下旬才最终完成定稿，12月正式出版发行。《巴南年鉴（2018）》（总第11卷）共设11个部类计80万字，前置彩色插页15个，彩图以展示全区美丽乡村建设成就为主题。

【中国名村志《荷花村志》公开出版】 12月25日，中国地方志指导小组办公室在云南省举办第二届中国名村论坛暨第二批全国名村志丛书出版座谈会。巴南区接龙镇《荷花村志》入选第二批中国名村志文化工程丛书，区政府副区长冯毅梅受邀参加座谈会，并作为参加座谈会的地方政府代表进行交流发言。《荷花村志》近20万字，图片150余幅，详细记录荷花村建村以来至2016年底的巨大变化和改革开放发展成就，并将民俗文化作为志书主线贯穿于全书，该村志面向国内外发行，向全国人民和国际友人展示了荷花村乃至巴南区的民风民俗和乡村优秀传统文化魅力，对宣传推介巴南区丰富的文化旅游资源，促进巴南区农商旅文融合发展，实现乡村振兴起到积极作用。

（白　刚）

体　育

【概况】 巴南区体育局是巴南区政府直属事业单位，下设群众体育科、竞技体育科、产业市场科和办公室。主要负责规划推进全区体育事业的发展及管理指导、组织协调全区体育工作的开展。2018年，巴南区体育事业繁荣发展，西南地区最大体育馆——华熙LIVE·重庆鱼洞文体中心正式开馆运营，全区共举办（承办）6场国际级、8场国家级、15场市级、40场区级赛事活动，国民体质抽样合格率达到93.86%，经常性参加体育锻炼人口的比例达到47.6%，体育彩票销量2.01亿元，人均体育场地面积达到1.88平方米。

【体育设施建设】 西南地区最大最先进的室内体育馆——华熙LIVE·重庆鱼洞文体中心于9月29日正式开馆运营，该项目总投资近40亿元，整体结构为七层，能同时容纳16000人，建筑面积约60万平方米。全区投入财政资金556万元，新建社区健身站点10个，巴滨路自行车道10千米，农体健工程36套，全民健身路径110条，社区体育文化公园5个，健身广场2个。实现农体健工程和社区健身路径全覆盖，建成社区15分钟健身圈。公共体育设施免费（低收费）开放率100%。全区人均体育场地面积1.88平方米。

【体育产业发展】 全区体育产业完成总产出超过5.5亿元，体育服务业规模以上企业达到32家，从事体育产业服务业的体育经营场所2100余家，产业初具规模，对全区经济社会发展的贡献度和服务能力稳步提高；全区有体育彩票销售门店124家，体育彩票销售额2.01亿元。

【全民健身运动】 全区各镇街、部门和企事业单位共举办健身活动和赛事200余场次，其中500人以上规模的大型赛事20次，参与人数达到20余万人；打造和培育了一批有影响力的赛事，主要包括重庆国际马拉松赛、2018中国冰壶公开赛、2018重庆国际羽毛球公开赛、重庆国际半程马拉松赛、全国大众跆拳道系列赛、第九届二圣国际山地自行车越野赛、第六届佛影峡国际漂流赛、体彩公益V跑等。全区经常参加体育锻炼的人数比例达47.6%。

【竞技体育成绩】 全年组队参加篮球、足球、田径、乒乓球、羽毛球、跆拳道、射击、举重、网球、跳水、游泳等项目的青少年锦标赛，及市级非计划内的赛事，共获得金牌109枚，银牌131枚，铜牌116枚。

【体育专业培训】 全年开展跆拳道、橄榄球、轮滑裁判员和教练员的培训，培训人数260余人；新培训社会体育指导员111人，现有社会体育指导员2178人，每万人拥有社会体育指导员的比例在全市名列前茅。

（张　浩）

卫生计生

【概况】 截至2018年年底，全区共有医疗卫生机构666个。公办医疗卫生机构289个，含医院11家（区级公立医院4家，市民政举办福利院3家，国有企业举办医院2家，自收自支事业性质医院1家，市总工会举办疗养院1家）；基层医疗卫生机构266个（社区卫生服务中心10个、卫生院14个、村卫生室234个、社区卫生服务站8个）；卫生机构10个（卫生计生监督执法局、疾病预防控制中心、妇幼保健机构、护士学校、精神卫生中心等）。社会办医院15家，诊所362个。

共有编制床位6813张，非公立医疗机构床位占比达23.18%。卫生机构在岗职工7999人，卫生技术人员6627人。巴南区医疗机构实有床位7146张，每千人口床位数达到6.57张；执业（助理）医师2554名，每千人口执业（助理）医师数达到2.35人；注册护士3156名，每千人口注册护士数达到2.90人。巴南区医疗卫生机构总诊疗人次达到461.30万人次，出院人次达到23.43万人次。全区门急诊人次同比上升1.85%，住院人次同比下降4.55%。全区平均期望寿命为78.31岁，孕产妇死亡率12.79/10万，婴儿死亡率3.45‰。

2018年末，巴南区常住总人口108.83万人，其中，育龄妇女20.62万人，已婚育龄妇女14.30万人；一孩妇女构成比为43.56%；女性初婚3132人。全区常住出生人口7679人，人口自然增长率1.82‰，符合政策生育率99.51%，出生人口性别比保持在103～107正常值范围内。共有7412对夫妻办理生育登记，其中一孩登记3948对，出生人数285人；二孩登记3464对，出生人数274人。

区卫生计生委内设10个科室：办公室、组织人事科、政策法规科、规划财务科、医政科、公共卫生科、计划生育指导科、计划生育家庭发展科、中医科、审计监督科；设有1个按内设机构管理的机构：巴南区爱国卫生运动委员会办公室。有行政编制27名，工勤编制4名。实有干部职工54名。代管事业单位1个（计划生育协会）。

2018年巴南区医疗卫生机构汇总表

序号	直属区级医疗卫生机构（公立）	基层医疗卫生机构（公立）	非公立医院
1	重庆市第七人民医院	南泉街道社区卫生服务中心	重庆大江医院
2	巴南区人民医院	一品街道社区卫生服务中心	重庆颐宁医院
3	重庆市护士学校	南彭街道社区卫生服务中心	新屋医院
4	巴南区疾控中心	惠民街道社区卫生服务中心	重庆邦泰中医肛肠医院
5	巴南区卫生计生监督执法局	界石镇中心卫生院	重庆唯美口腔医院
6	巴南区第二人民医院	接龙镇中心卫生院	重庆创泰其济医院
7	巴南区中医院	东温泉镇中心卫生院	重庆善行康复医院
8	巴南区妇幼保健计划生育服务中心	木洞镇中心卫生院	重庆岔路口医院
9	巴南区皮肤病防治院	跳石镇卫生院	重庆熙康医院
10	巴南区万里医院	安澜镇卫生院	重庆济仁医院
11	巴南区卫生计生信息服务中心	石龙镇卫生院	重庆云康医院
12	巴南区药具管理中心	姜家镇卫生院	重庆艾都中西医结合医院
13	巴南区卫生服务中心	麻柳嘴镇卫生院	东方中西医结合医院
14	巴南区药械管理中心	丰盛镇卫生院	重庆欣德中西医结合医院
15		二圣镇卫生院	重庆中粹云篆山中西医结合医院
16		双河口镇卫生院	
17		石滩镇卫生院	
18		天星寺镇卫生院	

【基础设施建设】 印发《重庆市巴南区医疗机构设置规划（2016—2020年）》（巴南府办发〔2018〕131号），区三级甲等医院建设项目建设总体进度完成约85%，区中医院龙洲湾迁建工程三期综合楼工程完成主体结构、砌体工程和屋面施工。护士学校完成职教中心B区和鱼轻路社区卫生服务中心地块及全部房屋划转。市七院门诊住院综合楼装饰工程完成约85%。南泉街道社区卫生服务中心配套用房项目完成主体建设。实施2018年基层医疗机构发展资金（700万元）44个项目，已完成防雷设施和消防设施改造。全年各级财政对卫生健康事业共投入4.05亿元，含“两核一补”经费9266万元和4个区级医院举办社区卫生服务中心定额补助资金736万元等。

【医卫体制改革】 分级诊疗秩序初步建立，建成医联体4个，2018年下转病人数较去年增长20.08%。推进同级医院、医联体内下级对上级医院检查检验结果互认，为人民群众节约143.46万元检查费用。全市公立医院综合改革效果考核评价结果排名主城第三，3家医院完成现代医院管理章程制定。薪酬制度试点改革经验在市内外推广，接待各省市政府及部门30批次180人考察学习。先后在2018年全市卫生计生工作会和全市薪酬制度改革工作现场会（在巴南召开）交流发言，区长何友生在市政府医改工作电视电话会上专题发言。自筹资金814万元推进12项医改便民长效措施，区人民医院“互联网+预约挂号”运行1月线上挂号人数就有3451人次，区级医院广泛开展预约诊疗、自助服务等。健全药品供应保障机制，完善药品和高值医用耗材集中采购制度，所有公立医院均可在市级平台集中采购药品，全面接入重庆市药交所全程电子追溯系统。加强医疗卫生信息化建设，辖区内人口健康信息协同共享，所有公立医疗卫生机构信息系统全部接入市级数据平台并持续传输数据，家庭医生签约系统即将上线。

【医疗服务水平】 加强学科建设和发展，累计建成国家、市级重点（特色）专科10个；指导区人民医院开展三甲创建，新增学科11个，累计引进医学硕士、博士等骨干人才160名；市七院、区中医院通过二甲复评；市七院黄立医师获中华医学会麻醉学分会举办的第二届“我与围术期”演讲比赛全国总决赛冠军，区人民医院护士李璐获“2018年重庆市卫生护理技能大赛密闭式静脉留置针输液组一等奖”。全科医生转岗培训48人。护士学校2018年毕业生初次就业率达96.97%，市级护理重点（特色）专业建设项目通过验收。落实区内重大活动医疗保障任务267起，出动120共1.3万次，抢救危重伤病员3605人。“10·26”巴南区新世纪幼儿园恶性伤人案件紧急医学救援工作响应快速，组织科学，救治有序有效，得到市、区领导肯定性批示，在2019年全市卫生健康工作会交流发言。推进中医药事业发展，获“全国基层中医药工作先进区”称号，新增8家备案诊所，确有专长人员医师资格考核注册报名初审合格81人。举行“中医中药中国行”中医药健康文化主题活动暨《中医药法》颁布实施一周年庆祝活动。

【公共卫生服务】 推进14类55小项基本公共卫生服务工作，项目经费补助标准达55元/人·年，拨付经费5965.60万元，2018年市对区基本公共卫生服务项目绩效评估成绩列全市第六。推进家庭医生签约服务工作，共签约31.05万人。计划生育特殊家庭2630人，在家且有签约意愿的计划生育特殊家庭（2512人）签约率100%。探索为群众提供家庭医生“定制服务”，部分单位为签约对象提供急诊住院120免费接送、出院结账自费减免10%、挂号费减免等优惠服务，市政协副主席吴刚到区开展专题调研。加强疾病防制，国家慢性病综合防控示范区通过复审，“八苗”接种率99.90%，“三位一体”防控模式普及率100%，传染病网络报告质量综合率99.97%。举办健康讲座1019场，居民健康素养水平达20.5%。加强妇幼管理，孕妇健康管理率95.33%，0~6岁儿童健康管理率91.86%。市区联动，成功抢救1例羊水栓塞孕产妇。规范严重精神障碍患者管理，在管患者4488人，患者登记报告及时率81.6%，报告患病率4.46‰，未发生肇事肇祸案（事）件。医防融合试点成效得到市卫生健康委认可，7月4日界石镇中心卫生院在全市基本公共卫生服务项目现场会上交验发言。12月市卫生健康委在界石镇中心卫生院召开全市基层卫生机构医防融合工作年度总结会。

【计生管理服务】 成功创建“重庆市2016—2018年计划生育优质服务先进区”，2018年度市对区计生目标考核获得满分，区卫生计生委被评为国家流动人口动态监测和生育状况抽样调查先进集体，建成国家级流动人口健康促进示范点2个，4名计生干部被国家卫生健康委评为动态监测和抽样调查先进个人。推进公共场所母婴设施建设，建立专款25万元，在商业中心、车站、医院和用人单位建成规范化母婴室18个。开展计生免费手术940例，手术术后随访率90%；孕前优生健康检查参检1595对，市级覆盖率99.01%，一年期妊娠率达30.72%。流动人口健康档案建档率80%。推进特别扶助关怀工作，发放奖励扶助金3489.79万元，发放特别扶助金2096.62万元。落实“3+X”特殊家庭联系人制度，见面率达85%，第三方调查结果排名全市前六。争取失独家庭养老帮扶资金124万元，组织1128名志愿者，结对帮扶1367名失独人员，在2018年，全市计生协基层组织规范化建设座谈会上交流发言。区计生协会换届工作圆满完成。建成医养结合机构9个，市委研究室专题调研。在全市计生数据质量综合评估中，巴南区婚姻信息、人口机械变动、未婚育龄妇女信息登记准确率均100%，位列全市第一。群众合理合法诉求均按要求办结，无进京非正常上访现象发生。

【爱国卫生运动】 政府重视创卫，累计投入3.3亿元，实施创卫项目650个。国家卫生区创建工作通过市级各项评审，正式向全国爱卫会申报。木洞镇、石滩镇通过国家卫生镇技术评估。姜家镇、天星寺镇成功创建市级卫生镇，实现市级卫生镇全覆盖。成功创建市级卫生村5个，安澜镇卫生院成功创建市级生态文明示范医院。推进健康服务环境提升行动，投入3300余万元完成多家医疗卫生机构院内环境、公厕等改造工程，完成医院食堂油烟治理4家，建成“明厨亮灶”食堂6个。2018年，全市爱卫月启动仪式和第31个“世界无烟日”大型活动在我区隆重举行，市人大、市委宣传部、市卫生计生委领导现场调研指导工作。通过市级无烟机关示范单位验收，2018年全区控烟履约工作考核排名全市第一。群众对卫生状况满意率91.80%。实施农村“厕所革命”，区政府将900元/户的补助标准提高至1500元/户，建成无害化卫生厕所8200户，农村公厕建设改造8座。推进病媒生物防制，建设示范社区5个，在全市率先开展第三方专项考核评估工作，公共外环境病媒生物密度控制水平达国家C级要求。

【行业法治建设】 开展普法宣传，提升群众法治意识，使群众知晓率达65%以上。落实行政执法和行政审批责任制，坚持合法性审查制度，开展“一个窗口、一次告知”服务，减少审批时限1/2以上。开展行政许可“你服务，我评议”活动，严格执行一次性告之等制度，群众满意度99.5%。完成监督任务6318户次，监督覆盖率100%；办理许可件3667件，办理投诉举报案件49件，及时回复率及满意度均为100%。完成15项专项监督检查工作，“双随机”监督264家单位。完成委托镇街社会事务办承担卫生计生监督执法工作。医疗机构、医师、护士电子注册全面实施，养老机构内设医务室和纯中医诊所实行备案制，减少办理环节。完成政务服务目录清单等编制及网上录入工作，19个行政许可项目全部进驻区行政服务中心，在市网审平台实现100%单轨运行。完成公共场所量化分级评定1821家，实施率达100%。完成全区187个20吨以上、千吨以下农村小型集中式供水单位的卫生现状调查。

【医卫人才建设】 全年引进卫生事业单位专业技术人才105名，其中引进研究生8名，博士研究生1名，高级专家13名，基层医疗单位招录73名医药类专业技术人才。高级职称评审申报100名，集中办理岗位竞聘200余名，对3名学术技术带头人和8名学术技术带头人后备人选进行全面考核。新提拔1名科级领导干部，推荐2名副调研员人选；组织开展党组织书记和党务干部培训1次，后备干部培训1次。区卫生服务中心积极拓展考前培训业务，全国卫生专业技术资格考试及护士执业资格考试巴南考点考生总人数为6750人，其中护考2318人，卫考4432人。

【健康宣传倡导】 学习贯彻党的十九大精神持续深入，规范党内组织生活，按要求开展理论学习中心组和主题党日学习活动。加强党风廉政建设和反腐败工作全面，在2018年全市卫生计生系统党风廉政建设工作会上交流发言。建设学习型党组织5个，试点打造示范党组织6家，获全区优秀基层党组织1个、优秀共产党员2人、优秀党务工作者1人。区财政局被评为重庆市“首届中国医师节”尊医重卫先进集体，区人民医院文飞、木洞镇中心卫生院张洪两位医生被评为优秀医师，市七院张川检验师、一品街道社区卫生服务中心熊艳护师、安澜镇柑子村向阳湾卫生室乡村医生谢相琼三位同志被评为优秀医务工作者。全面落实意识形态工作，阵地管理规范。组建理论宣讲队伍，全覆盖开展宣讲。选树身边榜样人物10人，区二院张正红医生在区委“七一”表彰会上做先进事迹报告，区级媒体专题报道区二院张正红医生、区人民医院护理部主任肖光秀、区监督执法局陈家庆同志的先进事迹。巩固壮大主流思想舆论，开展理想信念教育、爱国主义教育等五类主题活动20余次，举办梦想课堂10场、主题梦想沙龙12场、读书分享汇活动10次、“点赞公民·千万市民做公益”活动1次。在区电视台、日报开设宣传专栏，全年卫生健康各类宣传报道300余条，市级以上媒体（含网站）宣传50余条，开通政务微博，实时发送有关消息。开展庆祝首届医师节暨第二届职工文艺汇演和庆祝首届医师节系列宣传活动。区二院原创节目《健康中国我护航》获全市首个中国医师节牵手身边的家庭医生优秀节目评选大赛一等奖。双河口卫生院院长李幸翠参加重庆市“梦想100”人生规划大赛，获二等奖。区疾控中心和区计生协会志愿者项目荣获重庆市卫生健康行业青年志愿服务项目大赛银奖。向区委、区政府、宣传部等报送政务信息110条，向市卫生健康委报送政务信息132条，编发巴南区卫生计生情况简报12期。政务信息累计得分在全市系统内各区县排名前列。

（田　智）

人民生活

城乡居民收入与支出

【全体居民人均可支配收入】 2018 年，巴南区全体居民人均可支配收入 34917 元，增长 9.6%。其中，工资性收入 19709 元，占 56.4%；家庭经营性收入 5329 元，占 15.3%；财产性收入 2627 元，占 7.5%；转移性收入 7252 元，占 20.8%。

【城镇常住居民人均可支配收入】 2018 年，巴南区城镇常住居民年人均可支配收入 38984 元，增长 8.7%。其中，工资性收入 22686 元，占 58.2%；家庭经营性收入 5045 元，占 12.9%；财产性收入 2892 元，占 7.4%；转移性收入 8361 元，占 21.4%。

2018 年巴南区城镇常住居民可支配收入情况

指标名称	金额/元	构成/%	与上年同比/±%
可支配收入合计	38984	100	8.7
其中：工资性收入	22686	58.2	8.7
家庭经营性收入	5045	12.9	6.5
财产性收入	2892	7.4	10.0
转移性收入	8361	21.5	9.5

【城镇常住居民人均生活消费支出】 2018 年，巴南区城镇常住居民年人均生活消费支出为 30498 元，增长 8.3%。其中，食品消费支出 9904 元，占 32.5%；衣着消费支出 3297 元，占 10.8%；居住消费支出 4673 元，占 15.3%；生活用品及服务支出 2633 元，占 8.6%；医疗保健消费支出 2948 元，占 9.7%；交通通信消费支出 3350 元，11.0%；教育文化娱乐及服务支出 3178 元，占 10.4%；其他杂项商品和服务支出 515 元，占 1.7%。城镇居民恩格尔系数为 32.5%，比上年下降 0.1 个百分点。

2018 年巴南区城镇常住居民生活消费支出情况

指标名称	金额/元	构成/%	与上年同比/±%
生活消费支出合计	30498	100	8.3
其中：食品	9904	32.5	7.9
衣着	3297	10.8	8.2
居住	4673	15.3	8.8
生活用品及服务	2633	8.6	8.3
医疗保健	2948	9.7	8.7
交通通信	3350	11.0	8.5
教育文化娱乐	3178	10.4	8.5
其他商品和服务	515	1.7	8.2

年末每百户城镇居民主要耐用消费品拥有量如下表。

城镇居民每百户年末主要耐用消费品拥有量

指标名称	单位	2017 年	2018 年	比上年±%
家用汽车	辆	24	25	4. 2
摩托车	部	18	19	5. 6
洗衣机	台	103	105	1. 9
电冰箱	台	111	113	1. 8
彩色电视机	台	172	175	1. 7
家用电脑	台	93	95	2. 2
照相机	架	66	66	0. 0
微波炉	台	94	95	1. 1
空调	台	241	245	1. 7
热水器	台	116	118	1. 7
电话机	部	80	78	−2. 5
移动电话	部	282	289	2. 5

【农村常住居民人均可支配收入】 2018 年，巴南区农村常住居民年可支配收入 18254 元，增长 9. 0%。其中，工资性收入 7511 元，占 41. 2%；家庭经营性收入 6495 元，占 35. 6%；财产性收入 1541 元，占 8. 4%；转移性收入 2707 元，占 14. 8%。

2018 年巴南区农村常住居民可支配收入情况

指标名称	金额/元	构成/%	与上年同比/±%
可支配收入合计	18254	100	9. 0
其中：工资性收入	7511	41. 2	9. 5
家庭经营性收入	6495	35. 6	8. 0
财产性收入	1541	8. 4	10. 4
转移性收入	2707	14. 8	9. 3

【农村常住居民人均生活消费支出】 2018 年巴南区农村常住居民年人均生活消费支出为 13266 元，增长 8. 7%。其中，食品消费支出 4989，占 37. 6%；衣着消费支出 1031 元，占 7. 8%；居住消费支出 1970 元，占 14. 8%；生活用品及服务支出 1143 元，占 8. 6%；医疗保健消费支出 1451 元，占 10. 9%；交通和通讯消费支出 1254 元，占 9. 5%；文化教育娱乐服务支出 1128 元，占 8. 5%；其他商品和服务支出 300 元，占 2. 3%。农村居民恩格尔系数 37. 6%，比上年下降 0. 1 个百分点。

2018 年巴南区农村常住居民生活消费支出情况

指标名称	金额/元	构成/%	与上年同比/±%
生活消费支出合计	13266	100	8. 7
其中：食品	4989	37. 6	8. 5
衣着	1031	7. 8	8. 8
居住	1970	14. 8	8. 9
生活用品及服务	1143	8. 6	8. 9
医疗保健	1451	10. 9	9. 0
交通通信	1254	9. 5	8. 6
教育文化娱乐	1128	8. 5	8. 9
其他商品和服务	300	2. 3	8. 9

年末每百户农村居民主要耐用消费品拥有量如下表。

农村居民每百户年末主要耐用消费品拥有量

指标名称	单位	2017 年	2018 年	比上年±%
家用汽车	辆	5	5	0. 0
摩托车	辆	22	23	4. 5
洗衣机	台	72	73	1. 4
电冰箱	台	107	109	1. 9
彩色电视机	台	123	125	1. 6
家用电脑	台	10	11	10
照相机	辆	15	16	6. 7
微波炉	辆	20	21	5. 0
空调	部	44	46	4. 5
热水器	部	42	44	4. 8
电话机	台	35	34	−2. 9
移动电话机	台	237	248	4. 6

（张石刚　陈　松）

民政事业

【概况】 重庆市巴南区民政局（简称区民政局）机关内设办公室、优抚安置科、救灾救助科、基层政权和社会事务科、老龄福利科、社会组织和区划地名科等6个科室；下属光荣院、军队离退休干部管理服务中心、救助管理站、殡葬管理服务所、最低生活保障管理中心、社区和社会工作服务中心、婚姻登记处、老年活动中心等8个事业单位。机关行政工作人员编制16名、事业单位工作人员编制46名。现有在岗干部职工57人（其中机关16人、事业单位41人）。2018年，区民政局全面贯彻党的十九大精神和全面从严治党各项部署，深学笃用习近平新时代中国特色社会主义思想，不断强化“民政为民、民政爱民”工作理念，紧紧围绕“8+3”部署要求，以民生需求为导向，突出工作重点，务实笃行，担当尽责，进一步推进各项民政工作取得新发展，充分发挥民政在保障和改善民生中的重要作用。2018年巴南区民政工作被市民政局综合评估为“优秀”。

（周玲焰）

【低保兜底保障能力提升】 强化农村低保与扶贫开发政策的有效衔接，及时将符合条件的困难群众纳入低保范围，抓好核查比对、入户公示、群众参与监督等措施，开展农村低保专项整治，持续增强低保工作的透明度和准确性，不断提升群众的满意率。城乡低保标准提高到546元/月·人、410元/月·人，累计发放城乡低保金7877.97万元，保障困难群众1.3万余人。

（辜　婕）

【专项救助措施有力】 严格按照《重庆市巴南区民政局转发重庆市民政局关于做好支出型贫困家庭救助工作的通知的通知》（巴南民政发〔2017〕142号）要求，做好支出型贫困家庭救助工作，将因患重特大疾病或慢性病、子女在国内全日制普通高校（包括本科、专科）就学等特殊原因造成家庭长期刚性支出过大，导致家庭在一定时期内陷入贫困的低收入家庭纳入救助范围。着眼困难群众实际需求，突出重点分类救助，及时实施医疗救助、重特大疾病和慢性疾病救助、临时救助，管好用好扶贫济困医疗基金，推行“惠民济困”保险，最大限度减轻困难群众生活负担，累计支出各类救助金3981.31万元救助11余万人次，理赔保险1191起、赔付金额244.25万元。

（辜　婕）

【特困人员供养机制完善】 全面启动特困人员救助供养网上审批工作，配合做好农村特困人员危房改造，特困人员救助供养标准提高到710元/月·人，累计为6500余名特困人员发放救助供养金5545万元（含节日慰问）、290余名特困人员发放照料护理补贴66.7万元。依托养老机构服务质量建设专项行动，组织敬老院对照服务质量115项内容抓好自查自纠，开展养老安全知识、管理能力、护理水平、社工知识等各类培训，持续推进敬老院安全生产大排查大整治大执法活动，设施改造和设备添置类指标合格率大幅提升，安全隐患进一步消除。全面推行敬老院医养融合服务模式，采取与周边医疗机构签订合作协议或设立医疗服务点的方式，为入住老年人开展医疗、健康服务，有效保障特困人员的看病就医、健康教育管理服务的问题。全区28家敬老院已全部开展医养融合服务，其中已签订医养融合服务协议27家，设立有医疗服务点的敬老院1家。

（余　泉）

【社会救助数据分析平台建成投用】 进一步整合资源，重点打造数据比对板块，建成投用巴南区社会救助数据分析平台，将全区民政各类救助对象信息及各类救助数据导入平台，实行动态管理，全面掌握民政对象获得救助情况，实现海量数据指标和维度的实时统计分析、随时比对查询，有效推动社会救助的精准高效、方便快捷。同时，联合区扶贫办、区教委、区残联等部门形成资源共享，强化监管合力，最大程度保障救助对象的准确性和真实性。

（辜　婕）

【灾害救助规范有序】 制定《重庆市巴南区综合防灾减灾“十三五”（2018—2020年）实施方案》，进一步健全防灾减灾救灾体制机制，加强减灾防灾救灾综合能力建设，切实维护人民群众生命财产安全。联合纪检组，开展2016—2017年的救灾款物专项整治工作，重点对款物安排、分配、拨付、使用等情况进行检查，发现问题着力督促整改，切实保障受灾群众根本利益。多措并举扎实做好“5·12全国防灾减灾日”宣传周活动和“10·13国际减灾日主题宣传”活动，有序推进鱼洞街道南园社区争创全国防灾减灾示范社区工作，持续提升群众防灾避险意识和自救互救能力。加强灾情预警预报监测，利用气象灾害预警信息平台适时发布气象灾害预警信息。认真细致做好报灾、查灾、核灾和救灾，准确下拨冬春生活救助金129.4万元，救助5455户、8981人，重建倒房1户3间。

（余　泉）

【流浪乞讨救助及时】 认真做好“寒冬送温暖”“夏季送清凉”专项救助行动及节日“送慰问”活动，积极开展街面主动劝导救助，实现救助服务常态化，全年出动救助巡逻车500台次，开展各类救助活动436次，累计救助流浪乞讨人员1025人次。创新开展流浪乞讨救助宣传，在救助管理机构“6·19”开放日活动中，新增体验救助环节，增强宣传的针对性、实效性和吸引力，接待人次同比增长67%。坚持每月到托养机构开展安全实地督查，强化寻亲服务，为19名无法查明身份流浪人员找到家人。有序推进区救助站改建装修建设项目，完成相关设计、概算编制、房屋产权证办理、招标等前期工作，力争2019年底建成并投入使用。

（刘　勇）

【扶老助残救孤护幼】 大力宣传《重庆市老年人权益保障条例》，开展老年人防诈骗宣传，印发宣传品5000份，保障好老年人合法权益。加强老年大学骨干学员培养，深入社区转化老年大学教学成果，推进老年群体精神文明建设。加强农村留守老年人关爱服务，建立农村留守老年人台账，开展探访活动。做好老年人高龄津贴及经济困难高龄失能老人养老服务补贴发放工作，累计发放高龄津贴365.68万元、惠及6182名老人，为1656名老人发放经济困难高龄失能老人养老服务补贴302.8万元。严格审批残疾人“两项补贴”，发放补贴663.86万元。全面开展孤儿养育情况大排查，孤儿基本生活费标准提高到1160元/月·人，累计发放基本生活费51.39万元、助学补助4万元。抓好农村留守儿童动态管理，截至12月底，全区共有农村留守儿童2583人，同比减少13%，25名重点对象干预帮扶率100%。将社会工作融入未成年人社会保护，累计开展心理辅导、行为矫治、教育辅导48人次，对6名有流浪史的未成年人进行跟踪回访。

（毛仕红　刘　勇　李小莉）

【福彩慈善事业发展】 大力宣传慈善法，加强对慈善组织的指导，规范慈善捐助行为，充分发挥慈善在扶贫济困中的积极作用，累计募集款物286万余元，支出款物272万余元、救助5409人。做好福彩销售监管，累计发行福利彩票2.12亿元，同比增幅3.42%，创历史新高，为“扶老、助残、救孤、济困”提供更多资金保障。

（余　泉　赵　勇）

【养老服务推进】 鼓励社会力量兴办养老机构，进一步放开养老服务市场，新许可养老机构4个，建成9个社区养老服务中心（站）。组织开展养老服务体系建设调研，形成调研报告1篇。加强对居家智能养老服务宣传，做好居家智能化养老服务质量监督，提供养老线上线下服务2万余人次，受益老人2287名，服务满意率100%。深入推进养老机构服务质量建设专项行动，联合多部门开展各类培训365人次。支持和鼓励有条件的养老机构建立医疗机构，辖区内有8家养老机构设立医疗机构。积极构建和谐医、养合作关系，全区22个公立医疗机构与49家养老机构（含医养结合机构）签订合作协议，在急诊急救、预约就诊、健康管理、保健咨询等方面为养老机构老人提供便捷绿色通道，签约率94.23%。委托市第一福利院开展全区210个社区养老服务中心（站）运营托管。坚持经常性检查与每月抽查的方式，加强对养老机构全方位的督促检查，对查出的问题限期整改并实施闭环管理，督促养老机构不断提升服务质量。

（毛仕红　杨　毅）

【双拥优抚安置落实】　结合实际调整双拥工作领导小组。严格落实双拥工作机制，召开2018年巴南区议军会议，就驻区部队提出的需区委、区政府帮助解决的问题进行专题研究。在春节、八一前夕走访慰问驻区部队、优抚事业单位及各类优抚对象，发放款物600余万元。着眼优抚对象生活、医疗、住房困难，及时足额兑现各类抚恤优待补助4300余万元，为重点优抚对象解决各类医疗补助980余万元，进一步落实优抚对象医疗巡诊制度，做好优抚对象健康体检工作，为10名重点优抚对象发放危旧房改造补助金10.5万元。组织开展“9·30”烈士纪念日公祭活动，新批烈士1名。认真开展优抚对象信息清理核查工作。接收转业复员士官、城乡退役士兵380人，实现自主就业367人、工作安置12人、国家供养终身1人。举办退役士兵职业技能培训班三期、参训355人。发放自主就业补助金、各类参训补助费1369.82万元。区光荣院连续8年开展在乡老复员军人及重点优抚对象短期休养活动，对院内食堂进行了全面装修。区军休中心做好2名军休干部接收安置，认真落实军休干部“两个待遇”，投入近10万元对活动场所进行改造装修，添置运动及健身器材20余件。

（张春茂　高光普　顾正勇）

【“三社联动”实践】　完成70个农村社区建设试点，实施1个农村社区便民服务中心市级示范点建设，协议还建社区组织工作用房7968.71平方米。扶持孵化初创型、弱势型社会组织5家，备案城乡社区社会组织50个。对取得社会工作职业水平证书的村（社区）专职工作者给予50～150元/月·人固定补贴，开发社工岗位550个。落实资金526万元，实施政府购买社会工作服务项目57个。强化“20+20”专家智库、督导团队智力支撑。开展“三社联动”示范创建和社会工作特色项目打造。建成投用“三社联动”网站和微信公众号，开展宣传活动23次，举办文化沙龙2期。举办社会工作服务创新创业大赛1场。

（杨　毅）

【基层社会治理升级】　着力构建“自治、法治、德治”相结合的乡村治理体系，印发《巴南区城乡社区治理实施意见》（巴南委发〔2018〕51号）和《巴南区加强镇政府服务能力建设工作实施方案》（巴南委办发〔2018〕27号），提升城乡社区治理社会化、法治化、智能化、专业化水平，推进镇治理体系和治理能力现代化。开展村民自治领域扫黑除恶专项斗争，印发《村民自治领域扫黑除恶专项斗争实施方案》，配合相关部门完善村居干部监督机制。联合区委组织部抓好全区村规民约和居民公约的完善修订，加入社会主义核心价值观、中华传统美德等内容，逐步革除陈规陋习，促进移风易俗，积极助力乡村振兴。

（陈　婧）

【社会组织监管增效】　建立社会组织工作协调机制，将社会组织工作纳入重点改革项目、意识形态、统战、综治、扶贫攻坚等重点工作。完成2017年度社会组织年度检查。加强社会组织党建，在社会组织章程中增加党的建设和社会主义核心价值观有关内容。强化社会组织信用信息管理，对连续两年未参加年度检查的59个社会组织，进行立案调查。规范行业协会商会收费行为，在全区社会组织中开展打击整治非法社会组织专项行动和扫黑除恶专项行动，不断改善营商环境、净化社会组织发展环境。2018年，新登记社会组织17个，变更社会组织55个，注销社会组织21个，办结率100%，群众满意率100%，实现了“无差错”和“零投诉”。

（林　魁）

【区划地名界线管理提档】　按照不规范地名清理整治要求，进一步细化存量不规范地名台账，为下一步集中进行标准化治理打牢基础。加强地名公共服务，新增标准地名10条。采取镇街自查、民政复查相结合的方式，对各镇街基本概况，进行全面了解、统计，形成内容翔实、数据全面的资料。开展边界纠纷隐患排查，创建平安边界，完成江北—巴南线和巴南—南川线边界联检。积极沟通衔接，扎实有序推进鱼洞街道行政区划优化调整工作。高效质完成全国第二次地名普查和《国家标准地名词典·巴南卷》第一阶段编撰，有序推进普查成果转化。

（林　魁）

【殡葬改革工作推进】 继续推进殡葬改革，依托96000重庆殡葬服务热线加大对殡葬法律法规、惠民殡葬政策、节地生态安葬的宣传，抓好春节、清明等重要节点宣传，为597名困难群众减免基本丧葬服务费118.97万元，全区死亡人口遗体火化率为72%，火化区内死亡人口遗体火化率达到并保持100%。针对公墓建设运营，殡葬服务、中介服务及丧葬用品销售，农村散埋乱葬等3大类23个整治内容，会同发改委、公安、国土、林业、卫生、工商、城管等部门开展殡葬领域突出问题专项整治，整肃殡葬服务市场秩序，促进殡葬行业健康发展。加大殡葬宣传力度，将文明治丧、厚养薄葬纳入村规民约，推进丧葬礼俗改革。

（彭渝生）

【婚姻收养登记服务增质】 规范婚姻收养登记，积极应对“数字热”登记高峰，持续做好周六加班延时、结婚颁证等便民服务，累计办理婚姻登记1.6万对、收养6件。注重法情兼容，“家和计划”社会工作项目走进法院，结合区法院家事审判改革工作、参与到家事纠纷调委会，致力于为当事人尤其是需要帮助的女性提供专业干预和调解，助力当事人提高修复或重建婚姻家庭关系的能力，促进家事纠纷的有效解决。在法院接待调解案例66件，经调解成功达成协议61对，参与调解工作已在重庆电视台都市频道《法官理家事》栏目播出7期。

（包小丽）

残疾人事业

【概况】 重庆市巴南区残疾人联合会（简称区残联），是中国残疾人联合会的地方组织，新形势下职能职责主要是突出政治性，加强对残疾人的政治引领和思想教育引导；突出先进性，团结动员残疾人围绕中心、服务大局；突出群众性，代表和维护广大残疾人的合法权益。区政府残疾人工作委员会秘书处设在区残联。区残联内设1科（综合科）1所（区残疾人就业服务所，挂区残疾人康复扶贫服务站牌子，为全额拨款公益一类事业单位），有在职干部职工14人。2018年6月，成立重庆市残疾人福利基金会巴南区办事处。区残联始终坚持和加强党对残疾人事业的全面领导，以习近平新时代中国特色社会主义思想为指导，贯彻落实中国残联七代会和市残联第五次代表大会精神，准确把握残疾人事业发展的新形势新特点，切实履行“代表、管理、服务”职能，精准发力开展各项残疾人工作，通过实施精准脱贫攻坚、就业创业创新、互联网+助残、康复科技助残、能力素质提升“五大行动”，实现“七个一批”，全区残疾人幸福感获得感安全感得到进一步提升。2018年，区残联获评重庆市残疾人综合目标考核先进单位，“巴渝工匠”杯重庆市残疾人职业技能竞赛道德风尚奖、重庆市第二届渝创渝新创业创新大赛优秀组织奖、重庆市残疾人游泳锦标赛体育道德风尚奖，连续五年获重庆市残疾人稳定工作奖，有2人获得区委表彰。区精神卫生中心杨健当选为中国残联第七次代表大会代表。

【党委政府重视】 区委常委会3次、区政府常务会4次研究残疾人工作，重点对传达学习贯彻中国残联七代会和市残联五代会精神，对残保金征收、残疾人事业发展项目及资金、残疾人事业发展情况专项审计问题的整改、危房改造等重点工作进行安排部署；区委、区人大、区政府、区政协均明确分管联系残疾人工作的领导，区党代会、区人代会、区政府全体会、区政协会均将残疾人工作作为重要内容进行同步部署；区委、区人大、区政府、区政协领导在元旦春节及重大节日、重要活动期间走访慰问特困残疾人。

【审计整改落实】 区政府主要领导、分管领导重视2016—2017年度残疾人事业发展情况专项审计，对问题整改提出要求。区政府分管领导召开专题会对整改工作进行部署。针对审计提出的31个问题，7月，区残联主要领导、分管领导、经办人员主动登门与相关部门沟通，用1个月时间深入各镇街开展调研式督查，全力推进审计问题整改。除“康复项目纳入基本医疗保险支付政策落实不到位”问题，因上位政策未出台，导致无法执行外，其余问题均已完成整改。此次审计使相关部门及镇街的责任感使命感得到加强，信息共享与合作进一步加深，促进了全区残疾人事业快速发展，残保金征收突破2000万元。

【大数据智能化运用探索】 为克服人手少、任务重、面宽量大的困难，首次推行动态更新APP，1个月内，全区99.7%的村居采用动态更新APP手机终端开展数据采集和录入，大大提高工作效率和质量。

【“七个一批”工作】 精准扶贫兜底一批。全区持证残疾人有4627人纳入最低生活保障，有18344名参加城乡居民医疗保险的残疾人获得缴费补助。参加城乡居民养老保险10959人，2967人享受补贴。有11221名残疾人享受“两项补贴”。有547名残疾人享受托养服务。区残联干部职工分工负责，对未脱贫的44户建档立卡残疾户和姜家镇48名建档立卡户进行点对点对口帮扶。残疾人创新创业联盟（简称残创联盟）促进就业带动一批。充分发挥残创联盟引领作用组织残疾人参加市、区就业招聘会，线上线下为残疾人提供就业岗位，已有5862人就业。创残联盟协助区残联入户走访全区建档立卡贫困户残疾人家庭，对100余名残疾人开展助残扶贫电商培训。联盟秘书长的企业春姿公司为3户残疾人家庭免费提供花木种苗和技术，每户年收入达1万元以上，已接纳10名残疾人就业，每人年均收入达3万元以上。实施阳光安居工程推动残疾人家庭住房安全解困一批。全年对409户困难残疾人进行危房改造，为90户残疾人家庭实施无障碍改造，改善残疾人家居环境，提高残疾人居家生活质量。结合扫黑除恶专项斗争化解矛盾稳定一批。持续开展“知党恩、听党话、跟党走”和“说好话、办好事、做好人”活动，通过每月举办宣讲会、召开残疾人专门协会座谈会、约谈重点人员等方式，教育引导残疾人做学法守法的好公民。在全国小儿麻痹症患者串联进京上访、“綦江事件”及“12·3盲人进京”等紧急情况下，全区无人到市到京上访。精准康复改善身心状况恢复一批。对157名定点康复机构的残疾儿童实施康复救助，为7名残疾儿童免费植入人工耳蜗，医疗救助贫困精神病患者588人，完成市区辅助器具适配908件，假肢集中装配28例，助听器免费适配80台。为9727名残疾人提供家庭医生签约服务。建成1个市级标准化示范性社区康复站，50个村（社区）康复室。加强教育培训精准提升赋能一批。开展农村残疾人实用技术培训161人，青壮年文盲扫盲培训48人，分层次对267名残疾人学生及残疾人家庭子女进行500～5000元的入学资助和生活救助，为残疾人参与社会就业创造条件。残疾人自强不息展现一批。5名运动员参加市残疾人游泳锦标赛，获1金4银。1人被评为重庆市十大残疾人新闻人物。2人在重庆市第二届渝创渝新创业大赛中荣获残疾人专项赛优秀项目奖和乡村科技类优秀项目奖、获创新创意奖。1人在“巴渝工匠”杯2018年重庆市残疾人职业技能竞赛中获海报设计个人三等奖。1人在区文化馆举办个人水彩写生作品展。1户残疾人家庭入选巴南区“最美家庭”。芸中鹰科普义工助残服务队在石滩镇举办“科技兴农，爱心助残”活动，免费为当地残疾人喷洒农药，7月5日《重庆新闻联播》进行报道。

（舒玉隽）

社会保险

【概况】 巴南区社会保险局（以下简称区社保局）为巴南区人力资源和社会保障局下属正处级全额拨款公益一类事业单位，具备独立法人资格，有内设机构15个，人员编制78名，实有职工111人（含派遣人员42名）。区社保局承担贯彻执行国家和市有关养老、医疗、工伤、生育保险法律、法规、政策、制度；严格执行社会保险业务办理的操作办法和业务规范，开展社会保险经办管理业务；组织制定行政区域内社会保险征缴计划和支付计划；负责行政区域内社会保险经办、管理的日常工作；负责指导镇街开展社会保险经办服务工作等职能职责。

【社会保障任务全面完成】 全区各大保险参保人数183.4万人次，比2017年增加14.65万人次。全区各大保险征收29.38亿元，完成市下征收任务的112.7%，超收3.32亿元。同时，继续落实社保降费减负政策，大力支持实体经济发展。扩大困难行业企业社保减负政策享受范围，将减负政策享受范围由制造业、采矿业、建筑业、餐饮业企业，拓展扩大到园区入驻企业、批发零售业、社会服务业等其他行业企业。推进落实小微企业比照个体工商户参加城镇企业职工基本养老保险。全区3875家单位享受社保费率普降政策、1641家企业申报享受困难行业企业、1756家企业申报享受小微企业，累计降费减负达4.56亿元。

【社保待遇发放全面落实】 2018年，累计发放养老金416026.2万元，其中企业退休人员（含征地农转非人员、超龄人员）养老331670万元，机关事业单位退休人员养老金66527.2万元，城乡居民领保人员养老金17829万元；分别于7月和9月完成了2018年全市企业和机关事业单位退休人员基本养老金和城乡居民基础养老金调待工作，累计为全区各类退休人员248835人调整待遇约14129万元。全年累计支付医保待遇77434万元，其中城镇职工医保支付32517万元，居民医保支付44767万元。全年审核工伤保险待遇总计约6000人次，支付工伤待遇约5700万元，在审核、支付工伤待遇时，严格程序规范和流程把关，坚决杜绝不合理的待遇支付，无待遇支付错误事件发生。

【社保基金监管工作加强】 不断夯实医保管理，出台《重庆市巴南区关于我区规范基本医疗保险相关问题（试行）的通知》（巴南社保发〔2018〕12号），进一步指导和规范医疗机构开展业务，规范医疗服务行为。同时在总额分配中充分利用大数据指导分配，有效控制协议医疗机构违规做大盘子。不断加强定点医疗机构管理，与全区780家定点协议机构签订了补充协议，进一步对协议机构进行了规范管理；同时开展对医院、诊所和药店的专项检查，对辖区内41家诊所、130家药店进行检查，对存在问题的37家协议机构进行约谈，并根据协议对违规医疗机构实行解除医保协议2家、暂停医保网络70家，要求其限期整改。不断加大重复领保核查力度，加大数据清理比对力度，及时发现重复领保人员，对重复领保人员下达收回多拨养老金通知书并及时送达单位或当事人。同时严格监控收回重复领保待遇到账，保证基金及时收回。2018年，共收回重复领保和多拨养老633.6万元，其中，企业养老保险收回387万元，机关事业单位养老保险收回246.6万元。

【医疗保险工作顺利开展】 组织全区定点医疗机构开展2017版国家医保目录培训，于2018年6月25日顺利启用2017年版国家医保目录，实现新版、旧版使用无缝衔接。加大对全国异地就医联网结算宣传，实现区中医院、区人民医院、市第七人民医院职工医保和居民医保的全国异地就医联网结算工作。

【长期护理保险试点落地有序推进】 长期护理险是社会保险新增设的一个险种，是为应对人口老龄化而增加的险种，将在全市四个区县进行试点。2018年，巴南区开展长期护理保险的试点已经区政府区长办公会研究同意，待市局统一安排后可实施。

【市属国有企业退休人员社会化移交】 按照市对区的目标考核任务指标提前完成2018年市属国有企业存量退休人员社会化移交工作。全区18家移交企业，人员和场地已全部移交完成。同时，全面完成市级企业退休人员社会化管理示范社区花溪街道红光社区的建设。

（徐　建）

库区移民

【概况】 区移民局有人员编制18人，在编16人。其中行政编制8人，工勤编制3人，全部在编；事业编制7人，在编5人。龙洲湾、鱼洞、李家沱、花溪、木洞、麻柳嘴、双河口等7个库区镇街设有三峡移民办公室，人员编制1—3人不等。区移民局、区三峡水库管理局、小南海水电站坝工办（坝工办是临时机构，于2018年8月20日撤销）属“三块牌子，一套人马”。根据区政府“三定方案”，区移民局主要职责包括三峡后续工作的规划实施、协调和综合管理，三峡后续项目的建设管理、监督检查和综合验收工作，三峡水库巴南库区综合管理工作，小南海水电站移民工作的政策研究、综合管理工作，三峡移民信访稳定工作，三峡移民资产管理工作，三峡移民后期扶持扶助工作，三峡移民就业培训工作，移民对口支援与经济合作工作，移民档案综合管理工作，三峡工程建设期移民工作，三峡移民资金和物资的拨付及使用监督、检查，会同有关部门做好库区地灾防治工作和环境保护工作等。三峡工程淹没涉及巴南区陆域面积18.7平方千米（其中耕园地16834亩），消落区库岸线200余千米，涉及7个镇街、2个集镇、2个农场、25户工矿企业及一批专业设施项目。巴南区累计搬迁建房人口9876人，安置农村移民15355人，迁建企业25户，复建了一批专业设施项目全面完成移民搬迁安置任务。当前，全区正在推进三峡后续工作和三峡水库综合管理、移民信访稳定、移民对口支援、移民后期扶持扶助、移民培训等常态业务工作。

【三峡后续工作】 申报2019年度三峡后续项目库项目27个，申报总投资约15.46亿元，申请三峡后续补助8.25亿元，完成年度项目库编报工作。申报2019年项目19个，总投约资6.5亿元，核定三峡后续补助3.77亿元，完成年度市级合规性审查和实施方案编报工作。申报2018年三峡后续项目预算资金项目15个，纳入预算补助资金2.86亿元，先期到位区财政的补助资金5628万元，完成年度预算编制工作。实施三峡后续项目21个，完成总投资4.1亿元，拨付补助5900万元，暂存16270万元（含历年暂存）。其中，项目完工9个、在建12个；决算2个、验收9个，建成雨污管网17千米、新（改）建农村公路49.22千米、农村屋面及立面整治约4万平方米、新建生态农业园300亩等一批基础设施。

【小南海移民工作】 小南海水电站工程坝区位于鱼洞街道大中村。因小南海环评影响，小南海水电站建设等工作于2015年5月暂停。2018年，区移民局落实资金30万元，为大中村更换抽水趸船1艘，缓解岛内群众饮水安全问题；落实资金71万元，为大中村购置6号民心驳船1艘，缓解岛内安全出行问题；同时开展政策宣传和解释，维护坝区社会稳定；配合做好调研，协助长江监理咨询公司编制完成《重庆市长江小南海水电站社会风险调查与对策研究报告》。聘请中介机构，开展坝工办撤销后的资产清查和债权债务等审计工作。

【库区社会稳定工作】 贯彻落实《信访工作责任制实施办法》，按时、准确报送移民信访统计数据。坚持正面宣传与依法忠告并重，加强政策宣传解释，引导移民依法信访；坚持主动出击与及时化解并重，强化矛盾排查，摸清库区不稳定因素带案下访；坚持耐心疏导与依法处置并重，耐心宣传解释移民政策，依法依规处理移民矛盾纠纷；坚持现场处置与进村入户并重，分片区开展包案大下访工作。全年，排查重点矛盾6起，化解6起；接待库区群众来电来信来访25件38人次，处置率和办结率均达100%；办结上级交办件10件，按期办结率100%，无市级以上交办信访积案，无一起到市进京上访、串联参与其他区县集访、敏感时期到市进京非访等情况，移民信访稳定总体可控。

【库区扶持帮扶工作】 全年，实施农村移民精准帮扶项目6个，移民小区综合帮扶项目2个；完成移民培训3050人次，资助移民子女就读中职学校2人，落实移民子女就读高职补助38人，组队参加市级移民职业技能大赛1场次，获奖7人次；落实补助960万元，扶助移民16004人，直补到人830人，困难补助1025人，实施惠民工程4个；争取库区资金506万元，实施民生项目6个，大力扶持库区教育、文化、卫生等公共事业，在一定程度上缓解库区群众出行、就医、上学等难题。

【三峡水库管理工作】 抓制度建设，完善三峡水库综合管理联席会议制度，定期开展研讨工作，开展联合巡库执法1次；抓目标管理，进一步强化库区镇街辖区负责制，明确工作职责和任务，做好三峡水库的水质监测、175米蓄退水安全监测与防范等工作；抓生态环境建设与保护，重点开展水质监测，强化三峡水库消落区管理；抓175米蓄水安全监测防范，强化三峡水库库容管理。全年，库区移民安置区安全边坡治理及监测预警到位，无事故发生；搬迁临水危房16户54人，未出现新的隐患问题；实施水污染和库岸环境综合整治项目3个，完成消落区规划编制任务，争取纳入规划的整治和生态修复项目76个；联合区级职能部门对“八乱”问题整治到位，无生态环境恶化情况，三峡水库巴南段连续8年保持安全无事故。

【三峡库区对口支援工作】 全区到位无偿援助800万元，实施教育、卫生和移民村社的民生项目8个；组织辖区库区镇街和相关平台公司，协调市移民局相关处室，由区政府分管领导舒朝斌带队，到河南智慧岛等经济园区和美丽乡村示范点，开展互访交流和考察1次，促成企业间合作，明确援助资金逐年递增等工作思路；由区委分管领导何永革带队，率团参加宜昌对口支援经贸洽谈会1次，签约对口支援招商项目2个，签约资金3000万元；打捆使用结余资金1131万元，支持辖区重点项目——东部旅游健康体验带（天坪山现代农业示范工程）瓦青路道路改造工程，帮助解决项目启动资金难题。

【移民综合管理工作】 全区移民领域应公招投标项目10个，实际招投标10个，移民招投标领域无投诉情况，未发现违纪违规行为；编制有应急预案，强化政务值班、政务信息、政务督查及保密管理，未发生突发事件或泄密事件。严格一岗双责，加强安全生产管理，未发生安全事故。全面完成上级稽查审计整改任务，开展内审1次，未发现违纪违规行为。清理移民资产62宗，其中，小型水电站2座、房屋0.83万平方米、土地16.22万平方米。移民档案管理规范。积极参与第一扶贫集团扶贫攻坚工作，选派1名科级干部驻市级贫困村塘湾村工作队并落实有关待遇，帮助该村解决工作经费5万元。同时结合“四联系四服务”活动，投资1982万元，帮助木洞镇庙垭村和杨家洞村实施精准帮扶项目2个。

（陈飞龙）

镇 街

镇 街

龙洲湾街道

【概况】 龙洲湾街道位于巴南区西部。东依界石为伴，南与一品街道接壤，西与鱼洞街道相邻并与大渡口区的钓鱼嘴隔江相望，北同花溪、南泉街道毗连。2018 年，街道总面积 39.5 平方千米，辖 7 个行政村 68 个村民小组，8 个社区 107 个居民小组；年末总户数 28264 户，年末总人口（户籍）60139 人，常住人口 82768 人。森林面积 1131.79 公顷，耕地面积 566 公顷。2018 年，龙洲湾街道道角村获评“全国民主法治示范村”、街道治安巡逻员吴芳获评“第 70 期重庆好人”。

（注：主要经济社会指标详见本书第 383～394 页《2018 年巴南区镇街主要经济指标》）

【征拆新突破】 完成龙洲湾隧道、重科院等重点项目拆迁扫尾工作，保障高职城 213 地块和渝兴公司 277 地块挂牌出让，4 宗土地出让综合价金达 53.78 亿元，占全区商住地出让综合价金的 61%。最高综合楼面单价达 6223 元/平方米。完成龙洲湾隧道工程和龙洲湾 B 区市政道路二、三期工程的征地拆迁与交地工作；尚文大道延伸段和 378 项目已拆迁农房 141 栋，完成应拆迁农房总栋数 70%；启动渝南大道 D 段拓宽改造工程征地拆迁摸底工作；完成龙洲湾 B 区 968、954、702 项目和道角村三社项目 256 户拆迁安置户房屋团购与分配工作，解决多年历史遗留问题。

【城市品质提升】 在建房地产 750 万平方米，新开工协信敬澜山、协信星澜汇四期、洛悦城等 7 个地产项目，中交锦悦、恒大新城、联发、荣盛、凤凰、碧桂园、协信星澜会等优质楼盘长期保持畅销局面。完成 39 处土坡菜地整治、绿化、美化 121.99 万平方米；常态化巡查制止“两违”现象，拆除存量“两违”建筑 50464.2 平方米；开展“共治五乱”（乱扔、乱吐、乱倒、乱停、乱放）行动 136 次，规范占道经营摊点 2506 个，教育劝导各种不文明行为 2.3 万人次，成功取缔明华龙洲半岛赶集、夜间露天烧烤等顽疾。以创建国家卫生区为抓手，抓好“旭辉—万达—海洋公园”周边和窑坝、百节老旧片区综合整治；坚持每周两次以上马路办公，发现问题立即整改，群众反映强烈的龙洲湾商街车辆乱停乱放，影响市民休闲出行等问题得到妥善解决；持续抓好花溪河、一品河城市黑臭水体整治，落实五级路长制、三级河长制。

【农村新面貌】 有序推进农村“三变”（资源变资产、资金变股金、农民变股东）改革、产权制度改革、确权登记等三项工作；《红炉、盘龙片区乡村旅游咨询策划方案》已经区政府初审通过。红炉村 600 亩“桃李庄园”、盘龙村 260 亩“知府桃园”、沿河村 300 亩“王家山生态园”基本建成，专业合作社已种植桃、李、西瓜、菊花等品种，争取产业发展扶持资金和项目专项资金400万元完善农旅融合发展配套设施。深入实施农村环境综合整治，硬化农村公路5.8千米，实施农村厕改724口，安装太阳能路灯172盏，完成120户农房风貌改造，将环卫车开进农村进行冲洗，对农村环境卫生进行不定期督查，按照标准整改完善，每月开展1次考评，每季度开展1次卫生户和卫生庭院等评选，展现绿水青山美丽画卷，在全区城乡环境考核中位列前茅。

【为民惠民】 启动建设3千米的盘龙农村公路项目；沿河村移民安置区精准帮扶项目有序推进，即将完工。发放城乡低保金130余万元，申报创业贴息贷款1076万元。针对性开展技能提升、创业培训120人次，城镇新增就业6314人。完成辖区单体楼智能门禁系统建设47道，新增物业小区门禁建设93道；新增背街小巷、农村道路薄弱地段视频探头50个；辖区公共区域、重要场所社会联网视频监控2384个，确保辖区治安防控无死角。

【三大攻坚战】 一是切实提高防范化解重大风险能力，制定街道影响政治经济社会稳定重大风险防范化解责任清单，明确政治安全、经济金融、公共安全、社会矛盾、网络安全等5类16个重点领域重大风险防范化解工作。二是着眼于巩固脱贫攻坚成效，深入推进产业扶贫，发放小额贷款20万元，引导助推23户贫困家庭发展农业生产项目30个，拓宽脱贫群众致富渠道。完成16户农村D级危房改造，完善农村696户土坯房“一户一档”资料，改善贫困户居住条件；为53户原建卡贫困户免费总结提炼、书写、悬挂家风家训，增强扶志扶智的内生动力。三是坚决打好污染防治攻坚战，树牢“绿水青山就是金山银山”意识，围绕环保“五大行动”，坚持以问题为导向，围绕工地扬尘、噪音、企业排污、烧烤夜市占道经营、河道巡查、餐饮油烟、露天焚烧、建筑弃渣倾倒等方面，持续开展大排查、大督查、大整治和大执法活动，全面完成散乱污企业整治任务，开展各类拉网式大巡查450余次，自查各类问题220起，整治环保问题167起，辖区沿河、团结、红炉、盘龙等4个村成功创建“市级生态文明示范村”。

【社会治理】 开展“以案说法”院坝会、邻里节等各类活动522场次，指导建立“六有家庭”500余户，评选优秀家风家训285条，评选各级各类先进324名；试点开展“六联一创”联防联控和“多方协商·三治融合”等基层党建引领社区治理创新工作。深入开展“扫黑除恶”专项斗争行动，预防、稳控、化解重大社会矛盾25起，妥善处理农民工工资矛盾纠纷9起，兑现涉薪金额600多万元，化解物业纠纷、非法集资等各类社会矛盾534件，检查生产单位537家，排查安全隐患55起，完成整改50起，正在整改5起，确保辖区平安稳定。

【德法相伴】 按照中共中央办公厅、国务院办公厅《关于进一步把社会主义核心价值观融入法治建设的指导意见》的要求，以提高群众的法治素养、道德素质和基层自治水平为重点，以“德法修身、德法润家、德法睦邻、德法怡城”四个基本单元为载体，创新开展“德法相伴·幸福龙洲”基层社会治理工作品牌，初步探索建立自治、德治、法治相结合的乡村治理体系和打造共建共治共享的社会治理格局新途径，其成功经验被重庆市委办公厅《每日要情》采用并上报中央办公厅，人民网、光明网、中国网、华龙网、《重庆日报》、重庆电视台等媒体进行相关报道。重庆市委书记陈敏尔到街道村居调研时给予充分肯定；市委政法委书记刘强、副市长邓恢林等市领导给予肯定性批示。还吸引了陕西省政协到街道道角村调研社会治理工作及“德法相伴·幸福龙洲”工作。

【党建工作】 持续做好6个城市区域党建联盟工作，制定资源、需求、项目清单712个，开展各类共建活动47场次，解决区域问题33个，焕发辖区党组织活力。集中开展党建大排查力促组织力大提升工作获中组部、市委组织部等上级部门督导好评和区委主要领导肯定批示。严明程序，提拔、晋升5名干部，3名干部获区委提拔、重用。网络舆情信息被市委宣传部采用59篇、中宣部采用4篇。接待“渝台基层结对交流活动”3批次。专题研究党风廉政建设工作12次，制定部门和村居廉政风险点防控措施370条，扎实开展扶贫领域腐败和作风问题专项治理、党员干部及亲属涉权事项公开等工作，运用四种形态处理41人次，打造忠诚干净担当的干部队伍。

（齐显瑞　潘　越）

鱼洞街道

【概况】　2018年，鱼洞街道面积55.6平方千米，下辖9个行政村，16个社区居委会。辖区常驻户数86630户，常驻总人口数18.1623万人。其中城镇居民12.098万人，农村居民5.6140万人，人口出生率达3.8‰。全年人口自然增长率7.6‰，符合政策生育率99%，免费孕前优生健康检查完成率100%，流动人口信息协查率和反馈率均100%。依法查处违法生育2件，结案2件，征收社会抚养费10.9678万元。

（注：主要经济社会指标详见本书第383～394页《2018年巴南区镇街主要经济指标》）

【经济转型】　受长安铃木日方股权退出和汽车产业大环境影响，辖区工业总产值1654732万元，同比下降10.3%。其中规上工业1013667万元，同比下降30.2%，规下工业641065万元，同比增长1.3%。辖区完成商品销售总额786462万元，同比增长3%，其中限上商品销售总额完成135928万元，同比下降32.4%。完成社会消费品零售总额225636万元，同比增长3.2%，其中限上社会消费品零售总额完成27396万元，同比下降57.2%。同时，大力实施乡村振兴，以云篆山片区为依托全力发展农商旅结合产业，基础设施不断完善、人居环境持续改善、特色水果提质增量、旅游服务有效提升，景区共实现接待游客55.15万人次，创造旅游综合收入1.04亿元，带动整个辖区旅游创收11.61亿元。经济发展服务于民生改善，更体现于群众增收，在多种积极因素的支撑下，全年实现地区生产总值1830145万元，同比增长5.4%。固定资产投资402864万元，同比增长9%。辖区城镇居民人均可支配收入42887元，同比增长9%；农村居民人均可支配收入20575元，同比增长9.6%。群众收入的明显提升。

【棚改征地】　鱼洞街道按照区委、区政府工作安排，紧盯项目建设需要，全力推进风云四号卫星接收站、巴川中学二期、佛耳岩码头作业区三期、佛耳岩码头进港道路、进境木材监管区、铁路枢纽东环线百胜段项目、长安铃木配套产业园、云计算产业园等项目征地拆迁相关工作，总征地面积约2235亩。全年完成征地项目农房协议签订50栋142户，拆除农房61栋，企业签订43家、厂房3栋，拆除厂房3栋，完成分房工作63户，有力保障各项目建设有序推进。同时，建成区棚户区改造工作取得积极进展，共完成汽修厂片区棚户区改造项目签约29户，签约率100%；完成新二村棚户区改造项目签约152户，签约率95%，并对其中整栋完成签约的25户开展了资金兑付。基本完成久拖10年未解决的巴县大道棚户区改造项目遗留民生问题，共签约68户，签约率94%。

【创卫攻坚】　紧扣卫生城区创建标准，切实加强问题巡查整改，共发现问题10000余处，整改率98%；持续做好了爱国卫生组织管理、健康教育与促进、市容环境卫生、环境保护、重点场所卫生、食品与饮用水安全、公共卫生与医疗服务、病媒生物防治等8项重点工作，顺利通过市级技术评估。开展市政设施维护、农村生活垃圾专项治理、垃圾分类处置并取得良好效果，全面完成600户农村改厕任务。针对辖区金龙市场、东城农贸市场、莲花市场周边占道经营突出问题，鱼洞街道协同有关单位开展了有力的专项整治，取缔占道经营者1000多户，清理占道垃圾40余车，改变了金龙市场长年形成的赶集惯例。进一步强化“两违”整治力度，共整治存量“两违”784处，整治面积59834平方米，完成全年任务的103%；整改、拆除新增违法建筑10处，面积约1000平方米；整治轨道交通2、3号线沿线违法建筑，共拆除、整改110处，面积约13887平方米，实现“两违”零新增、降存量的工作目标。投入人力6000余人/次，资金百万余元开展黑臭水体连片整治，共完成5处检查井修复、15处次级污水管网渗漏修复，2处河道旁化粪池渗漏修复，另外修建管网92米，减轻污水进入河道后对水体的影响；常态化开展河面漂浮物清理和河道岸线垃圾清运，清理黄溪河漂浮物约10.3吨，清运黄溪河和一品河河道沿线垃圾约180吨，切实维护好河道的洁净；在全区率先开启河道岸线菜地种植清理，清理河道沿岸菜地清理共计880余亩，并进行复绿整治，河道岸线面貌焕然一新。投入资金99.75万元，妥善处理解决了大江饮用水源地内187亩农业种植问题，并组织人力物力对保护区及附近生活垃圾点进行集中彻底整治。全年鱼洞街道代表全区接受中央环保督查6次，均顺利通过检查。

【重点项目建设】　重庆华熙文化体育中心建成投用，对项目周边及渝南大道C段实施环境综合整治，共清理立体垃圾30处，清除卫生死角20余处，清运暴露垃圾2车。完成美化整改华熙项目对面山坡菜农搭建的菜棚、农具棚84个，面积约7400平方米。协同区“两违”办，整治拆除违法建筑及违规乱搭乱建，涉及原巴南印象售楼部、腾源汽修等处，面积约3000平方米；搬迁拆除涵泰汽修事故车临时停车场，面积约2000平方米。实施安乐堂绿化遮挡工程，在堂前修建了花台，种植树高8米以上、树径20厘米以上大型香樟树10株，对殡仪馆进行了有效遮挡美化；完成同济老年医院旁堡坎美化整治。共实施砖砌明沟703.68米，墙面抹灰436.28平方米，种植土回填140.74立方米，边坡挂网2218平方米，植栽灌木（葛藤）352株；完成电力公司后堡坎美化整治。共实施砖砌明沟134米，墙面抹灰26.8平方米，种植土回填26.8立方米，边坡挂网268平方米，植栽灌木（葛藤）67株，栽植乔木（小叶榕）9株，栽植竹类（毛竹）1500株，栽植攀缘植物（爬山虎）12株；清除轨道交通2号线、3号线鱼洞站处破损围挡公益广告569平方米，使用仿真草皮进行美化覆盖；组织实施华熙项目可视范围内61栋农房外立面整治项目。

【改善民生福祉】　通过开展就业培训、就业帮扶、创业补贴，组织专场招聘、开发公益性岗位等有力措施，实现城镇新增就业9341人，完成目标任务的120%，城镇登记失业率仅为3.49%，“零就业家庭”动态管理为零；做实基本民生保障，全年发放城市低保1091户1517人1136万元，发放农村低保245户331人低保金184万元。实施了云篆寺环线道路硬化、渣胡路、渣新路整治、8.1千米农村联网公路及9千米农村公路新建项目；实施并完成了天明、干湾、金竹3个村12千米人行便道建设任务。投入本级资金25.9万元对农百路、大中村码头道路、环山路、金花路、金果路等实施了安全隐患整治。完成了新华村自来水管网改造，彻底解决了新华村群众吃水难问题。申请上级专项资金94.76万元完成了对大中村供水站水厂改造及百胜、仙池、干湾村高效节水灌溉项目；分别争取专项资金25万元、13万元，整治维护山坪塘2口、完成百胜村乌皮樱桃2017年受灾专业合作社灌溉设施修建。按照脱贫不脱政策的要求，持续对已脱贫对象46户129人进行脱贫成果巩固帮扶，通过产业扶持4户，为其购买果树苗鸡苗鸭苗；技能培训及就业帮扶40余人；教育扶贫方面，除国家政策性教育补助外，街道自筹资金每年为贫困户在校学生提供每人1000元的资金资助；为确因年老、残疾无劳动力人员提供低保兜底帮扶14人；健康扶贫11人17517元；对符合政策的10户危房实施改造，已全部完成；对不符合改造政策但现有房屋系危房的2户临界户，街道自行安排改造计划，近期即将实施，对另2户即将面临征地的，街道已安排资金帮助其租赁农村闲置房屋，解决住房安全问题；协助有需求的5户脱贫户申请到扶贫小额信贷共22万元，帮助发展生产经营，提高经济收入。已有2户2人经本人申请，通过个人出户的方式，退出脱贫攻坚对象户范围。

【安全维稳】　辖区安全生产形势持续稳定，未发生较大及以上事故。持续完善社会稳定风险评估机制，定期分析研判社会稳定风险，针对存在的矛盾纠纷和风险隐患形势深入开展矛盾纠纷排查化解，并逐一建立台账，落实责任和措施，确保矛盾纠纷化解在本地，全年妥善处理涉及物业管理、工伤工亡等矛盾纠纷10余起，尤其是相继协调解决鲁能·南渝新城、新欧鹏、华熙体育项目等拖欠农民工工资纠纷25起，涉及农民工914人，追讨农民工工资近2000万元，有力维护辖区稳定。

【扫黑除恶】 根据工作实际需要组建街道、村（居）两级扫黑除恶工作领导小组，切实强化了专项行动组织领导保障。制发专项行动宣传资料174000份、悬挂横幅420幅，张贴有奖举报通告1330份，制定各类标语展板188幅，充分利用微信平台发布扫黑除恶信息5000条，利用巡逻车喊话宣传1000车次，利用广播村村通、25台LED显示屏全天候宣传，发放《致党员干部的一封信》7639张并签订承诺书7639份，结合院坝会、入户走访等有效形式，拓宽宣传覆盖、营造浓厚氛围。建立完善扫黑除恶专项斗争工作机制、制定线索摸排方案和线索移交办法。开展扫黑除恶线索研判13次，研判线索25条，移交区扫黑办3条，移交街道其他部门22条，做到条条线索有结论，件件落实有责任。

【意识形态】 按照《意识形态工作要点》的要求，建立了意识形态工作领导体系、制定了专项工作计划、搭建起以1名专门工作人员和2名兼职网络评论员为主体的工作队伍，并将意识形态工作纳入街道对村（居）目标考核，对意识形态工作做到有布置必有检查，有检查必有通报。今年来，街道组建的党员志愿者、百姓名嘴、老干部等三个宣讲团，对习近平新时代社会主义思想、全国两会等精神进行宣讲70余场，受众4000余人；组织排查了集会场所65家，并安排专人监管，发现问题及时处置；处理回复涉本单位舆情104条，发布正面贴26条，发布原创政务微博195条，上报自采舆情19条，未发生大规模负面舆情和新闻炒作。

【基层组织建设】 制定《鱼洞街道党工委2018年组织工作要点》，党工委书记切实履行第一责任，聚焦主业、担好主责；班子其他成员严格履行“一岗双责”。严格按照干部选拔任用相关规定，组织讨论认识问题10余次，提拔机关干部1人，村居干部4人，干部队伍得以充实。成立街道后进基层党组织整顿工作的领导小组，针对两个后进基层党组织实际情况，分别制定整改方案，共排查出问题7个，提出整改措施10条，目前，两个后进基层党组织已整改落实6条，整顿提升效果明显。完成花土湾社区等5个软弱涣散基层党组织整顿转化工作。从严规范党员发展工作，今年开展积极分子培训班1次，参训学员41名；发展对象培训班1次，参训学员15名，发展党员1名。

【党风廉政建设】 街道中心组每月集中学习、各基层党组织“三会一课”和党员主题党日，均有党规党纪及全面从严治党的有关内容。同时，通过各类会议、微信公众号、QQ群等方式，组织党员干部学习各类违纪违法典型案例，深入开展廉政警示教育。今全年累计运用四种形态32人次，其中运用第一种形态提醒谈话16人，初步核实予以了结7人（其中1人辞退，6人批评教育），诫勉谈话1人；运用第二种形态给予党内严重警告处分1人、党内警告1人；运用第三种形态开除党籍处分6人。制定《鱼洞街道纪律作风建设“十不准”责任追究办法》，切实改进干部作风，同时，强化作风监督，在村、社区监督委员会成员中特聘作风监督员，对各单位的作风情况实施有效监督。

（龙凤麟）

李家沱街道

【概况】 李家沱街道位于巴南区西北部。东与南岸区七公里（重庆交通大学）接壤，南和西同花溪街道相连，北临长江江畔与九龙坡区、大渡口区隔江相望。面积11.2平方千米。距重庆市中心10千米，是巴南区城市核心区的前沿地带。2018年，李家沱街道辖3个行政村、20个村民小组，18个社区居委会、673个居民小组。年末，总户数34924户，户籍总人口80533人。2018年4月，李家沱街道在十九大维稳安保工作中荣获区委、区政府授予的集体三等功。2018年7月，李家沱街道荣获区委授予的先进基层党组织称号，2018年12月，李家沱委员地区小组被区政协评为先进地区小组。

（注：主要经济社会指标详见本书第383～394页《2018年巴南区镇街主要经济指标》）

【优化营商环境】 出台13条优化营商环境措施，建立系列机制，做法在市级《每日要情》刊登并得到区委主要领导的肯定批示。完成光明村3、4社征地项目交地任务，对中义汽修厂的3栋房屋进行了拆除。完成工联村、桥南村棚改预征收项目2个，实施1例城市拆迁司法搬迁。完成林荫片区、染料村棚改项目。推进传统商贸业转型升级，西流沱商街吸引75家商户落地开业。完成2个村农村集体产权制度改革。

【民主政治建设】 建立7个人大代表工作站，接待选民600余人。19名区人大代表完成了“两联一述”工作。政协小组提交提案18件，立案16件，撰写社情民意22条，被区政协采用5条。建成街道、20个村（社区）公共法律服务实体平台。组织辖区60多名少数民族代表参加民族团结进步宣传周活动。打造街道少数民族维权服务站，创建“民族团结之家”“四好”商会。

【文化建设】 落实意识形态工作责任制，举办“意识形态”专题讲座，开展2次综合研判，严控65个场所。规范街道微信工作群管理，举办网络安全知识活动21场，清理辖区网络有害信息、网站47个。开展“爱的传承与弘扬”系列活动近2000场次。新建4个标准化社区文化室，新增农家书屋3个、大型文化活动广场3个，修建健身路径110余条。“麻雀艺评”工作中被授予“示范基地”称号。碟子舞《家乡美》参加安徽卫视节目录制，“焱之舞艺术团”荣获“全国最具推广广场舞舞蹈队”称号。

【社会建设】 推行“心桥工程”工作法，排查化解矛盾1178件。老旧社区安装监控视频366个、智能单元门240余扇。大力筹建城市网格管理智能化指挥中心和综治中心。桥南AB级治安乱点重点地区成功通过摘牌验收。建立扫黑除恶专项斗争攻坚战11项工作机制，排查线索11条。完成60余次不稳定因素稳控，在十九大维稳安保工作中荣获区委、区政府授予的集体三等功。落实安全管理制度，累计排查隐患912个。强化食药品安全监管，开展非洲猪瘟排查防治工作。创新开展“每周1天基层面对面”工作法，机关干部7000余人次深入基层。开展就业招聘活动5场，提供岗位近1000个。城镇新增就业人员5535人，城市失业人员就业2672人。有效破解17个历史遗留问题。区对镇街第一、二次民调满意度分别居全区第一、二位。

【生态文明建设】 做好环保工作，完成中央环保督察整改任务、黑臭水体督查迎检任务。清查1109家散乱污企业。除治疫木624株，新增植树4000余株。做好创卫工作，前三季度创卫考核均为一等奖，顺利通过市级技术评估、国家级模拟暗访。国家市区媒体先后90余次报道街道创卫。其龙城中村整治工作、东南亚农贸市场创建工作在全市做部分经验推广。典雅苑及周边乱摆摊设点综合治理、西流沱三四村综合整治成果显著，市级媒体专题报道。促进城市品质提升，消除菜地4000余亩，净化近11千米江河岸线环境，经验做法印发全区借鉴。推行“五长制”助力城市管理，大力开展净化环境整治，打造重要节点绿化提升7处，整治面积7920平方米，新建小游园1个、二类公厕1座，清除“牛皮癣”67519处，整治卫生死角2593处，清运暴露垃圾1321.8吨，更换果皮箱307个，清理绿化杂草22.7万平方米，依法取缔占道经营3150余处。超额完成两违整治任务，整治104081平方米。在城乡环境综合整治评比中获奖6次，其中2次获得一等奖。

【党的建设】 加强政治建设，切实增强“四个意识”，坚定“四个自信”，坚决做到了“两个维护”，坚决肃清孙政才恶劣影响和薄熙来、王立军流毒。加强思想建设，召开12次中心组学习（扩大）会，举办15期“新时代干部讲习所”，深入习近平新时代中国特色社会主义思想等内容。加强作风建设，印发转变干部作风专项行动方案和十三项纪律要求。将40名街道和村（社区）干部开展了双向互派交流锻炼。对140余名村居班子成员等进行研判审查。加强组织建设，规范主题党日，整改转化4个软弱涣散基层党组织。对170余名新发展党员、党费收缴管理使用情况进行全面清理，对360余家非公组织选派了党建指导员。加强纪律建设，坚持开展“廉政教育半小时”活动，赴教育基地接受警示教育。打造街道公开监督墙。完成对3个行政村的巡察。持续开展专项整治，承办1条涉黑问题线索。精准把握运用“四种形态”。抓好群团工作，完成11家企业建会和10家集体合同签订任务，开展群团活动近200次。打造全市基层人武部规范化建设亮点，超额完成年度征兵任务。

（石晓容）

花溪街道

【概况】 花溪街道位于巴南区西北部，东与南温泉街道相接，南与龙州湾街道相邻，西与九龙坡区、大渡口区隔江相望，北与李家沱街道接壤。境内210国道、内环快速路、渝南大道、渝南分流道、龙洲大道、巴滨路、轨道交通3号线纵横交错。面积为33.5平方千米（其中，耕地面积42.27公顷）。2018年，花溪街道辖6个行政村、62个村民小组，18个社区居委会、327个居民小组。年末，总户数45475户，总人口90970人（其中，男性45763人）。人口出生率7.19‰，人口自然增长率2.16‰。2018年，花溪街道红光社区被共青团重庆市委评为“2017年度青年之家·城乡社区市民学校市级示范点”；先锋村党委被中共重庆市巴南区委评为“巴南区先进基层党组织”；巴南区东海定南山小区被重庆市环境保护局授予“市级安静居住小区”；花溪街道被重庆市生态环境局、共青团重庆市委员会颁发生态文明宣传进城乡社区市民学校环保图书角；新工地社区创建重庆市人民防空合格社区，红光社区被重庆市文明办评为“最美志愿服务社区”；花溪街道人民武装部2018年度征兵工作成绩突出被重庆市征兵工作领导小组通报表扬。

（注：主要经济社会指标详见本书第383～394页《2018年巴南区镇街主要经济指标》）

【经济发展】 2019年，花溪街道加快建设吉力芸峰、宗申发动机等“军转民”“民参军”项目，打造军民融合协同创新平台；加快航天巴山集团生产机器人减速器、宗申集团无人机发动机等高端产品研发，利用“校地联合”模式在重庆理工大学设立众创空间孵化园。贯彻落实全国民营经济大会精神，帮助企业解决周边环境卫生差、道路拥堵、融资难等问题40余件，利用“工新通”“助保贷”“增信贷”等各种融资平台，帮助4家企业贷款2030万元。

【征地棚改】 完成花溪村6、8社一期项目、K09-9/R2（出让地块）项目、K09-7/R2（出让地块）项目、K09-11（教育用地）项目、实施城市规划建设（建新储备地170项目）项目、滨江片区B区（K13-14、K12-10地块）项目等6个项目所有农房及企业拆迁工作。配合区法院完成君禧天地522地块强制交付；棚改工作成效显著。王家坝扫尾项目新签约28户，协调办理接房手续141户。龙江片区项目完成签约659户，签约率达到90.9%，超额完成区下达任务的130%，配合白居寺大桥项目按序时推进，得到区领导和区级相关部门肯定和赞扬。花溪新村9号项目完成《工作方案》和《补偿方案》的报批，进入评估阶段。

【城乡环境整治】 开展城市管理“三清三治”、市容秩序专项整治等行动，灵活采取人（人力）、财（物资）、机（机具）分别核算机制，加快市级暗访反馈问题整改，整治成效得到市级技术评估专家肯定。绿化美化重点河段、路段及周边环境，整治并复绿土坡菜地7000余亩。开展土桥赶集市场周边环境整治，取缔花溪工业园区长达10多年的露天马路市场和申烨太阳城长达5年的临时市场、拆除炒油场历史遗留近10年的违法建筑等，整治各类违法建筑548件54120平方米；投入2000余万元，完善老旧城区环境综合整治工程、陈家湾道路及附属设施改造、管网及公厕改造等市政基础项目23个。实施园林绿化整治7920平方米。在全区率先完成9个菜市场改造建设任务，多次成为兄弟区县创卫考察点；实施环保“五大行动”，查处违法臭气源23个，治理污水排放34处。落实河长负责制和常态巡河机制，开展花溪河河面清漂、溢流口清淤、维修破损管网等，顺利通过住建部、生态环保部黑臭水体督查，并得到区领导肯定；全面开展城市综合管理“五长制”和城市管理马路办公，持续开展创卫主题宣传活动50余场，创作各类创卫作品8件，创卫知晓率和满意度显著提高。

【安全稳定】 开展“扫黑除恶”专项斗争，召开党工委会、扫黑除恶动员会、推进会及院坝会等150余次，扫黑除恶专项督查58次，专题研判会4次，发现问题和线索18条，上报涉黑问题线索3条；深刻吸取“10·26”恶性案件教训，强化校园周边安保工作；持续运用543社会治理机制，完善落实“一岗双责”和领导包案机制，做好“全国两会”、智博会等重要时间节点、重点时段的不稳定因素排查、矛盾纠纷化解及重点人员和重点事件的妥善处置和稳控，化解信访重点问题3件，排查调解各类矛盾纠纷1079件，平稳处置华远项目工地涉疆少数民族员工死亡事故、各类在建工地民工讨薪、居住小区物业纠纷等群体性事件70余件次；加大重点行业、重点领域安全生产大排查大整治行动，排查整改隐患1107个，查处非法违法生产经营建设行为16起；扎实推进依法治街，开展《中华人民共和国宪法》《中华人民共和国监察法》等法律法规学习102场次，开展法制文艺演出活动12场，开展现场咨询82场次，发放各类宣传资料32899份，编写法制建设简报20期，完成公共法律服务三级实体平台建设。

【民生实事】 通过灵活就业、举办“春风行动”“就业扶贫行动日”等帮扶活动、就业培训等方式，完成城镇新增就业人数5796人，城镇失业人员再就业2232人，帮助881名城镇就业困难人员再就业；办理“4050”就业困难人员社保补贴申报1011人次，发放补贴金额256万元；发放创业担保贷款646万；城乡居民合作医疗参合率达到112.09%；协调处理各类工资拖欠事件49起，为1733余名工人追回工资3525.92余万元，为5个建筑项目解决521.42余万元工程款结算争议；累计投入资金150余万元帮扶救助、关心慰问辖区优抚对象、残疾人、贫困户和驻地部队等。完善修复辖区所有体育健身设施，修建民主村、重工社区全民健身路径2条；完成8个健康社区、巴滨路华宇龙湾段健康一条街示范点、市级离退休人员社会化管理服务示范点建设。

【宣传文化】 积极探索宣传思想文化工作基层化，成立基层文会组织14个，举行全市首场村（居）“文会”建设现场会暨会员招募新闻发布会；开展“麻雀艺评”4场，街道被评为“麻雀艺评”基层文艺评论活动示范基地；打造“论·语”先锋、“德法相伴·和谐红光”2个基层文化建设示范点；开展“红光情·邻里爱”“道德模范进社区”“好人评选”等系列主题活动26场，文化文艺讲座培训23场；巩固红光社区志愿服务示范点建设，开展“四点半课堂”等志愿服务活动116场，各类精神文明评选表彰活动17场，评选基层先进典型165名；牢牢掌握意识形态工作领导权管理权话语权，召开意识形态专题工作会3次，加强辖区484家网站及140家意识形态场所监管。

【基层党建】 持续深入推进习近平新时代中国特色社会主义思想、党的十九大精神和习近平总书记参加重庆代表团审议时的重要讲话精神学习，开展党工委中心组（扩大会）集中学习13次，开展《关于正确认识妥善应对中美经贸摩擦学习研讨会》和《深刻认识美国对华政策新动向》专题会议2次，报送理论文章、调研报告12篇。举办干部学堂、专家讲堂13场，开展“巴山书语”读书分享会19次，政策宣讲活动100余场；严肃党内政治生活，抓好“三会一课”“主题党日”和“两学一做”的日常融合。对查找的领导班子的17个问题全面整改销号，坚决肃清孙政才恶劣影响和薄熙来、王立军流毒以及杨钟馗严重违纪问题恶劣影响，营造良好政治生态。率先在全区梳理党组织提升工程的“六张清单”，提出提升城市基层党建整体效应“怎么抓”的“七必”抓手，在红光社区试点推行了“五好”党支部评价标准和党员分类管理办法。对24个村、社区的班子及班子成员履职情况开展全面研判，分析厘清班子和队伍存在的20条问题，约谈党组织书记2人。加大对扫黑除恶专项斗争软弱涣散基层党组织的整顿转化，查找问题20条，制定整顿措施63条。以“四联共建”做好城市党建“三张清单”，召开城市基层党建工作联席会议2次，开展志愿服务5700余人次，协商处置物业纠纷、环境卫生、社会治安等问题1022件；加强党内法规制度建设，切实履行党风廉政建设主体责任，加大机关、村居干部廉政教育。严格监督执纪问责，准确把握运用监督执纪“四种形态”，提醒谈话28人次、批评教育4人次，警示谈话1人，诫勉2人，党内除名1人，取消预备党员资格1人，开除党籍处分3人，辞退城管协勤队员1人。

（何小娟）

南泉街道

【概况】 南泉街道地处巴南区西北部，位于东经106.56°～106.62°，北纬209.42°～209.43°之间，整体如马鞍形。东与南彭、惠民两街道毗邻，南与界石镇、龙洲湾街道相连，西与龙洲湾、花溪、李家沱街道接壤，北与南岸区南山街道和茶园新区相邻，属主城一环线内，“半小时交通”范围，渝黔、上界高速公路及南东、堤龙公路、鹿樵、樵界公路、东城大道等纵贯其中。街道面积84.26平方千米，辖红旗、红星、自由、虎啸、白鹤、和平、双桥、龙井、万河、艾乐、立桅、光国、迎龙、新式、杨市、金古16个行政村和正街、长南桥、鹿角3个城镇社区，123个村民小组和27个社区居民小组。街道共有22995户，49421人，民族27个，99%以上人口是汉族。街道驻地鹿角场富源街67号，邮政编码400056。距区政府驻地龙洲湾15千米，渝中区18千米，渝北机场32千米。2018年，深入学习贯彻习近平新时代中国特色社会主义思想和党的十九大精神，全面贯彻落实习近平总书记对重庆提出的“两点”定位、“两地”“两高”目标和“四个扎实”要求，聚焦“三大攻坚战”“八项行动计划”，乘势而上，积极作为，推动全街道经济社会各项事业平稳前行。积极做好乡村振兴、脱贫攻坚、设施建设、环境保护、创业就业、社会保障、卫生计生、公共文化、食药品安全等一系列社会事业和民生工作，全力加强辖区综合治理，全面保证无特大安全事故和不稳定事件发生。做好意识形态和内宣外宣工作，狠抓组织管理，不断提升队伍思想素质，进一步加强作风建设，深化党风廉政建设。

（注：主要经济社会指标详见本书第383～394页《2018年巴南区镇街主要经济指标》）

【乡村振兴】 建好示范基地，打造农业亮点，巩固发展樵坪1000亩优质稻示范基地、万河村3000亩苗木基地、1000亩反季节蔬菜基地和3000亩水果春芽基地。申报发展新型经营主体8个，申报双桥村、龙井村为街道乡村振兴示范村，申报试点补助项目5个。开展农村产权制度改革和土地承包经营权确权颁证登记工作，清理16个村、123个社资产总计7419.04万元，集体土地面积9.85万亩。积极培养本土人才，建立《南泉街道本土优秀人才信息》台账，由各村（社区）将辖区内年龄35岁以下、学历专科以上大学毕业生全部收集纳入本土优秀人才库，截至目前本土人才库已吸纳大学毕业生70余名、创业成功人士12名。加强科技信息推广和农民实用技能培训，指导培训农民农业技能40人次。按照区对农村基层本土干部人才到村挂职的相关要求和福利待遇标准，由街道自筹资金100万提供保障，再遴选22名本土大学毕业生到村挂职，为乡村发展提供人才支撑。

【脱贫攻坚】 建档立卡精准识别，2018年未出现新增贫困户和错评漏评的情况，全面完成动态调整工作，实现扶持对象精准。完成村级人行便道硬化8千米，申报2018年人行便道17千米，实施高效节水灌溉工程140亩，实现项目安排精准；积极实施扶贫小额信贷工作，对符合条件的3户贫困户发放贷款15万元，对21户建卡贫困户提供健康扶贫医疗救助5.7万余元，实现资金使用精准；对685户危旧房开展摸排，完成危旧房改造55户，实现措施到户精准；对两个村派驻第一书记，全面指导工作，实现因村派人精准；制定《南泉街道发展壮大农村集体经济规划实施方案》，指导集体经济薄弱村发展壮大农村集体经济，巩固发展好8000亩稻田苗木、水果蔬菜等示范基地，申报发展新型经营主体8个，申报双桥村、龙井村为街道乡村振兴示范村，申报试点补助项目5个，带动群众增产增收，实现脱贫成效精准。

【企业服务】 优化完善企业营商环境，建立2018年党政领导联系企业制度，积极走访企业50余家，广泛宣传习近平总书记在全国民营企业座谈会讲话精神和市区优惠政策，通过宣传打消企业顾虑；深入开展企业“止跌回升”问卷调查，组织召开规上企业座谈会，积极了解辖区内企业生产经营情况，全年为企业协调解决问题51件，积极构建了街道“清”“亲”新型政商关系；序时推进完成“四经普”工作，上报经济普查单位1197家，个体户1777家，为2019年的经济普查工作夯实基础。

【征地拆迁】 完成区土储中心鹿角800亩项目、鹿角组团五期项目、铁路枢纽东环线项目内清理农房495栋、企业49家，签订协议101栋、企业46家，开票兑付5040余万元，800亩项目和铁路环线项目已达交地条件；着力化解前期遗留问题，办结转非755人次，发放前期征地项目311户拆迁户延期过渡费265万余元，完成十余个征地项目限价房分配工作，提前安置71户92人次，拆分房源1555套。

【“两违”整治】 建立“两违”巡查安排表，落实巡查干部和驻点干部，做好台账登记，组织开展专项巡查检查350余次，发现制止萌芽状态“两违”行为41宗，下达责令通知书102份，组织强制消除5起，拆除整治新增行为150宗179088平方米，处理小区存量违建219宗10737平方米，拆除小区新增违建8起867.93平方米，拆除重庆工程学院存量违建17宗12430平方米；完成第一、二、三批集中整治交办任务，拆除201423平方米、查处70552平方米、整改53605平方米。

【项目建设】 完成场镇雨污管网改造10574米，实现场镇雨污分流全覆盖，场镇人行道铺设透水砖24000平方米，道路油化59508平方米，完成28栋棚户区改造范围内房屋的脚手架搭建和外墙修缮，完成分类垃圾箱安装96个，更换迎宾路、古井街路灯杆56盏，更换鹿角城区人行道铸铁井盖80套，完成629家“三小店”专项整治，完成鹿角菜市场、南泉菜市场、虎啸便民蔬菜点的整治改造，集中开展11处土坡菜地专项整治，序时推进虎啸村道路整治、背街小巷路灯安装、行道树补植、工程学院环境整治、三角花园绿化、南泉高速路出口整治、电子抓拍系统二期工程等项目建设。

【环境保护】 以创卫和农村环境综合整治为抓手，着力提升城市管理水平，全年共收运生活垃圾15000余吨，更换果皮箱129个，规范乱停乱放乱搭建等行为6500余次，通过市级创卫专家技术评估；严格开展黑臭水体整治工作，着重以红旗村和红星村老龙洞下游、虎啸村桃花滩下游河道开展清漂清淤，顺利通过国家住建部检查；集中开展全国第二次污染源普查工作，完成入户调查，统计企业1740家；开展好“散乱污”问题企业整治工作，目前已关停33家，搬迁14家，整改217家，拆除1家；完成90家再生资源回收点和废旧轮胎行业的规范整治工作。以堤坎至樵坪山和长南桥至桃花滩两条公路沿线的10个村和新式村大鱼塘示范点为重点开展农村人居环境综合整治。全力加强森林防火工作，投入森林防火专项资金34万元，加强林政日常管理，全面实施秸秆禁烧和综合利用工作，完成松材线虫集中除治任务，全力推进生态家园建设。

【社会民生】 全年完成城镇新增就业1230人，登记失业人员就业104人，就业困难人员就业90

人，成功发放创业担保贷款19人、355万元，实现就业创业保障。完成个人新参城乡居民养老保险282人，办理城乡居民养老保险待遇领取267人，城乡合作医疗参保37849人，缴费684余万元，实现养老和医疗保障。落实欠薪处置机制，制定保障农民工支付应急方案，接访和协调处理樵坪迎龙峡5D玻璃桥项目以及映山红公司欠薪事件，配合处理融创欧麓花园项目富丽建司和山海建司民工欠薪事件，实现民工工资保障。切实做好城乡低保每月的审核发放工作，做好社会救助工作，临时救助42人、9.6万元，办理特殊困难群众45人，医疗激活救助700余人，为187名特困人员发放供养金145万余元，扎实做好优抚、残联、老年、留守儿童的关心慰问工作，实现社会救助保障。

【安全管理】 抓好校园安全，对辖区中小学及幼儿园开展安全大检查，做好重点人员的稳定工作；组织开展为期两个月的中小微工业企业消防安全隐患专项整治，以彻底消除“三合一”隐患为结果导向，全面开展安全生产大排查大整治大执法工作，完成核查企业421家，关停搬迁企业44家，整改企业220家，罚款12家，整治“三合一”企业59家，搬迁人员442人，整治工作取得阶段性成效。

【社会治理】 强化社会综合治理，深入开展了平安村（居）、平安校园、平安企业、平安家庭等系列平安细胞创建活动，加快雪亮工程建设，完成辖区背街小巷56个视频监控的安装工作，严格保障群众安全。以开展社会治安重点地区整治为重点，加强治安宣传、群防群治、重点打击，整治活动开展以来，鹿角社区刑事案件16件，比去年同期减少9件，减少率36%。加强对辖区精神病人、吸毒人员、邪教人员、7名ABCD类人员和10名涉军群体人员等重点人头的管控，制订监管稳控方案，强化摸排、调查、登记和帮扶，减少社会危害。建立健全社会稳定风险评估机制和矛盾纠纷排查化解机制，截至目前排查化解各类矛盾纠纷56件，代理办结“网上信访”74件，党政领导公开接访群众53批次900余人次，化解50批次，坚定构建维稳防线。以扫黑除恶专项斗争工作为重点，坚持“有黑扫黑、无黑除恶、无恶治乱”，加强组织领导，建立健全扫黑除恶网格化工作、日常摸排、分析研判、责任倒查追究“四个机制”，扎实做好宣传教育和氛围营造工作，结合重点地区乱点整治、非法渣场的管控、“两违”整治等工作，严格排查征地、环保等其他领域涉黑涉恶问题，将扫黑除恶工作向纵深推进。

【思想政治建设】 牢固树立“四个意识”，坚定“四个自信”，做到“两个维护”和“三个确保”，通过开展党工委会、支部“主题党日”、中心组学习、党工委书记上党课等形式，深入传达学习习近平新时代中国特色社会主义思想、党的十九大精神和全国“两会”精神，截至目前共召开党工委会41次、中心组学习11次，“干部学堂”开课4次、“专家讲堂”4场、“巴山书语读书分享汇”3次，充分利用“名嘴进百家”“夕阳红宣讲团”等载体，开展习近平新时代中国特色社会主义思想、全国“两会”精神和改革开放40周年等宣讲活动39场次，覆盖群众5200余人次。抓好主流阵地管理，牢牢掌握意识形态工作领导权，坚决肃清孙政才恶劣影响和薄熙来、王立军流毒，消除杨钟馗严重违纪违法问题恶劣影响。积极巩固和发展爱国统一战线政治引领工作，不断团结壮大爱国力量。

【党风廉政建设】 坚持全面从严治党，切实履行党风廉政建设主体责任，坚决贯彻落实中央八项规定精神，持续开展了违反中央八项规定精神、“四风”问题、扶贫领域、收送“红包”礼金和违规发放津补贴等各项专项整治工作，开展党员干部涉权事项公开工作。严格落实“三严三实”要求，严格执行新形势下党内政治生活若干准则，严肃党内政治生活，按规定落实“三会一课”、民主生活会、党组织生活申报公示等制度，按时开展“主题党日”活动，着力推动党的组织生活长效化、制度化、规范化。严格监督执纪问责，全年总计运用监督执纪“四种形态”31人次，严肃整治干部不作为、慢作为、乱作为等问题。办理办结区委巡察组移送问题36件，巡视巡察利剑作用有效彰显。

【基层组织建设】 不断优化基层党组织设置，及时配齐配强村（社区）干部，调整不能胜任的村书记3名。加强典型带动，开展纪念建党97周年表彰活动，评选先进基层党组织4个、优秀党务工作者6人、优秀共产党员32名。选派54名专兼职非公组织党建工作指导员对非公基层组织工作进行指导，持续打造工程学院非公党建特色品牌。开展基层党建大排查工作，核查清理基层组织1711家、辖区居民群众60726人，对所辖91个基层党组织进行研判。加强村（社区）后备干部队伍建设，保证各村至少3名后备干部。认真开展软弱涣散基层党组织整顿转化工作，以扫黑除恶专项斗争行动为契机，加强基层组织建设，向党员干部发放《倡议书》1684余份，引导村居党员主动签订在扫黑除恶斗争中发挥党员先锋模范作用《承诺书》1623份，充分发挥基层组织的战斗堡垒作用。

（钟　丹）

一品街道

【概况】 一品街道位于巴南区西南部，东面与圣灯山镇、安澜镇为邻，南连和安澜镇、江津区杜市镇接壤，西依鱼洞街道为界，北同龙洲湾街道、界石镇毗连。面积58.9平方千米（其中耕地面积871.2公顷），森林覆盖率63.9%。公路交通四通八达，是渝黔、内环两条高速公路的交汇处，210国道从西北到东南贯穿全境，辖区内国道、区道、村社公路总里程172千米。2018年，一品街道辖7个行政村，54个村民小组；2个社区居委会，10个居民小组。年末，总户数10630户，总人口22383人（其中男性11238人）。人口出生率7.8‰，计划生育率98%，人口自然增长率-0.5‰。

（注：主要经济社会指标详见本书第383～394页《2018年巴南区镇街主要经济指标》）

【乡村振兴】 深入贯彻落实区委坚持农村一二三产业融合发展思路，大力推进一品幸福田园小镇建设，累计流转永益村2、8社土地1269亩，涉及农户359户，项目启动示范区建设，核心示范区占地面积约375亩，年度实际投资额约1亿元，初步建成柑橘园、蔬菜园、科技大棚、展示体验中心、休闲步道、多利农庄和环境绿化，效果初显。持续推进云燕花语项目建设，投入资金85万元完成云燕花语景观评审、400米道路硬化、39户居民人居环境改造、2口100立方米蓄水池建设。持续推进农村人居环境综合整治，对9个示范院落、“五沿”区域建立长效保洁制度，发放倡议书5000余份，新建围栏4000余米，整治花台5000平方米，完成农村改厕336户。积极引进和培育农业项目，新培育新型农业经营主体4家。

【脱贫攻坚】 召开扶贫专题会议10余次，发放扶贫政策宣传手册300余本、印制宣传单2000份、召开院坝会60余次，入户宣传走访800余人次。组建36个工作组，对全街道7333户农户的“地毯式”大排查大走访，针对突出问题限时完成整改：投资20余万元实施金田村人饮工程，完成管网建设、水池修建，解决40户121人的饮水问题；完成危旧房改造任务102户；有力有序推进扶贫对象动态调整工作，完成贫困户定位采集128户；完成6户22.5万元小额信用贷款。

【创卫工作】 巩固创国家卫生区成果，强化整改措施，持续整治市容市貌和环境卫生，完善市政设施设备。维修人行道350平方米，更换水篦子50块，井盖65套；维修路灯40盏，新增补栽绿化面积约85平方米，疏通清掏老旧管网60米，维修沉沙井35个，新增无障碍公厕6个，维修滨河公园玻璃栏杆23块，安装公厕指示牌6块，垃圾箱体地面基础硬化37个，拆除农村渣坑35个，清理陈旧垃圾堆放点3处；新增摩托车划线143平方米；新增垃圾分类桶340个完善场镇环境保洁，新增垃圾箱体25个完善农村垃圾收集保洁系统。组织开展环境卫生及市容秩序专项整治行动。整治骑门摊、游摊散贩、夜市烧烤和早餐点1000余起；拆除违规设置灯箱、广告和破损店招34处，整治卫生死角115余处，清理暴露垃圾及生活垃圾约225吨；整治牛皮癣约1160处；整治乱搭乱建、乱堆乱放约120处，清理装修垃圾880吨。自创卫工作开展以来，共发现大小问题620个，立即完成整改的605个，及时整改率98%。

【民生实事】 “四好农村路”建设8.3千米，拓宽燕云公路3.2千米，建成江巴桥公交站点约400平方米，开通一品至界石、一品至江巴桥、一品至燕云场等三条公交线路，对全街道115千米的农村公路进行了养护；完成龙岗水厂一品灌区工程三标段七田村、桥口坝村164亩土地交地工作；完成铁路东环线征地任务和人员安置补偿；完成一品水厂人员安置补偿工作；完成横一路征地工作；积极做好“广播村村响电视户户通”惠民工程；完成地灾搬迁2户；农村三项改革有力有序推进；扎实开展公共卫生服务免费体检、两癌检查及生殖健康体检、严重精神障碍患者服务管理工作；完成“两违”集中整治24宗25164平方米，完成卫片执法整治4宗673平方米，完成存量两违178宗26854平方米。

【社会保障】 城镇新增就业完成480人，城镇登记失业人员就业人数登记110人，城镇就业困难人员就业人数完成40人，创业担保贷款完成267万元，城乡居民养老保险扩面征收任务已完成70余万元，均超额完成任务。全年累计发放低保金220万元。全年累计发放特困人员生活费114万元。医疗救助工作全面覆盖，资助合作医疗参保共计231人，其中特困人员134人，重点优抚对象97人。全年累计救助27人，发放救助金80500元。

【文化宣传】 深入推进公共文化阵地免费开放工作，落实周末、节假日错时开放制度。组织市、区、镇街文艺团队和文化志愿者送文艺演出、讲座、展览、政策宣传等到各村共27场。组织街道物联网演出队伍，为辖区7个村各送一场文艺演出，将十九大精神、脱贫攻坚、扫黑除恶、创卫宣传、《一品情歌》等内容融入其中。开展《一品情歌》鉴赏、微电影鉴赏等基层文艺评论活动4场。加强辖区文物点巡查力度，完成6个区级文物点和32个一般文物点的巡查工作。做好一品燕云吹打锣鼓和一品丧葬习俗区级非物质文化遗产传承人考核及管理工作。

【安全稳定】 狠抓安全管理，强化源头管控。开展安全生产大检查12次，检查企业63家，整改隐患87个，安装公路防护栏800余米，制作安全警示牌106块。大力推进学校周边综合治理工作，建立维护学校治安秩序长效机制。狠抓矛盾化解，有序推进信访安全稳定工作。调解纠纷123余件，办结信访案件84件，接待群众272人次，走访群众200余人次，化解区级领导包案积案1件。狠抓治安防控，强化特殊人群管控。加强对肇事肇祸精神病人、邪教人员、牢释人员、吸毒人员的管控，确保稳定。狠抓食药监安全工作。开展宣传26次，完成监督抽检52批次，快速检测46批次，全年未发生一起食品药品安全突发事件。强力开展非洲猪瘟防控堵截工作，发放非洲猪瘟简介宣传资料2000份，养殖户告知书500份，每天开展对所有生猪进行逐头检查，签订餐厨垃圾收运协议67份，签订率100%。查处收缴餐厨剩余物3.08吨，普查生猪1.1万头，没有出现一例非洲猪瘟疫情。

【扫黑除恶】 专题召开扫黑除恶专项斗争动员会、部署会50余次，发放宣传品共1000余份、张贴悬挂宣传条幅160余条，设置举报箱，公开举报电话，畅通了信息渠道。掌握涉黑涉恶涉乱线索11件，其中1件作为涉黑涉恶线索上报，其余10件经研判均为治安乱象和矛盾纠纷限时整改完成。

【党的建设】 严抓严管现有8个党委、3个党总支、34个支部、922名党员、村居80名两委委员的班子和队伍建设。坚持从严治党第一责任。全年共召开30次党工委会、3次党建形势分析会专题研究党建工作。持续推进“两学一做”学习教育活动中，严格按照“主题党日”制度，开展“主题党日”活动。目前开展“主题党日”活动

11次，专题讨论3次，专题组织生活会1次。扎实开展十九大专题培训，已完成9次培训。在扫黑除恶专项斗争中加强基层组织建设，召开各类党员会20余场次，学习宣传扫黑除恶专项斗争的取得成效，发放倡议书900余份，签订承诺书900余份，同时对村（社区）干部、两委委员进行全面排查和调整，培养年轻后备干部10名。加强四桥村党委及支部软弱涣散党组织的整顿转化，深挖问题11个，制定整改措施26条，所有问题整改到位。发展党员7人，培养积极分子22名，10名预备党员按期转正。结合“七一”系列活动，开展推先评优，对3个基层党组织、30名优秀共产党员、10名优秀党务工作者进行表彰。做好非公党组织工作，发展入党积极分子4名，按要求开展重点摸排了200余家企业，对符合要求的45家非公企业全覆盖选派党建指导员，做好一对一指导和服务。

【党风廉政】 履行党风廉政主体责任。街道党工委召开会议传达党风廉政建设会议精神11次，6次组织班子成员学习中央、市委和区委的重大决策；召开专题会议2次，主要领导带头讲廉政党课2次，班子其他成员上廉政党课12次。履行党风廉政建设监督责任。开展扶贫领域专项检查1次，走访辖区所有贫困户129户，涉及扶贫资金14万余元；对一品敬老院2016年以来的财务进行了专项检查，发现问题线索3件，追回违规发放的财政资金14242元；开展扫黑除恶专项检查3次，发现问题9起；开展违规收受红包礼金和违规发放津补贴专项治理；建立街道村居党员干部246人亲属涉权事项信息库建设，并开展涉权事项检查。强化监督执纪问责。运用第一种形态提醒谈话干部18人次、通报批评1个单位；党内严重警告处分1人、党内警告处分1人。依法依规开展办信办案和问题线索的查处工作。全年共收到信访件10件，办结9件，办结率90%；受理问题线索8件，其中主动发现3件，办结8件，办结率100%；立案2件，办结2件，办结率100%。

（廖 鸿）

南彭街道

【概况】 南彭街道位于巴南区中部，东与天星寺镇相邻，南同接龙镇、跳石镇为伴，西连界石镇接壤，北与南泉街道、惠民街道毗连。面积126.9平方千米，耕地面积1842公顷。辖区内绕城高速、兰海高速交错全境，200余千米乡村公路穿梭其间。随着南彭贸易物流基地的建设推进，华南城、京东、B保等多家企业入驻运营。街道辖12个行政村、208个村民小组，4个社区居委会、11个居民小组。年末总人口54775（其中男性27811人、女性26964人，城镇人口5656人）。人口出生率6.9‰，人口自然增长率0.7‰。街道大力发展生态观光农业，初步形成南湖多彩植物园、东冒山乡村大世界、溪上花洄为核心的渝道路生态农业项目，培育出南彭草莓、石岗苦瓜、月华西瓜、优质柑橘、黄花梨等特色农业品牌。

2018年，街道保障重点项目顺利推进，确保公路物流基地建设快速推进，按要求实现京东二期等项目快速交地，对南向物流大通道积极配合加快建设。铁路东环线项目在全区率先完成拆迁并顺利交地。全力推进渝黔扩能高速项目，实现交地1005亩，新湾隧道成为全线首条贯通隧道，得到市区领导高度肯定。创新限价房申购“六到位”工作法被区政府专报推广，超额完成限价房申购任务，成功组织群众申购限价房2757套，及时收回资金5亿元。

（注：主要经济社会指标详见本书第383～394页《2018年巴南区镇街主要经济指标》）

【乡村振兴】 按照“一景区、三基地、五主线、六重点”乡村振兴工作思路不断推进。南湖多彩植物园2018年成为重庆主城和巴南近郊乡村旅游的热点，接待游客50万人，被中央电视台等媒体报道，在美团等网站上销售热度排名第一。南彭草莓、蔬菜、水果等项目发展态势良好，渝道路沿线溪上花洄民宿、朱家大院等新一批项目正蓄势待发。承接市妇联举办的全市“首届最美巾帼农家乐”活动并取得圆满成功。全面加快农村基础设施建设，公路建设管理在全区排名前列，硬化公路8千米，启动“四好”农村路建设43.7千米。开展巨龙桥、大鱼等村饮水工程管网改造。农村环境综合整治排名全区前列，重点打造渝道路沿线环境，打造示范院落13个，完善农村垃圾收集收运系统，在乡村道路和花溪河沿岸种树上万株。天台山村成立“乡贤会”，探索农村治理新模式。

【环境保护】 南湖水库是区重要饮用水源，南彭是花溪河、鱼溪河上游，中小工业企业多，环保压力巨大。一是高质量做好全国第二次污染源普查和“散乱污”企业整治，启动南彭小企业基地规划环评完善工作，全面准确清查工业企业240家，清理“散乱污”企业107家，关闭取缔16家、规范整治65家、搬迁整合1家。二是大力实施碧水、蓝天、宁静、田园、绿地“五大行动”，强力推进黑臭水体整治，对南湖、花溪河、鱼溪河进行定期的巡查，清理漂浮物及岸边垃圾近2000吨，修建大鱼村和小企业基地污水管网，顺利通过国家住建部和生态环保部花溪河黑臭水体督查。农家乐污染南湖、光大奶牛场污染花溪河、清风桥屠宰场污染鱼溪河等难点焦点问题得到解决，八仙桥支流黑臭水体基本消除。全面落实河长制，切实开展“清水2号”“清水3号”行动。成功通过中央和市环保督察，完成创建市级生态文明示范镇工作、辖区环境质量整体提升。三是科学编制基本农田、生态红线和“四山”保护规划，预留发展空间。

【城乡建管】 全力推进创卫工作，创卫工作一直名列全区前茅，多次考核被评为全区一等奖；实施公厕、道路等项目40余个，建立了清扫保洁、楼长制等长效机制，群众知晓度、满意度不断提升。创卫工作顺利通过市级技术评估并被通报表扬。完善农村垃圾收集收运系统，整治渝道路环境，拆坑换箱30余处、节点绿化4处。加强市政执法监察，建立夜间市容秩序整治长效机制，实现“两违”网格化监管全覆盖、新“两违”零增长、老“两违”负增长。对全年新增8宗违法建设均进行有效处置，拆除面积1485平方米。2宗卫片执法项目全部拆除复耕复绿，完成存量“两违”拆除任务63宗5225平方米，率先完成“两违”集中整治37宗16000余平方米；创建1个无“两违”村，2个无“两违”单位。

【民生实事】 精准推进脱贫攻坚工作，建立三级帮扶机制，形成全街道集中力量抓脱贫工作机制，组织区、街道、村扶贫干部广泛全面开展了拉网式排查走访，摸排临界户82户。全面清理“两不愁三保障”存在的问题，与建卡贫困户制定三年帮扶计划，严格标准和流程，保障新增识别和退出精准，动态调整后街道有建卡贫困户207户630人。全面摸排农村危旧房，改造农村四类人群危旧房155户，强化农村危旧房管理。地灾搬迁避让15户，成功销号35处隐患点。全面推进农村土地量化确权和农村集体产权制度改革试点工作。全面强化流转土地管控，全面清理大棚房完成拆除整改任务，除治松材线虫疫木通过区验收，做好森林防火工作，强力推进非洲猪瘟防控，严格产地、运输和屠宰检疫，全年无重大动物疫情。加强对高毒农药的管理，有效控制面源污染。

【社会事业】 发放各种民政救助优抚、节日慰问费313万元，采集退役士兵及现役军人家属信息1157人。有序推进“三社联动”，推动基本公共卫生服务。做好计划生育服务和奖励扶助。完成农村改厕356户。残疾人实用技术培训71人。城镇新增就业1388人。申请创业担保贴息贷款424万元。城乡合作医疗保险和城乡居民养老保险覆盖率95%以上。开展“我们的节日”系列活动，流动文化活动进村居43场，放映惠民电影258场。举办第二届小品大赛，街道选送小品《谁的快递》获“第六届重庆市戏剧曲艺大赛二等奖”。

【安全生产】 建立重大风险防控机制，对街道涉及的征地拆迁、土地流转等重大风险做好经常性预防管控。特别是进一步强化中小学和幼儿园校园安保，派出所、司法所、综治办等单位和部门深入学校开展法制讲座，交安办、食药监办等开展交通安全教育和食品安全检查，不断提高学生的法制意识和安全防范能力。强化安全生产排查整治，每月开展工贸企业、危化品、道路交通、建设施工、消防、食药品等行业大排查、大整治、大执法，坚持每月安全工作例会制度，研判排查安全隐患。全年共出动5214人次，检查企业数量2238家次，处理各类违法行为800余件，处罚54570元，辖区未发生较大以上安全生产事故。

【扫黑除恶】 强化责任落实，深入排查摸底，线索专题研判，对收集掌握的问题线索采取定领导、定人员、定措施、定期限、包倒查的“四定一包”责任制，确保件件有着落，事事有回音。开展扫黑险恶专项斗争以来，收集问题线索52件，召开各级动员会387次，文艺专场2场，张贴通告27500张，发放宣传资料7000余份，广播1650余次，群众知晓率与参与率明显提高，社会治安明显好转，派出所接警同比下降18%，刑事案件立案同比下降33%。破获各类刑事案件27件，查处行政治安案件46件。投资70万元安装视频监控镜头83个，实现重要场所、重要路段全覆盖，群众安全感指数在全区主城11个镇街中排名第三。积极开展防邪工作，捣毁一处“门徒会”窝点，并落实“一对一”监控措施和教育转化工作小组。

【信访稳定】 强化信访稳定，未出现重点人员、重点群体到市进京非访情况。严格落实信访重点人员管控措施，成功化解朱如林10年信访、盛显明遗体停放3年等重大老信访案件。优化大调解工作格局，调解各类矛盾纠纷152件，调解成功144件，调解成功率94%。强化对严重精神障碍患者和社区戒毒康复人员的服务管理，完善“个人定制”社区矫正工作机制，未出现社区服刑人员失控、脱管、漏管或重新犯罪情况，帮助8名未就业社区服刑人员解决就业难题。

【组织建设】 开展党工委中心组学习16次，坚持“三会一课”，领导讲党课31次。坚持街道、村居每月“主题党日”制度，集中学习党的十九大精神、习近平总书记新时代中国特色社会主义思想和重要讲话以及意识形态工作、法治建设、依法行政、党章党纪、扶贫攻坚等重要论述、宪法、监督法等法律法规，不断提高各级领导干部的理论水平和政治素养，坚定理想信念。软弱涣散党组织成功转化，党员群众满意度达98%。吸收入党积极分子14人，培训党员发展对象34人，新发展党员36人。成立南彭社区区域化大党委，开展校园安全、医疗知识讲座、免费义诊、创卫、扫黑除恶等活动。按照规定新提拔科级干部5名，并举行宪法宣誓。处级干部培训7人次，对辖区村居干部、本土人才、两委成员进行全覆盖业务培训。重视配备党外中层干部，党外人士占比26%。积极开展商会活动，为辖区困难群众送去4万元慰问物资。加强对党工会对工会、团委、妇联、残联等群团组织的领导，充分发挥其职能作用和助手作用。街道团工委、妇联和工会结合街道重点工作，根据自身特点，发挥群团组织作用，开展环境保护、扫黑险恶、脱贫攻坚等工作，慰问敬老院、三留守人员。成功承办全市“首届最美巾帼农家乐”才艺比拼活动。

【廉政防控】 学习宣传《中华人民共和国国家监察法》《中国共产党纪律处分条例》等党纪法规，通报各级纪律处理的典型案例100余个。落实党风廉政“主体责任”，签订廉政责任书41份，制作廉政风险点、风险等级、防控措施公示栏。建立扫黑除恶工作联席会议制度，办理移交扫黑除恶问题线索4个。受理信访举报件12件，信访自办件2件，问题线索13件，审查案件4件，均已办结。运用监督执纪“四种形态”处理10件，挽回经济损失56311元。

【宣传引领】 认真贯彻落实意识形态区“1+12”文件精神，落实一岗双责和辖区负责制，加强意识形态类论坛讲座场所和网络安全管理，确保辖区内意识形态领域无责任事故、无负面影响。提高政治站位，严格按照市委“十破十立”要求，全面彻底干净肃清孙政才恶劣影响和薄、王流毒，清除杨钟馗案恶劣影响。开展“巴山书语读书分享汇”5次、干部学堂12次、专家讲堂4次。邀请市区媒体宣传乡村振兴、创卫等中心工作。常态化开展理想信念教育活动和四堂互映活动。

（刘　涛）

惠民街道

【概况】　惠民街道位于巴南区北部，东与二圣镇相邻，南与天星寺和南彭街道为伴，西与南泉街道接壤、北与南岸区茶园新区毗连。街道面积63平方千米，辖6个行政村，1个居委会。耕地44996亩。总户数12388户、总人口数26748人，人口出生率为9.9‰，自然增长率-1.47‰

（注：主要经济社会指标详见本书第383～394页《2018年巴南区镇街主要经济指标》）。

【农旅发展】　编制街道“两线四点”旅游项目总体策划和显林村村级旅游项目规划，规范出台《惠民街道土地流转管理办法》，做优布局空间要素，促进资源整合利用；做大优势特色产业，发展腊梅园200亩3万株，高山生态西瓜基地50亩，水产养殖面积达6000余亩，同时推动惠民生态鱼、辅仁西瓜、龙凤枇杷等农旅融合产品发展。打造“两线四点”旅游环线，完成旅游综合收入34019万元，接待游客量约2401527人次。采取“公司+专业合作社+农户”方式，新创办村级专业合作社2个，辅仁村打造50亩“西瓜园林”，全年为村集体创收10万元，通过壮大集体经济，带动“空壳村”按期摘帽。

【城市发展】　积极扶持众强有色金属、奥卡机械等规上企业发展，以创业带动新增就业220人，全年完成工业总产值66000万元，规上工业总产值47625万元。整合要素资源，开启“筑巢引凤”新模式，推进恒大文旅室内水上乐园、显林村椒房民宿、黄金社整体开发等项目落地，引进青少年生态科创教育营地项目1个，协议资金8000万元，领导班子成员深入企业走访调研11人次，收集企业意见建议18条。抓住创卫良机，顺利通过市级创卫专家暗访与技术评估，区委宣传部开展的创卫调查中，共获得19个镇街指标中的11个第一，实现市容环境新提升。新安装太阳能路灯197套，整治人行道1455平方米、车行道260平方米，新建公厕2座；新建“孝爱惠民”文化墙220米；投入400余万元，帮助202户贫困户等四类重点人员完成农村D级危房改造，推动城乡建设，完善城乡功能新定位。

【民生工程】　全年城镇新增就业人数484人，城镇失业率控制在2.5%内；发放创业担保贷款360万；临时救助困难群体105人18.6万元；低保保障559人，全年累计发放低保金293.57万元。打好脱贫攻坚战，全年排查农户9860户，全覆盖走访、排查农村建档立卡贫困户176户483人；对未脱贫的43户80人重点帮扶；以“公司+农户+互助组”模式，使10户贫困户依托企业经营。打好污染防治攻坚战，全年约谈业主29人次，责令关停或停产散乱污企业17家。投入25万元开展迎龙湖周边及二级河流治理。新种植苗木11.48万株，新造林面积800亩。完成5家规模养殖场关闭工作。打好维稳总体战，开展扫黑除恶专项斗争和全领域拉网式大排查大整治，上报线索4条，完成中央督导组、区扫黑办交办件6件，整治各类安全隐患100多处，完成社会治安乱点整治2处；化解各类矛盾纠纷45件，涉及金额119.79万元。

【基层党建】　整顿四风，当好监督执纪的“黑包公”，运用监督执纪“四种形态”全年处理32人。选配3名村专职干部、2名本土大学生人才和2名科级领导干部，2名科级领导干部试用期满转正任职，2名干部完成职务职级并行晋升。全街道下辖37个支部开展“主题党日”学习活动407次，各村（居）开展专职干部培训236人次。签订意识形态阵地管理责任书29份，开展皇经寺、基督教堂等重点场所检查50余次；累计上报各类信息182条，主流媒体采用67条，被市级以上专报、媒体采用8条，国家级采用2条。

【人大工作】　区人大代表、显林村支部书记吴光荣带动村集体和群众创业致富的故事被市级媒体《公民报》刊登；区人大代表、巴南气体有限公司总经理张晖助力惠民街道辅仁村沿线居民安装天然气的先进事迹被市级媒体《公民报》刊登。开展科级以上干部向《中华人民共和国宪法》宣誓活动。

（郭燕妮）

界石镇

【概况】 界石镇地处重庆主城南部，北与南泉街道毗连，东与南彭街道接壤，西跨龙州湾街道与长江相望，西南接一品街道，东南连跳石镇。距重庆市中心25千米，距区政府7.8千米，距江北机场30分钟车程，是主城南部的交通枢纽和重庆南向陆路通道的起点，是全市二环区域能集聚30万人口的十大新城之一，属于重庆市二环以内重要的产业发展区域，是重庆市主城规划区东部组团的重点区域，是南部新城的核心区域。面积64.13平方千米。辖桂花、海棠、钟湾、新玉、金鹅、武新6个行政村和桂花、和平、畅想、公平、东城、梨花6个社区，年末总户数39400余户、总人口数11.2万余人。境内公路里程119千米，实现村村通公路、村村通电话，基本实现数字电视全覆盖。2018年界石镇规上商业商贸销售收入总额和增长率位居全区前列。完成8个工业企业升规、12个商贸企业升限工作。新安装治安管理系统床位数1096张，过夜游客达到10.7万人。2018年7月，重庆市巴南区界石镇人民调解委员会被重庆市人力资源和社会保障局、重庆市司法局评为“优秀人民调解委员会”。2018年11月，公安部政治部主任刘钊率队到界石镇考察指导道路交通安全工作。2018年12月，全国100名优秀交巡警大队长和西南十省市交巡总队长先后到两次到界石镇考察调研和学习。

（注：主要经济社会指标详见本书第383~394页《2018年巴南区镇街主要经济指标》）

【征地拆迁】 成立四个工作组20余人，抽调精兵强将走村入户做拆迁工作，完成征地拆迁任务9254亩，铁路枢纽东环线、龙洲湾隧道、东城大道南段、华南城公共停车场等项目已交地投用，并加快建设。及时协调化解矛盾纠纷，保证重点项目快速推进，龙洲湾隧道2、3号洞实现贯通，决战决胜36天，打赢了南环立交改造项目征地攻坚战。

【脱贫攻坚】 对全镇建卡贫困户111户294人进行全面走访。完成建卡贫困户动态调整，实施“一户一策”精准帮扶，为贫困户购买鸡、鸭、鹅、鱼等畜禽苗种，每户制定3年帮扶计划，改造危旧房80户。积极开展医疗救治工作，建立工作台账，加强贫困户就医管理，落实健康扶贫五重保障。结合公益岗位、清洁保洁和劝导站点、巡查检查等岗位，积极帮助贫困户就业，增加贫困人群收入，长效巩固扶贫成效。

【创卫成功】 成立创卫办，强化“网格”管理，形成创建合力，加强宣传发动，营造人人知晓、人人支持、人人参与的工作格局，召开创卫宣讲会、院坝会近250场，增印健康教育宣传资料10万份，制作高楼大型喷绘彩图标语4幅，围挡墙体广告100余幅，花台警示牌及树下小标语300余块，出版创卫儿歌专辑2000本，开展健康教育讲座32场。积极开展“十乱”整治，整治背街小巷、卫生死角难点，完善基础设施建设，持续深化“四项管控”，规范土地流转和抢栽抢插抢挖，保持私倒黑渣和“两违”整治高压态势，快速整治拆除“两违”建筑面积12.7万平方米，在全区宣传推广，确保“两违”零新增。市级卫生镇重获复审通过，为下一步创建国家卫生镇奠定坚实基础。

【民生保障】 大力开展“金秋助学”“春蕾圆梦”等活动，全年救助、慰问各类人员2000余人次，筹集600余万元，进一步发挥“稻草援助”基金作用，累计援助118户，落实援助金14.9万余元，累计为6195人，发放低保金247.2万元。举办大型招聘会4场，开展“界石片区民营企业招聘周”活动，为百余家企业输送员工416人，举办就业培训3期、189人，发放“4050”灵活就业补贴25.6万元，开发公益性岗位解决60人就业问题，全年实现城镇新增就业6556人。

【综合治理】 完成117个老旧居民小区智能单元

门采购和安装，完成综治E通续约，开展综治网格化信息系统管理。强力推进市级挂牌社会治安重点地区整治，成功通过市级验收。在畅想社区开展全区“雪亮工程”智能化社区试点，安装54个视频摄像头、2个卡口、2个报警桩、10个人脸识别系统，智能化开展社区治安防控，全区智能化管理现场会在畅想社区召开。开展安全检查160次，整改消除安全隐患179起，实现安全生产、消防及交通等重特大事故“零目标”，农村道路交通安全监督管理经验做法被公安部在全国推广，多次接待全国各地前来交流学习。坚持巡防队和志愿者24小时巡逻，落实学校上学、放学保学制度，新采购10台治安巡逻车，发放到界石和观音山派出所，有效提高群众见警率，确保辖区治安稳定和谐。

【宣传文化】 全年共出专栏、展板等12期、标语横幅60余条。利用广播宣传100余次、印发宣传单2万余份、印发科普资料3次，共2万余份，利用气讯通宣传免费开放10万余条。结合我镇实际，全年放映162场电影，保持了一村（社区）一月一场电影和中小学生爱国主义电影系列化教育观看率达100%的目标。全年共开展界石镇“喜迎十九大·共筑中国梦”文艺演出活动、“学习贯彻党的十九大精神——庆元旦演讲比赛”、“拥抱新时代·践行新思想·实现新作为”新春文艺汇演、界石镇“建设书香巴南·共享书香生活”——不忘初心，牢记使命演讲比赛、全民健身月、“学习贯彻党的十九大精神·维护宪法权威——巴南区12·4国家宪法日法治宣传文艺演出”等群众文化活动25场，开展全民文艺普及培训等培训讲座9场，展览2场；开展流动文化服务进村（社区）活动，为辖区内各村（社区）送去文艺演出22场，讲座2场，展览2场，培训13场，达到为各村配送4场流动文化服务的要求，社会评价良好。继续保留“全国文明村镇”荣誉称号。

【组织建设】 全年镇下辖各级党组织组织学习党章党规和贯彻落实习近平新时代中国特色社会主义思想及习近平总书记系列重要讲话精神和习近平总书记关于重庆工作的重要讲话指示精神109场次。报送理论文章8篇，采用7篇。干部学堂结合主题党日开展4次，专家讲堂开展4次，巴山书语读书分享汇开展3次。组建了本级宣讲队伍——夕阳红宣讲团，开展了十九大精神等系列宣讲。举办了“新时代新作为”百姓宣讲比赛。全年党政领导会研究基层党建议题120个，占40%。成立重庆丽湾物业党支部，为每个非公党组织选派1名非公党建指导员，加强非公党组织建设，同步加强非公党组织群团建设，做好12371平台、群工系统、党员远程教育平台的日常管理维护，抓好党员发展工作等基层党建工作。

【党风廉政】 镇党委听取党风廉政建设工作汇报12次，签订党风廉政建设责任书71份。制定镇党委主体责任内容清单51条和纪委监督责任内容清单32条，印发《镇领导和部门2018年党风廉政建设和反腐败分工责任制》。执行民主集中制，将党风廉政建设纳入中心组专题学习，认真履行“一岗双责”，开展交心谈心90余次，对班子成员和部门负责人、高风险岗位人员开展廉政谈话40次。全年办理问题线索18件，其中主动发现3件，办理信访件38件。镇纪委运用“四种形态”严格监督执纪问责，开除6人党籍，党纪轻处分2人，诫勉谈话2人，批评教育5人，提醒谈话21人。

（徐洪均）

接龙镇

【概况】 接龙镇位于巴南区东南部，2001年建制调整时，由原巴南区的接龙、小观、和平桥、双新、凉水、南沱6个乡镇合并而成，先后获评“全国重点镇”“全国新农村建设示范镇”“中国民间文化艺术之乡”“重庆市文明镇”“重庆市商贸百强镇”“重庆市安全社区镇”“重庆市卫生镇”“重庆市民兵工作先进镇”等荣誉称号。全镇面积188.15平方千米，耕地面积63585亩，下辖17个行政村、125个合作社，3个社区居委会，共有21039户，6万余人，其中农业人口3.3万人，非农业人口2.7万人，人口出生率10.2‰，自然增长率0.028‰，场镇建成区0.8平方千米。镇域区位优势明显，古为贵州省桐梓、道真等地通往重庆的陆路要津，今有渝湘高速公路和渝道省级公路贯穿全镇东西。接龙镇属于二环外10分钟车程和距重庆市主城、江北国际机场、南川区市中心等地30~40分钟车程区域。镇内矿产、水利、林木资源丰富：优质铁矿石蕴藏量达1800万吨，石灰石、石英砂储量5000万吨以上，还有丰富的天然气资源。有鸭溪河、五布河、荷花仙河等河流和293口山坪塘以及半边大丘、柴坝、方丘、仙鹤桥、梨树坪水库、自力6座小（二）型水库；森林面积13.8万亩，森林覆盖率达45%。丰富的民族民间文化资源使接龙镇成为“中国民间文化艺术之乡”，进入区以上《非物质文化遗产代表作名录》项目达16个，其中的“接龙吹打乐”为国家级非物质文化遗产，“接龙傩戏”和“小观梆鼓舞”为重庆市非物质文化遗产。2018年，接龙镇组织编撰的《荷花村志》入选中国名村志文化工程。

（注：主要经济社会指标详见本书第383~394页《2018年巴南区镇街主要经济指标》）

【乡村振兴】 通过在自力村发展接龙蜜柚，以业主领办的方式成立股份合作社，社员以人、地各半方式加入合作社，社员、业主、村集体分别占股60%、30%和10%，年产值达70万元，村集体年收入7万元。发展规模产业，全年新发展、管护巴南接龙蜜柚1500亩。推广优势品牌，巴南接龙蜜柚参展第十六届中国国际农产品交易会暨第四届全国农产品地理标志品牌推介会，广受好评。发展“稻+N”产业，由5名党员带动60户群众发展，年产值25万元，村集体年收入3万元。发展龙泉谷漂流项目，占地面积500亩，每亩流转费600元，每年接待游客人数在1万人次以上，年营业收入300万元，每年为村集体创收5万元。开展市级、区级贫困村便民服务中心改造和接龙蜜柚产业支部示范点打造，加强阵地建设。在自力村美亨公社打造接龙蜜柚产业支部示范点，强化基层党建，巩固组织堡垒。

【脱贫攻坚】 镇财政投入3.6万元用于未脱贫户产业扶持，投入50余万元用于补助24户贫困户危旧房改造材料的二次转运、修建地坝和堡坎等，146户已全部完成改造任务；投入200万元用于马路村390亩巴南接龙蜜柚种植和标准园建设，投入27万元用于香桃后续管护；投入160万元用于自力村发展柚子产业。以基层党建为抓手，组建接龙柚子业缘党支部，探索开展“党员亮身份、组织固堡垒”实践活动，依托2个党员示范基地的先天优势，采取“支部+党员+贫困户”的脱贫模式，大力发展“巴南接龙蜜柚”“稻+N”等特色产业，带动建卡贫困户46户152人实现产业脱贫。投资11.6万元解决碑垭、石磅、中山村9户建卡贫困户的饮水难问题。城镇新增就业、失业人员就业、就业困难人员就业均超指标完成。申报创业担保贷款305万元，有效促进就业。

【文化事业】 村居文化书屋免费对外开放，开放时间每周保证48小时以上，完成图书馆“一卡通”建设，全镇到目前为止有效持证人数为502人，外借图书1550人次、2278册次。全年组织开展各类文化活动及文化下乡81场，放映惠民电影268场。加强非物质文化项目的传承保护，广泛开展民族宗教活动，做好文物保护和“扫黄打非”等工作。

积极组建网络工作队伍，围绕全区中心工作参与全区主题宣传19次。每月按要求监测上报涉渝涉区涉本单位网络舆情，在规定时限内办结率100%。注重理想信念教育行动。持续深化推荐精神文明创建活动，开展“四堂互映”主题活动53次，推荐1人参加“梦想100”人生规划大赛；创新开展“德法同行·志愿接龙”主题活动6次。

【重点工程】 渝黔高速扩能项目有序开展，完成红线内全部青苗及构附着物补偿工作，共计2219亩、4881万元，完成坟墓搬迁910座、兑付补偿金91万元，拆除农房174栋，化解处理征地矛盾纠纷150余起，保障了项目用地需求。饮水问题得到改善。投资167.3万元完成马路村丰岩水厂、塘边村麻窝社自来水安全工程建设，解决826户3026人饮水安全问题。投资21.8万元启动碑垭、桂兴及和平桥场镇饮用水源整治工程；投资7.3万元对梨树坪水库进行维护整治。投资51.7万元建设青山村学校社和春龙村五间社570亩的高效节水灌溉工程。完成2条健身步道建设。

【基层党建】 所辖65个党支部认真按照要求开展"主题党日"活动，把"5+X"中的五项基本规定做到位、学到位。以百姓茶堂、梦想课堂、新时代文明实践站为载体，组织好百姓名嘴、退休干部、镇干部三支力量把自己学到的理论知识向群众宣讲，共计开展53场次。制作户外公益宣传100余幅，并坚持每周巡查。扎实开展基层干部队伍培训教育。按照应训尽训的原则，对全镇92名村居专干开展政治理论和业务知识培训60余次，其中政治理论培训8次，业务知识培训52次，党组织书记专题培训8次。认真贯彻落实了《党委（党组）意识形态工作责任制实施细则》，按照"谁主管、谁负责"的原则，完善管理制度，全年无重大问题和责任事故发生。全年共发展党员13名，预备党员转正11名，吸收积极分子12名，为党组织注入了新鲜血液。着力村居干部队伍建设，村居后备干部24名，大学生本土人才17名；大力支持党员干事创业，有致富带头人85名。

【城乡人居环境】 在场镇安装8套智能违停抓拍系统，在中心场镇转盘安装交通信号灯，规范场镇交通秩序。投资5.8万元建成2处客运车辆停靠站，完成接龙公交客运站主体工程建设，12月26日各点场镇实现公交通行。投入39万元在场镇安装人行道护栏、隔离球及隔离桩。投入60万元在木隆路连接道、龙峡路人行道铺设透水砖。投入129万元装修塘边新村活动中心，将建成集节目表演、电影放映和大型会议于一体的会堂。投入53万元改造小石桥河道左岸、绿化小石桥河道沿线，丰富群众休闲健身场所。拆除农村公路沿线固定垃圾坑40个，添置垃圾桶200个、果皮箱100个和垃圾箱体30个。积极打造农村人居环境示范点，重点抓好"五沿区域"人居环境整治。积极推进农村改厕，建成存量农房卫生厕所202口，超额完成任务。开展"散乱污"企业和"两违"综合整治，消除存量"两违"2590平方米，制止和消除新增"两违"2500平方米。争取资金26万元用于"河长制"工作，河长坚持巡河。

【安全稳定工作】 深入开展扫黑除恶专项斗争，发放有奖举报通告25000余份，设宣传专栏21块，悬挂横幅93条，设固定宣传标语33处，LED宣传屏幕7块，各村居每日广播宣传2次，营造浓厚的舆论氛围。设立扫黑除恶举报信箱21个，专门举报电话1个，畅通群众举报渠道。深入摸排涉黑涉恶线索，鼓励群众积极举报，做到底数清、情况明。做好人民调解和重点人头稳控，全年调处矛盾纠纷352件，未发生民转刑案件。完成镇、村居公共法律服务平台建设，无偿提供法律服务89人次。实施"七五"普法规划，依法治镇。全年受理信访件122件，没有发生进京上访和到市、区集访事件。安装"雪亮工程"摄像头20个，组建3支志愿巡逻队，做好网络安全工作，提升群众安全感。完成辖区内烟花爆竹零售户的布点工作，完成削减20家的目标任务。辖区全年未发生重特大火灾。加强食品药品日常巡查监管，做好非洲猪瘟防控。

【党风廉政建设】 每季度召开党建工作推进会暨全面从严治党形势分析会，对全面从严治党工作进行安排部署；坚持每半年听取一次全面从严治党工作汇报，及时研究重大问题，抓好责任考核和责任追究。严格按照干部选拔任用工作程序，积极稳妥地做好干部选拔任用工作。2018年开展科级干部选拔民主推荐2次，共提拔正科级领导干部2名，副科级领导干部6名。认真落实中央"八项规定"精神，严格落实廉政自律相关规定。2018年全镇未发生重大违纪违规问题。加强对下级党组织主要负责人和关键岗位领导干部的监督，开展了干部作风问题专项治理，在村和社区实行公务用餐"零接待"。开展扶贫领域腐败和作风问题专项治理，开展"扫黑除恶"专项斗争的督查工作，为铲除黑恶势力滋生土壤提供坚强组织保证。2018年运用监督执纪"四种形态"累计处理35人次，其中运用第一种形态处理27人次，运用第二种形态党纪轻处分处理4人次，运用第三种形态党纪重处分处理 4 人次。

（任　洁）

东温泉镇

【概况】　东温泉镇地处重庆市巴南区东部，东与南川区白沙镇、太平镇接壤，西与二圣镇隔河相望，南与姜家镇、石龙镇为邻，北靠木洞镇、丰盛镇。全镇面积 122.7 平方千米（其中，耕地面积 2717 公顷）。2018 年，东温泉镇辖 14 个行政村有 136 个村民小组，4 个社区 13 个居民小组。年末总户数 13597 户、总人口 36211 人（其中，非农业人口 5497 人，男性 18696 人）。2018 年，顺利通过国家 4A 级旅游景区年度复核复查，全力推进特色农业发展、特色小镇建设，开展经济薄弱村“清零”行动，完成观景口水库涉及的征（占）土地 7331.543 亩的征地工作。全年识别新增贫困户 12 户 31 人，脱贫退出 9 户 25 人，对 202 户（623 人）脱贫户和 22 户（52 人）未脱贫户制定一户一策精准帮扶措施，确保限期脱贫。认真落实党风廉政建设“一岗双责”，深入贯彻中央八项规定精神，持之以恒纠正“四风”，狠抓干部队伍作风建设，全年党纪处分 8 人，其中党内警告处分 2 人，开除党籍 6 人；运用监督执纪“四种形态”40 人次。

（注：主要经济社会指标详见本书第 383 ~ 394 页《2018 年巴南区镇街主要经济指标》）

【旅游开发】　顺利通过国家 4A 级旅游景区年度复核复查。隆鑫东温泉文旅休闲综合开发项目概念性规划、城市设计方案形成阶段性规划成果，推进涂家沟片区约 200 亩小城镇建设用地的征地批文前期手续办理，启动实施三峰泉酒店的升级改造工程。完成重庆珍稀动物繁殖及饲料种植基地活动板房搬迁和绿化地种植 420 余亩，栽种楠竹、苦竹、女贞等近 9 万株。有序推进建设玉滩村结义山桃果园、小桥村八万村农旅文创项目、秀泉耀耕农业项目、黄金林水果基地等 10 余个农旅项目。

【脱贫攻坚】　完成年度动态调整管理工作，识别新增贫困户 12 户 31 人，脱贫退出 9 户 25 人，对 202 户（623 人）脱贫户和 22 户（52 人）未脱贫户制定一户一策精准帮扶措施，确保其限期脱贫。认真落实各项扶贫政策，全面完成 287 户“四类人员”危房改造，开展助学 120 余人次，医疗救助 91 人次，技术培训 1000 余人次，小额信贷 24 户、118 万元。大力引导业主发展高端瓜果；推进黄金林村原有水果基地建设，投入 180 万元，整治土地 300 亩打造建设“兴农名优柑橘基地”；投入 500 万元，整治土地 800 亩打造建设“十里花果长廊”。新开工建设农村公路 7 条，共 26.4 千米；投入 105 余万元，有序推进 4 个节水灌溉工程建设。

【乡村振兴】　全力推进特色农业发展，新发展农业项目 6 个、家庭农场 5 家。大力发展壮大集体经济，开展经济薄弱村“清零”行动，新申报村级产业发展项目 14 个，投资 28 万元打造黄金林村特色菊花种植项目，投资 100 万元建设狮子村柚子食品深加工项目，新建黄金林村 300 亩“兴农名优柑橘基地”、800 亩“十里花果长廊”。不断加强农村人居环境改善，坚持不懈推进农村“厕所革命”，完成农村改厕整治 67 户。持续开展森林防火、松材线虫病除治，严格落实“河长制”、认真开展“清漂截污攻坚行动”。

【征地移民】　完成观景口水库涉及的征（占）土地 7331.543 亩的征地工作，完成 1042 户农房签约及房屋拆除工作，占搬迁总数的 97.7%；完成签约人员安置 4705 人，报批社保 3696 人，申购安置房 764 套；完成签约拆迁企业 34 家；开展库区四个淹没村的村办公阵地建设和移民集中后靠安置点建设的前期工作；制定完善防御抢险应急预案，预防观景口水库在建设过程中及建成后遭遇洪水或其他突发事件。

【特色小镇】　投资 200 余万元，打造裸浴公园至秀泉映月酒店滨河环线步游道，投入 35 万元对东泉农贸市场进行改造升级，实施东温泉场镇——鲜花大道路灯改造亮化工程，勘察完成核心景区 15 个免费 Wi-Fi 全覆盖点位布置工作，推进 14 个自然村的村规编制工作，推进投资 1000 万元的特色小镇环境综合整治项目进入招投标环节。

【社会治理】 加大安全生产监管巡查力度，开展联合执法，加大违法查处力度、深入排查整治隐患。抓好特殊群体管控，抓好矛盾纠纷排查调处，持续化解民工工资、土地流转费拖欠问题，确保无到市进京上访或群访、集访事件发生。扎实落实各项优抚政策，为442名特困人员发放救助供养金288万元，为367名优抚对象发放优抚金314万元。推动18个村居法务工作站建设，对机关干部、村（居）民、中小学生进行多种形式的普法宣传教育，受教育人数达20000人次以上。努力营造扫黑除恶氛围，扎实开展专业排查和群众排查，畅通线索举报渠道。

【基层党建】 认真履行主体责任和监督责任及班子成员“一岗双责”，坚持每季度一次党建分析会、每月2次党委会和每月1次中心组学习会、职工学习会，要求全体党员干部切实增强“四个意识”，坚决做到“两个维护”，严守政治纪律和政治规矩。将“两学一做”与“三会一课”有机结合，严肃党内政治生活，开展专题讨论、上党课、主题党日、读书分享等活动46次。规范镇公共服务中心及18个便民服务中心建设和运行。完成全镇12371信息录入维护及远程电教工作。新提拔科级领导干部8名，交流任职2名；调整村（社区）书记2名，补充专职干部5名；新吸收入党积极分子12名，发展党员11名，将18名致富能人、本土大学生纳入后备干部管理数据库。

【宣传统战】 专题研究意识形态工作3次，制定意识形态工作应急预案，签订意识形态责任书47份，对敏感场所开展风险排查10次，完成属地网络舆情监测处置60余条，在国家、市、区级媒体播放、刊发正面报道39条。深入开展系列文化惠民活动，引领民风淳化，开展“身边好人”“家风润万家”“身边的好党员”等活动弘扬家庭美德、社会主义核心价值观。积极营造文化宣传氛围，在公共场所悬挂、张贴100余幅公益广告。广泛开展党外人士建言献策活动，建立和完善非公经济领导小组和“三本台账”，推进企业诉求解决，建立政企联席会常态化机制，发挥“四好”商会带头作用。

【党风廉政】 认真落实党风廉政建设“一岗双责”，深入贯彻中央八项规定精神，持之以恒纠正“四风”，狠抓干部队伍作风建设。开展廉政谈话30人次，查处违反中央八项规定精神问题2起；办理问题线索12件，立案审查5件，批评教育3人，诫勉谈话4人；党纪处分8人，其中党内警告处分2人，开除党籍6人；运用监督执纪“四种形态”40人次。

（刘　畅）

木洞镇

【概况】 木洞镇位于巴南区东北部，与两江新区隔江相望，毗邻茶园新区、距主城核心区25千米，距江北国际机场25千米。全镇面积104.3平方千米，其中耕地面积56580亩。辖14个行政村、107个合作社、3个居委会、27个居民小组。全镇户籍总户数18452户、常住人口7万余人，其中户籍人口43029人、场镇外来人口1.2万人、园区人口2.4万。近年来深入推进木洞“主城东部滨江新城、非遗文化传承基地、重庆轻工医药产业基地和近郊旅游目的地”建设，取得了全国重点镇、全国绿色低碳示范镇、国家安全社区、重庆市民主法治示范镇、重庆市文明镇、重庆市卫生镇、重庆市生态镇、重庆市特色旅游景观名镇等一系列荣誉。2018年，木洞镇抢抓机遇，紧紧围绕“一城三基地”的发展思路，扎实推进“三大攻坚战”和“八项行动计划”，以乡村振兴、脱贫攻坚、移民建设、产城融合为工作主线，优先发展生物医药、现代服务业和生态旅游，实现了全镇经济和社会各项事业又好又快发展。

（注：主要经济社会指标详见本书第383～394页《2018年巴南区镇街主要经济指标》）

【创建国卫】 2018年，国家卫生镇创建工作顺利通过市级专家组的技术评估和验收。全年争取各类资金1700余万元，落实道路白改黑、农贸市场新建、场镇污水截流、公厕改造等项目36个。投入20余万元，进行病媒生物防制服务外包。累计发放宣传手册、宣传品共6万余份，设置健康教育、创卫宣传栏80个。累计清理背街小巷卫生死角10000余处，住宅小区乱堆乱放3000余处，清理杂物370余吨。完成市级卫生村创建3个。

【乡村振兴】 成立领导小组，制定实施方案，明确乡村振兴三年建设任务。打造海眼村乡村振兴示范点，成立重庆海眼寺水稻种植专业合作社，300亩优质长坪水稻获丰收；积极推广“稻+N”模式，发展120余亩“稻+鸭”和“稻+黑斑蛙”；实施岩新路拓宽工程，完成佛耳岩寨门、翼王井、瞭望台的修复和搭建工作。打造“农旅文”旅游品牌，围绕长坪、明月山脉，打造以丰雨谷、求索园等农业企业为核心的现代农业产业基地，大力培育农业观光体验游；着力打造河街休闲文化娱乐业，推出江风徐来、飞花渡等特色民宿酒店，木洞水上漂、船帮菜等餐饮美食，引领产业融合发展。狠抓农村人居环境整治，建立镇、片、村三级联动的动态巡查网络长效机制，针对12个村进行定期或不定期的动态巡查；着力抓好南涪路、木高路沿线的村的环境整治及“五沿”区域和整条通村主干道两旁可视范围内的环境整治。

【脱贫攻坚】 组建大排查工作组73个，各驻村组成员、结对帮扶干部、村社干部累计811人次，扎实开展“大走访”，未发现错评户、疑似漏评户。全镇贫困对象在校学生96人均已享受现行教育扶贫政策资助；141户建卡贫困户均与区三院签订全科医生服务；开展实用技术培训3期188人次，推介贫困户就业30余人；全镇扶贫小额信贷已审核通过并完成放贷4户20万元。全面完成2018年四类困难群体D级危房320户改造任务。

【文化事业】 2018年以非遗传承保护为主要抓手，坚持“引进来”和“走出去”的方针，文化名镇建设再升级。全年举办“我在重庆学非遗”“乡村振兴龙舟赛”“CCTV-3幸福账单重庆海选赛”等大型文化活动10余场；木洞山歌三次走进央视大舞台，远赴日本、美国进行交流演出。为中国首任驻外女大使丁雪松出版长篇传记《丁雪松传》，拍摄其个人传记电影《凤鸣木洞》，举办丁雪松100周年诞辰纪念活动；邀请京剧表演艺术家沈福存及其女沈铁梅回乡调研木洞文化，命名沈福存剧场并与市川剧院签订战略协议；拜访黄启璪之女、喻明生、杨沧白之孙及丁雪松之女等名人及名人后代；“川江号子”传承人曹光裕拜师成为木洞山歌传承人。2018年完成“中国民间文化艺术之乡”2018—2020年创建申报工作。

【安全稳定】 2018年积极开展重大风险防范工作，完成区领导包案化解4件、历史遗留问题化解12件。全年召开安全生产专题会15次，开展安全检查220余次，检查出各类安全隐患210余起并全部督促整改完毕。积极组织开展扫黑除恶专项斗争，发放公告、宣传单、宣传品3万余份，悬挂宣传标语110余幅，共设置线索举报箱23个、宣传栏17幅，摸排涉黑涉恶问题线索35条，共打击涉嫌寻性滋事犯罪嫌疑人5人，打掉园区赌博点1个。

【民生保障】 全年发放低保金412.6万元、冬令春荒款14.4万元，发放特困补助228.95万元。发放临时困难救助金17.7万元，重点优抚医疗补助14.9万元，抚恤金194万元。完成城镇新增就业667人，城镇登记失业率控制在3%。完成申报灵活就业社会保险补贴112人次，申报资金共计37.3万元。全年完成农村公路建设项目共24个，完成农村公路硬化23千米，新建泥结石路5.25千米，整修泥结石路4.5千米，维修路灯199盏，整修路缘石189米，修复破损人行道306平方米。

【服务园区】 按时完成10余个新增和扫尾的征地拆迁项目，协调化解园区在企业用工、拖欠农民工工资、企业内部矛盾纠纷等20余件。主动协助园区抓好社会管理、市政管理等工作；完成园区小学的设计、拆迁等工作，落实了木洞医院搬迁的用地规划；积极推进“互联网+政务”系统建设，为企业开展工商注册、税收征管等提供便捷的政务服务，为园区建设发展和企业经营壮大夯实良好的外部环境。

【生态环境】 大力开展环境整治工程，投资70

余万元实施水沟街片区雨污分流治理、木洞河街四号箱涵周边污水井防渗处理、木洞河街雨水箱涵雨污分流治理，长坪场临时污水处理设施和一、二社区旱厕及污水管网改造工程。全面落实河长制，整治堵塞排污口3处，投资40余万元对五布河（木洞段）、长江（木洞段）水面漂浮物和岸边垃圾进行清理。扎实开展“清水2号”和清漂截污城乡环境综合整治百日攻坚行动，整治了全镇河道界200以内的洗车场所和河道管理范围内乱占、乱采、乱堆、乱建等“四乱”突出问题。

【城市建设】 全年成功申报移民项目5个，获得上级补助三峡移民资金2800万元；全年完成交易项目138项，交易金额2470万元，组织完成工程建设项目镇级竣工验收42个。

投资1427万元实施县道通乡公路（迎木路）改造工程，改造油化道路7千米，硬化道路1.4千米。有序推进部分移民迁建集镇小区综合帮扶项目、部分移民安置区精准帮扶项目、木洞文化公园（巴南区木洞镇小区环境综合配套工程）实施全过程服务。

【基层党建】 对标对表、固本强基，有力提升基层党组织的凝聚力、战斗力和创造力。紧盯党建主责不放松，全年党委会研究党建工作23次70余项，专题听取党建工作汇报6次，召开党建形势分析会4次，开展党委理论中心组（扩大）学习14次；落实班子成员“一岗双责”，班子成员督促检查指导党建工作50余次，上党课30余人次。推进“两学一做”学习教育常态化制度化，全镇80个基层党组织全年开展党员活动900余次，坚持开展“主题党日”，落实“三会一课”制度。选优派强非公党建指导员2名，提升“两个覆盖”质量。开展党风廉政知识学习7次，领导干部讲廉政党课20次，排查廉政风险点16个，廉政教育30余次。

（沈　阅）

圣灯山镇

【概况】 圣灯山镇，位于巴南区南部。辖区东连接龙镇，南接綦江区三角镇、横山镇，西靠安澜镇、一品街道，北邻南彭街道、界石镇。境内自然资源丰富，生态环境良好，有水库13座，水域面积1900余亩，森林覆盖率达45%。镇内旅游资源丰富，现已建成圣灯山森林公园、林海旅游区、佛影峡漂流、五洲园、熊猫宝贝亲子庄园、石林茶海、滩子口水库等景区，是市政府批准的“主城唯一”的避暑休闲地产，是“重庆市花木之乡”“茶叶之乡”“重庆市文明镇”“重庆市卫生镇”。2018年，圣灯山镇总面积136.34平方千米，辖11个村147个村民小组，3个社区8个居民小组；年末总户数13989户，总人口34638人，人口自然增长率0.5‰。森林面积94097.55亩，耕地面积45892.95亩。被重庆广播电视集团（总台）重庆网络广播电视台等权威媒体评选为“2018年重庆十大最美乡村”。

（注：主要经济社会指标详见本书第383～394页《2018年巴南区镇街主要经济指标》）

【农旅发展】 2018年，全镇旅游人数达370万人次、收入8.3亿元。其中熊猫宝贝亲子庄园被列为重庆美丽乡村建设典型案例，接待游客近15万人次、创收2000万元；五洲园成为巴南唯一入选重庆市对外形象宣传片景点，五洲园美景多次登上央视。发挥“市级苗木之乡”品牌优势，培育花木种植户6500户、种植面积2.1万亩，年产值2.1亿元，种植生态茶园面积4000亩，年产值2800万元；打造特色农产品，培育“黑巴拉多西瓜”等知名产品，培育家庭农场、专业合作社等新型农业经济组织27个、农业主体200个，创建星级农家乐达11家。8月，圣灯山镇重庆品茗茶业有限公司出产的茶叶“巴山银芽”在世界茶联合会举办的第十二届国际名茶评比中获得金奖。

【重点项目】 投入4000万元，完成跳石场镇道路白改黑工程、道路改造附属设施项目、河堤绿化改造工程、跳石广场挡墙修建和市民健身广场工程，跳石场镇棚户区改造建设过半。争取市级资金1亿元，启动圣灯大道建设。累计投资44919万元，完成高洞子水库大坝坝体填筑、引水系统修建、溢洪道开挖等工程建设。完成佛影峡污水处理站维修，圣灯山郊野公园二期绿化补栽等工作。完成圣灯山老场镇208亩集体土地征地拆迁工作，启动避暑地产地块涉及桥口坝森林公园红线调规工作。完成沿滩、大沟村村级规划评审。

【脱贫攻坚】 截至年底，全镇有建卡贫困户202户680人，实现稳定脱贫170户598人。完成D级危房改造288户，家庭医生签约服务和建立健康档案全覆盖，协助建卡贫困户65人次申报健康扶贫医疗救助金20万余元，为因病致贫建卡贫困户申报区级扶贫临时救助金2.3万元；协助建卡贫困大学生申报各类补助资助11人5.5万元；低保兜底41户73人，实现精准脱贫保险全覆盖、基本医保参保全覆盖。协助申报扶贫小额信贷3户15万，提供公益性岗位就业政策18人。

【农村改革】 深化农村土地承包经营权确权登记颁证工作，完成11个村、147个社、10994户的摸底调查、权属资料收集和录入，完成外业测绘面积7万余亩，实测地块11.7万块。加快推进农村集体资产量化确权，完成清产核资组级147个、村民成员身份确认9958人，完成股份设置组级144个，设置股份数量36793.5股。

【创卫工作】 持续推进创建国家卫生镇工作，在全区创卫考核中两次获得片区一等奖，两次获二等奖。新建1个生活垃圾收运系统投入使用，增配环卫工人6人，配备农村垃圾收集员33人，做到垃圾收运到户，日产日清；新增监控摄像头7个，加大交通违法行为处罚力度，车辆乱停乱放问题显著改善。对跳南路、一陈路、圣二路、林海路沿线道路两侧可视范围进行整治，配备垃圾桶500个、车载中转箱体23个，安装路灯30盏，栽植景观苗木2000余株，发动村民志愿者清理院落生活垃圾、白色垃圾、垃圾中转站垃圾、公路沿线落石，规范柴草乱堆乱放1000余处，清理建筑废料及各种垃圾600立方米。完成“两违”集中整治34处，26032.86平方米，拆除新增违法建筑20处。实施农村改厕900口。

【民生实事】 建设农村公路、人行便道29.4千米。完成硫磺沟水库整治工程，启动思栗村1社饮灌工程、永隆村13社山坪塘整治工程、两河村饮灌工程和梁岗村石桥片区饮灌工程。发放养老金1107余万元，办理特病申报255人。累计发放城市低保82.16万元、农村低保297.35万元。城镇新增就业268人，城镇登记失业率控制在0.52%以下，组织各类技能培训134人。发放优抚金204.36万元、冬春救助资金22万元、困境儿童补助8.8万元。新增五保户43人，发放五保补助和慰问金414.867万元。发放残疾人两项补贴15.66万元，发放重度残疾人补贴16.91万元。敬老院消防工程全面完工，管理人员配强配齐，管理和服务水平得到大幅提升。跳石社区“最美夕阳红”项目开展顺利，进一步丰富社区老人生活。镇卫生院环境显著改善，服务质量不断提高，开展免费体检、家庭医生签约、两癌检查及生殖健康体检等服务，对94名计生特殊家庭落实“3+X”联系帮扶机制。

【教育文体】 建立镇社区教育学校、村（社区）社区教育教学点，镇社区教育学校和跳石社区教育教学点分别获评区2017年社区教育先进集体；陈家小学获评区“先进班集体”、区科技比赛一等奖；石庙小学获重庆市第九届“德育论文、案例、教育故事”三等奖，选送2篇学生作文获十九届世界华人作文大赛二等奖、三等奖；圣灯山小学确立“恩美教育”德育品牌，并与重庆市示范名校——李家沱小学、鱼洞二校建立帮扶共同体；圣灯山中学获区科技比赛一等奖。深入推进公共文化阵地免费开放工作，周末、节假日错时开放，新增图书100多册，完成一卡通有效持证300多个、图书外借1500多人次。开展读书分享、春联写赠、演讲比赛、知识竞赛等活动8场次，开展《圣灯山故事》《微电影》《跳石昆词》鉴赏等“麻雀艺评”基层文艺评论活动4场，配送流动文化演出30场、放映电影184场。开展迎春文艺汇演、元宵节猜灯谜、清明节诵读、端午节包粽子比赛等“我们的节日”主题活动6场次，丰富百姓文化生活。做好辖区公共体育设施的摸排维护管理，完成大佛村、陈家敬老院健身器材的安装，跳石社区成功创建市级健身点。

【安全稳定】 扎实开展扫黑除恶专项斗争，全覆盖签订党员承诺书，利用“村村通”广播、LED显示屏等渠道广泛宣传，悬挂横幅101条，开展赶场天宣传10场次，张贴通告、派发宣传资料5万余份。畅通举报渠道，排查线索7条。切实做好安全生产工作，投入经费130余万元，排查隐患26次，出动检查人员186人次；对道路交通、烟花爆竹、建筑施工、消防等重点行业的排查整治达43次，完成整改19个，整改率达90.47%。排查校园安全隐患19处，责令限期整改，对4所学校从业人员进行心理健康评估，完善校园门岗制度，确保学生安全。全年未发生安全生产事故。食品生产企业、加工小作坊、食品经营户、餐饮经营户开展常态化检查执法，下达执法意见书33份，责令整改书6份，强力整治猪肉市场“白板肉”现象，全年未发生食品安全事件。切实做好动物疫病防控尤其是非洲猪瘟的防疫工作，未发生重大动物疫病。

【从严治党】 建立36个流动党员学习微信群、QQ群，为行动不便党员送学300余次，镇领导班子成员和各级党组织书记到分管领域、所在支部讲党课200余场次。扎实开展对镇、村居、党支部书记培训。调整不合格不称职不胜任村干部3名，回引农村优秀本土人才4名。发展预备党员15名。按标准和程序择优交流科级领导干部1名。完成天坪村、两河村软弱涣散党组织整顿转化工作。对新增20家非公企业调查摸底，指导非公党组织开展“双强双带”“双亮双争”主题活动。扎实推进城市区域化党建工作，跳石社区区域化大党委开展活动5次。坚持思想引领，大力培育和践行社会主义核心价值观，不断提高干部群众的思想觉悟、道德水准、文明素养。处理群众信访举报15件，运用监督执纪“四种形态”组织处理18人次。查处违反中央八项规定精神1起，涉及7人，纪律处分3人，追回集体资金10400元。

（谢云飞）

安澜镇

【概况】 安澜镇位于巴南区西南部，东与跳石镇相邻，南同綦江区新盛镇交界，西与江津区杜市镇接壤，北与一品街道、跳石镇毗邻。距渝黔高速路一品立交2千米，距区行政中心20千米。属二环经济带和生态休闲经济区。安澜镇面积134平方千米（其中耕地面积52624.93公顷，林地面积6298.73公顷，森林覆盖率达47%）。2018年，安澜镇辖14个行政村178个村民小组、4个社区居委会18个居民小组。年末总户数16298户，总人口35788人。

（注：主要经济社会指标详见本书第383～394页《2018年巴南区镇街主要经济指标》）

【产业融合】 大力实施“农业+旅游”“体育+旅游”“文化+旅游”发展战略，推动乡村产业振兴。全年累计接待游客28.7万人次，实现旅游总收入2080万元。举办第三届大来山蓝莓采摘节，开幕式当天便吸引2000余名游客前来采摘，辖区2家蓝莓种植园吸引游客6000余人，累计实现旅游综合收入52万元。举办第二届重庆—安澜大来山山地自行车大赛和2018中国·巴南美丽乡村划跑生态两项暨南方国际漂流积分赛，吸引主城周边以及川、贵等地2000余名体育爱好者参与。加快推进景区建设，昊宇航空产业园特色民宿建成投用，重庆市少年宫拟将素质拓展基地落户安澜，积极推进大来山蓝莓园项目规划工作，重新启动锦绣山乡项目规划调整，推进龙浒峡漂流、巴廉寺生态园等项目基础设施建设。依托重庆移动旅游等大数据系统，搭建安澜乡村旅游服务平台，为游客提供更加便捷的服务。支持中石油“巴一井”市级文物保护建设，推进顶山村文星字塔的排危修缮，促进农文体旅融合发展。

【品牌培育】 出台乡村振兴实施意见，坚持抓效益农业，实施“一村一品”战略，以培育安澜“五绝七宝”为核心，创新打造形成安澜猕猴桃、蓝莓、黄栀子、金银花等独特品牌，截至目前，全镇共有市级龙头企业5户，区级龙头企业4户。做大做强“龙井醇”特色高粱白酒，逐步推进万亩高粱生产基地建设，试点发展优质糯高粱种植面积300亩。发展200亩“稻+鳅”“稻+蛙”复合种养殖模式，开启绿色生态养殖大幕。不断调优水果产业结构，以现有“红心猕猴桃”“蓝莓”“香葡萄”“雪狐李”等优质水果为基础，在平滩新引进“红柠檬”“柑橘”等特优品种。在石板垭、平滩、思林、柑子等村大力发展种植特色花卉苗木。在坝上、巴联、顶山等村发展种植优质花椒800亩。鼓励支持开展“三品一标”认证，2018年，5个企业通过“三品一标”绿色认证5件，“三宜庄红心猕猴桃”被评为“2018年度重庆名牌农产品”。

【脱贫攻坚】 组建扶贫大排查工作组69个，全面完成14村178个合作社大排查工作，动态调整新增建卡贫困户6户23人，稳定脱贫1户5人，目前已脱贫户169户548人。“区、镇、村”三级干部结对帮扶187户612人，发放生产帮扶资金65950元，节假日慰问44640元，精准脱贫保报销18人9757.29元，一站式服务前享受健康扶贫政策6人7665.82元，重大疾病救助1人3000元；42户贫困户69人享受低保兜底救助政策，开展2户扶贫小额信贷5万元，解决3户贫困户饮水难问题。农村贫困户等四类重点对象D级危房改造目标任务总共190户改造即将全面完成并验收入住。对120户四类重点对象C级危房修缮加固已完成并正在验收。通过改造、修缮加固、入住五保家园、入住敬老院、投亲靠友等方式确保四类重点对象住房安全有保障。对脱贫攻坚中央及市委专项巡视、区委专项巡察等历次督查反馈干部作风不实等16个问题建立台账并全面整改销号。

【农村改革】 开展农村土地确权登记颁证和农村集体产权制度改革工作，调处矛盾纠纷257件，确认集体经济组织成员33740人，村级股份数量33740股，社级股份数量36679.1股。探索“三变”改革，加速消除集体经济“薄弱村”，因地制宜制定了各村集体经济发展规划。平滩村金澜春天乡村振兴项目，由返乡业主带动，4个社1389名村民以土地入股方式与7家企业共同成立重庆金澜众创农业股份合作社，建成后将促进企业发展、集体增收、农民致富，目前完成土地整治1800余亩，已栽种红柠檬苗木400余亩、柑橘200余亩、紫薇和枣子树100余亩，下一步还将进一步深化农旅融合及民宿改造等方案。石板垭村龙李井专业合作社已率先运行，带动群众发展高粱和李子。坝上村利用当地的空、荒土地资源，以“土地入股、利益共享、风险共担”的模式组建重庆繁锦生态农业股份合作社，已种植“九叶青”优质花椒300余亩，预计两年后每年纯利润40万元以上。顶山村市级扶持村级集体经济发展试点项目以村民“农房”入股方式，打造特色民宿。五通村利用闲置校舍改建养老公寓，建成后由村集体负责经营。

【基础建设】 新安路灯32盏，新增设环卫垃圾箱体19个，新增60个垃圾桶，新修公厕1座，新铺装人行道近500平方米，新建仁流小绿点1个，整修南龙破损街面。实施完成朱川子路、黄金岩路4.218千米公路硬化。积极筹备学新路、仁老坎路、巴联村至綦江新盛镇连线、一赵路至仁流场环线、顶山村至思林村环线、庆丰路等29.722千米开工建设，力争于2019年5月份全部建设完工。积极推进龙岗水库跨湖公路桥开工建设。争取2018年农村公路建设指标65.375千米，正在加快进行预算评审等前期工作。积极争取永仁路拓宽改造，已完成永仁路设计，计划于2019年开工建设。争取将安澜至大来山道路以及龙岗水厂至金澜春天项目道路纳入通景区主道路建设计划。新修农村人行便道50.7千米、泥结石路面3.7千米。完成五通农业综合开发项目。开展石板垭村等700亩高效节水灌溉项目，开展长堰水库、楼底下2口病险水库整治。完成1.6万亩土地整治项目设计。

【环境整治】 加强场镇容貌管理，更换清扫保洁单位，强化全天候巡回保洁；加强农贸市场规范管理；安装场镇停车自动抓拍系统，规范场镇交通秩序。场镇更加卫生整洁，多次在全区日常考核中名列第一。全面开展农村人居环境整治工作，深入推进“户集—村收—镇转运”垃圾收运模式，把环境整治与“最美文明家庭”评选相结合。落实环保和“大棚房”问题专项清理整治工作要求，加强鹭类自然保护区保护力度，完善标志、标识、界桩及核心区环境整治，完成金土砖厂关闭和复耕任务。推进农村“厕所革命”，鼓励农村改厕，完成农村改厕300户。大力开展国土绿化行动，实施农村“四旁”植树200亩和宜林荒山、荒坡植树造林500亩，积极推进新一轮退耕还林工作，加强森林防火和松材线虫防治工作。加强对鹭类保护基地的保护工作，强化巡查严管，关闭违规建设的金土砖厂。全面落实“河长制”，完成“一河一档”“一河一策”编制，镇村两级河长经常性开展巡河监管，持续开展“清水二号”等专项行动，对镇域河（库）进行全面清漂，清理砍伐澜溪河岸枯倒竹木。辖区生态环境持续改善，更加美丽，促进乡村“美丽经济”发展。

【民生保障】 坚持每季度申请和审核，严格实行按户施保，开展入户调查、公开评议、张榜公示，实施动态管理。今年全面复查，取消不符合政策条件的62户70人，金额28658元，新纳入41户44人，金额15279元。做到了公平公正，应保尽保，不该保的坚决不保。全年对428户588人共发放低保金305.7523万元、慰问金17.895万元。对154名因重病、突发意外事故、意外伤害以及其他原因造成家庭困难的群众进行临时救助，共发放救助金60.53万元，完成15户残疾人无障碍设施改造项目，为76名贫困残疾人发放了辅助器具。发放冬春生活困难救助资金23万元，解决417户710名受灾群众的生活问题。全年共发放优抚、残疾、儿童、特困人员等，民政救助救济资金1051.12万元，基本保证救济到位。加强了对敬老院的服务和管理，改善生活条件。大力改善办学条件，强化教师责任，提升办学水平，小升初升学率达100%，初升高升学率达90%。安澜卫生院大力提高医疗服务水平，让群众看病更放心。常态化开展入户义诊、巡诊、免费体检活动26次，义诊4300余人，城乡合作医疗参保率达95%，开展大病医疗救助76人次，救助金额15.16万元。积极向上争取长生沟水库和长正河水库的渠道整治、永寿村饮水工程。新建湾湾村4社、石板垭9社、巴联村2社、3社和安澜老街片区饮水工程，解决了573户群众饮水难问题。镇文化活动中心、农家书屋等常年免费对群众开放，参与人数达1万余人次。全年进村（社区）开展全民文艺节目表演、知识讲座、文艺培训等文化活动56场，丰富居民的文化娱乐生活。

【综合治理】 狠抓安全生产大检查、大整治、大执法工作，做到隐患排查到位，整治及时，执法严格。抓好重点行业安全工作，强化了校园安全、交通、消防、森林防火、地质灾害、食品安全、企业生产安全工作，出动车辆60辆次、警力190余人次，扑救火灾9起、抢险救援3起、社会救助40起，保障群众生命财产安全。特别加强了非洲猪瘟病的动物防疫工作。全年各项安全生产工作态势平稳，辖区内未发生安全生产死亡事故。强化了矛盾纠纷排查化解制度和领导干部接访制度，坚持领导干部在镇信访接待室接待群众来访，受理、解决群众诉求，社会总体稳定和谐。社区24小时两班倒巡逻，对车站、学校周边、居民集居地、背街小巷等进行重点巡逻，加强对肇事肇祸严重精神病患者的管控，强化矛盾纠纷排查。大力开展扫黑除恶专项行动，集中力量进行线索摸排，从严、从重、从快打击。整治安澜农贸市场乱点，治安类案件发生率下降14.7%，公众安全感指数保持在90以上。

【作风建设】 镇政府坚持在党的全面领导下，以政治建设为统领，牢固树立“四个意识”，坚定“四个自信”，坚决做到“两个维护”。坚决肃清孙政才恶劣影响和薄熙来王立军流毒，及时消除杨钟馗严重违纪问题恶劣影响，认真落实主体责任，切实履行“一岗双责”，严格执行中央八项规定精神，确保政治生态山清水秀。扎实践行“三严三实”要求，深入推进“两学一做”制度化常态化，积极开展“兴调研转作风促落实”行动，进一步转变工作作风，提升宗旨意识，强化执行落实，提高工作效率。主动接受人大监督，人大代表议案建议按时办结率、回执率、回执满意率均达100%。全面推进依法行政，领导干部学法用法成效显著，政府公信力显著增强。

（张译丹）

石龙镇

【概况】 石龙镇位于巴南区东南部，东与南川区的白沙、大观、兴隆三镇交界，南与石滩镇和南川区的神童镇接壤，西依接龙镇为伴，北与东温泉镇、姜家镇毗邻。全镇面积110.80平方千米，耕地面积1857公顷，林地面积4778公顷，森林覆盖率达68%。粮食总播面积1967公顷，粮食总产量12884吨。镇现辖9个行政村、57个村民小组、2个居委会、7个居民小组。2018年年末，总户数10402户，总人口28598人。全年人口出生率0.73%，自然增长率为-3.40%。

2018年，石龙镇深化农旅融合发展，推进生态经济化、产业绿色化发展，引导又见炊烟、临山小栈、石龙木雕等农旅企业抱团发展串联成线，大力发展近郊观光旅游采摘立体农业，又见炊烟成为重庆民宿的一张名片，石龙木雕列入市级非物质文化遗产，参加市首届文博会获金奖，“周末经济”持续向好。党委、政府始终坚持以人民日益增长的物质需求为目标，有序推进13件好事实事实施，深入贯彻落实党的十九大精神，在政治、经济、文化、社会、生态文明和党的建设等方面下足“绣花”功夫，实现“老有所养”“病有所医”“学有所教”“劳有所得”“住有所居”，提升辖区群众幸福感、获得感和安全感。荣获“巴南区迎国庆暨纪念改革开放40周年歌咏比赛三等奖”；在巴南区“麻雀艺评”基层文艺评论活动中荣获“示范基地”称号。

（注：主要经济社会指标详见本书第383～394页《2018年巴南区镇街主要经济指标》）

【农旅融合发展助推乡村振兴】 夯实农业发展基础，以农业增效、农民增收、农村繁荣为目标，持之以恒推进农业结构调整，促进农业转型升级，培育特种稻品种11个、种子站试验品种18个。持续推动石斛、蓝莓、茶叶等特色产业发展壮大，培育“石龙本草”（石斛）、“四面茗香”（茶叶）、“小茗春早”（茶叶）、“金星脆红李”等一批驰名商标，“四面茗香”参加第十二届国际名茶比赛获银奖。深化农旅融合发展，启动大兴村田园综合体项目，发展生态旅游、农事体验、农业观光等为一体的生态立体农旅项目，整治土地700亩，种植油菜籽150亩，全力打造乡村振兴示范点。稳步推进农村产权制度改革，有序推进农村集体产权制度改革工作，完成了9个村57个合作社成员身份确认，核准股民8700户，27687人，清查资产4183.9万元；有序推进农村土地承包经营权确权登记颁证工作，完成全镇8798户189472个地块测绘工作。

【宣传文化事业蓬勃发展】 实施文化惠民工程，配送文艺展演、讲座培训、电影放映176场，开展读书活动8次，打造精品文艺节目《山沟里的音符》获得“重庆市‘小白鸽’少儿舞蹈大赛二等奖”，大合唱《井冈山下种南瓜》获得“巴南区庆祝改革开放40周年歌咏比赛三等奖”。依托百姓茶堂、梦想课堂、农村院坝等载体，积极培育和践行社会主义核心价值观，开展习近平新时代中国特色社会主义思想和党的十九大精神宣传宣讲60余场，发布党的十九大精神、全国两会精神、创卫、扶贫、社会主义核心价值观等公益广告60余条。深入开展“家风润万家”活动，打造大兴村“孝善”示范点，评选孝善家庭11户、乡风文明示范户51户。着力整治农村大操大办问题，指导完善村规民约，强化村民自治。切实推动“七五”普法工作，开展法律十进活动12次，完善16项行政许可事项，公开办事制度和流程，自觉主动接受群众监督。加强17个意识形态阵地建设，完善意识形态场所、重点人员数据库，通过华龙网、《巴南日报》等媒体对我镇移风易俗、扫黑除恶、扫黄打非等先进经验和典型推介报导40条。

【民生福祉保障改善提升】 坚持以人民为中心，加强困难群众动态识别调整，全覆盖排查农户9076户，新增识别建档立卡贫困户1户4人，按照因户施策的原则，逐户研究制定落实帮扶措施，帮助15户贫困户改厕、改厨、修建便道路，发放贫困户教育补助资金80人次8.37万元，帮助11户贫困户获得医疗救助1.39万元，申报小额信贷25万元，落实3名建卡贫困户人员在公益性岗位就业。切实加强住房保障和兜底保障，完成78户四类重点人群D级危房改造，实施建卡贫困户低保兜底11户17人。加快基础设施建设，制定镇13件民生好事实事计划，全面启动18条59.5千米镇村公路拓宽硬化改造施工，修建农村人行便道路38千米，推进石龙加油站、高速路公厕、垃圾站建设，实施合路村土地整治，完成石龙公交客运站建设，推动公交线路开通工作。完善社会救助体系，完善最低生活保障，做好大病救助、临时救助等专项救助，全年救助、慰问各类困难人员3000人次，发放救助、慰问金310.5万元。

【社会治安管理扎实有效】 扎实开展扫黑除恶专项斗争，广泛发动群众参与斗争，发放宣传资料5000余份，引导村、社区党员主动签订在扫黑除恶斗争中发挥党员先锋模范作用《承诺书》1113份。充分发挥社会治安综合治理体制机制优势，成立警务室3个，组建治安巡逻队伍11支，重点对十二类涉黑涉恶犯罪行为进行打击，排查处置涉黑涉恶问题线索11条。进一步强化安全生产监管，按照“全覆盖、零容忍、严执法、重实效”的要求，开展交通、消防、建筑、地质灾害、食品药品、校园安全等重点专项整治，全面加强非洲猪瘟防控。完成41个地灾点应急演练、2处地灾点工程治理和4户地灾点群众搬迁避让。全年整治安全隐患102处，增设安全警示标志66处，开展交通事前处罚720件，依法没收违法经营的食品250余千克，指导农家宴167起。组织开展“建设平安石龙、共创美好家园”主题活动，逐户张贴发放《消防安全告知书》《市民居家安全手册》等安全宣传资料1万份，提升辖区群众安全感。扎实开展信访稳定工作，对辖区周边的矛盾纠纷和敏感人员、敏感事件进行综合分析研判，全年化解矛盾纠纷784件。

【生态文明建设协调发展】 坚持生态优先、绿色发展，持续开展环保“五大行动”，落实河长制、路长制要求，实行辖区河、库、塘、路管理全覆盖，带头开展河流、道路巡查检查，并整合镇村保洁队伍，对河道沟渠及道路盲点死角垃圾进行全面清理。持续开展辖区畜禽养殖企业整治，抓好松材线虫病除治和森林防火工作，切实履行保护绿水青山职责。加大创卫力度，组建综合执法队伍，大力整治沿街摆摊办宴、乱搭乱建、乱贴乱挂等突出问题，场镇占道经营与骑门摊基本消除，镇村环境进一步优化。充分利用广播、新媒体平台开展创卫和环保宣传教育，组织开展“环境卫生示范户”和“最美庭院”评比，选评“示范户”120户、“最美庭院”32个，起到良好的带头作用，逐步培养镇村居民文明、健康、科学、环保的生活理念。持续加强“两违”整治，带头组织镇、村、社干部开展巡查检查，通过设置宣传栏、发放宣传资料、召开动员会、院坝会等形式，广泛开展“两违”整治宣传，全镇创建无违单位2个、无违村1个，拆除违法建筑9宗，1222平方米。

【基层组织建设统筹推进】 基层党建工作总体突出五大主题、抓住“五个一”，围绕党建促脱贫攻坚、乡村振兴、扫黑除恶等重点工作和中心工作，充分发挥党组织战斗堡垒作用和党员先锋模范作用，制定9个村党组织集体经济发展规划，选配村居后备干部18人，查找中伦村软弱涣散党组织问题21个，制定整改措施37条。围绕“用权、用人、用钱”三个关键点，严把科级干部选拔“六个关口”，制定26个廉政风险可行防控措施，选拔任用副科干部1名、评定副高职称1名。充分运用监督执纪“四种形态”，教育谈话提醒40人次，审批机关和村居干部提前申报婚丧喜庆事宜10人，办结纪检信访件14件，主动发现问题线索4条，给予党内警告处分4人，立案审查1人，开除触犯刑律的党员党籍1人，追回违纪违规资金3.35万余元。

（徐　凡）

姜家镇

【概况】 姜家镇地处巴南区东南部，距区府驻地约60千米，与东温泉、石龙、接龙、天星寺、二圣等镇山水相连。全镇面积80.36平方千米，有耕地25800亩，林地49060亩。姜家镇交通便利，渝湘高速、惠天路、南东公路、木隆路等纵横交错。资源独特，镇域内平均海拔高度 300～400 米，年降雨量 1200～1400 毫米，土地以酸性土壤为主，呈喀斯特岩溶地貌，石灰石矿产储量大、品位高，其裸露部分可开采量达 4.6 亿立方米，贯穿有罕见的地下溶洞群。文化底蕴丰厚，“姜家舞龙”习俗传承 2000 多年，有 20 多个品种，被列为我市非物质遗产文化保护名录。姜家镇荣获市首批“民间舞龙文化艺术之乡”，姜家舞龙 2017 年被中国成人教育协会授予全国全民终身学习品牌。2018 年，镇辖 1 个社区和 7 个行政村，共 69 个村民小组。年末，总户数 8040 户，总人口 20690 人（其中城镇人口 5534 人，男性人口 10822 人）。人口出生率 0.77%，人口自然增长率-0.33%。2018 年，全镇人民安居乐业，经济发展和社会各项事业稳步推进。全镇税收实现大幅增长，实际税收达到 3450 万元，同比增长 202.6%，在生态农业旅游经济区镇街中排名第一。

（注：主要经济社会指标详见本书第 383～394 页《2018 年巴南区镇街主要经济指标》）

【特色农业】 持续发展壮大姜家“黑五谷”“黑五牧”种养殖业 1200 亩。扩大姜家“黑五谷”“三品一标”知名度，拥有无公害认证产品 10 个，绿色食品认证 4 个。坚持因地制宜发展村集体经济，尝试村集体与农户风险共担、收益共享模式，投入 210 余万元打造蔡家寺村梅子沟“赏心谷”花果园项目、槐园村新桥柚子基地和锦鲤观赏鱼项目等“一村一品”。

【乡村旅游】 以姜家溶洞为支撑，农旅融合助推乡村旅游。目前洞内施工及洞外配套设施有序进行，土地流转已通过区政府常务会。姜家“花果山”1000 余亩桃李喜获丰收，成功举办第二届采果节。500 余亩的梅子沟“赏心谷”花果产业园项目种植已完成 4.5 万株蜂糖李、5000 株余花卉苗木的定植工作。启动清漂截污城乡环境综合整治万人百日攻坚行动和农村人居环境综合整治，清理白色垃圾 50 吨，评选“最美庭院”示范户 1600 余户。整治农村面源污染，乡村旅游环境进一步优化。

【场镇改造】 加紧实施城市棚户区改造项目，第一批 171 户正在紧张有序施工中，第二批 610 户名单已上报。完善市政公益设施，新增免费停车位 50 余个，安装 U 型桩 250 余根，更换人行道透水砖约 4000 平方米。投资 50 余万元，全面升级改造场镇集贸市场。加大卫生死角排查督查，开展场镇市容环境综合整治、校园周边环境专项整治等活动 40 余次，清理垃圾 20 余吨。不遗余力做好环保督查，完成祥达养殖场整体关闭和拆除工作，扎实开展绿色矿山创建，坚决遏制粉尘污染。成功创建市级卫生镇。

【民生实事】 全力以赴做好观景口淹没区农户的安置补偿协议签订和征地移民资金兑付。积极推动安置房建设，共有 186 户申购姜家移民限价安置房。蔡家寺村中桥工程主体已全面完工，联网公路硬化工程 6.3 千米建设已竣工验收。积极协助实施公交车开通工作，12 月姜家、接龙片区开通公交，结束我镇无公交历史。完成全镇 6870 户农户农村土地确权颁证的摸底调查、基础资料收集工作，已完成 5 个村的土地测绘。全面落实就业、医保、民政、救助等各项政策，实现应保尽保。

【教育文化】 姜家中学探索分层次小班化走班制教学模式，课件设计获重庆市三等奖，2 位老师被评为区优秀骨干教师；姜家小学秉持体验教育办学思想，获巴南区小学生田径比赛 B 组团体第一名，编撰完成《微石盆景》校本教材。大力完善公共文化设施，投入约 50 万元对白云文化广场打造升级。开展文艺演出等惠民活动 150 余场次。舞龙习俗文化纳入中小学校教学课程，创作编排舞龙音乐情景剧并多次参加展演。组织姜家舞龙习俗参加“纪录片拍摄”“我在重庆学非遗”等重大活动 10 余场。

【组织建设】 树立正确选人用人导向，全年择优提拔配备正科级干部 2 人，副科级干部 2 人。发展入党积极分子 10 人，预备党员 18 人，转正 9 人。持续开展软弱涣散党组织整顿，严格落实“三会一课”。开展扶贫领域腐败和作风问题专项治理行动，迎接市、区多次专项巡查督查。对我镇河面坝村软弱涣散党组织整顿、蔡家寺村和水源村软弱涣散党组织巩固提升开展“回头看”工作。率先在全区镇街成立1个流动党委，4个流动党支部，着力解决外出务工流动党员集中学习难开展问题。

【社会稳定】 深入开展非煤矿山、消防、建筑施工、危化品、学校安全等大排查大整治大执法，排查整改隐患700余起，查处非煤矿山违章45起，安装道路警示标志600余处，安装全年无1起安全生产事故发生。扎实开展扫黑除恶专项斗争，累计召开院坝会、党员代表会、群众会议30余场次，印制各类宣传资料8000余份。开展治安、防邪、防火、禁毒等专题会、座谈会30余次，排处各类矛盾纠纷80余件，新增监控镜头8个，群众安全感满意度位居全区第二。

（易晓琳）

麻柳嘴镇

【概况】 麻柳嘴镇位于巴南区东北部，东与涪陵区和长寿区接壤、南连双河口镇为伴、西同渝北区洛碛镇隔江相望、北靠长寿区毗连。全镇面积77.94平方千米，耕地面积1058公顷，地形分布呈江边、浅丘、高山三阶梯状，海拔在200～1000米。镇内自然资源丰富，有原始生态林3333公顷，有小（一）型水库1座，小（二）型水库4座，境内的木鱼山、五堡山、南坪坝岛自然环境优美，距区政府驻地80千米，与重庆钢铁集团相邻，是麻柳沿江开发区发展建设的主战场。2018年，麻柳嘴镇辖10个行政村42个村民小组，2个社区居委会6个居民小组，年末总户数11447户，总人口27418人（其中男性人口14013人，城镇居民人口2865人）。全年组织召开脱贫攻坚专题学习会议102次，组建脱贫攻坚大排查队伍223人，分组排查走访10个村、42个合作社，完成入户走访排查贫困户179户，550人，临界贫困户42户，83人，一般农户1780户，共排查出四类人员危房207户，并完成C、D级危房改造的共178户（区下达改造任务175户）；完成2018年减贫任务任务，实现“两不愁三保障”的目标，家庭生活用水用电饮水无问题。

（注：主要经济社会指标详见本书第383～394页《2018年巴南区镇街主要经济指标》）

【城乡环境】 完善城乡基础设施建设，制定城乡环境整治综合方案，实行环境整治网格化管理，专项整治场镇背街小巷卫生死角、居民庭院环境，组织专人清理场镇乱贴乱画牛皮癣580余处，整治白色垃圾堆放点27个，共清理2万余吨，整治工程治理点23处，做到垃圾日产日清，生活垃圾无害化处理全覆盖；加大环保各领域检查力度，开展环保检查15次，办结中央环保督查时环保投诉事项，现已全部销号；宏润固体废渣已通过区委区政府常委会，已启动清废；暂停607矿山的施工开采，积极推进辖区内4家石子厂绿色矿山建设；开展污染源普查企业53家，入户调查14家，均按照要求进行上报。

【生态建设】 全面推行河长制工作，分别开展“清水1、2号”行动和清漂截流万人百日攻坚行动，累计清漂150吨；镇、村河长巡河350次，巡察饮用水源18处，确保了河（库）流水清、坡美、岸绿；完成2018年国土绿化提升行动任务2100亩的规划设计、造林工作，组织镇村社干部630余人参与植树造林，栽植乔灌木4000余株，面积45余亩并投资2.2万元完成4株古树保护工作；投入资金40余万元，除治3936亩的松材线虫病，除治枯、滑、风、病死松树11075株，清理流失疫木3600余户，强制焚烧流失疫木2.1吨，完成2018年松材线虫病秋季疫情普查工作，120台松材线虫病防控诱捕器安装及收虫工作；完善防火基础设施，安装配备10块森林防火宣传牌，扎实开展节假日及防火戒严期间的护林防火站岗值守巡逻督查工作，确保我镇全年森林火灾零警情并成功举办2018年巴南、涪陵、长寿三区森林防火联席会议；扎实推进农村垃圾收运工作，建立专职农村垃圾收集运送队伍，投入资金聘请专业除治队伍，对10个村的环境卫生院进行清理，共清除南涪公路沿线（含住户）暴露垃圾20余吨，加强日常整治督导，巩固环境整治成效；

成立镇农村土地确权工作领导小组，针对基层农村土地确权工作复杂的村社问题，进行专题研究处理，召开工作会议24次，累计培训人数达920人次，发放宣传资料3500份，全面完成镇外业测绘工作，完成286户改厕，其中存量农房改厕182户，新建农房改厕104户；成功创建10个市级生态文明村。

【民生实事】 镇党委、政府高度重视第四次经济普查工作，完成辖区内226家单位，694家个体户的全面清查工作，单位上报率达到75.85%，个体户上报率达到122.3%，圆满完成了区级下达的任务要求；狠抓农村集体产权制度改革试点工作落实，召开镇村社各级专题会议79次，培训240余人，发放政策宣传资料共计6000余份，表决通过实施方案并开展实施，清产核资工作完成数据录入；完成城乡居民养老保险参保累计10615人次，征收金额132万元，完成237人的新参保工作，其中社保扶贫人员110人，特困和建档立卡未脱贫人员参保率达100%，低保人员参保率达95%以上；举办就业政策宣传和招聘会12场，发放就业指南资料1500余份，提供就业咨询500余人次，提供就业岗位700余个，新增就业人数905人，登记失业就业人员55人，农村公益性岗位34人，完成就失业登记证办理30人，完成就业适应性培训36人次，办理“4050”灵活就业补贴38人的初审；完成创业培训90人次，完成创业担保贷款申报13户，共申报金额315万元，由镇社保所推荐的巴南区璞真生态园参加区“助你启航”大赛，荣获优秀奖；完成镇内12个村居的低保政策宣讲，全年接受低保申请445户次，开展集中群众评议会14次，乡镇审核累计通过346户497人的低保申请，完成497人累计199.2万元的低保金发放，并开展慰问农村和城市居民350户次，慰问金额14.9万元；完成农村人行便道建设43.5千米，完成17.7千米的农村公路硬化，28.5千米申报设计，方便群众出行；完成地质滑坡搬迁2户，排查辖区隐患点达100余人次；完成兵役登记110余人，6人应征入伍。

【社会治理】 充分利用宣传标语、横幅、村喇叭、微信群等方式深入广泛开展“扫黑除恶”宣传工作，营造良好的社会治安氛围；对现有21名重型精神障碍患者（公安库），均成立联合服务管理小组，并与监护人签订监护协议及有奖监护协议，召开3次精神障碍患者联合服务管理工作会议，全年我镇未发生严重精神障碍患者肇事肇祸重大恶性案事件；在全国“两会”“智博会”期间，狠抓工作落实，以确保重要时期的社会稳定；整治各类隐患112处，新增监控摄像头8个，开展道路交通安全检查96次，查处车辆436辆，共罚款4490元，组织集中宣讲26次，学习培训3次，组织辖区企业19人参加职业健康培训；组建专职巡逻队12支，确保辖区安全稳定，全年共发生刑事案件20起，打击犯罪16人，抓获侵财类10人，抓获盗窃人员10人；全年共接收信访件108件，均已按要求完成信访答复，镇调委会调解纠纷57件，接收社区矫正人员18名，均按规定落实责任，无脱管、漏管事件发生。

【基层党建】 镇党委深入贯彻党的十九大精神，以习近平新时代中国特色社会主义思想为指导，落实全面从严治党要求，突出重点工作，党建工作取得突出成效。区委书记辛国荣同志在调研麻柳嘴镇工作时指出：“麻柳嘴镇党建工作有特色、有亮点、有兴奋点。”镇党委被区委在“七一”表彰大会上评为先进基层党组织。以“夯基石、打基础、抓基层”为工作思路，扎实推进“两学一做”、“转树强促”、主题党日、“三会一课”，充分发挥基层党组织的战斗堡垒作用，团结带领党员群众围绕乡村振兴、脱贫攻坚、环境整治等区委、镇党委中心工作，献智献策献力，助推麻柳赶超跨越发展。全面强化12个村（居）基层党组织政治核心作用，充分发挥班子整体功能。村居党组织全面加强下属党支部领导，推进党支部“强基固本”规范化建设。

（余　娜）

丰盛镇

【概况】 丰盛镇位于巴南区东北部，东邻涪陵区增福乡，南接东温泉镇、南川区太平场镇，北连双河口镇，西靠木洞镇。全镇面积70.7739平方千米，耕地面积23632亩，其中：田12851亩、土10781亩。辖8个行政村、41个村民小组，1个居委会、2个居民小组。2018年丰盛总户数8422户，人口19874人。2018年，坚持以习近平新时代中国特色社会主义思想为指导，全面贯彻党的十九大、二中、三中全会精神，紧紧围绕总书记对重庆的“两点”定位、“两地”“两高”目标和“四个扎实”要求，全镇党的建设不断加强，经济社会快速发展，城乡面貌显著变化，群众自豪感、幸福感不断提升。

（注：主要经济社会指标详见本书第383～394页《2018年巴南区镇街主要经济指标》）

【党的建设全面加强】 履行政治责任，全面从严治党。在区委的正确领导下，镇党委、政府切实担负起全面从严治党的政治责任。一年来，全面落实党的政治建设、组织建设、思想文化建设、纪律建设的责任。制定全年《党建工作计划》，出台《丰盛镇廉政谈话制度》《丰盛镇督办工作制度》；成立党风廉政建设领导小组，签订党风廉政建设和反腐败责任书；分析党风廉政建设形势、意识形态形势、统战工作形势，召开了党建形势分析会、党风廉政建设和反腐败工作会、宣传思想工作会、意识形态工作会、统战工作会、扫黑除恶专项推进会；开展村（居）集体资产收益清理、财务专项检查、扶贫专项检查、重点建设项目检查、“四风”问题整治；访谈党员干部33人，走访群众42人，发现问题线索2件，立案审查处理1人；班子成员对分管部门、联系村（居）开展廉政谈话18次；赴铁山坪廉政教育基地集中学习1次，“以案四说”教育27次。一年来，在国家、市、区级媒体上播放、刊发丰盛正面报道120余条，上报处理舆情640余条。开展百姓茶堂、梦想课堂、家庭厅堂、农家草堂活动共计400余场次。一年来，严格按程序、按标准新提拔科级干部4人，试用期转正干部6人，培养党外干部1人，调整村（居）干部4人，新发展党员10名，培养入党积极分子4名；开展主题党日活动12次，镇班子成员到所驻村讲党课13场，党的建设全面得到加强。

【经济发展持续增效】 2018年，地区生产总值预计将达4.38亿元，增速6.9%；固定投资预计入库5000余万元；辖区内税收预计1100万元，超额20%完成任务。经济发展质量有所提升。围绕国家“健康乡镇”和市级“全域旅游示范镇”创建工作，积极推进相关项目建设。截至年底，共完成桥上村国家级传统村落环境综合整治、游客接待中心建设手续办理；开工古镇核心区景观提升工程、丰盛出口经连接道至场镇周边道路绿化工程、游客接待中心、文庙项目征地、客来有莱原住户房屋收购、古镇灯饰以及消防设施改造工程、丰盛周边公路改造以及旅游环线道路建设、供销社大楼改造、征地任务27.415亩。同时，《巴南区丰盛古镇历史文化名镇保护规划》修编送市政府审定，启动丰盛古镇智慧旅游建设，组建健康乡镇创建工作领导小组，制订实施《丰盛镇创建健康镇工作规划》。

【乡村振兴有力推动】 以“全市一流、全国知名”为目标，预计用3年左右时间实现“产业振兴、人才振兴、文化振兴、生态振兴、组织振兴”五个全面振兴。全年投入240余万元发展8个产业项目；完成丰盛阳光谷总体规划设计以及重点项目3年建设计划方案；成立农民专业合作社种植精品果林，完成种植精品果林200亩；打造100亩“后备箱”果蔬项目、50亩“稻+N”生态综合种养示范项目，250亩渔乐鳅田项目，7千米自行车道；积极实施了彩色森林林相改造，加快推进农业、林业、旅游、康养等产业深度融合，丰盛“阳光谷”油房村区域乡村人居环境整治效果现雏形；涌现出莫家坡涌泉居自行打造乡村振兴书屋，探索文化沙龙、特色民宿、农耕体验等元素有机融合；加强歌舞协会、书画协会、摄影协会、连箫队等文艺队伍组建，全年累计开展文艺培训、文艺演出、文体活动等共计58场，实现文化振兴。

【社会事业蓬勃发展】 为打好脱贫攻坚战，扎实开展产业、就业扶贫，其中就业培训70余人次；开展健康扶贫，上半年“一站式”结算共兑付救助资金约4万元；开展贷款扶贫，有5户已享受贷款政策，共计贷款23万元；开展低保兜底脱贫，经过严格审核，有30户贫困户享受低保政策；开展危旧房改造，共36户纳入危房改造计划；开展扶贫对象动态管理工作，脱贫6户9人，无新增贫困户。脱贫攻坚稳步推进的同时，切实开展扫黑除恶专项斗争，全面发动群众，收到问题线索13条，扫黑除恶群众知晓率100%；加强技防建设，全镇道路主要路口实现视频监控24小时全覆盖，切实提升公众安全感，全镇群众安全感指数高于全区平均值2个百分点；落实安全属地管理责任，建立隐患排查机制，开展重点行业专项整治和安全生产检查；做好矛盾排查、重点人员教育稳控、重精患者管理服务、丰盛环保发电厂矛盾纠纷排查工作，全年各级调委会共计成功调解矛盾纠纷51起，“三调联动”成效明显；全面开展安置帮教工作，预防和减少重新犯罪；时常接受镇人大监督，广泛听取了各界意见，截至目前，全镇无重大案件发生，社会形势和谐稳定。

【生态环境持续改善】 深化集中式饮用水源保护区污染源整治，坚持落实饮用水源日常巡查，辖区内污水处理率达到100%；全面推进了河长制，开展清漂截污城乡环境综合整治万人百日攻坚行动；落实企业环保主体责任，强化城乡环境管理；组建巡逻队，加大场镇居民区环境卫生整治力度；严格控制农村面源污染，农药、化肥实现零增长；实行农村垃圾收集全覆盖，严格落实清洁卫生“门前四包”责任制和“五长制”，有序推进人居环境示范点建设；加强重大动物疫病防治，做好非洲猪瘟防控，开展畜禽养殖场污染治理，全年无重大动物疫情、无畜产品质量安全事故发生。

【民生实事】 及时兑现各项惠农政策、各类救助金，保障农民工工资支付。完成美丽乡村建设项目，建成人行便道20千米；建设“四好农村路”23.8千米，整治红木路、马五路交通安全隐患，年内有望开行公交；完成响水水库、双碑村人饮工程建设；实施就业创业三大行动，新增就业248人，城镇登记失业率控制在3%以内；城乡居民养老保险扩面参保率累计达90%，养老保险费征收完成102万元；完成第四次经济普查单位清查、2018年清产核资、农村土地承包经营权确权登记颁证、“大棚房”清理整治工作；全年改造危房改造269户，同时宅基地复垦、地质灾害、森林防火、松材线虫病除治、城乡低保、五保、临时救助、双拥、慈善、老龄等工作持续抓好。

（张亚楠）

二圣镇

【概况】 二圣镇位于重庆市主城区东南郊，距区政府驻地约50千米，距市区约38千米，距绕城高速惠民出口约10千米。二圣镇地处巴南区东北部，东连东温泉镇，南与天星寺镇为邻，东南和姜家镇山水相连，北靠木洞镇，西与惠民街道和南岸区迎龙镇接壤。二圣镇面积60平方千米，耕地面积2575公顷。2018年，二圣镇辖6个行政村61个村民小组、1个社区居委会和5个居民小组，年末总户数8323、总人口22316（其中农业人口19742人，非农业人口2574人）。该镇户籍人口出生167人，符合政策性生育率100%，死亡人口242人，人口自然增长率-3‰，人口密度371.9人/平方千米。2018年，二圣镇实施现代农业、乡村旅游、生态经济三步走发展战略，建设“都市农业示范镇、乡村旅游特色镇、美丽宜居生态镇”。坚持以“三化促三农”，以“乡村旅游推介年”为抓手，以“提档次、树品牌、强规范、惠民生”为工作主线，牢固树立生态立镇、旅游强镇的思想，打造以结果为导向的执行模式，加快建设“美丽茶乡、幸福二圣”。2018年，市委农村工作领导小组办公室授予二圣镇巴山村农村“三变”改革试点村，重庆市财政局、农业委员会授予二圣镇获全市一二三产业融合试点镇一等奖。市政府办公厅授予二圣镇获特色景观旅游名镇，农业农村部办公厅、财政部办公厅授予二圣镇全国农业产业强镇示范建设镇。

（注：主要经济社会指标详见本书第383～394页《2018年巴南区镇街主要经济指标》）

【重点项目建设】 2018年，申报乡村振兴建设

“3个10”项目6家单位7个项目，目前除云林天乡和精品茶园的部分内容未全部建完，其余的已完成建设任务。45个城乡一体项目资料全部通过区评审办评审，城乡一体项目资料申报率完成100%。集体—中坪村沿线道路绿化项目已完成建设并通过验收；集体村特色小镇绿化项目已完成建设；云林天乡公厕工程已完成建设；全面完成巴南区下达二圣镇2017年度9.4千米“四好农村路”建设任务；投资6000余万元的瓦青路建设顺利推进。

【农旅产业发展】 贯彻落实一二三产融合发展，大力推进本地区农区变景区、田园变公园、农舍变客房、农事变体验、农品变礼品的转变。以实施农业“三品”工程为抓手，不断推进农业提质增效。因地制宜选品种，新发展农业产业6000亩。在市级扶贫村幸福村新发展500亩扶贫产业项目；在巴山村完成2700亩桃子、李子、樱桃园建设；中坪村新发展翠冠梨1500亩；在幸福村、中坪村改良和新发展茶叶800亩；与重茶集团腊梅花茶配套，中坪村、巴山村新发展腊梅花200亩；新发展300亩“稻+鳅”“稻+虾”养殖基地建设。天然绿色保品质，在“月亮湾”万亩渔村，新建龙马谷生态渔业示范基地150亩，完成“千亩生态渔业示范基地”建设，完成白象山有机茶叶示范园建设。积极推进创品牌，打造天坪山梨子品牌，推进白象山有机茶叶示范园建设，巴南银针创建全国知名品牌，开展空心菜基地、云海天骄蓝莓园基地绿色产品申报工作。以发展乡村特色旅游为重点，天坪山云林天乡景区突出“花主题”，加快实施千亩“花艺+民宿”建设；蓝调天境康养度假景区、云中漫步葡萄庄园完成建设并投入运营，中坪书院完成建设，重茶集团茶文化体验中心基本完成并对外营业，幸福玫瑰园基本建成。建成旅游公厕2座，申报2018—2020年旅游公厕27座；全镇已建成农家乐52家。成功举办第十一届梨花节、采梨节、第九届国际山地自行车赛和第八届采茶节，全年预计乡村旅游人数171万人次，旅游综合收入2.1亿元。

【“三变改革”显成效】 巴山村成功申报全市“三变”改革试点村，成效初显。完成土地确权外业测绘及数据的整理和录入工作。集体产权改革已完成集体资产清理核查，集体经济组织成员身份已全面确认并完成公示。巴山村已成功集中3000亩土地完成产业布局，成立了重庆市峻雅旅游开发有限公司，开发利用闲置宅基地。土地入股规模也已初显，村集体企业以100万元入股，发动301户村民以1464亩土地作价400万元入股，已共同成立重庆火车头农业股份合作社，注册资金500万元。产业项目已完成布局，巴山村“三变”改革产业扶持项目已完成全部工程量的90%。

【宣传文化】 撰写新闻线索60余条次，宣传信息70余条次，利用政务微博网上正面宣传100余条次。通过举办丰富的节会活动，采梨节、梨花节、山地自行车赛、采茶节，积极打造本地外宣品牌，扩大知名度，提升文化氛围。通过开展善行义举评选活动，表彰了一批乡风文明先进典型，选树了一批乡贤。利用“百姓茶堂”“院坝会”“农家书屋”等基层阵地对先进人物进行宣讲、传播优秀事迹。文体服务中心各功能室和各村农家书屋正常开放，全年开展读书活动10场次，放映电影76场次。结合传统节日、十九大精神宣传和镇乡村旅游节庆活动，举办了7次文艺演出；送流动文化服务进村（居）共计24场次；举办麻雀艺评进基层活动4场。对辖区37处文物开展保护工作，二圣戏楼修葺一新，并签订了文物保护责任书，落实保护责任和人员。

【综合治理】 完成对18家烟花爆竹零售户布点工作，在场镇范围内设立了6处烟花爆竹禁止区。重要节假日及重大活动期间，累计安全检查356余次，排查安全隐患80余起，整改率达到100%。共检查车辆2000余台，纠正违法行为800起，处罚各种违法行为800件。重点宣传《中华人民共和国宪法》《中华人民共和国禁毒法》《中华人民共和国人民调解法》《中华人民共和国道路交通安全法》等相关法律知识，共发放各类宣传材料8000多份，张贴标语、拉横幅四十多条。共接待来访群众600批次，化解矛盾纠纷200起，畅通了信访渠道，让群众有地方表达诉求，镇政府有人解决群众诉求，真正做到“小事不出村，大事不出镇”，大幅度减少了越级上访和群访。积极开展扫黑除恶专项斗争宣传，全年召开党委会3次，职工会6次，组织村（社区）学习会议7次及党员大会7次，并研究制定了《二圣镇扫黑除恶专项斗争工作实施方案》，成立了由党委主要负责人为组长的领导小组，形成了公安、政法、组织、宣传、纪检为一体的工作小组。

【社会保障】　举办招聘会6场，开展院坝会7场，培训就业技能123人，新增就业368人。申报4050保险补贴4次，发放保险补贴12396元。申请小额贷款21人，共计发放小额贷款金430万元。办理公益性岗位补贴5人，发放补贴金36579元。城镇登记失业人员就业12人，完成目标任务120%。城镇就业困难人员就业6人，完成目标任务的120%。办理就业失业登记证15个，登记失业率控制在2.8%以内。累计临时救助19人，发放救助金5.2万元。全镇特困人员455名，共发放集中供养特困人员供养资金约73万余元，分散供养特困人员约249万余元。农村低保对象共183户226人，月发放补助金为91016元。城镇低保112户131人，月发放补助金63777元。

【基础设施】　完成场镇市政设施安装工程，完成安装人行护栏1350米，草地护栏850米，分类垃圾桶24个，果皮箱24个，常规垃圾桶445个。全面完成2017年农村联网公路5条计9.4千米建设计划。完成新农村建设人行便道2017年度建设10千米任务。完成公交站修建，顺利实现公交改革。完成邓家坝村、集体村饮水维修养护工程并通过区级相关部门验收。完成猪儿凼大坝整治工作并通过区级验收。完成地灾点搬迁避让2户，完成194户危房改造工作，

【生态环境】　环保污染普查通过区级验收，正在准备市级迎检工作。每月进行大气污染、水污染、噪声污染、扬尘污染等污染的全面巡查并建立台账。完成主干道沿线100米内，村级公路沿线50米内农村环境整治工作。完成4处院落140余户环境集中整治，成功创建400个美丽庭院。重拳出击“两违”整治工作，本年共发现15起，自行拆除7处，例行督察拆除3处，拆除面积4950平方米，并完成7个村居签订两违责任书。开展松线虫疫木山场除治工作和农户疫木清理工作，开展春、秋两季疫情普查工作，通过区级验收。开展植树活动，种植梨子、茶叶、李子、腊梅花等共计8万多株、470余亩。

【基层党建】　加强党员干部“主题党日”“党员大会”“中心组”学习的力度。全年组织党政领导干部中心组学习7次，中心发言30余次；每月按时召开“主题党日”学习，共12次；不断增强“四个意识”，坚决做到“两个维护”，坚持“四个必须”，做到“四个自觉”，坚决肃清孙政才恶劣影响和薄熙来、王立军流毒。把学习宣传贯彻党的十九大精神、习近平新时代中国特色社会主义思想和全国两会精神，作为首要政治任务。将意识形态工作纳入“主题党日”研究学习，纳入“中心组学习”，镇党委全年进行意识形态工作专题研究2次，向区委汇报镇意识形态工作情况2次。切实落实党委主体责任、纪委监督责任和分管领导“一岗双责”，镇党委听取党风廉政工作汇报6次，集中分析研判疑似违纪违规问题5次，镇纪委办结问题线索12件，主动发现问题线索4件。镇党委书记讲廉政党课1次，开展廉政案例学习6次，集中组织赴长寿区廉政教育基地学习1次。

（彭堉炜）

双河口镇

【概况】　双河口镇位于巴南区东北部，濒临长江，东与涪陵区增幅镇接壤，南与木洞镇、丰盛镇为邻，西与江北区五宝镇隔江相望，北靠麻柳嘴镇，属重庆一小时经济圈、三峡库区镇和麻柳沿江开发区范畴镇。是曾任红八师师长的红军烈士汤慕禹将军的故乡，享有“巴文化传说之乡”“重庆市民间文化艺术之乡”的美誉。全镇面积62.0平方千米，其中森林面积26平方千米，耕地面积12.76平方千米。2018年，双河口镇辖7个行政村、41个村民小组、1个居委会、4个居民

小组；年末总户数8077户，总人口18549人，男性9615，出生人口180人、死亡人口209人，人口自然增长率-0.16‰。2018年，在区委、区政府的正确领导下，双河口镇党委、政府团结带领全镇各级党员干部群众，旗帜鲜明讲政治，攻坚克难敢担当，坚定“两个维护”，全面贯彻落实党的十九大精神，以习近平新时代中国特色社会主义思想为指导，紧紧围绕习近平总书记对重庆提出的“两点”定位，“两地”“两高”目标和“四个扎实”要求，实施乡村振兴，坚决打好三大攻坚战，圆满完成了全年各项工作任务，全镇呈现经济稳中向好、民生不断改善、社会和谐稳定的良好局面。

（注：主要经济社会指标详见本书第383～394页《2018年巴南区镇街主要经济指标》）

【乡村振兴】 围绕乡村产业振兴，深入推进农旅融合发展。推进“乡村印象”农加文旅融合发展，完善功能设施建设，加强对外宣传营销，极力打造农旅文旅产业综合体，全年接待游客16.5万人次，实现经营收入860万元；推进羊鹿山常青生态养老养生、乡村旅游和都市农业融合发展，推动琵琶洞景区提档升级，积极申报4A级景区并通过区级验收。争取2018年“3个10”试点示范项目4个，落实产业补助资金277万元，完成羊鹿山贡茶换种、秋爽果业水肥一体化等重点项目建设。注重夯实基础打造品牌，培养壮大主导产业。经多年培育，辖区现已形成特色养殖、林下榨菜种植等农业产业，现有区级农业龙头企业3个，区级家庭农场6个，星级农家乐1个，各类新型农业经营主体近20个，培育各色水果产业3400亩。协助企业成功申报“早美丽李”无公害农产品1个，完成“塔罗科血橙”绿色农产品认证，新增申报无公害产品12个。在壮大“三黑一花”养殖基础上，推动黑鱼、巴马香猪等特色畜禽养殖试点。依托特色适度规模农业，连续成功举办“乡村印象”年货节、羊鹿山“油菜花”及“印象红高粱”文化旅游节，以产兴旅、以旅带产。

【脱贫攻坚】 以产业发展为基础，以精准扶贫为抓手，围绕“两不愁三保障一达标”，持续深入推进脱贫攻坚取得实效。与西南大学达成“产学研”合作协议，对市级贫困村塘湾村“1050亩水果”实施有效管护，第一期120亩羊鹿山黄翠梨实现丰产，完成第二期140亩乡村振兴水果基地管护示范点建设。完成扶贫产业路硬化和扶贫产业泥结石路扩建，积极落实年度产业扶贫建设项目。推广“黑猪代养”社会扶贫项目，帮助贫困户增收。建立扶贫3个清单，对全镇137户421人建卡贫困户继续实施产业帮扶、住房及入户道路整修、健康扶贫、安全饮水等系列精准帮扶措施。认真做好各类大排查大检查和迎检工作。按要求完成动态调整、小额放贷、制订三年帮扶行动计划等各项工作。全年实现脱贫7户18人。

【重点项目】 全面完成社会资本类区级重点项目2个，实际完成投资5300万。扎实做好“南两”高速项目后续协调及征地拆迁工作，完成限价房项目共计16.75亩土地丈量和29户清理工作，完成投资3.4亿元，累计完成投资5.8亿元，项目进展顺利。有序推进茶店村精准帮扶项目、场镇环境整治、敬老院修缮整治等5个三峡后续、后扶、库区基金、对口支援项目，总投资2780万元。全年完成“四好农村路”和“农村联网公路”建设27.7千米，争取资金1198万元计划实施24.2千米。完成“一事一议”项目5个，投入资金179.15万元，新修人行便道38.7千米。

【环境治理】 扎实推进河长制落实，完成“一库一策”编制，开展“清四乱”“百日攻坚”行动，完成清水系列清漂截污，督促“南两”高速施工单位春天门隧道泥浆污染整改。认真开展城乡环境综合整治。全镇添置垃圾收运箱、果皮箱300个，落实场镇保洁员6人、7个村保洁人员21人；实施示范点示范村打造，对石门、茶店、塘湾、北隘口示范点示范村集中院落和公路沿线进行整治和局部绿化美化；加强场镇日常管理，对重点区域进行绿化美化，加大违章违规行为整治。推进生态环境建设，深入开展环保“五大行动”和“四清四治”专项治理工作。完善基础设施，重点加强场镇城管设施、服务功能设施等惠民工程建设。持续做好创卫工作，超额完成农村改厕目标任务316个。

【民生实事】 全年新增就业341人，创业担保贷款180万元。城乡居民养老保险参保率及征收率均维持在95%以上。全年发放低保金1515774元。临时救助62人，发放救助金14.2万元；慰问困难群众2100多人次，发放慰问金31.61；发放特扶对象慰问金1.38万余元。全面摸排危旧房，全年完成“四类人员”危房改造180户。实现辖区内家庭医生签约全覆盖。实现城乡教学资源共享，慕禹中学升学率超95%。完成农村土地承包经营权确权登记颁证和农村集体产权制度改革试点工作。完成石门村等7个公交招呼站的建设。新建双羊路口20米文化长廊1处。加强巴文化故事创作基地建设，培养巴文化故事传承人20余人。组织“百姓名嘴”宣讲团、镇文联开展各类宣讲40余场次。开展文艺活动、文化讲座等42场，全民读书活动30余场次，放映惠民电影120场次。公共文化对外免费开放接待群众5000余人，全年累计服务群众达2万人次以上。成功举办双河口镇全民健身运动会。

【安全稳定】 严格落实责任、建立健全工作机制，确保全镇安全稳定。开展各类安全生产检查180次，排查发现安全隐患47处，并督促整改。投入资金38万元，在重要交叉路口安装监控摄像、违停抓拍等设备20套。加强安全巡逻，配备巡逻队2支、巡逻车1辆。深入开展“扫黑除恶”专项斗争，做到宣传全覆盖、提高知晓率、畅通举报渠道，对12类涉黑恶线索进行地毯式排查并建立台账。严厉打击违法犯罪，破获各类案件117件，打击刑事犯罪分子12人，拘留6人，发案率同比下降7%。成功化解信访积案3件，化解各类矛盾纠纷57件。司法调解纠纷568起，办理法律援助案件40件。加强重点人员管控，全年未发生非法聚集、公开滋事等事件。加强食药品安全日常检查和专项检查相结合，开展检查158家次。认真做好非洲猪瘟等疫病防控工作，全年未发生重大疫病疫情。

【基层党建】 坚持把党的政治建设摆在首位，续营造良好政治生态。坚持“两学一做”学习教育常态化制度化，组织专题学习348场次、专题讨论203场次、专题党课115场次，通过微信、送学上门等形式确保学习全覆盖。扎实推进发展壮大集体经济、城市党建工作、意识形态阵地建设等各项基层党建任务落实。以高质量党建引领高质量发展。补充调整村党组织书记及委员9人、回引村本土人才7人，选优配强脱贫攻坚队伍，以人才振兴促进乡村振兴；开展党组织整顿，推进扫黑除恶工作，研究制定“一支一策”整顿方案，查找软弱涣散基层党组织问题49个，制定整改措施123条，并抓好整改落实。全面压实“两个责任”、落实“一岗双责”。开展“以案四说”警示教育17场，集中整治形式主义、官僚主义9个问题；督查群众身边的腐败问题及“四风”突出问题等8次；全年运用监督执纪“四种形态”37次。

（梅小霞）

石滩镇

【概况】 2018年，石滩镇面积52.09平方千米，森林面积2043.44公顷，耕地面积1132公顷，辖4个行政村25个合作社，1个居委会2个居民小组，总人口16000人；实现地区生产总值26031万元；城镇居民人均可支配收入34188元，农村居民人均可支配收入16125元；通村通组公路150千米。素有巴南区“南大门”之称。2018年先后通过创建国家级卫生镇专家技术评估、市级平安农机安全示范镇和市级“无违镇”的区级验收，承办了重庆市“2018年放心农资下乡进村宣传周”活动、重庆市“科技兴农·爱心助残”活动启动仪式，1个家庭被评为重庆“最美家庭”，2个村被评市级卫生村，新闻宣传工作名列全区第一，首次被评为区级信用镇、4个村被评区级信用村，成功举办首届“金色石滩”农民丰收节摄影大赛。

（注：主要经济社会指标详见本书第383～394页《2018年巴南区镇街主要经济指标》）

【农旅融合发展】 确立发展“避暑康养小镇”、打造全域乡村旅游4A级景区的发展定位和发展思路。策划包装影视基地、高空跳伞项目、乡村文创基地、星空房车露营项目、七彩油菜基地、乡村古籍博物馆、红色徒步旅游路线等文旅和体旅招商项目，吸引近100批次客商来镇考察投资。重庆彦麦影视公司来镇成功注册，拍摄的微电影《红色预警》获全国公安民警“三微”大赛一等奖。策划打造1000亩“油菜花海”基地。举办第四届“天台花谷”樱花节，新成立3个家庭农场，举办“响山桃李”和“可丰葡萄”家庭农场采摘节。“顺友稻米合作社”取得大米QS认证、产地和产品绿色食品认证，“鼎和蔬菜合作社”萝卜取得产地和产品无公害认证。发展“稻+N”水稻种植核心区1000亩。策划“方斗老家”民宿LOGO设计征集方案，网络征集“北上广深”等地的方案近100件，为铸造民宿品牌奠定基础。

【基层党建】 投入30万元完成双寨村和方斗村办公阵地建设改造。排查整治天台村后沟等6个软弱涣散党组织，新发展党员5名。双寨村鸡公山地缘党支部推行“支部委员包片、支部党员包户”推进乡风文明的做法，得到市委组织部基层党建督查调研组的充分肯定。坚持“二十字”好干部标准，以“五好干部”建设为抓手，注重从“德行好、学习好、写得好、讲得好、干得好”等五个方面加强干部培养。选送14人次到党校轮训，组建“万能写作”训练营，举办“我为党旗添光彩·我为石滩做贡献”主题演讲比赛。选拔任用4名科级领导干部，其中，培养1名党外科级干部。组织165人次党员干部到长寿廉政教育基地接受警示教育、铜梁邱少云纪念馆开展党性锻炼。表彰38名优秀党员和党务工作者。开展集体廉政谈话3次、个别谈话8人次、开展提醒谈话4次，完成项目审计8个。充分运用监督执纪四种形态，诫勉谈话1人、警告处分2人、开除党籍1人，查办问题线索2件。镇纪委专项督查12次、谈话提醒和批评教育11人、清退违规发放款项5.3万元。

【文化事业】 将党的十九大报告中提出的“孝老爱亲”作为重点打造的文化品牌，着力弘扬中华民族传统美德中的“孝善文化”，将“明大德、守公德、严私德”的内容纳入“村规民约”，积极践行社会主义核心价值观。投资120余万元建设洞塘孝善公园和“孝心墙”。中小学校开设“弟子规”“三字经”等传统文化课程。开设“善行义举榜”，评选出“新乡贤”7名，开展“孝善故事月月讲活动”6次、百姓茶堂大话孝善3场、孝善书画展进村社13场，举办先进事迹报告会2次。方斗村霍仁海家庭被评为重庆“最美家庭”。成功举办第七届全民运动会，在多个农家院坝分别开展拔河、打陀螺、挑粮食、扭扁担、抹苞谷、猪八戒背媳妇等群众喜闻乐见的活动，《重庆日报》、市政府网站等主流媒体给予了宣传报道。新建区文化馆石滩分馆、区图书馆分馆石滩分馆，新建3条健身步道，成立镇文联，撰写印制《石滩镇志》。放映露天公益电影24场，开展全民阅读、送展览、送图书下乡等活动20场，组建7支镇村（居）业余文艺团队。9月代表我区接受了市对区文化效能评估。

【社会保障】 完成城镇新增就业200人，就业（创业、技能）培训120人，发放创业担保贷款275万元。城乡居民养老保险参保人数为8773人，征收参保资金118.5万元。按时足额发放五保、低保、临时救助等228万元，以及优抚定补、义务兵优待金106万元。妥善解决了长达10余年的渝道路征地农转非遗留问题，申报落实转非78人；妥善解决80552涉军群体的有关诉求。建立脱贫攻坚区级部门帮扶联席会议制度，开展“四类人群”大走访大排查活动，新增建卡贫困户4户10人，对标对表“三率一度”查盲点、跟踪“两不愁、三保障”情况，68户“四类”群众进行危房改造，完善75户“一户一档”和“一户一袋”资料，为5户未脱贫贫困户赠送3亩水稻（玉米）种子及肥料农药、114只鸡（鸭、仔猪），为15位贫困人口开发公益就业岗位，为所有建卡贫困户提供了免费体检，将临界户中生活困难的15户分别纳入低保和五保，为13户建卡贫困户打通人行便道和改造水井，发放节假慰问金1.5万余元。

【生态环境保护】　全面推行“河长制”，完成河库“一河（库）一策、一河（库）一档”方案编制，完成“清水2号”“清水3号”“清漂截污百日攻坚”河道“清四乱”等“四个”专项行动。整治3个村连片整治项目生化池，完成“润帆”家禽养殖场整治。配备农村保洁员12个，新增农村垃圾桶（箱）171个、清运垃圾1890吨，改建公厕5座，完成农村改厕100口。对餐厨垃圾实行收运，农村人居环境综合整治考核多次分别名列全区前三名。开展生态环保宣传“进乡村、进社区、进家庭”活动，农田林网改造和“四旁树”国土绿化种植600亩。推行松材线虫除治山上监管属地管理和群众有奖举报的新举措，联合打击滥伐林木案件2件，无森林火灾发生。清理背街小巷、楼栋楼梯等卫生死角1000余处，清除牛皮癣200余处，增设张贴栏100余块，完成农贸市场升级改造。完成老街部分市政设施及洞塘片区旧房整治等项目建设，开展最美办公室、最美楼栋、十大最美院落评选活动。

【基础设施建设】　加强“四好公路”建设，硬化农村公路10.5千米，硬化率82.5%、通村通社率达100%。完成20千米防护栏安装、建成20个客运招呼站点，开通公交车。投入180万元进行升坪大道和老街整治。建成升平大道公厕旁停车场200余平方米。双寨村安装太阳能路灯33盏。修建人行便道8千米，边坡整治1500平方米，完成场镇主水网改造2.2千米。土地整治近700亩，硬化耕作道7千米。建成二三级污水管网5千米，建成主污水管网3千米。

【综合治理】　与南川区神童镇、綦江区隆盛镇签订了“三区三镇”合作协议，探索三区边界长治久安的新路径，变“单边独唱”为“三方合唱”，受到市扫黑除恶专项斗争第13检查指导组的肯定，半月谈网予以转载。组织网格员、专兼职巡逻队员25人实行网格化巡逻，镇财政投入20万元，建成8组“雪亮工程”视频监控。成功调解各类矛盾纠纷86件，做到了“小事不出村、大事不出镇”。

【文学艺术界联合会成立】　石滩镇文学艺术界联合会成立。镇文联以文化为魂，让石滩经济插上文化的翅膀；始终秉承“百花齐放　百家争鸣”的文艺工作方针，借他山之石，铺石滩之路，搭好文化的台，唱好经济的戏，用“我手写我心”，努力挖掘石滩潜藏的丰富文化资源；坚定文化自信，深入贯彻习近平总书记新时代中国特色社会主义思想，弘扬主旋律、唱响新乐章，繁荣社会主义文化事业。

【首届“金色石滩”农民丰收节】　在全区率先举办首届“金色石滩”农民丰收节活动，开展发现石滩“金秋之美”摄影大赛，征集到800余幅作品，最终选出《石滩晨晖》《赶个鸭·赏个景》《谷雨欢颜》《粒粒皆辛苦》《恩爱夫妻》《石滩秋色》《谷中画》等60幅优秀摄影作品在巴南区文化艺术中心展出，以最直观的摄影图片展示农民丰收成果。

【放心农资下乡进村】　“2018年放心农资下乡进村宣传周宣传咨询活动”在石滩镇举行，市农委等13个涉农单位负责人和区农委等13个涉农部门负责人及石滩镇镇村（居）干部，当地百姓1000余人参加活动，现场答疑860余次，接收群众咨询2700余次，奖励农民肥料、种子等农用物品，发放宣传资料12000余份。

【科技兴农·爱心助残】　由重庆市残联组织的重庆市“科技兴农·爱心助残”活动启动仪式在石滩镇万能村举行。重庆云中鹰航空科技有限公司用其自主研发的产品——“云中鹰无人机”免费帮助贫困残疾人家庭种植的农作物喷洒农药。此次活动为残疾人参与社会，改变生活品质，实现人生梦想注入强心剂，“云中鹰无人机”也将助力石滩镇乡村振兴和产业发展。

【国家级卫生镇创建】　投资1300余万元，对场镇1.5千米道路“白改黑”，场镇外立面改造4000余平方米，建成二三级污水管网5千米，建成主污水管网3千米，铺设人行道1100平方米，新增加绿化带1900平方米，新建客运站1个，新增公园2个、广场1个，修建公共停车场2个，新增停车位100余个，改造农贸市场1个；新增垃圾桶119个、垃圾箱12个，硬化垃圾桶摆放平台130余个，垃圾转运车4台，改扩建场镇标准化公厕5座；打造近300米文化墙；整治山坪塘59口、饮水工程16处。各项创建指标全面达标，成功通过创建国家卫生镇专家技术评估。

【“无违镇”创建】 成立无违镇创建工作领导小组，制定《石滩镇创建“市级无违镇”存量两违整治方案》，召开专题研判会、目标推进会20余次，以网格化管理落实责任；认真做好宣传及正面引导工作，《给各界群众的一封信》2000份、政策指南2000份、机关干部入户开展政策宣传达300余人次，同时利用微信、QQ、政务微博等新媒体手段发布信息5000余条，村村通广播循环播放100余小时，提升群众知晓率；强化整治措施，以招标规范施工为主，自行拆除为辅，在拆违的同时为群众楼顶加盖树脂瓦，解决民房漏水，消除“两违”隐患，全年完成50余处约6000平方米的拆除整改任务。成功创建市级无违镇。

（田晓欢）

天星寺镇

【概况】 天星寺镇坐落于巴南区中部，距区政府驻地50余千米，属重庆“1小时经济圈”范围，东临姜家镇，南同接龙镇接壤，西靠南彭镇，北与惠民镇和二圣镇相连，全镇面积46.10平方千米，耕地面积12.374平方千米，下辖5个行政村26个合作社、1个社区居民委员会，有人口4562户，12217人，其中农业人口10649人、非农业人口1568人，人口自然增长率-5‰。2018年扎实开展脱贫攻坚工作，脱贫工作被市、区级媒体报道10余次，2名贫困群众被评选为区脱贫先进典型人物，1名扶贫干部被评选为全市扶贫开发先进个人。

（注：主要经济社会指标详见本书第383～394页《2018年巴南区镇街主要经济指标》）

【乡村振兴】 扎实推进农村土地承包经营权确权颁证工作，成立指界小组26个，全面完成各村外业测绘。扎实开展农村集体经济产权制度改革，完成5个村清资核产、成员身份确认及股份设置。特色农业初具规模。新成立农民专业合作社5个，培训新型职业农民100名，培育新型农业经营主体5家，发展生态鱼600余亩、观赏鱼80亩、特色果蔬1000亩、高山优质大米1000亩、“稻鳅”“稻虾”200余亩，产值达1000万元。成功引进“田舍翁”项目，拟投资3000余万元，原样恢复明清古建筑廖氏民居“别花山屋”打造特色高端民宿；林海人家、天雍生态园、兰溪谷项目投入不断加大，花房筑、缘渝苑、量子农业、美提农业项目顺利实施，禅茶项目二次招商正在积极推进。

【扶贫攻坚】 镇级干部每月开展一次以上走访，村级帮扶干部做到经常性走访，做到“帮扶不漏户、户户见干部”。结合实际，新建立扶贫工作机制3个，制定推进扶贫工作方案措施21项。动态管理精准。积极开展2018年扶贫对象动态管理工作，依托国家扶贫开发信息管理系统，新识别扶贫对象0户0人，贫困户稳定退出4户13人，自然增加3人，自然减少10人，修改完善扶贫对象基本数据近2000条，召开各村社扶贫动态调整会议30余次，涉及3000余人次。帮扶措施有效。为12户建档立卡贫困户纳入D级危房改造，改善基本生活条件；将家庭条件特别困难、缺乏劳动能力的28户纳入低保或特困供养户兜底；为11人落实就业岗位；城乡居民合作医疗保险实现参保率100%；为110户贫困群众签约家庭医生，签约率100%，2018年医疗救助金报销比例达90%以上。强化宣传引导。设立大型固定宣传标语2处、脱贫攻坚宣传专栏6处，利用“村村通”广播每天滚动播放等形式，围绕脱贫攻坚工作政策进行全面广泛宣传，做到户户了解，人人知晓。工作开展情况被市、区级媒体报道10余次，2名贫困群众被评选为区脱贫先进典型人物，1名扶贫干部被评选为全市扶贫开发先进个人。

【生态环保】 投资310万元完成场镇雨污管网改造、路面整修、旱厕改造及店招店牌规范，对场镇破损的路沟、花台进行修缮并栽种花草，对电杆电线进行规范，对农贸市场进行整修，镇村干部常态化开展“清扫保洁”行动，强化场镇保洁、执法监管等，顺利创建“市级卫生镇”；以农村人居环境整治为抓手，大力整治柴草乱放、垃圾乱扔、家禽散养等问题。建立镇级示范点3个、村级示范院落2个，定期开展“最美院落”评比活动。生态环境更怡人。坚持生态优先，绿色发展。持续做好森林防火、松材线虫病除治，义务种植红枫、桂花21800余株，描绘绿色发展“画卷”。落实“河长制”，开展“清水2号”“清漂截污万人百日攻坚”行动，清理河道15千米，清理垃圾及漂浮物41.2吨，达到防治水污染、改善水环境、保护水资源、修复水生态的总体目标。环境保护更严格。扎实开展“环保五大行动”，以中央环保督察“回头看”和市级环保督察迎检为抓手，对花房村豆制品加工坊进行停产整顿，扎实开展“散乱污”企业综合整治、饮用水源保护、餐饮油烟整治，定期进行街面冲洗和露天焚烧巡查，严控建筑施工扬尘，营造天蓝水清地绿的舒适环境；扎实开展全国第二次污染源普查，将6家单位纳入入户普查名单，保质保量完成了清查工作。

【民生保障】 新建人行便道26千米、泥结石路15千米、硬化农村公路5.7千米，实现村社通达通畅；完成单石村饮水管网改造，解决和改善了600余人的饮水问题；场镇路面“白改黑”、碑二路沿线路灯安装、芙蓉村乡村公园、专职消防队建设等项目正加快推进。“渝黔扩能”项目天星寺段率先完成征地红线内拆迁工作，完成红线内全部土地187亩的兑付工作，兑付资金406万；于11月8日率先完成红线内拆迁房屋全部拆除的工作，兑付资金555万，同时积极解决项目施工过程的纠纷，避免施工过程中的重大矛盾，为渝黔高速项目顺利施工奠定坚实的基础，得到区级相关部门的高度肯定。社会保障不断完善。持续打造阳光低保，发放低保金222万元、特困人员供养金206万元、优抚金70余万元，同时做好儿童、老人、残疾人、红十字会及慈善工作，确保弱势群体共享发展成果；参加城乡居民合作医疗保险9749人，新增城镇就业人数392人，完成创业担保贷款100万元；稳妥有序实施“全面两孩”政策，全面提升人口和计划生育服务管理水平；102户危房改造全面完成，切实保障困难群众居住安全。

【社会稳定】 实施矛盾纠纷“销号制”动态化管理，排查矛盾纠纷共计31件，化解28件，协调稳控3件；受理信访案件86起，办结率95%，满意率100%；未发生到市进京上访事件，到区上访批次、人次同比分别下降50%和88%；落实领导干部接访下访制度，登记录入干部接访下访录入88件；全力解决绿满家公司、虹燃公司遗留问题，确保稳定。管控重点人员促和谐。严管精神障碍患者12名，未发生肇事肇祸情况。落实邪教人员管控“四包”工作职责，涉邪教人员表现良好。在册吸毒人员43名、重点上访人员3名、涉军重点人员2名实施管控。强化安全生产监管促平安。查处交通违法行为240余起，交通联合执法16次，夜间巡逻100余次；排查建设领域安全隐患52起，均实施有效整治；开展食品药品安全监管，严管农村家宴，培训食品经营单位40余家；印发消防安全承诺卡1500份，组织消防演习2次，积极推进专职消防队建设。全年未发生安全生产事故。扎实开展扫黑除恶专项斗争，细化工作措施、压实工作责任、加大宣传力度、积极摸排线索、强化案件查办。开展各类宣传活动400余次，发放宣传资料10000余份，制定线索排查方案、工作台账等10余项，召开工作推进会、分析研判会等30余次，确保问题线索及时处置。

【基层党建】 将深入学习宣传贯彻党的十九大精神作为首要政治任务，充分运用党委会、中心组学习会、民主生活会和专题会组织学习十九大精神，结合主题党日、“三会一课”，开展专题学习417次、专题讨论87次。开展镇内党建交叉检查11次，组织下辖30名党组织书记参加集中培训，对村居党组织班子运行情况和班子成员履职情况进行回访，提升业务水平。利用党员远教设备学习100余次，“乡村振兴讲习所”开讲30余场，从严规范党员发展，新发展党员3名。抓好党员关系转接、流动党员管理、软弱涣散党组织整顿转化、党费收缴、失联党员排查等工作。常抓廉政教育。及时传达党风廉政会议精神，组织学习各类典型案例200余个、廉政知识600余条，组织开展新调整岗位干部和项目建设的中标单位、监理单位及管理部门廉政谈话，早打预防针。正确运用“四种形态”开展执纪问责，完成办理区纪委交办信访举报件4件、网上舆情件1件，主动发现问题线索3件，核实了结3件，立案审查1件，党内警告处分1人次，提醒谈话、批评教育19人次。认真查找岗位廉政风险点并制定整改措施，紧盯重要时点违规违纪行为，防患于未然；建立镇村干部亲属信息台账，铲除腐败滋生“土壤”。

（罗　源）

人物　光荣榜

UNREMITTING EFFORTS TO
QUALITY AND CONTINUOUS
LEAD THE INDUSTRY
B-16

人 物

一、全国五一劳动奖章

刘 勇，男，汉族，1965 年 2 月出生，重庆市南岸区人，高中文化，现任重庆宗申航空发动机制造有限公司样件工程师，从事航空发动机零部件样件试制工作。他从一名普通工人成长为一名工程师，在平凡的工作岗位上勤勤恳恳、兢兢业业，十年如一日，不仅为企业取得了显著的效益，更展现了卓越的才华和良好的职业道德。2015 年荣获“重庆市钳工技能大赛第二名”荣誉；2015 年荣获“重庆市巴南区学术技术带头人”称号；2018 年 4 月 28 日，被中华全国总工会授予“全国五一劳动奖章”。

二、中国好人

李永波，男，1971 年 1 月出生，重庆市巴南区人，原巴南区安澜镇城环办副主任，镇党委派驻棋盘村党委书记。2018 年 4 月 2 日晚，因参加救火，后虽体感不适，仍继续坚守值班岗位，不幸突发脑出血，经医治无效，于 2018 年 4 月 28 日在西南医院因脑出血抢救无效去世。去世后，按照他生前的遗愿，家属将其 1 只肝脏、2 只肾脏和 2 只眼角膜捐献给社会，帮助 5 名患者重获新生，成为重庆市 2018 年第 31 例器官捐献者、重庆市第 289 例器官捐献者。2018 年 6 月，李永波被中央文明办评为“中国好人”。

三、全国优秀工会积极分子

李芳竹，女，汉族，1985 年 2 月出生，重庆市巴南区人，研究生学历，中共党员，中共重庆市巴南区委办公室行管科科长，具体负责办公室组织、人事、财务、后勤服务等工作。作为区委办机关工会会员代表，积极投入工会工作，带头参加工会活动，热忱服务干部职工，取得了突出成绩，深受领导和会员好评。2015 年 1 月经重庆市人民政府第三次全国经济普查领导小组办公室、重庆市统计局批准为“重庆市第三次全国经济普查先进个人”；2015 年 8 月经中共重庆市巴南区委、重庆市巴南区人民政府批准，记三等功；2018 年 9 月，被中华全国总工会评为“全国优秀工会积极分子”。

四、重庆五一劳动奖章

赵登科，男，汉族，1987 年 9 月出生，甘肃省武威市人，大学本科，中共党员，中铁二十局重庆铁路枢纽东环线项目经理部项目经理、副书记。重庆铁路枢纽东环线的建设将完善重庆铁路集疏运网络，助力重庆经济发展，作为 2 标项目管理者，赵登科积极为重庆经济和社会发展当先锋，项目7次获得建设指挥部评比第一名。他注重环保，严格执行施工现场临时用地的表土剥离、植被恢复等工作。从技术基础和工艺细节管理入手，取得QC成果7项，科技小发明5项，确保工程质量经得起运营和历史的检验。2018年荣获中铁二十局集团公司“2017年度优秀项目经理”称号；2018年荣获成都铁路局2017年度“成铁建设杯”建功立业劳动竞赛“建设先进个人”称号；2018年4月25日，被重庆市总工会授予“重庆五一劳动奖章”。

光 荣 榜

国家各部委表彰的先进集体

巴南区图书馆，2018年1月，被中共中央宣传部、文化部、国家新闻出版广电总局授予“第七届全国服务农民、服务基层文化建设先进集体”。

巴南区供销社，2018年1月，被国家人社部、全国供销总社评为“2017年全国先进集体”。

巴南区龙洲湾街道道角村，2018年1月，被中国民政部评为全国农村幸福社区建设示范单位；7月，被司法部、民政部评为第七批“全国民主法治示范村（社区）”。

宗申产业集团工会，2018年4月25日，被人力资源社会保障部、中华全国总工会评为“全国工会系统先进集体”。

马王坪学校，2018年5月，教育部社区教育研究培训中心等单位认定为“第二批全国城乡社区教育特色学校”。

民盟巴南区委，2018年5月，被民盟中央授予“社会服务先进集体”；11月，被民盟中央授予“思想宣传工作先进集体”；11月，巴南“盟员之家”，被民盟中央授予“优秀盟员之家”。

巴南区，2018年6月，在第十三届中国重庆高新技术交易会、第九届中国国际军民两用技术博览会期间，中华人民共和国科学技术部联合中国科学院、中国发明协会、重庆市人民政府向重庆市巴南区人民政府颁发“特别贡献奖”。

巴南区侨联，2018年6月，获得由中国侨联主办的“世界华人学生作文大赛组织奖”。

农工党巴南区委，2018年7月，被农工党中央授予“2018年度《前进论坛》发行工作先进单位”荣誉称号。

重庆市实验中学，2018年7月15日，在中学生体育协会、中国篮球协会主办的第十五届CSBA全国初中女子篮球锦标赛中获第三名。

区中小学生综合实践学校，2018年7月，教育部认定为“2018年中小学国防教育示范学校”。

重庆茶业（集团）有限公司，2018年9月，被农业农村部授予重庆茶业（集团）有限公司“国家茶叶加工技术研发专业中心”，11月29日，被农业农村部授予“农业产业化国家重点龙头企业”。

重庆弘愿工具集团制罐车间工会小组，2018年9月，被中华全国总工会评为“全国模范职工小家”。

重庆百亚卫生用品股份有限公司，2018年12月，被全国工会职工书屋建设领导小组办公室全国总工会宣传教育部命名为“2018年全国工会示范点”。

二圣镇，2018年8月5日，被农业农村部、财政部授予“全国农业产业强镇示范建设镇”。

国家各部委表彰的先进个人

刘　勇，男，1965年2月出生，重庆宗申航空发动机制造有限公司工作。2018年4月28日，被中华全国总工会授予“全国五一劳动奖章”。

李永波，男，1971年1月出生，重庆市巴南区人，原巴南区安澜镇城环办副主任，镇党委派驻棋盘村党委书记。2018年6月，李永波被中央文明办评为“中国好人”。

李芳竹，女，1985年2月出生，中共巴南区委办公室工作。2018年9月，被中华全国总工会评为“全国优秀工会积极分子”。

王路鑫，男，1987年7月生，巴南区公安分局工作。2018年6月14日被公安部警务督察局评为“2018年‘上海合作组织成员国元首理事会第十八次会议’安保督察‘先进个人’”。

夏　磊，男，1981年4月生，巴南区公安分局工作。2018年12月29日被评选为公安部刑侦改革创新纪念章获得者。

黄惠绘家庭，2018年5月，被全国妇女联合会评为第十一届全国五好家庭。

蒋威正家庭，2018年5月，被全国妇女联合会评为第十一届全国最美家庭。

范　荣，男，1963年5月生，巴南区环境保护局工作；**吴朝东**，男，1964年10月生，巴南区环境保护局工作；**吴照玉**，女，1960年8月生，巴南区环境保护局工作；**皮　洪**，男，1958年6月生，巴南区环境行政执法支队工作；**许红梅**，女，1969年2月生，巴南区生态环境监测站工作；**涂仲兰**，女，1968年1月生，巴南区生态环境监测站工作；**蒋登梅**，女，1963年12月生，巴南区生态环境监测站工作，被国家环境保护部颁发从事环保工作30年纪念章。

李富立，男，1970年9月生，巴南区侨联工作。2018年8月，被中国侨联评为“全国归侨侨眷先进个人”

何先平，男，1965年4月生。巴南区农业委员会工作。2018年1月农业部和人力资源社会保障部授予“全国农业先进工作者”。

姚小娟，女，1981年10月生，巴南区新兴产业发展中心工作。2018年12月，被九三学社中央组织部评为九三学社先进个人。

胡贤俊，男，1967年10月生，巴南区南彭司法所工作，2018年5月，被司法部评为“全国人民调解工作先进个人”。

王显瑶，女，1989年10月生，在巴南区委网信办工作。覃文权，男，1989年12月生，在巴南区圣灯山镇人民政府工作。2018年12月，两人被中央网信办评为优秀网评员。

汪子意，女，2004年12月生。大江中学学生。2018年4月，参加2018年西南协作区射击比赛获女子10米气手枪（少年组）第一名。

王世希，女，2000年5月生，重庆市护士学校学生；**钟丽娜**，女，1997年8月生，重庆市护士学校学生。2018年5月6日至6月29日，参加2018年全国职业院校技能大赛，2人均获护理技能项目一等奖。

秦瑞言，男，2007年12月生，南华小学学生；**蒋涛旭**，男，2006年1月生，南华小学学生。2018年7月，参加中国发明协会、中国教育技术协会组织的第十六届中小学NOC活动（机器人）比赛获一等奖。

李馨渝，女，2004年7月生。重庆市实验中学学生。2018年8月，参加教育部、中国科协等九部委组织的第33届全国青少年科技创新大赛获一等奖。

袁海军，男，1986年9月生。德普外国语学校工作。2018年9月，参加第五届全国初中信息技术优质课展评获特等奖。

高　甜，女，1990年2月生。巴南中学工作。2018年11月，在全国2018年度课堂教学展示与观摩（培训）系列活动中，做现场教学示范课。

王 清，男，1965年6月生，区现代教育技术中心工作；**段小玲**，女，1970年10月生，区现代教育技术中心工作；**杨一帆**，男，1979年12月生，区现代教育技术中心工作；**周星彤**，女，1989年7月生，区现代教育技术中心工作。2018年11月，参加中央电教馆等单位组织的第十五届全国中小学校园影视评选活动获一等奖。

中共重庆市委、重庆市人民政府表彰的先进个人

刘 虹，男，1963年11月生，区教师进修学校工作；**欧杰**，男，1965年2月生，重庆市实验中学工作；**文继明**，男，1964年2月生，清华中学工作；**王文忠**，男，1968年11月生，巴南中学工作。2018年9月，重庆市人民政府授予4名教师“重庆市特级教师”称号。

重庆市市属各部门表彰的先进集体

二圣镇，2018年7月26日，被市政府办公厅授予“特色景观旅游名镇”。

二圣镇，2018年6月19日，被重庆市财政局、农业委员会授予全市一二三产业融合试点镇一等奖。

二圣镇巴山村，2018年3月7日，被市委农村工作领导小组办公室授予获农村“三变”改革试点村

巴南银针，2018年5月，被市农委授予“重庆茶叶三大品牌”称号。

重庆茶业（集团）有限公司，2018年7月，被统战部、市人力社保局、市农委、市工商局、市供销社、市工商联授予“重庆市优秀农业产业化龙头企业”。

巴南区质监站，2018年1月，被市总工会评为“2017年重庆市模范职工之家”。

巴南交通执法巴南区大队，2018年1月，被市总工会评为“2017年重庆市模范职工小家”；同年1月，被市交委评为“重庆市青年文明号集体”。

巴南区路政支队，2018年1月，被市交委评为“重庆市青年文明号集体”。

巴南区港航处，2018年1月，被市交委评为“重庆市青年文明号集体”。

巴南区养护段，2018年1月，被市公路局评为“全市交通行业第八届筑路工职业技能竞赛（团体三等奖）”。

巴南区交委，2018年1月，被市交委评为“2017年度区县交通工作目标督查第一名”。

巴南日报社，2019年1月，被市文化委评为“2018年度重庆市区县报综合质量考核优秀区县报”。

巴南区就业服务管理局，2018年1月18日，获得重庆市首届“渝创渝新”创业创新大赛特别贡献奖。

巴南区“警察妈妈守护你——关爱留守女童”项目，2018年1月，被重庆市妇女联合会评为“重庆市优秀巾帼志愿服务项目”。

重庆市巴南区市政设施管理所，2018年1月10日，被重庆市总工会评为“2017年度重庆市职工职业道德建设标兵单位”。

农工党巴南区委，2018年1月，被农工党重庆市委评为“2017年度思想宣传工作、组织工作、参政议政工作先进集体”。

民盟巴南区委，2018年1月，被民盟重庆市委授予“盟务工作先进集体”。

巴南区气象局，2019年1月，被重庆市气象局评为2018年度综合考评“优秀单位”。

巴南区气象局，2019年1月，被重庆市气象局评为2018年度“重大气象服务先进集体”。

区人力社保局，2018年1月，被市人力社保局评为重庆市第二届健康养老行业职业技能大赛

优秀组织奖单位。

巴南区委宣传部，2018年1月，被市委宣传部、市人力资源和社会保障局评为“2013—2017年度重庆市宣传思想文化工作先进集体”。

鱼洞街道新民街社区、鱼新街社区，2018年1月，被重庆市民防办公室评为“市级合格社区”。

巴南区最低生活保障管理中心，2018年1月，被市人社局、市民政局表彰为“重庆市民政系统先进集体”。

巴南区残联，2018年1月，被重庆市残疾人联合会评为“2017年全市残疾人工作综合目标考核先进单位”。

巴南区残联，2018年1月，被重庆市残疾人联合会评为“2017年度重庆市残疾人稳定工作先进单位”。

巴南区法院，2019年2月，被重庆市高院评为“2018年度全市法院队伍建设工作先进集体、全市法院审判工作先进集体、全市法院信息工作先进集体、全市法院联络工作先进集体、全市法信息化工作先进集体”。

巴南区花溪街道红光社区，2018年2月，被共青团重庆市委评为“2017年度青年之家·城乡社区市民学校市级示范点”。

巴南区检察院，2018年2月，被重庆市检察院评为“全市检察宣传工作先进单位”。

巴南区动物疫病预防控制中心，2019年2月，被重庆市动物疫病预防控制中心评为“2018年度动物疫病预防控制工作先进集体”。

巴南区动物疫病预防控制中心，2019年2月，被重庆市动物疫病预防控制中心评为“2018年度动物疫病防控物资管理先进集体”。

巴南区民政局婚姻登记处，2018年3月，被重庆市妇女联合会评为“重庆市三八红旗集体”。

巴南区，2018年3月，被市教委评为“重庆市中小学研学旅行先进区”。

巴南区民政局婚姻登记处，2018年3月，被市人社局、市妇联联合表彰为“重庆市三八红旗集体”。

中共巴南区委党校，2018年3月，被重庆市委党校、重庆行政学院评为“重庆市党校行政院校系统2017年度办学考评二等奖”。

巴南区总工会，2018年3月5日，被重庆市总工会评为“2017年度区县工会工作综合目标考核特等奖”。

巴南区林业局，2018年3月，在2017年度区县林业部门目标责任制考核中被市林业局评为“优秀单位”。

民革巴南区委，2018年3月，荣获民革重庆市委“2017年度参政议政工作先进集体”。

巴南区图书馆，2018年3月，在重庆市公共图书馆业务技能大赛中被重庆市文化委授予“团体三等奖”。

重庆宗申动力机械股份有限公司、重庆市巴南区市政设施管理所、重庆市公安局巴南区分局交通巡逻警察支队，2018年4月25日荣获重庆市市总工会颁发的“重庆五一劳动奖状”。

巴南区，2018年4月，被市机关事务局评为“公共机构节约能源资源工作优秀区县”。

重庆慧优源食品有限公司汤料加工车间、重庆宗申机车工业制造有限公司重庆工厂总装部1课，2018年4月，被重庆市总工会授予“重庆市工人先锋号”称号。

巴南区养护段，2018年4月，被市公路局评为“2017年度行业文明路巴南区S103线（松子村至水淹凼）”。

巴南区路政支队，2018年4月，被市公路局评为“2017年度全市公路行业文明超限运输检测站（木洞治超站）”。

巴南区交委，2018年4月，被市交委评为“2018年春运工作先进集体”。

巴南区交委，2018年4月，被市交委评为“2017年度全市交通政府网站工作先进集体”。

巴南区科学技术委员会，2018年4月，在第五届重庆科普讲解大赛中，重庆市科学技术委员会、中共重庆市委宣传部、重庆市教育委员会、重庆市科学技术协会、重庆市社会科学界联合会联合授予巴南区科委“优秀组织奖”。

巴南区文化委，2018 年 4 月，被重庆市文化委评为“2017 年度全市文化系统政务信息工作先进集体”。

区委党史研究室，2018 年 4 月被中共重庆市委党史研究室评为“全市 2017 年度区县党史工作先进单位”。

巴南区教委，2018 年 5 月，被市教委评为“重庆市 2017 年教育信息工作先进集体”。

巴南区南彭街道石岗社区妇女之家，2018 年 5 月，被重庆市妇女联合会授予“重庆市十佳妇女之家”称号。

巴南区鱼洞街道南园社区妇女之家，2018 年 5 月，被重庆市妇女联合会授予“重庆市十佳妇女之家”称号。

巴南区界石镇钟湾村妇女之家，2018 年 5 月，被重庆市妇女联合会授予“重庆市十佳妇女之家”称号。

巴南区公安分局交通巡逻警察支队，2018 年 5 月，被重庆市总工会授予了“重庆市五一劳动奖状”。

巴南区检察院，2018 年 5 月，被重庆市财政局行政政法处评为“2017 年度财务管理工作三等奖”。

巴南区交委，2018 年 5 月，被市交委评为“2017 年政务信息工作成效突出单位”。

巴南区检察院，2018 年 5 月，被重庆市财政局行政政法处评为“2017 年度财务管理工作三等奖”。

巴南区交委，2018 年 5 月，被市交委评为“2017 年政务信息工作成效突出单位”。

九三学社巴南区工作委员会，2018 年 5 月，获“巴南区政协宣传通联工作先进集体”；2018 年 10 月，获“九三学社重庆市委员会第五届重庆九三青年论坛优秀组织奖”；2018 年 12 月，获“九三学社重庆市委员会思想建设和宣传工作、参政议政工作、社情民意信息工作、社会服务工作、组织建设工作和参政党理论与社史研究工作先进集体”。

巴南区花溪街道东海定南山小区，2018 年 6 月，被重庆市环境保护局授予“市级安静居住小区”。

巴南区就业服务管理局，2018 年 12 月 6 日，被市就业局评为“‘认真学习贯彻党的十九大精神开创就业创业工作新局面’征文活动优秀组织奖”。

巴南区科学技术委员会，2018 年 6 月，在第十三届中国重庆高新技术交易会、第九届中国国际军民两用技术博览会期间，中华人民共和国科学技术部联合中国科学院、中国发明协会、重庆市人民政府向巴南区科委颁发“优秀组织奖”。

巴南区路政管理支队法制安全监督科，2018 年 6 月，被共青团中央、应急管理部评为 2017 年度“全国青年安全生产示范岗”荣誉称号。

巴南区质监局，2018 年 6 月，被重庆市质监局局党组评为“先进基层党组织”。

巴南区花溪街道东海定南山小区，2018 年 6 月，被重庆市环境保护局授予“市级安静居住小区”。

鱼洞街道鱼洞金竹交通劝导站，2018 年 6 月，被重庆市人民政府安全生产委员会交通安全办公室评为“优秀劝导站”。

巴南区文化委，2018 年 7 月，选送的作品《碟韵》被重庆市文化委评为第八届重庆市乡村文艺汇演“网络人气奖”。

巴南区文化委，2018 年 7 月，被重庆市文化委评为第八届重庆市乡村文艺汇演“组织工作奖”。

巴南区财政局，2018 年 8 月，被重庆市人力社保局、重庆市卫计委授予“重庆市尊医重卫先进集体”。

巴南区人力社保局，2018年8月，获得市人力社保局授予的“2018年重庆市人力资源和社会保障法治知识竞赛万盛赛区决赛优胜奖、总决赛网络答题最佳组织奖”。

巴南区文化执法大队，2018年9月，在全市文化市场综合行政执法岗位大练兵与技能大比武复赛中被重庆市文化市场行政执法总队授予“集体二等奖”。

巴南区文化委，2018年10月，被重庆市文化委评为第六届重庆市戏剧曲艺大赛戏剧类“组织工作奖”。

巴南区财政局，2018年10月，被重庆市财政局授予“2017年度社会保险基金决算先进单位”。

巴南区交委，2018年10月，被市文明办评为“智博会社会宣传工作先进集体”。

巴南区总工会，2018年11月，被重庆市总工会评为“重庆市交通建设行业职工技能大赛和重庆市卫生护理技能大赛优秀组织奖”。

巴南区文化馆，2018年11月，被全国广场舞展演活动重庆市第一片区展演组委会评为“欢悦四季·舞动巴渝”全国广场舞展演活动重庆市第一片区展演“优秀队伍”。

巴南区文化委，2018年11月，被重庆市文化和旅游发展委员会、重庆市文学艺术界联合会评为第三届重庆市声乐比赛“优秀组织奖”。

巴南区政协，2018年11月，被政协重庆市委员会办公厅评为“2018年度新闻宣传通联工作优秀单位”。

九三学社巴南区二支社委员会，2018年11月，获“九三学社重庆市委员会坚持和发展中国特色社会主义学习实践活动先进集体”。

民盟科技文化支部，2018年11月，被民盟市委授予“扶贫济困先进集体”。

重庆市巴南区广播电视台，2018年12月，被重庆广播电视集团（总台）评为“2018年度电视节目交流一等奖”。

巴南区纪委监委机关、巴南区妇联，2018年12月，被重庆市妇女联合会授予“重庆市清风常伴廉洁齐家”家庭助廉立德组织奖。

巴南区花溪街道红光社区，2018年12月，被重庆市文明办评为“最美志愿服务社区”。

巴南区科学技术委员会，2018年12月，巴南区科委在2018年度全国地市级防震减灾工作综合考核中被评为“先进单位”。

巴南区科学技术委员会，2018年12月，区科委在2018年度重庆市区县地震工作部门防震减灾工作目标考核中考核优秀。

巴南区人力社保局，2018年12月，被市人力社保局等5部门评为重庆市第二届“渝创渝新”创业创新大赛优秀组织奖和特别贡献奖。

巴南区图书馆，2018年12月，被中共重庆市委宣传部、重庆市文化和旅游发展委员会评为“阅读之星”重庆市市民诵读大赛组织奖。

巴南区农产品质量安全中心，2018年12月，被市农产品质量安全中心评为“2018年度工作先进集体”。

巴南区农产品质量安全中心，2018年12月，被市农产品质量安全中心评为2018年度“三品一标一名牌”监管工作先进集体。

巴南区农产品质量安全中心，2018年12月，被市农产品质量安全中心评为2018年度“三品一标”发展工作先进集体。

九三学社巴南区三支社委员会，2018年12月，获“九三学社重庆市委员会社情民意信息工作先进集体”。

民建巴南区委员会，2018年12月，被民建重庆市委评为“2018年度会务工作综合考核评比一等奖”。

巴南区，2018年12月，全国科普日活动（2018年度）被中国科协办公厅予以表扬。

重庆市市属各部门表彰的先进个人

赵登科，男，1987年9月出生，中铁二十局集团有限公司重庆铁路枢纽东环线项目经理，2018年4月25日，被重庆市总工会授予“重庆五一劳动奖章”。

苏建新，男，1978年5月生。中共巴南区委党校工作。2018年2月，获中共重庆市委宣传部“2017年度基层理论宣讲先进个人”。

李春光，男，1986年1月生，巴南区人民法院工作，获“重庆市高院荣誉新闻舆论工作先进个人”。

刘漫红，女，1968年5月生，巴南区人民法院工作，获“全国家事审判工作先进个人”。

吴　苹，女，1965年12月生。在巴南区公安分局工作。2018年1月，被重庆市妇女联合会授予“重庆市优秀巾帼志愿者称号”。

陈　雁，女，1981年11月生。在巴南区人民医院工作。2018年1月，被重庆市妇女联合会授予“重庆市优秀巾帼志愿者称号”。

程　琳，女，1974年10月生。在巴南区李家沱街道工作。2018年1月，被重庆市妇女联合会授予“重庆市优秀巾帼志愿者称号”。

宋艳丽，女，1976年2月生，巴南区公安分局工作。2018年3月6日被重庆市人力资源和社会保障局重庆市妇女联合会授予“重庆市三八红旗手”荣誉称号。

郝晓明，男，1985年3月生，巴南区公安分局工作。2018年3月5日被共青团重庆市委评为“2017—2018年重庆市向上向善好青年”。

吴　苹，女，1965年12月生，巴南区公安分局工作。2018年6月15日，被重庆市妇联评为“优秀巾帼志愿者”。

黎　林，男，1981年3月生。巴南区检察院政治部工作。2018年2月，被重庆市检察院评为“2017年度全市检察宣传工作先进个人”。

苏贺峰，男，1980年8月生。巴南区检察院办公室工作。2018年2月，被重庆市检察院评为“2017年度全市检察机关信息工作先进个人”。

朱火弟，男，1965年12月生。重庆理工大学工作。2018年3月，被民革重庆市委评为“2017年度参政议政工作先进个人”。

民盟巴南区委，2018年12月，被民盟市委授予“盟务工作先进集体”。

贺光亮，男，1967年12月生。重庆市巴南中学工作。2018年12月，被民盟重庆市委授予“优秀盟务工作者”称号。

刘沁圆，女，1986年12月生。重庆市实验中学工作。2018年12月，被民盟重庆市委授予“优秀盟务工作者”称号。

吴　仙，女，汉族，1976年5月生，农工党巴南区委工作。2018年1月，被农工党重庆市委评为“2017年度党务工作先进个人”。

蒋东荣，男，汉族，1970年11月生，重庆理工大学工作。2018年1月，被农工党重庆市委评为“2017年度党务工作先进个人”。

周安会，女，汉族，1977年1月生，巴南区森防站、接龙林场工作。2018年1月，被农工党重庆市委评为“2017年度党务工作先进个人”。

刘　亮，男，1988年9月生，巴南区气象局工作，2019年1月，被重庆市气象局评为2018年度“重大气象服务先进个人”

刘　勇，男，1968年10月出生；**何　描**，女，1982年10月出生；**杨　毅**，女，1972年5月生。巴南区民政局工作。2018年1月，被市人社局、市民政局表彰为“重庆市民政系统先进个人”。

秦晓飞，男，巴南区文化委工作。2018年1月，被重庆市公安局巴南分局评为“2017年全区内保工作先进个人”。

刘　慧，女，巴南区文化委工作。2018年4月，被重庆市文化委评为“2017年度全市文化系统政务信息工作先进个人”。

张　茜，女，1979年9月生。在巴南区政协办公室工作。2018年11月，被政协重庆市委员会办公厅评为新闻宣传工作“先进工作者”。

涂锡茂，男，1987年6月生。巴南区农产品质量安全中心工作。2018 年 12 月被市农产品质量安全中心评为“2018 年度农产品质量安全工作先进个人”。

马兹润，女，1966 年 10 月生，巴南区农机化技术推广站工作。2018 年 11 月被重庆市农业机械化技术推广总站评为“2017—2018 年度农机购置补贴工作优秀个人”。

易永碧，女，1967 年 6 月生。巴南区动物卫生监督所工作。2019 年 2 月，被重庆市畜牧技术推广总站评为“畜牧技术推广先进个人”。

乔　霞，女，1986 年 8 月生。巴南区动物卫生监督所工作。2019 年 2 月，被重庆市畜牧技术推广总站评为“畜牧技术推广先进个人”。

黄利民，男，1963 年 4 月生。巴南区动物卫生监督所工作。2018 年 2 月，被重庆市动物卫生监督所评为“先进个人”。

贾光平，女，1967 年 11 月生。巴南区动物卫生监督所工作。2019 年 2 月，被重庆市动物卫生监督所评为“先进个人”。

何　琴，女，1982 年 2 月生。巴南区动物疫病预防控制中心工作。2019 年 2 月，被重庆市动物疫病预防控制中心评为“2018 年度动物疫病预防控制工作先进个人”。

杨　艳，女，1987 年 3 月生。巴南区动物疫病预防控制中心工作。2019 年 2 月，被重庆市动物疫病预防控制中心评为“2018 年度动物疫病预防控制工作先进个人”。

邱　引，男，1987 年 8 月生。巴南区动物疫病预防控制中心工作。2019 年 2 月，被重庆市动物疫病预防控制中心评为“2018 年度非洲猪瘟及马病防控工作先进个人”。

谌长圆，男，1991 年 8 月生。巴南区动物疫病预防控制中心工作。2019 年 2 月，被重庆市兽药饲料检测所评为“2018 年度兽药饲料及畜产品质量安全监测管理工作先进个人”。

刘秀荣，女，1970 年 6 月生，巴南区法院工作。2018 年 12 月，被九三学社重庆市委评为“2018 年宣传工作、社情民意信息工作先进个人”。

李　斌，男，1970 年 8 月生，九三学社巴南区工委工作。2018 年 12 月，被九三学社重庆市委评为“2018 年宣传工作先进个人”。

姚小娟，女，1981 年 10 月生，巴南区新兴产业发展中心工作。2018 年 12 月，被九三学社重庆市委评为“2018 年宣传工作、参政党理论与社史研究工作、专（工）委会工作先进个人”。

邱鹏程，男，1980 年 8 月生，重庆百君律师事务所工作。2018 年 12 月，被九三学社重庆市委评为“2018 年宣传工作、参政党理论与社史研究工作、社情民意信息工作、社情民意信息组织工作先进个人”。

吴江文，男，1976 年 10 月生，重庆华略数字文化研究院工作。2018 年 12 月，被九三学社重庆市委评为“2018 年参政议政组织工作先进个人”。

肖秉文，男，1989 年 5 月生，巴南区法院工作。2018 年 12 月，被九三学社重庆市委评为“2018 年参政党理论与社史研究工作、社情民意信息工作先进个人”。

邓渝欣，男，1960 年 1 月生，重庆市机械高级技工学校工作。2018 年 12 月，被九三学社重庆市委评为“2018 年社情民意信息组织工作先进个人”。

秦耕洪，男，1981 年 7 月生，巴南区鱼洞街道工作。2018 年 12 月，被九三学社重庆市委评为“2018 年社情民意信息工作先进个人”。

刘小飞，男，1982 年 6 月生，重庆工商大学融智学院工作。2018 年 12 月，被九三学社重庆市委评为“2018 年社情民意信息工作先进个人”。

牟　琴，女，1969 年 8 月生，巴南区中医院工作。2018 年 12 月，被九三学社重庆市委评为“2018 年宣传工作先进个人”。

周定伟，女，1975 年 2 月生，巴南区中医院工作。2018 年 12 月，被九三学社重庆市委评为“2018 年宣传工作、社会服务工作先进个人”。

王显峰，男，1978 年 12 月生，重庆市第七人民医院工作。2018 年 12 月，被九三学社重庆市委评为“2018 年参政党理论与社史研究工作、参政议政工作先进个人。”

蔡南川，男，1977 年 11 月生，重庆市第七人民医院工作。2018 年 12 月，被九三学社重庆市委评为“2018 年参政党理论与社史研究工作先进个人”。

李　欣，男，1986 年 5 月生，重庆巴源建设投资有限公司工作。2018 年 12 月，被九三学社重庆市委评为“2018 年参政党理论与社史研究工作、参政议政工作先进个人”。

覃　凤，男，1973 年 10 月生，重庆巴源建设投资有限公司工作。被九三学社重庆市委评为“2018 年参政党理论与社史研究工作先进个人”。

但堂勇，男，1986 年 1 月生，巴南区安监局工作。2018 年 12 月，被九三学社重庆市委评为“2018 年社情民意信息工作先进个人”。

孙付恋，女，1986 年 6 月生，九三学社巴南区工委工作。2018 年 12 月，被九三学社重庆市委评为“2018 年宣传工作、组织建设工作先进个人”。

徐小凤，女，1969 年 12 月生。**周　鑫**，男，1975 年 1 月生。**刘文娟**，女，1984 年 7 月生。巴南区广播电视台工作。2018 年 7 月被重庆广播电视集团（总台）评为“2018 上半年先进工作者”。

重要文献

重要文献

以习近平新时代中国特色社会主义思想为指导 为实现高质量发展 创造高品质生活接续奋斗

——在区第十三届党代表大会第三次会议上的报告

（2019年1月11日）

中共重庆市巴南区委书记　辛国荣

各位代表，同志们：

现在，我代表中国共产党重庆市巴南区第十三届委员会向大会作报告，请予审议。

中国共产党重庆市巴南区第十三届代表大会第三次会议，是在全区上下深学笃用习近平新时代中国特色社会主义思想和党的十九大精神，全面落实习近平总书记对重庆的重要指示要求和中央、市委决策部署，以饱满热情奋力开启巴南发展新征程的关键时期召开的一次重要会议。大会的主要任务是，进一步深入贯彻党的十九大精神和中央、全市经济工作会议精神，回顾总结2018年工作，安排部署2019年经济社会发展任务，动员全区各级党组织和广大党员干部群众，为决胜全面建成小康社会，推动巴南高质量发展、创造高品质生活而接续奋斗！

一、过去一年，在困难考验中不忘初心再创佳绩

2018年是改革开放40周年，是全面贯彻落实党的十九大精神的开局之年，也是巴南顶住巨大压力、克服重重困难、保持激情活力、加快发展步伐的关键之年。一年来，在中央和市委正确领导下，区委团结带领全区党员干部群众，深学笃用习近平新时代中国特色社会主义思想和党的十九大精神，把旗帜鲜明讲政治放在首位，坚决做到“两个维护”，落实市委“三个确保”政治承诺，紧紧围绕习近平总书记对重庆提出的“两点”定位、“两地”“两高”目标和营造良好政治生态、做到“四个扎实”的重要指示要求，坚决打好“三大攻坚战”，认真实施“八项行动计划”，坚定方向不偏移、咬住目标不放松、面对困难不退缩，全区政治生态明显改善、干部精神振

奋、社会大局稳定、经济稳步增长。预计全年实现地区生产总值776亿元，增长6.7%；工业总产值836亿元，增长2.1%；一般公共预算收入完成48.1亿元，增长27.6%、居全市第一位，其中税收收入43.4亿元，增长30.2%、居全市第二位，非税收入占比10%，收入质量居全市第二位；辖区税收突破100亿元，增长24.2%；社会消费品零售总额369亿元，增长9.2%；全社会固定资产投资514亿元，增长15%；规上工业用电量增长20.1%；城镇、农村居民人均可支配收入分别达到3.89万元和1.83万元，分别增长8.4%和9%。

（一）从严转作风、管队伍，党的建设全面加强。一年来，我们牢固树立“抓好党建是本职、不抓党建是失职、抓不好党建是不称职”的意识，推动管党治党持续深入、政治生态不断向好。

一是深入学习宣传中央和市委精神。认真学习宣传党的十九大和市委五届四次、五次全会精神，深入学习贯彻习近平总书记视察重庆、“两会”期间参加重庆代表团审议时的重要讲话精神和陈敏尔书记两次到巴南调研的指示精神。结合“兴调研转作风促落实”行动，深入基层开展宣讲1000多场次，引导广大干部群众把思想和认识统一到中央和市委决策部署上来，确保执行有力度、落实有深度。

二是政治生态持续向好。按照习近平总书记对肃清工作的重要指示精神和市委“十破十立”要求，坚决肃清孙政才恶劣影响和薄熙来、王立军流毒，消除杨钟馗严重违纪违法问题不良影响，教育广大党员干部明大德、守公德、严私德，以滚石上山的劲头持续净化政治生态，全区干部团结一致、沉心静气，干事创业激情不断释放。

三是基层组织和干部队伍建设成效明显。扎实推动“两学一做”学习教育常态化制度化，开展基层党建“大排查大落实大提升”活动，整顿转化36个软弱涣散党组织，基层党组织组织力进一步提升，党员作用进一步发挥。智慧党建工作方法向全市推广，5个案例入选全国城市基层党建创新案例。坚持贯彻新时期好干部标准，调整交流干部202人次，选优配强25个单位党政主要领导。高度重视年轻干部培养，择优选派73名年轻干部到基层一线挂职锻炼。引进各领域人才672人，48人入选首批“鸿雁计划”“菁英计划”人才。研究制定《关于进一步激励广大干部新时代新担当新作为的若干措施》，推动形成干部敢于担当、善于作为的工作氛围。

四是宣传文化正向发力。严格落实市委意识形态工作制度要求，压实工作责任，成功举办“推动重庆各项事业沿着总书记指引的方向奋力前行”“德法相伴”等主题活动。常态化开展“榜样人物”“最美家庭”评选，对李永波、国存海等33名先进人物典型事迹进行宣传报道。区融媒体中心“中央厨房”纳入全市试点并建成投用。鱼洞乱针绣等11项巴南非遗项目走出国门开展文化交流。

五是持续推进党风廉政建设和反腐败工作。深化落实全面从严治党主体责任，制订完善区委全面从严治党责任清单，对28名履责不到位的区管领导干部严肃问责。强化廉政教育，准确运用监督执纪“四种形态”，通报曝光各类案例68起107人，开展“以案四说”警示教育344场。狠抓作风建设，查处违反中央八项规定精神问题46件72人，反腐败斗争取得压倒性胜利。

六是巩固深化政治巡察。自觉担负起巡察工作政治责任，及时听取巡察工作情况汇报，支持和推动巡察工作领导小组履行职责，把支持配合巡察工作、落实巡察工作任务情况纳入各级党组织党建目标考核指标，纳入党组织书记述责述廉的必述内容。坚持发现问题和整改落实并重，积极推进巡察工作向基层延伸。全年共移交问题线索121条，组织处理173人次，党纪处分11人。

七是民主法治建设全面推进。支持人大及其常委会依法履职、政协依章履职。凝心聚力推进统一战线工作，民主党派工作进一步加强，惠科项目创建为“海峡两岸青年就业创业示范点”，南泉抗战旧址群创建为市级海峡两岸交流基地。群团组织职能进一步发挥，“我在重庆学非遗”“重庆市首届最美巾帼农家乐展示展演”等活动有声有色，党管武装、老干部、党史研究等工作取得新成效。

（二）着力稳增长、促转型，发展质量提档升级。一年来，我们狠抓实体经济、提升城市品质、强化风险防控，推动产业结构不断优化、城市面貌不断改善。

一是经济发展势头强劲。大力推进中新互联互通国际陆海贸易新通道建设，重庆公路物流基地成为全市“1+3”国际物流分拨中心之一，京东、阿里巴巴、满帮等37个龙头项目入驻，重庆—东盟班车新增重庆至缅甸、新加坡线路，实现中南半岛国家全覆盖；以首届“智博会”为契机，强化大数据智能化应用，电子信息成为全区第一大支柱产业。引进中德几何人工智能、爱上出行等10个大数据智能化产业项目，数字经济增加值增长66%，比全市高约50个百分点，宗申创新研究院获评全市新型高端研发机构；重庆国际生物城成功挂牌，智睿生物、美国Athenex原料药、参天科瑞等40个龙头企业项目快速推进，抗肿瘤疫苗、口服紫杉醇、长效胰岛素等产品填补了全市无高端生物制药产品的空白；军民融合产业不断壮大，12个军民融合项目投产，实现产值95亿元。狠抓招商引资，全年招商引资项目144个，协议投资额达1062亿元。

二是城市面貌日新月异。抓好巴南全域发展战略和综合交通优化，稳步推进重点地区城市设计、重点功能板块和小城镇规划、村规划编制工作，巴南发展空间需求已纳入市国土空间规划初步方案。龙洲湾隧道全线贯通，铁路枢纽东环线、渝黔高速扩能、南两高速、观景口水利枢纽等重大项目有序推进。中交、龙湖、金科等大型房企先后入驻。城市功能不断完善，在主城区率先实现二环外公交全覆盖，受益群众达40万人。全市第一座万人以上大型室内综合型体育馆——华熙文化体育中心正式投用，万达广场、汉海海洋公园运行良好。持续开展国家卫生区创建工作，集中整治占全市近70%的城市荒坡菜地和城区空地940.5万平方米，新增城市绿地166万平方米。建成重庆主城首条10千米沿江自行车道，进一步丰富市民生活。坚持开展“马路办公”，常态化推进长江沿线环境综合整治，实现“白天和晚上一个样、晴天和雨天一个样、检查和不检查一个样”。

三是债务风险防控到位。坚持“分块划分、单块运行、逐步整合、高效运转”的工作思路，整合成立“城市建设、文旅产业、工业商贸”三大管委会，进一步规范平台公司运行。有力有序开展“土地征收出让、税收规费征管、招商优惠政策”三项规范，有效遏制债务增量。2018年以来，债务总额稳中有降，存量债务以低冲高、以长冲短，有力降低了债务风险，全区财力实现收支平衡后结余9.4亿元，在消化历年赤字7亿元后，累计结余2.4亿元，为实现经济高质量发展奠定了坚实基础。

（三）积极强“三农”、抓增收，农旅融合成效显著。一年来，我们按照习近平总书记提出的“五个振兴”要求，大力实施乡村振兴战略，努力实现生态美、产业兴、百姓富的有机统一。

一是农业综合效应不断提升。坚持质量兴农、品牌强农，落实财政补助资金近5100万元，精准支持品牌茶叶、精品果蔬、特色粮油、生态渔业等四大支柱产业。“三品一标”认证农产品（产地）达到186个，11个农产品通过重庆名牌农产品认证，二圣镇集体村成功创建全国现代生态农业创新示范基地。加快农村一二三产业融合发展，“五彩丰盛”“天坪天乡”“环云篆山”三个农旅融合发展示范片区成效初显，一品幸福田园小镇等农旅融合项目有序推进，“产区变景区、产品变商品、农房变客房”正在成为现实。巴南荣获“首批国民休闲旅游胜地”称号，全年累计接待游客3300多万人次，实现旅游综合收入111亿元。

二是农民致富渠道有力拓宽。新申报市级龙头企业6家，做大做强“云林天乡”“乡村印象”等农旅融合、“生态三养”旅游项目168个，培育壮大新型农业经营主体达2492家，通过就业吸纳、订单带动、参股合作、利润分红等方式增加农民收入。改善农村创业条件，引导农民融入乡村旅游产业链，利用闲置农房开办农家乐、民宿客栈等，让农民在“进城打工”和“在家务农”之外，找到一条致富新路径。

三是农村发展环境有效改善。按照“试点示范、统筹提升”的思路，整合涉农资金2.1亿元，加强农村道路、水利、环保等基础设施建设，持续开展农村人居环境整治行动，接龙镇成功打造为全国重点镇，南彭街道水竹村等7个村成功创建绿色示范村庄，“村村是美景，处处留乡愁”的良好风貌不断呈现。

（四）扎实保稳定、惠民生，人民福祉有力改善。一年来，我们始终保持为民情怀，紧紧抓住人民群众最关心最直接最现实的利益问题，努力在发展中补齐民生短板、促进社会公平正义。

一是坚决打好精准脱贫攻坚战。全面贯彻习近平总书记扶贫开发重要论述，投入2000万元帮扶资金，认真开展对口帮扶万州区脱贫攻坚工作。落实市、区级财政专项资金1500万元，整合行业部门扶贫资金1.4亿元，持续巩固发展5个贫困村主导产业，238户建卡贫困户直接受益。筹集危房改造专项资金1亿多元，基本完成3060户农村4类重点对象D级危房改造建设任务。建立长效脱贫机制，86户建卡贫困户通过小额信贷发展生产经营，188名建卡贫困对象通过公益性岗位就业，全区贫困户基本实现“两不愁、三保障”。

二是全力维护社会和谐稳定。坚持“有黑扫黑、无黑除恶、无恶治乱”，深入推进扫黑除恶专项斗争，得到中央扫黑除恶督导组肯定。认真实施保障和改善民生行动计划，围绕“衣食住行、生老病死、安居乐业”推进重点民生工程建设，补齐民生短板。妥善处置“10·26”案件，有序推进各项后续工作。在全区开展安全隐患和矛盾纠纷“拉网式”排查整治，全区连续54个月未发生较大及以上生产安全事故。

三是打造山清水秀宜居家园。严格落实习近平总书记“共抓大保护、不搞大开发”的指示精神，生态环境质量不断改善。守牢长江及其主要支流“1千米”“5千米”底线，划定生态红线面积184.6平方千米，全区森林覆盖率达46.6%。全面落实河长制，花溪河、黄溪河水质逐步改善，城市集中式饮用水源水质达标率100%，城市黑臭水体国家考核为“优”。坚决打赢蓝天保卫战，全年空气质量优良天数达309天。启动土壤污染示范区建设，医疗废物无害化集中处理率达100%。全面完成中央环保督察组转办案件和事权在区的反馈意见整改任务，顺利通过国家环保专项行动检查。有序实施“散乱污”企业百日攻坚，第二次污染源普查取得阶段性进展。

（五）全力破难题、激活力，深化改革纵深推进。一年来，我们对标对表中央和市委要求，坚持将经济体制改革作为重点，以供给侧结构性改革为主线，全面完成93项年度改革任务，助推全区经济高质量发展。加快去除落后产能，有序化解房地产库存，扎实推进区属国有企业战略性重组；整合财政资金8.2亿元，保障乡村振兴战略顺利实施，推动二圣镇巴山村“三变”试点等改革任务取得积极成效；深化“放管服”改革，进一步增加行政审批“一窗办”“一次办”“全区通办”等事项。《巴南区机构改革方案》正式获批，机构改革工作有序推进；集团化办学、医改便民长效机制、防范化解重大风险机制、“廉政档案+工作平台”等一批重点改革任务落地生根。“狠抓市委深改会议精神落实”“土坡菜地整治”“国企瘦身健体”等工作被列为全市改革特色亮点。

（六）坚持督效能、抓落实，执行能力有效提升。一年来，我们把督查作为抓工作的重要手段，注重机制化、项目化、事项化推进各项任务，确保事事有着落、件件有回音。强化责任分工，把中央、市委、区委决策部署进行细化分解，明确责任人、拉出时间表、挂出作战图，确保“个个心中有目标、人人肩上有担子”。强化跟踪督办，实行台账销号式跟踪督办机制，对脱贫攻坚、创卫、重大项目建设等工作进行定期通报。运用新媒体推进“互联网+”督查，促进督查部门与基层单位直接对话、职能部门与服务对象“零距离”沟通，提高督办效力。强化结果运用，建立有为者有位的激励机制和失责者必问的倒逼机制，推动工作落地落细落实。

各位代表、同志们！过去的一年，是改革奋进的一年，也是困难交织的一年。一年来，我们卸下包袱、重整行装，把握机遇、乘势而上，扭转了诸多不利局面，形成了良好发展态势。成绩的取得，得益于党中央和市委的坚强领导、亲切关怀，得益于区“四大家班子”精诚团结、不懈奋斗，得益于各级党组织和广大党员干部苦干实干、开拓奋进。成绩的取得，离不开全体老干部、老同志倾注热情、关心支持，离不开各民主党派、各界人士同心同德、和衷共济，离不开驻区部队全力保障、大力支持。在此，我代表区第十三届委员会，向一直以来为巴南改革、发展、稳定做出积极贡献的同志们和朋友们表示衷心的感谢，并致以崇高的敬意！

二、立足实际，在机遇挑战中保持信心增强定力

习近平总书记在中央经济工作会议上指出，

要辩证看待环境和国内条件的变化，增强忧患意识，继续抓住并用好我国发展的重要战略机遇期，坚定信心，把握主动，坚定不移办好自己的事。从国际环境看，贸易保护主义抬头，全球化和自由贸易体系面临挑战。从国家宏观层面看，我国发展仍处于并将长期处于重要战略机遇期。从全市发展趋势看，全面落实中央“六稳”要求，聚焦高质量、供给侧、智能化，谋划实施“三大攻坚战”、大力实施“八项行动计划”，经济高质量发展态势在上行。

当前，我区仍处于“产业结构的调整优化期、城市建设的拓展提升期、乡村发展的繁荣兴盛期、民生福祉的改善增进期”。我们要清醒认识到，巴南还面临许多困难和挑战：经济总量仍然偏小，发展潜能未得到充分挖掘，发展质量还不够优；城乡基础设施存在短板，城市品质亟待提升；城乡发展不平衡，社会民生欠账较多；反腐败斗争形势依然严峻复杂，全面从严治党依然任重道远，形式主义、官僚主义等“四风”问题新表现还不同程度存在，特别是一些干部工作不在状态，缺乏战斗力，主动作为和敢于担当的精神不够等。我们也要辩证认识到，机遇总是与挑战并存：巴南是我市面积最大的主城区，自然资源得天独厚，产业基础较为雄厚，在全市重大产业优惠政策调整、中新互联互通国际陆海贸易新通道加快建设等有利因素共同作用下，发展潜力将充分释放、后发优势将逐步显现。

2019年是新中国成立70周年，是全面建成小康社会关键之年，今年工作的总体要求是：以习近平新时代中国特色社会主义思想为指导，全面贯彻党的十九大和十九届二中、三中全会精神，紧紧围绕习近平总书记对重庆提出的“两点”定位、“两地”“两高”目标和营造良好政治生态、做到“四个扎实”的重要指示要求，深入贯彻中央和全市经济工作会议精神，统筹推进“五位一体”总体布局，协调推进“四个全面”战略布局，坚持稳中求进工作总基调，坚持新发展理念，坚持以供给侧结构性改革为主线，继续打好“三大攻坚战”，认真实施“八项行动计划”，统筹推进稳增长、促改革、调结构、惠民生、防风险工作，做好稳就业、稳金融、稳外贸、稳外资、稳投资、稳预期等工作，切实增强人民群众获得感、幸福感、安全感，持续营造良好政治生态，保持经济持续健康发展和社会大局稳定，为全面建成小康社会收官打下决定性基础，以优异成绩向新中国成立70周年献礼。

今年工作的主要目标是：经济综合实力稳步向好，地区生产总值增长7%左右；发展质量持续提升，规上工业增加值增长5%左右，工业投资增长5%左右，固定资产投资增长8%左右，社会消费品零售总额增长9%左右，一般公共预算收入增长10%左右；社会民生不断夯实，基础设施短板有力改善，全体居民人均可支配收入增长8.5%左右；文化事业全面进步，公共文化服务水平显著提高；生态环境质量显著改善，绿色发展生活方式深入人心，空气质量优良天数稳定在300天以上；党的建设全面加强，党风廉政建设和反腐败斗争持续推进，政治生态风清气正。

要实现高质量发展，必须要有一批打基础、管长远的重大工程作为支撑。我们要立足当前，着眼长远，在今年和今后一段时期，重点抓好十项工作：一是抓好南部新城、国际生物城、高等职业技术教育城建设；二是抓好中新互联互通国际陆海贸易新通道建设；三是抓好智能制造、军民融合、大数据等重点产业发展；四是抓好龙洲湾隧道、渝南大道D段南延伸段等重点基础设施建设；五是抓好花溪河、一品河、黄溪河综合整治等污染治理；六是抓好城市公园、巴滨路沿线提档升级等城市提升项目建设；七是抓好节庆活动、重大赛事等消费热点培育；八是抓好农村“三变”改革试点等改革任务；九是抓好乡村振兴试点示范和脱贫攻坚；十是抓好棚户区改造等重点民生工程建设。

各位代表、同志们！形势催人奋进，发展任重道远。我们要切实提高政治站位，对标对表中央和市委关于经济工作的安排部署，坚持全区一盘棋思想，从全局谋划一域、以一域服务全局，以永不懈怠的精神状态和一往无前的奋斗姿态，心往一处想、劲往一处使，用勤劳汗水书写担当作为，以实干实绩创造美好未来！

三、新的一年，在发展大势中团结一心真抓实干

习近平总书记指出，“伟大梦想不是等得来、喊得来的，而是拼出来、干出来的”。新的一年，我们要紧紧围绕中央和市委决策部署，努力在实干中形成共识，在实干中破解难题，在实干中实现推动高质量发展、创造高品质生活的美好愿景。

（一）围绕党建和反腐抓风气，加大管党治党力度。抓好党建是最大的政绩，我们要把忠诚、干净、担当体现在加强党的领导、抓好党的建设上，把全面从严治党向纵深推进。

一是旗帜鲜明加强党的政治建设。要树牢“四个意识”，坚定“四个自信”，坚决做到“两个维护”，落实市委“三个确保”政治承诺。严肃党内政治生活，不断增强政治性、时代性、原则性、战斗性，真正让党内政治生活严起来、实起来、活起来。发展积极健康的党内政治文化，弘扬忠诚老实、公道正派、实事求是、清正廉洁等价值观，坚决抵制庸俗腐朽的政治文化。持续净化党内政治生态，全面彻底干净肃清孙政才恶劣影响和薄熙来、王立军流毒，全面彻底干净消除杨钟馗严重违纪违法问题不良影响，推动巴南政治生态整体向好、持续向好。

二是扎实有效推进党的思想建设。要坚持守正创新，紧扣“举旗帜、聚民心、育新人、兴文化、展形象”的使命任务，围绕中心、服务大局。加强理论武装，始终把习近平新时代中国特色社会主义思想作为武装头脑、指导实践、推动工作的源头活水，坚持在学懂弄通做实上下功夫。加强意识形态引导和管理，严格落实意识形态工作责任制，强化意识形态主体责任，从严管好意识形态阵地。深入推进媒体融合发展，进一步壮大主流舆论阵地。不断深化网络内容建设，塑造正能量充沛、安全可靠的网络空间。

三是坚定不移抓好党的组织建设。要严把政治关，把“二十字”好干部标准落到实处，注重“该用谁”而不是“谁该用”。加强干部理想信念教育。按照中央和市委统一部署，深入开展“不忘初心、牢记使命”主题教育。加强干部政德建设，在基层一线、艰苦环境、急难险重等岗位培养锻炼干部。要以提升组织力为重点，大力实施党支部建设整体提升工程，巩固好党员清理、分类管理成果，充分发挥党员和基层党组织在经济发展、脱贫攻坚、乡村振兴、基层治理等重点工作中的示范带头作用。突出抓好新兴领域党建和互联网党建工作。要建立正向激励体系，坚持严管和厚爱结合、激励和约束并重，对受到不实反映的干部，及时澄清正名、消除顾虑；对受到处理的干部，加强教育引导，帮助他们重整行装、认真干事。切实关心干部特别是基层干部的工作、生活、思想、待遇等问题，激发干部干事创业的精气神。

四是驰而不息强化作风建设。以巩固拓展落实中央八项规定精神成果为切入点，持续推进违规吃喝、违规使用公车、收受红包礼金、违规发放津补贴、借学习培训之机公款旅游、领导干部利用名贵特产类特殊资源谋取私利等“四风”问题专项整治。落实习近平总书记“把干部从无谓的事务中解脱出来”的指示要求，切实减轻基层负担，让干部集中精力干事业、出实绩。

五是巩固发展反腐败斗争压倒性胜利。要紧盯关键少数，突出征地拆迁、工程建设等重点领域，加大对发生在群众身边腐败问题的惩处力度，围绕打赢精准脱贫攻坚战，开展好扶贫领域腐败和作风问题专项治理，在扫黑除恶专项斗争中强化监督执纪问责。要加强纪律建设，运用好监督执纪“四种形态”，开展好“以案四说”警示教育活动，对党员干部存在的问题早发现、早提醒、早处置，以严明的纪律警示保护干部，防止小问题演变成大祸患。

六是从严从实履行管党治党责任。进一步强化“两个责任”落实，对党的领导弱化、党的建设缺失、从严治党责任落实不到位的，严肃问责追责，推动失责必问、问责必严成为常态。把制度建设贯穿到党的建设各个方面，认真贯彻执行中央和市委一系列制度文件，以有效的制度约束，确保责任履行到位，做到制度面前人人平等，执行制度没有例外。

七是加强社会主义民主政治建设。加强和改进区委对人大、政协工作的领导，支持人大依法行使权力、政协依法依章开展工作。巩固发展爱国统一战线，加强同民主党派和无党派人士团结合作，做好党外知识分子、新的社会阶层人士、民族、宗教、侨务、对台等工作。积极发展基层民主，切实改进党对群团工作的领导，广泛凝聚起推动巴南经济社会发展的强大动力。

（二）围绕工业和城市抓发展，加快产城融合步伐。我们要紧紧抓住实体经济不放松，努力培育新动能、焕发新活力；把城市提升作为重要任务，让群众望得见山、看得见水、记得住乡愁。

一是下更大力气壮大工业经济。要以加快制造业高质量发展为重点，大力夯实产业基础，助推南部新城、重庆国际生物城、高等职业技术教育城建设，确保产城融合有质量、有效果。要稳住基本面。紧紧抓住汽摩、装备制造等传统支柱产业不松劲，强化骨干企业支撑作用，鼓励新投产企业放量，支持增长缓慢企业提速增收。要做大产业群。深入实施以大数据智能化为引领的创新驱动发展战略行动计划，大力发展大数据智能产业，以宗申为龙头，加快引进智电汽车及核心部件，提升配套产业本地化率；以智睿生物、惠源医药为龙头，加快新药研发和试产，做实生物医药产业集群；大力实施军民融合发展战略行动计划，支持吉力芸峰、大江库博等军民融合项目投产放量；以惠科为龙头，壮大电子信息产业集群。要转型提质量。巩固宗申、建设机电等大中型企业转型升级成果，支持大江美利信、惠科金渝等企业实施绿色改造示范。助推中小企业发展，依托鸥鹏、曙光等楼宇产业，鼓励一批符合条件、有市场前景、成长性好、创新力强的中小企业进入园区，抱团发展。要降本增效益。持续落实中央、市、区企业减负政策，精准、靠前、高效服务企业，切实降低企业成本，不断提升企业的获得感。

二是下更大力气推动城市提升。认真实施城市提升行动计划，突出国际化、绿色化、智能化、人文化，努力把巴南建设成为“近者悦、远者来”的美好城市。要坚持规划引领。高标准制订南部新城、重庆国际生物城、高等职业技术教育城发展规划，引导城市空间有序拓展。要提高建设水平。加快推进龙洲湾隧道、渝黔扩能、渝南大道D段南延伸段、铁路东环线、渝湘高铁、轨道交通20号线等重大项目。不断完善城市功能，按照全市“两江四岸”治理提升要求，坚持美化、绿化、亮化、硬化的工作思路，推动巴滨路沿线全面提档升级。新建一批精品公园，做强一批星级酒店，做靓一批特色美食风情街，满足市民消费需求。要提升管理质量。持续开展全国文明城区和国家卫生区创建工作，深化“大城智管”“大城细管”“大城众管”，全面启动智慧城管系统建设，推进城市管理智能化、精细化、人性化。深入开展鱼洞、李家沱、花溪等老旧城区交通堵点乱点、背街小巷专项整治，加快道路、地下管网、停车场等基础设施改造提升，巩固城区绿地、荒坡菜地整治成果。推动生活垃圾分类治理，推广文明生活方式，形成社会共治共管新局面。

三是下更大力气发展现代服务业。要推动生产性服务业向专业化延伸，生活性服务业向高品质提升。加快互联网、大数据、人工智能和实体经济融合发展，加强先进信息技术在制造业领域的应用，促进先进制造业和现代服务业深度融合。大力发展现代物流，引进和培育大型物流企业，积极融入国际物流体系。推动华南城、协信汽车城、铠恩国际家居名都等专业市场集群建设，抓好龙洲湾、鱼洞、李家沱等商圈提档升级，繁荣业态，集聚人气，吸引消费。瞄准新消费趋势，积极发展智慧教育、健康养老等新业态，提供健康、绿色、智能消费产品，满足不同群体不断升级的新消费需求。

四是下更大力气加快民营经济高质量新发展。民营经济是巴南经济发展的重要支撑、吸纳就业的主要渠道和社会财富的重要来源。要深入贯彻落实习近平总书记在全国民营企业座谈会上的重要讲话精神和全市民营企业座谈会精神，全面落实涉企优惠政策，开展好集中走访服务民营企业活动，切实帮助企业办实事、解难题。建立健全服务民营经济制度机制，用好非公经济“三本台账”，完善信用体系建设，为企业营造公平竞争环境。着力构建“亲”“清”新型政商关系，大力宣传优秀民营企业家先进事迹，在全区营造尊重民营企业家、支持民营企业家、善待民营企业家的良好氛围。

五是下更大力气打好防范化解重大风险攻坚战。越是经济下行压力较大的时候，越要注重防范化解风险。要防控政府债务风险。进一步完善举债融资机制，规范平台公司行为，有效防范化解国企债务风险，坚决防止靠过度举债保增长的做法。严控隐性债务，继续开展“土地征收出让、税收规费征管、招商优惠政策”三项规范，坚决限定总量、严格控制增量、妥善化解存量。要防控金融风险。稳妥开展P2P清退工作，抓好个案处置。强化综合监管，坚持疏堵结合，严厉打击金融违法犯罪活动，依法依规加大行政处置力度。

（三）围绕农业和旅游抓增收，提高农旅融合水平。要继续按照“五个振兴”要求，坚持农业农村优先发展，大力实施乡村振兴战略，全力推进旅游业发展升级，努力让巴南大地绿起来、巴南农村美起来、巴南人民富起来。

一是加快现代农业发展。要抓好特色产业发展。立足品牌茶叶、精品果蔬、特色粮油、生态渔业四大产业，实施好“三百”试点示范。鼓励和支持新型农业经营主体大力发展“三品一标”认证，扩大品牌农产品生产规模。坚持农村一二三产业融合发展，促进农文旅、产加销一体化，构建品种多样、规模适度的精品化特色产业发展新格局。要大力培育新型经营主体。开展家庭农场、专业大户认定工作，抓好农民专业合作社示范社、家庭农场示范场所建设，指导农业经营主体完善运行机制。要切实加强农产品质量安全监管。严厉打击违法销售和滥用农药、添加违禁药物、抗生素等行为。加强非洲猪瘟等重大动物疫病防控，确保不发生重大动物疫情。要落实基础设施保障。大力开展“四好农村路”、普通干线公路建设，实施好农村集中式供水工程，巩固提升饮水安全。

二是做强农旅融合品牌。要明确发展方向。坚持把推动全域旅游发展作为主要抓手，把建设“国际知名温泉旅游目的地”和“都市休闲旅游目的地”作为工作目标，充分依托我区“五山”“四岛”“两泉”“两镇”等自然和人文资源优势，打造“春赏花、夏纳凉、秋摘果、冬泡泉”四季旅游名片，做强“乐享四季·生态巴南”旅游品牌，培育一批有影响力的精品景区，建设一批有震撼力的大型旅游综合体。要延伸产业链条。发挥“旅游+”的巨大潜力，整合各类产业资源，促进旅游和农业、商贸、文化等产业协调共生，实现旅游产品供给标准化、品牌化、特色化，形成完整的旅游供给全产业链体系。要丰富品牌活动。办好“2019中华山水茶道文化节暨首届乡村振兴高峰论坛”，突出月月有活动、四季有精彩，支持市场主体参与打造符合当地特色的梨花节、樱桃节、漂流赛、温泉季等节庆活动，集聚旅游人气，提升巴南知名度和美誉度。

三是完善农旅融合元素。要实现环境优美。突出抓好农村垃圾处理、污水处理和“厕所革命”三件大事，健全完善行之有效的农村人居环境长效管护机制。要力促设施齐。围绕实现“快旅慢游”，加强主要景区连接道路网络建设，提档升级景区道路等级，逐步实现“城景通、景景通”。优化观光巴士、公交专线，力争变站点为景点。有条件的地方要完善骑行道、加气站、维修点、充电桩等配套设施，加强城乡公共休闲区、景区人行便道和观景平台建设，为市民提供多样化服务。要培育人文美。深入挖掘、充分发挥巴南文化底蕴，倡导现代文明理念和生活方式，引导村民遵守“村规民约”，培育文明乡风、良好家风、淳朴民风，让正能量抢占农村文化阵地，引导农民自觉抵制陈规陋习，弘扬新风正气，以文明乡风吸引八方宾客。

（四）围绕民生与稳定抓平安，提升人民幸福指数。民之所盼，政之所向。我们要坚持以人民为中心的发展思想，既尽力而为又量力而行，多谋民生之利、多解民生之忧。

一是民生改善要顺应新期待。坚决打好精准脱贫攻坚战，围绕贫困村实现“八有”、贫困户实现“两不愁、三保障、一达标”开展工作，落实产业扶贫、教育扶贫等政策措施。坚持扶贫与扶志、扶智相结合，建立巩固脱贫成果的长效机制，确保220名贫困人口高质量稳定脱贫。要实施好保障和改善民生行动计划，把“稳就业”摆在突出位置，重点关注高校毕业生、农民工、退役军人等群体就业，城镇登记失业率控制在3%以内。深入贯彻落实全国、全市教育大会精神，构建德智体美劳全面培养的教育体系，严把幼儿园准入关，公办幼儿园占比达40%以上，普惠覆盖率提高到65%，新建箭滩河中学等4所学校，创建3所智慧校园。推进三甲医院、区中医院三期综合楼项目建成投用，全面实施全民参保计划，城乡养老、医疗保险参保率巩固在96%以上。鼓励社会力量投资兴办养老机构，建成投用16个社区养老服务中心（站）。维护好舌尖上的安全，开展食品药品专项整治，严厉打击违法行为。坚持“房子是用来住的、不是用来炒”的定位，促进房地产市场保持平稳健康发展。

二是文化事业要展现新气象。以培育践行社会主义核心价值观为根本任务，精心组织开展庆祝中华人民共和国成立70周年等重大主题宣传教育活动，持续抓好公民道德建设、时代新人培育、红色基因传承、基层思想政治工作固本、基层阵地提升、核心价值观全民行动等工作。深化群众性精神文明创建，加强公民思想道德建设，做实做优典型选树、移风易俗、文明风尚传播引领等工作。着眼增强群众的文化获得感幸福感，加强文艺精品创作生产，推动公共文化服务优化升级，提高文化产业开放水平。完善文化产业布局，依托华熙文化体育中心等重点项目，积极培育产业发展新增长点，提升城市文化形象。认真组织一批对外文化交流和城市形象推介活动，讲好巴南故事，扩大巴南对外影响力。

三是社会治理要取得新成效。始终把维护政治安全特别是政权安全、制度安全放在第一位，健全完善重要领域风险台账动态管理机制，坚决防范化解各类风险。推动“枫桥经验”重庆实践行动在巴南落地见效，建立形成统一高效的社会管理体系。要加强基层阵地建设。坚持统筹规划、科学设置、合理调整，着力解决基层组织特别是城市社区划分不平衡、办公阵地不完善等问题，真正为群众提供便民高效的社区服务。要全面推进依法治区。健全区、镇（街道）、村（社区）三级公共法律服务实体平台，加快推进现代公共法律服务体系建设。持续开展专项执法督查和案件评查活动，努力让人民群众在每一个司法案件中感受到公平正义。加大全民普法力度，严格落实“谁执法谁普法”责任制，增强全社会法治意识。要切实服务保障经济社会发展。牢固树立抓稳定也是抓发展的意识，深入推进扫黑除恶专项斗争，严厉打击黑拐骗、黄赌毒等各类违法犯罪活动，不断提升群众安全感和满意度。坚持“生命至上、安全第一”，坚守安全红线，压实党委政府领导责任、部门监管责任、企业主体责任，坚决杜绝发生较大及以上生产安全事故。

四是环境保护要达到新高度。要认真落实习近平总书记“共抓大保护、不搞大开发”的重要指示精神，牢固树立“绿水青山就是金山银山”的理念，大力实施生态优先绿色发展行动计划，完善生态环境治理体系，加快补齐环保设施“短板”，加强突出环境问题治理。开展生态保护红线管控，严格环境准入，落实年度减排责任目标及工程措施。打好污染防治攻坚战，压实环保“党政同责、一岗双责”，落实企业主体责任，加强镇街环境监管能力建设。开展“利剑执法”“铁腕监察”等行动，加大对环境违法行为查办和惩治力度，努力使巴南水更清、天更蓝、山更绿、土更洁、声更静、环境更安全。

（五）围绕责任与任务抓落实，不断提升工作实效。一分部署，九分落实。我们要紧紧围绕责任与任务抓落实，不仅看态度、关键看行动、最终看效果，督促各级干部真正撸起袖子加油干、扑下身子抓落实，确保党的要求令行禁止、政策落地一路畅通。

一是明确督查重点。坚持工作导向，围绕学习贯彻习近平新时代中国特色社会主义思想、推进全面从严治党、深化改革、扩大开放、打好“三大攻坚战”、实施“八项行动计划”等一系列中央和市委决策部署开展督查，以真督实查确保真落实。

二是改进督查方式。坚持问题导向，既要到工作开展好的地方总结经验，更要到情况复杂、矛盾突出的地方解决问题，多看“后院”“角落”，少看“门面”“窗口”。要深入基层、深入群众、深入实际开展督查，重实干、查实绩、听民意。充分运用大数据手段，结合实地暗访、随机抽查等方式，不断提高督查检查考核工作的质量和效率。

三是加强追责问效。坚持结果导向，发挥考核指挥棒作用，对工作不力、履职缺位的干部，要真追责、敢追责、严追责。对尽职尽责、敢于担当的干部，要给奖励、敢重用、立榜样，让真干假干不一样、干多干少不一样、干好干坏不一样，推动全区上下以实干之风，行务实之举，见落实之效。

各位代表、同志们！新时代的巴南，正处于大有可为的历史机遇期，唯有万众一心，才能行稳致远；唯有真抓实干，才能赢得未来。我们要以真抓的实劲、敢抓的狠劲、善抓的巧劲、常抓的韧劲，努力在经济社会各个领域实现新作为、取得新成果、开创新局面！

四、增添动力，在担当作为中坚定决心加快发展

习近平总书记在庆祝改革开放40周年大会上

指出，“改革开放是党和人民大踏步赶上时代的重要法宝，是坚持和发展中国特色社会主义的必由之路，是决定当代中国命运的关键一招，也是决定实现‘两个一百年’奋斗目标、实现中华民族伟大复兴的关键一招”。我们要千方百计添举措、攻坚克难求突破，激发改革、开放和创新活力，为推动高质量发展、创造高品质生活提供强大动力。

（一）在深化改革上求突破。改革是一场革命，必须有坚忍不拔的毅力，以真抓促落实、以实干求实效。我们要下更大气力抓改革，努力推进思想再解放、改革再深入、工作再落实。一是深化经济体制改革。认真贯彻习近平总书记“巩固、增强、提升、畅通”的八字方针，持续深化供给侧结构性改革。健全大数据智能化与实体经济深度融合机制，建立和完善军民融合发展机制，推动形成科技成果转化机制。持续推进区属国有企业战略性重组，加快开放型经济体制改革。二是深化农业农村体制改革。健全乡村振兴体制机制，加大涉农资金整合力度，稳妥开展农村产权制度改革，促进城乡生产要素有序流动。继续推进农村“三变”“三权分置”改革，建立“三社”融合发展机制。三是深化政治体制改革。加强依法治区实践，全面落实司法责任制，推进法治政府建设。积极稳妥推进机构改革，确保如期、平稳、圆满完成各项任务。深入推进“放管服”改革，实施好“全渝通办”，完善“互联网+政务服务”平台，推动政务服务标准化建设。四是深化社会体制改革。推进教育领域综合改革，完善城乡义务教育一体化发展机制，健全幼儿园保教机制，深化职业教育改革。加快公立医院综合改革，完善医疗服务体系。五是深化生态文明体制改革。健全绿色发展体制机制，严守生态保护红线。推进污染防治攻坚体制机制改革，深化“河长制”，健全水体污染防治长效机制，落实蓝天保卫战各项措施。六是深化党的建设制度改革。完善和落实民主集中制，强化干部队伍政德建设，坚持新时期好干部标准，健全发现培养选拔优秀年轻干部的体制机制。深化纪检监察体制改革，强化监督执纪问责和监督调查处置，不折不扣贯彻落实中央、市委关于巡视巡察上下联动的部署要求，深入推动巡察工作向基层延伸。

（二）在创新发展上求突破。创新是引领发展的第一动力，是建设现代化经济体系的战略支撑。相较发达地区，巴南的创新能力较为薄弱，我们要有创新的危机感、紧迫感，推动创新发展不断向前迈进。一是加快科技创新。科技创新是全面创新的核心，要提高企业创新积极性，大力培育和引进科技型企业和高新技术企业，支持区内企业转型升级、科技创新、品牌提升，鼓励支持企业建设各类研发平台和技术研发中心，构建需求为导向、企业为主体的产学研一体化创新机制。要落实政策支持，设立工业和信息化发展专项资金、科技创新专项资金、农业新型经营主体贷款贴息以及农产品“三品一标”认证奖励资金，并根据经济社会发展情况动态调整。鼓励支持民营经济“个转企”“微升小”“小升规”“规改股”“股上市”。要强化平台支撑，以重庆理工大学为核心，打造“一核一谷一带一园”创新创业生态圈，努力构建政策引领先导化、要素功能系统化、载体平台链条化、资源配置全球化、产业集群高端化的生态环境，实现大学校园、科技产业园、创新公园“三园联动”，助推发展动力转换、产业结构优化。二是加快人才创新。人才是创新的根基，要深入实施科教兴区和人才强区行动计划，优化人才引进环境，种得梧桐树、引得凤凰来。要加快高层次人才引进，通过与高校、认证机构合作，建立完善“主导产业专家库”等方式拓宽引才渠道，立足需求，积极对接落实国家、市重大人才工程，借助“国创会”引进签约一批高新技术项目团队。要强化人才政策保障，大力实施“鸿雁计划”“菁英计划”“学术和技术带头人”“高技能人才”等人才激励项目，设立不低于2000万元的高层次创新人才专项资金。完善三级人才服务体系，编制《巴南区高层次人才服务手册》，实施人才安居保障工程，打造人才优质公共服务体系。要加快服务平台建设，充分发挥西部人才产业园、校地校企人才合作、科技研发、创新创业服务等平台作用，引进更多人力资源服务机构，为企业提供全面、专业的人才服务。充分利用重庆高等职业技术教育城的职教资源，培养高素质劳动者和技能人才，为实体经济发展提供生力军。

（三）在开放发展上求突破。改革开放40年的实践启示我们：开放带来进步，封闭必然落后。当前，巴南加快对外开放面临重大历史机遇。我们必须树立强烈的机遇意识，实施好内陆开放高地建设行动计划，掀起新一轮对外开放热潮。一是做强开放平台。按照全市“1+3”国际物流分拨中心建设任务，大力推进重庆公路物流基地及周边区域相关基础设施建设、深化大数据智能化应用，形成完备的多式联运交通网络和智能高效的物流集疏运体系。二是完善开放通道。稳步推进重庆—东盟班车线路延展，提升班车运量规模，发挥通道带动效应。加快通道基础配套设施建设，加强东盟端物流网络建设，增强海外分拨仓集货辐射能力。开展沿线海关特殊监管区合作，促进通关一体化、贸易投资便利化。三是培育开放优势。紧紧围绕大数据智能化、现代物流、进出口贸易等，打造一批面向国内外的优势产业、龙头企业、拳头产品，推动区内更多优质产品走出重庆、走出国门。四是壮大开放主体。积极引进国内外优质企业落户，大力培育特色突出、竞争力强、外向度高的外贸企业，鼓励和引导本地企业走出去，开展对外投资和合作，加快汇聚人流物流、人气商气。

各位代表、同志们！今天的巴南，正处于船到中流浪更急、人到半山路更陡的关键时刻，正处于不进则退、非进不可的关键时刻。推动高质量发展，创造高品质生活，我们责无旁贷、使命光荣。让我们更加紧密团结在以习近平同志为核心的党中央周围，以习近平新时代中国特色社会主义思想为指导，增强“四个意识”，坚定“四个自信”，坚决做到“两个维护”，落实“三个确保”政治承诺，在市委坚强领导下，用心用情、用力用智，以“行千里”的行动自觉，实现“致广大”的崭新业绩，向新中国成立70周年献礼！

在中国共产党重庆市巴南区第十三届代表大会第三次会议闭幕式上的讲话

中共重庆市巴南区委书记　辛国荣

（2018 年 1 月 11 日）

各位代表，同志们：

中国共产党重庆市巴南区第十三届代表大会第三次会议，经过全体代表和与会同志的共同努力，圆满完成了各项议程，即将胜利闭幕。

这次会议，是在巴南发展进入新时代后召开的一次重要会议，大会全面总结过去一年取得的成绩，实事求是分析面临的形势和存在的问题，审时度势提出 2019 年的总体要求和工作目标。与会各位代表本着对巴南发展高度负责的精神，肩负全区各级党组织和广大干部群众的重托，认真履职，建言献策。这次大会，是一次承前启后、继往开来的大会，是一次团结鼓劲、催人奋进的大会，是一次凝心聚力、共谋发展的大会，必将为巴南实现高质量发展，创造高品质生活奠定坚实基础。

会议期间，全体代表、列席人员、工作人员全心投入、精心准备、尽职履责，确保大会顺利圆满结束。在此，我代表区委向大家的辛勤付出，表示衷心的感谢和崇高的敬意！

下面，我就做好今年的工作再强调几点意见。

第一，提高站位，统一思想，集中精力。旗帜鲜明讲政治是做好各项工作的首要前提。我们要坚决维护习近平总书记党中央的核心、全党的核心地位，维护党中央权威和集中统一领导，树牢“四个意识”，坚定“四个自信”，落实市委“三个确保”政治承诺。要把思想和行动统一到党的十九大精神上来，统一到习近平总书记对重庆提出的重要指示要求上来，统一到中央和市委决策部署上来，认真对标对表，坚决有效落实，做到理解政策不走偏、贯彻政策不打折、执行政策不走样。要全面彻底干净肃清孙政才恶劣影响和薄熙来、王立军流毒，全面彻底干净消除杨钟馗严重违纪违法问题不良影响，持续用力，久久为功，大力营造良好政治生态，教育引导全区干部职工把精力集中到干事创业上来，把行动落实到造福民生上来，在真抓实干中再立新功、再创佳绩。

第二，正视困难，抓住机遇，开拓创新。站在新的起点上，巴南前进的道路不会一片坦途，必然会面对各种艰难险阻，经受各种困难考验。我们要时刻保持危机意识，保持对形势的清醒判断。既要从平稳中预见危机，又要从挑战中看到机遇，以舍我其谁的使命感、不进则退的危机感、时不我待的紧迫感、勇于担当的责任感，发扬求真务实、与时俱进、开拓创新的奋斗精神，抓住全市产业优惠政策拓展、中新互联互通国际陆海贸易新通道加快建设、重庆国际生物城、全市国际公路物流分拨基地落户巴南等历史机遇，顺势而为、乘势而上，变困难为机遇，变压力为动力，全力推动巴南高质量发展。

第三，增强信心，激发活力，营造氛围。习近平总书记指出，信仰、信念、信心，任何时候都至关重要。巴南的改革、发展、稳定任务十分繁重，要实现党代会既定的目标任务，必须始终保持战略定力，坚定必胜信心，做到认认真真谋事、踏踏实实干事，兢兢业业成事；要充满激情和活力，保持一股昂扬向上、一往无前、永不懈怠的精气神，夙夜在公，勤奋工作，撸起袖子加油干；要全力营造团结一致的氛围、营造干事创业的氛围、营造担当作为的氛围，全力推进各项事业发展。

第四，强化责任，细化措施，督促落实。落

实才是硬道理。目标要求再宏伟，方向思路再清晰，工作措施再具体，如果落不到实处，见不到实效，那都是一纸空文。各级各部门要对标对表中央和市委决策部署，把贯彻党代会精神同本地区、本部门实际结合起来，工业要在做大做强、转型升级上下功夫，城市要在完善功能、提升品质上做文章，农业要在提质增效、富民增收上求突破，商贸物流要在优化业态、汇聚人气上出实招，民生稳定要在增强老百姓幸福感安全感获得感上见实效。要在战略部署上“扣扣子”，在责任履行上“担担子”，在任务落实上“钉钉子”，制定“作战图”、列出“时间表”，落实责任，强化督查，高效率、快节奏，扎扎实实推进。

最后强调一下岁末年初的工作。一是做好保障民生和社会稳定工作。要立足于早、立足于小，抓好道路交通、建筑施工、危化品、烟花爆竹、食品药品等重点行业的安全监管，加强社会治安防控，确保人民群众生命财产安全。要高度重视拖欠农民工工资、房地产市场维权等引发的集访群访问题。要持续关注和改善民生，做好各类困难群众慰问帮扶，保障群众温暖过冬。二是严守廉洁纪律。要严格贯彻落实中央八项规定精神，时刻严守党的纪律不越轨，面对诱惑不动心，始终保持清醒头脑，严格按规矩办事。各级纪检组织要重点查处春节期间公款吃喝、收送礼品礼金、大办婚丧喜庆、滥发津贴补贴奖金等问题，一经发现，严肃处理。三是谋划开年工作。要深入开展调查研究，到车间码头、田间地头、农家院坝，围绕招商引资、项目促建、企业发展、社会民生等重点工作，找问题、找思路、找方法，做到心中有数、手中有策，确保今年各项工作实现开门红。

各位代表、同志们，没有比人更高的山，没有比脚更长的路。让我们紧密团结在以习近平同志为核心的党中央周围，在市委、市政府的坚强领导下，以坚如磐石的信心、只争朝夕的劲头、坚忍不拔的毅力，砥砺奋进、接续奋斗，争当巴南发展新征程上的追梦人，努力创造无愧于时代和人民的崭新业绩！

新春佳节将至，在此，我代表区“四大家”班子，向各位代表并通过你们，向全区广大干部群众致以亲切的慰问和节日的问候，祝愿大家节日快乐、工作顺利、身体健康、阖家幸福！

深学笃用习近平新时代中国特色社会主义思想 推动党的十九大全面从严治党战略部署落到实处

——中共重庆市巴南区纪委向区第十三届党代表大会第三次会议的工作报告

一、2018 年工作回顾

（一）践行“两个维护”不放松，推动政治生态不断向好

针对我区政治生态所暴露的突出问题，深入贯彻落实习近平总书记参加重庆代表团审议时的重要讲话精神、市委敏尔书记调研巴南时指示精神，以滚石上山的劲头修复净化政治生态。认真落实市委“十破十立”部署要求，抓住“关键少数”，将肃清孙政才恶劣影响和薄熙来、王立军流毒作为区委巡察和区纪委监委专项检查的重要内容，切实消除杨钟馗严重违纪违法问题不良影响。区委召开政治生态建设半年专题分析会，区纪委监委听取基层纪检监察组织政治生态情况的汇报，定期分析研判纪检监察信访举报情况，动态掌握全区政治生态情况。通过坚持不懈地努力，我区政治生态呈现出积极向好的发展态势，《中国纪检监察报》头版对我区净化政治生态的工作进行了报道。

（二）层层传导压力不减弱，“两个责任”落实更加有效

定责拧紧责任螺丝。协助区委制定完善《深化落实全面从严治党主体责任的意见》《区委全面从严治党责任清单》，在“共性清单”的基础上，增加“个性清单”，让全区各级党组织和纪检监察组织落实责任有章可循，避免责任虚抓空转，层层传导压力。

督责推动责任落地。发挥“监督的再监督、检查的再检查”职能作用，加强对各级党组织履行全面从严治党责任情况的监督检查，重点检查各单位落实上级重大会议精神、重点工作部署和“两个责任”的情况。

问责倒逼责任落实。严格执行问责条例及重庆市实施办法，坚持失责必问，问责必严，以强有力的问责唤醒责任意识，全年共实施党内问责 22 件，问责区管领导干部 28 名。

（三）坚持挺纪在前不含糊，遵规守纪意识显著增强

深化运用监督执纪“四种形态”。坚持严管和厚爱结合、激励和约束并重，督促全区各级党组织准确运用监督执纪“四种形态”，特别是在用好第一种形态上下功夫，及时咬耳扯袖、红脸出汗。全年运用监督执纪“四种形态”1739 人次，其中，第一种形态 1577 人次，占 90.7%。对全区 2017 年受到党（政）纪处分、组织处理和 2016 年受处分后仍在影响期内的 79 名党员干部进行跟踪教育回访，了解思想动态和工作状况，让其卸下“包袱”，总结教训，积极工作，达到纪律处分和纪律教育的最佳效果。

强化党风廉政宣传。全方位、多角度宣传我区党风廉政建设新做法新成效，着力营造“敬畏、知止”的良好氛围，累计在《人民日报》《中国纪检监察报》《重庆日报》等市级以上主流媒体发布新闻稿件 110 余篇；向全区党员干部累计发送廉政短信 35 万余条；将学习宣传贯彻宪法、监察法和新修订的《中国共产党纪律处分条例》作为一项重要的政治任务，举办解读性专题讲座 50

余场，在区内报纸、电视、新媒体开设宣传专栏，刊载（播）党纪法规原文及解读1200余条次，运用宣传展板、橱窗、横幅标语、户外广告牌、电子显示屏等公益宣传平台刊播（张贴）宣传广告、标语、视频20余万条次。

扎实开展“以案四说”警示教育。用好发生在本区的杨钟馗、王斌等党员领导干部违纪违法典型案例，编辑制作忏悔录选编、警示教育片、典型案例汇编等警示教材，在全区开展“以案说纪、以案说法、以案说德、以案说责”警示教育；突出关键少数，到违纪违法区管领导干部所在党组织宣布处分决定，对新提任33名处级以上领导干部开展廉政谈话，及时敲响廉政警钟；适时通报曝光新近查处的违纪违法典型案例，释放越往后执纪越严的强烈信号。全年通报曝光各类典型案例68起107人，开展“以案四说”警示教育344场，使广大党员干部知敬畏、存戒惧、守底线。

把纪律监督融入日常。深入推进落实党员干部亲属涉权事项公开工作，推动基层权力公开、透明运行，切实管好管住“小微”权力。严格执行申报制度，创新监督方式，深化日常监督。把好党风廉政意见回复关，确保落实好干部标准、树立正确用人导向。

（四）强化正风肃纪不松劲，党风政风明显好转

紧盯重要节点。狠抓元旦春节、五一端午等重要时间节点，密切关注隐形变异、改头换面等新动向，坚决防止“四风”反弹回潮，检查单位86个，发现问题线索17个，处理20人。

锲而不舍落实中央八项规定精神。不断巩固拓展落实中央八项规定精神成果，认真贯彻落实市纪委关于《落实中央八项规定精神30问》，严查顶风违纪行为。全年查处违反中央八项规定精神问题46件72人，并对查处的问题点名道姓通报曝光。

坚决整治形式主义、官僚主义。聚焦《关于贯彻落实习近平总书记重要指示精神集中整治形式主义、官僚主义的通知》（巴南委办〔2018〕68号）中指出的4个方面12类问题，咬住不放、严肃查处，持续用力、形成威慑，查处相关问题53件，处理159人。

（五）深化标本兼治不手软，惩治腐败高压震慑持续保持

做好反腐败追逃追赃工作。在市纪委监委集中开展为期3个月的反腐败追逃追赃专项行动中，区委反腐败协调小组迅速行动，仅用一周时间，就将潜逃19年的区财政局原工作人员杨某捉拿归案、绳之以法。

依规依纪依法开展审查调查。始终保持惩治腐败高压态势，坚持反腐败无禁区、全覆盖、零容忍，坚持重遏制、强高压、长震慑，标本兼治，反腐败斗争取得压倒性胜利。牢牢树立“没有安全就没有审查调查”的理念，狠抓执纪审查调查安全责任落实，强化监督检查，开展留置场所应急安全演练，及时整改各类安全隐患，确保审查调查安全。

坚决整治群众身边腐败和作风问题。充分发挥信访举报问题线索主渠道作用，借助大数据和现代信息手段，将全区各项惠民惠农政策、资金纳入党风政风综合监督平台，下大气力整治发生在群众身边的腐败问题和不正之风。全年查处侵害群众利益腐败问题和不正之风148件296人，其中查处扶贫领域腐败和作风问题47件155人。坚决做好中央巡视组脱贫攻坚专项巡视交办问题线索的办理反馈工作。

在扫黑除恶专项斗争中强化监督执纪问责。坚持把扫黑除恶与反腐、基层“拍蝇”结合起来，深挖黑恶势力“保护伞”，办理相关问题线索172件，办结167件。坚决做好中央扫黑除恶第9督导组交办问题线索的办理反馈工作。重庆新闻联播对我区扫黑除恶专项斗争监督执纪问责工作进行了重点报道，工作开展情况在全市进行了经验交流发言。

（六）深化政治巡察不动摇，巡察利剑作用充分彰显

自觉担负起政治责任。认真贯彻执行中央、市委关于巡察工作的新部署新要求，设立区委巡察办为区委工作机构，从全区范围内调配15个编制，确保工作力量。牢牢把握政治巡察方向和任务，紧密结合巴南区农村面积大、人口多及建成区相对较小的特点，有针对性地制定了对区委管理党组织和村（社区）、行业一线党组织的巡察监督重点内容，把准要害，精准发力。

深入推进巡察向基层延伸。综合运用常规巡察、专项巡察、“回头看”和整改情况“点穴式”抽查等方式，对区委管理的98个党组织开展巡察，向300个村（社区）党组织、157个行业部门一线党组织延伸巡察，切实扎牢织密监督网。

扎实做好巡察“后半篇”文章。狠抓整改落实，将整改情况作为日常监督的重要内容。全年下发立行立改问题移送函18份，督促解决了木洞镇100多户群众吃水难等一批关系群众切身利益的民生实事；督促国有公司新出租国有商业资产6.69万平方米，签约金额超千万元。

（七）持续深化改革不停步，制度优势逐步转化为治理效能

有力有序推动监察全覆盖。严格按照确定的时间表和路线图，以“绣花”功夫精细施工，顺利完成区监委组建、人员转隶，监察对象增加到60953人；将10个派驻纪检组更名为派驻纪检监察组，授予部分监察调查权限；设立区监委派出监察室6个，归口负责22个镇（街道）的监察工作；初步选聘村（居）监察监督员300名，实现对我区所有行使公权力的公职人员监察全覆盖。

强化纪法贯通、法法衔接。狠抓案件质量，把党规党纪、法律法规“两把尺子”结合起来、统一起来，有效惩治职务违法犯罪。首次使用留置措施，对区网信办原主任王斌严重违纪违法问题进行了严肃查处。

（八）狠抓自身建设不懈怠，履职尽责能力全面提升

围绕纪检监察机关是政治机关的政治定位，建立健全区纪委常委会、区纪委监委理论学习中心组集体学习制度，做到第一时间学习总书记重要讲话精神和党中央的新部署新要求，原原本本学、联系实际学、深入思考学，努力掌握精髓要义，不断提高理论思维、战略谋划、精准落实水平。深刻领会市委作出的“三个确保”政治承诺，在“两个维护”上切实担负特殊使命和重大政治责任。加大对纪检监察干部培训力度，选派党员干部参加中央纪委国家监委、市纪委监委培训22人次，组织参加市纪委监委远程培训讲座4期447人次，自主举办培训班3期431人次。做到打铁必须自身硬，要求纪检监察干部严格执行《重庆市纪检监察干部“八条禁令”》，加强内部监管，自觉接受监督，对纪检监察干部违纪违规行为“零容忍”。

虽然我们的工作取得了一定成绩，但与全面从严治党的要求相比，还存在一些问题和不足，在下一步工作中，将从思想上和行动上认真加以解决。

二、2019年工作建议

（一）把政治建设摆在首要位置。严守政治纪律和政治规矩，树牢“四个意识”，坚定“四个自信”，坚决做到“两个维护”，紧紧围绕习近平总书记对重庆提出的“两点”定位、“两地”“两高”目标和“四个扎实”要求，做到把握形势坚定政治立场，筹划工作落实政治要求，解决问题注意政治导向，推动党中央重大决策部署落地见效。坚决肃清孙政才恶劣影响和薄熙来、王立军流毒，坚决消除杨钟馗严重违纪违法问题不良影响，坚决防止“七个有之”，坚决做到“五个必须”，推动全区政治生态整体向好、持续向好。

（二）进一步夯实管党治党政治责任。牢牢抓住党委（党组）主体责任、党委（党组）第一责任人这个“牛鼻子”，运用党风政风监督大数据平台，建立领导干部履职纪实台账，实现履职尽责动态监管。加强监督检查，对党的领导弱化、党的建设缺失、从严治党责任落实不到位的，对维护党的政治纪律和政治规矩失责、贯彻中央八项规定精神不力、选人用人问题突出、腐败问题严重、不作为乱作为的，严肃问责追责，把管党治党政治责任进一步落到实处。

（三）全面加强党的纪律建设。始终把纪律挺在前面，坚持纪严于法，重点强化政治纪律和组织纪律，带动廉洁纪律、群众纪律、工作纪律、生活纪律严起来，着力在日常监督、长期监督上探索创新、实现突破，做到真管真严、敢管敢严、长管长严。督促全区各级党组织深化运用监督执纪“四种形态”，推动“以案四说”警示教育常态化、制度化，坚持抓早抓小、关口前移，以严明的纪律警示保护干部，防止小问题演变成大祸患。

（四）以钉钉子精神抓好作风建设。认真贯彻落实习近平总书记关于坚决整治形式主义、官僚主义的一系列重要讲话和批示精神，紧盯不敬

畏、不在乎、喊口号、装样子的问题，坚决破除形式主义、官僚主义。持之以恒落实中央八项规定精神，继续盯住公车私用、公款旅游、大操大办、乱发津补贴、收送“红包”礼金以及领导干部利用名贵特产类特殊资源谋取私利等问题，关注“四风”隐形变异、改头换面等新动向，一个节点一个节点坚守，扭住不放、寸步不让，移风易俗、成风化俗。

（五）巩固发展反腐败斗争压倒性胜利。不敢腐、不能腐、不想腐同步推进、同向发力，深化标本兼治，更有力削减存量、有效遏制增量。坚决整治群众身边腐败和作风问题，围绕打赢脱贫攻坚战，开展扶贫领域腐败和作风问题专项治理，在扫黑除恶专项斗争中强化监督执纪问责，让人民群众有更多获得感、幸福感、安全感。认真落实市纪委监委执纪审查调查安全工作会议精神，严格依规依纪依法开展执纪审查调查，做到得法得效，确保审查调查安全。充分发挥反腐败协调小组作用，加强成员单位间沟通协作，形成反腐败工作合力。

（六）纵深推进政治巡察。深入学习贯彻习近平总书记“五个持续”的重要要求，深化政治巡察，紧密结合市委市政府打好“三大攻坚战”、实施“八项行动计划”和区委重点工作安排，持续推进巡察向基层延伸。不断创新巡察方式方法，适时开展“机动式”“点穴式”巡察，发挥“游动哨”的威慑力，使巡察成为党内监督的“移动探头”，增强巡察工作的时效性。扎实做好巡察“后半篇文章”，用好用足巡察成果，突出边巡边改、立行立改、全面整改，让利剑高悬、震慑常在。

（七）全面深化纪检监察体制改革。深刻领会习近平总书记关于全面深化改革的重要思想，坚决贯彻党中央关于纪检监察体制改革的战略部署，聚焦主责主业，持续深化“三转”，推进纪律监督、监察监督、派驻监督、巡察监督协调衔接，切实履行好监督第一职责。推动纪法贯通，注重法法衔接，进一步完善党领导反腐败的工作机制、决策机制和实施举措，推动我区纪检监察工作再上新台阶。

（八）打造忠诚干净担当的纪检监察铁军。深入学习领会习近平新时代中国特色社会主义思想，坚定理想信念宗旨，自觉把“两个维护”落实到纪律建设、监督执纪、政治巡察、责任追究各个环节。系统学习党章党规党纪和宪法法律法规，努力成为纪法皆通的“专才”，成为运用法治思维和法治方式开展工作的“专家”。始终在行使权力上慎之又慎，自我约束上严之又严，坚持刀刃向内，坚决清除“害群之马”，自觉接受党内监督和其他各方面监督，严格约束家属、子女和身边工作人员，打造忠诚坚定、担当尽责、遵纪守法、清正廉洁的纪检监察铁军。

重庆市巴南区人民政府工作报告

——2019 年 1 月 16 日区十八届人大三次会议审议通过

重庆市巴南区人民政府区长　何友生

各位代表：

现在，我代表区人民政府向大会报告工作，请予以审议，并请区政协委员和其他列席人员提出意见。

一、2018 年政府工作回顾

过去一年，我们深入贯彻党的十九大精神，深学笃用习近平新时代中国特色社会主义思想，认真落实习近平总书记对重庆提出的“两点”定位、“两地”“两高”目标和营造良好政治生态、做到“四个扎实”的重要指示要求，在市委、市政府和区委的正确领导下，按照“五个围绕”工作要求，积极应对各种困难和挑战，知难而进、迎难而上，扎实推进“三大攻坚战”“八项行动计划”，经济社会发展取得新业绩、迈出新步伐。

——经济运行稳中向好。实现地区生产总值 781.2 亿元，同比（下同）增长 7.1%。工业总产值 835.6 亿元，增长 2.1%。全社会固定资产投资、社会消费品零售总额、规上服务业营业收入，分别增长 15.4%、7.9%、48.4%。金融机构存款余额、贷款余额分别增长 10.2%、15.1%，存贷比 85%。

——质量效益稳步提升。一般公共预算收入 48.1 亿元，增长 27.6%、居全市第一位；其中税收收入 43.4 亿元，增长 30.2%；非税收入占比 10%，收入质量居全市第二位。辖区税收收入突破 100 亿元，增长 24.2%。引进投资 5000 万元以上产业项目 80 个，到位资金 310 亿元。规上工业用电量增长 20.1%。三次产业比从 6.9∶45.6∶47.5 调整为 5.3∶38.7∶56。

——民生保障更加有力。民生支出 52.9 亿元，占一般公共预算支出 63.2%。城镇登记失业率 2.7%，城镇新增就业、登记失业人员及困难人员就业超额完成目标任务，高校毕业生就业率 96%。城乡居民人均可支配收入达到 3.9 万元、1.8 万元，分别增长 8.7%、9%。各项社会事业全面进步。

——生态环境持续改善。空气优良天数增加 21 天、达 309 天，创历史新高。林地面积增至 132.6 万亩，森林覆盖率达 46.6%。饮用水源地保护、次级河流水质、土壤污染防治、区域环境噪声全面达标。人居环境不断优化。

一年来，我们全力抓了六个方面的工作：

（一）着力创新驱动，工业转型升级迈出坚实步伐。创新动能逐步增强。全社会研发投入（R&D）增长 13%。综合科技创新水平指数 70.67，高于全市 5.77 个点。高技术产业实现产值 156.6 亿元，增长 15.6%。理工清研凌创等 8 家企业获评全市优秀创新型企业。成功创建国家知识产权试点城区，万人发明专利拥有量 16.33 件，比全市平均多 7.45 件。组织参加首届“智博会”，成功承办国际无人机竞速大赛。围绕主导产业引进高层次专业人才 182 人，4 人入选全市首批“鸿雁计划”。战略性新兴产业加快集聚。以惠科为龙头的平板显示产业聚集企业 15 家，实现产值152亿元、增长23%。被确定为全市生物医药产业核心聚集区，重庆国际生物城挂牌。12个项目签约落地，投资增长185%，抗肿瘤疫苗等药品填补我市高端生物制药空白。引进爱上出行等10个大数据智能化项目，思睿创5G陶瓷滤波器等7个项目建成投运。传统制造业加快转型升级和智能化改造。12家存量企业实施34个合资合作项目，大江亚普、建设翰昂等汽车关键零部件制造项目建成投产。宗申发动机等4家企业获全市数字化车间和智能工厂认定。百亚、立泰等企业实施技改扩能，轻工服装实现产值107亿元、增长19.8%。军民融合成效明显。获批重庆军民融合产业示范基地，宗申航发等12个项目投产，军民融合产业实现产值95亿元。新增军民融合企业6家、总数达17家，吉力芸峰等5家企业配齐"军工四证"。高德红外项目、2所国防科技研究院所签约。大江东龙等7个"军转民"、耐德山花等6个"民参军"项目落地建设。

（二）着力开放引领，开放型经济快速增长。开放功能有序拓展。主动融入"一带一路"建设，公路物流基地成为国际陆海贸易新通道起点，纳入全市"1+3"国际物流分拨中心规划。公路保税物流中心（B型）进出区货值19.5亿元，增长10倍。重庆—东盟班车6条班线全面开通，实现中南半岛国家全覆盖，开行505班次、货值5.5亿元，分别增长400%、230%。现代物流业快速集聚。京东9个项目落地，京东全球购销售超100万单、增长100%。顺丰等8个现代物流项目开工，凤梧冷链配送中心投用。五大专业市场实现交易额348亿元，华南城金属材料和灯饰市场建成。服务业快速发展。万达广场、海洋公园、华盛奥特莱斯人气持续提升。限上电商零售额实现97亿元，占全市四分之一。新建改建社区商业12个、城乡农贸市场6个。旅游接待3300余万人次、增长8%，实现收入111亿元、增长9.3%。规上文化服务业实现营业收入227亿元，增长53.6%。商品房销售额499.4亿元，增长54.3%。

（三）着力乡村振兴，农业农村发展呈现新气象。农业产业稳步发展。大力发展品牌茶叶、精品果蔬、特色粮油、生态渔业等四大支柱产业，带动特色效益农业产值达到34.6亿元，增长6.8%。新增"三品一标"73个，红心猕猴桃等11个农产品获评重庆名牌，巴南银针入选重庆茶叶三大品牌。五洲园、云林天乡、多彩植物园、乡村印象人气攀升，成为主城乡村旅游新热点。新发展专业合作社、家庭农场等新型农业经营主体215个。农村建设持续加力。投资1.3亿元，建成"四好农村路"165千米、场镇天然气管道65千米。新建4G基站87个、光纤1739千米，新增农村公共照明3400盏，完成改厕8128户。195个行政村实现垃圾有效治理，场镇生活污水集中处理率达85%。农业综合开发土地治理2.3万亩。实施国土绿化提升6.2万亩。推进化肥农药减量行动，推广绿色防控面积51.6万亩次。精准脱贫攻坚。81户181人实现脱贫退出。5个建卡贫困村发展"姜家黑"等10个特色产业。实施3060户农村"四类"重点对象D级危房改造。帮助188名建档立卡贫困人口实现就业。推行"先诊疗后付费""一站式"结算，严格落实贫困人口门诊及住院费用控制政策。筹集资金7200万元，精准资助家庭困难学生6.7万人次。扎实推进对口帮扶万州区扶贫工作。农村改革稳步推进。全面落实农村承包地"三权分置"制度，完成农村土地承包经营权确权登记颁证，9家经营主体获得抵押贷款3215万元。农村集体产权制度改革试点实现突破，量化7.4亿元集体经营性资产，确认69万名集体经济组织成员身份，设置股份1597万股。推进二圣巴山村农村"三变"改革试点，农民以1932亩土地入股建设田园综合体。

（四）着力建管并举，城市功能品质进一步提升。提速城市建设。新增建成区面积9.5平方千米，在建工程2164万平方米。征收交付开发用地1.5万亩。龙洲湾地标性建筑凤凰大厦动工建设，滨江片区4座星级酒店开建。龙洞湾大桥、金竹大桥建成。华熙文化体育中心投用，1.6万个室内座席创西南之最，成为重庆国际体育文化新地标。完善基础设施。轨道交通5A线、20号线、24号线和佛耳岩长江大桥、李家沱长江大桥复线桥等重大项目，纳入全市规划。龙洲湾隧道提前贯通，铁路枢纽东环线、渝湘高铁、南两高速、渝黔高速扩能加快推进。完成国省道路面改造48千米。观景口水库主体完工，南湖水厂扩能工程、七九天然气枢纽站建成投用。姜家、接龙片区公交开行，率先实现主城区二环外公交全覆盖，受益群众40万人。提升城市环境。推进大城智管、大城细管、大城众管，城管、安防等智能系统升级扩面，万余名“五长”监管城市末梢。累计投入3.3亿元，实施一批国家卫生区创建项目。持续开展“百万市民共治五乱”“市容环境四项整治”专项行动，整治“两违”305万平方米，治理荒坡菜地、城市空地等940万平方米，新增城市绿地166万平方米。整治提升城市道路22条，巴滨路景观改造升级，主城首条10千米自行车健身道建成投用。新建改建城市公园33个、公厕28所。

（五）着力生态保护，环境质量实现新改善。加强生态保护。划定生态保护红线面积184.6平方千米、国家级公益林69.6平方千米，全面落实产业禁投清单、环境准入负面清单。叫停高能耗、高污染投资项目7个，整合减少采石场项目。加强污染防治。大力整治工业废气、工地扬尘、餐饮油烟，空气质量持续提高。全面落实河长制，合力守护93条河流、94座水库，长江巴南段水质稳定保持Ⅲ类标准。实施跨流域生态调水补水1272万立方米，有效提升河湖净化功能。鱼洞、李家沱污水处理厂完成扩建，建成投用雨污管网34千米，城镇生活污水集中处理率达96%。规范企业危险废物处置，医疗废物无害化集中处理率达100%。大力整治突出问题。深入开展“清漂截污万人行动”等环保公益活动，市民生态环保意识明显增强。花溪河、一品河、黄溪河水质消除劣Ⅴ类，黑臭水体基本消除。开展“散乱污”企业整治攻坚，关停取缔、规范整治、搬迁整合1205家。

（六）着力民生保障，群众获得感进一步增强。教育医疗不断优化。教育支出14.7亿元，增长16.8%。新增公办幼儿园48所，公办幼儿园占比38.6%、提高18个百分点。新增普惠性幼儿园42所，普惠率60.3%、提高5.8个百分点。西南大学华南城中小学等5所学校建成开学。高考录取人数再创新高。15所学校获评全国体艺特色示范校。医疗卫生支出8.6亿元，增长5.3%。居民健康档案电子建档率81%，家庭医生签约覆盖率32%。公立医院薪酬制度改革试点做法在全市推广，区域分级诊疗体系初步建立。文体事业持续发展。巴南博物馆建成开放，文化馆、图书馆分馆实现镇街全覆盖。木洞山歌等通过“我在重庆学非遗”走出国门。区融媒体中心“中央厨房”在全市率先建成投用。成功举办重庆国际创意周活动，开展全民阅读等群众性文化活动5000余场。举办中国冰壶公开赛、重庆国际羽毛球赛等大型赛事40次，开展全民健身活动300余场。新增公共体育场地14万平方米。社会保障更加有力。发放创业担保贷款7393万元。社会保险参保人数183.4万人次，参保率保持95%以上。发放社会救助资金1.7亿元，惠及37万人次。建成市级示范社区养老服务中心2个、社区养老服务站7个。公租房和新建安置房累计入住2.8万户。完成棚户区改造2003户、17万平方米。地质灾害避让搬迁73户、202人。扎实开展治欠保支，全力维护农民工合法权益。

一年来，我们狠抓“放管服”改革，扎实开展“三项规范”。加大对民营企业扶持力度，落实减税降费政策，让利于企业30.7亿元，促进工业企业产品本地消纳93亿元，民间投资和民营经济增加值分别增长8%、6%。新增市场主体1.5万户，增长10.4%。争取债券资金15.3亿元，实现土地出让综合价金88.9亿元，有效防控债务风险。及时稳妥处理“10·26”突发案件，有序推进各项后续工作。非法集资、问题楼盘等矛盾化解取得明显成效。深入开展扫黑除恶专项斗争，群众安全感进一步增强。连续4年未发生较大及以上生产安全事故，安全稳定形势总体平稳。

一年来，我们坚持党的全面领导，以政治建设统领政府工作。树牢“四个意识”，坚定“四个自信”，坚决做到“两个维护”，认真履行全面从严治党主体责任，严格执行中央八项规定精神。坚决肃清孙政才恶劣影响和薄熙来、王立军流毒，消除杨钟馗严重违纪违法问题不良影响，政治生态持续向好。坚决贯彻落实区委部署和要求，认真执行人大决议、决定，定期向人大报告工作，向政协通报情况。按时办结人大代表议案建议254件、政协委员提案179件。组建城市建设、工业商贸、文化旅游三个管委会，深入推进国有企业改革。深入开展“兴调研、转作风、促落实”行动，大力推行“马上就办”，坚持依法行政、真抓实干、重在实效，确保政府工作有序高效推进。

一年来，我们坚定不移推进各项事业全面进步。民族宗教事业健康发展。人民武装、国防动员、双拥工作深入推进。妇女、儿童、青少年、慈善、红十字、老龄、残疾人事业取得新进展，外事、侨务、对台、审计、统计、人事、档案、地方志、气象、地震、人民防空等工作取得新成绩，工商、税务、质监、食药监、邮政、通讯、消防等部门做出新贡献。

过去一年，面对严峻复杂的宏观形势和多重困难挑战，所取得的成绩和进步来之不易，全区经济社会发展呈现的良好局面来之不易！这是市委、市政府和区委坚强领导的结果，是区人大、区政协有效监督、大力支持的结果，是全区广大干部群众齐心协力、团结拼搏的结果。在此，我代表区人民政府，向全区人民和广大干部职工，向各位人大代表、政协委员，向驻区部队、武警官兵和驻区单位，向离退休老同志和民主党派、工商联、无党派人士和人民团体，向所有关心支持巴南发展的社会各界人士，表示衷心感谢并致以崇高的敬意！

各位代表，受外部环境深刻变化、内部结构性矛盾影响，加之传统支柱产业下行、新产业新项目支撑尚未充分发力，地区生产总值、规上工业增加值增速没有达到年初确定的预期目标。当前，我们正处在经济结构调整、发展方式转变、新旧动能转换的攻坚期。新发展理念已落地生根，高质量发展态势正在上行，只要我们抢抓机遇、乘势而上，就一定能沿着高质量发展的方向行稳致远。

在回顾成绩的同时，我们也清醒地认识到，当前全区发展仍面临不少困难和问题，主要表现在：一是创新驱动动能不足，创新要素集聚度偏低，创新生态体系有待完善。二是工业经济不够强，战略性新兴产业规模偏小，民营经济发展环境还需改善。三是聚焦大数据、人工智能和智能制造招商力度不够大，整合招商力量、招商资源等方面存在不足。四是基础设施补短板任务重，重大功能性项目布局欠缺，产业园区生产生活配套不足。五是城乡环境改善还需持续用力，污染防治、“两违”整治和城乡接合部、背街小巷环境提升等任务十分艰巨。六是政务服务质量和效率还需提升，少数干部存在激情不高、担当不够、作风不实等现象。对此，我们将采取有力措施，切实加以解决和改进。

二、2019 年工作安排

今年，是新中国成立 70 周年，是决胜全面建成小康社会的关键之年。做好全年工作，意义重大。

今年政府工作的总体要求是：以习近平新时代中国特色社会主义思想为指导，全面贯彻党的十九大和十九届二中、三中全会精神，紧紧围绕习近平总书记对重庆提出的“两点”定位、“两地”“两高”目标和营造良好政治生态、做到“四个扎实”的重要指示要求，统筹推进“五位一体”总体布局，协调推进“四个全面”战略布局，认真落实中央和全市经济工作会议精神，按照区委十三届三次党代会工作部署，深入实施“三大攻坚战”“八项行动计划”，为决胜全面建成小康社会奠定坚实基础，以优异成绩迎接新中国成立 70 周年。

全区经济社会发展的主要目标是：经济运行稳中有进，地区生产总值增长 7% 左右，全社会固定资产投资、社会消费品零售总额分别增长 8%、9% 左右，进出口总值达到 110 亿元。发展质效稳步提高，规上工业增加值增长 5% 左右，规上服务业营业收入增长 15% 左右；一般公共预算收入增长 10% 左右，其中税收收入增长 12% 左右。创新动能持续增强，全社会研发投入增长 6% 左右，科技进步贡献率达到 60% 以上。生活水平不断提高，城镇登记失业率控制在 3% 以内。全体居民人均可支配收入增长 8.5% 左右。空气质量优良天数保持在 300 天以上，全面完成节能减排年度目标任务。基本公共服务满意度持续提升。

上述目标的确定，基于以下考虑：立足我区“产业结构调整优化期、城市建设拓展提升期、乡村发展繁荣兴盛期、民生福祉改善增进期”的实际，在外部环境深刻变化、经济下行压力有所加大的背景下，着力抢抓战略机遇期，在“巩固、增强、提升、畅通”上狠下功夫，努力实现稳中求进和高质量发展。

实现上述目标，要坚持统筹抓好“稳增长、促改革、调结构、惠民生、防风险”，全面落实中央“六稳”要求，保持经济持续健康发展和社会大局稳定，不断增强群众获得感、幸福感、安全感。要坚持落实新发展理念，立足巴南良好的自然禀赋、生态本底，坚决把好山好水保护好，努力实现生态优先、创新引领的高质量发展。要保持定力、坚定信心，只争朝夕、奋力争先，攻坚克难、狠抓落实。

全年工作要把握好以下四个方面：

——提振实体经济。聚焦聚力“高质量、供给侧、智能化”，切实扩大有效供给，让智能化给经济和生活赋能。突出工业经济对实体经济的“主引擎”和“压舱石”作用，全面落实市政府支持实体经济政策措施“十八条”，深入实施以大数据智能化为引领的创新驱动发展战略行动计划，推进数字产业化、产业数字化，加快壮大战略性新兴制造业，努力实现工业兴区、制造强区。

——抓好两大基本面。“乡村振兴”“城市提升”，是巴南全域协调发展的两大基本面。要大力实施乡村振兴战略、城市提升行动计划，加大统筹城乡发展力度，在改善基础设施、提高公共服务水平、提升城乡环境等方面下功夫，努力形成城乡一体化发展新格局，让“乡村兴”“城市靓”共存共美、相得益彰。

——突出“三城”建设。坚持生态优先、绿色发展，统筹生产、生活、生态三大空间，着力推动“三城”建设。以“鹿界南”为核心，聚焦国际化、绿色化、智能化、人文化方向，提升完善规划，推进建设产城融合、疏密有度、功能现代、生态宜居的“南部新城”。依托木洞生物医药产业园，聚焦生物医药产业，强化前瞻规划和基础配套，集聚大型药企、研发机构、高端人才，努力建设长江上游有重要影响力的“国际生物城”。统筹整合职教城、云计算产业园规划布局，按照“开放融合、智慧智能、科技生态、空间一体”的思路，聚焦大数据人工智能，彰显科教联动优势，加快建设富有创新创业活力的“高等职业技术教育城”。

——全力做好“十项重点项目和民生工程”。一是启动南部新城地下管网规划建设和轨道交通前期工作；二是全力推进渝南大道D段南延伸段连接绕城高速项目建设；三是全面实施花溪河、一品河、黄溪河“清水绿岸”综合治理工程；四是抓好“两江四岸”治理提升，实施李家沱至鱼洞滨江地带提档升级项目；五是全面推进“环重庆理工大学创新创业生态圈”建设；六是高标准建设公路物流基地国际物流分拨中心；七是办好中华山水茶道文化节、中国商用车博览会等节庆会展活动；八是学习推广浙江“千万工程”经验，实施农村人居环境“十村示范、百村整治”工程；九是建成投用区人民医院迁建项目、区中医院三期；十是实现建档立卡贫困人口稳定脱贫，全面完成贫困户危房改造。

今年，要具体抓好以下工作：

（一）紧盯三大攻坚战目标任务，精准发力补短板

坚决打赢“三大攻坚战”。靶向聚焦抓重点，多措并举补短板，合力攻坚强弱项，使发展成果让群众认可、经得起历史检验。

坚决打好防范化解重大风险攻坚战。强化“底线”思维，有效防控各类风险。妥善处置金融领域风险，积极化解非法集资积案。扎实开展“三项规范”，压实控债责任，有效化解存量债务，确保不违规举债。完成平台公司AA+评级，提高投融资能力和偿债能力。全力实施“雪亮工程”，完成“1+5科技护城墙”防控体系建设。深入开展扫黑除恶专项斗争，持续提升群众安全感。推进“枫桥经验”落地见效，依法规范信访行为，积极做好矛盾化解。加大各领域历史遗留问题处置力度。

坚决打好精准脱贫攻坚战。坚持焦点不散、力度不减，精准落实各项扶贫政策，实现“两不愁、三保障、一达标”全覆盖。完善贫困人口动态识别调整机制，全面压实帮扶责任。强化产业带贫惠贫，促进贫困村特色主导产业发展壮大，完善扶贫产业与贫困人口利益联结机制。持续开展对口帮扶万州区扶贫工作。

坚决打好污染防治攻坚战。深入推进“五大

环保行动”，大力实施污染防治重点项目。强化工业、交通、扬尘、生活等污染治理。推进“三水共治”，全面夯实河长制，大力整治河道“四乱”，建立入河排污口监管长效机制，确保水质持续改善。扎实推进土壤污染综合防治示范区建设，加强土壤污染源头管控和治理修复。

（二）聚焦创新驱动发展战略，培育发展新动能

发展是第一要务，人才是第一资源，创新是第一动力。要厚植创新创业沃土，培育创新发展动能，构建全领域创新格局，强化以创新引领高质量发展的战略支撑。

构建创新驱动新格局。充分发挥区内外高校、科研院所科技创新资源优势，全面开展校地、院企对接合作，推进科技人才、创新成果与产业对接，共建创新平台和创新合作机制，全力提升创新动能。依托重庆理工大学，实施“一核一谷一带一园”创新创业生态圈规划，加快科技创新中心、科技创新街区落地建设，引导科研机构、众创空间、孵化器等创新平台高度集聚，带动创新企业、创新人才、创投资本深度参与。依托职教城和云计算产业园，整体规划打造高等职业技术教育城，加快布局大数据中心、数字经济产业空间和创新孵化平台，开工建设重庆大学城市科技学院、华为ICT学院、重庆联通南部通信枢纽楼。

培育“双创”主体。实施企业研发投入、研发机构、新产品开发和制造业创新中心“四个倍增”计划，新培育市级企业技术中心5个以上、科技型企业100家以上。鼓励规上企业设立研发中心，支持惠科、宗申、柳江医药、美利信等企业研发平台发展壮大。挖掘发挥150万平方米楼宇工业创投孵化作用，集聚“双创”空间，促进成果转化，推动极速超越众创空间等向专业化、特色化、市场化发展。办好“助你启航”“青锋计划”等系列活动，激发全社会创新创业热情。

集聚创新要素。深入实施科教兴区和人才强区行动计划。依托高校、科研机构和骨干企业，引入院士专家工作站，引进建设一批产业研究院、重点实验室、工程技术中心。优化创新资金投入方式，积极引进股权投资基金、创业种子引导基金，撬动社会资本投向创新型产业和科技初创型企业。完善高层次人才激励政策，强化人才服务保障措施，新引进一批“高精尖缺”人才。

（三）坚持以项目带动、服务提升为抓手，强力推进稳投资

抓项目就是抓投资，抓营商环境就是抓投资环境。高起点谋划产业布局和重点项目，大力优化营商环境，全力以赴大抓项目、抓大项目、抓高质量项目，持续扩大关键领域有效投资。

狠抓招商引资。加大招商力度，优化招商机制，实施供应链和产业链招商，努力引进一批牵引性强的大项目、好项目。滚动实施“四个一批”，充实“八项行动计划”项目库。引进项目100个，协议引资600亿元，新开工项目投资400亿元以上。聚焦大数据智能制造、集成电路、生物医药、新能源新材料和汽车核心零部件，引进工业项目50个，协议资金300亿元以上。围绕总部经济、生产性服务、旅游和健康养生等，引进现代服务业项目30个，协议资金200亿元以上。积极向上争资引项，力争40个项目纳入市级盘子，争取上级资金100亿元以上。

加快项目建设。加强签约项目跟踪服务，加大项目促建力度。实行项目建设机制化、清单化管理，挂图作战、每周调度、季度通报，确保投资、形象同步推进。创新投融资模式，充分发挥市场机制和社会投资作用，整合重组注册资本金10亿元的产业投资集团。超前谋划、高效规范开展项目前期工作，推进多图联审、多评合一、联合验收，依法依规限时完善项目建设手续。加快142个重点项目建设，建成35个续建项目。完成征地7平方千米，保障项目用地需求。加快水、电、气和地下管网建设，同步提升配套保障水平。

深化“放管服”改革。推动政府职能加快转变，全面提高服务质效，充分激发市场主体活力。深化“互联网+政务服务”，深入实施审批服务“全渝通办”。继续深化登记制度改革，完善企业登记全程电子化机制，进一步压缩企业开办时间。全面实施市场准入负面清单制度，促进“证照分离”改革。健全以“双随机、一公开”为基本手段、重点监管为补充、信用监管为基础的新型监管机制，建设法治化的营商环境。全力做好第四次经济普查工作。

大力扶持民营经济。紧紧抓住支持民营经济发展政策措施全面落实这个关键，健全联系机制、服务机制和责任落实机制，增强企业家信心，让民营企业勇于渡难关、安心促发展。设立2亿元工业发展专项资金，重点支持民营企业开展科技创新、引进合资合作项目、推进扩能技改。加大企业上市培育指导力度，引导支持百亚、四方新材等企业上市融资。常态化推进“三本台账”服务，制定服务企业和政商交往“两个清单”，构建“亲清”政商关系。

（四）坚持以实体经济为根本，狠抓工业强筋骨

实体经济是发展的财富之源，工业经济是实体经济的“脊梁”。要把工业摆在更加突出的位置，重点把握抓增量、稳存量、转型升级三大关键，推动工业高质量发展。

壮大新兴产业。大力发展新型显示、半导体、大数据智能化和生物医药产业，实现产值200亿元以上。经济园区要围绕主导产业，加大项目引进力度，建成投产飞渡智能装备园等5个项目，开工建设华雄智能时代产业园等7个项目。重庆国际生物城要加快推进产能释放，惠源医药、智睿生物等18个项目投产见效，开工建设四川新绿色等8个项目。着力构建大数据智能化产业链、生态链，推动中德几何人工智能等10个项目开工建设，促进银柱机器人等15个项目投产放量。

推动转型升级。充分利用大江工业园、天明工业园土地和产能资源，建设新能源汽车产业园，打造汽车核心零部件及“三电”系统生产基地，推进长安新车型等项目尽快开工建设。推动企业向数字化、网络化、智能化升级，新建一批数字化车间和智能工厂，促进宗申、大江等企业引进的合资合作项目加快建设和达产放量。加快规划建设服装面辅料集散基地、中小企业产业园、家具产业园、现代粮食加工产业园。

促进军民融合发展。深入实施军民融合发展战略行动计划，打造重庆军民融合产业示范基地。整合高等院校、科研院所和军地企业资源，构建科技协同创新体系，规划建设军民融合科技生态园，促进军民融合科研院所落地建设。加快实施高德红外等7个“军转民”“民参军”项目，推进大江东龙等5个项目达产达效，军民融合产业产值突破100亿元。

（五）坚持开放引领、扩大消费，做强现代服务业添活力

深入实施内陆开放高地建设行动计划，拓展通道、提升平台、完善口岸、培育主体，以高水平开放促进服务业向价值链高端延伸、开放型经济向更高层次迈进。

持续推进对外开放。抢抓“一带一路”、国际陆海贸易新通道建设新机遇，加强开放平台和通道建设。加快建设智慧物流公共信息平台，完善通道设计、物流组织、信息和金融服务，推进跨境运输智能化、规模化发展。重庆—东盟班车开行800班次以上，新增冷链和普通集装箱150个以上。加大现代物流龙头企业引进力度，加强与叶水福等国际物流企业合作，拓展境外物流网络。推进中国西部木材贸易港、东盟商品展示交易中心建设，公路车检场验收投用。公路保税物流中心（B型）新引进企业10家，完成进出区货值30亿元以上。引导宗申、弘愿、美利信等企业拓宽进出口渠道。

大力发展现代服务业。积极引导布局体验式消费，做大做强电子商务、金融服务、会展经济等业态。电商销售增长25%左右。提速建设霍氏百利威、申通等5个项目，推进物流仓储配送中心建成投用。发展消费金融、绿色金融和金融科技，支持京东、美的等互联网小贷健康发展，金融业增加值增长5.5%以上。着力引进一批信息咨询、检验检测、产品设计、律师、会计等生产性服务企业，提升专业领域服务水平。围绕万达广场、华熙文化体育中心、龙湖城市综合体，加快布局商务服务、休闲购物、文化娱乐、时尚创意等项目，推动龙洲湾、李家沱、鱼洞商圈提档升级。完善鹿角组团商贸设施，首创奥特莱斯建成运营。

推动文化旅游融合发展。发挥生态优势，挖掘历史文化资源，打造都市休闲、生态“三养”等3条精品旅游线，促进都市游、乡村游、古镇游、温泉游、康养游，旅游人数和旅游收入均增长10%以上。加快推进一品幸福田园小镇首开区、木洞传统风貌区首开区、石龙田园综合体建

设。围绕旅游“十四要素”，优化服务环境，建成二圣、石龙、丰盛、双河口4个旅游集散中心。新建改建通景道路27千米，打通景区道路最后一千米。做好优秀历史文化建筑和传统村落保护，推进丰盛古镇历史文化展览中心建设。

（六）坚持顺应城市发展规律，精细精致提品质

巴南是重庆“山水之城”的缩影，是展示“美丽之地”的窗口。要以科学规划精准描绘城市蓝图，以工匠精神精心雕琢城市风貌，以绣花功夫精细抓好城市管理。

优化空间布局。以城乡总规修编为契机，加快全域发展战略研究，做优做精城市空间布局规划。完成南部新城总体规划和城市设计，以东城大道为轴线，严格控制建筑形态，强化功能布局，高标准布局建设教育、医疗及文化服务等项目。加快完成重庆国际生物城综合规划和专项规划，立足产城融合、与古镇互动，充分发挥其辐射带动作用，加快实施生产生活配套设施建设。完成华陶立交片区等4个重点管控区域城市设计。

完善基础设施。配合推进轨道交通5A线、铁路枢纽东环线、白居寺长江大桥、南环立交改造等项目，配合启动轨道交通20号线、佛耳岩长江大桥等项目前期工作，力促新燕尾山隧道、内外环连接道、渝湘高速扩能项目开工建设。龙洲湾隧道竣工通车，推动尚文大道等市政道路建设。加快龙洲湾B区地下综合管廊建设。建成大正沟、模具110千伏变电站，启动建设新大江水厂。实施长江防洪护岸工程佛耳岩段建设及鱼洞段病险整治。

提升城市形象。推进凤凰大厦、星级酒店建设，建成投用荣盛滨江华府酒店，提质打造龙洲湾滨江片区。大力实施城市提升行动计划，加快创建国家卫生区、全国文明城区。推进“街净巷洁、路平桥安、城绿山青、灯明景靓、江清水畅、治乱拆违、整墙修面”七大工程，统筹推进老城区升级改造。启动奶姆山公园建设，实施龙洲湾公园提升改造，新建花溪河入江口等湿地公园，增加城市公共绿地160万平方米。实施交通堵点乱点及城乡接合部、背街小巷脏乱污等专项整治行动，建立荒坡菜地整治长效机制。启动智慧停车场系统建设，新建停车楼场8个、新增停车位1790个。新建公厕20座。完成1500户棚户区改造。从严处置低效用地和闲置土地，依法整治“两违”。

（七）坚持实施乡村振兴战略，凝心聚力兴“三农”

巴南要强，农业必须强；巴南要美，农村必须美。坚持不懈把实施乡村振兴战略作为新时代“三农”工作的总抓手，巩固深化农村“三变”“三权分置”改革，协调推进“五个振兴”，尽早实现“五个目标”。

加快产业结构调整。围绕现代农业四大特色产业，提升拓展品牌茶叶、“稻+N”、四季鲜果和生态渔业等4个万亩基地。大力推进农旅融合“十大项目”，加快建设五彩丰盛等7大项目区、“共享农庄”民宿群等3大项目群。推动农产品精深加工，农产品加工业产值增长10%以上。坚持科技兴农、品牌强农，农作物耕种综合机械化水平达51%，新增“三品一标”70个、重庆名牌农产品10个。实现三级农村电商网络体系全覆盖，农村电商交易总额增长25%以上。严格落实粮食安全、“菜篮子”行政首长负责制。

开展农村环境整治。以“五项整治”“五沿区域”为重点，建成示范线4条、示范村6个、绿色村庄5个。推进“厕所”革命，建成农村无害化卫生厕所8000座。全面推进垃圾治理，完成16个镇街农村垃圾分类试点，行政村生活垃圾有效治理率达99%。大力推进“大棚房”、农村“两违”清理整治。及时实施地质灾害避让搬迁。

加快基础设施建设。新建“四好农村路”300千米、普通干线公路65千米、人行便道及旅游休闲步道500千米。新建和修复生命防护栏200千米。新建改建12个客运站点。观景口水库、高洞子水库下闸蓄水，开工建设其安置房项目。龙岗水库至龙洲湾调水工程建成投用。推进场镇供水管网改造，完成农村饮水巩固提升工程6处。建成农村燃气管道64.9千米。启动建设石龙35千伏变电站。

（八）坚持生态优先绿色发展，共抓严管美环境

绿水青山就是金山银山。把巴南的绿水青山

保护好、修复好，就会赢得金山银山。要坚持“共抓大保护，不搞大开发”，走深走实产业生态化、生态产业化“两化路”，深入实施生态优先绿色发展行动计划，全域共建“山清水秀美丽之地”。

加强生态建设。全力守护生态保护红线区域，严控“四山禁建”管制边界，构建“五屏四带”生态空间体系。严守长江沿岸“1 千米”“5 千米”两道防线，开展消落带生态治理修复。着力推进国土绿化，持续提高森林质量，完成营造林任务 15.7 万亩。完成矿山恢复治理与土地复垦 67.5 万平方米。

落实严管制度。严格落实环保“三管”要求，建立“三线一单”，健全生态文明建设绩效考核、资源有偿使用、生态补偿等制度，有序开展领导干部自然资源资产离任审计，推进生态环境损害赔偿制度改革。完善部门联动、应急协作和综合执法机制，将环境风险防范纳入环评审批、环保“三同时”验收、污染防治和执法监督全过程管理。加强交通、施工等噪声污染防控，环境噪声达标区覆盖率达 90% 以上。

促进绿色发展。全面推进工业、建筑、交通、公共机构等领域节能和重点行业能效对标，督促重点耗能企业节能改造，严禁引入高耗水、高污染项目。提高公共交通出行分担率。推进垃圾分类处置，促进垃圾减量化、资源化和无害化。在龙洲湾、鱼洞、花溪街道先行全面实施城市垃圾分类。强化公众节能、节水、节电意识，创建一批绿色机关、绿色企业、绿色学校、绿色社区。

（九）坚持以人民为中心发展思想，用心用力惠民生

民之所望，政之所向。增进民生福祉是发展的根本目的。要从群众最关心、最急切的民生热点入手，深入实施以需求为导向的保障和改善民生行动计划，持之以恒发展社会事业，办好民生实事，累积尺寸之功造福民生。

健全社会保障体系。千方百计扩大就业，城镇新增就业 2.5 万人。城乡养老、医疗保险参保率巩固在 96% 以上。建成投用社区养老服务中心（站）16 个。完善最低生活保障，做好大病救助、临时救助、残疾儿童抢救性康复救助等工作。建成“儿童之家”200 所以上，推进残疾人康复中心、托养中心建设。推进居委会及其服务配套设施标准化，加快新区公共服务中心、社区服务中心建设。落实农民工工资支付保障机制，严厉打击恶意欠薪行为。

促进教育优先发展。确保财政投入两个“只增不减”，持续改善城乡学校办学条件。大力发展学前教育，进一步提高公办幼儿园占比和普惠率。建成箭滩河中学、岔路口三小、蓝光小学、界石南环小学，开工复建跳石中学，完成区职教中心迁建。深入推进“三名工程”和集团化办学，加强师德师风建设，办好市实验中学、清华中学等品牌学校。完善职业教育和培训体系，促进产教融合。支持和规范民办教育发展，依法管理校外培训机构。强化社区教育，推进建设学习型社会。

提升健康服务水平。改革完善医疗卫生行业综合监管体制，深化公立医院综合改革。加强医联体建设，推进全科医生队伍建设，拓展家庭医生签约服务，落实分级诊疗制度。加快“三甲”医院创建。推进区精神卫生中心住院部改扩建。推动社区卫生服务中心提档升级。促进中医药学科持续健康发展。加强人口和老龄工作。扎实开展爱国卫生运动，创建 2 个国家卫生镇。

发展文化体育事业。持续提升公共文化服务水平，打造基层公共文化服务示范点 15 个。大力弘扬地域特色文化，推出一批优秀文艺作品。促进木洞山歌、接龙吹打、鱼洞乱针绣等非遗项目创造性转化、创新性发展。完成数字博物馆建设，加快修复馆藏文物。推进“巴县衙门”博物馆建设。办好中国杯世界花样滑冰大奖赛、国际半程马拉松赛等大型赛事。新建社区体育文化公园 12 个、全民健身路径 44 条。

加强安全监管。严格落实“三个必须”要求和安全生产责任，强化重点行业、重点领域、重点时段常态化监管。深入推行“1234”安全监管工作法，全面加强校园、消防、道路交通、建筑施工、危险物品等领域大排查大整治大执法，坚决杜绝重特大事故，有效防控较大事故，努力压减一般事故。推进创建国家食品安全示范城市，实施“食品药品放心工程”，坚持“四个最严”强化安全监管，全力保障“舌尖上的安全”。完

善应急管理体系，增强突发事件的防范预警、应急响应、快速处置和救援保障能力。

三、加强政府自身建设

大道至简，实干为要。我们始终牢记人民政府为人民的根本宗旨，始终坚持以实干兴区、以实绩惠民。我们将克勤克俭、夙夜在公，“实”字当头见行动，“干”字为先有担当，“廉”字托底稳根基，努力提高服务人民、造福于民的能力和水平。

德政固本讲政治。筑牢理想信念，锤炼坚定党性。坚持对党绝对忠诚，坚决把政治纪律和政治规矩挺在前面，树牢“四个意识”，更加坚定“四个自信”，坚决做到“两个维护”，坚决兑现“三个确保”政治承诺。扎实开展“不忘初心、牢记使命”主题教育。坚持破立结合，全面彻底干净肃清孙政才恶劣影响和薄熙来、王立军流毒，消除杨钟馗严重违纪违法问题不良影响，切实做到明大德、守公德、严私德，努力维护良好政治生态。

勤政务实勇担当。崇尚担当有为，聚力真抓实干。政府工作要突出“勤”、落脚到“实”，切实做到在战略部署上“扣扣子”，在责任履行上“担担子”，在任务落实上“钉钉子”。坚持“抓铁有痕、踏石留印”的工作作风，对照目标任务挂出“路线图”“时间表”，在盯紧上下功夫，在抓实上下功夫，在见效上下功夫，干一件、成一件，让美好蓝图变成群众受益的现实图景。坚持深入一线、深入基层、深入群众，问需、问计、问效于民，妥善解决社会矛盾，及时回应群众关切。

善政高效优服务。全面依法行政，规范行政行为。带头维护宪法和国家法律的权威，严格按照法定权限和程序行使权力，落实权力清单、政策清单、责任清单制度，努力建设法治政府。自觉接受人大及其常委会的法律监督、工作监督，自觉接受政协的民主监督，认真接受审计监督和社会舆论监督，推行政务公开，让权力在阳光下运行。倡导先人一步、快人一拍、多人一招，坚持对标对表、动真逗硬，着力提高执行力和工作推进力。扎实推进机构改革，建设“网上政府”，不断优化政务环境，持续提升服务效能。

廉政为民严用权。对廉心怀敬畏，用权如履薄冰。认真履行全面从严治党主体责任，从严从实加强政府系统党风廉政建设，努力做到政治清明、政府清廉、干部清正。严格落实中央八项规定精神，持续反“四风”、转作风。严格执行预算公开、绩效管理制度，完善政府采购、工程招标监管机制，扎紧筑牢防腐反腐制度“笼子”。区政府班子要以上率下，带头严格执行党内政治生活若干准则、党内监督条例，努力以勤政廉政、干净干事的公仆形象赢得群众信任。

各位代表，我们深感使命重大、任务艰巨。让我们更加紧密地团结在以习近平同志为核心的党中央周围，在市委、市政府和区委的坚强领导下，以“功成不必在我”的恒久精神，以“功成必定有我”的历史担当，凝心聚力、奋力前行，为决战决胜全面建成小康社会而努力奋斗，用优异成绩向新中国成立70周年献礼！

文件索引

文件索引

2018 年重要文件

文件标题	文　号	发文单位
中国共产党重庆市巴南区第十三届委员会第三次全体会议决议	巴南委发〔2018〕1 号	巴南区委
中国共产党重庆市巴南区第十三届代表大会第二次会议决议	巴南委发〔2018〕4 号	巴南区委
中国共产党重庆市巴南区第十三届委员会第四次全体会议决议	巴南委发〔2018〕5 号	巴南区委
中共重庆市巴南区委重庆市巴南区人民政府关于做好 2018 年重点项目重点前期项目和民生工程工作的通知	巴南委发〔2018〕6 号	巴南区委
中共重庆市巴南区委关于印发《区委常委会 2017 年度民主生活会整改方案》的通知	巴南委发〔2018〕7 号	巴南区委
中共重庆市巴南区委重庆市巴南区人民政府关于对党的十九大维稳安保工作表现突出集体和个人给予记功奖励的决定	巴南委发〔2018〕9 号	巴南区委
中国共产党重庆市巴南区第十三届委员会第五次全体会议决议	巴南委发〔2018〕11 号	巴南区委
中共重庆市巴南区委关于营造良好政治生态的意见	巴南委发〔2018〕12 号	巴南区委
中共重庆市巴南区委印发《关于加强法治和德治工作的实施意见》的通知	巴南委发〔2018〕14 号	巴南区委
中共重庆市巴南区委关于追授李永波同志“全区优秀共产党员”称号的决定	巴南委发〔2018〕15 号	巴南区委
中共重庆市巴南区委重庆市巴南区人民政府关于印发《巴南区落实乡村振兴战略行动计划实施方案》的通知	巴南委发〔2018〕19 号	巴南区委

续表

文件标题	文　号	发文单位
中共重庆市巴南区委关于表彰先进基层党组织、优秀共产党员和优秀党务工作者的决定	巴南委发〔2018〕20 号	巴南区委
中共重庆市巴南区委重庆市巴南区人民政府关于印发《巴南区以大数据智能化为引领的创新驱动发展战略行动计划（2018—2020）》的通知	巴南委发〔2018〕22 号	巴南区委
中共重庆市巴南区委印发《关于进一步加强党风廉政警示教育工作的实施意见》的通知	巴南委发〔2018〕25 号	巴南区委
中共重庆市巴南区委关于废止有关文件的通知	巴南委发〔2018〕26 号	巴南区委
关于印发《巴南区污染防治攻坚战实施方案（2018—2020 年）》的通知	巴南委发〔2018〕27 号	巴南区委
中共重庆市巴南区委重庆市巴南区人民政府关于印发《重庆市巴南区科教兴区和人才强区行动计划（2018—2020 年）》的通知	巴南委发〔2018〕28 号	巴南区委
中共重庆市巴南区委重庆市巴南区人民政府关于对 2017 年度市对区考核工作优秀个人给予嘉奖的通报	巴南委发〔2018〕29 号	巴南区委
中共重庆市巴南区委重庆市巴南区人民政府关于印发《巴南区实施生态优先绿色发展行动计划（2018—2020 年）》的通知	巴南委发〔2018〕30 号	巴南区委
中共重庆市巴南区委重庆市巴南区人民政府关于印发《巴南区加强耕地保护和改进占补平衡实施方案》的通知	巴南委发〔2018〕31 号	巴南区委
中共重庆市巴南区委重庆市巴南区人民政府关于印发《重庆市巴南区保障和改善民生行动计划实施方案（2018—2020 年）》的通知	巴南委发〔2018〕33 号	巴南区委
中共重庆市巴南区委关于废止和宣布失效一批区委文件的决定	巴南委发〔2018〕34 号	巴南区委
中共重庆市巴南区委重庆市巴南区人民政府印发《关于加快全域旅游发展的实施意见》的通知	巴南委发〔2018〕35 号	巴南区委
中共重庆市巴南区委重庆市巴南区人民政府关于印发《巴南区全面优化营商环境促进民营经济发展的实施意见》的通知	巴南委发〔2018〕36 号	巴南区委
中共重庆市巴南区委关于废止有关文件的通知	巴南委发〔2018〕37 号	巴南区委
中共重庆市巴南区委重庆市巴南区人民政府关于印发《巴南区深入推动长江经济带发展加快建设山清水秀美丽之地的实施意见》的通知	巴南委发〔2018〕38 号	巴南区委
中共重庆市巴南区委重庆市巴南区人民政府印发《关于着力营造企业家健康成长环境弘扬优秀企业家精神更好发挥企业家作用的实施意见》的通知	巴南委发〔2018〕41 号	巴南区委

续表

文件标题	文　号	发文单位
中共重庆市巴南区委印发《关于建立区人民政府向区人大常委会报告国有资产管理情况制度的实施意见》的通知	巴南委发〔2018〕42 号	巴南区委
中共重庆市巴南区委重庆市巴南区人民政府关于贯彻落实《重庆市党政领导干部安全生产责任制实施细则》的通知	巴南委发〔2018〕43 号	巴南区委
中共重庆市巴南区委重庆市巴南区人民政府关于印发《中央扫黑除恶第9督导组反馈意见的整改落实方案》的通知	巴南委发〔2018〕44 号	巴南区委
中共重庆市巴南区委关于加强和改进新时代人民政协工作的意见	巴南委发〔2018〕45 号	巴南区委
中共重庆市巴南区委关于废止有关文件的通知	巴南委发〔2018〕46 号	巴南区委
中共重庆市巴南区委重庆市巴南区人民政府关于给予肖帮雷等 60 名同志记三等功严蕾等 381 名同志嘉奖的决定	巴南委发〔2018〕47 号	巴南区委
中共重庆市巴南区委关于深化落实全面从严治党主体责任的意见	巴南委发〔2018〕48 号	巴南区委
中共重庆市巴南区委重庆市巴南区人民政府关于印发《巴南区以建设“重庆生态创新示范区”为目标的城市提升行动计划》的通知	巴南委发〔2018〕49 号	巴南区委
中共重庆市巴南区委印发《关于贯彻执行〈中国共产党党务公开条例（试行）〉的实施方案》的通知	巴南委发〔2018〕50 号	巴南区委
中共重庆市巴南区委重庆市巴南区人民政府印发《关于加强和完善城乡社区治理的实施意见》的通知	巴南委发〔2018〕51 号	巴南区委
关于印发政府工作报告的通知	巴南府发〔2018〕1 号	区政府
关于印发 2018 年全区安全生产工作要点的通知	巴南府发〔2018〕2 号	区政府
关于加强 2018 春节期间燃放烟花爆竹管理的通告	巴南府发〔2018〕3 号	区政府
关于印发巴南区基础设施建设提升行动计划（交通行动计划）工作方案的通知	巴南府发〔2018〕4 号	区政府
关于取消一批行政审批等管理事项的决定	巴南府发〔2018〕5 号	区政府
关于开展巴南区第三次土地调查的通知	巴南府发〔2018〕6 号	区政府
关于印发废止和修改部分现行有效规范性文件的通知	巴南府发〔2018〕7 号	区政府
关于巴南区第三期学前教育行动计划的实施意见	巴南府发〔2018〕8 号	区政府
关于 2017 年夏秋季征兵发生拒服兵役情况处理意见的通报	巴南府发〔2018〕9 号	区政府
关于印发公共信用信息应用事项清单（2018 年版）的通知	巴南府发〔2018〕11 号	区政府

续表

文件标题	文　号	发文单位
关于开展辖区餐饮船舶污染专项整治的通告	巴南府发〔2018〕12 号	区政府
关于做好第四次经济普查的通知	巴南府发〔2018〕13 号	区政府
关于调整国有土地上房屋征收有关优惠政策的通知	巴南府发〔2018〕14 号	区政府
关于印发重庆市巴南区盐业体制改革实施方案的通知	巴南府发〔2018〕15 号	区政府
关于龙江片区旧城区改建项目房屋征收补偿方案征求意见及修改情况的通告	巴南府发〔2018〕16 号	区政府
关于李家沱桥南片区旧城区改建项目房屋征收补偿方案征求意见及修改情况的通告	巴南府发〔2018〕17 号	区政府
关于印发 2018 年度巴南区对口帮扶万州区工作方案的通知	巴南府发〔2018〕18 号	区政府
关于开展违法用地违法建筑集中整治行动的通告	巴南府发〔2018〕19 号	区政府
关于全面深入开展 2018 年国务院大督查自查工作的通知	巴南府发〔2018〕20 号	区政府
关于贯彻落实进一步促进民办教育健康发展实施意见的通知	巴南府发〔2018〕21 号	区政府
关于废止部分现行有效规范性文件的通知	巴南府发〔2018〕22 号	区政府
关于印发巴南区 2018 年农业水价综合改革年度工作计划的通知	巴南府发〔2018〕23 号	区政府
关于印发《重庆市巴南区政府法律顾问管理办法》的通知	巴南府发〔2018〕24 号	区政府
关于新增高污染燃料禁燃区的通告	巴南府发〔2018〕25 号	区政府
关于取消一批行政许可等事项的决定	巴南府发〔2018〕27 号	区政府
关于印发巴南区对口帮扶万州区三年实施方案的通知	巴南府发〔2018〕28 号	区政府
关于开展退役军人和其他优抚对象信息采集工作的通告	巴南府发〔2018〕29 号	区政府
关于深化“放管服”改革转变政府职能的实施意见	巴南府发〔2018〕30 号	区政府
关于印发统筹推进城乡义务教育一体化改革发展实施方案的通知	巴南府发〔2018〕31 号	区政府
关于印发贯彻落实深化“放管服”改革转变政府职能电视电话会议重点任务分工方案的通知	巴南府发〔2018〕32 号	区政府
关于废止部分区政府文件的决定	巴南府发〔2018〕33 号	区政府
关于防控非洲猪瘟特别重大疫情的通告	巴南府发〔2018〕34 号	区政府
关于 2018 重庆国际半程马拉松赛期间对部分路段实施交通限制的通告	巴南府发〔2018〕35 号	区政府

续表

文件标题	文　号	发文单位
关于组建重庆市南部新城产业投资集团有限公司的通知	巴南府发〔2018〕36号	区政府
关于公布第四批区级非物质文化遗产代表性项目名录的通知	巴南府发〔2018〕37号	区政府
关于印发巴南区区级审批服务事项马上办网上办就近办一次办清单（第一批）的通知	巴南府发〔2018〕38号	区政府
关于成立工程建设项目审批制度改革试点工作领导小组的通知	巴南府发〔2018〕39号	区政府
关于印发重庆市巴南区养殖水域滩涂规划（2018—2030）的通知	巴南府发〔2018〕40号	区政府
关于划定养犬管理区的通知	巴南府发〔2018〕41号	区政府

统计资料

统计资料

2018 年巴南区国民经济和社会发展总量与速度指标

指标	单位	2017 年	2018 年	比上年±%
人口与就业				
人口				
年末总人口	人	918817	930214	1. 2
乡村人口	人	326926	361657	10. 6
城镇人口	人	591891	568557	-3. 9
男性人口	人	464904	469184	0. 9
女性人口	人	453913	461030	1. 6
就业				
年末社会从业人员	万人	52. 4	52. 6	0. 4
第一产业	万人	11. 3	11. 2	-0. 9
第二产业	万人	24. 4	24. 4	—
第三产业	万人	16. 7	17. 0	1. 8
宏观经济				
国民经济核算				
地区生产总值	万元	7165551	7812161	7. 1
第一产业	万元	496273	412376	0. 7

续表

指标	单位	2017 年	2018 年	比上年±%
第二产业	万元	3269568	3025076	4.4
工业	万元	2364280	1995498	2.9
建筑业	万元	905288	1029578	7.6
第三产业	万元	3399710	4374709	9.8
固定资产投资				
固定资产投资总额	万元	4465186	5152884	15.4
建设与改造投资	万元	1663346	1226491	-26.3
房地产开发投资	万元	2801840	3926393	40.1
财政				
地方预算内财政收入	万元	379046	489909	29.2
一般公共预算收入	万元	377275	481270	27.6
地方预算内财政支出	万元	1674426	1760956	5.2
一般公共预算支出	万元	766830	838210	9.3
物价指数（上年=100）				
城市居民消费价格总指数	%	101.0	102.0	1.0
产业				
农业				
现价农业总产值	万元	532726	559505	1.3
农业	万元	396522	424146	1.8
林业	万元	11571	12582	2.8
牧业	万元	72846	69737	-2.0
渔业	万元	41509	41835	0.4
农林牧渔服务业产值	万元	10278	11205	7.2
现价农业增加值	万元	400946	420234	0.9
主要农产品产量				

续表

指标	单位	2017 年	2018 年	比上年±%
粮食	吨	219552	217481	-0.9
油料	吨	1127	1142	1.3
糖类	吨	1608	1609	0.1
茶叶	吨	4030	4221	4.7
水果	吨	48165	50566	5.0
蔬菜	吨	437865	452752	3.4
肉类	吨	17599	17432	-0.9
猪肉	吨	12797	12719	-0.6
奶类	吨	8367	8348	-0.2
水产品	吨	22183	22530	1.6
工业				
工业总产值（现价）		8182201	8356436	2.1
规模以上企业				
总产值（现价）	万元	6263874	6311692	0.8
产品销售收入	万元	5535967	5536347	—
利润总额	万元	272608	132825	-51.3
应交税金	万元	260734	236044	-9.5
工业能源消耗总量	万吨标准煤	42.1	47.7	13.2
主要产品产量				
摩托车充气橡胶轮胎外胎	条	5292106	2289353	-56.7
泵	台	30751	23480	-23.6
硫酸（折 100%）	吨	235733	286531	21.5
商品混凝土	立方米	4135978	4150514	0.4
成品钢材	吨	66404	54550	-17.9
金属切削工具	万件	2.0	0.8	-61.0

续表

指标	单位	2017 年	2018 年	比上年±%
纸制品	吨	295283	385528	30.6
模具	套	2037	1178	-42.2
轿车	辆	99075	52881	-46.6
改装汽车	辆	1037	645	-37.8
摩托车	辆	1041535	941207	-9.6
显示器	台	11957502	12360039	3.4
建筑业				
建筑业总产值	万元	2832598	2944267	3.9
房屋建筑物施工面积	万平方米	992	1088	9.7
房屋建筑物竣工面积	万平方米	529	509	-3.8
交通运输业				
县道以上公路通车里程	千米	685	685	
等级公路里程	千米	685	685	
高速公路里程	千米	169.2	169.2	
公路客运量	万人	1497	1451	-0.03
公路货运量	万吨	3390	3800	12.1
水运客运量	万人	—	—	—
水运货运量	万吨	112.9	52.4	-53.6
邮电通信业				
邮电业务总量	万元	146951	252622	71.9
移动电话用户	万户	117.3	129.80	10.7
固定电话年末拥有量	万部	18.8	19.9	5.9
国际互联网用户数	万户	20.4	24.6	20.6
国内贸易				
社会消费品零售总额	万元	3381062	3647470	7.9

续表

指标	单位	2017 年	2018 年	比上年±%
批发零售贸易业（社零）	万元	2991848	3199485	7. 0
住宿餐饮业	万元	389214	447985	15. 1
对外贸易				
进出口总额	万美元	173121	159376	-7. 9
进口	万美元	91353	62048	-32. 1
出口	万美元	81768	97328	19. 0
金融业				
各项存款余额	万元	7650210	8429497	10. 2
个人存款	万元	4870440	5255210	7. 9
各项贷款余额	万元	6219110	7160747	15. 1
教育、文化、卫生				
教育				
普通高等学校				
学校数	所	4	4	—
专任教师	人	2730	2876	5. 3
在校学生	人	55685	58585	5. 2
区属教育事业				
专任教师	人	9072	9208	1. 5
普通高中	人	998	970	-2. 8
职高	人	1355	1296	-4. 4
初中	人	1850	1836	-0. 8
小学	人	3241	3374	4. 1
特殊教育	人	21	20	-4. 8
幼儿园	人	1607	1712	6. 5
在校学生	人	141323	148429	5. 0

续表

指标	单位	2017 年	2018 年	比上年±%
普通高中	人	12492	11848	-5. 2
职高	人	23360	23905	2. 3
初中	人	21413	22758	6. 3
小学	人	54447	57941	6. 4
特殊教育	人	128	142	10. 9
幼儿园	人	29483	31835	8. 0
文化				
群众文化活动				
全区性大型群文活动	场次	197	201	2. 0
镇街文化站群文活动	场次	2046	2093	2. 3
参与群文活动观众	万人次	295	298	1. 0
全区广播电视覆盖率	%	99. 01	99. 01	—
全区电视人口覆盖率	%	99. 57	99. 57	—
卫生				
卫生机构	个	639	660	3. 3
医院	个	26	28	7. 7
卫生技术人员	人	6272	6627	5. 7
医生	人	2268	2554	12. 6
家庭、生活				
家庭				
城市居民平均每户家庭人口	人	3. 22	3. 20	-0. 6
婚姻				
登记结婚件数	件	8588	8757	2. 00
登记离婚件数	件	5249	5762	9. 80
居住				

续表

指标	单位	2017 年	2018 年	比上年±%
城镇居民人均住房建筑面积	平方米	49.02	57.11	21.3
工资和收入				
城镇非私营单位在岗职工工资总额	万元	956330	900663	-5.8
城镇非私营单位在岗职工平均工资	元	75708	85113	12.4
城镇常住居民可支配收入	元	35864	38984	8.7
农村常住居民可支配收入	元	16747	18254	9.0
城市建设与环境保护				
市政建设				
供水总量	万吨	5086	6311	24.1
天然气供气总量	万立方米	19080	22734	19.2
城市排水管道长度	千米	1223	1284	5.0
年末实有公共汽车营运车辆数	辆	202	177	-12.4
公共绿地面积	公顷	1471	1032	-29.8
环境				
大气可吸入颗粒物	毫克/立方米	0.073	0.063	-13.7
二氧化硫	毫克/立方米	0.013	0.010	-23.1
二氧化氮	毫克/立方米	0.041	0.037	-9.8

注：本表数据均来自《巴南统计年鉴（2018）》。

2018 年巴南区镇街主要经济指标

镇街名称	行政规划				土地
	村委会/个	村民小组个数	居委会/个	居民小组/个	土地面积/平方千米
龙洲湾街道	7	69	7	123	39.5
鱼洞街道	9	73	16	368	55.6
花溪街道	6	75	18	315	33.5
李家沱街道	3	23	18	679	11.2
南泉街道	16	123	3	29	84.5
南彭街道	12	198	4	19	126.9
界石镇	6	88	6	69	68.4
木洞镇	14	107	3	27	104.3
双河口镇	7	41	1	4	62.0
麻柳嘴镇	10	42	2	6	77.9
一品街道	7	54	2	12	58.9
惠民街道	6	93	1	3	63.2
安澜镇	14	178	4	12	122.4
圣灯山镇	11	147	3	8	136.3
丰盛镇	8	41	1	2	69.0
二圣镇	6	61	1	5	57.4
东温泉镇	14	136	4	13	122.7
姜家镇	7	59	1	5	80.4
天星寺镇	5	26	1	2	46.1
接龙镇	17	144	3	13	188.2
石滩镇	4	25	1	2	47.4
石龙镇	9	57	2	10	110.8

2018 年巴南区镇街主要经济指标（续一）

镇街名称	人口					
	年末总户数/户	年末总人口/人	其中		年内出生人数/人	年内死亡人数/人
			城镇人口/人	男性人口/人		
龙洲湾街道	26964	59562	59562	29102	965	171
鱼洞街道	54947	139386	139386	69085	1148	747
花溪街道	38040	83709	83709	41332	983	396
李家沱街道	34698	80014	80014	39141	1207	381
南泉街道	22919	49337	43301	24154	674	312
南彭街道	23706	53009	23399	26897	581	471
界石镇	19391	46603	31763	22930	550	315
木洞镇	18483	43101	11736	21680	422	323
双河口镇	8078	18556	1433	9623	185	207
麻柳嘴镇	10870	26806	4480	13715	244	249
一品街道	10602	22322	15256	11215	203	191
惠民街道	12388	26748	11728	13783	266	289
安澜镇	16298	35788	8713	18745	332	387
圣灯山镇	14079	34424	11611	18139	320	309
丰盛镇	8499	19751	1487	10316	187	217
二圣镇	8345	21092	12092	10996	186	248
东温泉镇	13597	36211	5497	18696	347	382
姜家镇	8040	20690	5534	10822	158	226
天星寺镇	4591	11940	495	6337	109	147
接龙镇	20707	57459	10516	29722	559	511
石滩镇	4957	15108	4576	7894	135	103
石龙镇	10402	28598	2269	14860	211	309

2018 年巴南区镇街主要经济指标（续二）

镇街名称	综合经济				
	地区生产总值/万元				人均地区生产总值/元
		第一产业/万元	第二产业/万元	第三产业/万元	
龙洲湾街道	565115	3608	190161	371346	99665
鱼洞街道	1875411	23581	745825	1106005	134723
花溪街道	1808769	616	1308671	499482	218997
李家沱街道	990290	69	147978	842243	127376
南泉街道	450617	13931	269125	167561	92579
南彭街道	288646	39364	106697	142585	54437
界石镇	641567	10606	541667	89294	138199
木洞镇	218754	22239	102350	94165	50705
双河口镇	35555	13678	7650	14227	19083
麻柳嘴镇	73091	19178	28808	25105	27139
一品街道	110323	10259	61717	38347	49289
惠民街道	77006	20433	29786	26787	28706
安澜镇	62309	23676	16813	21820	17346
圣灯山镇	68440	26333	16343	25764	19820
丰盛镇	43366	15489	12525	15352	21888
二圣镇	57871	30864	10642	16365	27309
东温泉镇	88621	22402	30619	35600	24341
姜家镇	63839	22229	17792	23818	30597
天星寺镇	24116	14200	2054	7862	20085
接龙镇	136977	44748	14087	78142	23774
石滩镇	26031	14418	2614	8999	17193
石龙镇	56038	26312	6466	23260	19498

2018年巴南区镇街主要经济指标（续三）

镇街名称	综合经济				
	地区生产总值指数（上年=100）	第一产业（上年=100）	第二产业（上年=100）	第三产业（上年=100）	人均地区生产总值指数（上年=100）
龙洲湾街道	107.2	69.1	99.0	112.6	98.5
鱼洞街道	105.4	101.1	106.1	105.1	106.0
花溪街道	109.1	92.5	109.6	107.6	108.5
李家沱街道	104.1	96.7	102.7	104.4	98.7
南泉街道	109.2	94.8	102.8	123.4	105.9
南彭街道	109.8	104.5	104.5	115.7	110.9
界石镇	109.2	92.1	109.6	109.3	110.2
木洞镇	107.3	103.3	111.6	103.8	108.9
双河口镇	104.3	104.0	106.7	103.3	106.7
麻柳嘴镇	107.0	104.6	111.5	103.9	109.5
一品街道	103.0	101.0	103.6	102.7	104.8
惠民街道	105.0	103.8	106.6	104.1	107.5
安澜镇	103.1	105.0	99.5	103.9	106.0
圣灯山镇	106.6	103.5	118.2	103.3	109.1
丰盛镇	109.9	101.9	118.6	111.9	112.7
二圣镇	104.7	105.7	101.7	105.0	103.8
东温泉镇	103.5	94.9	108.5	105.9	103.9
姜家镇	101.1	98.2	97.4	107.0	104.4
天星寺镇	105.2	103.2	102.5	110.0	109.2
接龙镇	107.9	99.1	105.2	114.1	110.1
石滩镇	102.2	102.9	96.2	103.0	105.2
石龙镇	103.0	98.5	108.4	106.9	105.9

2018年巴南区镇街主要经济指标（续四）

镇街名称	农业				
	乡村户数/户	乡村从业人员/人	年末实有耕地面积/亩	农林牧渔业总产值（当年价）/万元	农林牧渔业产值指数 上年=100
龙洲湾街道	5341	7726	12721	4766	71.4
鱼洞街道	8949	13861	24364	29736	105.1
花溪街道	2428	3576	203	791	95.7
李家沱街道	418	577	409	89	100.0
南泉街道	14861	20610	29183	18118	98.5
南彭街道	18796	30236	70495	51250	108.3
界石镇	10248	15417	33172	14024	95.8
木洞镇	13959	15345	61984	29404	107.6
双河口镇	5258	6827	29992	18745	108.2
麻柳嘴镇	10050	8957	26754	25838	109.9
一品街道	7777	10581	20302	13832	105.0
惠民街道	8916	13574	22937	27202	108.0
安澜镇	8818	12963	76353	30854	110.0
圣灯山镇	11783	23168	62728	35658	107.8
丰盛镇	7679	7569	40911	21134	106.0
二圣镇	6993	12027	31693	40356	110.7
东温泉镇	11261	15823	58807	32898	98.3
姜家镇	6901	12952	43740	30730	102.3
天星寺镇	4221	6244	25371	18959	107.4
接龙镇	11236	22940	111100	60253	103.0
石滩镇	4525	5755	31738	18744	107.0
石龙镇	6447	13402	51497	36124	102.4

2018年巴南区镇街主要经济指标（续五）

镇街名称	工业		
	全部工业总产值（当年价）/万元	规模以上工业企业单位数/个	规模以上工业销售产值/万元
龙洲湾街道	112724	8	41338
鱼洞街道	1654732	41	1010426
花溪街道	1870603	54	1568518
李家沱街道	37274	6	19297
南泉街道	599714	13	77470
南彭街道	246829	12	213432
界石镇	2488871	44	2167175
木洞镇	554731	8	302349
双河口镇	14753	—	—
麻柳嘴镇	318380	6	193523
一品街道	56784	2	8313
惠民街道	59669	3	45474
安澜镇	11967	—	—
圣灯山镇	27939	2	21584
丰盛镇	21449	1	21350
二圣镇	9385	1	2141
东温泉镇	8588	—	—
姜家镇	31043	—	—
天星寺镇	1054	—	—
接龙镇	1651	1	864
石滩镇	262	—	—
石龙镇	2778	—	—

2018年巴南区镇街主要经济指标（续六）

镇街名称	工业		建筑业		
	规模以上主营业务收入/万元	规模以上工业利润总额/万元	建筑企业单位数/个	建筑企业年末从业人数/人	建筑业总产值/万元
龙洲湾街道	41397	1344	4	27652	1095449
鱼洞街道	931597	—93826	58	32030	876019
花溪街道	1440178	65513	10	6611	205239
李家沱街道	18322	835	7	4067	76562
南泉街道	75315	1802	4	2922	234484
南彭街道	211405	21667	1	1220	13261
界石镇	2084210	91133	3	1818	46805
木洞镇	241937	24044	8	3341	114028
双河口镇	—	—	—	—	—
麻柳嘴镇	159884	11607	1	685	20952
一品街道	8643	168	1	4500	143028
惠民街道	47471	2986	—	—	—
安澜镇	—	—	—	—	—
圣灯山镇	21061	536	—	—	—
丰盛镇	21294	4828	2	252	686
二圣镇	2141	347	1	1125	25332
东温泉镇	—	—	2	175	2553
姜家镇	—	—	—	—	—
天星寺镇	—	—	—	—	—
接龙镇	842	—205	1	70	600
石滩镇	—	—	—	—	—
石龙镇	—	—	2	1134	89269

2018 年巴南区镇街主要经济指标（续七）

镇街名称	固定资产投资		商业	
	全社会固定资产投资/万元	#房地产投资/万元	社会消费品零售总额/万元	商业商品销售总额/万元
龙洲湾街道	1440325	1202631	338120	594668
鱼洞街道	402864	243813	225636	786462
花溪街道	1128466	1068627	263079	444492
李家沱街道	394573	380978	1526036	3328901
南泉街道	878705	773905	34788	41249
南彭街道	121290	63788	927161	1120132
界石镇	342385	183108	96816	653851
木洞镇	215505	801	58787	72413
双河口镇	3505	—	6147	8135
麻柳嘴镇	31852	—	10024	13390
一品街道	12790	—	20584	28112
惠民街道	2000	—	9498	11431
安澜镇	2570	—	11127	15687
圣灯山镇	22794	—	13162	24265
丰盛镇	1300	—	12209	15276
二圣镇	20855	—	10426	14224
东温泉镇	105413	—	22640	38443
姜家镇	14468	—	11671	13223
天星寺镇	2482	—	6161	8004
接龙镇	8742	8742	26907	33198
石滩镇	—	—	8681	10848
石龙镇	—	—	7810	10488

2018 年巴南区镇街主要经济指标（续八）

镇街名称	财政	
	区级税收收入/万元	地方预算内财政支出/万元
龙洲湾街道	115713	7407
鱼洞街道	48328	14255
花溪街道	85701	10613
李家沱街道	65081	9043
南泉街道	29269	6897
南彭街道	18023	7373
界石镇	53595	7635
木洞镇	5486	8428
双河口镇	153	5008
麻柳嘴镇	2166	4702
一品街道	1072	4424
惠民街道	673	4968
安澜镇	107	6594
圣灯山镇	320	6932
丰盛镇	480	3688
二圣镇	145	5485
东温泉镇	395	7766
姜家镇	2502	4820
天星寺镇	30	3345
接龙镇	485	7198
石滩镇	68	3021
石龙镇	216	4196

2018 年巴南区镇街主要经济指标（续九）

镇街名称	教育				
	学校数/所	专任教师总数/人	招生数/人	在校学生数/人	毕业生数/人
龙洲湾街道	39	1914	10888	34574	6781
鱼洞街道	59	2370	10973	36283	10648
花溪街道	48	3062	17161	57303	13511
李家沱街道	41	1444	6771	22523	4831
南泉街道	23	1177	7153	23663	5350
南彭街道	9	189	841	3188	812
界石镇	19	467	2286	8060	2156
木洞镇	6	262	1148	4200	1115
双河口镇	4	62	176	756	201
麻柳嘴镇	6	78	256	1049	270
一品街道	5	123	481	2001	598
惠民街道	5	104	380	1757	432
安澜镇	3	86	243	968	300
圣灯山镇	5	75	253	830	299
丰盛镇	3	54	113	658	163
二圣镇	2	60	176	849	217
东温泉镇	4	115	434	1863	489
姜家镇	3	44	119	630	150
天星寺镇	1	14	17	81	28
接龙镇	9	222	672	3318	1008
石滩镇	3	57	173	810	213
石龙镇	7	105	349	1650	444

2018年巴南区镇街主要经济指标（续十）

镇街名称	卫生					
	卫生机构数/个	#医院、卫生院/个	卫生机构床位数/张	#医院、卫生院/张	卫生机构人员数/人	#卫生技术人员/人
龙洲湾街道	55	5	944	944	869	694
鱼洞街道	167	9	1741	1741	2383	1941
花溪街道	75	9	1332	1332	1372	1173
李家沱街道	62	5	967	967	1142	909
南泉街道	33	1	208	208	281	261
南彭街道	21	1	110	110	113	92
界石镇	37	2	606	606	469	396
木洞镇	27	1	300	300	287	237
双河口镇	15	1	26	26	42	25
麻柳嘴镇	12	2	86	86	58	45
一品街道	14	1	250	250	216	194
惠民街道	10	1	100	100	70	61
安澜镇	18	1	56	56	73	66
圣灯山镇	18	1	30	30	85	55
丰盛镇	16	1	35	35	59	53
二圣镇	7	1	35	35	51	47
东温泉镇	13	1	80	80	117	103
姜家镇	9	1	35	35	56	50
天星寺镇	3	1	20	20	21	17
接龙镇	29	1	130	130	149	134
石滩镇	13	1	25	25	41	35
石龙镇	12	1	30	30	45	39

2018 年巴南区镇街主要经济指标（续十一）

镇街名称	人民生活			
	农村居民人均可支配收入/元	农村居民人均可支配收入增长率/%	城镇居民人均可支配收入/元	城镇居民人均可支配收入增长率/%
龙洲湾街道	22606	9.5	41268	9.2
鱼洞街道	20575	9.6	42887	9.0
花溪街道	27146	9.4	44525	9.3
李家沱街道	27065	9.4	43010	9.1
南泉街道	19318	9.6	37195	9.1
南彭街道	18112	9.5	36933	9.4
界石镇	20330	9.5	37129	9.1
木洞镇	17475	9.5	36670	9.3
双河口镇	16439	9.6	34764	8.7
麻柳嘴镇	17539	9.7	35516	9.2
一品街道	18368	9.6	36282	8.8
惠民街道	18952	9.0	35824	9.3
安澜镇	16359	9.4	35379	9.0
圣灯山镇	17764	9.7	34711	8.9
丰盛镇	16511	9.5	34842	9.1
二圣镇	17963	9.8	35492	8.9
东温泉镇	17748	9.5	35624	9.4
姜家镇	17425	9.1	35605	8.9
天星寺镇	15125	9.2	34266	9.1
接龙镇	18229	9.3	35544	9.2
石滩镇	16125	9.4	34188	8.7
石龙镇	16879	9.5	34838	8.8

附　录

附　录

2018 年巴南区行政区划一览表

镇街名	村名	社区居委会名
龙洲湾街道	解放村、独龙桥村、沿河村、团结村、盘龙村、红炉村、道角村	梅家梁社区、百节社区、龙海社区、龙华社区、龙德社区、龙滨社区、龙腾社区
鱼洞街道	农胜村、金竹村、百胜村、仙池村、云篆山村、干湾村、新华村、天明村、大中村	江洲路社区、下新新社区、新民街社区、鱼新街社区、化龙路社区、化龙桥社区、花土湾社区、莲花社区、秦家院社区、乌洋街社区、石洋街社区、万泉街社区、广益街社区、东园社区、西园社区、南园社区
李家沱街道	群乐村、光明村、其龙村	李家沱正街社区、马一社区、合建社区、滨江社区、马二社区、桥南社区、渝纱社区、西流沱社区、林荫社区、其龙社区、恒大城社区、青年塘社区、五园湾社区、茶花社区、八公里社区、光明社区、青岩社区、松柏林社区
花溪街道	岔路口村、花溪村、建新村、新屋村、先锋村、民主村	土桥正街社区、岔路口社区、王家坝社区、清溪园社区、苦竹坝社区、走马梁社区、新工地社区、经建社区、道角社区、重工社区、红光社区、屏都社区、民主社区、陈家湾社区、学堂湾社区、柳镇社区、南城社区、炒油场社区
南泉街道	红星村、红旗村、自由村、虎啸村、白鹤村、和平村、金古村、立桅村、双桥村、万河村、光国村、艾乐村、杨市村、迎龙村、新式村、龙井村	正街社区、长南桥社区、鹿角社区
界石镇	桂花村、海棠村、武新村、新玉村、钟湾村、金鹅村	和平社区、畅想社区、公平社区、桂花社区、东城社区、梨花社区
一品街道	永益村、四桥村、七田村、乐遥村、桥口坝村、金田村、燕云村	一品社区、五角亭社区
南彭街道	大鱼村、鸳鸯村、白合子村、天台山村、清风桥村、塔落村、将军湾村、断桥村、水竹村、巨龙桥村、高碑村、大石塔村	南彭社区、石岗社区、忠兴社区、白合子社区

续表

镇街名	村名	社区居委会名
惠民街道	沙井村、晓春村、辅仁村、龙凤村、胜天村、显林村	惠民社区
安澜镇	石板垭村、小龙村、石油沟村、棋盘村、柑子村、巴联村、坝上村、院子村、永寿村、顶山村、平滩村、思林村、湾湾村、五通村	安澜社区、龙岗社区、仁流社区、南龙社区
圣灯山镇	永隆村、沿滩村、大沟村、圣灯山村、两河村、石林村、大佛村、天坪村、思栗村、梁岗村、滩子口村	圣灯山社区、陈家社区、跳石社区
木洞镇	墙院村、海眼村、杨家洞村、保安村、庙垭村、土地垴村、土桥村、水口寺村、栋青村、景星村、桃花岛村、中坝村、松子村、钱家湾村	一社区、二社区、三社区
双河口镇	北隘口村、塘湾村、石门村、茶店村、太坪村、临江村、五台村	慕禹社区
麻柳嘴镇	平桥村、水淹凼村、回龙寺村、人和桥村、感应村、梓桐村、望江村、八角村、牌楼村、赚宝村	麻柳嘴街社区、牌坊社区
丰盛镇	街村、油房村、石家村、桥湾村、双碑村、王家村、桥上村、梨坪村	丰盛社区
二圣镇	邓家坝村、幸福村、巴山村、王家河村、集体村、中坪村	二圣社区
东温泉镇	锡滩村、东泉村、双星村、梨树村、碾沱村、小桥村、狮子村、河岸村、玉滩村、朝阳村、红峰村、鱼池村、黄金林村、新楼村	东泉社区、五布社区、天赐社区、鱼池坎社区
姜家镇	槐园村、文石村、白云山村、平原村、河面坝村、蔡家寺村、水源村	姜家社区
天星寺镇	芙蓉村、单石村、花房村、雨台村、雪梨村	天星寺社区
接龙镇	塘边村、铁矿村、桂兴村、柴坝村、桥边村、河嘴村、新湾村、碑垭村、石磅村、关塘村、自力村、中山村、马路村、新槐村、青山村、春龙村、荷花村	新正街社区、龙潭街社区、小观社区
石滩镇	万能村、方斗村、天台村、双寨村	石滩河社区
石龙镇	大连村、大兴村、白马村、金星村、合路村、柏树村、大园村、大桥村、中伦村	石龙社区、花石社区

2018年巴南区各组织机构及负责人名录

区级领导班子

中共巴南区委

书　　记　辛国荣
副 书 记　何永革　　2018．01任职
常　　委　宋　葵
　　　　　周　密（女）
　　　　　胡百中
　　　　　夏杨松
　　　　　杨红军
　　　　　朱本权
　　　　　曹　森　　2018．10离任
　　　　　王恩平　　2018．10任职

巴南区人大常委会

主　　任　胡能兵
副 主 任　何　平（女）
　　　　　廖渝川
　　　　　邓世军
　　　　　朱作芳
　　　　　梁　挺

巴南区人民政府

区　　长　何友生　　2018．1任职
副 区 长　宋　葵
　　　　　何内平
　　　　　张春平
　　　　　徐江海
　　　　　舒朝斌
　　　　　杨亚平
　　　　　冯毅梅（女）

政协巴南区委员会

党组书记、主席　刘永全
党组副书记、副主席　周存开
副 主 席　罗　辑
　　　　　彭朝友
　　　　　温永学
　　　　　杜　伟
　　　　　朱　亿
　　　　　李　伟
　　　　　姜莹星（女）
秘 书 长　冯光福
专职常委　邹天序
　　　　　张宗瑜

中共重庆市巴南区纪律检查委员会

书　　记　曹　森　　2018．10离任
副 书 记　严　蕾（女）
　　　　　蒋文斌
　　　　　徐仁伟
常　　委　肖春雷　　2018．03离任
　　　　　陈朝伦
　　　　　陈　东
　　　　　唐　毅
　　　　　陈　远（女）

重庆市巴南区监察委员会

主　　任　曹　森　　2018．01任职2018．10离任
副 主 任　严　蕾（女）2018．01任职
　　　　　蒋文斌　　2018．01任职
　　　　　徐仁伟　　2018．01任职
　　　　　陈朝伦　　2018．01任职
　　　　　陈　东　　2018．01任职
　　　　　陈　远（女）2018．01任职
　　　　　许　云　　2018．01任职

区委巡察办

主　　任　严　蕾（兼）（女）2018．03任职

区委　人大　政府　政协内设机构领导班子

中共巴南区委办公室

主　　任　朱激扬
副 主 任　陈晓辉（女）
　　　　　肖帮雷
　　　　　任鹏宇　　2018．01离任
　　　　　周　斌　　2018．01任职2018．07离任
　　　　　吴　铭　　2018．07任职

中共巴南区委研究室

主　　任　何正慧（女）2018．04离任

刘俊军　　2018．08 任职
副 主 任　周　斌　　2018．02 离任
　　　　　吴　铭　　2018．08 离任
　　　　　周　鹏　　2018．08 任职
　　　　　任鹏宇　　2018．02 任职 2018．03 离任
　　　　　蒋　文（区改革办专职副主任）

中共巴南区委督查室

主　　任　肖帮雷
副 主 任　蒋　媛（女）
督查专员　刘国梅（女）

中共巴南区委老干部局

局　　长　唐　宁（女）
副 局 长　田　莉（女）

中共巴南区委机要局（区密码管理局）

局　　长　周　斌　　2018．01 任职 2018．07 离任
　　　　　吴　铭　　2018．07 任职
副 局 长　吴　谦
专职密码督查员、总工程师　程　亮

中共巴南区国家保密委员会办公室（巴南区国家保密局）

局　　长　陈晓辉（女）
副 局 长　彭　建

巴南区机构编制委员会办公室

主　　任　杨成忠
副 主 任　王晓燕（女）
　　　　　彭绣华（女）

中共巴南区直属机关工作委员会

书　　记　夏杨松
常务副书记　赵正荣
副 书 记　徐光琴（女）

中共巴南区委党校（区行政学校、区社会主义学院）

党委书记　何永革
党委副书记　宋　葵
　　　　　吴文莉（女）
党校校长　何永革
常务副校长　吴文莉（女）
副 校 长　苏建新　　2018．08 离任
　　　　　勾　昆（女）
行政学校校长　宋　葵
副 校 长　吴文莉（女）
　　　　　苏建新　　2018．08 离任
　　　　　勾　昆（女）
社会主义学院院长　胡百中
　　　　　副院长　吴文莉（女）
　　　　　　　　　苏建新　　2018．08 离任
　　　　　　　　　勾　昆（女）

中共巴南区委党史研究室

主　　任　曾佑华
副 主 任　蒋　伟

巴南区人大常委会办公室

主　　任　何平远
副 主 任　牟晓冬
　　　　　龙海涛
专职委员　薛云健
　　　　　冯　玲（女）
　　　　　张学平
　　　　　岳大宽
　　　　　李　纲
　　　　　姚永华
　　　　　卢开义

巴南区人大法制委员会

主　　任　陶　健
副 主 任　喻　静（女）
副 主 任　朱明臣（兼）
　　　　　薛云健（兼）

巴南区人大财政经济委员会

主　　任　齐登文
副 主 任　乔　莉（女）
副 主 任　严明霞（女）（兼）
　　　　　黄　伟（兼）

巴南区人大教育科学文化卫生委员会

主　　任　杨　灵（女）
副 主 任　朱定凤（女）
副 主 任　王龙光（兼）

巴南区人大常委会人事代表工作委员会

主　　任　李　进
副 主 任　马　亮

巴南区人大常委会农业与农村工作委员会

主　　任　陈昌福
副 主 任　祝映华（女）

巴南区人大常委会预算工作委员会

主　　任　严明霞（女）
副 主 任　张光照

巴南区人大常委会信访办公室

主　　任　李朝渝（女）
副 主 任　刘银平

巴南区人民政府办公室

党组书记、主任　吴　伟
副 主 任　郭猛飞
　　　　　蒲红冰

巴南区人民政府督查室

主　　任　苏政荣　2017．08 离任
副 主 任　陈智敏
　　　　　袁　泉　2018．03 离任
　　　　　刘　松　2018．11 任职
督查专员　王安锐

巴南区人民政府法制办公室

主　　任　郭猛飞
副 主 任　任　懋（女）

巴南区人民政府外事办公室

主　　任　蒲红冰
副 主 任　饶　艳（女）

巴南区人民政府应急办公室

主　　任　刘功峰　2018．03 离任
　　　　　潘亿兵　2018．03 任职

巴南区人民政府综合应急指挥中心

主　　任　潘亿兵　2018．03 离任

巴南区委区政府总值班室

副 主 任　刘功峰　2018．03 离任
　　　　　潘亿兵　2018．03 任职
　　　　　许伏海

政协巴南区委员会办公室

主　　任　冯光福
专职副秘书长　封洪华（女）
副 主 任　张庆祝
　　　　　王文霞（女）

政协巴南区委员会提案专门委员会

主　　任　何绍国
副 主 任　穆　佳（女）

政协巴南区委员会经济科技城建环保专门委员会

主　　任　吴锦彬
副 主 任　黄启容（女）

政协巴南区委员会文化教育体育卫生专门委员会

主　　任　周发荣
副 主 任　涂宏兵

政协巴南区委员会社会和法制专门委员会

副 主 任　刘　诚

政协巴南区委员会农业和社情民意专门委员会

主　　任　韩先胜
副 主 任　王家琴（女）

政协巴南区委员会信息联络专门委员会

主　　任　李秋枫
副 主 任　王　琪（女）

巴南区纪律检查委员会内设机构及派驻纪检组

巴南区纪委监委办公室

主　　任　彭　锋　2018．08 离任

巴南区纪委监委组织部

部　　长　祁家宏　2018．03 离任
　　　　　王　娅（女）2018．08 任职

巴南区纪委监委宣传部

部　　长　高师菊（女）2018．08 任职

巴南区纪委监委法规研究室

主　　任　刘俊军　2018．07 离任

巴南区纪委监委党风政风监督室

主　　任　王　强　　2018. 08 任职

巴南区纪委监委信访室

主　　任　陈利华　　2018. 08 任职

巴南区纪委监委案件监督管理室

主　　任　路　峰　　2018. 09 离任

巴南区纪委监委第一纪检监察室

主　　任　祖承勇　　2018. 08 任职

巴南区纪委监委第二纪检监察室

主　　任　陈　涛　　2018. 01 离任
　　　　　董胜春　　2018. 08 任职

巴南区纪委监委第三纪检监察室

主　　任　徐光泽　　2018. 01 离任

巴南区纪委监委第四纪检监察室

主　　任　曾凡秀（女）2018. 08 任职

巴南区纪委监委第六纪检监察室

主　　任　徐光泽　　2018. 08 任职

巴南区纪委监委第七纪检监察室

主　　任　陈　涛　　2018. 08 任职

巴南区纪委第监委八纪检监察室

主　　任　唐宗波　　2018. 08 任职

巴南区纪委监委案件审理室

主　　任　肖　雄（女）2018. 08 任职

巴南区纪委监委纪检监察干部监督室

主　　任　牟小莉（女）2018. 08 任职

区纪委监委派驻纪检监察组

2018 年 7 月，因国家监察体制改革，对原区纪委 10 个派驻纪检组机构设置及主要职责等进行了调整，其中派驻机构统一更名为区纪委监委派驻纪检监察组。

巴南区纪委监委驻区委办公室纪检监察组

组　　长　张　海　　2018. 08 任职

巴南区纪委监委驻区政府办公室纪检监察组

组　　长　沈行军　　2018. 08 任职

巴南区纪委监委驻区委组织部纪检监察组

组　　长　王　娅（女）2018. 08 离任
　　　　　彭　锋　　2018. 08 任职

巴南区纪委监委驻区发改委纪检监察组

组　　长　黄治国　　2018. 08 任职

巴南区纪委监委驻区财政局纪检监察组

组　　长　刘国梅（女）2018. 08 任职

巴南区纪委监委驻区教委纪检监察组

组　　长　蔡开友　　2018. 08 任职

巴南区纪委监委驻区城乡建委纪检监察组

组　　长　车　蓉（女）2018. 08 任职

巴南区纪委监委驻区环保局纪检监察组

组　　长　李禹萍（女）2018. 08 任职

巴南区纪委监委驻区水务局纪检监察组

组　　长　周兴伦　　2018. 08 任职

巴南区纪委监委驻区卫计委纪检监察组

组　　长　梁　利（女）2018. 08 任职

区监委派出监察室：

2018 年 8 月，因国家监察体制改革，区监委向镇（街道）设立 6 个派出监察室，负责全区 22 个镇（街道）的监察工作。

巴南区监委派出第一监察室

主　　任　祖承勇　　2018. 09 任职

巴南区监委派出第二监察室

主　　任　唐宗波　　2018. 09 任职

巴南区监委派出第三监察室

主　　任　徐光泽　　2018. 09 任职

巴南区监委派出第四监察室

主　　任　曾凡秀（女）2018. 09 任职

巴南区监委派出第五监察室
主　　任　陈　涛　　2018. 09 任职

巴南区监委派出第六监察室
主　　任　董胜春　　2018. 08 任职

重庆市巴南区纪检监察信息中心

2017 年 7 月，经区编委第二次全体会议研究，同意设立重庆市巴南区纪检监察信息中心，为区纪委举办的七级职员事业单位，机构类别为公益一类，以向纪检监察工作提供信息服务为宗旨。

巴南区纪检监察信息中心
主　　任　陈　波　　2018. 06 任职

巴南区纪检监察信息中心
副 主 任　蒋　立（女）2018. 06 任职

区委巡察办
副 主 任　祁家宏　　2018. 03 任职

区委第一巡察组
组　　长　刘纯健　　2018. 03 任职
巡察专员　陈　翔　　2018. 03 任职

区委第二巡察组
组　　长　杨　舰　　2016. 12 任职
巡察专员　孔凡学　　2018. 03 任职

区委第三巡察组
组　　长　黄绍贵　　2016. 12 任职
巡察专员　黄　平　　2018. 03 任职

区委第四巡察组
组　　长　沈行军　　2018. 03 任职
巡察专员　徐友兵　　2018. 03 任职

区委第五巡察组
组　　长　曹际宏　　2018. 03 任职
巡察专员　刘　芳（女）2018. 03 任职

法院　检察院　公安领导班子

巴南区人民法院
党组书记、院长　蒋友波
副 院 长　吴德锋
　　　　　江　渝
　　　　　刘秀荣（女）
政治处主任　尹　健
纪检组长　戴珍萍（女）
执行局长　刘　宇
专职审委会委员　郑明洁（女）
　　　　　　　　宋亚玲（女）
　　　　　　　　郭　华
执行局政委　蒋　曼（女）

巴南区人民检察院
党组书记、检察长　张德江
党组副书记、副检察长　刘俊涛
副检察长　邓维锋
　　　　　黄　卫
政治处主任　江　涛
纪检组长　杨　用（女）
职侦局局长　许　云
专职委员会委员　刘怡君（女）
　　　　　　　　郭晓晴（女）

巴南区公安分局
党委书记、局长　何内平
政　　委　许　强（女）2018. 10 离任
　　　　　刘伦波　　2018. 12 任职
党委副书记　许　强（女）2018. 10 离任
副 局 长　张理国
　　　　　黄卫东
　　　　　张智彪
　　　　　朱明臣
　　　　　白光勇
政治处主任　刘　欣
纪委书记　蔡　立　　2018. 12 离任

区级各部门领导班子

中共巴南区委组织部
部　　长　夏杨松

副 部 长　余炳友　2018. 03 离任
冉仁均　2018. 03 任职
徐　永（女）
郭文厚
区委组织员　罗　跃　2018. 03 离任
汪　娟（女）
郎　军

巴南区委党代表联络办

主　　任　徐　永（女）

巴南区考核办

主　　任　郭文厚
副 主 任　蒋　永
冉允财

巴南区委非公工委

副 书 记　唐泽奎

巴南区电教中心

主　　任　袁　荣
副 主 任　刘　勇
王万奎　2018. 07 离任

中共巴南区委宣传部

部　　长　周　密（女）
副 部 长　陈　浩
田荣盛
牟培会（女）

巴南区精神文明办公室

主　　任　牟培会（女）
副 主 任　郑承玉（女）

中共巴南区委外宣办

主　　任　田荣盛
副 主 任　夏　伟（女）

中共巴南区委网络安全和信息化领导小组办公室

主　　任　王　斌分(2018 年 3 月离任，2018 年 3 月 30 因涉嫌违纪被区纪委立案调查，4 月 28 日被开除公职）
副 主 任　王清华
石国友

巴南区文学艺术界联合会

主　　席　戚万凯
秘 书 长　朱丽红

巴南区社会科学界联合会

主　　席　雷　莉（女）
专职副主席　张世海

中共巴南区委统战部

部　　长　胡百中
副 部 长　盛慧娟（女）
曹永友　2018. 03 离任
田　径　2018. 03 任职
和满秀（女）

中共巴南区委台湾工作办公室（区人民政府台湾事务办公室）

主　　任　盛慧娟（女）
副 主 任　陈宗强

巴南区民族宗教侨务办公室

主　　任　和满秀（女）

中共巴南区委政法委

书　　记　朱本权
常务副书记　周成清
副 书 记　王耀明
张　斌
杨　舸　（挂职）
政治处主任　罗　军（女）
综治办主任　张　斌
综治办副主任　杨　君
防邪办主任　王耀明
防邪办副主任　简国茂
区法学会会长　朱本权
区法学会副会长　周成清
法学会秘书长　余　华（女）

巴南区发展和改革委员会

党组书记、主任　周　强
副 主 任　刘　敏　2018. 08 离任
李　晶　（女）
陈其静　（女）

巴南区城乡一体发展中心

主　　任　蒋　渝　　2018．03 离任
　　　　　王智焱　　2018．03 任职
副 主 任　吴代品
　　　　　揭　娟（女）2018．08 离任

巴南区财政局

党组书记、局长　马义华
副 局 长　皮　颖（女）
　　　　　金　斌　　2018．08 离任
　　　　　周　杰

巴南区经信委

党 委 书 记　杨红军
党委副书记、主任　朱明勇
党委专职副书记　袁晓宏
副 主 任　胡秀军
　　　　　何兴兰（女）
　　　　　丁　华

巴南区教育委员会

教育工委书记、主任　杨　松
专职副书记　朱　勇
副 主 任　何先兵　　2018．08 离任
　　　　　李孝琴（女）
　　　　　苏建新　2018．08 任职
　　　　　舒德茂
区政府专职督学　朱济坤

巴南区科学技术委员会（知识产权局）

党组书记、主任　杨天勇
副 主 任　陈昌荣
　　　　　杨　燕（女）

巴南区城乡建设委员会（区民防办）

党委书记、主任　徐江海　　2018．03 离任
　　　　　　　　刘剑锋　　2018．03 任职
党委专职副书记　王家桥
副 主 任　李　义
　　　　　田贵禄

巴南区交通委员会

党委书记、主任　杨　军　　2018．03 任职
专职副书记　陈志宽
副 主 任　郑剑伟
　　　　　沈忠明
　　　　　祝向波

巴南区农业委员会

农工委书记、主任　何先平
专职副书记　邓世明
副 主 任　李　明
　　　　　胥文怀
　　　　　饶世伦　　2018．08 离任
　　　　　揭　娟　　2018．08 任职

巴南区农业综合开发办公室

主　　任　何先平
副 主 任　李　明
　　　　　胥文怀
　　　　　饶世伦　　2018．08 离任
　　　　　揭　娟　　2018．08 任职

巴南区商务局

党 组 书 记　刘宗银
局　　长　白　勇
副 局 长　杨昌菊（女）
　　　　　封越颖
　　　　　李清华

巴南区投资促进办公室

党组书记、主任　熊　琼（女）
副 主 任　舒　姝（女）
　　　　　李俊伟
　　　　　陈　科

巴南区民政局

党组书记、局长　廖　华
副 局 长　黄诗强
　　　　　陈世清（女）
　　　　　陈云峰

巴南区司法局

党 组 书 记　苏政荣
局　　长　苏政荣
副 局 长　王　勇
　　　　　邓　锐
　　　　　袁贤强

巴南区人力资源和社会保障局

党委书记、局长　刘　莉（女）
党委专职副书记　龚建华
副　局　长　梁隆兰（女）
　　　　　　胡跃进
　　　　　　刘　亮

巴南区社会保险局

局　　长　胡　进
副　局　长　魏　红（女）
　　　　　　陈　蓬
　　　　　　彭　伟

巴南区就业服务管理局

局　　长　万晓华

巴南区房管局

党组书记、局长　何安荣
副　局　长　方淑钧
　　　　　　向　莉（女）
　　　　　　吴万松

巴南区环保局

党组书记、局长　高正华
副　局　长　王　进
　　　　　　罗　淋（女）
　　　　　　马培东
执法支队支队长　李洪亮（女）

巴南区城市管理局

党组书记、局长　黄东柏
副　局　长　江　沙（女）2018．08 离任
　　　　　　朱　波
　　　　　　杨美敏
　　　　　　李江宁　　　2018．08 任职

巴南区园林绿化建设管理所

所　　长　任明莉（女）

巴南区城市管理综合行政执法支队

支　队　长　廖代鹏

巴南区水务局

党委书记、局长　潘富宏
党委专职副书记　吴章伟
副　局　长　　熊红焰
　　　　　　　周　伟
　　　　　　　张兴强　　　2018．08 任职
　　　　　　　田忠辉（挂职）

巴南区文化委员会

党组书记、主任　郑丽娟（女）
副　主　任　朱艳萍（女）
　　　　　　邓　涛
　　　　　　万劲松
文化执法大队队长　夏　洪

巴南区卫生和计划生育委员会

党委书记、主任　黄　曦
党委副书记　胡开彬
副　主　任　龙超凡
　　　　　　曹宗荣
　　　　　　张厚彬

巴南区卫生计生协会

会　　长　张春平（兼）
副　会　长　潘　曙

巴南区审计局

党组书记、局长　肖秋生
副　局　长　黄　均　　　2018．02 离任
　　　　　　苏小平（女）
　　　　　　刘方宇（女）
　　　　　　李渐鸿（女）2018．02 任职
区经责办主任　李　蓉（女）

巴南区移民局

党组书记　刘国秀（女）
局　　长　周　滨
副　局　长　耿品均
　　　　　　戚晓波（女）

巴南区安监局

党组书记、局长　韦开平
副　局　长　董晓伟
　　　　　　唐兴渝
　　　　　　龙　凤（女）

巴南区统计局

党组书记、局长　孟优娟（女）

副 局 长 李 静
苟晓彬
赖泓宇

国家统计局巴南调查队

党组书记、队长 唐绍强 2017．09 任职
副 队 长 王光友
纪 检 组 长 刘 祥

巴南区林业局

党委书记、局长 张 超
党委专职副书记 陈本林
副 局 长 潘亚利
刘 杰
张宇峰

巴南区旅游局

党组书记、局长 蒋 渝 2018．01 任职
副 局 长 郑 凯
冉爱科
刘晓娟（女）

巴南区信访办公室

主 任 谭晓东
副 主 任 李中富
陈 毅
周 平（女）
督 查 专 员 田忠辉
熊维才

巴南区信访投诉受理中心

主 任 张国军

巴南区体育局

党组书记、局长 杨林会（女）
副 局 长 张卫林
沈 沉

巴南区档案局（档案馆、地方志办公室）

党组书记、局（馆）长、主任 黄 敏（女）
副局（馆）长、副主任 耿 镌
邱 萍（女）
黄 平

巴南区机关事务局（巴南区接待办公室）

党组书记、局长（主任） 袁 杰 2018．11 离任
朱激扬 2018．11 任职
副 局 长 刘成素（女）
杨 佳（女）

巴南区供销合作社联合社

党组书记、主任 骆弟强
副 主 任 朱本国
徐继茂
梁 军

巴南区人民政府征地办公室

党 组 书 记 刘 伟（兼）
党组副书记、主任 左 鹏
副 主 任 张华明
唐 奎
陈培松（兼）
龙江萍（女）

巴南区土地整治储备中心

党组书记、主任 梁 勇
副 主 任 伍学莉（女）
刘 勇
李江宁 2018．08 离任
吕 峰 2018．08 任职

巴南区行政服务和公共资源交易中心

党组书记、主任 刘荣明 2018．08 离任
金 斌 2018．08 任职
副 主 任 万光杰
袁红亚（女）
彭宏君（女）

巴南区广播电视台

党组书记、台长 吕国梁
副 台 长 徐小凤（女）
周 鑫
高海言

巴南区巴南日报社

社 长 田荣盛
副 社 长 刘宗玺
颜明华
杨 超

巴南区国有资产管理委员会办公室

党工委书记、主任　陈登明
副　主　任　李　锦
　　　　　　陈江屏
　　　　　　刘燕飞
财 务 总 监　程自礼（女）
　　　　　　何明伟

巴南区金融发展中心

主　　　任　叶　奇　　　2018．08 离任
　　　　　　刘　敏　　　2018．08 任职
副　主　任　李晓姝（女）
　　　　　　秦　怡（女）

巴南区城乡一体化发展中心

主　　　任　蒋　渝　　　2018．03 离任
　　　　　　王智焱　　　2018．03 任职
副　主　任　揭　娟（女）2018．08 离任
　　　　　　吴代品

巴南区教育考试中心

党组书记、主任　陆晓霖
副　主　任　李树斌　　　2018．08 离任
　　　　　　郑洪梅（女）
　　　　　　江　沙（女）2018．08 任职

群团　民主党派领导班子

中国国民党革命委员会重庆市巴南区委员会

主 任 委 员　彭朝友
副主任委员　刘　敏
　　　　　　周良才
　　　　　　田　静（女）
　　　　　　耿　琴（女）

中国民主同盟重庆市巴南区委员会

主　　　委　邓世军
副　主　委　封洪华（女）
　　　　　　杨　敏（女）（专职）
　　　　　　杨青龙　　　2018．07 离任
　　　　　　何雪锋
　　　　　　李渐鸿（女）

中国民主建国会巴南区委员会

主　　　委　冯毅梅（女）
副　主　委　向　莉（女）
　　　　　　曹　勇
　　　　　　苟晓彬
　　　　　　许大斌（女）

中国民主促进会重庆市巴南区委员会

主　　　委　姜莹星（女）
副　主　委　罗高宇
　　　　　　赵子元
　　　　　　李江宁
　　　　　　王永智

中国农工民主党重庆市巴南区委员会

主　　　委　温永学
副　主　委　白　勇
　　　　　　饶世伦
　　　　　　陈忠敏（女）
　　　　　　吴　仙（女）（专职）

中国致公党巴南区工作委员会

主 任 委 员　杨　竞（女）
副主任委员　刘　锋
　　　　　　余　娟（女）
　　　　　　吴　杨

九三学社重庆市巴南区工作委员会

主 任 委 员　刘秀荣（女）
副主任委员　黄福祥
　　　　　　陈增刚
　　　　　　熊习立
　　　　　　李祖勤
　　　　　　李　斌

台湾民主自治同盟重庆市巴南区工作委员会

主　　　任　邱献锋
副　主　任　林　丹
　　　　　　刘家祥
　　　　　　连明源

巴南区工商业联合会

主　　　席　左宗申
党组书记、副主席　曹永友　　　2018．03 离任
　　　　　　　　　田　径　　　2018．05 任职

副主席（副会长）　付显玉（女）
　　　　　　　　　李平淑（女）

巴南区总工会

主　　席　廖渝川（兼）　　2018. 04 离任
　　　　　何　平（女）（兼）　2018. 04 任职
党组书记、常务副主席　向　平（女）
副 主 席　张守芳（女）
　　　　　刘泽全
　　　　　张娅岚（女）
　　　　　李幸萃（女）2018. 04 离任
　　　　　穆　毅　　2018. 04 离任
　　　　　蒋喜生　　2018. 04 离任
　　　　　白航空　　2018. 04 离任
　　　　　曹　红（女）2018. 04 任职
　　　　　高　敏（女）2018. 04 任职

共青团重庆市巴南区委

书　　记　腊丁扬
副 书 记　张贵彬
　　　　　张　琦（女）

巴南区妇女联合会

主　　席　雷　莉（女）2018. 04 离任
　　　　　何正慧（女）2018. 04 任职
副 主 席　熊维萍（女）
　　　　　张翼飞（女）

巴南区科学技术协会

党组书记、主席　李光清
副 主 席　方　敏（女）2018. 04 离任
　　　　　李建文
　　　　　田　静（女）2018. 05 任职
　　　　　李孝琴（女）
　　　　　张厚彬　　2018. 05 任职
　　　　　朱　渝　　2018. 10 任职
　　　　　贺祠亮　　2018. 10 任职
　　　　　匡正权　　2018. 10 任职

巴南区归侨侨眷联合会

主　　席　封洪华（女）
副 主 席　蒋小东
　　　　　李富立
　　　　　杨代南
　　　　　刘伟政（女）
　　　　　廖天湖

巴南区残疾人联合会

党组书记、理事长　张　勇
副 理 事 长　田春兰（女）
　　　　　　吴小平

区属国有平台公司领导班子

重庆市渝兴建设投资有限公司

执行董事、总经理　刘　智
常务副总经理　马　新　　2018. 03 离任
副 总 经 理　刘雪松
　　　　　　王　立
　　　　　　张儒全
　　　　　　程　兵
　　　　　　赵理强
　　　　　　叶　勇　　2018. 04 任职

重庆公路物流基地建设有限公司

执行董事、总经理　刘剑峰　　2018. 03 离任
　　　　　　　　　刘功峰　　2018. 03 任职
常务副总经理　印文静（女）
副 总 经 理　尹　科
　　　　　　慕春容（女）
　　　　　　崔　天
　　　　　　何　磊
　　　　　　肖天伟
　　　　　　莫　非　　2018. 09 任职（挂职）

重庆巴南经济园区建设实业有限公司

执行董事、总经理　胡　骥
常务副总经理　代光成
党委专职副书记　徐　华
副 总 经 理　张　涛
　　　　　　朱　获（女）
　　　　　　杨　铧（女）
　　　　　　王子依（女）
纪 委 书 记　蔡学建

重庆市巴南公路建设有限公司

执行董事、总经理　程昭军
常务副总经理　刘永华
副 总 经 理　艾建春

王家奎
陈　然
李　冰

重庆职业技术教育城建设有限公司
执行董事、总经理　马　新　　2018．03 任职
副 总 经 理　王大银　　2018．12 离任
施　硕
王光祥
陈　萃（女）
杨　铧（女）2018．12 任职

麻柳沿江开发投资有限公司
执行董事、总经理　李　锐
常务副总经理　敬　武
副 总 经 理　余立新
曾令忠
任良平
黄儒林
晏　国
谢洪军（挂职）

重庆市鹿角组团开发建设管理委员会办公室
主　　任　陈　刚　　2018．05 离任
何友生　　2018．05 任职
邵威远
副 主 任　杨红军
周光彩

驻区的市属单位领导班子

重庆市巴南区国土资源管理分局
党组书记、局长　刘　伟
副 局 长　林　敏（女）
陈培松
王殊伟
纪 检 组 长　李　锐
国土事务中心主任　余　胜

重庆市规划局巴南区分局
局　　长　张一兵
副 局 长　张　涛
何　平
谢　力（女）2018．07 离任

重庆市巴南区工商分局
党组书记、局长　郭春雷
副 局 长　王　中
张红卫
龚峥嵘
李朝荣
纪 检 组 长　朱　洪

重庆市巴南区国家税务局
党组书记、局长　李　汀　　2018．06 离任
副 局 长　揭　攀　　2018．06 离任
王　建　　2018．06 离任
李中斌　　2018．06 离任
纪 检 组 长　周　宓（女）2018．06 离任
总 经 济 师　田　野　　2018．06 离任
总 会 计 师　杨　含　　2018．06 离任

重庆市巴南区地方税务局
党组书记、局长　黄　伟　　2018．06 离任
副 局 长　王　孟　　2018．06 离任
钟　斌　　2018．06 离任
叶秋祎　　2018．06 离任
纪 检 组 长　苟卫宁　　2018．06 离任

重庆市巴南区税务局
党组书记、局长　黄　伟　　2018．06 任职
副书记、副局长　李　汀　　2018．06 任职
副 局 长　钟　斌　　2018．06 任职
揭　攀　　2018．06 任职
李新宇　　2018．06 任职
叶秋祎　　2018．06 任职
王　建　　2018．06 任职
周　宓　　2018．06 任职
李　斌　　2018．06 任职
纪 检 组 长　张　娟　　2018．06 任职
总 经 济 师　田　野　　2018．06 任职
总 会 计 师　杨　含　　2018．06 任职

重庆市巴南区质量技术监督局
党组书记、局长　何文翠
副 局 长　王晓东
李明君
张义彬
楚道国

重庆市食品药品监督管理局巴南区分局

党组书记、局长　王龙光
副　局　长　唐　波
　　　　　　岳　玲（女）
　　　　　　石胜富　　2018. 06 任职
纪 检 组 长　林　丽（女）

中国邮政集团公司重庆市巴南区分公司

党委书记、总经理　屈光明　　2018. 12 离任
　　　　　　　　　张　永　　2018. 12 任职
副 总 经 理　黎　俊　　2018. 09 任职
　　　　　　黄地荣
　　　　　　刘　鸿　　2018. 06 离任
　　　　　　王　勇　　2018. 06 任职

重庆市巴南区烟草专卖局

党组书记、局长、经理　张琼华
副　局　长　樊继晗
副　经　理　詹　胜
纪 检 组 长　樊继晗（兼）

重庆市巴南区气象局

党组书记、局长　马　君
副　局　长　王　旭
　　　　　　谭炳全

中国人民银行巴南中心支行

副　书　记　陈　彬
副　行　长　陈　彬
　　　　　孙董霞（女）
　　　　　沈　祥　　2018. 03 任职
　　　　　何　莉（女）
纪 委 书 记　向天芯　　2018. 06 任职
工 会 主 任　车国际

中国银行业监督管理委员会巴南监管分局

党委书记、局长　黄友江
副　局　长　万卫能
纪 委 书 记　李中银

中国电信股份有限公司重庆巴南分公司

总　经　理　高继军
副 总 经 理　孙晓峰
　　　　　　田　勇

中国移动通信集团重庆有限公司巴南分公司

党总支书记、总经理　廖　明
副 总 经 理　吴　兰　　2018. 11 离任
　　　　　　王建宇　　2018. 11 任职

中国联合网络通信有限公司重庆巴南分公司

总　经　理　刘振宇　　2018. 11 任职
副 总 经 理　刘振宇　　2018. 11 离任
　　　　　　　　　　汪志勇
　　　　　　　　　　张　堪

街道、镇领导班子

龙洲湾街道

党 工 委 书 记　李　萍（女）
办 事 处 主 任　卢黎明　　2018. 08 离任
　　　　　　　周　斌　　2018. 08 任职
人大工委主任　钟　红
党工委副书记　周　斌　　2018. 08 任职
　　　　　　　刘成伟
纪 工 委 书 记　刘　璐
政 法 书 记周　循
办事处副主任　钱　川　　2018. 08 离任
　　　　　　　何先兵　　2018. 09 任职
　　　　　　　吴　伟
　　　　　　　吴　刚
　　　　　　　李晓秋
人 武 部 长　吴　刚
组织委员（兼人大工委副主任）　刘　丰
宣传委员、统战委员　雷　建

鱼洞街道

党 工 委 书 记　苏忠良
办 事 处 主 任　罗　勇
人大工委主任　李　斌
党工委副书记　罗　勇
　　　　　　　赵　亮（女）
纪 工 委 书 记　何秀文
政 法 书 记　张志超
办事处副主任　朱启明
　　　　　　　张元彬
　　　　　　　高跃轩
　　　　　　　刘　洋
人 武 部 长　朱启明（兼）

组织委员（兼人大工委副主任）　黄　晓
宣传委员、统战委员　罗朝学

李家沱街道

党工委书记　冉仁均　2018. 03 离任
　　　　　　余炳友　2018. 03 任职
办事处主任　肖　山
人大工委主任　韦济伦
党工委副书记　肖　山
　　　　　　程　琳（女）
纪工委书记　李廷忠
政法书记　傅　强
办事处副主任　李成鹏
　　　　　　石　阳
　　　　　　周　平
　　　　　　田　彬
人武部长　田　彬（兼）
组织委员（兼人大工委副主任）　王　宇（女）
宣传委员、统战委员　代　波

花溪街道

党工委书记　吴　平
办事处主任　左　川　2018. 03 离任
　　　　　　叶　奇　2018. 08 任职
人大工委主任　李光旭
党工委副书记　左　川　2018. 03 离任
　　　　　　叶　奇　2018. 08 任职
　　　　　　蔺锡瑜（女）
纪工委书记　蔡天华
政法书记　赵　光
办事处副主任　江　伟
　　　　　　吕彦侠（女）
　　　　　　邓迎春
　　　　　　彭志全
人武部长　江　伟（兼）
组织委员（兼人大工委副主任）　马成凤（女）
宣传委员、统战委员　陈家武　2018. 06 离任
　　　　　　王万奎　2018. 08 任职

南泉街道

党工委书记　廖川杰
办事处主任　张兴强　2018. 08 离任
　　　　　　钱　川　2018. 08 任职
人大工委主任　彭光万　2018. 04 离任
　　　　　　雷　达　2018. 08 任职
党工委副书记　钱　川　2018. 08 任职
　　　　　　雷　达　2018. 08 离任
　　　　　　周　坤　2018. 08 任职
纪工委书记　韩晓燕
政法书记　曹　茂（女）2018. 04 离任
　　　　　　李树斌　2018. 08 任职
办事处副主任　刘晓红
　　　　　　余献海
　　　　　　王　华
　　　　　　任　义
人武部长　王　华（兼）
组织委员（兼人大工委副主任）　王　玲（女）
宣传委员、统战委员　张安勇　2018. 04 离任
　　　　　　曹　茂（女）2018. 04 任职

南彭街道

党工委书记　冯　强
办事处主任　吕勇才
人大工委主任　孟世胜
党工委副书记　吕勇才
　　　　　　李　勇
纪工委书记　李永刚
政法书记　左　萍（女）
办事处副主任　刘必华
　　　　　　朱　珠（女）
　　　　　　刘　春
　　　　　　张登健
人武部长　刘必华（兼）
组织委员（兼人大工委副主任）　蒋朝攀（女）
宣传委员、统战委员　白秀英（女）

一品街道

党工委书记　张　健
办事处主任　肖春雷　2018. 03 任职
人大工委主席　吕永胜
党工委副书记　肖春雷　2018. 03 任职
　　　　　　彭　刚
纪工委书记　郑　飞
政法书记　黄建军
副主任　吕志强
　　　　　　王　程
　　　　　　杨成明
　　　　　　钱利娟（女）
人武部长　杨成明（兼）
组织委员（兼人大工委副主任）　张　棋

宣传委员、统战委员　陆兴志　　2018. 04 离任
　　　　　　　　　　杨　敏　　2018. 12 任职

惠民街道

党工委书记　王智焱　　2018. 03 离任
　　　　　　左　川　　2018. 03 任职
办事处主任　刁维娜（女）
人大工委主任　黄晓杰（女）
党工委副书记　刁维娜（女）
　　　　　　匡　辉
纪工委书记　梅世富
政法书记　唐君臣
办事处副主任　张钻斌
　　　　　　杨青龙　　2018. 04 离任
　　　　　　杨　勇
　　　　　　徐　东
人武部长　杨　勇
组织委员（兼人大工委副主任）　梁　波（女）
宣传委员、统战委员　苏春利（女）

界石镇

党委书记　杨　军　　2018. 03 离任
　　　　　卢黎明　　2018. 03 任职
镇　　长　李　军
人大主席　杨忠力
党委副书记　李　军
党委副书记（兼人大副主席）　杨　涛
纪委书记　杨思敏
政法书记　喻克刚
副镇长　蒋　斌
　　　　黄　勇
　　　　朱德亚
　　　　刘　圣
人武部长　黄　勇（兼）
组织委员　赵　晓（女）
宣传委员、统战委员　李光英（女）

接龙镇

党委书记　冯天华
镇　　长　李　丽（女）
人大主席　崔国彬
党委副书记　李　丽（女）
党委副书记（兼人大副主席）　薛东涛
纪委书记　邓杨彪
政法书记　万孝基
副镇长　杨金川
　　　　张开华
　　　　杨其恩
　　　　陈　欢（女）
人武部长　杨其恩（兼）
组织委员　彭　莉（女）
宣传委员、统战委员　刘祥义

东温泉镇

党委书记　刘忠杰　　2018. 03 任职
镇　　长　王　俊
人大主席　包清美（女）
党委副书记　王　俊
党委副书记（兼人大副主席）　周　庆
纪委书记　张　伟
政法书记　张小华
副镇长　蔺锡峰
　　　　卢姝娜（女）
　　　　王政伟
　　　　李云兵
人武部长　李云兵　（兼）
组织委员　谭　全
宣传委员、统战委员　胡　悦（女）

木洞镇

党委书记　李　锐　　2017. 03 离任
　　　　　万耀东　　2018. 03 任职
镇　　长　万耀东　　2018. 03 离任
　　　　　袁　泉　　2018. 03 任职
人大主席　朱红梅（女）
党委副书记　万耀东　　2018. 03 离任
　　　　　　袁　泉　　2018. 03 任职
党委副书记（兼人大副主席）　谷光娅（女）
纪委书记　杨坤朋
政法书记　黄德亮
副镇长　吕　峰
　　　　刘世川
　　　　於友轩
　　　　张宗智
人武部长　刘世川（兼）
组织委员　郭　娜（女）
宣传委员、统战委员　吴　欢（女）

圣灯山镇

党委书记　张　永

镇　　长　杜　江
人大主席　涂长华
党委副书记　杜　江
党委副书记（兼人大副主席）　黄　辰（女）
纪委书记　高治卯
政法书记　何建松（兼）
副镇长　杨正位
　　　　何建松
　　　　喻　勤
人武部长　杨正位（兼）
组织委员　罗武勇
宣传委员、统战委员　熊　萍（女）

安澜镇

党委书记　汤先进
镇　　长　袁　强
人大主席　杨晓海
党委副书记　袁　强
党委副书记（兼人大副主席）　余　娜（女）
纪委书记　陈　果
政法书记　李　渊
副镇长　赵科伟
　　　　李　渊
　　　　熊　伟
人武部长　赵科伟
组织委员　田　熙
宣传委员、统战委员　吕　飞

石龙镇

党委书记　张　盛
镇　　长　刘开远
人大主席　王孝华
党委副书记　刘开远
党委副书记（兼人大副主席）　张　勇
纪委书记　王德海
政法书记　杨　鹏
副镇长　梁隆静
　　　　杨　鹏
　　　　张　跃
人武部长　梁隆静
组织委员　马国辉（女）
宣传委员、统战委员　黄　敏（女）

姜家镇

党委书记　刘忠杰　2018. 03 离任
　　　　　周　正　2018. 03 任职
镇　　长　周　正　2018. 03 离任
　　　　　罗　跃　2018. 03 任职
人大主席　张　颖
党委副书记　周　正　2018. 03 离任
党委副书记（兼人大副主席）江　伟
纪委书记　赵晓利（女）
政法委书记　黄　利（女）
副镇长　罗庆远
　　　　何　明
　　　　黄　利（女）
人武部长　罗庆远（兼）
组织委员　赵　跃
宣传委员、统战委员　王晓亮

麻柳嘴镇

党委书记　杨　伦
镇　　长　唐家伟
人大主席　朱宗波
党委副书记　唐家伟
党委副书记（兼人大副主席）　唐　智
纪委书记　勾香华（女）
政法书记　白时建（兼）
副镇长　任　云
　　　　白时建
　　　　彭先德
人武部长　任　云（兼）
组织委员　彭华荣
宣传委员、统战委员　郭　渝

丰盛镇

党委书记　石国全
镇　　长　杨治彪
人大主席　秦　逊
党委副书记　杨治彪
党委副书记（兼人大副主席）　彭君洪
纪委书记　董胜春　2018. 01 离任
　　　　　余治强　2018. 08 任职
政法书记　朱华友（兼）
副镇长　朱华友
　　　　梁万红
　　　　韦开华
人武部长　梁万红（兼）
组织委员　陈　杰
宣传委员、统战委员　张文灿（女）

二圣镇

党委书记 林 杰
镇 长 李天明
人大主席 周开宇
党委副书记 李天明
党委副书记（兼人大副主席） 张东篱
纪委书记 余治强 2018．09离任
政法书记 张 咏（兼）
副镇长 肖旭东
张 咏
陈 鹏
人武部长 陈 鹏（兼）
组织委员 赵 进
宣传委员、统战委员 王微微（女）

双河口镇

党委书记 石升伟
镇 长 骆 滨
人大主席 向 东
党委副书记 骆 滨
丁鹏程
纪委书记 汪晓鹏
政法书记 王茂全（兼）
副镇长 王茂全
覃 斌
人武部长 覃 斌（兼）
组织委员 廖代琴（女）
宣传委员、统战委员 赵正禄
人大副主席 李应卉（女）

石滩镇

党委书记 田 径 2018．03离任
任鹏宇 2018．03任职
镇 长 王 强
人大主席 陈 洪
党委副书记 王 强
张彦鹏
纪委书记 吴兆元
政法书记 朱清宇（兼）
副镇长 封洪波
朱清宇
人武部长 封洪波（兼）
组织委员 刘 建
宣传委员、统战委员 张 谊（女）
人大副主席 汪登容（女）

天星寺镇

党委书记 李 昀
镇 长 林 华
人大主席 徐 军
党委副书记 林 华
李 强
纪委书记 岳 镔
政法书记 侯代康（兼）
副镇长 侯代康
田庆平
人武部长 田庆平（兼）
组织委员 万 浩
宣传委员、统战委员 潘再红（女）
人大副主席 崔 军（女）

索 引

索 引

说 明

一、本索引采用主题分析索引法编制。按主题词首字汉语拼音（同音字按声调）顺序排列，若首字拼音相同则按第二字音序排序，以此类推。索引主题词后的阿拉伯数字表示该主题内容所在页码。

二、“2018 大事记”“统计资料”“重要文献”“附录”等部目的具体内容和“概况”未作索引。

三、以引导、书名号等符号开头的索引词与其他索引词混编，以数字、字母开头的索引词集中放在末尾。

A

B

C

D

E

F

G

H

J

K

L

P

Q

R

S

X

Y

Z